应用型本科财务管理、会计学专业精品系列规划教材

中级财务会计

主　编　傅金平　阳正发
副主编　严　烨　李　华　王　娜

北京理工大学出版社
BEIJING INSTITUTE OF TECHNOLOGY PRESS

版权专有 侵权必究

图书在版编目（CIP）数据

中级财务会计 / 傅金平，阳正发主编. —北京：北京理工大学出版社，2016.7（2017.7重印）

ISBN 978-7-5682-1829-0

Ⅰ. ①中… Ⅱ. ①傅… ②阳… Ⅲ. ①财务会计-高等学校-教材 Ⅳ. ①F234.4

中国版本图书馆 CIP 数据核字（2016）第 021854 号

出版发行 / 北京理工大学出版社有限责任公司	
社　　址 / 北京市海淀区中关村南大街 5 号	
邮　　编 / 100081	
电　　话 /（010）68914775（总编室）	
（010）82562903（教材售后服务热线）	
（010）68948351（其他图书服务热线）	
网　　址 / http：//www.bitpress.com.cn	
经　　销 / 全国各地新华书店	
印　　刷 / 三河市天利华印刷装订有限公司	
开　　本 / 787 毫米×1092 毫米　1/16	
印　　张 / 33.25	责任编辑 / 施胜娟
字　　数 / 782 千字	文案编辑 / 施胜娟
版　　次 / 2016 年 7 月第 1 版　2017 年 7 月第 3 次印刷	责任校对 / 周瑞红
定　　价 / 58.00 元	责任印制 / 李志强

图书出现印装质量问题，请拨打售后服务热线，本社负责调换

前　言

目前，国内同级同类教材主要存在以下不足：

（1）专门针对应用型本科高校开发的《中级财务会计》教材较少。目前，现有教材的理论部分内容太多，缺少实用的、新型的案例，无法充分地调动学生学习的积极性和参与性。很多《中级财务会计》教材，将《高级财务会计》中的很多内容也纳入进来，导致两门课程内容重复教学。

（2）《中级财务会计》的课程内容与实际严重脱节、与考证严重脱节，而现实的企业却要求学生"就业即能上岗，上岗即能胜任"，要求毕业生必须具备会计从业资格证，最好能同时具备初级会计师证。

（3）《中级财务会计》教材没有配套的相关习题，学生学习时觉得枯燥、难懂，无法更好地培养学生的实际动手能力。

本教材以最新的《企业会计准则》和《注册会计师审计准则》为编写基础，以突出应用性、通俗性、实用性和可操作性为编写宗旨，体现以下特色：

（1）体现傅金平老师（本书的主编）主持的省级教改课题（"岗—课—证"三融合的《中级财务会计》教学内容的改革与实践——以江西科技学院为例）的阶段性研究成果：《中级财务会计》教案获得校级优秀教案二等奖。

（2）案例内容充分体现应用型本科人才培养的要求。本教材主要针对应用型本科高校这一本科层次，每章开始都有最新的和典型的案例导入，便于师生在课堂上进行讨论与互动；每章最后都有与生活或工作联系紧密的案例分析，便于学生课后自学、思考和讨论，充分体现应用性的特点。

（3）《中级财务会计》课程内容与初级会计师考证内容（《初级会计实务》）融合。将初级会计师历年考试真题（包括答案及答案解析）穿插到相应的知识点后面，便于学生自学和理解，提高会计专业学生对《中级财务会计》的学习兴趣，同时提高初级会计师取证率，有利于实现"教—学—考"一体化。

（4）《中级财务会计》理论教学内容与更多的例题和习题相结合。在每章都设计了配套的例题和习题（附有答案及答案解析），破解学生学了空洞的理论后不会分析问题并解决问题的难题，以提高学生学以致用的能力。

本书由傅金平和阳正发老师担任主编，严烨、李华、王娜老师担任副主编。具体编写分工如下：傅金平副教授负责编写：第一章　总论，第二章　货币资金，第五章　固定资产；阳正发副教授负责编写：第三章　存货，第十一章　收入，第十二章　费用；李华讲师负责编写：第四章　金融资产；王娜讲师负责编写：第六章　无形资产及其他资产，第七章　投资性房地产，第八章　流动负债，第十四章　财务会计报告；严烨讲师负责编写：第九章　长期负债，第十章　所有者权益，第十三章　利润及利润分配。

本书主要供应用型本科高校会计学、财务管理等专业的学生使用，也可供相关专业人员参考。

目 录

第一章 总论 …………………………………………………………………………（1）
案例导入 会计诚信 ……………………………………………………………（1）
第一节 会计职业生涯规划 ……………………………………………………（1）
 一、自我认识 ……………………………………………………………（1）
 二、会计职业认知 ………………………………………………………（1）
 三、学习与职业目标 ……………………………………………………（4）
 四、应对策略 ……………………………………………………………（5）
 五、职业评估 ……………………………………………………………（5）
第二节 会计的概念与目标 ……………………………………………………（6）
 一、会计的概念 …………………………………………………………（6）
 二、会计的目标 …………………………………………………………（7）
第三节 会计的基本假设与理论基础 …………………………………………（8）
 一、会计基本假设 ………………………………………………………（8）
 二、会计基础 ……………………………………………………………（10）
第四节 会计要素及计量属性 …………………………………………………（11）
 一、会计要素 ……………………………………………………………（11）
 二、会计计量属性 ………………………………………………………（15）
第六节 会计信息质量特征 ……………………………………………………（16）
 一、可靠性 ………………………………………………………………（16）
 二、相关性 ………………………………………………………………（16）
 三、可理解性 ……………………………………………………………（17）
 四、可比性 ………………………………………………………………（17）
 五、实质重于形式 ………………………………………………………（17）
 六、重要性 ………………………………………………………………（18）
 七、谨慎性 ………………………………………………………………（18）

·1·

八、及时性……………………………………………………………………（18）
　案例分析　职员是公司资产吗？……………………………………………（19）

模块一　出纳岗位模块

第二章　货币资金……………………………………………………………（29）
　案例导入　加强资金管理……………………………………………………（29）
　第一节　货币资金概述………………………………………………………（29）
　　一、货币资金的性质及范围…………………………………………………（29）
　　二、货币资金内部控制制度…………………………………………………（30）
　第二节　库存现金……………………………………………………………（30）
　　一、现金定义与现金管理……………………………………………………（30）
　　二、现金的账务处理…………………………………………………………（31）
　　三、现金清查…………………………………………………………………（32）
　第三节　银行存款……………………………………………………………（35）
　　一、银行存款概述……………………………………………………………（35）
　　二、银行转账结算……………………………………………………………（35）
　　三、银行存款的核算…………………………………………………………（39）
　　四、银行存款的清查…………………………………………………………（39）
　第四节　其他货币资金………………………………………………………（41）
　　一、其他货币资金的内容……………………………………………………（41）
　　二、其他货币资金的核算……………………………………………………（42）
　案例分析　货币资金舞弊……………………………………………………（46）

模块二　存货核算岗位模块

第三章　存货…………………………………………………………………（55）
　案例导入　原材料的核算方法………………………………………………（55）
　第一节　存货概述……………………………………………………………（55）
　　一、存货的概念与特征………………………………………………………（55）
　　二、存货的分类………………………………………………………………（56）
　　三、存货的确认………………………………………………………………（57）
　第二节　存货收入及发出的计价方法………………………………………（58）
　　一、存货的初始计量…………………………………………………………（58）
　　二、发出存货的计量…………………………………………………………（61）
　第三节　原材料的核算………………………………………………………（64）
　　一、按实际成本计价的原材料核算…………………………………………（65）

目 录

　　二、按计划成本计价的原材料核算 ……………………………………（70）
　　三、库存商品的核算 ……………………………………………………（75）
第四节　其他存货的核算 ………………………………………………………（79）
　　一、委托加工物资的核算 ………………………………………………（79）
　　二、周转材料的核算 ……………………………………………………（81）
第五节　存货期末计量 …………………………………………………………（86）
　　一、可变现净值 …………………………………………………………（86）
　　二、存货跌价准备的计提 ………………………………………………（89）
　　三、存货跌价准备的核算 ………………………………………………（90）
第六节　存货清查 ………………………………………………………………（92）
　　一、存货数量的确定方法 ………………………………………………（92）
　　二、存货清查 ……………………………………………………………（93）
　　三、存货的披露 …………………………………………………………（94）
　　四、存货清查的账务处理 ………………………………………………（94）
案例分析　存货跌价准备的账务处理 …………………………………………（95）

模块三　投资核算岗位模块

第四章　金融资产 …………………………………………………………（107）
案例导入　企业短期购买的股票和债券应如何核算 …………………………（107）
第一节　交易性金融资产 ………………………………………………………（107）
　　一、金融资产相关概述 …………………………………………………（107）
　　二、交易性金融资产概述 ………………………………………………（108）
　　三、交易性金融资产的账务处理 ………………………………………（108）
第二节　应收及预付款项 ………………………………………………………（112）
　　一、应收票据 ……………………………………………………………（112）
　　二、应收账款 ……………………………………………………………（115）
　　三、预付账款 ……………………………………………………………（118）
　　四、其他应收款 …………………………………………………………（119）
　　五、应收股利和应收利息 ………………………………………………（121）
　　六、应收款项减值 ………………………………………………………（122）
第三节　持有至到期投资 ………………………………………………………（128）
　　一、持有至到期投资概述 ………………………………………………（128）
　　二、持有至到期投资的会计处理 ………………………………………（129）
第四节　可供出售金融资产 ……………………………………………………（134）
　　一、可供出售金融资产概述 ……………………………………………（134）
　　二、可供出售金融资产的会计处理 ……………………………………（134）
第五节　长期股权投资 …………………………………………………………（141）

· 3 ·

一、长期股权投资概述 …………………………………………………（141）
　　二、长期股权投资的核算方法 …………………………………………（141）
　　三、长期股权投资核算方法的转换 ……………………………………（148）
　案例分析　应收账款会计处理的分析 …………………………………（152）

模块四　固定资产、无形资产核算岗位模块

第五章　固定资产 …………………………………………………（177）

　案例导入　物"死"账"活" ……………………………………………（177）
　　第一节　固定资产的确认与计量 ……………………………………（178）
　　　一、固定资产的概念及确认 …………………………………………（178）
　　　二、固定资产的分类 …………………………………………………（179）
　　　三、固定资产的计量 …………………………………………………（180）
　　　四、固定资产的账户设置 ……………………………………………（180）
　　第二节　固定资产增加的核算 ………………………………………（181）
　　　一、外购固定资产 ……………………………………………………（181）
　　　二、建造固定资产 ……………………………………………………（184）
　　　三、投资者投入固定资产 ……………………………………………（187）
　　　四、融资租入固定资产 ………………………………………………（187）
　　　五、改扩建固定资产 …………………………………………………（187）
　　第三节　固定资产折旧 ………………………………………………（187）
　　　一、固定资产折旧概述 ………………………………………………（187）
　　　二、固定资产的折旧方法 ……………………………………………（189）
　　　三、固定资产折旧的核算 ……………………………………………（191）
　　第四节　固定资产的后续支出 ………………………………………（193）
　　第五节　固定资产的减值与处置 ……………………………………（195）
　　　一、固定资产减值 ……………………………………………………（195）
　　　二、固定资产处置 ……………………………………………………（195）
　　第六节　固定资产清查 ………………………………………………（198）
　　　一、固定资产盘盈 ……………………………………………………（198）
　　　二、固定资产盘亏 ……………………………………………………（199）
　案例分析　飞机的折旧年限确定多少年合适？ ………………………（207）

第六章　无形资产及其他资产 ……………………………………（214）

　案例导入　巴菲特的投资智慧 …………………………………………（214）
　　第一节　无形资产的初始确认和计量 ………………………………（214）
　　　一、无形资产概述 ……………………………………………………（214）
　　　二、无形资产的内容 …………………………………………………（216）

三、无形资产的确认条件 …………………………………………………… (217)
　　四、无形资产的初始计量 …………………………………………………… (217)
第二节　内部研究开发支出的确认和计量 ………………………………………… (220)
　　一、研究与开发阶段的区分 ………………………………………………… (220)
　　二、研究与开发阶段支出的确认 …………………………………………… (220)
　　三、内部开发的无形资产的计量 …………………………………………… (221)
　　四、内部研究开发费用的账务处理 ………………………………………… (222)
第三节　无形资产的后续计量 ……………………………………………………… (223)
　　一、无形资产使用寿命的确定 ……………………………………………… (223)
　　二、使用寿命有限的无形资产摊销 ………………………………………… (223)
　　三、使用寿命不确定的无形资产 …………………………………………… (225)
第四节　无形资产的处置 …………………………………………………………… (225)
　　一、无形资产的出租 ………………………………………………………… (225)
　　二、无形资产的出售 ………………………………………………………… (226)
　　三、无形资产的报废 ………………………………………………………… (226)
第五节　其他资产 …………………………………………………………………… (228)
　　一、其他资产概述 …………………………………………………………… (228)
　　二、长期待摊费用 …………………………………………………………… (228)
　　三、长期应收款 ……………………………………………………………… (228)
　　四、其他长期资产 …………………………………………………………… (229)
案例分析　DZ激光研发费用资本化增厚业绩 …………………………………… (229)

第七章　投资性房地产 …………………………………………………………… (239)

案例导入　房地产开发商的待售楼盘是投资性房地产吗？ ……………………… (239)
第一节　投资性房地产概述 ………………………………………………………… (239)
　　一、投资性房地产的定义与特征 …………………………………………… (239)
　　二、投资性房地产的范围 …………………………………………………… (240)
第二节　投资性房地产的确认和初始计量 ………………………………………… (241)
　　一、投资性房地产的确认 …………………………………………………… (241)
　　二、投资性房地产的初始计量 ……………………………………………… (241)
第三节　投资性房地产的后续计量 ………………………………………………… (242)
　　一、采用成本模式后续计量 ………………………………………………… (242)
　　二、采用公允价值模式后续计量 …………………………………………… (243)
　　三、投资性房地产后续计量模式的变更 …………………………………… (244)
第四节　投资性房地产的转换与处置 ……………………………………………… (244)
　　一、投资性房地产的转换 …………………………………………………… (244)
　　二、投资性房地产的处置 …………………………………………………… (249)
　　三、与投资性房地产有关的信息披露 ……………………………………… (253)
案例分析　投资性房地产的确认 …………………………………………………… (253)

模块五　筹资核算岗位模块

第八章　流动负债 …………………………………………………………………（267）
案例导入　增值税的构成 ……………………………………………………（267）
第一节　负债概述 ………………………………………………………………（267）
  一、负债的含义 …………………………………………………………………（267）
  二、负债的分类 …………………………………………………………………（268）
第二节　短期借款 ………………………………………………………………（268）
  一、短期借款概述 ………………………………………………………………（268）
  二、短期借款的核算 ……………………………………………………………（268）
第三节　应付票据 ………………………………………………………………（270）
  一、应付票据概述 ………………………………………………………………（270）
  二、应付票据的核算 ……………………………………………………………（270）
第四节　应付账款及预收款项 …………………………………………………（272）
  一、应付账款的核算 ……………………………………………………………（272）
  二、预收账款的核算 ……………………………………………………………（274）
第五节　应付职工薪酬 …………………………………………………………（275）
  一、应付职工薪酬的内容 ………………………………………………………（275）
  二、应付职工薪酬的账务处理 …………………………………………………（276）
第六节　应付股利 ………………………………………………………………（281）
  一、应付股利的含义 ……………………………………………………………（281）
  二、应付股利的核算 ……………………………………………………………（281）
第七节　应交税费 ………………………………………………………………（282）
  一、应交税费概述 ………………………………………………………………（282）
  二、应交增值税 …………………………………………………………………（282）
  三、应交消费税 …………………………………………………………………（289）
  四、应交营业税 …………………………………………………………………（291）
  五、其他应交税费 ………………………………………………………………（292）
第八节　其他应付款 ……………………………………………………………（295）
  一、其他应付款概述 ……………………………………………………………（295）
  二、其他应付款账务处理 ………………………………………………………（295）
案例分析　企业涉税业务的处理 ……………………………………………（295）

第九章　长期负债 …………………………………………………………………（302）
案例导入　非流动负债的借款利息应该计入财务费用吗？ ………………（302）
第一节　长期负债 ………………………………………………………………（303）
  一、长期负债的特点及分类 ……………………………………………………（303）

二、长期借款 ……………………………………………………………… （305）
　　三、应付债券 ……………………………………………………………… （306）
　　四、长期应付款 …………………………………………………………… （310）
第二节　借款费用 …………………………………………………………………… （316）
　　一、借款费用的范围 ……………………………………………………… （316）
　　二、借款费用的确认 ……………………………………………………… （316）
　　三、借款费用的计量 ……………………………………………………… （320）
第三节　债务重组 …………………………………………………………………… （327）
　　一、债务重组的概念 ……………………………………………………… （327）
　　二、债务重组的方式 ……………………………………………………… （328）
　　三、债务重组的账务处理 ………………………………………………… （328）
案例分析　两种筹资方案哪种更有利？ ………………………………………… （333）

第十章　所有者权益 …………………………………………………………………… （348）

案例导入　披露资本存在的问题 ………………………………………………… （348）
第一节　所有者权益概述 …………………………………………………………… （348）
　　一、所有者权益的概念及特征 …………………………………………… （348）
　　二、所有者权益的分类 …………………………………………………… （349）
第二节　股份有限公司 ……………………………………………………………… （350）
　　一、股份有限公司的基本特征 …………………………………………… （350）
　　二、股票的特征及种类 …………………………………………………… （353）
　　三、股票的作用 …………………………………………………………… （356）
第三节　实收资本 …………………………………………………………………… （357）
　　一、实收资本概述 ………………………………………………………… （357）
　　二、实收资本的账务处理 ………………………………………………… （357）
第四节　资本公积 …………………………………………………………………… （361）
　　一、资本公积概述 ………………………………………………………… （361）
　　二、资本公积的账务处理 ………………………………………………… （362）
第五节　留存收益 …………………………………………………………………… （363）
　　一、留存收益概述 ………………………………………………………… （363）
　　二、留存收益的账务处理 ………………………………………………… （364）
　　三、弥补亏损 ……………………………………………………………… （367）
案例分析　披露资本存在的问题 ………………………………………………… （369）

模块六　收入、费用和利润核算岗位模块

第十一章　收入 …………………………………………………………………… （379）

案例导入　虚增销售收入 ………………………………………………………… （379）

第一节　收入概述 …………………………………………………………（379）
　　一、收入的定义及其分类 …………………………………………………（379）
　　二、收入的特征 ……………………………………………………………（380）
第二节　销售商品收入 ………………………………………………………（381）
　　一、销售商品收入的确认与计量 …………………………………………（381）
　　二、销售商品收入的账务处理 ……………………………………………（382）
第三节　提供劳务收入 ………………………………………………………（390）
　　一、提供劳务收入的确认与计量 …………………………………………（390）
　　二、特殊的劳务收入 ………………………………………………………（393）
第四节　让渡资产使用权收入 ………………………………………………（394）
　　一、让渡资产使用权收入的确认与计量 …………………………………（394）
　　二、让渡资产使用权收入的账务处理 ……………………………………（395）
第五节　建造合同收入 ………………………………………………………（396）
　　一、建造合同概述 …………………………………………………………（396）
　　二、建造合同的账务处理 …………………………………………………（399）
案例分析　企业销售收入的账务处理 ………………………………………（404）

第十二章　费用 …………………………………………………………（423）

案例导入　常客计划 …………………………………………………………（423）
第一节　费用的概念和特征 …………………………………………………（423）
　　一、费用的定义 ……………………………………………………………（423）
　　二、费用的特征 ……………………………………………………………（423）
第二节　费用的内容 …………………………………………………………（424）
　　一、支出、费用和成本 ……………………………………………………（424）
　　二、费用的分类 ……………………………………………………………（425）
第三节　费用的确认与计量 …………………………………………………（426）
　　一、费用的确认原则 ………………………………………………………（426）
　　二、费用的计量 ……………………………………………………………（426）
第四节　费用的核算 …………………………………………………………（427）
　　一、生产成本核算 …………………………………………………………（427）
　　二、期间费用的核算 ………………………………………………………（429）
　　三、所得税费用核算 ………………………………………………………（432）
案例分析　成本费用内部控制 ………………………………………………（435）

第十三章　利润及利润分配 ……………………………………………（440）

案例导入　利润的实质 ………………………………………………………（440）
第一节　利润的意义及内容 …………………………………………………（441）
　　一、利润的构成 ……………………………………………………………（441）
　　二、利润的确认 ……………………………………………………………（442）

三、利润的计量 …………………………………………………………………… (442)
第二节 所得税 ………………………………………………………………………… (445)
  一、计税基础与暂时性差异 ………………………………………………………… (445)
  二、递延所得税负债和递延所得税资产的确认和计量 …………………………… (453)
  三、所得税费用的确认和计量 ……………………………………………………… (457)
第三节 利润分配及核算 ……………………………………………………………… (460)
  一、利润分配的一般顺序 …………………………………………………………… (460)
  二、利润分配的会计处理 …………………………………………………………… (461)
  三、以前年度损益调整 ……………………………………………………………… (463)
案例分析 暂时性差异 ………………………………………………………………… (464)

模块七 总账报表岗位模块

第十四章 财务会计报告 …………………………………………………………… (479)

案例导入 HF 集团财务造假 ………………………………………………………… (479)
第一节 财务会计报告概述 …………………………………………………………… (479)
  一、财务会计报告的意义 …………………………………………………………… (479)
  二、财务会计报告的构成 …………………………………………………………… (480)
  三、财务报表的种类 ………………………………………………………………… (481)
  四、财务会计报告的编制要求 ……………………………………………………… (481)
第二节 资产负债表 …………………………………………………………………… (482)
  一、资产负债表的定义 ……………………………………………………………… (482)
  二、资产负债表的格式 ……………………………………………………………… (483)
  三、资产负债表的填制内容 ………………………………………………………… (483)
  四、资产负债表的编制方法 ………………………………………………………… (485)
第三节 利润表 ………………………………………………………………………… (486)
  一、利润表的定义 …………………………………………………………………… (486)
  二、利润表的格式 …………………………………………………………………… (487)
  三、利润表的填制内容 ……………………………………………………………… (487)
  四、利润表的填制方法 ……………………………………………………………… (488)
第四节 现金流量表 …………………………………………………………………… (490)
  一、现金流量表的定义 ……………………………………………………………… (490)
  二、编制现金流量表的方法 ………………………………………………………… (491)
  三、现金流量表的填制内容 ………………………………………………………… (492)
第五节 附注 …………………………………………………………………………… (495)
  一、附注的概念 ……………………………………………………………………… (495)
  二、附注披露的内容 ………………………………………………………………… (495)
案例分析 星光公司资产负债表的填制 ……………………………………………… (496)

第一章

总 论

案例导入

会 计 诚 信

一企业集团的总会计师李军参加了财政部门组织的会计职业道德培训班后,认识到会计诚信教育事关重大,随即组织本集团的会计人员进行职业道德培训及考试,试题中有一案例,要求学员进行分析,案例如下:

晓东电子公司的会计赵丽因工作努力,刻苦钻研业务,积极提出合理化建议,多次被公司评为先进会计工作者。

赵丽的丈夫在一家私营电子企业任总经理,在其丈夫的多次请求下,赵丽将在工作中接触到的公司新产品研发计划及相关会计资料复印件提供给他,给公司带来了一定的损失。公司认为赵丽不宜继续担任会计工作。

案例思考:(1)赵丽违反了哪些会计职业道德要求?

(2)哪些单位或部门可以对赵丽违反会计职业道德的行为进行处理?并说明理由。

第一节 会计职业生涯规划

一、自我认识

① 性格;② 办事能力;③ 胜任能力;④ 个人爱好。

二、会计职业认知

会计专业主要培养掌握会计学、经济学、统计学、审计学、管理学、法律等方面的基本理论知识,能熟练运用财务软件进行会计核算、纳税申报、财务管理等实际操作技能,能在企事业、机关单位担任会计主管、单位内部审计师和社会注册会计师等职务,并具备信息技术应用、分析决策、领导组织等管理能力,富有创业和创新精神、综合素质高的高级应用型经济管理人才。

会计专业毕业生的就业岗位主要以出纳、会计、审计等为主，下面对从事会计职业所应具备的知识及技能进行分析：

1. 出纳

出纳应具备的基本素质和能力：

（1）具有正确的世界观、人生观、价值观和一定的文化品位与格调；
（2）具有良好的思想政治素质、职业道德和遵纪守法精神；
（3）具有较强的责任感、事业心和团队精神；
（4）具有一定的岗位适应能力、人际交流能力和应变能力；
（5）具有健康的体魄和良好的心理素质；
（6）具有一定的逻辑思维能力、分析判断能力和语言表达能力；
（7）具有一定的英语阅读、翻译和日常会话能力；
（8）具有较强的自学能力和创新能力。

出纳应掌握的专业知识有：

（1）现金业务核算知识；
（2）银行存款业务核算知识；
（3）其他货币资金业务核算知识。

出纳应具备的专业技能有：

（1）原始凭证的填制、审核；
（2）记账凭证的填制、审核；
（3）日记账的登记、审核；
（4）银行存款余额调节表的填制。

2. 会计

会计应具备的基本素质和能力：

（1）具有正确的世界观、人生观、价值观和一定的文化品位与格调；
（2）具有良好的思想政治素质、职业道德和遵纪守法精神；
（3）具有较强的责任感、事业心和团队精神；
（4）具有一定的岗位适应能力、人际交流能力和应变能力；
（5）具有健康的体魄和良好的心理素质；
（6）具有一定的逻辑思维能力、分析判断能力和语言表达能力；
（7）具有一定的英语阅读、翻译和日常会话能力；
（8）具有较强的自学能力和创新能力。

会计应掌握的专业知识有：

（1）会计核算的基本理论、方法；
（2）会计要素的确认、计量的方法；
（3）纳税会计处理与纳税申报知识；
（4）会计报表的编制与分析的基本理论与方法；
（5）财经法规的知识；
（6）会计电算化知识。

会计应具备的专业技能有:
(1) 会计凭证的编制与审核;
(2) 登记账簿;
(3) 财产清查;
(4) 成本计算;
(5) 会计报表的编制与分析;
(6) 纳税会计处理与纳税申报;
(7) 财会软件的应用。

3. 审计

审计应具备的基本素质和能力有:
(1) 具有正确的世界观、人生观、价值观和一定的文化品位与格调;
(2) 具有良好的思想政治素质、职业道德和遵纪守法精神;
(3) 具有较强的责任感、事业心和团队精神;
(4) 具有一定的岗位适应能力、人际交流能力和应变能力;
(5) 具有健康的体魄和良好的心理素质;
(6) 具有一定的逻辑思维能力、分析判断能力和语言表达能力;
(7) 具有一定的英语阅读、翻译和日常会话能力;
(8) 具有较强的自学能力和创新能力。

审计应掌握的专业知识有:
(1) 会计岗位的基本知识;
(2) 审计理论与方法。

审计应具备的专业技能有:
(1) 编制审计工作计划;
(2) 审计方法的运用;
(3) 编制审计工作底稿;
(4) 撰写审计报告。

多数财会类职位要求相关从业人员具备会计或者相关专业大专或大学本科学历。这个职业领域,职业认证非常重要。如果拥有注册会计师证书、注册审计师证书,拥有硕士学位,精通会计或者审计电脑软件,在求职时会具有明显的优势。精通外语是财会人员走进国际公司从事财务管理工作的必要条件。

财会工作(包括会计和审计)的职责是保证公司和机构的有效运作,保证其财务记录的准确,税务状况的准确、及时掌握。财会类从业人员主要任职在以下四个领域:

(1) 会计师事务所。任职于会计师事务所,为客户进行广泛的会计、审计、税务和咨询服务。会计师事务所的客户可以是公司、政府机构、非政府组织及个人。大型会计师事务所的服务领域和客户范围非常广泛,但也有一些事务所只专注于某个领域的服务,例如:税务、破产、公司并购等。会计师事务所也负责审计客户的财务报表,负责向相关投资人和政府机构报告财务报表的真实情况。多数事务所的会计都是注册会计师(CPA),他们通常会为一家事务所工作或者拥有自己的事务所。

(2) 公司(企业)。任职于公司(企业)财务部门的人员,其工作内容是记录并分析所任职的公司（企业）的财务信息。其他工作职责还包括公司预算、运营评估、成本管理和资产管理等。公司财务人员为公司管理层分析并解释财务信息，协助其进行全面的商业运营决策。同时他们也负责准备一些财务报告，提供给公司股东、债权人和管理机构。公司会计的工作还涉及财务分析、规划、预算和成本会计等领域。

（3）政府机构。政府机构的会计和审计负责核查政府机关的财务状况，并对公司和个人的某些财务情况（如税务）进行审计。在政府财务部门工作的会计和审计要保证财政的收入和支出符合法律规定。他们属于国家公务人员的编制。

（4）内部审计。公司审计在会计和审计领域的重要性日益增强。公司内部审计人员要核查本公司或者机构财务报告的准确性并监督管理失误、浪费或者欺骗行为。而且，要评估所在公司或机构的财务和信息系统、管理流程和内部成本控制。公司内部审计人员同时对公司运营状况、效益进行评估，监督公司政策的执行情况，对法律和法规的遵守情况。审计工作帮助公司领导在决策时更多的是依靠准确的数字而不是个人经验。

很多人认为会计的任务是负责日常的记账工作，但是实际工作中，会计在很大程度上扮演着管理者的角色。会计的基本理论应用面很广，在金融和投资领域中都有应用。在我国现阶段，全国数百所高校中几乎每个学校都设有财经专业，尤其是会计专业。每年都有成千上万的会计专业大学毕业生涌入人才市场，虽说会计是热门职业，但现状是，普通和初级财务人员明显供大于求，中级会计人员特别是注册会计师却明显地供不应求。

越来越多的企业开始对其财会从业人员有了新的期望和要求。目前，具有会计工作实践经验，并且取得会计职称（如注册会计师、ACCA、AIA 等）的中高级会计人才成为人才市场上的抢手货。面对这种现状，当代大学生更应该好好筹谋自己的前途，做好合理的规划。

三、学习与职业目标

1. 学习目标

大一时，要从被动转向主动，成为自己未来的主人。打牢地基，观念上将"要我学"变为"我要学"，脚踏实地地学好基础课程。大一的学习任务不重，应积极参加学校活动，要多和学长学姐们进行交流，增强交流技巧，提高沟通能力。

大二时，要学好专业知识，能充分利用有限的课上和课余时间，扎实掌握专业知识，同时还要多看新闻，多关注国计民生，开阔自己的视野，形成自己的观点，要有自己的想法，培养自己的创新思维。

大三时，在学好更多的专业课程知识的同时，要走出校门，接近实际的生活。

要取得一些相关的证书，如英语四、六级证书，计算机等级考试二级证书，会计从业资格证书，初级会计师证书等。具体做法为：每天早晨练习英语口语，平常要下意识地练听力。要熟练掌握基本的计算机技能，平时多练多操作。在学习"基础会计""会计电算化""会计职业道德与财经法规""中级财务会计""财务管理""成本会计""经济法基础"等课程时，同时报考会计从业资格证和初级会计师证的考试，将大学的相应课程内容和考证内容结合起来，两者相互促进，达到实现双重目标的良好效果。

大四时，要强化求职技巧，编写好个人求职材料，积极参加各种招聘活动，多到求职网站和论坛转一转，多向已经参加工作的校友请教他们求职的成功经验，自然会享受到收获的果实。临近毕业，如果没能找到正式的工作单位，可以先到一些较好的单位去实习，在积累相关的工作经验的同时,增加自己的社会阅历,争取以自己的优异表现,在实习结束时能留在该单位工作。也可以选择先就业再择业。

2. 职业目标

(1) 能力目标:毕业后半年内能做一套完整的会计账;毕业两年后参加中级会计师职称考试,力争在两年内通过考试。

(2) 经济目标:月薪 3 000~4 000 元。

(3) 职务目标:第一年可以从基层做起,在小企业工作;在五年内成为一家中小企业的会计主管或者会计负责人(前提是必须取得中级会计师职称)。

四、应对策略

毕业第一年:

(1) 养成早睡早起的习惯,争取时间来学习和工作。

(2) 这个时期的主要目标是锻炼自己,提高自己的实务水平,努力积累经验。在这段时间,尽量去一些中小企业找一份合适的工作并安定下来积极地做,主动地去了解公司的整个业务流程,主要了解整个会计实务的操作程序。工资要求不要太高,这段时间不宜频繁跳槽,因为从事会计这一行经验是最重要的。

(3) 这段时间,还要不停地学习相关的会计知识,例如:金蝶软件、用友软件、税务会计方面等财会软件的操作及与会计相关的知识都要学习,为以后的工作打好基础。

毕业第二年:

(1) 这个时期一般都有了工作经验,对于以后的工作来说是比较有利的,所以这段时间会提高自己的工资要求。一是要求原单位加工薪,二是跳槽。但不能频繁跳槽,选好一家公司就安定下来,专心工作。

(2) 这段时间要努力准备中级会计职称考试。这个考试要考三门,所以要提前一年时间来准备,以保证能够一次性通过三门。在努力把本职工作做好的同时,要利用业余时间多看书、多做题,多参加一些中级会计职称考试的培训班,争取时间备考。

毕业第三、第四年:

这段时间要正式参加中级会计职称考试了,尽量集中一切精力去参加考试,力争一次性通过。如果没能一次性通过,可以总结经验,更好地处理好工作与学习的关系,请家人给予更多的支持,争取没有通过的课程在来年能通过。

毕业第五年:

此时,中级会计师资格证应该已经拿到了,凭着自己四年的会计工作经验,努力争取早日当上会计主管。

五、职业评估

1. 职业目标评估

假如发现自己并不适合从事会计工作,可以考虑重新选择职业,并制订新的职业生涯规划。

2. 职业路径评估

当在公司得不到发展机会时,可以重新选择公司;当公司的管理理念与自身的理念不相适应甚至矛盾时,可以选择离开该公司,寻求新的公司。

3. 实施策略评估

如果短期内工作过于劳累或者压力偏大时,可以选择休假,到外地散心休养;如果长时间处于过度劳累或者压力过大时,可以选择其他公司。

4. 其他因素评估

假如患上重大疾病时,可以选择辞职,待调理好身体之后,再就业。假如家庭发生重大变故,如需要大量资金时,可以酌情选择工资较高的工作;如需要长时间陪伴家庭时,可以选择辞职;假如经济状况不足以维持整个家庭的开支时,可以尽量缩减开支,同时寻找第二份职业贴补家用。

5. 评估的时间

一般情况下,一年进行一次评估规划;当出现特殊情况时,随时评估并进行相应的调整。规划调整的原则:职业规划的目标必须明晰,实现目标的步骤要考虑周全;因时而动,随机应变;考虑职业生涯发展的整个历程;生涯规划各阶段的路线划分与安排必须具体可行;规划的设计要有明确的时间限制或标准,容易评估检查,方便自己随时掌握执行情况。

第二节 会计的概念与目标

一、会计的概念

（一）会计的含义

会计是以货币为主要计量单位,通过一定的程序,采用特定的方法,将会计主体发生的日常经济业务数据进行一系列的确认、计量、记录和报告,系统、连续、完整地反映和监督一个单位的经济活动,为会计报告使用者决策提供有用信息的一种经济管理工作。

（二）财务会计与管理会计

会计按其报告的对象不同,可分为财务会计与管理会计。

财务会计又被称为对外会计。它的首要目的是为企业外部相关利益者（投资者、债权人等）决策提供有用的信息。企业外部决策人根据财务会计提供的企业财务状况、经营成果和现金流量情况等信息,做出自己的决策。财务会计要求企业定期对外公布企业的财务报告,通过财务报告向外部会计信息使用者报告企业的财务状况和经营成果。因此,财务会计信息披露的内容、形式,都必须符合一定的标准——公认会计准则,以便保证会计信息的客观公允,保证会计信息在不同行业、不同企业之间具有可比性。财务会计不得违背规定的会计程序和公认的会计原则的要求,否则,将达不到财务会计的目标。所以,财务会计是以会计准则为依据,确认、计量、记录、报告企业资产、负债、所有者权益的增减变动,反映企业收入的取得、费用的发生、利润的形成及分配,并定期报告企业的财务状况、经营成果。财务报告既可以满足企业外部投资者、债权人等的需要,也可以满足企业内部管理者的需要。

管理会计又被称为对内会计。它的主要目的是侧重于向企业内部管理者提供进行经营规划、经营管理、预测决策所需的相关信息。财务会计侧重于过去的信息,为外部有关各方提供所需数据;管理会计侧重于未来的信息,为内部管理部门提供数据。管理会计所提供的会计信息视企业管理者的需要而定,其内容灵活多变,报告形式也不拘一格,不受会计准则的限制或约束。管理会计包括成本会计、决策会计、控制会计和责任会计,其提供的会计信息一般属于企业内部秘密,不对外公开。

二、会计的目标

会计的目标主要明确为什么要提供会计信息,向谁提供会计信息,提供哪些会计信息等问题。只有明确了会计的目标,才能进一步明确会计应当收集哪些会计数据,以及如何加工、采用哪种方法进行加工和处理这些会计数据,从而为会计信息的使用者提供有用的会计信息。

我国《企业会计准则——基本会计准则》第四条规定,企业应当编制财务报告,财务报告的目标是向财务报告使用者提供与企业财务状况、经营成果和现金流量等有关的会计信息,反映企业管理层受托责任履行情况,有助于财务报告使用者做出经济决策。其主要内容包括以下两个方面:

1. 为财务报告使用者决策提供有用的信息

为财务报告使用者决策提供有用的信息是财务报告的基本目标。财务报告的外部使用者有:股东、债权人、政府管理部门、潜在的投资者和债权人;内部使用者有:企业经营管理者、员工等。如果企业财务报告中提供的会计信息与使用者的决策无关,没有使用价值,那么财务报告就失去了编制的意义。财务会计人员提供的会计信息应当如实反映企业所拥有或控制的资源,如实反映企业对资源的利用情况,从而有助于现在的或者潜在的投资者、债权人以及其他使用者正确、合理地评价企业的经营能力和管理水平,从而做出理性的投资和信贷决策。

2. 反映企业管理层受托责任履行情况

在现代公司制度下,企业所有权与经营权相分离,企业管理层受委托人之委托经营管理企业的各项资产,负有委托责任。委托人需要及时或经常性地了解企业管理层保管、使用资产的情况,以便评价管理者受托责任的履行结果,并决定是否需要更换管理层。因此,财务报告应当反映企业管理层受托责任的履行情况,以有助于评价企业的经营管理责任和资源的有效性。

【例1-1】(单选题)下列项目中,不属于财务报告目标的是_____。( )

A. 向财务报告使用者提供与企业财务状况有关的会计信息
B. 向财务报告使用者提供与企业经营成果有关的会计信息
C. 反映企业管理层受托责任的履行情况
D. 满足企业内部的管理需要

【正确答案】D

【答案解析】财务报告的目标是向财务报告使用者提供与企业财务状况、经营成果和现金流量等有关的会计信息,反映企业管理层受托责任的履行情况,有助于财务报告使用者做出经济决策。财务报告的目标不是满足企业内部管理的需要。

第三节 会计的基本假设与理论基础

一、会计基本假设

会计基本假设是企业会计确认、计量和报告的前提,是对会计核算所处时间、空间和环境等做的合理设定。会计基本假设包括会计主体、持续经营、会计分期和货币计量四个假设。

(一)会计主体

1. 会计主体假设的内涵

(1)会计主体是企业会计确认、计量和报告的空间范围,是会计应当仅为其服务的特定单位或组织。比如,苹果公司的会计所要描述的资金运动是苹果公司这个空间范围内的资金运动,而且是站在苹果公司的角度进行反映和描述的,则苹果公司就是会计主体。

一般来说,只要是独立核算的经济组织都可成为会计主体。比如:一个经济上独立核算的车间可以确认为一个会计主体,设置会计核算体系描述属于该空间范围内的资金运动。除此之外,可成为会计主体的经济组织还包括企业、企业集团(即由母公司和子公司组成的企业联合体)、事业单位等。

(2)会计主体与法人的区别。

法人是一种享有民事主体资格的组织,法律赋予它等同于自然人一样的人格,以便于其独立地行使权利并承担自身的义务。成为一个法人首先在经济上是独立的,从这个角度来说,法人肯定是会计主体,但仅仅独立核算是无法足以支撑其成为法人的,所以,是法人的一定是会计主体,是会计主体的不一定是法人。会计主体(如企业集团)可能大于法人,会计主体(如企业独立核算的车间)也可能小于法人。

会计主体假设要求企业应当对其本身发生的交易或者事项进行会计确认、计量和报告,反映企业本身从事的各项生产经营活动。明确界定会计主体是开展会计确认、计量和报告工作的重要前提。

2. 会计主体假设的目的

(1)划定会计所要处理的各事项的范围。

(2)将会计主体的交易或事项与会计主体所有者的交易或事项以及其他会计主体的交易或事项区分开来。

总之,会计主体假设的核心目的就是确定会计核算的范围。

(二)持续经营

1. 持续经营假设的内涵

假设企业在可预见的未来不会破产倒闭、不会被清算。即假设企业的经营活动处于一个正常运行状态并一直持续下去。

2. 持续经营假设的目的

持续经营假设为会计核算的开展提供了正常的业务背景。

企业是否持续经营，在会计原则和会计方法上会有较大差异，只有假定企业在可预见的未来不会破产清算，会计核算才可正常进行，否则将依据破产清算时的特殊规定进行处理。

3. 例外情况

当有确凿证据（通常是破产公告的发布）证明企业已经不能再持续经营下去的，该假设会自动失效，此时企业将由清算小组接管，会计核算方法随即改为破产清算会计。

（三）会计分期

1. 会计分期假设内涵

会计分期是将企业持续不断的资金运动人为地分割为若干期间，以分期提供会计信息。

2. 具体划分方法

会计期间通常有四种划分口径：年度、半年度、季度和月度。按年度口径所编报表为年报，其他期间所对应的报表为中期报告。

3. 会计分期假设的目的

会计分期假设的目的在于分段结算账目和编制会计报表，提供会计信息，以实时反映和监督企业的资金运动。

由于有了会计分期，才产生了本期与非本期之分，才产生了权责发生制和收付实现制，才产生了配比原则。

（四）货币计量

1. 货币计量单位假设的内涵

货币计量，是指会计主体在财务会计确认、计量和报告时以货币为主要计量单位，反映会计主体的生产经营活动。该假设包括两层意思：

（1）会计仅反映那些能以货币表达的信息，如果一个信息本应纳入会计核算体系，但苦于无法用货币来表达的，则只能无奈地排除在会计核算范围之外。比如，人力资源就应该作为企业的一个关键资产进行账务反映，但人力资源的货币计量尚无法广泛地达到实践的可操作性，因此大部分企业是不反映人力资源的。

（2）币值稳定假设。为了会计信息的稳定性，货币计量假设还包含一个假定币值不变的含义。

2. 货币计量单位假设的目的

在诸多的计量手段中，只有货币标准是具有最大限度的无差别性和统一性的，货币计量单位假设为会计活动的开展选定了主要核算手段。

3. 货币计量的要求

我国规定，企业会计核算以人民币为记账本位币，外商投资企业可以选用外币作为记账本位币进行核算，但应提供以人民币反映的报表，境外企业向国内报送报表时应折算为人民币反映。

4. 例外情况

当发生严重的通货膨胀时，该假设不成立，应改用物价变动会计或通货膨胀会计。

【例1–2】（多选题）会计核算可以采用的计量尺度包括_____。　　　　（　　）

A. 货币量度　　　B. 劳动量度　　　C. 实物量度　　　D. 人数量度

【正确答案】ABC

【例1-3】（单选题）下列对会计核算基本前提的表述中恰当的是_____。（　　）

A. 持续经营和会计分期确定了会计核算的空间范围
B. 一个会计主体必然是一个法律主体
C. 货币计量为会计核算提供了必要的手段
D. 会计主体确立了会计核算的时间范围

【正确答案】C
【答案解析】会计主体规范了会计核算的空间范围；持续经营和会计分期确定了会计核算的时间范围。

二、会计基础

会计基础主要包括权责发生制和收付实现制。权责发生制以是否归属本期为标志确认收入、费用：凡是当期已经实现的收入和已经发生或应当负担的费用，无论款项是否收付，都应当作为当期的收入和费用，计入利润表；凡是不属于当期的收入和费用，即使款项已在当期收付，也不应当作为当期的收入和费用。收付实现制以款项实际收付为标志确认收入、费用：凡是当期已经收到或支付的都记入本期的收入或费用，凡是当期没有收到或支付的都不记入本期的收入或费用。

注意我国的相关规定：

（1）所有企业的确认、计量和报告应当以权责发生制为基础。
（2）行政事业单位除经营性业务外，以收付实现制为基础。
（3）企业日常核算不符合权责发生制的，期末必须调整。

【例1-4】（业务题）根据A公司12月发生的以下业务，判断在权责发生制和收付实现制下的收入和费用分别是多少。

（1）1日，收到上月货款100万元。
（2）5日，支付下年度财产保险费8万元。
（3）8日，赊销商品200万元。
（4）15日，支付设备日常修理费12万元。
（5）18日，计提本月短期借款利息5万元。
（6）25日，计提产品质量保证费用10万元。
（7）30日，收到本月8日赊销商品款120万元。
（8）31日，支付本季度短期借款利息15万元。
（9）31日，销售原材料一批，售价40万元，价款约定下月结算。

采用权责发生制计算：

$$收入 = 200 + 40 = 240（万元）$$
$$费用 = 12 + 5 + 10 = 27（万元）$$

采用收付实现制计算：

$$收入 = 100 + 120 = 220（万元）$$
$$费用 = 8 + 12 + 15 = 35（万元）$$

第四节 会计要素及计量属性

一、会计要素

会计对象是指会计核算和监督的内容，而会计要素则是会计对象的基本分类，是会计核算对象的具体化。会计要素包括资产、负债、所有者权益、收入、费用和利润，这六大会计要素可以划分为反映财务状况的会计要素和反映经营成果的会计要素两大类。

反映财务状况的会计要素包括资产、负债和所有者权益；反映经营成果的会计要素包括收入、费用和利润。

（一）资产的定义及其确认条件

1. 资产的定义

资产是指企业过去的交易或者事项形成的、由企业拥有或者控制的、预期会给企业带来经济利益的资源。资产具备以下特征：

（1）资产预期会给企业带来经济利益；
（2）资产应为企业拥有或者控制的资源；
（3）资产是由企业过去的交易或者事项形成的。

2. 资产的确认条件

在同时满足以下条件时，确认为资产：

（1）与该资源有关的经济利益很可能流入企业；
（2）该资源的成本或者价值能够可靠地计量。

【例1–5】（单选题）下列各项中，企业应将其确认为一项资产的是_____。（　　）

A. 转入"待处理财产损溢"账户的存货毁损
B. 以经营租赁方式租入的一项固定资产
C. 以融资租赁方式租入的固定资产
D. 企业急需购买的原材料

【正确答案】C

【答案解析】选项A，待处理的存货损失因为不能为企业带来经济利益，所以不能作为企业的资产；选项B，以经营租赁方式租入的固定资产，企业仅拥有其使用权，不符合资产的定义；以融资租赁方式租入的固定资产，形式上是租的，也仅拥有其使用权，但它实质上是相当于分期付款购买的，能够控制其产生的经济利益，根据实质重于形式的原则，以融资租赁方式租入的固定资产可以确认为本企业的一项资产；选项D，因为尚未实际购买，所以急需购买的材料也不属于企业的资产。

【例1–6】（单选题）根据资产的定义，下列各项中不属于资产特征的是_____。

（　　）

A. 资产是企业拥有或控制的经济资源
B. 资产预期会给企业带来经济利益
C. 资产是由企业过去的交易或事项形成的
D. 资产能够可靠地计量

【正确答案】D
【答案解析】资产具有以下几个方面的特征：① 资产应为企业拥有或者控制的资源；② 资产预期会给企业带来经济利益；③ 资产是由企业过去的交易或者事项形成的。

【例1-7】（单选题）下列各项中，不符合资产会计要素定义的是_____。（　　）
　A. 委托代销商品　　　　　　　B. 委托加工物资
　C. 待处理财产损失　　　　　　D. 尚待加工的半成品
【正确答案】C
【答案解析】"待处理财产损失"预期不会给企业带来经济利益，不属于企业的资产。
【关注】资产的账面余额和账面价值有何区别？

资产的账面余额，是指某科目的账面实际余额，不扣除作为该科目备抵的项目（如相关资产的减值准备）。

资产的账面价值，是指某科目的账面余额减去相关的备抵项目后的净额。

举例说明如下：

某项存货的账面余额为100万元，已提存货跌价准备20万元，则该项存货的账面余额为100万元，账面价值为80万元。

（二）负债的定义及其确认条件

1. 负债的定义

负债是指由企业过去的交易或者事项形成的、预期会导致经济利益流出企业的现时义务。现时义务是指企业在现行条件下已承担的义务。未来发生的交易或者事项形成的义务，不属于现时义务，不应当确认为负债。

负债的特征有以下几个方面：

（1）负债是企业承担的现时义务；

（2）负债的清偿预期会导致经济利益流出企业；

（3）负债是由企业过去的交易或者事项形成的。

2. 负债的确认条件

在同时满足以下条件时，确认为负债：

（1）与该义务有关的经济利益很可能流出企业；

（2）未来流出的经济利益的金额能够可靠地计量。

（三）所有者权益的定义及其确认条件

1. 所有者权益的定义

所有者权益是指企业资产扣除负债后由所有者享有的剩余权益。

2. 所有者权益的来源构成

所有者权益的来源包括所有者投入的资本、直接计入所有者权益的利得和损失、留存收益等。

利得是指由企业非日常活动所形成的、会导致所有者权益增加的、与所有者投入资本无关的经济利益的流入。利得包括两种：一是形成当期损益的利得，比如处置固定资产的净收益；二是直接计入所有者权益的利得，比如可供出售金融资产的增值。

损失是指由企业非日常活动所形成的、会导致所有者权益减少的、与向所有者分配利润无关的经济利益的流出。损失包括两种：一是形成当期损益的损失，比如处置固定资产的净损失；二是直接计入所有者权益的损失，比如可供出售金融资产的贬值。

【例1-8】（多选题）下列各项中，属于损失的有_____。（　　）

A．无形资产的报废损失

B．同一控制下的控股合并中投资方冲减的资本公积

C．长期股权投资的变卖损失

D．债务重组损失

E．固定资产减值损失

【正确答案】 AD

【答案解析】 选项B属于资本溢价，与损失无关；选项C产生的损失列于"投资收益"借方，属于营业利润范畴；选项E列支于"资产减值损失"，属于营业利润范畴。

3．所有者权益的确认条件

所有者权益的确认依赖于资产和负债的确认。

（四）收入的定义及其确认条件

1．收入的定义

收入是指企业在日常活动中形成的、会导致所有者权益增加的、与所有者投入资本无关的经济利益的总流入。

收入的特征有以下几个方面：

（1）收入应当是企业在日常活动中形成的。

【例1-9】（多选题）下列经济利益的流入，应界定为收入要素的范畴的是_____。
（　　）

A．换股合并中投资方贷记的资本公积

B．企业接受的现金捐赠

C．成本法下因被投资方分红而确认的投资收益

D．企业出售投资性房地产形成的收入

E．企业收到先征后返的增值税

【正确答案】 CD

【答案解析】 选项A，资本溢价属于所有者的投入资本，与收入无关；选项B，企业接受的现金捐赠应列入"营业外收入"，属非日常活动产生的经济利益流入，应归入利得范畴；选项E，企业收到先征后返的增值税应列入"营业外收入"。

【2013年《初级会计实务》考试真题·多选题】 下列各项中，应计入营业外收入的有_____。（　　）

A．债务重组利得　　　　　　　B．接受捐赠利得

C．固定资产盘盈利得　　　　　D．非货币性资产交换利得

【正确答案】 ABD

【答案解析】 选项C，盘盈的固定资产作为前期差错处理，记入以前年度损益调整，不计入当期的营业外收入。

（2）收入是与所有者投入资本无关的经济利益的总流入。

（3）收入应当最终会导致所有者权益的增加。

2. 收入的确认条件

（1）与收入相关的经济利益很可能流入企业。

（2）经济利益流入企业的结果会导致企业资产的增加或者负债的减少。

（3）经济利益的流入额能够可靠计量。

（五）费用的定义及其确认条件

1. 费用的定义

费用是指企业在日常活动中发生的、会导致所有者权益减少的、与向所有者分配利润无关的经济利益的流出。

费用的特征有以下几个方面：

（1）费用应当是企业在日常活动中发生的。

（2）费用应当会导致经济利益的流出，该流出不包括向所有者分配的利润。

（3）费用应当最终会导致所有者权益的减少。

2. 费用的确认条件

（1）与费用相关的经济利益很可能流出企业。

（2）经济利益流出企业的结果会导致企业资产的减少或者负债的增加。

（3）经济利益的流出额能够可靠计量。

（六）利润的定义及其确认条件

1. 利润的定义

利润是指企业在一定会计期间的经营成果。

2. 利润的构成

利润＝收入－费用＋直接计入当期利润的利得－直接计入当期利润的损失

3. 利润的确认条件

利润的确认依赖于上述公式中诸要素的确认。

【要点提示】在这六要素中，应重点关注"资产"和"收入"两要素，常以实务案例是否属于某要素范畴为主要测试角度。

【例1-10】（多选题）下列各项交易事项中，不会影响发生当期营业利润的有_____。
（　　）

A. 计提应收账款坏账准备

B. 出售无形资产取得净收益

C. 开发无形资产时发生符合资本化条件的支出

D. 自营建造固定资产期间处置工程物资取得净收益

E. 以公允价值进行后续计量的投资性房地产持有期间公允价值发生变动

【正确答案】BCD

【答案解析】计提坏账准备计入资产减值损失科目，影响营业利润的计算金额，选项A不符合题意；以公允价值进行后续计量的投资性房地产持有期间公允价值发生变动计入公允价值变动损益，影响营业利润的计算金额，选项E不符合题意。

二、会计计量属性

会计计量是指根据一定的计量标准和计量方法,记录并在资产负债表和利润表中确认和列示会计要素而确定其金额的过程。

(一)会计要素计量属性

1. 历史成本

在历史成本计量下,资产按照购置时支付的现金或者现金等价物的金额,或者按照购置资产时所付出的对价的公允价值计量。负债按照因承担现时义务而实际收到的款项或者资产的金额,或者承担现时义务的合同金额,或者按照日常活动中为偿还负债预期需要支付的现金或者现金等价物的金额计量。

2. 重置成本

在重置成本计量下,资产按照现在购买相同或者相似资产所需支付的现金或者现金等价物的金额计量。负债按照现在偿付该项债务所需支付的现金或者现金等价物的金额计量。

3. 可变现净值

在可变现净值计量下,资产按照其正常对外销售所能收到现金或者现金等价物的金额扣减该资产至完工时估计将要发生的成本、估计的销售费用以及相关税费后的金额计量。

4. 现值

在现值计量下,资产按照预计从其持续使用和最终处置中所产生的未来净现金流入量的折现金额计量。负债按照预计期限内需要偿还的未来净现金流出量的折现金额计量。

5. 公允价值

在公允价值计量下,资产和负债按照在公平交易中,熟悉情况的交易双方自愿进行资产交换或者债务清偿的金额计量。

(二)各种计量属性之间的关系

历史成本通常反映的是资产或者负债过去的价值,而重置成本、可变现净值、现值以及公允价值通常反映的是资产或者负债的现时成本或者现时价值,是与历史成本相对应的计量属性。

(三)计量属性的适用范围(如表1-1所示)

表1-1 计量属性的适用范围

计量属性	适用范围
历史成本	一般在会计要素计量时均采用历史成本
重置成本	盘盈存货、盘盈固定资产的入账成本均采用重置成本
可变现净值	① 存货的期末计价采用成本与可变现净值孰低法,可变现净值作为存货期末计价口径的一种选择 ② 资产减值准则所规范的资产在认定其可收回价值时,公允价值减去处置费用后的净额是备选口径之一

续表

计量属性	适 用 范 围
现值	① 当固定资产以分期付款方式取得时，其入账成本选择未来付款总额的折现口径 ② 当无形资产以分期付款方式取得时，其入账成本选择未来付款总额的折现口径 ③ 以分期收款方式实现的销售收入，以未来收款额的折现作为收入的计量口径 ④ 弃置费在计入固定资产成本时采取现值口径 ⑤ 资产减值准则所规范的资产在认定其可收回价值时，未来现金流量折现是备选口径之一 ⑥ 融资租入固定资产入账成本口径选择之一
公允价值	① 交易性金融资产的期末计量口径选择 ② 投资性房地产的后续计量口径选择之一 ③ 可供出售金融资产的期末计量口径选择 ④ 融资租入固定资产入账口径选择之一 ⑤ 交易性金融负债的期末计量口径选择

【例 1–11】（多选题）下列各项关于资产期末计量的表述中，正确的有_____。（　　）

A. 固定资产按照市场价格计量
B. 持有至到期投资按照市场价格计量
C. 交易性金融资产按照公允价值计量
D. 存货按照成本与可变现净值孰低计量
E. 应收款项按照账面价值与其预计未来现金流量现值孰低计量

【正确答案】CDE

【答案解析】固定资产按照账面价值与可收回金额孰低计量，选项 A 错误；持有至到期投资按照摊余成本进行后续计量，选项 B 错误。

第五节　会计信息质量特征

会计信息质量要求是对企业财务报告中所提供会计信息质量的基本要求，是使财务报告中所提供会计信息对投资者等使用者决策有用应具备的基本特征，主要包括可靠性、相关性、可理解性、可比性、实质重于形式、重要性、谨慎性和及时性等。

一、可靠性

可靠性要求企业应当以实际发生的交易或者事项为依据进行会计确认、计量和报告，如实反映符合确认和计量要求的各项会计要素及其他相关信息，保证会计信息真实可靠、内容完整。

二、相关性

相关性要求企业提供的会计信息应当与投资者等财务报告使用者的经济决策需要相关，有助于投资者等财务报告使用者对企业过去、现在或者未来的情况做出评价或者预测。

相关性应以可靠性为基础,即会计信息应在可靠性的前提下,尽可能地实现相关性,以满足投资者等财务报告者使用者的决策需要。

三、可理解性

可理解性要求企业提供的会计信息应当清晰明了,以便财务报告使用者理解和使用。

四、可比性

可比性要求企业提供的会计信息应当具有可比性,此可比性要求企业达到以下标准:

(1) 同一企业不同会计期间的可比,即纵向可比。为达到此要求,企业在选择会计方法时,应保证前后期一致,即使发生了会计政策的变更,也应当按规定方法进行会计口径的调整,以保证会计信息的前后期一致。

(2) 同一会计期内,不同企业之间的可比,即横向可比。为了达到此要求,企业应采用国家统一规定的方法进行会计处理。

【要点提示】可比性原则是为了保证会计信息口径的横向可比和纵向可比,在考试中常以多项选择题方式进行测试,主要测试角度是让考生甄别几个具体实务的做法是否违反或遵循该原则。

【例1-12】(多选题)下列业务的会计处理中,违反可比性原则的是_____。( )

A. 基于最新信息修正固定资产使用期限时应追溯以前年度的折旧额

B. 丧失控制权的长期股权投资处置时如果剩余股份能达到重大影响应就其余下股份进行追溯调整(持股比例由70%减资为40%)

C. 如果前期差错金额不大,可直接在当期修正,无须追溯

D. 当投资方的持股比例由原来的30%上升至70%时,长期股权投资的会计核算应由权益法转为成本法,并对原权益法的核算口径按成本法进行追溯调整

E. 当固定资产竣工决算的原价与暂估价不同时,除修正原价外还应对基于原价所提折旧进行追溯

【正确答案】ADE

【答案解析】选项A,修正折旧期限属于会计估计变更,无须追溯;选项D,无须追溯;选项E,无须追溯调整旧折旧额。

五、实质重于形式

(1) 实质指的是经济实质,形式指的是法律形式,此原则要求企业在进行会计处理时,应当以经济实质为准,而不受法律形式的制约。

(2) 实务中的应用案例。

① 合并报表的编制;

② 融资租赁的会计处理;

③ 售后回购;

④ 售后回租。

【例1-13】(多选题)下列业务的会计处理中,符合实质重于形式原则的是_____。
( )

A. 在分期收款发出商品的销售方式中,收入的确认时间是在发出商品时,确认的金额是将来收款额的折现

B. M公司将商品以100万元的价格卖给了N公司,并约定在两个月后以120万元的价格来回购,M公司认定此业务的本质为以商品做抵押,借100万元,还120万元,承担20万元的利息费用

C. 甲公司持有乙公司80%的股份,持有丙公司60%的股份,则甲公司应每年编制包括甲、乙、丙公司在内的总集团的财务报表

D. 甲公司将融资租入的固定资产列入报表中并视同自用固定资产提取折旧,但甲公司在整个租赁期内对此设备不拥有产权

【正确答案】BCD

六、重要性

(1) 只要具备下列中的一条即可认定为重要事项:
① 金额规模达到一定程度时,应界定为重要信息;
② 指标本质上属于重要信息,比如净利润。
(2) 实务中的应用案例。
① 合并报表中抵销内容的选择就体现了重要性原则;
② 季度报告没有必要像年度财务报告那样披露详细的附注信息;
③ 长期股权投资的成本法核算与权益法核算的转换。

七、谨慎性

谨慎性原则要求企业对交易或事项进行会计确认、计量和报告应当保持谨慎,不应高估资产或者收益、低估负债或者费用。

实务中的应用案例:
(1) 资产减值准备的计提;
(2) 加速折旧法;
(3) 或有事项的处理。

八、及时性

及时性要求企业对于已经发生的交易或者事项,应当及时进行会计确认、计量和报告,不得提前或者延后。

案例分析

职员是公司资产吗?

FCB通信公司2012年度财务报告的部分内容如下:

企业简介:FCB是全球性的公司,提供广告、市场战略、促销及其他专门服务。公司通

过在全球46个国家的180个办公场所开展业务,其中包括设立在欧洲的P—FCB联合集团。

2012年度,FCB公司是全球最大的市场通信公司之一。FCB公司和P公司的联合收入达8.84亿美元,预收款超过61亿美元。

人员组成: 公司的主要资产是公司的人员。公司的成功在很大程度上来自于公司人员在各个领域的杰出才能。2012年12月31日,FCB共雇用了3 631人,其中2 411人在国内工作,1 220人是国际雇员。在这3 631人中,有1 100名从事广告的创制,1 176名从事会计管理,505名从事宣传和调查活动,850人从事行政工作。所以对公司来说,由公司人员掌握公司的大部分普通股票就很重要。在2012年12月31日,公司人员直接持有或通过各种雇员福利计划间接持有公司的普通股约为20%。

思考:

(1) FCB公司认为"我们的主要资产是我们的人员",但公认会计原则不允许将人作为资产。试思考:为什么不能把人作为资产?

(2) FCB公司是根据什么样的资产概念而宣布"我们的主要资产是我们的人员"的?

本章复习思考题

一、单项选择题

1. 可能不需要原始凭证编制记账凭证并登记账簿的业务是_____。 (   )
   A. 更正记账错误 B. 从银行提取现金
   C. 以现金发放工资 D. 职工临时性借款

2. 会计的基本职能是_____。 (   )
   A. 会计预测与监督 B. 会计核算与监督
   C. 会计核算与分析 D. 会计预测与决策

3. 体现会计核算空间范围的基本会计假设是_____。 (   )
   A. 持续经营 B. 货币计量 C. 会计分期 D. 会计主体

4. 应当采用收付实现制核算基础的单位是_____。 (   )
   A. 工业企业 B. 金融企业 C. 大专院校 D. 私营企业

二、多项选择题

1. 不是会计核算的主要计量尺度的有_____。 (   )
   A. 货币量度 B. 劳动量度 C. 实物量度 D. 人数量度

2. 会计对象可以描述为_____。 (   )
   A. 经济活动 B. 会计要素 C. 资金运动 D. 会计科目

3. 我国企业对外提供的中期报告包括_____。 (   )
   A. 季报 B. 旬报 C. 月报 D. 半年报

4. 会计核算基础包括_____。 (   )
   A. 永续盘存制 B. 权责发生制 C. 定期盘存制 D. 收付实现制

5. 会计核算工作的基本环节包括_____。 (   )
   A. 按会计科目设置账户 B. 填制、审核会计凭证
   C. 登记会计账簿 D. 编制会计报表

三、判断题
1. 根据收付实现制要求，当期已经实现的收入和已经发生的费用，无论款项是否收付，都不应当作为当期的收入和费用列入利润表。（　　）
2. 中期财务报告是反映以一年的中间日为资产负债表日编制的财务报告。（　　）
3. 我国企业只能采用人民币作为记账本位币，用于记账和编制会计报表。（　　）
4. 会计核算以凭证为记账依据，因此所有业务都必须根据业务发生或完成时取得的原始凭证才能记账。（　　）
5. 行政事业单位的经营性业务应当以收付实现制为核算基础。（　　）

四、业务题
X高尔夫俱乐部于2015年6月开业，业主为陈某。该俱乐部2015年6月的经济业务如下：
（1）1日，陈某投资200 000元开办俱乐部；
（2）1日，开出支票支付本月租金8 500元；
（3）2日，从Y公司购入设备60 000元，约定价款在60天内付清；
（4）3日，开出支票购入物料用品7 200元；
（5）4日，与客户签订为期一年的广告合同，开出支票预付全部广告费21 000元；
（6）6日，开出支票购入设备18 000元；
（7）9日，提供劳务，价款为12 500元，顾客尚未支付；
（8）15日，开出支票11 000元，支付半月雇员薪金；
（9）17日，提供劳务，价款8 700元，收到现金；
（10）20日，收回欠款6 000元；
（11）25日，开出支票支付本月电话费850元；
（12）28日，开出支票支付欠Y公司的部分款项30 000元；
（13）29日，提供劳务，价款12 800元，收到现金7 300元，其余尚未收回；
（14）30日，开出支票支付雇员半月薪金11 000元。

要求：（1）为上述经济业务编制日记账分录；
（2）开设总分类账，并将日记账分录过账；
（3）编制调整前试算表。

五、简答题
1. 收集相关资料，分析2006年我国发布的新企业会计准则体系具体有哪些显著特点？存在哪些重要创新？
2. 如何全面理解财务会计的目标？
3. 什么是资产？资产有哪些特点？
4. 如何确定企业的会计主体？
5. 如何理解权责发生制和收付实现制的区别？
6. 什么是会计计量？我国会计准则确立的会计计量属性有哪些？如何合理地利用？

答 案

一、单项选择题
1. A 2. B 3. D 4. C

二、多项选择题
1. BCD 2. BC 3. ACD 4. BD 5. BCD

三、判断题
1. × 2. × 3. × 4. × 5. √

四、业务题
（1）日记账：

表1　X高尔夫俱乐部普通日记账　　　　　　　　　　　元

2015年		摘　要	过　账	借方金额	贷方金额
6月	1日	借：银行存款 　贷：实收资本 （接受投资者的投资）	1 002 4 001	200 000	200 000
	1	借：管理费用 　贷：银行存款 （支付租金）	6 602 1 002	8 500	8 500
	2	借：固定资产 　贷：应付账款 （购买设备）	1 601 2 202	60 000	60 000
	3	借：周转材料 　贷：银行存款 （购买物料用品）	1 411 1 002	7 200	7 200
	4	借：预付账款 　贷：银行存款 （预付广告费）	1 123 1 002	21 000	21 000
	6	借：固定资产 　贷：银行存款 （购入设备）	1 601 1 002	18 000	18 000
	9	借：应收账款 　贷：主营业务收入 （提供劳务）	1 122 6 001	12 500	12 500
	15	借：主营业务成本 　贷：银行存款 （支付薪金）	6 401 1 002	11 000	11 000
	17	借：银行存款 　贷：主营业务收入 （提供劳务）	1 002 6 001	8 700	8 700

续表

2015年		摘　要	过　账	借方金额	贷方金额
	20	借：银行存款 　贷：应收账款 （收回欠款）	1 002 1 122	6 000	6 000
	25	借：管理费用 　贷：银行存款 （支付电话费）	6 602 1 002	850	850
	28	借：应付账款 　贷：银行存款 （支付Y公司部分欠款）	2 202 1 002	30 000	30 000
	29	借：银行存款 　　应收账款 　贷：主营业务收入 （提供劳务）	1 002 1 122 6 001	7 300 5 500	12 800
	30	借：主营业务成本 　贷：银行存款 （支付薪金）	6 401 1 002	11 000	11 000

（2）总分类账：

表2　银行存款　　　　　　　　　　　编号：1002　　元

2015年		摘　要	过　账	借　方	贷　方	余　额	借/贷
月	日						
6			日1	200 000		200 000	借
	1		日1		8 500	191 500	借
	3		日1		7 200	184 300	借
	4				21 000	163 300	借
	6		日1		18 000	145 300	借
	15	略	日1		11 000	134 300	借
	17		日1	8 700		143 000	借
	20		日1	6 000		149 000	借
	25		日1		850	148 150	借
	28		日1		30 000	118 150	借
	29		日1	7 300		125 450	借
	30		日1		11 000	114 450	借
6	30	本期发生额 及余额		222 000	107 550	114 450	借

第一章 总 论

表3 应收账款　　　　　　　　　　　　　　　　编号：1122　　元

2015年		摘要	过账	借方	贷方	余额	借/贷
月	日						
6	9		日1	12 500		12 500	借
	20	略	日1		6 000	6 500	借
	29		日1	5 500		12 000	借
6	30	本期发生额及余额		18 000	6 000	12 000	借

表4 预付账款　　　　　　　　　　　　　　　　编号：1123　　元

2015年		摘要	过账	借方	贷方	余额	借/贷
月	日						
6	4	略	日1	21 000		21 000	借
6	30	本期发生额及余额		21 000		21 000	借

表5 周转材料　　　　　　　　　　　　　　　　编号：1411　　元

2015年		摘要	过账	借方	贷方	余额	借/贷
月	日						
6	3	略	日1	7 200		7 200	借
6	30	本期发生额及余额		7 200		7 200	借

表6 固定资产　　　　　　　　　　　　　　　　编号1601　　元

2015年		摘要	过账	借方	贷方	余额	借/贷
月	日						
6	2	略	日1	60 000		60 000	借
	26		日1	18 000		78 000	借
6	30	本期发生额及余额		78 000		78 000	借

表7 应付账款　　　　　　　　　　　　　　　　编号：2202　　元

2015年		摘要	过账	借方	贷方	余额	借/贷
月	日						
6	2	略	日1		60 000	60 000	贷
	28		日1	30 000		30 000	贷
6	30	本期发生额及余额		30 000	60 000	30 000	贷

表 8　实收资本　　　　　　　　　　　　　　　编号：4001　元

2015年		摘要	过账	借方	贷方	余额	借/贷
月	日						
6	1	略	日1		200 000	200 000	贷
6	30	本期发生额及余额			200 000	200 000	贷

表 9　主营业务收入　　　　　　　　　　　　　编号：6001　元

2015年		摘要	过账	借方	贷方	余额	借/贷
月	日						
6	9	略	日1		12 500	12 500	贷
	17		日1		8 700	21 200	贷
	29		日1		12 800	34 000	贷
6	30	本期发生额及余额			34 000	34 000	贷

表 10　主营业务成本　　　　　　　　　　　　　编号：6401　元

2015年		摘要	过账	借方	贷方	余额	借/贷
月	日						
6	15	略	日1	11 000		11 000	借
	30		日1	11 000		22 000	借
6	30	本期发生额及余额		22 000		22 000	借

表 11　管理费用　　　　　　　　　　　　　　　编号：6602　元

2015年		摘要	过账	借方	贷方	余额	借/贷
月	日						
6	1	略	日1	8 500		8 500	借
	25		日1	850		9 350	借
6	30	本期发生额及余额		9 350		9 350	借

（3）调整前试算表：

表 12　试算表

账户名称	借方	贷方
银行存款	114 450	
应收账款	12 000	

续表

账户名称	借 方	贷 方
预付账款	21 000	
周转材料	7 200	
固定资产	78 000	
应付账款		30 000
实收资本		200 000
主营业务收入		34 000
主营业务成本	22 000	
管理费用	9 350	
合 计	264 000	264 000

五、简答题（略）

模块一
出纳岗位模块

第二章

货币资金

案例导入

加强资金管理

星海公司出纳员小王由于刚参加工作不久,对货币资金业务管理和核算的相关规定不甚了解,所以出现了一些不应有的错误,有两件事让他印象深刻,至今记忆犹新。第一件事是在 2015 年 6 月 8 日和 10 日两天的现金业务结束后例行的现金清查中,分别发现现金短缺 50 元和现金溢余 20 元的情况,对此他反复思考也弄不明白原因。为了保全自己的面子和息事宁人,同时考虑到两次账实不符的金额又很小,他决定采取下列办法进行处理:现金短缺 50 元,自掏腰包补齐;现金溢余 20 元,暂时收起。第二件事是星海公司经常对其银行存款的实有额心中无数,甚至有时会影响公司日常业务的结算,公司经理因此指派有关人员检查一下小王的工作,结果发现,他每次编制银行存款余额调节表时,只根据公司银行存款日记账的余额加或减对账单中企业的未入账款项来确定公司银行存款的实有数而且每次做完此项工作以后,小王立即将这些未入账的款项登记入账。

案例思考:(1)小王对上述两项业务的处理是否正确?为什么?

(2)如果不正确,请给出正确做法。

第一节 货币资金概述

一、货币资金的性质及范围

(一)货币资金的性质

货币资金(Money Fund)是指可以立即投入流通,用来购买商品或劳务,或用来偿还债务的媒介。它具有以下性质:

(1)它是企业流通性最强的资产,并且是唯一能够直接转化为其他任何资产形态的流动性资产,也是唯一能够代表企业实际购买力水平的资产。

(2) 它是一种支付手段，可用于支付各项费用，清偿各种债务及购买其他资产，因而具有普遍的可接受性。

同时，企业所拥有货币资金的数量是分析判断企业偿债能力与支付能力的重要指标，因此货币资金的管理和内部控制制度是会计核算的重点。

（二）货币资金的内容

货币资金是广义的现金，一般包括硬币、纸币、存放于银行或其他金融机构的活期存款以及本票和汇票存款等可以立即支付使用的交换媒介物（注：银行冻结存款不能作为货币资金）。

货币资金按其存放地点和用途分为库存现金（即狭义的现金）、银行存款和其他货币资金。

二、货币资金内部控制制度

内部控制制度是企业重要的内部管理制度，指处理各种业务活动时，依照分工负责的原则在有关人员之间建立的相互联系、相互制约的管理体系。

根据企业的规模大小和货币资金收支金额多少的不同，货币资金内部控制制度一般包括以下几项内容：

(1) 货币资金收支业务的全过程分工完成、各负其责；其会计处理程序也应制度化。
(2) 货币资金收支业务与会计记账应分开处理。
(3) 货币资金收入与货币支出应分开处理。
(4) 内部稽核人员对货币资金的检查应制度化。

第二节 库存现金

一、现金定义与现金管理

（一）现金的定义

现金是指流通中的货币，包括铸币和纸币；我国企业核算上的现金不同于国外的现金概念，它是一种狭义上的概念，即企业财务部门为了支付企业日常零星开支而保管的库存现钞，包括本币和外币。

【2013年《初级会计实务》考试真题·判断题】企业取得的拟在近期出售的股票投资视为现金等价物。　　　　　　　　　　　　　　　　　　　　　　　　　　　　　　（　）

【正确答案】×

【答案解析】现金等价物通常包括三个月内到期的债券投资，权益性投资变现的金额通常不确定，因而不属于现金等价物，股票属于权益性投资。

（二）现金管理制度

1. 现金收支的范围

企业可用现金支付的款项有：

(1) 职工工资、津贴；

（2）个人劳务报酬；
（3）根据国家规定颁发给个人的科学技术、文化艺术、体育等各种奖金；
（4）各种劳保、福利费用以及国家规定的对个人的其他支出；
（5）向个人收购农副产品和其他物资的款项；
（6）出差人员必须随身携带的差旅费；
（7）结算起点以下的零星支出；
（8）中国人民银行确定需要支付现金的其他支出。
除上述情况可以用现金支付外，其他款项的支付应通过银行转账结算。

2. 现金的限额

现金的限额是指为了保证企业日常零星开支的需要，允许单位留存现金的最高数额。这一限额由开户银行根据单位的实际需要核定，一般按照单位 3~5 天日常零星开支的需要确定，边远地区和交通不便地区开户单位的库存现金限额，可按多于 5 天但不超过 15 天的日常零星开支的需要确定。核定后的现金限额，开户单位必须严格遵守，超过部分应于当日终了前存入银行。需要增加或减少现金限额的单位，应向开户银行提出申请，由开户银行核定。

3. 现金的收支管理

（1）单位收到的现金应于当日送存银行。当日送存有困难的，由开户银行确定送存时间。

（2）开户单位支付现金，可以从库存现金限额中支付或者从银行提取，但不得从现金收入中直接支付（即坐支现金）。

（3）开户单位需要提取现金时，应当按照规定写明用途，并由本单位财会部门负责人签字盖章，经开户银行审核后，予以支付现金。

（4）其他特殊原因需要使用现金的，应当由企业向开户行提出申请，并由本单位财会部门负责人签字，才能予以支付。

（5）企业间经济往来业务，凡超过 1 000 元的款项，一律通过银行办理转账结算。

二、现金的账务处理

企业应当设置"库存现金"总账和"现金日记账"，分别进行企业库存现金的总分类核算和明细分类核算。借方登记现金的增加，贷方登记现金的减少，期末余额在借方，反映企业实际持有的库存现金的金额。收到现金时，借：库存现金，贷：相关科目；用现金支付、购买、偿还、上交、投资等时，借：相关科目，贷：库存现金。

现金日记账由出纳人员根据收、付款凭证，按照业务发生顺序逐笔登记。每日终了，应当在现金日记账上计算出当日的现金收入合计额、现金支出合计额和结余额，并将现金日记账的账面结余额与实际库存现金额相核对，保证账款相符；现金总账由会计人员负责登记，每 10 天、15 天或 1 个月汇总登记一次；月度终了，现金日记账的余额应当与现金总账的余额核对，做到账账相符。

【例 2-1】2015 年 3 月 1 日，光明公司签发现金支票一张，从银行提取现金 10 000 元备用。

借：库存现金　　　　　　　　　　　　　　　　　　　　　10 000
　　贷：银行存款　　　　　　　　　　　　　　　　　　　　10 000

【例 2-2】3 月 6 日，光明公司将现金 2 000 元存入银行。

借：银行存款　　　　　　　　　　　　　　　　　　　　　　　　2 000
　　贷：库存现金　　　　　　　　　　　　　　　　　　　　　　　　2 000
特殊情况：备用金的账务处理。

备用金是指为了满足企业内部各部门和职工生产经营活动的需要，而暂付给有关部门和个人使用的现金。可以单独设置"备用金"一级账户进行核算，也可通过"其他应收款"账户核算。根据备用金的管理制度，备用金的核算分为非定额管理和定额管理两种情况。

（1）非定额管理，也称实报实销制，是指为了满足临时性需要而暂付给有关部门和个人的现金，出差使用后按实际金额报销；出差一次，报销一次。

【例2-3】3月10日，职工张三因出差向公司暂借1 000元。
借：其他应收款——张三　　　　　　　　　　　　　　　　　　　1 000
　　贷：库存现金　　　　　　　　　　　　　　　　　　　　　　　　1 000

【例2-4】3月15日，张三出差回来报销差旅费800元，并将余款退回给公司。
借：管理费用　　　　　　　　　　　　　　　　　　　　　　　　　　800
　　库存现金　　　　　　　　　　　　　　　　　　　　　　　　　　200
　　贷：其他应收款——张三　　　　　　　　　　　　　　　　　　1 000

思考：如果张三报销的金额是1 800元，应该如何处理？

（2）定额管理。实行定额备用金制度的企业，对于领用的备用金应定期向财务部门报销，财务部门根据汇总的报销数额直接用现金补足备用金定额，报销数额和拨补数额都不通过"其他应收款"账户核算，这是与"非定额管理"的显著区别。

【例2-5】4月1日，光明公司给销售科核定的备用金定额为10 000元，以现金拨付。
借：其他应收款——销售科　　　　　　　　　　　　　　　　　　10 000
　　贷：库存现金　　　　　　　　　　　　　　　　　　　　　　　10 000

【例2-6】4月10日，销售科报销日常开支3 000元。
借：管理费用　　　　　　　　　　　　　　　　　　　　　　　　　3 000
　　贷：库存现金　　　　　　　　　　　　　　　　　　　　　　　　3 000

思考：在以前学过的"基础会计"课程中，还有哪些业务与"库存现金"有关？该如何做好相关的会计分录？

三、现金清查

企业应当按规定进行现金的清查，一般采用实地盘点法，对于清查的结果应当编制现金盘点报告单。账实相符的不需处理；有溢余或短缺的应先通过"待处理财产损溢"科目，经批准后再做出最后的处理。

1. 现金短缺（"实"＜"账"）

（1）报批前：处理的核心思路——调账。即减少"账面余额"（记入：贷方），调账后的结果实现账实相符。
借：待处理财产损溢——待处理流动资产损溢
　　贷：库存现金

（2）报批后：将"待处理财产损溢"账户的余额调整为0。
借：其他应收款（由过失人或保险公司赔偿的部分）

管理费用（无法查明原因的部分）
　　贷：待处理财产损溢——待处理流动资产损溢

2. 现金溢余（"实" > "账"）

（1）报批前：处理的核心思路——调账。即增加"账面余额"（记入：借方），调账后的结果实现账实相符。

借：库存现金
　　贷：待处理财产损溢——待处理流动资产损溢

（2）报批后：将"待处理财产损溢"账户的余额调整为0。

借：待处理财产损溢——待处理流动资产损溢
　　贷：其他应付款（应付给某单位或个人的部分）
　　　　营业外收入（无法查明原因的部分）

【例2-7】光明公司在2015年财产清查时发现以下情况：

（1）6月30日，"库存现金日记账"余额与实际库存数不符，实际库存数短缺400元。经调查，现金短缺是由出纳人员失职所致。

（2）7月31日，"库存现金日记账"余额与实际库存数不符，实际库存数溢余200元。无法查明现金溢余的原因。

光明公司的会计处理如下：

（1）6月30日，报批前：

借：待处理财产损溢——待处理流动资产损溢　　　　　　　　　400
　　贷：库存现金　　　　　　　　　　　　　　　　　　　　　　　400

报批后：

借：其他应收款　　　　　　　　　　　　　　　　　　　　　　　400
　　贷：待处理财产损溢——待处理流动资产损溢　　　　　　　　　400

（2）7月31日，报批前：

借：库存现金　　　　　　　　　　　　　　　　　　　　　　　　200
　　贷：待处理财产损溢——待处理流动资产损溢　　　　　　　　　200

报批后：

借：待处理财产损溢——待处理流动资产损溢　　　　　　　　　200
　　贷：营业外收入　　　　　　　　　　　　　　　　　　　　　　200

【注意】待处理财产损溢科目年末无余额；若年终有未批准的盘盈、盘亏的资产，应先根据查明的原因做出处理，并在报表附注中进行披露。

【例2-8】（单选题）企业现金清查中，经检查仍无法查明原因的现金溢余，经批准后应＿＿＿＿＿＿＿＿。　　　　　　　　　　　　　　　　　　　　　　　　　　　（　　）

A. 冲减财务费用　　B. 冲减管理费用　　C. 计入其他应付款　　D. 计入营业外收入

【正确答案】D

【答案解析】无法查明原因的现金溢余，经批准后计入"营业外收入"科目。

【例2-9】（判断题）企业现金清查中，经检查仍无法查明原因的现金溢余，经批准后应冲减管理费用。　　　　　　　　　　　　　　　　　　　　　　　　　　　　（　　）

【正确答案】×
【答案解析】属于无法查明原因的,计入营业外收入。

【2015年《初级会计实务》考试真题·单选题】 企业在现金清查中发现有待查明原因的现金短缺或溢余,已按管理权限批准,下列各项中,有关会计处理不正确的是_____。（　　）

A. 属于无法查明原因的现金溢余,应借记"待处理财产损溢"科目,贷记"营业外收入"科目

B. 属于应由保险公司赔偿的现金短缺,应借记"其他应收款"科目,贷记"待处理财产损溢"科目

C. 属于应支付给有关单位的现金溢余,应借记"待处理财产损溢"科目,贷记"其他应付款"科目

D. 属于无法查明原因的现金短缺,应借记"营业外支出"科目,贷记"待处理财产损溢"科目

【正确答案】D
【答案解析】现金溢余报经批准后的相关会计处理为:
借：待处理财产损溢
　　贷：其他应付款（应支付给有关单位或个人的）
　　　　营业外收入（无法查明原因的）
现金短缺报经批准后的相关会计处理为:
借：其他应收款（由过失人或保险公司赔偿的）
　　管理费用（无法查明原因的）
　　贷：待处理财产损溢
所以选项D不正确。

【2015年《初级会计实务》考试真题·单选题】 下列各项中,企业现金盘点发现并经批准的短缺或溢余相关的会计处理表述中,不正确的是_____。（　　）

A. 无法查明原因的现金短缺应计入营业外支出
B. 属于应支付给有关单位的现金溢余应计入其他应付款
C. 属于应由责任人赔偿的现金短缺应计入其他应收款
D. 无法查明原因的现金溢余应计入营业外收入

【正确答案】A
【答案解析】无法查明原因的现金短缺计入管理费用。

【2015年《初级会计实务》考试真题·单选题】 企业无法查明原因的现金溢余,应做的处理是_____。（　　）

A. 冲减管理费用　　　　　　B. 增加营业外收入
C. 冲减财务费用　　　　　　D. 增加其他业务收入

【正确答案】B
【答案解析】无法查明原因的现金溢余,计入营业外收入。

第三节 银行存款

一、银行存款概述

银行存款是企业存放于银行或其他金融机构的货币资金。企业通过银行办理支付结算时，应认真执行国家管理办法和结算制度，遵行相关规定。

企业应当设置银行存款总账和银行存款日记账，分别进行银行存款的总分类核算和明细分类核算。

企业可按开户银行和其他金融机构、存款种类等设置"银行存款日记账"，根据收付款凭证，按照业务的发生顺序逐笔登记，每日终了，应结出余额。"银行存款日记账"应定期与"银行对账单"核对，至少每月核对一次。企业银行存款账面余额与银行对账单余额之间如有差额，应编制"银行存款余额调节表"进行调节，如果没有记账错误，双方都没有未达账项，调节后的双方余额应相等。银行存款余额调节表只是为了核对账目，并不能作为调整银行存款账面余额的记账依据。

二、银行转账结算

结算是指结清收付双方之间债权债务的行为，结算分为现金结算和转账结算两种。现金结算是以货币款项结清单位或个人之间的债权债务。转账结算是收付双方通过银行从账户上划转款项的办法进行的结算。目前，银行转账结算方式主要是"四票、一证、一卡、三结算"的九种结算方式，下面分别进行介绍：

1. 银行汇票

（1）银行汇票的概念。

银行汇票是汇款人将款项交存当地银行，由银行签发给汇款人据以办理转账结算或支取现金的票据。

（2）有关银行汇票结算的规定。

采用银行汇票结算，不受是否在银行开户的限制，只要汇款人将款项交存可以签发银行汇票的银行，就可以取得银行汇票。

银行汇票一律记名，可以背书转让，起点金额为500元，提示付款期限自出票日起一个月内。

银行汇票可以用于转账，填明"现金"字样的也可以用于支取现金。

银行汇票结算方式适用于异地间各种款项的结算，特别适用于企业先收款后发货或钱货两清的商品交易。

2. 银行本票

（1）银行本票的概念。

银行本票是申请人将款项交存银行，由银行签发给其凭以办理转账结算或支取现金的票据。

（2）银行本票的分类。

按金额不同，可分为定额本票（1 000元、5 000元、10 000元和50 000元）和不定额本票。

(3) 有关银行本票结算的规定。

银行本票的出票人为经中国人民银行批准的相关银行机构，定额本票由中国人民银行发行，各银行代办签发和兑付；不定额本票则由经办银行签发和兑付。

银行本票可以用于转账，注明"现金"字样的可以用于支取现金。

银行本票一律记名，允许背书，不予挂失，付款期限自出票日起最长不得超过 2 个月。

银行本票适用于单位和个人在同城范围内的商品交易和劳务供应以及其他款项的结算。

3. 商业汇票

（1）商业汇票的概念。

商业汇票是由出票人签发，委托付款人在指定日期无条件支付确定的金额给收款人或持票人的票据。

（2）商业汇票的分类。

商业汇票按承兑人不同可分为商业承兑汇票和银行承兑汇票。

商业承兑汇票可分别由双方约定由银行以外的付款人承兑。若由付款人签发的则应由其本人承兑；若由收款人签发的则应由付款人承兑。

银行承兑汇票由收款人或承兑申请人签发后，承兑申请人应向开户行申请承兑，银行按规定审查，符合条件的即与承兑申请人签订承兑协议，并在汇票上签章，且收取一定的手续费。

（3）有关商业汇票结算的规定。

商业汇票一律记名，可以背书转让，也可以贴现（贴现是指汇票持有人将未到期的商业汇票交给银行，银行按照票面金额扣收自贴现日至汇票到期日期间的利息，将票面金额扣除贴现利息后的净额交给汇票持有人。商业汇票持有人在资金暂时不足的情况下，可以凭承兑的商业汇票向银行办理贴现，以提前取得货款。商业汇票持有人可办理汇票贴现）。

承兑期限由交易双方商定，最长不得超过 6 个月。若分期付款应该一次签发若干张不同期限的汇票。

这种结算方式，适用于同城或异地签有购销合同的商品交易。企业之间相互提供劳务等非商品交易，不能采用这种结算方式。

4. 支票

（1）支票的概念。

支票是银行的存款人签发给收款人办理结算或委托开户银行无条件将款项支付给收款人或者持票人的票据。支票一经签发，应由出票人无条件付款。

（2）支票的分类。

按照支付票款的方式，支票分为现金支票、转账支票和普通支票。支票上印有"现金"字样的为现金支票，现金支票只能用于支取现金。支票上印有"转账"字样的为转账支票，转账支票只能用于转账。支票上印有"现金"或"转账"字样的为普通支票，普通支票可以用于支取现金，也可以用于转账。在普通支票左上角画两条平行线的，为划线支票，划线支票只能用于转账，不得支取现金。

（3）有关支票结算的规定：支票一律记名，起点金额为 100 元，付款期限为 10 天（从签发的次日算起，遇节假日顺延），支票结算方式广泛应用于同城商品交易、劳务供应等款项的结算。

5. 汇兑

（1）汇兑的概念。

汇兑是指汇款人委托银行将其款项支付给收款人的结算方式，俗称"汇款"。

（2）汇兑的分类。

汇兑分信汇（邮寄凭证）和电汇（拍发电报）两种。汇款人根据对汇款快慢的要求来选择使用。

（3）有关汇兑结算的规定。

没有起点限制，也无在银行开户与否的要求；适用于异地各单位、个人之间各种款项的结算。

6. 委托收款

（1）委托收款的概念。

委托收款是指收款人向银行提供收款依据，委托银行向付款人收取款项的一种结算方式。

（2）有关委托收款结算的规定。

这种结算方式不受金额起点的限制。

款项划回方式分邮寄和电报两种，由收款人选用。

这种结算方式适用于同城和异地各种款项的结算。

7. 托收承付

（1）托收承付的概念。

托收承付，又称异地托收承付，是根据购销合同由收款人发货后委托银行向异地付款人收取款项，由付款人向银行承认付款的结算方式。这是一种较为严格的结算方式。

（2）有关托收承付结算方式的规定。

这是一种较为严格的结算方式，其款项必须是商品交易，以及因商品交易产生的劳务供应款项，代销、寄销、赊销商品的款项不得办理托收承付结算。

此方式的结算金额起点为 10 000 元。新华书店系统每笔的金额为 1 000 元。

这种结算方式适用于异地有合同的商品交易以及由商品交易而产生的劳务供应等款项的结算。

8. 信用卡

（1）信用卡的概念。

信用卡是指商业银行向个人和单位发行的，凭以向特约单位购物、消费和向银行存取现金，且具有消费信用的特制载体卡片。

（2）信用卡的分类。

信用卡按使用对象分为单位卡和个人卡；按信用等级分为金卡和普通卡；按是否向发卡银行交存备用金分为贷记卡和准贷记卡。

（3）有关信用卡结算的规定。

信用卡适用于在同城或异地的特约单位购物、消费和向银行存取现金、办理转账结算。使用信用卡结算，一般涉及三方当事人，即银行、持卡人或特约单位（各种商场、宾馆等企业）。结算时，大致可分为三个阶段：特约单位提供商品或服务的商业信用；向持卡人的发卡人收回货款或费用；发卡行或代办行向持卡人办理结算。

9. 信用证

信用证是国际结算的一种主要方式。

以上九种结算方式的对比如表 2-1 所示。

表 2-1　九种结算方式的对比

结算方式		适用的会计科目	种　类	期　限	金　额	适用范围
票据结算	银行汇票	其他货币资金		提示付款期限：1 个月	起点 500 元	同城、异地
	商业汇票	应收/应付票据	商业承兑汇票	最长 6 个月	无起点	
			银行承兑汇票	提示付款期限：10 天		
	银行本票	其他货币资金	定额本票	最长 2 个月	1 000 元、5 000 元、10 000 元、50 000 元	同城
			不定额本票		起点 100 元	
	支票	银行存款	现金支票（提现）	提示付款期限：10 天	起点 1 000 元	同城
			转账支票（转账）			
			普通支票（提现、转账）			
			划线支票（转账）			
非票据结算	汇兑	银行存款	信汇、电汇			异地
	委托收款	应收账款/银行存款	委邮、委电	3 天	无起点	同城、异地
	托收承付	应收账款/银行存款	电划、邮划	验单 3 天 验货 10 天	一般起点 10 000 元；新华书店系统 1 000 元	异地
	信用卡	其他货币资金	（1）单位卡、个人卡、信用卡 （2）金卡、普通卡			同城、异地
	信用证	其他货币资金				

【2012 年《初级会计实务》考试真题·单选题】下列各项中，关于银行存款业务的表述中正确的是_____。　　　　　　　　　　　　　　　　　　　　　　（　　）

A. 企业单位信用卡存款账户可以存取现金

B. 企业信用保证金存款余额不可以转存其开户行结算户存款

C. 企业银行汇票存款的收款人不得将其收到的银行汇票背书转让

D. 企业外埠存款除采购人员可从中提取少量现金外，一律采用转账结算

【正确答案】D

【答案解析】选项 A，企业单位信用卡存款账户不可以交存现金；选项 B，企业信用证保证金存款余额可以转存其开户行结算行存款；选项 C，企业银行汇票存款的收款人可以将其收到的银行汇票背书转让，但是带"现金"字样的银行汇票不可以背书转让。

三、银行存款的核算

（一）账户设置

为了记录银行存款的情况，需要设置"银行存款"账户，该账户用于核算银行存款收、付变动和结存情况，属于资产类账户。借方登记银行存款的增加数额；贷方登记银行存款的减少金额；借方余额表示银行存款的实存数额。有外币业务的企业，还应按币种分别设置明细账户进行核算。企业的外埠存款、银行汇票存款、银行本票存款、信用卡存款、信用证保证金存款和存出投资款等在"其他货币资金"账户核算，不在本账户核算。

（二）银行存款的账务处理

企业应当设置银行存款总账和银行存款日记账，分别进行银行存款的总分类核算和明细分类核算。企业可按开户银行和其他金融机构、存款种类等设置"银行存款日记账"，根据收、付款凭证，按照业务的发生顺序逐笔登记。每日终了，应结出余额。收到款项，并存入银行时，借：银行存款，贷：相关账户；用银行存款支付、购买、偿还、上交、投资等时，借：相关账户，贷：银行存款。

思考：在以前学过的"基础会计"课程中，有哪些业务是与银行存款有关的？该如何做好相关的会计分录？

四、银行存款的清查

银行存款的清查方法：账单核对法。即将"银行存款日记账"定期与"银行对账单"核对，至少每月核对一次。企业银行存款日记账的账面余额与银行对账单的余额之间如有差额，原因主要有两个：① 至少有一方记账错误；② 双方存在未达账项。如果是记账错误，应采用合适的错账更正方法进行更正；如果是双方存在未达账项，应编制"银行存款余额调节表"调节相符。如没有记账错误，调节后的双方余额应相等。

1. 未达账项

银行存款的核对（银行存款日记账应定期与银行对账单核对，调整未达账项）。

（1）企业已收，银行未收（企业银行存款日记账大于银行对账单余额）。

（2）企业已付，银行未付（企业银行存款日记账小于银行对账单余额）。

（3）银行已收，企业未收（企业银行存款日记账小于银行对账单余额）。

（4）银行已付，企业未付（企业银行存款日记账大于银行对账单余额）。

【例 2—10】（多选题）编制银行存款余额调节表时，下列未达账项中，会导致企业银行存款日记账的账面余额小于银行对账单余额的有_____。（　　）

A. 企业开出支票，银行尚未支付

B. 企业送存支票，银行尚未入账

C. 银行代收货款，企业尚未接到收款通知

D. 银行代付的水费，企业尚未接到付款通知

【正确答案】AC

【答案解析】选项B、D是银行存款日记账的账面余额大于银行对账单的余额的情形。

2. 银行存款余额调节表的编制——补记式

企业已记，银行未记，调银行（收款调增、付款调减）。

银行已记，企业未记，调企业（收款调增、付款调减）。

企业银行存款日记账余额＋银行已收、企业未收款－银行已付、企业未付款＝银行对账单余额＋企业已收、银行未收款－企业已付、银行未付款

【例2-11】（计算题）甲公司2008年12月31日银行存款日记账的余额为5 400 000元，银行转来对账单的余额为8 300 000元。经逐笔核对，发现以下未达账项：

（1）企业送存转账支票6 000 000元，并已登记银行存款增加，但银行尚未记账。

（2）企业开出转账支票4 500 000元，但持票单位尚未到银行办理转账，银行尚未记账。

（3）企业委托银行代收某公司购货款4 800 000元，银行已收妥并登记入账，但企业尚未收到收款通知，尚未记账。

（4）银行代企业支付电话费400 000元，银行已登记企业银行存款减少，但企业未收到银行付款通知，尚未记账。

计算结果如表2-2所示。

表2-2 银行存款余额调节表　　　　　　　　　　　　　　　　　元

项目	金额	项目	金额
企业：银行存款日记账余额	5 400 000	银行：银行对账单余额	8 300 000
加：银行已收、企业未收款	4 800 000	加：企业已收、银行未收款	6 000 000
减：银行已付、企业未付款	400 000	减：企业已付、银行未付款	4 500 000
调节后的存款余额	9 800 000	调节后的存款余额	9 800 000

3. 银行存款余额调节表只用于核对账目，不能作为记账的依据

【2015年《初级会计实务》考试真题·单选题】2014年9月30日，某企业银行存款日记账账面余额为216万元，收到银行对账单的余额为212.3万元。经逐笔核对，该企业存在以下记账差错及未达账项，从银行提取现金6.9万元，会计人员误记为9.6万元；银行为企业代付电话费6.4万元，但企业未接到银行付款通知，尚未入账。9月30日调节后的银行存款余额为_____万元。（　　）

A. 212.3　　　　B. 225.1　　　　C. 205.9　　　　D. 218.7

【正确答案】A

【答案解析】调节后的银行存款余额＝216＋（9.6－6.9）－6.4＝212.3（万元）。

【2009年《初级会计实务》考试真题】甲公司2008年12月发生与银行存款有关的业务如下：

（1）① 12月28日，甲公司收到A公司开出的480万元转账支票，交存银行。该笔款项是A公司违约支付的赔款，甲公司将其计入当期损益。② 12月29日，甲公司开出转账支票支付B公司咨询费360万元，并于当日交给B公司。

（2）12月31日，甲公司银行存款日记账余额为432万元，银行转来对账单余额为664万

元。经逐笔核对,发现以下未达账项:
① 甲公司于12月28日收到的A公司赔款登记入账,但银行尚未记账。
② B公司尚未将12月29日收到的支票送存银行。
③ 甲公司委托银行代收C公司购货款384万元,银行已于12月30日收妥并登记入账,但甲公司尚未收到收款通知。
④ 12月甲公司发生借款利息32万元,银行已减少其存款,但甲公司尚未收到银行的付款通知。

要求:(1)编制甲公司业务(1)的会计分录。
(2)根据上述资料编制甲公司银行存款余额调节表(答案中的金额单位用万元表示)。

【正确答案】
(1)① 借:银行存款   480
       贷:营业外收入   480
   ② 借:管理费用   360
       贷:银行存款   360
(2)

银行存款余额调节表

2009年12月31日   万元

项 目	金 额	项 目	金 额
企业:银行存款日记账余额	432	银行:银行对账单余额	664
加:银行已收、企业未收款	384	加:企业已收、银行未收款	480
减:银行已付、企业未付款	32	减:企业已付、银行未付款	360
调节后的存款余额	784	调节后的存款余额	784

【2008年《初级会计实务》考试真题·多选题】编制银行存款余额调节表时,下列未达账项中,会导致企业银行存款日记账的账面余额小于银行对账单余额的有_____。( )

A. 企业开出支票,银行尚未支付
B. 企业送存支票,银行尚未入账
C. 银行代收款项,企业尚未接到收款通知
D. 银行代付款项,企业尚未接到付款通知

【正确答案】AC
【答案解析】选项B、D是银行存款日记账的账面余额大于银行对账单的余额的情形。

第四节 其他货币资金

一、其他货币资金的内容

其他货币资金是指除现金、银行存款以外的各种货币资金,主要包括外埠存款、银行汇票存款、银行本票存款、信用卡存款、信用证保证金存款和存出投资款。

(1) 外埠存款。外埠存款是指企业为了到外地进行临时或零星采购,而汇往采购地银行开立采购专户的款项。该账户的存款不计利息、只付不收、付完清户,除了采购人员可从中提取少量现金外,一律采用转账结算。

(2) 银行汇票存款。银行汇票是指由出票银行签发的,由其在见票时按照实际结算金额无条件支付给收款人或者持票人的票据。银行汇票的出票银行为银行汇票的付款人。单位和个人各种款项的结算,均可使用银行汇票。银行汇票可以用于转账,标明"现金"字样的银行汇票也可以用于支取现金。

(3) 银行本票存款。银行本票是指银行签发的,承诺自己在见票时无条件支付确定的金额给收款人或持票人的票据。单位和个人在同一票据交换区域需要支付的各种款项,均可使用银行本票。银行本票可以用于转账,标明"现金"字样的银行本票可以用于支取现金。

(4) 信用卡存款。信用卡存款是指企业为取得信用卡而存入银行信用卡专户的款项。信用卡是银行卡的一种。信用卡按使用对象分为单位卡和个人卡;按信用等级分为金卡和普通卡;按是否向发卡银行交存备用金分为贷记卡和准贷记卡。

(5) 信用证保证金存款。信用证保证金存款是指采用信用证结算方式的企业为开具信用证而存入银行信用证保证金专户的款项。企业向银行申请开立信用证,应按规定向银行提交开证申请书、信用证申请人承诺书和购销合同。

(6) 存出投资款。

二、其他货币资金的核算

为了反映和监督其他货币资金的收支和结存情况,企业应当设置"其他货币资金"科目,借方登记其他货币资金的增加数,贷方登记其他货币资金的减少数,期末余额在借方,反映企业实际持有的其他货币资金。本科目应按其他货币资金的种类设置明细科目:外埠存款、银行汇票、银行本票、信用卡、信用证保证金存款和存出投资款。

1. 将银行存款存为其他货币资金时

借:其他货币资金——外埠存款/银行汇票存款/银行本票存款
　　　　　　　　——信用卡存款/信用证保证金存款/存出投资款
　贷:银行存款

2. 使用其他货币资金购买材料时

借:原材料
　　应交税费——应交增值税(进项税)
　贷:其他货币资金——外埠存款/银行汇票存款/银行本票存款/信用证保证金存款

特殊情况:用信用卡消费时,借方替换成管理费用;贷方的二级科目替换成信用卡存款;用存出投资款进行投资时,借方替换成交易性金融资产/长期股权投资,贷方的二级科目替换成存出投资款。

3. 退回多余的款项时

退回多余的款项时,与存为其他货币资金时的分录相反。

【例2-12】甲企业为增值税一般纳税人,向银行申请办理银行汇票用以购买原材料,将款项250 000元交存银行转作银行汇票存款,根据盖章退回的申请书存根联,编制如下分录:

借:其他货币资金——银行汇票　　　　　　　　　　　　　　　　　250 000

　　　　贷：银行存款　　　　　　　　　　　　　　　　　　　　　250 000
　　甲企业购入原材料一批，取得的增值税专用发票上的原材料价款为 200 000 元，增值税税额为 34 000 元，已用银行汇票办理结算，多余款项 16 000 元退回开户银行，企业已收到开户银行转来的银行汇票第四联（多余款收账通知）。编制如下会计分录：
　　　借：原材料　　　　　　　　　　　　　　　　　　　　　　　200 000
　　　　应交税费——应交增值税（进项税额）　　　　　　　　　　　34 000
　　　　贷：其他货币资金——银行汇票　　　　　　　　　　　　　　234 000
　　　借：银行存款　　　　　　　　　　　　　　　　　　　　　　　16 000
　　　　贷：其他货币资金——银行汇票　　　　　　　　　　　　　　 16 000

【例 2-13】甲企业为取得银行本票，向银行填交"银行本票申请书"，并将 10 000 元银行存款转作银行本票存款。企业取得银行本票后，应根据银行盖章退回的银行本票申请书存根联填制银行付款凭证，编制如下会计分录：
　　　借：其他货币资金——银行本票　　　　　　　　　　　　　　　10 000
　　　　贷：银行存款　　　　　　　　　　　　　　　　　　　　　　 10 000
　　甲企业用银行本票购买办公用品 10 000 元。根据发票账单等有关凭证，编制如下会计分录：
　　　借：管理费用　　　　　　　　　　　　　　　　　　　　　　　10 000
　　　　贷：其他货币资金——银行本票　　　　　　　　　　　　　　 10 000

【例 2-14】甲公司于 2015 年 3 月 5 日向银行申请信用卡，向银行交存 50 000 元。2015 年 4 月 10 日，该公司用信用卡向新华书店支付购书款 3 000 元。编制如下分录：
　　　借：其他货币资金——信用卡　　　　　　　　　　　　　　　　50 000
　　　　贷：银行存款　　　　　　　　　　　　　　　　　　　　　　 50 000
　　　借：管理费用　　　　　　　　　　　　　　　　　　　　　　　 3 000
　　　　贷：其他货币资金——信用卡　　　　　　　　　　　　　　　　3 000

【例 2-15】甲公司向银行申请开具信用证 2 000 000 元，用于支付境外采购材料价款，公司已向银行缴纳保证金，并收到银行盖章退回的进账单第一联。甲公司编制如下会计分录：
　　　借：其他货币资金——信用证保证金　　　　　　　　　　　　2 000 000
　　　　贷：银行存款　　　　　　　　　　　　　　　　　　　　　2 000 000
　　甲公司收到银行转来的境外销货单位信用证结算凭证以及所附发票账单、海关进口增值税专用缴款书等有关凭证，材料价款 1 500 000 元，增值税税额为 255 000 元。企业编制如下会计分录：
　　　借：原材料　　　　　　　　　　　　　　　　　　　　　　 1 500 000
　　　　应交税费——应交增值税（进项税额）　　　　　　　　　　　255 000
　　　　贷：其他货币资金——信用证保证金　　　　　　　　　　　1 755 000
　　甲公司收到银行收款通知，对该境外销货单位开出的信用证余款 245 000 元已经转回银行账户。企业编制如下会计分录：
　　　借：银行存款　　　　　　　　　　　　　　　　　　　　　　 245 000
　　　　贷：其他货币资金——信用证保证金　　　　　　　　　　　　 245 000

【例 2-16】甲公司派采购员到异地采购原材料，2015 年 8 月 10 日委托开户银行汇款

100 000 元到采购地设立采购专户。根据收到的银行汇款凭证回单联，甲公司应编制如下会计分录：

  借：其他货币资金——外埠存款   100 000
    贷：银行存款   100 000

2015 年 8 月 20 日，采购员交来从采购专户付款购入材料的有关凭证，增值税专用发票上的原材料价款为 80 000 元，增值税税额为 13 600 元，甲公司应编制如下会计分录：

  借：原材料   80 000
    应交税费——应交增值税（进项税额）   13 600
    贷：其他货币资金——外埠存款   93 600

2015 年 8 月 30 日，收到开户银行的收款通知，该采购专户中的结余款项已经转回，根据收账通知，甲公司编制如下会计分录：

  借：银行存款   6 400
    贷：其他货币资金——外埠存款   6 400

【例 2-17】（多选题）下列各项中，不属于其他货币资金的有_____。（ ）
  A. 备用金 B. 银行本票存款 C. 银行承兑汇票 D. 银行汇票存款
【正确答案】AC
【答案解析】备用金通过"其他应收款"科目核算；银行本票存款与银行汇票存款通过"其他货币资金"科目核算；银行承兑汇票通过"应收票据"或"应付票据"科目核算。

【例 2-18】（单选题）企业将款项汇往异地银行开立采购专户，编制该业务的会计分录时应当_____。（ ）
  A. 借记"应收账款"科目，贷记"银行存款"科目
  B. 借记"其他货币资金"科目，贷记"银行存款"科目
  C. 借记"其他应收款"科目，贷记"银行存款"科目
  D. 借记"材料采购"科目，贷记"其他货币资金"科目
【正确答案】B
【答案解析】企业将款项汇往异地银行开立采购专户：
  借：其他货币资金——外埠存款
    贷：银行存款

【例 2-19】（多选题）下列各项，不通过"其他货币资金"科目核算的是_____。（ ）
  A. 信用证保证金存款   B. 备用金
  C. 外埠存款   D. 商业汇票
【正确答案】BD
【答案解析】备用金应通过"其他应收款——备用金"科目或者"备用金"科目核算；商业汇票应通过"应收票据"科目核算。

【2015 年《初级会计实务》考试真题·多选题】下列各项中，企业应确认为其他货币资金的有_____。（ ）
  A. 汇往外地开立临时采购专户的资金
  B. 向银行申请银行本票划转的资金

C. 为开具信用证而存入银行专户的资金

D. 为购买股票向证券公司划出的资金

【正确答案】ABCD

【答案解析】其他货币资金主要包括银行汇票存款、银行本票存款（选项 B）、信用卡存款、信用证保证金存款（选项 C）、存出投资款（选项 D）和外埠存款（选项 A）等。

【2014 年《初级会计实务》考试真题·多选题】下列各项中，应通过"其他货币资金"科目核算的有_____。　　　　　　　　　　　　　　　　　　　　　　（　　）

A. 银行汇票存款　　B. 信用卡存款　　C. 外埠存款　　D. 存出投资款

【正确答案】ABCD

【答案解析】其他货币资金是指企业除现金、银行存款以外的其他各种货币资金，主要包括银行汇票存款、银行本票存款、信用卡存款、信用证保证金存款、存出投资款和外埠存款等，以上四个选项均正确。

【2013 年《初级会计实务》考试真题·单选题】下列各项中不会引起其他货币资金发生变动的是_____。　　　　　　　　　　　　　　　　　　　　　　　　　　（　　）

A. 企业销售商品收到商业汇票

B. 企业用银行本票购买办公用品

C. 企业将款项汇往外地开立采购专业账户

D. 企业为购买基金将资金存入在证券公司指定银行开立的账户

【正确答案】A

【答案解析】选项 A，商业汇票在"应收票据"科目核算，不会引起其他货币资金发生变动。B、C、D 分别通过银行本票、银行汇票、存出投资款核算，属于其他货币资金。

【2012 年《初级会计实务》考试真题·单选题】下列各项中，关于银行存款业务的表述中正确的是_____。　　　　　　　　　　　　　　　　　　　　　　　　　（　　）

A. 企业单位信用卡存款账户可以存取现金

B. 企业信用保证金存款余额不可以转存其开户行结算户存款

C. 企业银行汇票存款的收款人不得将其收到的银行汇票背书转让

D. 企业外埠存款除采购人员可从中提取少量现金外，一律采用转账结算

【正确答案】D

【答案解析】选项 A，企业单位信用卡存款账户不可以交存现金；选项 B，企业信用证保证金存款余额可以转存其开户行结算户存款；选项 C，企业银行汇票存款的收款人可以将其收到的银行汇票背书转让，但是带"现金"字样的银行汇票不可以背书转让。

【2010 年《初级会计实务》考试真题·多选题】下列各项中，应确认为企业其他货币资金的有_____。　　　　　　　　　　　　　　　　　　　　　　　　　　　（　　）

A. 企业持有的 3 个月内到期的债券投资

B. 企业为购买股票向证券公司划出的资金

C. 企业汇往外地建立临时采购专户的资金

D. 企业向银行申请银行本票时拨付的资金

【正确答案】BCD

【答案解析】本题考查其他货币资金核算的内容。广义的现金包括：库存现金、银行存款、

其他货币资金和现金等价物，选项 A 属于现金等价物。

案例分析

货币资金舞弊

检察机关查明：犯罪嫌疑人钱某（27岁）自去年担任我市三家电子公司的出纳期间（三家公司合署办公），利用自己掌管该公司财务印章和法人印章的职务之便，私自购买银行支票，从其中一家电子公司的银行账户中转出 962 000 余元挥霍。后来害怕事情败露，又以公司名义向与公司有业务往来的一银行营业部主任和其他单位借款 962 000 余元将款还上。他又从担任出纳的另一电子公司的银行账户和现金卡中转出 68 万元用于个人挥霍和归还之前欠款，并私吞该电子公司用于归还客户的 1 万元欠款。他还以公司名义向一银行借款 29 万元、一食品公司借款 10 万元，共计 108 万元，用于购车、旅游、交友、唱歌、洗浴等消费。其中，钱某用赃款购买高级商务车一辆，价值 22 万多元。案发后，该车被追回。

检察机关认为，犯罪嫌疑人钱某的行为构成职务侵占罪，数额巨大，应当在 5 年以上有期徒刑之间量刑。

思考：出现上述重大舞弊案件的主要原因是什么？

本章复习思考题

一、单项选择题

1. 企业收到承租方交来的现金 500 元，是出租包装物押金。会计分录为_____。（ ）

    A. 借：现金 500　　　贷：主营业务收入 500
    B. 借：现金 500　　　贷：其他业务收入 500
    C. 借：现金 500　　　贷：其他应收款 500
    D. 借：现金 500　　　贷：其他应付款 500

2. 下列项目中，企业可以用现金支付的是_____。（ ）

    A. 支付个人劳动报酬　　　　　B. 偿还银行小额借款
    C. 支付前欠某单位 1 200 元货款　　D. 退还某单位多付货款 1 500 元

3. 职员李四出差归来，报销差旅费 1 500 元，退回剩余现金 500 元。会计分录分_____。（ ）

    A. 借：现金 2 000　　　　　　贷：其他应收款 2 000
    B. 借：管理费用 2 000　　　　贷：其他应收款 2 000
    C. 借：其他应收款 2 000　　　贷：现金 500　管理费用 1 500
    D. 借：管理费用 1500　现金 500　贷：其他应收款 2 000

4. 某企业在现金清查中发现库存现金较账面余额多出 200 元。经反复核查，长款原因仍然不明，经批准后应转入_____科目。（ ）

    A."现金"　　　　　　　　　　B."营业外收入"
    C."待处理财产损溢"　　　　　D."其他应付款"

5. 经查明原因，转出应由出纳员赔偿的现金短款 200 元，会计分录为_____。（   ）
   A. 借：其他应收款 200   贷：现金 200
   B. 借：其他应收款 200   贷：待处理财产损溢 200
   C. 借：应收账款 200   贷：待处理财产损溢 200
   D. 借：应收账款 200   贷：现金 200
6. 一个单位只能在一家金融机构开设一个_____。（   ）
   A. 一般存款账户   B. 专用存款账户
   C. 临时存款账户   D. 基本存款账户
7. _____是收款人、付款人（或承兑申请人）签发，由承兑人承兑，并于到期日向收款人或被背书人支付款项的票据。（   ）
   A. 银行本票   B. 银行汇票   C. 支票   D. 商业汇票
8. 信用卡存款应在_____科目核算。（   ）
   A. 其他应收款   B. 银行存款   C. 其他货币资金   D. 短期投资
9. 银行存款日记账由_____登记。（   ）
   A. 会计负责人   B. 会计人员   C. 出纳人员   D. 业务经办人员
10. 支票的提示付款期限自出票日起_____，但中国人民银行另有规定的除外。（   ）
    A. 3 天   B. 5 天   C. 10 天   D. 15 天
11. 支票用于_____。（   ）
    A. 同城结算   B. 异地结算
    C. 同城或异地结算   D. 国际结算
12. 普通支票可以用于_____。（   ）
    A. 转账   B. 支取现金
    C. 支取现金或转账   D. 异地结算
13. 某企业收到面额为 20 000 元的转账支票一张，是东方公司归还的前欠货款。企业已将支票和填制的进账单送到银行办理收款手续，此时应当编制的会计分录是_____。（   ）
    A. 借：银行存款 20 000   贷：应付账款 20 000
    B. 借：应付账款 20 000   贷：银行存款 20 000
    C. 借：银行存款 20 000   贷：应收账款 20 000
    D. 借：应收账款 20 000   贷：银行存款 20 000
14. 现金支票可以用于_____。（   ）
    A. 转账   B. 支取现金   C. 异地结算   D. 支取现金或转账
15. 存出投资款应在_____科目核算。（   ）
    A. 其他应收款   B. 银行存款   C. 其他货币资金   D. 短期投资
16. 企业在进行现金清查时，查出现金溢余，并将溢余数记入"待处理财产损溢"科目。后经进一步核查，无法查明原因，经批准后，对该现金溢余正确的会计处理方法是_____。（   ）

A. 将其从"待处理财产损溢"科目转入"管理费用"科目
B. 将其从"待处理财产损溢"科目转入"营业外收入"科目
C. 将其从"待处理财产损溢"科目转入"其他应付款"科目
D. 将其从"待处理财产损溢"科目转入"其他应收款"科目

17. 在企业现金清查中,经检查仍无法查明原因的现金短款,经批准后应计入_____。（ ）

A. 财务费用　　　B. 管理费用　　　C. 销售费用　　　D. 营业外支出

18. 下列各项中,不通过"其他货币资金"科目核算的是_____。（ ）

A. 信用证保证金存款　　　　　　B. 备用金
C. 存出投资款　　　　　　　　　D. 银行本票存款

19. 下列项目中,不属于货币资金的是_____。（ ）

A. 库存现金　　B. 银行存款　　C. 其他货币资金　　D. 应收账款

20. 对于银行已经收款而企业尚未入账的未达账项,企业应做的处理为_____。（ ）

A. 以"银行对账单"为原始记录将该业务入账
B. 根据"银行存款余额调节表"和"银行对账单"自制原始凭证入账
C. 在编制"银行存款余额调节表"的同时入账
D. 待有关结算凭证到达后入账

二、多项选择题

1. 按照《现金管理暂行条例》的规定,_____属于现金收入的范围。（ ）

A. 职工交回差旅费剩余款　　　　B. 从银行提取现金
C. 将现金送存银行　　　　　　　D. 收取结算起点以下的小额销货款

2. 下列项目中,可以使用现金的是_____。（ ）

A. 支付500元购货款　　　　　　B. 向个人收购农副产品1 500元
C. 李某出差借支差旅费1 000元　 D. 发放职工困难补助金600元

3. 下列各项中,违反现金收入管理规定的是_____。（ ）

A. 坐支现金
B. 收入的现金于当日送存银行
C. 将企业的现金收入按个人储蓄方式存入银行
D. "白条"抵库

4. 企业发生的下列各项支出中,按规定可以用现金支付的有_____。（ ）

A. 支付银行结算手续费800元　　B. 支付职工朱某的医药费2 000元
C. 支付购买设备的款项20 000元 D. 支付张某出差的差旅费3 000元

5. 下列业务中,可以通过"现金"账户核算的有_____。（ ）

A. 偿还前欠某单位货款5 000元　B. 购买甲材料,支付货款300元
C. 支付个人劳务报酬1 000元　　D. 购买计算机一台,支付货款7 500元

6. 下列项目中,不能用现金支付的项目是_____。（ ）

A. 向职工个人发放奖金5 000元　B. 偿还前欠M公司购货款10 000元
C. 张山出差借支差旅费1 200元　D. 购买设备一台,价款20 000元

7. 根据规定，银行账户一般分为_____。（   ）
A. 基本存款账户　　B. 一般存款账户　　C. 临时存款账户　　D. 专用存款账户
8. 企业以外埠存款 10 000 元，购买需要安装的设备一台，会计分录由_____组成。
（   ）
A. 借：固定资产 10 000　　　　　　B. 借：在建工程 10 000
C. 贷：其他货币资金 10 000　　　　D. 贷：银行存款 10 000
9. 下列项目中，应在"其他货币资金"账户中核算的有_____。（   ）
A. 存出投资款　　B. 支票存款　　C. 银行汇票存款　　D. 银行本票存款
10. 银行存款的总分类核算，应当根据_____逐笔或分别定期汇总登记。（   ）
A. 银行收款凭证　B. 银行付款凭证　C. 银行转账凭证　D. 有关现金付款凭证
11. 银行存款日记账的核对，是指银行存款日记账_____。（   ）
A. 与银行存款余额调节表的核对　　B. 与银行存款收、付款凭证的核对
C. 与银行存款总账的核对　　　　　D. 与银行存款对账单的核对
12. 下列各项中，通过"其他货币资金"账户核算的是_____。（   ）
A. 外埠存款　　B. 银行汇票存款　　C. 备用金
D. 银行本票存款　　E. 短期债券投资

三、判断题

1. 现金清查，是以实地盘点法核对库存现金实有数与账存数的。（   ）
2. 盘点现金出现溢余，可以在"其他应付款"账户的贷方反映，待日后短缺时用于抵扣。
（   ）
3. 无法查明原因的现金短缺，根据管理权限批准后记入"营业外支出"账户。（   ）
4. 银行存款余额调节表是调整企业银行存款账面余额的原始凭证。（   ）
5. 对于银行已经入账而企业尚未入账的未达账项，企业应当根据"银行对账单"编制自制凭证予以入账。（   ）
6. 企业银行存款账面余额与银行对账单余额因未达账项存在差额时，应按照银行存款余额调节表调整银行存款日记账。（   ）
7. 库存现金的清查包括出纳人员每日的清点核对和清查小组定期和不定期的清查。
（   ）
8. "库存现金"账户反映企业的库存现金，包括企业内部各部门周转使用由各部门保管的定额备用金。（   ）
9. 采用定额制核算备用金的企业，备用金使用部门日常凭单据报销差旅费时，会计部门应按报销金额冲减"其他应收款"科目。（   ）

四、计算分析题

1. 某企业 2015 年 1 月 31 日在工商银行的银行存款余额为 256 000 元，银行对账单余额为 265 000 元，经查对有下列未达账项：
（1）企业于月末存入银行的转账支票 2 000 元，银行尚未入账。
（2）委托银行代收的销货款 12 000 元，银行已经收到入账，但企业尚未收到银行收款通知。
（3）银行代付本月电话费 4 000 元，企业尚未收到银行付款通知。

(4)企业于月末开出转账支票 3 000 元,持票人尚未到银行办理转账手续。

要求:根据所给资料填制银行存款余额调节表。

如果调节后双方的银行存款余额仍不相符,则应如何处理?

该企业在 2015 年 1 月 31 日可动用的银行存款的数额是多少?

2. 请根据以下经济业务编制相关的会计分录:

(1)企业向银行申请办理银行汇票用以购买原材料,将款项 50 000 元交存银行转作银行汇票存款。

(2)企业用银行汇票购入原材料一批,取得的增值税专用发票上的原材料价款为 40 000 元,增值税税额为 6 800 元,多余款项 3 200 元退回开户银行。

(3)企业为取得银行本票,将 1 500 元银行存款转作银行本票存款。

(4)企业用银行本票购买办公用品 1 500 元。

(5)企业于 2015 年 6 月 1 日向银行申请信用卡,向银行交存 5 000 元。2015 年 6 月 10 日,该公司用信用卡向新华书店支付购书款 2 000 元。

(6)企业委托开户银行汇款 16 000 元到采购地设立采购专户。

(7)企业收到从采购专户付款购入材料的有关凭证,增值税专用发票上的价款为 10 000 元,增值税税额为 1 700 元,原材料已验收入库,同时收到采购专户中的结余款项。

答 案

一、单项选择题

1. D 2. A 3. D 4. B 5. B 6. D 7. D 8. C 9. C 10. C 11. A 12. C 13. A 14. B 15. C 16. B 17. B 18. B 19. D 20. D

二、多项选择题

1. ABD 2. ABCD 3. ACD 4. ABD 5. BC 6. BD 7. ABCD 8. BC 9. ACD 10. ABD 11. BCD 12. ABD

三、判断题

1. √ 2. × 3. × 4. × 5. × 6. × 7. √ 8. × 9. ×

四、计算分析题

1.

银行存款余额调节表

2015 年 1 月 31 日

项 目	金 额	项 目	金 额
企业账面存款余额	256 000	银行对账单余额	265 000
加:银行已收,企业未收	12 000	加:企业已收,银行未收	2 000
减:银行已付,企业未付	4 000	减:企业已付,银行未付	3 000
调节后的存款余额	264 000	调节后的存款余额	264 000

如果调节后双方的银行存款余额仍不相符,企业或银行存在错账,应该立即与银行当面

对账。

该企业在 2015 年 1 月 31 日可动用的银行存款的数额是 264 000 元。

2.

（1）借：其他货币资金——银行汇票　　　　　　　　　　　　50 000
　　　贷：银行存款　　　　　　　　　　　　　　　　　　　　50 000

（2）借：原材料　　　　　　　　　　　　　　　　　　　　　40 000
　　　　　应交税费——应交增值税（进项税额）　　　　　　　　6 800
　　　　　贷：其他货币资金——银行汇票　　　　　　　　　　46 800
　　　借：银行存款　　　　　　　　　　　　　　　　　　　　3 200
　　　　　贷：其他货币资金——银行汇票　　　　　　　　　　3 200

（3）借：其他货币资金——银行本票　　　　　　　　　　　　1 500
　　　贷：银行存款　　　　　　　　　　　　　　　　　　　　1 500

（4）借：管理费用　　　　　　　　　　　　　　　　　　　　1 500
　　　贷：其他货币资金——银行本票　　　　　　　　　　　　1 500

（5）借：其他货币资金——信用卡　　　　　　　　　　　　　5 000
　　　贷：银行存款　　　　　　　　　　　　　　　　　　　　5 000
　　　借：管理费用　　　　　　　　　　　　　　　　　　　　2 000
　　　贷：其他货币资金——信用卡　　　　　　　　　　　　　2 000

（6）借：其他货币资金——外埠存款　　　　　　　　　　　　16 000
　　　贷：银行存款　　　　　　　　　　　　　　　　　　　　16 000

（7）借：原材料　　　　　　　　　　　　　　　　　　　　　10 000
　　　　　应交税费——应交增值税（进项税额）　　　　　　　　1 700
　　　　　贷：其他货币资金——外埠存款　　　　　　　　　　11 700
　　　借：银行存款　　　　　　　　　　　　　　　　　　　　4 300
　　　　　贷：其他货币资金——外埠存款　　　　　　　　　　4 300

模块二

存货核算岗位模块

第三章

存 货

案例导入

原材料的核算方法

中南公司的刘会计是刚从一家小公司跳槽到该公司的,他负责原材料的核算。到岗不久,他在对原材料进行核算时发现一个很重要的问题,即公司的仓库保管员每次传递给他的原材料的入库单和出库单都只是登记了数量,而没有单价,小刘认为这样无法进行核算。因为他以前所在的公司原材料的入库单和出库单都是既有数量又有单价的,这样他就可以正常地进行账务处理。现在这种原材料收发只有数量而没有单价让他很纠结。为了解开疑惑,他只有请教他的同事章会计。章会计听了后,热心地跟他讲,让他回去再温习一下中级财务会计中存货这一章节,一定会找到答案的。小刘下班回到家,把读书时用的书本找出来,翻到存货的内容,仔细温习了一下,他终于找到了答案,原因是两家公司对原材料的核算采用的是不同的核算方法,所以才会出现不同的情况。

案例思考:(1)请问原材料的核算方法有哪些?

(2)不同的核算方法适合哪些企业?

第一节 存货概述

一、存货的概念与特征

（一）存货的概念

存货（Inventory）是指企业在日常活动中持有的以备出售的产成品或商品、处在生产过程中的在产品、在生产过程或提供劳务过程中耗用的材料和物料等。具体来讲,存货包括各类原材料、在产品、半成品、产成品、商品以及周转材料、委托代销商品等。

（二）存货的特征

存货与其他资产相比较，具有以下特点：

1. 具有物质实体

存货的这一特征，使其与企业的许多其他无实物形态的资产相区别，如无形资产、应收账款、应收票据、短期投资、长期投资等，同时也将现金与银行存款排除在存货的范围之外。

2. 具有较强的流动性

在企业中，存货经常处于不断销售、耗用、购买或重置中，具有较快的变现能力和较强的流动性，但其流动性又低于现金、应收账款等其他流动资产。存货的这一特征，使其区别于企业其他各种有物质实体存在的资产，如固定资产、在建工程等。企业的低值易耗品由于价值较低、较容易损坏、使用期限较短、具有较大的流动性，因此将其列入存货的范围之内。

3. 为企业销售或耗用或提供劳务而储备

企业持有存货的目的在于准备在正常经营过程中予以出售，如商品、产成品以及某些半成品等，或者将在生产或提供劳务的过程中耗用，制成产成品后再予以出售，如材料、包装物、低值易耗品等，或者仍然处在生产过程中，如在产品、半成品等。存货的这一特征，使其与企业储存的用于工程建造的各种工程物资相区别。

需要注意的是，为建造固定资产等各项工程而储备的各种材料，虽然同属于材料，但是用于建造固定资产等各项工程。其价值分次转移，并不符合存货的定义，因此不能作为企业的存货进行核算。企业的特种储备以及国家指令专项储备的资产也不符合存货的定义，因而也不属于企业的存货。

【例3-1】（单选题）下列各项中，不应包括在资产负债表"存货"项目中的是_____。
（　　）

A. 受托代销商品　　　　　　　B. 委托加工材料成本
C. 正在加工中的在产品　　　　D. 发出展览的商品

【答案】A

【答案解析】受托代销商品的所有权不属于企业，不应包括在资产负债表"存货"项目中。

二、存货的分类

存货包含的内容极为广泛，为了便于进行会计核算，也为了对具有不同特点的存货采取不同的管理方法，可对存货进行如下分类：

（一）按经济内容分类

（1）原材料，是指企业在生产过程中经加工改变其形态或性质并构成产品主要实体的各种原料及主要材料、辅助材料、燃料、修理用备件（备品备件）、包装材料、外购半成品（外购件）等。其中，原料通常指购入的采掘业的自然资源和农副业的产品，如炼铁用的铁矿石、纺纱用的棉花等；主要材料指购入的经过其他企业加工后的产品，如机器制造用的钢材、织布厂用的棉线等；辅助材料指在企业生产过程中起辅助作用，与最终产品只是间接有关或不构成产品主要实体的各种材料，如化工厂使用的催化剂、生产设备用的润滑油等；外购半成品（外购件）指从其他企业购入的现成的零件、部件或已经完成一定程序的半成品，这些零件、部件和半成品经过本企业继续加工处理，就能构成本企业产品的主要实体，如汽车制造厂购入的发动机、蓄电池等；燃料指通过燃烧发热而提供热能的各种物质，包括固体燃料、液体燃料和气体燃料。燃料在企业生产过程中的作用较为广泛，有的为产品的生产工艺过程所消耗，如炼铁用的焦炭；有的为提供生产动力所消耗，如内燃机使用的柴油等；有的为创造正常的生产环境所消耗，如取暖用的煤等。

（2）在产品，是指企业正在制造尚未完工的生产物，包括正在各个生产工序加工的产品和已加工完毕但尚未检验或已检验但尚未办理入库手续的产品。

（3）自制半成品，是指经过一定生产过程并已检验合格交付半成品仓库保管，但尚未制造完工成为产成品，仍需进一步加工的中间产品。但不包括从一个生产车间转给另一个生产车间继续加工的自制半成品以及不能单独计算成本的自制半成品，这类自制半成品属于在产品。

（4）产成品，是指工业企业已经完成全部生产过程并已验收入库，可以按照合同规定的条件送交订货单位，或者可以作为商品对外销售的产品。企业接受来料加工制造的代制品和为外单位加工修理的代修品，制造和修理完成验收入库后，应视同企业的产成品。

（5）库存商品，是指商品流通企业外购或委托加工完成验收入库用于销售的各种商品。

（6）周转材料，包括包装物和低值易耗品。包装物，是指为了包装本企业的商品而储备的各种包装容器，如桶、箱、瓶、坛、袋等。其主要作用是盛装、装潢产品或商品。低值易耗品，是指不能作为固定资产核算的各种用具物品，如工具、管理用具、玻璃器皿、劳动保护用品，以及在经营过程中周转使用的容器等。其特点是单位价值较低，或使用期限相对于固定资产较短，在使用过程中保持其原有实物形态基本不变。包装物和低值易耗品构成了周转材料。

（7）委托代销商品，是指企业委托其他单位代销的商品。

（二）按存放地点分类

（1）库存存货，是指已验收合格并入库的各种存货。

（2）在途物资，是指货款已经支付、正在运输途中的存货以及已经运达企业但尚未验收入库的材料和货品。

（3）加工中的存货，是指本企业正在加工中的存货和委托其他单位加工的存货。

（4）委托代销存货，是指本企业委托其他单位代销的存货。

（三）按来源分

① 外购存货；② 自制存货；③ 委托加工存货；④ 接受捐赠存货；⑤ 投资者投入存货；⑥ 债务重组取得的存货；⑦ 非货币交易换入存货；⑧ 盘盈的存货。

三、存货的确认

根据存货准则的规定，存货同时满足下列条件的，才能予以确认：

（1）与该存货有关的经济利益很可能流入企业；

（2）该存货的成本能够可靠地计量。

（一）与该存货有关的经济利益很可能流入企业

资产最重要的特征是预期会给企业带来经济利益。如果某一项目预期不能给企业带来经济利益,就不能将其确认为企业的资产。存货是企业的一项重要的流动资产,因此,对存货的确认,关键是判断其是否很可能给企业带来经济利益或所包含的经济利益是否很可能流入企业。通常,存货的所有权是存货包含的经济利益很可能流入企业的一个重要标志。一般情况下,根据销售合同已经售出(取得现金或收取现金的权利)、所有权已经转移的存货,因其所含经济利益已不能流入本企业,因而不能再作为企业的存货进行核算,即使该存货尚未运离企业。例如,委托代销商品,由于其所有权并未转移至受托方,因而委托代销的商品是委托企业存货的一部分。总之,企业在判断存货所含经济利益能否流入企业时,通常应结合考虑该项存货所有权的归属。

（二）该存货的成本能够可靠地计量

成本能够可靠地计量是资产确认的一项基本条件。存货作为企业资产的组成部分,要予以确认也必须能够对其成本进行可靠的计量。存货的成本能够可靠地计量必须以取得的确凿、可靠的证据为依据,并且具有可验证性。如果存货成本不能可靠地计量,则不能确认为一项存货。例如,企业承诺的订货合同,由于并未实际发生,不能可靠确定其成本,因此就不能确认为购买企业的存货。又如,企业预计发生的制造费用,由于并未实际发生,不能可靠地确定其成本,因此不能计入产品成本。

第二节 存货收入及发出的计价方法

一、存货的初始计量

存货应当按照成本进行初始计量(initial measurement)。存货成本包括采购成本、加工成本和其他成本。

不同存货的成本构成内容不同。原材料、商品、低值易耗品等通过购买而取得的存货的成本由采购成本构成;产成品、在产品、半成品、委托加工物资等通过进一步加工而取得的存货的成本由采购成本、加工成本以及使存货达到目前场所和状态所发生的其他成本构成。

（一）存货的采购成本

存货的采购成本,包括购买价款、相关税费、运输费、装卸费、保险费以及其他可归属于存货采购成本的费用。

其中,存货的购买价款是指企业购入的材料或商品的发票账单上列明的价款,但不包括按规定可以抵扣的增值税额。

存货的相关税费是指企业购买存货发生的进口税费、消费税、资源税和不能抵扣的增值税进项税额以及相应的教育费附加等应计入存货采购成本的税费。

其他可直接归属于存货采购成本的费用,即采购成本中除上述各项以外的可直接归属于存货采购的费用,如在存货采购过程中发生的仓储费、包装费、大宗物资的市内运杂费、运输途中的合理损耗、入库前的整理挑选费用等。这些费用能分清负担对象的,应直接计入存货的采购成本;不能分清负担对象的,应选择合理的分配方法,分配计入有关存货的采购成本。分配方法通常包括所购存货的重量或采购价格比例进行分配。

商品流通企业在采购商品过程中发生的运输费、装卸费、保险费以及其他可归属于存货采购成本的费用等进货费用，应当计入存货采购成本，也可以先行归集，期末根据所购商品的销售情况进行分摊。对于已售商品的进货费用，计入当期损益；对于未售商品的进货费用，计入期末存货成本。企业采购商品的进货费用金额较小的，可以在发生时直接计入当期损益。

（二）存货的加工成本

存货的加工成本是指在存货的加工过程中发生的追加费用，包括直接人工以及按照一定方法分配的制造费用。直接人工是指企业在生产产品和提供劳务过程中发生的直接从事产品生产和劳务提供人员的职工薪酬。

在同一生产过程中，同时生产两种或两种以上的产品，并且每种产品的加工成本不能直接区分的，其加工成本应当按照合理的方法在各种产品之间进行分配。

直接人工是指企业在生产产品过程中，直接从事产品生产的工人工资和福利费。直接人工和间接人工划分的依据是生产工人是否与所生产的产品直接相关（即可否直接确定其服务的产品对象）。

企业在存货加工过程中发生的直接人工和制造费用，如果能够直接计入有关的成本核算对象，则应直接计入。否则，应按照一定方法分配计入有关成本核算对象。分配方法一经确定，不得随意变更。存货加工成本在在产品和完工产品之间的成本分配应通过成本核算方法进行计算确定。

（三）存货的其他成本

存货的其他成本是指除采购成本、加工成本以外的，使存货达到目前场所和状态所发生的其他支出。企业设计产品发生的设计费用通常应计入当期损益，但是为特定客户设计产品所发生的、可直接确定的设计费用应计入存货的成本。

存货的来源不同，其成本的构成内容也不同。原材料、商品、低值易耗品等通过购买而取得的存货的成本由采购成本构成；产成品、在产品、半成品等自制或需委托外单位加工完成的存货的成本由采购成本、加工成本以及使存货达到目前场所和状态所发生的其他支出构成。实务中具体按以下原则确定：

（1）购入的存货，其成本包括买价、运杂费（包括运输费、装卸费、保险费、包装费、仓储费等）、运输途中的合理损耗、入库前的挑选整理费用（包括在挑选整理中发生的工、费支出和挑选整理过程中所发生的数量损耗，并扣除回收的下脚废料价值）以及按规定应计入成本的税费和其他费用。

（2）自制的存货，包括自制原材料、自制包装物、自制低值易耗品、自制半成品及库存商品等，其成本包括直接材料、直接人工和制造费用等的各项实际支出。

（3）委托外单位加工完成的存货，包括加工后的原材料、包装物、低值易耗品、半成品、产成品等，其成本包括实际耗用的原材料或者半成品、加工费、装卸费、保险费、委托加工的往返运输费等费用以及按规定应计入成本的税费。

但是下列费用不应计入存货成本，而应在其发生时计入当期损益：

一是非正常消耗的直接材料、直接人工和制造费用，应在发生时计入当期损益，不应计入存货成本。如由于自然灾害而发生的直接材料、直接人工和制造费用，由于这些费用的发生无助于使该存货达到目前场所和状态，不应计入存货成本，而应确认为当期损益。

二是仓储费用，指企业在存货采购入库后发生的储存费用，应在发生时计入当期损益。

但是，在生产过程中为达到下一个生产阶段所必需的仓储费用应计入存货成本。如某种酒类产品生产企业为使生产的酒达到规定的产品质量标准，而必须发生的仓储费用，应计入酒的成本，而不应计入当期损益。

三是不能归属于使存货达到目前场所和状态的其他支出，应在发生时计入当期损益，不得计入存货成本。

（四）存货的借款费用在一定条件下可以资本化

根据《企业会计准则第17号——借款费用》规定，借款费用（borrowing cost）可以资本化的资产范围除了固定资产外，还包括需要经过相当长时间的构建或者生产活动才能达到预定可使用或可销售状态的存货、投资性房地产等。这对生产周期长的行业影响较大，如造船、某些机械制造和房地产等行业的企业，如果借款较多，执行新准则后，允许将用于存货生产的借款费用资本化，计入存货成本，将大大降低这些企业的当期财务费用，提高当期的会计利润，但相应地存货成本将会有较大的增加，影响企业的毛利率。

（五）其他方式取得存货的成本

（1）投资者投入存货的成本，应当按照投资合同或协议约定的价值确定，但合同或协议约定价值不公允的除外。

（2）收获时农产品的成本、非货币性资产交换、债务重组和企业合并取得的存货成本，应当分别按照相应的准则确定其成本。

【例3-2】（单选题）乙企业为增值税一般纳税企业。本月购进原材料200千克，货款为6 000元，增值税为1 020元；发生的保险费为350元，入库前的挑选整理费用为130元；验收入库时发现数量短缺10%，经查属于运输途中合理损耗。乙企业该批原材料实际单位成本为每千克_____元。（　　）

A. 32.4　　　　B. 33.33　　　　C. 35.28　　　　D. 36

【答案】D

【答案解析】购入原材料的实际总成本＝6 000＋350＋130＝6 480（元）

实际入库数量＝200×（1－10%）＝180（千克）

乙企业该批原材料实际单位成本＝6 480÷180＝36（元/千克）。

【例3-3】（多选题）下列各项支出中，应计入原材料成本的有_____。（　　）

A. 因签订采购原材料购销合同而支付的采购人员差旅费

B. 因委托加工原材料（收回后用于连续生产）而支付的受托方代收代缴的消费税

C. 因原材料运输而支付的保险费

D. 因用自有运输工具运输购买的原材料而支付的运输费用

E. 因外购原材料在投入使用前租用仓库而支付的仓储费用

【答案】CD

【答案解析】选项A，采购人员的差旅费应计入"管理费用"；选项B，在收回后继续加工的情况下，代收代缴的消费税可以抵扣，应计入"应交税费——应交消费税"的借方；如果收回后直接对外销售了，则要计入原材料的成本；选项E，材料投入使用前的仓储费应计入"管理费用"。

【2012年《初级会计实务》考试真题·单选题】下列各项中，不应计入存货入账成本的

是_____。   (   )

　　A. 为特定客户设计产品而支付的设计费
　　B. 生产过程中发生的废品损失
　　C. 以债务重组方式取得存货时支付的补价
　　D. 生产企业外购原材料在投入使用前发生的仓储费用
【答案】D
【答案解析】生产企业外购原材料在投入使用前发生的仓储费用，应该计入"管理费用"科目。

　　【2013年《初级会计实务》考试真题·多选题】下列各项费用中，应计入存货成本的是_____。   (   )

　　A. 生产企业外购的原材料在投入使用前发生的仓储费用
　　B. 为特定客户设计产品所发生的设计费
　　C. 为生产工人缴纳的养老保险金
　　D. 因采购存货签订购销合同而支付的差旅费
　　E. 购入存货的运输途中发生的合理损耗
【答案】BCE
【答案解析】选项A、D都应计入管理费用。

二、发出存货的计量

　　日常工作中，企业发出的存货，可以按实际成本核算，也可以按计划成本核算。如采用计划成本核算，会计期末应调整为实际成本。

　　企业应当根据各类存货的实物流转方式、企业管理的要求、存货的性质等实际情况，合理地确定发出存货成本的计算方法以及当期发出存货的实际成本。对于性质和用途相同的存货，应当采用相同的成本计算方法确定发出存货的成本。在实际成本核算方式下，企业可以采用的发出存货成本的计价方法包括先进先出法、月末一次加权平均法、移动加权平均法和个别计价法等。在选用具体计价方法时需要注意，对于性质和用途相似的存货，应当采用相同的成本计算方法确定发出存货的成本。对于不能替代使用的存货、为特定项目专门购入或制造的存货以及提供的劳务，通常采用个别计价法确定发出存货的成本。

　　（一）先进先出法

　　先进先出法是指以先购入的存货应先发出（销售或耗用）这样一种存货实物流动假设为前提，对发出存货进行计价的一种方法。采用这种方法，先购入的存货成本在后购入存货成本之前转出，据此确定发出存货和期末存货的成本。具体方法是：收入存货时，逐笔登记收入存货的数量、单价和金额；发出存货时，按照先进先出的原则逐笔登记存货的发出成本和结存金额。

　　先进先出法可以随时结转存货发出成本，但较烦琐；如果存货收发业务较多，且存货单价不稳定时，其工作量较大。在物价持续上涨时，期末存货成本接近于市价，而发出成本偏低，会高估企业当期利润和库存存货价值；反之，会低估企业存货价值和当期利润。

【例 3-4】假定 B 公司存货的收、发、存数据资料如表 3-1 所示。

表 3-1　B 公司存货的收、发、存数据资料

日期	收入		发出		结存数量/件
	数量/件	单位成本/元	数量/件	单位成本/元	
12 月 1 日结存	300	2.00			300
12 月 8 日购入	200	2.20			500
12 月 14 日发出			400		100
12 月 20 日购入	300	2.30			400
12 月 28 日发出			200		200
12 月 31 日购入	200	2.50			400

B 公司期末存货 400 件的价值，可计算确定如下：
第二批购货：200 件按每单位 2.30 元计算，其成本为 460 元；
第三批购货：200 件按每单位 2.50 元计算，其成本为 500 元；
期末结存存货总成本＝460＋500＝960（元）。
使用先进先出法时，逐笔计算收、发、结存的成本如表 3-2 所示。

表 3-2　收、发、结存的成本

日期	收入			发出			结存		
	数量/件	单位成本/元	总成本/元	数量/件	单位成本/元	总成本/元	数量/件	单位成本/元	总成本/元
12 月 1 日							300	2.00	600
12 月 8 日	200	2.20	440				300 200	2.00 2.20	600 440
12 月 14 日				300 100	2.00 2.20	600 220	100	2.20	220
12 月 20 日	300	2.30	690				100 300	2.20 2.30	220 690
12 月 28 日				100 100	2.20 2.30	220 230	200	2.30	460
12 月 31 日	200	2.50	500				200 200	2.30 2.50	460 500

（二）月末一次加权平均法

月末一次加权平均法是在材料等存货按实际成本进行明细分类核算时，以本月各批进货数量和月初数量为权数计算材料等存货的平均单位成本的一种方法。即以本月全部进货数量加上月初存货数量作为权数，去除本月全部进货成本加上月初存货成本，计算出存货的加权平均单

位成本，以此为基础计算本月发出存货的成本和期末存货的成本的一种方法。计算公式如下：

存货单位成本＝［月初库存存货的实际成本＋Σ（本月各批进货的实际单位成本×
　　　　　　　本月各批进货的数量）］／（月初库存存货数量＋本月各批进货数量之和）

本月发出存货成本＝本月发出存货的数量×存货单位成本

本月月末库存存货成本＝月末库存存货的数量×存货单位成本

或本月月末库存存货成本＝月初库存存货的实际成本＋本月收入存货的实际成本－
　　　　　　　本月发出存货的实际成本

采用加权平均法只在月末一次计算加权平均单价，比较简单，有利于简化成本计算工作，但由于平时无法从账上提供发出和结存存货的单价及金额，因此不利于存货成本的日常管理与控制。

【例 3-5】以例 3-1 的数据为例，采用加权平均法计算其存货成本如下：

平均单位成本＝［2.00×300＋（2.20×200＋2.30×300＋2.50×200）］／［300＋（200＋300＋200）＝2.23（元）

本月发出存货的成本＝600×2.23＝1 338（元）

月末结存存货的成本＝400×2.23＝892（元）

（三）移动加权平均法

移动加权平均法是指以每次进货的成本加上原有库存存货的成本，除以每次进货数量加上原有库存存货的数量，据以计算加权平均单位成本，作为在下次进货前计算各次发出存货成本依据的一种方法。计算公式如下：

存货的移动平均单位成本＝（本次进货之前库存存货的实际成本＋本次进货的实际成本）／
　　　　　　　（本次进货之前库存存货数量＋本次进货的数量）

发出存货的成本＝本次发出存货的数量×移动平均单位成本

月末库存存货的成本＝月末库存存货的数量×月末存货的移动平均单位成本

采用移动加权平均法能够使企业管理当局及时了解存货的结存情况，计算的平均单位成本以及发出和结存的存货成本比较客观。但由于每次收货都要计算一次平均单价，计算工作量较大，对于收发货较频繁的企业不适用。

【例 3-6】以例 3-1 的数据为例，采用移动加权平均法计算月末存货成本及每次收货后的新的平均单位成本（如表 3-3 所示）。

新的平均单位成本计算如下：

第一批购货后的平均单位成本＝（600＋440）／（300＋200）＝2.08（元）

第二批购货后的平均单位成本＝（208＋690）／（100＋300）≈2.25（元）

第三批购货后的平均单位成本＝（448＋500）／（200＋200）＝2.37（元）

表 3-3　月末存货成本及每次收货后的新的单位成本

日期	收入			发出			结存		
	数量/件	单位成本/元	总成本/元	数量/件	单位成本/元	总成本/元	数量/件	单位成本/元	总成本/元
12月1日							300	2.00	600
12月8日	200	2.20	440				500	2.08	1 040
12月14日				400	2.08	832	100	2.08	208

续表

日期	收入			发出			结存		
	数量/件	单位成本/元	总成本/元	数量/件	单位成本/元	总成本/元	数量/件	单位成本/元	总成本/元
12月20日	300	2.30	690				400	2.25	898
12月28日				200	2.25	450	200	2.25	448
12月31日	200	2.50	500				400	2.37	948

【2011年《初级会计实务》考试真题·单选题】丁公司采用移动加权平均法计算发出产成品的实际成本。2005年3月初，产成品的账面数量为20个，账面余额为1 200元；本月10日和20日分别完工入库产成品400个和600个，单位成本分别为64.20元和62元；本月15日和25日分别销售产成品380个和500个。该公司3月末产成品的账面余额为_____元。
( )

A. 8 680.00　　　　B. 8 697.50　　　　C. 8 795.29　　　　D. 8 988.00

【答案】B

【解析】10日单位成本=(1 200+400×64.20)/(20+400)=64（元）

15日销售产品的成本=380×64=24 320（元）

20日单位成本=(1 200+400×64.20−24 320+600×62)/(20+400−380+600)=62.125（元）

25日销售产品的成本=500×62.125=31 062.5（元）

月末产成品的账面余额=1 200+400×64.20−24 320+600×62−31 062.50=8 697.50（元）。

（四）个别计价法

个别计价法亦称个别认定法、具体辨认法、分批实际法，是指对库存和发出的每一特定存货或每一批特定存货的个别成本或每批成本加以认定的一种方法。采用这一方法是假设存货具体项目的实物流转与成本流转相一致，按照各种存货逐一辨认各批发出存货和期末存货所属的购进批别或生产批别，分别按其购入或生产时所确定的单位成本计算各批发出存货和期末存货成本的方法。在这种方法下，是把每一种存货的实际成本作为计算发出存货成本和期末存货成本的基础。

采用个别计价法，一般需要具备两个条件：一是存货项目必须是可以辨别认定的；二是必须有详细的记录，据以了解每一个别存货或每批存货项目的具体情况。

个别计价法的成本计算准确，符合实际情况，但在存货收发频繁的情况下，其发出成本分辨的工作量较大。因此，这种方法适用于一般不能替代使用的存货、为特定项目专门购入或制造的存货以及提供的劳务，如珠宝、名画等贵重物品。

在制造业，个别计价法主要适用于为某一特定的项目专门购入或制造并单独存放的存货。这种方法不能用于可替代使用的存货，如果用于可替代使用的存货，则可能导致企业任意选用较高或较低的单位成本进行计价，来调整当期的利润。

第三节　原材料的核算

原材料是指企业在生产过程中经过加工改变其形态或性质并构成产品主要实体的各种原

料、主要材料和外购半成品以及不构成产品实体但有助于产品形成的辅助材料。原材料具体包括原料及主要材料、辅助材料、外购半成品（外购件）、修理用备件（备品备件）、包装材料、燃料等。原材料的日常收发及结存，可以采用实际成本核算，也可以采用计划成本核算。

一、按实际成本计价的原材料核算

（一）科目设置

原材料按实际成本计价核算时，材料的收发及结存，无论总分类核算还是明细分类核算，均按照实际成本计价。使用的会计科目有"原材料"、"在途物资"等，"原材料"科目的借方、贷方及余额均以实际成本计价，不存在成本差异的计算与结转问题。但采用实际成本核算，日常反映不出材料成本是节约还是超支，从而不能反映和考察物资采购业务的经营成果。因此这种方法通常适用于材料收发业务较少的企业。在实务工作中，对于材料收发业务较多并且计划成本资料较为健全、准确的企业，一般可以采用计划成本进行材料收发的核算。

"原材料"科目。本科目用于核算库存各种材料的收发与结存情况。在原材料按实际成本核算时，本科目的借方登记入库材料的实际成本，贷方登记发出材料的实际成本，期末余额在借方，反映企业库存材料的实际成本。

"在途物资"科目。本科目用于核算企业采用实际成本（进价）进行材料、商品等物资的日常核算，货款已付尚未验收入库的各种物资（即在途物资）的采购成本，本科目应按供应单位和物资品种进行明细核算。本科目的借方登记企业购入的在途物资的实际成本，贷方登记验收入库的在途物资的实际成本，期末余额在借方，反映企业在途物资的采购成本。

"应付账款"科目。本科目用于核算企业因购买材料、商品和接受劳务等经营活动应支付的款项。本科目的贷方登记企业因购入材料、商品和接受劳务等尚未支付的款项，借方登记偿还的应付账款，期末余额一般在贷方，反映企业尚未支付的应付账款。

"预付账款"科目。本科目用于核算企业按照合同规定预付的款项。本科目的借方登记预付的款项及补付的款项，贷方登记收到所购物资时根据有关发票账单记入"原材料"等科目的金额及收回多付款项的金额，期末余额在借方，反映企业实际预付的款项；期末余额在贷方，则反映企业尚未预付的款项。预付款项情况不多的企业，可以不设置"预付账款"科目，而将此业务在"应付账款"科目中核算。

（一）在途原材料的核算

企业应设置"在途物资"科目，核算企业购入的、尚未到达或尚未验收入库的各种原材料的采购成本。

（二）增加原材料的核算

企业外购原材料时，由于结算方式和采购地点的不同，原材料的入库和货款的支付在时间上不一定完全同步，相应地，其账务处理也会有所不同。

1. 购入原材料的一般核算

（1）支付货款与原材料入库同时发生。

对于发票账单与原材料同时到达的采购业务，企业在支付货款、材料验收入库后，应根据结算凭证、发票账单和收料单等确定原材料的实际成本，借记"原材料"科目；根据取得的增值税专用发票上注明的增值税进项税额，借记"应交税费——应交增值税（进项税额）"科目，按照实际支付的款项，贷记"银行存款"等科目。

【例3-7】某企业为一般纳税人，2015年1月15日从外地购入一批A材料，取得的增值税专用发票中注明：价款为40 000元，增值税额为6 800元；销售单位垫付运费3 000元（可按其中的7%抵扣增值税）；全部款项49 800元以一张期限为6个月的不带息的商业汇票支付，A材料当日全部收到并验收入库。

  借：原材料——A材料   42 790
    应交税费——应交增值税（进项税额）   7 010
    贷：应付票据   49 800

如果该企业为小规模纳税人，则其有关账务处理为：

  借：原材料——A材料   49 800
    贷：应付票据   49 800

（2）先支付货款，后收到材料。

对于已付款或开出、承兑的商业汇票进行货款结算，但材料尚未到达或虽已到达而尚未验收入库的材料采购业务，企业应根据发票账单等结算凭证计算材料采购成本，并登记在"在途物资"科目的借方；待材料到达、验收入库后，再将其采购成本作为库存材料的实际成本反映在"原材料"科目的借方。

【例3-8】甲企业为一般纳税人，2015年3月10日从某钢铁公司购入一批生产用钢材，增值税专用发票中注明：价款为60 000元，增值税税率17%，增值税税额10 200元。全部款项以一张银行汇票支付，但所购钢材当日尚未到达企业。

  借：在途物资——某钢铁公司   60 000
    应交税费——应交增值税（进项税额）   10 200
    贷：其他货币资金——银行汇票存款   70 200

【例3-9】接上例，甲企业于3月24日收到上述钢材，并全部验收入库。

  借：原材料——钢材   60 000
    贷：在途物资——某钢铁公司   60 000

（3）先收到材料，后支付货款。

对于材料已到并验收入库，但发票账单等结算凭证未到而尚未进行货款结算的采购业务，企业应做如下处理：收到材料时，只办理验收入库的手续，可暂不填制记账凭证，等到发票账单等结算凭证收到并付款后，再编制记账凭证。但如果月末仍未收到发票账单等结算凭证的，为了使月末的材料做到账实相符，必须对材料按暂估价值入账；下月初做相反分录予以冲回，以便下月收到发票账单等结算凭证时按正常程序进行会计处理。

【例3-10】某公司为一般纳税人，2015年3月28日收到某厂商按合同规定发运过来的一批材料，共计1 000千克，但发票账单未到。

28日收到材料时，因未得到发票账单等结算凭证，所以无法确定材料的实际采购成本，不记账，只将材料验收入库，会计部门在"发票未到登记簿"中记录以便备查。

【例3-11】接例3-10，3月30日，收到上述材料的发票账单，增值税专用发票中注明：

增值税税率17%，价税合计为46 800元，全部款项以银行存款支付。

  借：原材料   40 000
    应交税费——应交增值税（进项税额）   6 800
    贷：银行存款   46 800

【例3-12】接例3-10，如果该公司在3月30日仍未收到上述所购材料的发票账单等结算凭证，则应按暂估价值入账，假设其暂估价为41 000元。

  借：原材料   41 000
    贷：应付账款——暂估应付账款   41 000

该公司在4月1日，应将上述分录冲回：

  借：应付账款——暂估应付账款   41 000
    贷：原材料   41 000

该公司如果在4月的某日收到发票账单等结算凭证时，再按"支付货款与材料入库同时发生"的情况进行相应的会计处理。

（4）超过正常信用条件延期支付价款的购入材料。

购入材料超过正常信用条件延期支付价款（如分期付款购买材料），实质上具有融资性质的，应按购买价款的现值金额，借记"在途物资"科目，按可抵扣的增值税额，借记"应交税费——应交增值税（进项税额）"科目，按应付金额，贷记"长期应付款"科目，按其差额，借记"未确认融资费用"科目。

【小结】企业购入的已验收入库的原材料，分别按下列情况处理：

（1）发票账单已到，并已支付款项的：

  借：原材料
    贷：在途物资、预付账款

（2）发票账单与原材料同时到达，物资验收入库，但尚未支付货款和运杂费或尚未开出承兑商业汇票的：

  借：原材料、应交税费——应交增值税（进项税额）等
    贷：应付账款等

（3）发票账单与原材料同时到达，物资验收入库，同时支付货款和运杂费或开出承兑商业汇票：

  借：原材料、应交税费——应交增值税（进项税额）等
    贷：银行存款、应付票据等

（4）尚未收到发票账单的，按暂估价值入账：

  借：原材料等
    贷：应付账款——暂估应付账款

下月初做相反的会计记录，予以冲回，以便下月付款或开出承兑商业汇票后，按正常程序处理。

【例3-13】某企业采购一批原材料，增值税专用发票上注明的原材料价款为4 700 000元，增值税额为799 000元。双方商定采用商业承兑汇票结算方式支付货款，付款期限为3个月，材料尚未到达。企业应做如下会计分录：

借：在途物资 4 700 000
　　应交税费——应交增值税（进项税额） 799 000
　　贷：应付票据 5 499 000

以后材料到达验收入库时，企业应做如下会计分录：
借：原材料 4 700 000
　　贷：在途物资 4 700 000

【例3-14】若上例采购材料取得的是普通发票，列明金额为5 499 000元，还是采用商业承兑汇票结算方式支付货款，付款期限为3个月，材料尚未到达。则会计分录为：
借：在途物资 5 499 000
　　贷：应付票据 5 499 000

【例3-15】某企业2015年1月28日验收入库材料一批，月末尚未收到发票账单，货款未付，合同作价450 000元。应做会计分录为：

1月28日验收入库时可暂不入账，1月31日，为反映库存真实情况，根据合同价暂估入账，会计分录为：
借：原材料 450 000
　　贷：应付账款——暂估应付账款 450 000

2月1日，用红字编制相同分录冲销：
借：原材料 450 000
　　贷：应付账款——暂估应付账款 450 000

2月5日，收到上述购入材料托收结算凭证和发票账单，专用发票列明材料价款440 000元，增值税税额74 800元，以银行存款予以承付，会计分录如下：
借：原材料 440 000
　　应交税费——应交增值税（进项税额） 74 800
　　贷：银行存款 514 800

2. 自制或委托外单位加工完成的并已验收入库的原材料

自制并验收入库的原材料，应按其生产成本作为入库材料的实际成本入账，即借记"原材料"科目，贷记"生产成本"科目。

借：原材料
　　贷：生产成本（或委托加工物资）

3. 投资者投入的原材料

应按投资各方确认的价值，借记"原材料"科目，并按专用发票上注明增值税额，借记"应交税费——应交增值税（进项税额）"科目，按占被投资方股权总额的比例，贷记"实收资本（或股本）"科目，按借贷双方的差额，贷记"资本公积"科目。

借：原材料
　　应交税费——应交增值税（进项税额）
　　贷：实收资本（或"股本"）等
　　　　资本公积（差额）

企业接受捐赠的原材料，按照确定的原材料实际成本以及支付的相关税费，借记"原材料"科目，按确定的实际成本与现行税率计算的未来应交的所得税，贷记"递延所得税负债"

科目，按照确定的实际成本减去未来应交所得税后的余额，贷记"营业外收入"科目，按实际支付的相关税费，贷记"银行存款"、"应交税费"等科目。

（三）发出原材料的核算

企业储备的各种原材料，主要是为车间、部门生产经营耗用，但也有少量的原材料会销售给外单位或用于委托加工等。材料领发比较频繁的企业，材料明细账应随时进行登记，材料发出的总分类核算于月末根据领料的原始凭证（如领料单等），按用途、领用部门归类汇总编制"发出材料汇总表"后一次进行。

【例 3-16】某企业为一般纳税人，采用加权平均法计算发出材料的成本，根据月末编制的"发出材料汇总表"，2002 年 11 月发出材料的实际成本为 663 000 元，其中：基本生产车间领用 550 000 元，辅助生产车间领用 57 000 元，车间管理部门领用 20 000 元，厂部管理领用 10 000 元，销售部门领用 5 000 元，对外销售 5 000 元，工程部门耗用 16 000 元。

该企业月末的账务处理为：

借：生产成本——基本生产成本　　　　　　　　　　　　550 000
　　　　　　——辅助生产成本　　　　　　　　　　　　 57 000
　　制造费用　　　　　　　　　　　　　　　　　　　　 20 000
　　管理费用　　　　　　　　　　　　　　　　　　　　 10 000
　　其他业务成本　　　　　　　　　　　　　　　　　　 5 000
　　销售费用　　　　　　　　　　　　　　　　　　　　 5 000
　　在建工程　　　　　　　　　　　　　　　　　　　　 16 000
　　贷：原材料　　　　　　　　　　　　　　　　　　　663 000

同时，发出材料用于在建工程、福利部门等非应税项目的，应转出增值税的进项税额，有关账务处理为：

借：在建工程　　　　　　　　　　　　　　　　　　　 2 720
　　贷：应交税费——应交增值税（进项税额转出）　　　 2 720

采用实际成本进行材料日常核算的企业，发出原材料的实际成本，可以采用先进先出法、移动加权平均法、个别计价法等方法计算确定。对不同的原材料可以采用不同的计价方法。材料计价方法一经确定，不得随意变更。如需变更，应在会计报表附注中予以说明。

【例 3-17】某一般纳税企业的在建工程领用库存原材料，金额 58 000 元，生产车间领用库存原材料，金额 47 000 元。原材料适用增值税税率为 17%。会计分录如下：

借：在建工程　　　　　　　　　　　　　　　　　　　 67 860
　　贷：原材料　　　　　　　　　　　　　　　　　　 58 000
　　　　应交税费——应交增值税（进项税额转出）　　　 9 860
借：生产成本　　　　　　　　　　　　　　　　　　　 47 000
　　贷：原材料　　　　　　　　　　　　　　　　　　 47 000

（四）原材料采购过程中的短缺和毁损的处理

采购原材料在途中发生短缺和毁损，应根据造成短缺或毁损的原因分别处理，不能全部计入外购原材料的采购成本。

（1）定额内合理的途中损耗，计入材料的采购成本。

（2）能确定由供应单位、运输单位、保险公司或其他过失人赔偿的，应向有关单位或责任人索赔，自"在途物资"科目转入"应付账款"或"其他应收款"科目。

（3）凡尚待查明原因和需要报经批准才能转销处理的损失，应将其损失从"在途物资"科目转入"待处理财产损溢"科目，查明原因后再分别处理：

① 属于应由供货单位、运输单位、保险公司或其他过失人负责赔偿的，将其损失从"待处理财产损溢"科目转入"应付账款"或"其他应收款"科目；

② 属于自然灾害造成的损失，应按扣除残料价值和保险公司赔偿后的净损失，从"待处理财产损溢"科目转入"营业外支出——非常损失"科目；

③ 属于无法收回的其他损失，报经批准后，将其从"待处理财产损溢"科目转入"管理费用"科目。

④ 在上述②和③两种情况下，短缺和毁损的材料所负担的增值税税额和准予抵扣的消费税税额应自"应交税费——应交增值税（进项税额）"和"应交税费——应交消费税"科目随同"在途物资"科目转入相对应科目。

【例3-18】材料运输途中发生超定额损耗，价款5 000元，增值税额850元，原因尚未查明，会计分录如下：

借：待处理财产损溢　　　　　　　　　　　　　　　　　　　　　　5 850
　　贷：在途物资　　　　　　　　　　　　　　　　　　　　　　　　　5 000
　　　　应交税费——应交增值税（进项税额）　　　　　　　　　　　　　850

上述损耗原因已查明，是由于意外灾害造成的，经批准后计入营业外支出，会计分录为：

借：营业外支出　　　　　　　　　　　　　　　　　　　　　　　　5 850
　　贷：待处理财产损溢　　　　　　　　　　　　　　　　　　　　　　5 850

二、按计划成本计价的原材料核算

原材料按计划成本计价，是指原材料的日常收发及结存，无论是总分类核算和明细分类核算，均按照计划成本进行计价的方法。其特点是：收发凭证按材料的计划成本计价，总账及明细分类账按计划成本登记，原材料的实际成本与计划成本之间的差异，通过"材料成本差异"科目核算。月份终了，通过分配材料成本差异，将发出原材料的计划成本调整为实际成本。材料的计划成本所包括的内容应与其实际成本相一致，计划成本应当尽可能地接近实际。计划成本除特殊情况外，在年度内一般不做变动。这种方法一般适用于材料品种繁多、收发频繁的大中型企业，或者管理上需要分别核算材料计划成本和成本差异的企业。

（一）科目设置

采用这一方法核算企业的原材料，必须设置"原材料"、"材料采购"、"材料成本差异"等科目。

"原材料"科目用来反映企业库存材料的计划成本。借方登记验收入库材料的计划成本，贷方登记仓库发出材料的计划成本，期末余额在借方，表示企业月末结存材料的计划成本。

"材料采购"科目核算企业采用计划成本进行材料日常核算而购入材料的采购成本。借方登记根据发票账单等原始凭证计算出来的物资的实际采购成本，贷方登记结转已验收入库物资的实际成本，期末如果有余额，则在借方，表示企业已经收到发票账单，但尚未到达或尚未验收入库的在途材料的实际采购成本。该科目一般应按供应单位和物资品种设置明细账，进行明细核算。

"材料成本差异"科目用来核算企业各种材料的实际成本与计划成本之间的差异。借方登记各种收入材料的超支差异（即实际成本大于计划成本的差异）和发出材料应分担的节约差异；贷方登记各种收入材料的节约差异（即实际成本小于计划成本的差异）和发出材料应分担的超支差异；期末余额如果在借方，表示企业结存材料的实际成本大于计划成本的差异；期末余额如果在贷方，则表示企业结存材料的实际成本小于计划成本的差异。企业根据具体情况，可以单独设置本科目，也可以在"原材料"、"周转材料"等科目设置"成本差异"明细科目进行核算。本科目应当分别以"原材料"、"周转材料"等，按照类别或品种进行明细核算。

1. 原材料购入的一般核算

在计划成本法下，企业外购材料时，不管材料的入库和货款的支付时间谁在先谁在后，只要企业取得发票账单等原始凭证并以此计算出来材料实际采购成本，均应先计入"材料采购"科目的借方，当材料验收入库后，再从"材料采购"科目的贷方转入"原材料"科目的借方，只不过"材料采购"科目的贷方按实际成本入账，"原材料"科目的借方按计划成本入账，二者的差异则通过"材料成本差异"科目反映。由于企业收入材料的业务比较频繁，为了简化核算，也可以将材料验收入库和结转成本差异的会计核算留待月末一次性进行。

【例3-19】某公司经税务部门核定为一般纳税人，该公司原材料的计划成本为120元/千克。某月该公司发生的材料采购业务如下：

（1）2日，购入原材料1 000千克，增值税专用发票中注明：单价110元，增值税税率17%，发票等结算凭证已收到，全部款项从原已预付的货款中抵扣。该批材料已全部验收入库。

借：材料采购　　　　　　　　　　　　　　　　　　　　　110 000
　　应交税费——应交增值税（进项税额）　　　　　　　　 18 700
　　贷：预付账款　　　　　　　　　　　　　　　　　　　 128 700

（2）8日，从外地购入原材料2 000千克，增值税专用发票中注明：价款240 000元，税款40 800元，运输费20 000元（可按其中的7%抵扣增值税）。发票、运单等结算凭证已收到，全部款项通过外地采购专户存款转账支付，材料尚未运达企业。有关账务处理为：

借：材料采购　　　　　　　　　　　　　　　　　　　　　258 600
　　应交税费——应交增值税（进项税额）　　　　　　　　 42 200
　　贷：其他货币资金——外埠存款　　　　　　　　　　　 300 800

（3）16日，收到8日从外地购入的2 000千克原材料，全部验收入库。可暂不做账务处理，留待月末与其他入库材料一并结转。

（4）31日，汇总结转本月已入库的3 000千克原材料的成本和成本差异。

借：原材料　　　　　　　　　　　　　　　　　　　　　　360 000
　　材料成本差异　　　　　　　　　　　　　　　　　　　　8 600
　　贷：材料采购　　　　　　　　　　　　　　　　　　　 368 600

2. 购入原材料发生短缺的核算

由于种种原因而使外购材料发生短缺毁损时，其账务处理的原则、方法与实际成本法下的会计核算基本相同，不同的是，按计划成本组织材料的核算，存在着成本差异的会计处理。

【例 3-20】某企业为一般纳税人，2007 年 8 月 10 日购入原材料 4 000 千克，取得的增值税专用发票中注明：单价 105 元，增值税税额 71 400 元；销货方代垫运费 20 000 元（可按其中的 7%抵扣增值税），结算凭证已收到，全部款项通过银行转账支付，材料尚未运达企业（该批原材料的单位计划成本为 100 元）。

借：材料采购　　　　　　　　　　　　　　　　　　　　　438 600
　　应交税费——应交增值税（进项税额）　　　　　　　　　72 800
　　贷：银行存款　　　　　　　　　　　　　　　　　　　　　　511 400

【例 3-21】该企业 8 月 14 日收到上述材料，实际验收入库 3 850 千克，短少 150 千克。经清查，发现短少的 150 千克中有 50 千克属于运输途中的合理损耗，余下的 100 千克短少原因暂时不明。

（1）已验收入库的 3 850 千克原材料的实际成本为 427 635 元（3 900×438 600/4 000），计划成本为 385 000 元（3 850×100）。

借：原材料　　　　　　　　　　　　　　　　　　　　　　385 000
　　材料成本差异　　　　　　　　　　　　　　　　　　　　42 635
　　贷：材料采购　　　　　　　　　　　　　　　　　　　　　　427 635

（2）暂时不明原因的 100 千克原材料的账务处理为：

借：待处理财产损溢　　　　　　　　　　　　　　　　　　12 829.05
　　贷：材料采购　　　　　　　　　　　　　　　　　　　　　　10 965
　　　　应交税费——应交增值税（进项税额转出）　　　　　　1 864.05

3. 其他方式收入原材料的核算

自制并已验收入库的原材料，按计划成本，借记"原材料"科目；按其实际生产成本，贷记"生产成本"科目；同时结转材料成本差异，若实际成本大于计划成本的差异，则借记"材料成本差异"科目；若实际成本小于计划成本的差异，则贷记"材料成本差异"科目。

投资者投入的原材料，按计划成本，借记"原材料"科目；按专用发票上注明的增值税税额，借记"应交税费——应交增值税（进项税额）"科目；按投资各方确认的价值，贷记"实收资本（或股本）"、"资本公积"等科目；按计划成本与投资各方确认的价值之间的差额，借记或贷记"材料成本差异"科目。

企业接受捐赠的原材料，按计划成本，借记"原材料"科目；按确定的实际成本与现行税率计算的未来应交所得税，贷记"递延所得税负债"科目；按照确定的实际成本减去未来应交所得税后的余额，贷记"营业外收入"科目；按实际支付的相关税费，贷记"银行存款"科目；按其差额，借记或贷记"材料成本差异"科目。

（二）发出原材料的核算

对于原材料的发出，同实际成本法一样，按计划成本核算，月末也要编制发出材料汇总表，作为编制材料发出的记账凭证和登记总账的依据。由于各种发料凭证都是按照计划成本计价的，因此编制的发出材料汇总表也是按计划成本反映的，所以月末需根据本月的材料成本差异率来确定发出材料应分担的成本差异，从而将发出材料的计划成本调整为实际成本，以便企业能正确地计算产品的生产成本和当期的损益。

发出材料应分担的成本差异,必须按期(月)分摊,不得在季末或年末一次计算。发出材料应分担的成本差异,除委托外部加工发出材料可按期初成本差异率计算外,都应使用当期的实际差异率。期初成本差异率与本期成本差异率相差不大的,也可按期初成本差异率计算。计算方法一经确定,不得随意变动。材料成本差异率的计算公式如下:

本期材料成本差异率=(期初结存材料的成本差异+本期验收入库材料的成本差异)/(期初结存材料的计划成本+本期验收入库材料的计划成本)×100%

期初材料成本差异率=期初结存材料的成本差异/期初结存材料的计划成本×100%

发出材料应负担的成本差异=发出材料的计划成本×材料成本差异率

【例3-22】某企业为一般纳税人,某年的7月初结存原材料的计划成本为400 000元,本月收入原材料的计划成本为350 000元,本月共发出原材料的计划成本为300 000元,其中:基本生产车间领用200 000元,辅助生产车间领用50 000元,车间管理部门领用20 000元,厂部管理领用10 000元,对外销售5 000元,工程部门耗用15 000元。本月"材料成本差异"科目月初有贷方余额5 000元(节约差异),本月收入材料成本差异为20 000元(超支差异)。

(1)月末,根据"发出材料汇总表"应做如下账务处理:

借:生产成本——基本生产成本　　　　　　　　　　　　　　　200 000
　　　　　　——辅助生产成本　　　　　　　　　　　　　　　 50 000
　　制造费用　　　　　　　　　　　　　　　　　　　　　　　 20 000
　　管理费用　　　　　　　　　　　　　　　　　　　　　　　 10 000
　　其他业务成本　　　　　　　　　　　　　　　　　　　　　　5 000
　　在建工程　　　　　　　　　　　　　　　　　　　　　　　 15 000
　　贷:原材料　　　　　　　　　　　　　　　　　　　　　　300 000

(2)月末,根据材料成本差异率计算发出材料应分担的成本差异:

本月材料成本差异率=$\frac{\text{月初结存材料的成本差异}+\text{本月收入材料的成本差异}}{\text{月初结存材料的计划成本}+\text{本月收入材料的计划成本}}$×100%

=(-5 000+20 000)/(400 000+350 000)×100%

=2%(超支)

本月发出材料应分担的成本差异=300 000×2%=6 000(元)

本月发出材料的实际成本=300 000+6 000=306 000(元)

结转发出材料应分担的成本差异:

借:生产成本——基本生产成本　　　　　　　　　　　　　　　　4 000
　　　　　　——辅助生产成本　　　　　　　　　　　　　　　　1 000
　　制造费用　　　　　　　　　　　　　　　　　　　　　　　　 400
　　管理费用　　　　　　　　　　　　　　　　　　　　　　　　 200
　　其他业务成本　　　　　　　　　　　　　　　　　　　　　　 100
　　在建工程　　　　　　　　　　　　　　　　　　　　　　　　 300
　　贷:材料成本差异　　　　　　　　　　　　　　　　　　　　6 000

同时,工程部门领用原材料还应做增值税进项税额转出2 601元(15 300×17%):

借：在建工程 2 601
　　贷：应交税费——应交增值税（进项税额转出） 2 601

【例3-23】某一般纳税企业购入甲材料一批，价款50 000元（不含增值税），材料已验收入库，发票账单已到，货款已通过银行支付，该批材料的计划成本为52 000元。会计分录为：

借：材料采购 50 000
　　应交税费——应交增值税（进项税额） 8 500
　　贷：银行存款 58 500
借：原材料 52 000
　　贷：材料采购 50 000
　　　　材料成本差异 2 000

【例3-24】企业生产车间自制材料完工交库一批，计划成本为25 000元。月末，根据成本计算资料等，该批材料应负担2 000元的材料成本差异（超支）。会计分录为：

借：原材料 25 000
　　材料成本差异 2 000
　　贷：生产成本 27 000

【例3-25】发出材料10件委托外单位加工，每件材料的计划成本为800元，发出材料应负担的成本差异额为–400元，会计分录为：

（1）发出材料：

借：委托加工物资 8 000
　　贷：原材料 8 000

（2）结转材料成本差异：

借：材料成本差异 400
　　贷：委托加工物资 400

【例3-26】续前例，委托外单位加工的材料已收回验收入库，计划成本每件1 000元。支付加工费900元，支付增值税额153元。会计分录为：

借：委托加工物资 900
　　应交税费——应交增值税（进项税额） 153
　　贷：银行存款 1 053
借：原材料 10 000
　　贷：委托加工物资 8 500
　　　　材料成本差异 1 500

注：8 500＝8 000－400＋900

【例3-27】本月领用的材料如下：基本生产车间领用40 000元，辅助生产车间领用10 000元，车间管理部门领用5 000元，企业管理部门领用5 000元，若月终计算出的材料成本差异率为–5%。会计分录为：

借：生产成本——基本生产成本 40 000
　　　　　　——辅助生产成本 10 000
　　制造费用 5 000
　　管理费用 5 000
　　贷：原材料 60 000

借：材料成本差异　　　　　　　　　　　　　　　　　　　　　　　　3 000
　　贷：生产成本　　　　　　　　　　　　　　　　　　　　　　　　　　2 500
　　　　制造费用　　　　　　　　　　　　　　　　　　　　　　　　　　　250
　　　　管理费用　　　　　　　　　　　　　　　　　　　　　　　　　　　250

【2011年《初级会计实务》考试真题·单选题】某企业月初结存材料的计划成本为250万元，材料成本差异为超支45万元；当月入库材料的计划成本为550万元，材料成本差异为节约85万元；当月生产车间领用材料的计划成本为600万元。

（1）月末库存材料的实际成本为＿＿＿＿＿＿万元。　　　　　　　　　　　　（　）
　A. 502.5　　　　B. 570　　　　C. 630　　　　D. 190

【答案】D

【解析】本月的材料成本差异率＝（45－85）/（250+550）×100%＝－5%，库存材料的实际成本＝（250+550－600）×（1－5%）＝190（万元）

（2）当月生产车间领用材料的实际成本为＿＿＿＿＿＿万元。　　　　　　　　　（　）
　A. 502.5　　　　B. 570　　　　C. 630　　　　D. 190

【答案】B

【解析】本月的材料成本差异率＝（45－85）/（250+550）×100%＝－5%，发出材料实际成本＝600×（1－5%）＝570（万元）

【2010年《初级会计实务》考试真题·单选题】H公司2010年4月初库存原材料的计划成本为500万元，"材料成本差异"账户的借方余额为50万元，4月5日发出委托加工原材料一批，计划成本80万元；4月10日生产领用原材料一批，计划成本340万元；4月25日购入原材料一批，实际成本为310万元，计划成本为300万元。委托加工原材料的材料成本差异在发出时结转。则4月末"材料成本差异"账户的借方余额为＿＿＿＿＿＿万元。（　）
　A. 18.0　　　　B. 26.5　　　　C. 28.5　　　　D. 34.5

【答案】B

【解析】因为题目条件中给出委托加工原材料的材料成本差异在发出时结转，所以结转材料成本差异时应该采用月初的材料成本差异率（如表3-4所示）。

　　月初的材料成本差异率＝50/500×100%＝10%
　　发出委托加工物资结转的材料成本差异＝80×10%＝8（万元）
　　月末材料成本差异率＝（50+10）/（500+300）×100%＝7.5%
　　材料成本差异的借方余额＝50+10－8－340×7.5%＝26.5（万元）

表3-4　材料成本差异

月初：50（万元）	（1）发出委托加工物资结转的材料成本差异＝80×10%＝8（万元）
（2）购材料的超支差＝310－300＝10（万元）	（3）发出材料应负担的差异＝340×7.5%＝25.5（万元）
26.5（万元）	

三、库存商品的核算

库存商品，是指企业库存的各种商品，包括库存产成品、外购商品、存放在门市部准备出售的商品、发出展览的商品以及寄存在外的商品等，但不包括委托外单位加工的商品和已完成销售手续而购买单位在月末尚未提走的库存商品。

工业企业的库存商品主要指产成品，即已经完成全部生产过程并验收入库的合乎标准规格和技术条件，可以按照合同规定的条件送交订货单位，或者可以作为商品对外销售的产品。企业接受外来原材料加工制造的代制品和为外单位加工修理的代修品，制造和修理完成验收入库后，视同企业的产成品，作为库存商品进行核算。工业企业的库存商品还包括可以降价出售的不合格品，但应与企业合格商品分开核算。

商品流通企业的库存商品，主要是指外购或委托加工完成验收入库后用于销售的各种商品。

企业在核算库存商品时应设置"库存商品"科目，该科目的借方登记企业入库商品的实际成本（或进价）或计划成本（或售价），贷方登记出库商品的成本，期末余额在借方，反映企业库存商品的实际成本（或进价）或计划成本（或售价）。该科目应按库存商品的种类、品种和规格进行明细核算。

（一）工业企业库存商品的核算

工业企业的产成品一般应按实际成本进行核算。在这种情况下，产成品的收入、发出和销售，平时只记数量不记金额，月末计算入库产成品的实际成本；对发出和销售的产成品，可以采用先进先出法、加权平均法或个别认定法等方法确定其实际成本。核算方法一经确定，不得随意变更。如需变更，应在会计报表附注中予以说明。

1. 自制产成品完工验收入库的核算

在按实际成本核算的情况下，自制产成品的成本要在月末才能计算出来，因此，产成品的总分类核算只能在月末根据产成品的入库单和产品成本计算单进行。

【例3-28】月末经计算，本月验收入库的完工产品20 000件，其单位生产成本为20元。

借：库存商品 400 000
　　贷：生产成本 400 000

2. 发出和销售产品的核算

【例3-29】某企业为一般纳税人，月末汇总计算，本月仓库共发出产成品30 000千克，其中有20 000千克对外销售，有10 000千克用于工程部门。该企业采用加权平均法计算发出产品的成本，且计算的加权平均单位成本为20元。

借：主营业务成本 400 000
　　在建工程 200 000
　　贷：库存商品 600 000

同时，根据增值税法的规定，企业的产成品用于非应税项目（如工程部门、福利部门等），应视同销售，需要按其计税价格计算应交的增值税。假定该产品的计税单价为30元，则企业还应做如下会计处理：

借：在建工程 51 000
　　贷：应交税费——应交增值税（销项税额） 51 000

产成品种类比较多的企业，也可以按计划成本进行日常核算，其实际成本与计划成本之间的差异，可以单独设置"产品成本差异"科目进行核算。在这种情况下，产成品的收入、发出和销售，平时可以用计划成本进行核算，月度终了，计算入库产成品的实际成本，按产成品的计划成本记入"库存商品"科目，并将实际成本与计划成本之间的差异记入"产品成本差异"科目，然后再将产品成本差异在发出、销售和结存的产成品之间进行分配。

（二）商品流通企业库存商品的核算

商品流通企业对库存商品的核算，可以采用进价核算，也可以采用售价核算，其账务处理有所不同。企业应根据具体情况，选择一种适合本企业的核算方法。

1. 库存商品采用进价核算

库存商品采用进价核算的企业，购入的商品，在商品到达验收入库后，按商品的进价，借记"库存商品"科目，贷记"银行存款"或"在途物资"等科目；企业委托外单位加工收回的商品，按商品进价，借记"库存商品"科目，贷记"委托加工物资"科目。

企业销售发出的商品，结转销售成本时，可按先进先出法、加权平均法或个别认定法计算已销售品的销售成本。企业结转发出商品的成本，应借记"主营业务成本"科目，贷记"库存商品"科目。

2. 库存商品采用毛利率法核算

毛利率法是根据本期销售净额乘以前期实际（或本月计划）毛利率匡算本期销售毛利，并计算发出存货成本的一种方法。本方法常见于商品流通企业。计算公式如下：

销售净额＝商品销售收入－销售退回与折让

销售成本＝销售净额×（1－毛利率）

期末存货成本＝期初存货成本＋本期购货成本－本期销售成本

3. 库存商品采用售价核算

库存商品采用售价核算，即通常所说的售价金额核算法，也称"售价记账，实物负责制"，是在实物负责制的基础上，以售价金额核算实物负责人经管商品的进、销、存情况的一种核算方法。

采用售价金额核算法，平时对商品的购进、储存、销售均按售价记账，售价与进价的差额通过"商品进销差价"科目核算，期末计算进销差价率，从而计算本期已销商品应分摊的进销差价，并据以调整本期销售成本。

销售商品应分摊的商品进销差价，按以下方法计算：

商品进销差价率＝期末分摊前本科目余额/（"库存商品"科目期末余额＋"委托代销商品"科目期末余额＋"发出商品"科目期末余额＋本期"主营业务收入"科目贷方发生额）×100%

本期销售商品应分摊的商品进销差价＝本期"主营业务收入"科目贷方发生额×商品进销差价率

上述所称"主营业务收入"，是指采用售价进行商品日常核算的销售商品所取得的收入。

委托加工商品可以采用上月商品进销差价率计算应分摊的商品进销差价。企业的商品进销差价率各月之间比较均衡的，也可以采用上月商品进销差价率计算分摊本月销售商品应分摊的商品进销差价。企业无论采用当月商品进销差价率还是上月商品进销差价率计算分摊商品进销差价，均应在年度终了，对商品进销差价进行核实调整。

【例 3-30】某商品流通企业为一般纳税人，2014 年 11 月的月初库存商品的进价成本为

110 000 元，售价金额为 125 000 元，本月发生如下购销业务：

（1）5 日，购入商品一批，取得的增值税专用发票上注明：价款 20 000 元，税款 3 400 元，全部款项以现金支票支付。商品已全部验收入库，该批商品的总售价为 25 000 元。

支付货款时：
借：在途物资　　　　　　　　　　　　　　　　　　　　　　20 000
　　应交税费——应交增值税（进项税额）　　　　　　　　　　3 400
　　贷：银行存款　　　　　　　　　　　　　　　　　　　　　23 400
商品验收入库时，按售价记账：
借：库存商品　　　　　　　　　　　　　　　　　　　　　　25 000
　　贷：在途物资　　　　　　　　　　　　　　　　　　　　20 000
　　　　商品进销差价　　　　　　　　　　　　　　　　　　 5 000

（2）10 日，销售商品一批，不含税的销售价为 40 000 元，已开出增值税专用发票，款项收存银行，商品已发出。

确认商品销售收入：
借：银行存款　　　　　　　　　　　　　　　　　　　　　　46 800
　　贷：主营业务收入　　　　　　　　　　　　　　　　　　40 000
　　　　应交税费——应交增值税（销项税额）　　　　　　　 6 800
按售价结转商品销售成本：
借：主营业务成本　　　　　　　　　　　　　　　　　　　　40 000
　　贷：库存商品　　　　　　　　　　　　　　　　　　　　40 000

（3）18 日，购入商品一批，取得的增值税专用发票上注明：价款 40 000 元，税款 6 800 元，全部款项以一张期限为 6 个月的不带息的商业汇票支付。商品已全部验收入库，总售价为 50 000 元。

支付货款时：
借：在途物资　　　　　　　　　　　　　　　　　　　　　　40 000
　　应交税费——应交增值税（进项税额）　　　　　　　　　　6 800
　　贷：应付票据　　　　　　　　　　　　　　　　　　　　46 800
商品验收入库时，按售价记账：
借：库存商品　　　　　　　　　　　　　　　　　　　　　　50 000
　　贷：材料采购　　　　　　　　　　　　　　　　　　　　40 000
　　　　商品进销差价　　　　　　　　　　　　　　　　　　10 000

（4）25 日，赊销商品一批，开具的增值税专用发票上注明：价款 60 000 元，税款 10 200 元。商品已发运给对方。

确认商品销售收入：
借：银行存款　　　　　　　　　　　　　　　　　　　　　　70 200
　　贷：主营业务收入　　　　　　　　　　　　　　　　　　60 000
　　　　应交税费——应交增值税（销项税额）　　　　　　　 10 200
按售价结转商品销售成本：

借：主营业务成本　　　　　　　　　　　　　　　　　　60 000
　　贷：库存商品　　　　　　　　　　　　　　　　　　　　　60 000

（5）30日，结转本月已销商品应分摊的进销差价：

$$本月进销差价率=\frac{期初库存商品进销差价+本期购入商品进销差价}{期初库存商品售价+本期购入商品售价}\times 100\%$$

$$=(15\,000+5\,000+10\,000)\div(125\,000+25\,000+50\,000)=15\%$$

本月已销商品应分摊的进销差价=（40 000+60 000）×15%=15 000（元）

本月已销商品的实际成本=40 000+60 000-15 000=85 000（元）

借：商品进销差价　　　　　　　　　　　　　　　　　　15 000
　　贷：主营业务成本　　　　　　　　　　　　　　　　　　　15 000

（三）房地产开发企业库存商品的核算

房地产开发企业的开发产品，可将"库存商品"科目改为"开发产品"科目进行核算。房地产开发企业开发的产品，应于竣工验收时，按实际成本，借记"开发产品"科目，贷记"生产成本"科目。月末，企业应结转对外转让、销售和结算开发产品的实际成本，借记"主营业务成本"科目，贷记"开发产品"科目。企业应将开发的营业性配套设施用于本企业从事第三产业经营用房，应视同自用固定资产进行处理，并将营业性配套设施的实际成本，借记"固定资产"科目，贷记"开发产品（配套设施）"。

第四节　其他存货的核算

一、委托加工物资的核算

委托加工物资，是指企业为了满足生产经营的需要，在企业无法加工或加工能力不足的情况下，委托外单位加工的各种物资，如委托加工的材料、商品、包装物等。

委托加工是企业获取存货的一种方式，委托加工的物资加工完毕收回后应验收入库，并将其作为企业的存货进行管理和核算。

委托加工物资在会计处理上主要包括拨付加工物资、支付加工费用和税金、收回加工物资和剩余物资等几个环节，并设置"委托加工物资"科目来核算企业委托外单位加工的各种物资的实际成本，该科目应按加工合同、受托加工单位以及加工物资的品种进行明细核算。

（一）发给外单位加工的物资

企业发给外单位用于加工的物资，其成本应构成委托加工物资的成本，因此应按实际成本，借记"委托加工物资"科目，贷记"原材料"、"库存商品"等科目；按计划成本或售价核算的企业，还应同时结转材料成本差异或商品进销差价，实际成本大于计划成本的差异，借记"委托加工物资"科目，贷记"产品成本差异"或"商品进销差价"科目；实际成本小于计划成本的差异，做相反的会计分录。

借：委托加工物资
　　贷：原材料、库存商品等

按计划成本（或售价）核算的企业，还应当同时结转成本差异或商品进销差价。

企业支付加工费用、应承担的运杂费等：
借：委托加工物资、应交税费——应交增值税（进项税额）
　　贷：银行存款等

如果企业委托加工的物资属于应税消费品，则应缴纳消费税。需要缴纳消费税的委托加工物资，其由受托方代收代缴的消费税，分别按以下情况处理：

（1）收回后直接用于销售的，应将受托方代收代缴的消费税计入委托加工物资成本：
借：委托加工物资
　　贷：银行存款等

（2）收回后用于连续生产、按规定准予抵扣的，按受托方代收代缴的消费税：
借：应交税费——应交消费税
　　贷：银行存款等

（二）加工完成验收入库的物资和剩余的物资

按加工收回物资的实际成本和剩余物资的实际成本加工完成验收入库的物资和剩余物资，按加工收回物资的实际成本和剩余物资的实际成本，借记"原材料"、"库存商品"等科目（采用计划成本或售价核算的企业，按计划成本或售价记入"原材料"、"库存商品"等科目，实际成本与计划成本或售价之间的差额，记入"材料成本差异"或"商品进销差价"科目），贷记"委托加工物资"科目。

借：原材料、库存商品等
　　贷：委托加工物资

采用计划成本或售价核算的企业，按计划成本或售价记入"原材料"或"库存商品"科目，实际成本与计划成本或售价之间的差异，计入"材料成本差异"或"商品进销差异"科目。

【例3-31】某公司委托乙单位加工汽车外胎20个，发出材料的实际总成本为4 000元，加工费为800元，乙单位同类外胎的单位销售价格为400元。11月20日，该企业将外胎提回后当即投入整胎生产（加工费及乙单位代缴的消费税均未结算），生产出的整胎于12月15日全部售出，售价为40 000元。轮胎的消费税税率为10%。该公司委托加工外胎和销售整胎的消费税及相应的会计处理如下：

委托加工外胎的消费税＝400×20×10%＝800（元）
销售整胎的消费税＝40 000×10%＝4 000（元）

（1）委托加工的外胎提回时：

借：原材料　　　　　　　　　　　　　　　　　　　　　　　　　4 800
　　贷：委托加工物资　　　　　　　　　　　　　　　　　　　　　　　4 800

同时，

借：应交税费——应交消费税　　　　　　　　　　　　　　　　　　800
　　贷：应付账款　　　　　　　　　　　　　　　　　　　　　　　　　800

委托加工发出材料成本、应支付的加工费和增值税额、往返运费等会计分录略。

（2）整胎销售时：

借：营业税金及附加　　　　　　　　　　　　　　　　　　　　　4 000
　　贷：应交税费——应交消费税　　　　　　　　　　　　　　　　　4 000

(3) 实际缴纳时：

实际缴纳消费税税额＝4 000－800＝3 200（元）

借：应交税费——应交消费税　　　　　　　　　　　　　　　　　3 200
　　　贷：银行存款　　　　　　　　　　　　　　　　　　　　　　3 200

【例3-32】（单选题）甲企业发出实际成本为140万元的原材料，委托乙企业加工成半成品，收回后用于连续生产应税消费品。甲企业和乙企业均为增值税一般纳税人，甲企业根据乙企业开具的增值税专用发票向其支付加工费4万元和增值税0.68万元，另支付消费税16万元。假定不考虑其他相关税费，甲企业收回该批半成品的入账价值为_____万元。
　　　　　　　　　　　　　　　　　　　　　　　　　　　　　　　　（　　）

A. 144　　　　B. 144.68　　　　C. 160　　　　D. 160.68

【答案】A

【解析】甲企业收回该批半成品的入账价值＝140＋4＝144（万元）

【2010年《初级会计实务》考试真题·多选题】一般纳税人因委托加工物资而支付的税金，可按税法规定准予抵扣的有_____。　　　　　　　　　　　　　　　（　　）

A. 支付消费税，且委托加工的物资收回后直接用于连续生产应税消费品

B. 支付消费税，且委托加工的物资收回后直接用于对外销售

C. 支付增值税，且取得增值税专用发票

D. 支付增值税，且取得普通销货发票

E. 按委托加工合同支付印花税

【答案】AC

【解析】支付消费税，且委托加工的物资收回后直接用于对外销售，消费税应该计入收回委托加工物资的成本中，所以选项B不正确；取得普通发票，增值税不可以抵扣，所以选项D不正确；按委托加工合同支付印花税，应该计入管理费用，不存在抵扣问题，所以选项E不正确。

二、周转材料的核算

（一）周转材料概述

周转材料主要包括企业能够多次使用，逐渐转移其价值但仍保持原有形态，不确认为固定资产的包装物和低值易耗品等，以及建筑承包企业的钢模板、木模板、脚手架和其他周转使用的材料等。

（1）包装物，指为了包装本企业产成品和商品而储备的各种包装容器，如桶、箱、瓶、坛、袋等。其范围包括：① 生产过程中用于包装产品作为产品组成部分的包装物；② 随同产品出售不单独计价的包装物；③ 随同产品出售单独计价的包装物；④ 出租或出借给购买单位使用的包装物。但是，下列各项不属于包装物的核算范围：① 各种包装材料，如纸、绳、铁丝、铁皮等，这些属于一次性使用的包装材料，应作为原材料进行管理和核算；② 用于储存和保管产品、材料而不对外出售的包装物，这类物品应按其价值的大小和使用年限的长短，分别列作企业的固定资产或低值易耗品进行管理和核算；③ 单独列作企业产品、商品的自制包装物，应作为库存商品进行管理和核算。

(2) 低值易耗品，是指企业不能作为固定资产的各种用具物品，如工具、管理用具、玻璃器皿，以及在经营过程中周转使用的包装容器等。低值易耗品按其用途可分为：① 一般工具，如刀具、夹具、量具、装配工具等；② 专用工具，如专用模具、专用卡具等；③ 替换设备，如炼钢用的钢锭模等；④ 管理用具，如各种家具、用具、办公用品等；⑤ 劳动保护用品，如工作服、工作鞋和其他劳保用品；⑥ 其他不属于以上各类的低值易耗品。由于低值易耗品是劳动资料，可以多次参加生产经营过程而不改变其原有实物形态，在使用过程中需要维护、修理，报废时会有一定的残值，这些特点与固定资产类似；但是，低值易耗品价值低、容易损坏、更换频繁，这一点又与材料相同。为了简化核算手续，会计上仍然把低值易耗品作为存货列入流动资产进行管理和核算。

为了核算企业周转材料的计划成本或实际成本，应设置"周转材料"科目，该科目应按周转材料的种类，分别按"在库""在用""摊销"进行明细核算。该科目的期末借方余额反映企业在库周转材料的计划成本或实际成本以及在用周转材料的摊余价值。

对于企业的包装物和低值易耗品，也可以单独设置"包装物"和"低值易耗品"科目进行核算。

（二）周转材料的核算

周转材料的主要账务处理包括：

（1）企业通过购入、自制、委托外单位加工、接受投资、接受捐赠等方式而收入的包装物和低值易耗品，其会计核算比照原材料的核算方法进行，只需将"原材料"科目改为"周转材料"科目即可。

（2）采用一次摊销法的，领用时按其账面价值：

借：管理费用、生产成本、销售费用、工程施工等
　　贷：周转材料

周转材料报废时，应按报废周转材料的残料价值：

借：原材料
　　贷：管理费用、生产成本、销售费用、工程施工等

（3）采用其他摊销方法的，如五五摊销法，领用时按其账面价值：

借：周转材料——在用
　　贷：周转材料——在库

摊销时应按摊销额：

借：管理费用、生产成本、销售费用、工程施工
　　贷：周转材料——摊销

周转材料报废时应补提摊销额：

借：管理费用、生产成本、销售费用、工程施工
　　贷：周转材料——摊销

同时，按报废周转材料的残料价值：

借：原材料
　　贷：管理费用、生产成本、销售费用、工程施工

并转销全部已提摊销额：

借：周转材料——摊销
　　贷：周转材料——在用

（4）周转材料采用计划成本进行日常核算的，领用等发出周转材料时，还应同时结转应分摊的成本差异。

【例3-33】某企业发出包装物采用一次摊销法进行核算，该企业有关包装物收发的经济业务（不考虑消费税）及应做的会计分录如下：

（1）生产领用包装物一批，计划成本2 000元。

借：生产成本　　　　　　　　　　　　　　　　　　　　　　　　2 000
　　贷：周转材料——包装物　　　　　　　　　　　　　　　　　　　2 000

（2）企业销售产品时，领用不单独计价的包装物，其计划成本为1 000元。

借：销售费用　　　　　　　　　　　　　　　　　　　　　　　　1 000
　　贷：周转材料——包装物　　　　　　　　　　　　　　　　　　　1 000

（3）企业销售产品时，领用单独计价的包装物，其计划成本为500元。

借：其他业务成本　　　　　　　　　　　　　　　　　　　　　　　500
　　贷：周转材料——包装物　　　　　　　　　　　　　　　　　　　　500

（4）仓库发出新包装物一批，出租给购货单位，计划成本为5 000元，收到租金500元，存入银行。

借：其他业务成本　　　　　　　　　　　　　　　　　　　　　　5 000
　　贷：周转材料——包装物　　　　　　　　　　　　　　　　　　　5 000

同时，收到租金：

借：银行存款　　　　　　　　　　　　　　　　　　　　　　　　　500
　　贷：其他业务收入　　　　　　　　　　　　　　　　　　　　　427.35
　　　　应交税费——应交增值税（销项税额）　　　　　　　　　　　72.65

（5）出借新包装物一批，计划成本为3 000元，收到押金1 000元，存入银行。

借：销售费用　　　　　　　　　　　　　　　　　　　　　　　　3 000
　　贷：周转材料——包装物　　　　　　　　　　　　　　　　　　　3 000

同时，收到押金：

借：银行存款　　　　　　　　　　　　　　　　　　　　　　　　1 000
　　贷：其他应付款　　　　　　　　　　　　　　　　　　　　　　1 000

（6）出借包装物逾期未退，按规定没收其押金1 000元。

借：其他应付款　　　　　　　　　　　　　　　　　　　　　　　1 000
　　贷：其他业务收入　　　　　　　　　　　　　　　　　　　　　854.70
　　　　应交税费——应交增值税（销项税额）　　　　　　　　　　145.30

（7）出租包装物收回后，不能继续使用而报废，收回残料入库，价值600元。

借：原材料　　　　　　　　　　　　　　　　　　　　　　　　　　600
　　贷：其他业务成本　　　　　　　　　　　　　　　　　　　　　　600

（8）月末，按-5%的材料成本差异率计算结转本月生产领用、出售以及出租、出借包装物分摊的成本差异。

生产领用：2 000×（-5%）=-100（元）

出售（不单独计价）：1 000×（-5%）=-50（元）
出售（单独计价）：500×（-5%）=-25（元）
出租：5 000×（-5%）=-250（元）
出借：3 000×（-5%）=-150（元）

借：材料成本差异　　　　　　　　　　　　　　　　　　575
　　贷：生产成本　　　　　　　　　　　　　　　　　　　100
　　　　其他业务成本　　　　　　　　　　　　　　　　　275
　　　　销售费用　　　　　　　　　　　　　　　　　　　200

【2010年《初级会计实务》考试真题·多选题】下列各项中，不属于"包装物"科目核算范围的有_____。（　　）

A. 各种包装材料
B. 企业自制并单独计价的用于对外出售的包装容器
C. 用于存储和保管产品、材料而不对外出售的包装物
D. 出借给购货单位使用的包装物
E. 生产过程中用于包装产品、不作为产品组成部分但随同产品出售单独计价的包装物

【答案】AC

【解析】下列各项不属于包装物核算的范围：① 各种包装材料，如纸、绳、铁皮等，应在"原材料"中核算；② 用于储存和保管产品、材料而不对外出售的包装物，应按其价值的大小和使用年限的长短，分别在"固定资产"或"周转材料"或单设的"低值易耗品"中核算；③ 计划上单独列作企业商品、产品的自制包装物，应在"库存商品"中核算。所以，本题应该选AC。

【例3-34】某企业低值易耗品采用实际成本法核算，并按五五摊销法进行摊销。该企业生产车间3月10日从仓库领用工具一批，实际成本10 000元。6月30日该批工具全部报废，报废时的残料价值为500元，作为原材料入库。该企业有关此项低值易耗品领用、摊销和报废的会计分录为：

3月10日领用时：

借：周转材料——低值易耗品（在用）　　　　　　　　　10 000
　　贷：周转材料——低值易耗品（在库）　　　　　　　　10 000
借：制造费用　　　　　　　　　　　　　　　　　　　　5 000
　　贷：周转材料——低值易耗品（摊销）　　　　　　　　5 000

6月30日报废时：

借：制造费用　　　　　　　　　　　　　　　　　　　　5 000
　　贷：周转材料——低值易耗品（摊销）　　　　　　　　5 000
借：原材料　　　　　　　　　　　　　　　　　　　　　　500
　　贷：制造费用　　　　　　　　　　　　　　　　　　　　500
借：周转材料——低值易耗品（摊销）　　　　　　　　　10 000
　　贷：周转材料——低值易耗品（在用）　　　　　　　10 000

【2013年《初级会计实务》考试真题·单选题】某公司领用低值易耗品采用"五五摊销法"进行摊销，2013年4月该公司管理部门领用一批低值易耗品，实际成本为8 360元；2013年5

月底，该批低值易耗品全部报废，收回残料 500 元。报废时，该公司应做的会计分录为_____。

(   )

A. 借：管理费用 3 680
　　周转材料——低值易耗品（摊销） 4 180
　　原材料 500
　　　贷：周转材料——低值易耗品（在用） 8 360

B. 借：管理费用 4 180
　　周转材料——低值易耗品（摊销） 4 180
　　　贷：周转材料——低值易耗品（在用） 8 360

C. 借：管理费用 4 180
　　　贷：周转材料——低值易耗品（在用） 4 180

D. 借：制造费用 4 180
　　　贷：周转材料——低值易耗品（在用） 4 180

【答案】A

【解析】"五五摊销法"在报废时摊销另一半，同时收回的残料作为原材料入账，所以选项 A 正确。

【2014 年《初级会计实务》考试真题·多选题】甲公司领用周转材料采用"五五摊销法"核算。2014 年 5 月公司管理部门领用一批周转材料，实际成本为 16 000 元；6 月底，该批周转材料全部报废，收回残料价值为 800 元，作为原材料入库。报废时，甲公司应做的正确会计分录有_____。

(   )

A. 借：管理费用 8 000
　　　贷：周转材料——在用 8 000

B. 借：管理费用 8 000
　　　贷：周转材料——摊销 8 000

C. 借：管理费用 8 000
　　　贷：周转材料——在库 8 000

D. 借：原材料 800
　　　贷：周转材料——在用 800

E. 借：周转材料——摊销 16 000
　　　贷：周转材料——在用 16 000

【答案】BE

【解析】选项 B 为领用时摊销的分录，选项 E 为将报废周转材料从账上转销的分录。

领用时：
借：周转材料——在用 16 000
　　贷：周转材料——在库 16 000

领用时摊销：
借：管理费用 8 000
　　贷：周转材料——摊销 8 000

报废时：

（1）报废时摊销：
借：管理费用　　　　　　　　　　　　　　　　　　　　　　　8 000
　　贷：周转材料——摊销　　　　　　　　　　　　　　　　　　　　8 000
（2）将报废周转材料从账上转销：
借：周转材料——摊销　　　　　　　　　　　　　　　　　　16 000
　　贷：周转材料——在用　　　　　　　　　　　　　　　　　　　16 000
（3）报废周转材料的残值收入：
借：原材料　　　　　　　　　　　　　　　　　　　　　　　　800
　　贷：管理费用　　　　　　　　　　　　　　　　　　　　　　　　800

第五节　存货期末计量

企业的存货应当在期末（即资产负债表日）按成本与可变现净值孰低计量，对可变现净值低于存货成本的差额，计提存货跌价准备，计入当期损益。即期末存货的计价方法采用成本与可变现净值孰低法。

一、可变现净值

（一）可变现净值的定义

可变现净值，是指在日常活动中，以存货的估计售价减去至完工时将要发生的成本、估计的销售费用以及相关税费后的金额。

根据谨慎性原则，企业应当采用成本与可变现净值孰低对存货进行期末计价。当存货的可变现净值下跌至成本以下时，表明该存货给企业带来的未来经济利益低于其账面金额，因此应将这部分损失从资产价值中扣除，计入当期损益。在确定存货的可变现净值时，应合理确定估计售价、至完工将要发生的成本、估计的销售费用和相关税金。在理解可变现净值的概念时，需注意以下三点：

（1）企业应当以处于正常生产经营过程作为确定存货可变现净值的前提。如果企业不是处于正常生产经营过程中，那么可变现净值的确定不适用于本准则。

（2）可变现净值实质上是指净现金流入，而不是指存货的售价或合同价。企业销售存货预计取得的现金流入，并不完全构成存货的可变现净值。由于在存货的销售过程中还可能发生相关的税费，以及为达到预定可销售状态还可能发生进一步的加工成本，这些都构成了存货销售产生的现金流入的抵减项目，只有在扣除这些现金流出后，才能确定存货的可变现净值。

（3）相关税金是指因销售存货而发生的相关税金，如消费税、营业税、教育费附加等。

（二）可变现净值低于成本的情形

存货存在下列情形之一的，表明存货的可变现净值低于成本：

（1）该存货的市场价格持续下跌，并且在可预见的未来无回升的希望；

（2）企业使用该项原材料生产的产品的成本大于产品的销售价格；

（3）企业因产品更新换代，原有库存原材料已不适应新产品的需要，而该原材料的市场价格又低于其账面成本；

（4）因企业所提供的商品或劳务过时或消费者偏好改变而使市场的需求发生变化，导致市场价格逐渐下跌；

（5）其他足以证明该项存货实质上已经发生减值的情形。

存货存在下列情形之一的，表明存货的可变现净值为零：

（1）已霉烂变质的存货；

（2）已过期且无转让价值的存货；

（3）生产中已不再需要，并且已无使用价值和转让价值的存货；

（4）其他足以证明已无使用价值和转让价值的存货。

（三）确定存货可变现净值时应考虑的因素

企业确定存货的可变现净值，应当以取得的确凿证据为基础，并且考虑持有存货的目的、资产负债表日后事项的影响等因素。

1. 可靠证据

存货可变现净值的确定必须建立在取得的可靠证据的基础上。这里所讲的"可靠证据"是指对确定存货的可变现净值有直接影响的确凿证明，如产品的市场销售价格、与企业产品相同或类似商品的市场销售价格、供货方提供的有关资料、销售方提供的有关资料、生产成本资料等。

2. 持有存货的目的

企业持有存货的目的不同，确定存货可变现净值的计算方法也不同，如用于出售的存货和用于继续加工的存货，其可变现净值的计算就不相同。

3. 资产负债表日后事项的影响

企业在确定存货的可变现净值时还应考虑资产负债表日后事项等的影响，这些事项应能够确定资产负债表日存货的存在状况。即在确定资产负债表日存货的可变现净值时，不仅要考虑资产负债表日与该存货相关的价格与成本波动，而且应考虑未来的相关事项。也就是说，不仅限于财务会计报告批准报出日之前发生的相关价格与成本波动，还应考虑以后期间发生的相关事项。比如，20×5年12月31日，某一品牌小轿车的市场销售价格为120 000元。由于我国已加入世界贸易组织，根据可靠资料，预计在20×6年5月，该品牌汽车的市场销售价格可能会下跌至102 000元，则在编制20×5年12月31日的资产负债表时，企业确定该品牌汽车的可变现净值时就可能需要考虑20×6年5月汽车销售价格将下跌这一因素。

（四）可变现净值的确定

（1）产成品、商品和用于出售的材料等直接用于出售的商品存货，在正常生产经营过程中，应当以该存货的估计售价减去估计的销售费用和相关税费后的金额，确定其可变现净值。

（2）需要经过加工的材料存货，在正常生产经营过程中，应当以所生产的产成品的估计售价减去完工时估计将要发生的成本、估计的销售费用和相关税费后的金额，确定其可变现净值。

为生产而持有的材料等，用其生产的产成品的可变现净值高于成本的，该材料仍然应当按照成本计量；材料价格的下降表明产成品的可变现净值低于成本的，该材料应当按照可变现净值计量。

【例3-35】资料：① 20×6年12月31日，长宏公司库存原材料——A材料的账面价值（成本）为2 500 000元，市场购买价格总额为2 250 000元，假设不发生其他购买费用；② 用A材料生产的产成品——W1型机器的可变现净值高于成本；③ 确定20×6年12月31日A材料的价值。

根据上述资料可知，20×6年12月31日，A材料的账面价值（成本）高于其市场价格，但是由于用其生产的产成品——W1型机器的可变现净值高于成本，也就是用该原材料生产的最终产品此时并没有发生价值减损，因而，在这种情况下，A材料即使其账面价值（成本）已高于市场价格，也不应计提存货跌价准备，仍应按2 500 000元，列示在20×6年12月31日的资产负债表的存货项目之中。

【例3-36】资料：① 20×6年12月31日，长宏公司库存原材料——B材料的账面价值（成本）为1 500 000元，市场购买价格总额为1 400 000元，假设不发生其他购买费用；② 由于B材料市场销售价格下降，市场上用B材料生产的W2型机器的市场销售价格也发生了相应下降，下降了10%。由此造成长宏公司W2型机器的市场销售价格总额由3 500 000元降为3 000 000元，但生产成本仍为3 200 000元，将B材料加工成W2型机器尚需投入1 700 000元，估计销售费用及税金为100 000元。③ 确定20×6年12月31日B材料的价值。

根据上述资料，可按照以下步骤进行确定：

第一步，计算用该原材料所生产的产成品的可变现净值：

W2型机器的可变现净值＝W2型机器估计售价－估计销售费用及税金
$$=3\,000\,000-100\,000$$
$$=2\,900\,000（元）$$

第二步，将用该原材料所生产的产成品的可变现净值与其成本进行比较：

W2型机器的可变现净值2 900 000元小于其成本3 200 000元，即B材料价格的下降表明W2型机器的可变现净值低于成本，因此B材料应当按可变现净值计量。

第三步，计算该原材料的可变现净值，并确定其期末价值：

B材料的可变现净值＝W2型机器的售价总额－将B材料加工成W2型机器尚需投入的成本－估计销售费用及税金
$$=3\,000\,000-1\,700\,000-100\,000$$
$$=1\,200\,000（元）$$

B材料的可变现净值1 200 000元小于其成本1 500 000元，因此B材料的期末价值应为其可变现净值1 200 000元，即B材料应按1 200 000元列示在20×6年12月31日的资产负债表的存货项目之中。

（3）资产负债表日，同一项存货中一部分有合同价格约定、其他部分不存在合同价格的，应当分别确定其可变现净值，并与其相对应的成本进行比较，分别确定存货跌价准备的计提或转回的金额。

为执行销售合同或者劳务合同而持有的存货，其可变现净值通常应当以合同价格为基础计算。企业持有存货的数量多于销售合同订购数量的，超出部分的存货可变现净值应当以一般销售价格为基础计算。

【例3-37】资料：① 20×6年9月3日，甲公司与乙公司签订了一份不可撤销的销售合同,双方约定,20×7年1月20日,甲公司应按每台280 000元的价格向乙公司提供W3型机器12台;② 20×7年12月31日,甲公司W3型机器的账面价值(成本)为3 920 000元,数量为14台,单位成本为280 000元;③ 20×7年12月31日,W3型机器的市场销售价格为300 000元/台;④ 确定甲公司W3型机器可变现净值的计量基础。

根据甲公司与乙公司签订的销售合同规定,W3型机器的销售价格已由销售合同约定,但是其库存数量大于销售合同约定的数量,因此,在这种情况下,对于销售合同约定的数量(12台)的W3型机器的可变现净值应以销售合同约定的价格总额3 360 000元(280 000×12)作为计量基础,而对于超出部分(2台)的W3型机器的可变现净值应以一般销售价格总额600 000元(300 000×2)作为计量基础。

二、存货跌价准备的计提

当存货成本高于其可变现净值时,应当计提存货跌价准备,计入当期损益。存货跌价准备应区别不同情况,分别采用不同的计提方法。

(1)企业原则上应当按照单个存货项目计提存货跌价准备。在计提存货跌价准备时,企业原则上应将每个存货项目的成本与可变现净值逐一进行比较,取其较低者作为计量存货的依据,并且将成本高于可变现净值的差额作为存货跌价准备予以计提。企业应当根据管理要求以及所拥有存货的特点,具体规定各个存货项目的确定标准,例如,企业可以将某一型号和规格的存货作为一个存货项目计提存货跌价准备;也可以将某一品牌和规格的存货作为一个存货项目计提存货跌价准备;还可以将原材料、在产品、产成品分别作为一个存货项目计提存货跌价准备。

(2)如果某些存货项目与在同一地区生产和销售的产品系列相关、具有相同或类似最终用途或目的,且难以与其他项目分开计量的,可以合并计提存货跌价准备。

(3)对于数量繁多、单价较低的存货,可以按照存货类别计提存货跌价准备。即按照存货类别的成本总额与可变现净值总额进行比较,每个类别取其较低者确定存货价值。

需要注意的是,虽然《企业会计准则第8号——资产减值》第十七条明确规定了"资产减值损失一经确认,在以后会计期间不得转回",但此准则不适用于存货等短期资产的减值。《企业会计准则第1号——存货》第十九条明确规定,"资产负债表日,企业应当确定存货的可变现净值。以前减记存货价值的影响因素已经消失的,减记的金额应当予以恢复,并在原已计提的存货跌价准备的金额内转回,转回的金额计入当期损益"。

【例3-38】20×7年12月31日,长宏公司C材料的账面金额为120 000元,由于市场价格下跌,预计可变现净值为100 000元,由此计提的存货跌价准备为20 000元。假设20×8年3月31日,C材料的账面金额为120 000元,由于市场价格有所上升,使得A材料的预计可变现净值为115 000元。

由于市场价格有所上升,C材料的可变现净值有所恢复,应计提的存货跌价准备为5 000元(115 000－120 000),则当期应冲减已计提的存货跌价准备15 000元(5 000－20 000)小于已计提的存货跌价准备(20 000元),因此,应转回的存货跌价准备为15 000元,应做的会计分录为:

借:存货跌价准备　　　　　　　　　　　　　　　　　　　　　　　15 000
　　贷:资产减值损失——计提的存货跌价准备　　　　　　　　　　　　15 000

假设20×8年6月30日，C材料的账面金额为120 000元，由于市场价格进一步上升，预计可变现净值为131 000元。

此时，C材料的可变现净值有所恢复，应冲减存货跌价准备为11 000元（120 000－131 000），但是对C材料已计提的存货跌价准备为5 000元，因此，当期应转回的存货跌价准备为5 000元而不是11 000元（即以将对C材料已计提的"存货跌价准备"余额冲减至零为限），应做的会计分录为：

借：存货跌价准备　　　　　　　　　　　　　　　　　　　　5 000
　　贷：资产减值损失——计提的存货跌价准备　　　　　　　　　　5 000

三、存货跌价准备的核算

1. 存货跌价准备的计提

当有迹象表明存货发生减值时，企业应于期末计算存货的可变现净值，计提存货跌价准备。

存货跌价准备通常应当按单个存货项目计提。但是，对于数量繁多、单价较低的存货，可以按照存货类别计提存货跌价准备。与在同一地区生产和销售的产品系列相关、具有相同或类似最终用途或目的，且难以与其他项目分开计量的存货，可以合并计提存货跌价准备。

2. 存货跌价准备的确认和回转

企业应在每一资产负债表日，比较存货成本与可变现净值，计算出应计提的存货跌价准备，再与已提数进行比较，若应提数大于已提数，应予补提。企业计提的存货跌价准备，应计入当期损益（资产减值损失）。

当以前减记存货价值的影响因素已经消失，减记的金额应当予以恢复，并在原已计提的存货跌价准备金额内转回，转回的金额计入当期损益（资产减值损失）。

3. 存货跌价准备的结转

企业计提了存货跌价准备，如果其中有部分存货已经销售，则企业在结转销售成本时，应同时结转对其已计提的存货跌价准备。借记"存货跌价准备"科目，贷记"主营业务成本"等科目。

【2011年《初级会计实务》考试真题·单选题】 某股份有限公司按单项存货计提存货跌价准备；存货跌价准备在结转成本时结转。该公司2010年年初存货的账面余额中包含甲产品1 800件，其实际成本为540万元，已计提的存货跌价准备为45万元。2010年该公司未发生任何与甲产品有关的进货业务，甲产品当期售出600件。2010年12月31日，该公司对甲产品进行检查时发现，库存甲产品均无不可撤销合同，其市场销售价格为每件0.26万元，预计销售每件甲产品还将发生销售费用及相关税金0.005万元。假定不考虑其他因素的影响，该公司2010年年末对甲产品计提的存货跌价准备为_____万元。（　　）

A. 9　　　　　B. 24　　　　　C. 39　　　　　D. 54

【答案】B

【解析】（1）存货可变现净值＝（1 800－600）×0.26－（1 800－600）×0.005＝306（万元）；

（2）存货期末余额＝（1 800－600）×（540÷1 800）＝360（万元）；

（3）期末"存货跌价准备"科目余额＝360－306＝54（万元）；

（4）期末计提的存货跌价准备＝54－45＋45×（600÷1 800）＝24（万元）。

注意：销售同时结转存货跌价准备。

【例3-39】（单选题）2008年1月1日，A公司的A型机器已计提存货跌价准备为0.4万元。2008年12月31日库存A型机器12台，单位成本为30万元，成本为360万元。该批A型机器全部销售给B公司，与B公司签订的销售合同约定在2009年1月20日，A公司应按每台30万元的价格（不含增值税）向B公司提供A型机器12台。A公司销售部门提供的资料表明，向长期客户B公司销售的A型机器的平均运杂费等销售费用为0.12万元/台；向其他客户销售A型机器的平均运杂费等销售费用为0.2万元/台。2008年12月31日，A型机器的市场销售价格为32万元/台。2008年12月31日该项存货应计提的跌价准备为_____万元。（　　）

A. 0　　　　　　B. 1.04　　　　　　C. 1.44　　　　　　D. 358.56

【答案】B

【解析】A型机器的可变现净值＝30×12－0.12×12＝360－1.44＝358.56（万元）

计提存货跌价准备＝30×12－358.56－0.4＝1.04（万元）

【例3-40】华丰公司自2011年起采用"成本与可变现净值孰低法"对期末某类存货进行计价，并运用分类比较法计提存货跌价准备。假设公司2011—2014年年末该类存货的账面成本均为200 000元。

（1）假设2011年年末该类存货的预计可变现净值为180 000元，则应计提的存货跌价准备为20 000元。会计分录为：

借：资产减值损失　　　　　　　　　　　　　　　　　　　　　　　20 000
　　贷：存货跌价准备　　　　　　　　　　　　　　　　　　　　　　20 000

（2）假设2012年年末该类存货的预计可变现净值为170 000元，则应补提的存货跌价准备＝（200 000－170 000）－20 000＝10 000（元）。会计分录为：

借：资产减值损失　　　　　　　　　　　　　　　　　　　　　　　10 000
　　贷：存货跌价准备　　　　　　　　　　　　　　　　　　　　　　10 000

（3）假设2013年11月30日，因存货用于对外销售而转出已提跌价准备5 000元。会计分录为：

借：存货跌价准备　　　　　　　　　　　　　　　　　　　　　　　5 000
　　贷：主营业务成本　　　　　　　　　　　　　　　　　　　　　　5 000

（4）假设2013年年末该类存货的可变现净值有所恢复，预计可变现净值为194 000元，则应冲减的存货跌价准备＝（200 000－194 000）－30 000＋5 000＝－19 000（元）。会计分录为：

借：存货跌价准备　　　　　　　　　　　　　　　　　　　　　　　19 000
　　贷：资产减值损失　　　　　　　　　　　　　　　　　　　　　　19 000

（5）假设2014年年末该类存货的可变现净值进一步恢复，预计可变现净值为205 000元，则应冲减已计提的存货跌价准备＝0－6 000＝－6 000（元）（以已经计提的跌价准备6 000元为限）。会计分录为：

借：存货跌价准备　　　　　　　　　　　　　　　　　　　　　　　6 000
　　贷：资产减值损失　　　　　　　　　　　　　　　　　　　　　　6 000

【2013年《初级会计实务》考试真题·单选题】W公司有甲、乙两种存货，采用先进先出法计算发出存货的实际成本，并按单个存货项目的成本与可变现净值孰低法对期末存货计价。该公司2012年12月初甲、乙存货的账面余额分别为40 000元和50 000元；"存货跌价准备"科目的贷方余额为8 000元，其中甲、乙存货分别为3 000元和5 000元。2012年12月31日甲、乙存货的账面余额分别为30 000元和60 000元；可变现净值分别为35 000元和54 000元。该公司12月发出的期初甲存货均为生产所用；期初乙存货中有40 000元对外销售。则该公司2005年12月31日应补提的存货跌价准备为_____元。（　　）

A. 0　　　　　　B. -2 000　　　　　　C. 2 000　　　　　　D. 5 000

【答案】C

【解析】在旧准则下，生产领用已经计提存货跌价准备的存货，不结转存货跌价准备，在期末计提存货跌价准备时整体调整即可。但是在新会计科目的说明中，提到了"发出存货结转存货跌价准备的，借记存货跌价准备科目，贷记主营业务成本、生产成本等科目"。由此可见，生产领用的存货也是需要结转其存货跌价准备的。

第六节　存货清查

一、存货数量的确定方法

企业确定存货的实物数量有两种方法：一种是实地盘存制，另一种是永续盘存制。

（一）实地盘存制

实地盘存制也称为定期盘存制，它是指会计期末通过对全部存货进行实地盘点来确定期末存货的账面结存数量，再乘以各项存货的单位成本，从而计算出期末存货的成本，并据以采用倒挤的方式计算出本期耗用或已销存货成本的一种盘存方法。采用这一方法时，平时只登记存货收入的数量和金额，不登记存货发出的数量和金额，期末通过实地盘点按实际库存数来确定存货的账面结存数量，并据以计算出期末存货的成本和当期耗用或已销售存货成本。这一方法也常称为"以存计耗"或"以存计销"。

实地盘存制所依据的基本等式为：期初存货＋本期购货－本期耗用（或销货）＝期末存货

实地盘存制的主要优点是简化了存货的日常核算工作。

其缺点是：① 不能随时反映存货的收、发、存信息；② 以存计耗，掩盖了各种损失；③ 不能随时结转成本，只能月末一次结转。因此，这种方法一般只适用于那些自然消耗大、数量不稳定的鲜活商品等。

（二）永续盘存制

永续盘存制也称为账面盘存制，它是指对存货项目分别按品名规格设置明细账，逐笔或逐日记录存货的收入和发出的数量，并随时结算出结存存货的数量的一种盘存方法。采用这种方法，并不排除对存货的定期或不定期盘点，但其目的是核对账实，而不是取得结存数。永续盘存制的优点是：① 能及时提供每种存货的收入、发出、结存的信息；② 有利于发现存货余缺；③ 有利于及时采取购销行动，降低库存。其缺点是存货明细分类核算的工作量大，耗费较多的人力和物力。

二、存货清查

为了保持企业存货账面记录的正确性和真实性,应对存货进行定期或不定期的清查。存货的清查,实际上是指将存货的账面数与实际库存数相核对,并查明二者是否相符的一种会计核算方法。存货的清查,通常是采用实地盘点的方法进行。在清查中,如果发现存货的账面记录与实际库存数不相符的,即出现了存货的盘盈、盘亏或毁损的情况,应查明原因,按规定报经批准后及时处理。尚未查明原因或未经批准之前,应先将盘盈、盘亏或毁损的存货记入"待处理财产损溢"科目,并将存货的账面记录进行调整,使之与实际库存数相一致。

企业存货的盘盈、盘亏或毁损,应于期末前查明原因,并根据企业的管理权限,经股东大会或董事会,或经理(厂长)会议或类似机构批准后,在期末结账前处理完毕,处理完毕后"待处理财产损溢"科目应无余额。

(一)存货盘盈的核算

存货的盘盈,是指存货的实际库存数大于账面数。发生盘盈时,应调增存货的账面数,使之与实际库存数相一致,调增的存货,按其确定的价值记入"待处理财产损溢"科目的贷方;盘盈的存货,在报经批准后处理时,应冲减企业的"管理费用"。

【例3-41】公司在财产清查中盘盈某种材料50千克,该种材料的单位计划成本为50元,同种材料目前的市场售价为48元/千克。

借:原材料 2 500
  贷:待处理财产损溢——待处理流动资产损溢 2 400
    材料成本差异 100

月末经有关部门批准后:
借:待处理财产损溢——待处理流动资产损溢 2 400
  贷:管理费用 2 400

(二)存货盘亏、毁损的核算

存货的盘亏,是指存货的实际库存数小于账面数。发生存货的盘亏和毁损时,应调减存货的账面数,使之与实际库存数相一致,调减的存货,按其成本记入"待处理财产损溢"科目的借方;盘亏和毁损的存货,在报经批准时,应根据其原因,分别按以下情况处理:

(1)属于自然损耗产生的定额内损耗,经批准后转作管理费用;
(2)属于计量收发差错和管理不善等原因造成的存货短缺或毁损,应先扣除残料价值、可以收回的保险赔偿和过失人的赔偿,然后将净损失记入管理费用;
(3)属于自然灾害或意外事故造成的存货毁损,应先扣除残料价值和可以收回的保险赔偿,然后将净损失转作营业外支出。

【例3-42】某公司为一般纳税人,由于火灾毁损一批材料,账面实际成本为10 000元,应转出增值税进项税额1 700元。

借:待处理财产损溢——待处理流动资产损溢 11 700
  贷:原材料 10 000
    应交税费——应交增值税(进项税额转出) 1 700

经查明,公司上述毁损的材料应由过失人负责赔偿损失200元,应由保险公司赔偿8 000

元,收回残料价值 100 元入库,其余的为无法挽回的净损失,按规定程序报经批准核销。有关账务处理为:

  借:其他应收款——×××   200
       ——保险公司   8 000
    原材料   100
    营业外支出   3 400
    贷:待处理财产损溢——待处理流动资产损溢   11 700

三、存货的披露

  企业应当在附注中披露与存货有关的下列信息:① 各类存货的期初和期末账面价值;② 确定发出存货成本的计价方法;③ 存货可变现净值的确定依据、存货跌价准备的计提方法、当期计提的存货跌价准备的金额、当期转回的存货跌价准备的金额以及计提和转回的有关情况;④ 用于债务担保的存货账面价值。

四、存货清查的账务处理

  企业存货应当定期盘点,盘点结果如果与账面记录不符,应于期末前查明原因,并根据企业的管理权限,经股东大会或董事会,或经理(厂长)会议或类似机构批准后,在期末结账前处理完毕。

  盘盈或盘亏的存货,如在期末结账前尚未经批准,应在对外提供财务报告时先按上述规定进行处理,并在财务报表附注中做出说明,如果其后批准处理的金额与已处理的金额不一致,应按其差额调整会计报表相关项目的年初数。

  为核算企业在存货清查中查明的各项存货盘盈、盘亏和毁损的价值,企业应设置"待处理财产损溢——待处理流动资产损溢"科目进行核算。该科目处理前的借方余额,反映企业尚未处理的各种财产的净损失;处理前的贷方余额,反映企业尚未处理的各种财产的净溢余。期末,处理后该科目应无余额。

  【例 3-43】某公司采用实际成本法对存货进行计价,期末盘点存货时发现 10 000 元的原材料发生毁损,其进项税额为 1 700 元。经批准的处理意见是:由保管员赔偿 10%,其余部分计入本期损益。

  该公司应做的会计分录如下:
(1)盘出原材料毁损时:
  借:待处理财产损溢——待处理流动资产损溢   11 700
    贷:原材料   10 000
      应交税费——应交增值税(进项税额转出)   1 700
(2)经批准处理:
  借:其他应收款   1 170
    管理费用   10 530
    贷:待处理财产损溢——待处理流动资产损溢   11 700

  【思考】如果是自然灾害造成的,假定保险公司赔偿 10%,如何进行账务处理?
第一笔分录相同,第二笔分录为:

借：其他应收款　　　　　　　　　　　　　　　　　　　　1 170
　　营业外支出　　　　　　　　　　　　　　　　　　　　10 530
　　贷：待处理财产损溢——待处理流动资产损溢　　　　　　　　　11 700
存货盘盈的账务处理：
批准前：
借：原材料、库存商品等
　　贷：待处理财产损溢——待处理流动资产损溢
批准后：
借：待处理财产损溢——待处理流动资产损溢
　　贷：管理费用

【2015年《初级会计实务》考试真题·多选题】下列各项中，按《企业会计准则》的规定，应计入"管理费用"账户的有_____。　　　　　　　　　　　　　　　　（　　）
A. 自然灾害造成的产成品毁损净损失
B. 购入的原材料运输途中发生的定额内自然损耗
C. 保管过程中发生的产成品超定额损失
D. 管理不善造成的原材料毁损净损失
E. 债务重组过程中发生的净损失
【答案】CD
【解析】选项A、E应该计入营业外支出，选B应该计入入库材料的成本。

【2012年《初级会计实务》考试真题·多选题】下列存货中，企业应将其账面价值连同对应的增值税进项税额和准予抵扣的消费税额全部转入当期损益的有_____。（　　）
A. 生产过程中发生的废品损失　　　　B. 发生的在产品盘亏
C. 已霉烂变质的存货　　　　　　　　D. 生产中已不再需要待处置的存货
E. 福利部门领用的存货
【答案】BC
【解析】生产过程中发生的废品损失计入"制造费用"，这不属于损益类科目，选项A不正确；生产中不再需要待处置的存货，在处置时再做相应的账务处理，选项D不正确；福利部门领用的存货通过"应付职工薪酬"核算，选项E不正确。

案例分析

存货跌价准备的账务处理

材料：奔腾股份有限公司是生产电子产品的上市公司，为增值税一般纳税人企业，企业按单项存货、按年计提跌价准备。2015年12月31日，该公司期末存货有关资料如下：

存货品种	数量	单位成本/万元	账面余额/万元	备注
A产品/台	280	15	4 200	
B产品/台	500	3	1 500	

续表

存货品种	数量	单位成本/万元	账面余额/万元	备注
C产品/台	1 000	1.7	1 700	
D配件/件	400	1.5	600	用于生产C产品
合计			8 000	

2015年12月31日，A产品市场销售价格为每台13万元，预计销售费用及税金为每台0.5万元；B产品市场销售价格为每台3万元。奔腾公司已经与某企业签订一份不可撤销销售合同，约定在2016年2月1日以合同价格为每台3.2万元的价格向该企业销售B产品300台。B产品预计销售费用及税金为每台0.2万元；C产品市场销售价格为每台2万元，预计销售费用及税金为每台0.15万元；D配件的市场价格为每件1.2万元，现有D配件可用于生产400台C产品，用D配件加工成C产品后预计C产品单位成本为1.75万元。

2015年12月31日，A产品和C产品的存货跌价准备余额分别为800万元和150万元，对其他存货未计提存货跌价准备；2007年销售A产品和C产品分别结转存货跌价准备200万元和100万元。

要求：根据上述资料，分析计算奔腾公司2015年12月31日应计提或转回的存货跌价准备，并编制相关的会计分录。

【案例分析答案】

A产品：

可变现净值＝280×(13－0.5)＝3 500（万元）＜4 200（万元）

则A产品应计提跌价准备＝4 200－3 500＝700（万元）

本期应计提存货跌价准备＝700－(800－200)＝100（万元）

B产品：

有合同部分的可变现净值＝300×(3.2－0.2)＝900（万元）

成本＝300×3＝900（万元），则有合同部分不用计提存货跌价准备；

无合同部分的可变现净值＝200×(3－0.2)＝560（万元）

成本＝200×3＝600（万元）

应计提存货跌价准备＝600－560＝40（万元）

C产品：

可变现净值＝1 000×(2－0.15)＝1 850（万元）

成本为1 700万元，则C产品不用计提准备，同时把原有余额50万元（150－100）存货跌价准备转回。

D配件：

对应产品C的成本＝600＋400×(1.75－1.5)＝700（万元）

可变现净值＝400×(2－0.15)＝740（万元），C产品未减值，不用计提存货跌价准备。

2015年12月31日，做如下会计分录：

借：资产减值损失　　　　　　　　　　　　　　　　　　　　　　　　1 000 000

　　贷：存货跌价准备——A产品　　　　　　　　　　　　　　　　　　1 000 000

借：资产减值损失 400 000
　　贷：存货跌价准备——B产品 400 000
借：存货跌价准备——C产品 500 000
　　贷：资产减值损失 500 000

本章复习思考题

一、简答题

1. 什么是存货？存货的特征有哪些？
2. 存货是如何进行初始计量的？
3. 为什么我国存货准则取消了存货计价的后进先出法？
4. 什么是成本与可变现净值孰低法？如何确定存货的可变现净值？

二、业务题

1. 长荣公司2015年7月发生下列经济业务：

（1）1日，赊购A材料一批，共计200件，价值20 000元，增值税3 400元，发票已到，材料尚未运到。

（2）5日，仓库转来收料单，本月1日赊购的A材料已验收入库。该批材料计划成本为每件110元。

（3）11日，生产车间领用A材料230件用于直接生产。

（4）15日，与甲公司签订购货合同，购买A材料400件，每件125元，根据合同规定，先预付货款50 000元的40%，其余货款在材料验收入库后支付。

（5）16日，购入B材料一批，材料已运到并验收入库，月末尚未收到发票等结算凭证。该材料的同期市场价格为12 000元。

（6）25日，收到15日购买的A材料并验收入库，以银行存款支付其余货款。

（7）月初，A材料账面结存50件，"材料成本差异"科目贷方余额1 855元。

要求：根据上述材料编制相关会计分录。

2.【2015年《初级会计实务》考试真题·不定项选择题】甲企业为增值税一般纳税人，适用的增值税税率为17%。发出商品成本按月末一次加权平均法计算确定，原材料采用计划成本法核算。2014年12月该企业发生如下经济业务：

（1）1日，库存商品结存数量为1 000件，单位生产成本为21元；本月生产完工验收入库商品2 000件，单位生产成本为24元；本月发出商品2 800件，其中2 000件符合收入确认条件并已确认收入，其余部分未满足收入确认条件。

（2）15日，将仓库积压的原材料一批出售，开具的增值税专用发票上注明的售价为20 000元，增值税税额为3 400元，款项已存入银行。该批原材料的计划成本为18 000元，材料成本差异率为－2%。

（3）20日，将自产的空气净化器作为福利发放给专设销售机构的30名职工，每人1台，每台不含增值税的市场售价为15 000元，生产成本为10 000元。

（4）31日，确认劳务收入，本月月初与乙企业签订一项安装工程合同，合同总价款为160 000元，合同签订时预收劳务款50 000元，至月末累计发生劳务支出60 000元，工程尚未完工，预计至完工还需要发生劳务支出40 000元，当年末乙企业发生财务困难，余款能否支付难以确定。

要求:

根据上述资料,不考虑其他因素,分析回答下列小题(答案中的金额单位用元表示)。

① 根据资料(1),甲企业会计处理结果正确的是_____。( )

A. 月末结转的商品销售成本为 64 400 元
B. 本月发出商品的单位成本为 23 元
C. 本月发出商品的单位成本为 21 元
D. 月末结转的商品销售成本为 46 000 元

② 根据资料(2),甲企业应结转的原材料实际成本是_____元。( )

A. 18 000   B. 17 640   C. 18 360   D. 20 000

③ 根据资料(3),甲企业会计处理正确的是_____。( )

A. 确认空气净化器产品作为福利时:
借:销售费用   376 500
　　贷:应付职工薪酬——非货币性福利   376 500

B. 发放空气净化器产品时:
借:应付职工薪酬——非货币性福利   376 500
　　贷:库存商品   300 000
　　　　应交税费——应交增值税(销项税额)   76 500

C. 发放空气净化器产品时:
借:应付职工薪酬——非货币性福利   526 500
　　贷:主营业务收入   450 000
　　　　应交税费——应交增值税(销项税额)   76 500
借:主营业务成本   300 000
　　贷:库存商品   300 000

D. 确认空气净化器产品作为福利时:
借:销售费用   526 500
　　贷:应付职工薪酬——非货币性福利   526 500

④ 根据(4),甲企业安装工程业务的会计处理正确的是_____。( )

A. 结转劳务成本 60 000 元   B. 确认劳务收入 50 000 元
C. 确认劳务收入 96 000 元   D. 结转劳务成本 31 250 元

⑤ 根据资料(1)至(4),甲企业 2014 年 12 月当月利润表中"营业成本"项目的本期金额是_____元。( )

A. 395 610   B. 423 640   C. 442 760   D. 442 040

3.【2015 年《初级会计实务》考试真题·不定项选择题】某企业为增值税一般纳税人,适用的增值税税率为 17%。原材料采用实际成本核算,月末一次加权平均法计算发出甲材料的成本。2014 年 5 月发生有关交易或事项如下:

(1)月初结存甲材料 2 000 千克,每千克实际成本 300 元;10 日购入甲材料 500 千克,每千克实际成本 320 元;25 日发出甲材料 1 800 千克,其中用于仓库日常维修 500 千克、财务部房屋日常维修 300 千克,其余材料用于产品生产。

（2）月末，计提固定资产折旧费1 650 000元，其中车间管理用设备折旧100 000元、企业总部办公大楼折旧800 000元、行政管理部门用汽车折旧50 000元、专设销售机构房屋折旧700 000元。

（3）本月发生生产车间固定资产修理费42 120元，全部款项以银行存款支付。

（4）31日，对计入"待处理财产损溢"的资产盘亏原因进行了查实，其中，原材料盘盈30 000元属于手法计量错误，固定资产盘亏净损失100 000元属于偶发性意外事项，现金短款10 000元无法查明原因，

要求：根据上述资料，不考虑其他因素，分析回答下列小题（答案中的金额单位用元表示）。

① 根据期初资料、资料（1），该企业发出甲材料的每千克实际成本为_____。（ ）

A. 310　　　　B. 304　　　　C. 320　　　　D. 300

② 根据资料（1），下列各项中，领用甲材料的会计处理结果正确的有_____。（ ）

A. 计入管理费用243 200元　　　　B. 计入生产成本304 000元
C. 计入财务费用91 200元　　　　D. 计入在建工程152 000元

③ 根据资料（2），下列各项中该企业计提固定资产折旧的会计处理正确的有_____。（ ）

A. 制造费用增加100 000元　　　　B. 管理费用增加950 000元
C. 销售费用增加700 000元　　　　D. 管理费用增加850 000元

④ 根据资料（3），下列各项中，关于生产车间发生日常固定资产修理费的会计处理正确的是_____。（ ）

A. 借：在建工程　　　　　　　　　　42 120
　　贷：银行存款　　　　　　　　　　　　　42 120
B. 借：营业外支出　　　　　　　　　　42 120
　　贷：应付利息　　　　　　　　　　　　　42 120
C. 借：生产成本　　　　　　　　　　　42 120
　　贷：银行存款　　　　　　　　　　　　　42 120
D. 借：管理费用　　　　　　　　　　　42 120
　　贷：银行存款　　　　　　　　　　　　　42 120

4.【2014年《初级会计实务》考试真题·不定项选择题】甲企业为增值税一般纳税人，适用的增值税税率为17%，该企业生产主要耗用一种原材料，该材料按计划成本进行日常核算，计划单位成本为每千克20元，2013年6月初，该企业"银行存款"科目余额为300 000元，"原材料"和"材料成本差异"科目的借方余额分别为30 000元和6 152元，6月发生如下经济业务：

（1）5日，从乙公司购入材料5 000千克，增值税专用发票上注明的销售价格为90 000元，增值税税额为15 300元，全部款项已用银行存款支付，材料尚未到达。

（2）8日，从乙公司购入的材料到达，验收入库时发现短缺50千克，经查明，短缺为运输途中合理损耗，按实际数量入库。

（3）10日，从丙公司购入材料3 000千克，增值税专用发票上注明的销售价格为57 000

元,增值税税额为 9 690 元,材料已验收入库并且全部款项以银行存款支付。

(4) 15 日,从丁公司购入材料 4 000 千克,增值税专用发票上注明的销售价格为 88 000 元,增值税税额为 14 960 元,材料已验收入库,款项尚未支付。

(5) 6 月,甲企业领用材料的计划成本总计为 84 000 元。

要求:根据上述资料,假定不考虑其他因素,分析回答下列小题。(答案中的金额单位用元表示)

① 根据资料(1),下列各项中,甲企业向乙公司购入材料的会计处理结果正确的是_____。( )

A. 原材料增加 90 000 元　　B. 材料采购增加 90 000 元
C. 原材料增加 100 000 元　　D. 应交税费增加 15 300 元

② 根据资料(2),2013 年度甲企业的会计处理结果正确的是_____。( )

A. 发生节约差异 9 000 元　　B. 发生超支差异 9 000 元
C. 原材料增加 100 000 元　　D. 原材料增加 99 000 元

③ 根据材料(3),下列各项中,甲企业会计处理正确的是_____。( )

A. 借:原材料　　　　　　　　　　　　　　　　　　　60 000
　　　贷:材料采购　　　　　　　　　　　　　　　　　　60 000
B. 借:原材料　　　　　　　　　　　　　　　　　　　60 000
　　　应交税费——应交增值税(进项税额)　　　　　　10 200
　　　贷:应付账款　　　　　　　　　　　　　　　　　70 200
C. 借:材料采购　　　　　　　　　　　　　　　　　　57 000
　　　应交税费——应交增值税(进项税额)　　　　　　 9 690
　　　贷:银行存款　　　　　　　　　　　　　　　　　66 690
D. 借:材料采购　　　　　　　　　　　　　　　　　　 3 000
　　　贷:材料成本差异　　　　　　　　　　　　　　　 3 000

④ 根据期初资料和资料(1)至(4),甲企业"原材料"科目借方余额为 269 000 元,下列关于材料成本差异的表述正确的是_____。( )

A. 当月材料成本差异率为 3.77%
B. "材料成本差异"科目的借方发生额为 8 000 元
C. 当月材料成本差异率为 0.8%
D. "材料成本差异"科目的贷方发生额为 19 000 元

⑤ 根据期初资料和资料(1)至(5),2013 年 6 月 30 日甲企业相关会计科目期末余额计算结果正确的是_____。( )

A. "银行存款"期末余额为 26 050 元　　B. "原材料"期末余额为 153 000 元
C. "原材料"期末余额为 186 480 元　　D. "银行存款"期末余额为 128 010 元

答　案

二、1.(1) 借:材料采购　　　　　　　　　　　　　　　　　　20 000
　　　　　应交税费——应交增值税(销项税额)　　　　　　 3 400
　　　　　贷:应付账款　　　　　　　　　　　　　　　　　23 400

(2) 借：原材料 22 000
　　　贷：材料采购 20 000
　　　　　材料成本差异 2 000
(3) 借：生产成本 25 300
　　　贷：原材料 25 300
(4) 借：预付账款 20 000
　　　贷：银行存款 20 000
(5) 月末B材料暂估：
借：原材料——暂估材料 12 000
　　贷：应付账款——暂估材料 12 000
(6) 借：原材料 44 000
　　　材料成本差异 6 000
　　　贷：预付账款 50 000
　借：预付账款 30 000
　　　贷：银行存款 30 000
(7) 结转材料成本差异：
借：生产成本 759
　　贷：材料成本差异 759

2.
①【正确答案】BD
【答案解析】本月发出商品的单位成本＝（月初结存商品成本＋本月完工入库商品成本）/（本月结存商品数量＋本月完工入库商品数量）＝（1 000×21＋2 000×24）/（1 000＋2 000）＝23（元）。月末结转的商品销售成本＝2 000×23＝46 000（元）。

②【正确答案】B
【答案解析】甲企业应结转的原材料实际成本＝计划成本×（1＋材料成本差异率）＝18 000×（1－2%）＝17 640（元）。

③【正确答案】CD
【答案解析】将自产空气净化器作为福利发放给专设销售机构职工，应当视同销售。
确认空气净化器产品作为福利时：
借：销售费用 526 500
　　贷：应付职工薪酬 526 500
实际发放空气净化器产品时：
借：应付职工薪酬 526 500
　　贷：主营业务收入 450 000（15 000×30）
　　　　应交税费——应交增值税（销项税额） 76 500
借：主营业务成本 300 000（10 000×30）
　　贷：库存商品 300 000

④【正确答案】AB
【答案解析】提供劳务交易的结果不能可靠地估计，如果已发生的劳务成本预计部分能够

得到补偿的,应按能够得到部分补偿的劳务成本金额确认提供劳务收入,并结转已经发生的劳务成本。安装工程业务确认收入,结转成本的相关会计处理为:

借:预收账款　　　　　　　　　　　　　　　　　　　　　　50 000
　　贷:主营业务收入　　　　　　　　　　　　　　　　　　　50 000
借:主营业务成本　　　　　　　　　　　　　　　　　　　　60 000
　　贷:劳务成本　　　　　　　　　　　　　　　　　　　　　60 000

⑤【正确答案】B

【答案解析】12月利润表中"营业成本"项目的本期金额=46 000+17 640+300 000+60 000=423 640(元)。

3.①【正确答案】B

【答案解析】该企业发出甲材料的每千克实际成本=(2 000×300+500×320)/(2 000+500)=304(元/千克)。

②【正确答案】AB

【答案解析】计入管理费用金额=500×304+300×304=243 200(元),计入生产成本金额=(1 800-500-300)×304=304 000(元)。

③【正确答案】ACD

【答案解析】车间管理用设备折旧100 000元增加制造费用;企业总部办公大楼折旧800 000元、行政管理部门用汽车折旧50 000元增加管理费用;专设销售机构房屋折旧700 000元增加销售费用。

④【正确答案】D

【答案解析】生产车间固定资产修理费应计入管理费用科目核算,选项D正确。

4.①【正确答案】BD

【答案解析】资料(1)相关会计分录如下:

借:材料采购　　　　　　　　　　　　　　　　　　　　　　90 000
　　应交税费——应交增值税(进项税额)　　　　　　　　　15 300
　　贷:银行存款　　　　　　　　　　　　　　　　　　　　105 300

②【正确答案】AD

【答案解析】资料(2)相关会计分录如下:

借:原材料　　　　　　　　　　　　　　　　　99 000(4 950×20)
　　贷:材料采购　　　　　　　　　　　　　　　　　　　　90 000
　　　　材料成本差异　　　　　　　　　　　　　　　　　　9 000

③【正确答案】ACD

【答案解析】资料(3)相关会计分录如下:

借:材料采购　　　　　　　　　　　　　　　　　　　　　　57 000
　　应交税费——应交增值税(进项税额)　　　　　　　　　9 690
　　贷:银行存款　　　　　　　　　　　　　　　　　　　　66 690
借:原材料　　　　　　　　　　　　　　　　　60 000(3 000×20)
　　贷:材料采购　　　　　　　　　　　　　　　　　　　　57 000
　　　　材料成本差异　　　　　　　　　　　　　　　　　　3 000

④【正确答案】BC

【答案解析】6月,"材料成本差异"科目的借方发生额=8 000(元);"材料成本差异"科目的贷方发生额=9 000+3 000=12 000(元)。

6月30日,甲公司"材料成本差异"科目借方余额=6 152-9 000-3 000+8 000=2 152(元)。

6月材料成本差异率=2 152/269 000×100%=0.8%。

⑤【正确答案】D

【答案解析】6月30日,"银行存款"科目余额=300 000-105 300-66 690=128 010(元);

"原材料"科目余额=269 000-84 000=185 000(元)。

模块三

投资核算岗位模块

第四章

金融资产

案例导入

企业短期购买的股票和债券应如何核算

企业如果将闲散资金用于购买股票和债券,并且持有的时间长短不一,在会计上应该如何核算呢?

A企业账上有闲置资金10 000万元。2014年7月1日A企业从股票交易市场上购买万科股份1 000股,每股9元,另支付手续费1 000元,其他资料如下:

(1) 2014年7月31日,该股票每股市价10元;
(2) 2014年8月31日,该股票每股市价11元;
(3) 2014年9月10日,以每股11.5元出售该股票。

案例思考:(1) A企业购买万科股票的成本是多少?
(2) 2014年7月31日该股票的价值是多少?
(3) 2014年8月31日该股票的价值是多少?
(4) A企业出售该股票赚了多少钱?
(5) 会计上如何做账务处理?

第一节 交易性金融资产

一、金融资产相关概述

(一) 金融资产的定义

金融资产主要包括库存现金、银行存款、应收账款、应收票据、其他应收款项、股权投资、债权投资和衍生金融工具形成的资产等。虽然长期股权投资的确认和计量没有在《金融工具确认与计量》准则中得到规范,但长期股权投资属于金融资产。

（二）金融资产的分类

金融资产的分类与金融资产的计量密切相关，企业应当在初始确认金融资产时，将其划分为下列四类：

（1）以公允价值计量且其变动计入当期损益的金融资产；
（2）持有至到期投资；
（3）贷款和应收款项；
（4）可供出售金融资产。

金融资产的分类一旦确定，不得随意改变。

二、交易性金融资产概述

（一）交易性金融资产的定义

交易性金融资产主要是指企业为了近期内出售而持有的金融资产，例如企业以赚取差价为目的从二级市场购入的股票、债券、基金等。

（二）设置科目

企业应当设置"交易性金融资产""公允价值变动损益""投资收益"等科目。

"交易性金融资产"科目核算企业为交易目的所持有的债券投资、股票投资、基金投资等交易性金融资产的公允价值。企业持有的直接指定为以公允价值计量且其变动计入当期损益的金融资产也在"交易性金融资产"科目核算。"交易性金融资产"科目的借方登记交易性金融资产的取得成本、资产负债表日其公允价值高于账面余额的差额等；贷方登记资产负债表日其公允价值低于账面余额的差额，以及企业出售交易性金融资产时结转的成本和公允价值变动损益。企业应当按照交易性金融资产的类别和品种，分别设置"成本""公允价值变动"等明细科目进行核算。

"公允价值变动损益"科目核算企业交易性金融资产等公允价值变动而形成的应计入当期损益的利得或损失，贷方登记资产负债表日企业持有的交易性金融资产等的公允价值高于账面余额的差额；借方登记资产负债表日企业持有的交易性金融资产等的公允价值低于账面余额的差额。

"投资收益"科目核算企业持有交易性金融资产等期间取得的投资收益以及处置交易性金融资产等实现的投资收益或投资损失，贷方登记企业出售交易性金融资产等实现的投资收益；借方登记企业出售交易性金融资产等发生的投资损失。

三、交易性金融资产的账务处理

（一）交易性金融资产的取得

企业取得交易性金融资产时，应当按照该金融资产取得时的公允价值作为其初始确认金额，记入"交易性金融资产——成本"科目。取得交易性金融资产所支付价款中包含了已宣告但尚未发放的现金股利或已到付息期但尚未领取的债券利息的，应当单独确认为应收项目，记入"应收股利"或"应收利息"科目。

取得交易性金融资产所发生的相关交易费用应当在发生时计入投资收益。交易费用是指可直接归属于购买、发行或处置金融工具新增的外部费用，包括支付给代理机构、咨询公司、券商等的手续费和佣金及其他必要支出。

具体账务处理如下：

借：交易性金融资产——成本（公允价值）
    投资收益（发生的交易费用）
    应收股利（已宣告但尚未发放的现金股利）
    应收利息（实际支付的款项中含有的利息）
  贷：银行存款等

【例4-1】2014年1月20日，甲公司委托某证券公司从上海证券交易所购入A上市公司股票100万股，并将其划分为交易性金融资产。该笔股票投资在购买日的公允价值为10 000 000元。另支付相关交易费用金额为25 000元。

甲公司应做如下会计处理：

2014年1月20日，购买A上市公司股票时：

借：交易性金融资产——成本   10 000 000
    投资收益   25 000
  贷：其他货币资金——存出投资款   10 025 000

（二）交易性金融资产的现金股利和利息

企业持有交易性金融资产期间对于被投资单位宣告发放的现金股利或企业在资产负债表日按分期付息、一次还本债券投资的票面利率计算的利息收入，应当确认为应收项目，记入"应收股利"或"应收利息"科目，并计入投资收益。

【例4-2】2014年1月8日，甲公司购入丙公司发行的公司债券，该笔债券于2013年7月1日发行，面值为2 500万元，票面利率为4%，债券利息按年支付。甲公司将其划分为交易性金融资产，支付价款为2 600万元（其中包含已宣告发放的债券利息50万元），另支付交易费用30万元。2014年2月5日，甲公司收到该笔债券利息50万元。2015年2月10日，甲公司收到债券利息100万元。甲公司应做如下会计处理（单位：万元）：

（1）2014年1月8日，购入丙公司的公司债券时：

借：交易性金融资产——成本   2 550
    应收利息   50
    投资收益   30
  贷：银行存款   2 630

（2）2014年2月5日，收到购买价款中包含的已宣告发放的债券利息时：

借：银行存款   50
  贷：应收利息   50

（3）2014年12月31日，确认丙公司的公司债券利息收入时：

借：应收利息   100
  贷：投资收益   100

（4）2015年2月10日，收到持有丙公司的公司债券利息时：

借：银行存款   100
  贷：应收利息   100

(三)交易性金融资产的期末计量

资产负债表日,交易性金融资产应当按照公允价值计量,公允价值与账面余额之间的差额计入当期损益。企业应当在资产负债表日按照交易性金融资产公允价值与其账面余额的差额,借记或贷记"交易性金融资产——公允价值变动"科目,贷记或借记"公允价值变动损益"科目。

【例4-3】承例4-2,假定2014年6月30日,甲公司购买的该笔债券的市价为2 580万元;2014年12月31日,甲公司购买的该笔债券的市价为2 560万元。

甲公司应做如下会计处理:

(1)2014年6月30日,确认该笔债券的公允价值变动损益时:

借:交易性金融资产——公允价值变动　　　　　　　　　　　　300 000
　　贷:公允价值变动损益　　　　　　　　　　　　　　　　　　　　300 000

(2)2014年12月31日,确认该笔债券的公允价值变动损益时:

借:公允价值变动损益　　　　　　　　　　　　　　　　　　　　200 000
　　贷:交易性金融资产——公允价值变动　　　　　　　　　　　　　200 000

(四)交易性金融资产的处置

出售交易性金融资产时,应当将该金融资产出售时的公允价值与其初始入账金额之间的差额确认为投资收益,同时调整公允价值变动损益。

企业应按实际收到的金额,借记"银行存款"等科目,按该金融资产的账面余额,贷记"交易性金融资产"科目,按其差额,贷记或借记"投资收益"科目。同时,将原计入该金融资产的公允价值变动转出,借记或贷记"公允价值变动损益"科目,贷记或借记"投资收益"科目。具体处理如下:

借:银行存款(价款扣除手续费)
　　贷:交易性金融资产
　　　　投资收益(差额也可能在借方)

同时:

借:公允价值变动损益(原计入该金融资产的公允价值变动)
　　贷:投资收益

或:

借:投资收益
　　贷:公允价值变动损益

【提示】为了保证"投资收益"的数字正确,出售交易性金融资产时,要将交易性金融资产持有期间形成的"公允价值变动损益"转入"投资收益"。

【例4-4】承例4-3,假定2015年1月15日,甲公司出售了所持有的丙公司的公司债券,售价为2 565万元。甲公司应做如下会计处理(单位:万元):

借:银行存款　　　　　　　　　　　　　　　　　　　　　　2 565
　　贷:交易性金融资产——成本　　　　　　　　　　　　　　　2 550
　　　　　　　　　　　——公允价值变动　　　　　　　　　　　　10
　　　　投资收益　　　　　　　　　　　　　　　　　　　　　　　5

同时：
　　借：公允价值变动损益　　　　　　　　　　　　　　　　　　　　　　　　10
　　　　贷：投资收益　　　　　　　　　　　　　　　　　　　　　　　　　　　　10

【2013年《初级会计实务》考试真题·案例分析题】2012年1月1日，ABC企业从二级市场支付价款1 020 000元（含已到付息期但尚未领取的利息20 000元）购入某公司发行的债券，另支付交易费用20 000元。该债券面值1 000 000元，剩余期限为2年，票面年利率为4%，每半年付息一次，ABC企业将其划分为交易性金融资产。

ABC企业的其他相关资料如下：

（1）2012年1月5日，收到该债券2006年下半年利息20 000元；

（2）2012年6月30日，该债券的公允价值为1 150 000元（不含利息）；

（3）2012年7月5日，收到该债券半年利息；

（4）2012年12月31日，该债券的公允价值为1 100 000元（不含利息）；

（5）2013年1月5日，收到该债券2007年下半年利息；

（6）2013年3月31日，ABC企业将该债券出售，取得价款1 180 000元（含第一季度利息10 000元）。

假定不考虑其他因素，则ABC企业的账务处理如下：

【答案】

（1）2012年1月1日，购入债券：

借：交易性金融资产——成本　　　　　　　　　　　　　　　　　　　　1 000 000
　　应收利息　　　　　　　　　　　　　　　　　　　　　　　　　　　　　20 000
　　投资收益　　　　　　　　　　　　　　　　　　　　　　　　　　　　　20 000
　　贷：银行存款　　　　　　　　　　　　　　　　　　　　　　　　　　　1 040 000

（2）2012年1月5日，收到该债券2006年下半年利息：

借：银行存款　　　　　　　　　　　　　　　　　　　　　　　　　　　　　20 000
　　贷：应收利息　　　　　　　　　　　　　　　　　　　　　　　　　　　　20 000

（3）2012年6月30日，确认债券公允价值变动和投资收益：

借：交易性金融资产——公允价值变动　　　　　　　　　　　　　　　　　150 000
　　贷：公允价值变动损益　　　　　　　　　　　　　　　　　　　　　　　150 000

借：应收利息　　　　　　　　　　　　　　　　　　　　　　　　　　　　　20 000
　　贷：投资收益　　　　　　　　　　　　　　　　　　　　　　　　　　　　20 000

（4）2012年7月5日，收到该债券半年利息：

借：银行存款　　　　　　　　　　　　　　　　　　　　　　　　　　　　　20 000
　　贷：应收利息　　　　　　　　　　　　　　　　　　　　　　　　　　　　20 000

（5）2012年12月31日，确认债券公允价值变动和投资收益：

借：公允价值变动损益　　　　　　　　　　　　　　　　　　　　　　　　　50 000
　　贷：交易性金融资产——公允价值变动　　　　　　　　　　　　　　　　　50 000

借：应收利息　　　　　　　　　　　　　　　　　　　　　　　　　　　　　20 000
　　贷：投资收益　　　　　　　　　　　　　　　　　　　　　　　　　　　　20 000

（6）2013年1月5日，收到该债券2012年下半年利息：

```
借：银行存款                                          20 000
    贷：应收利息                                      20 000
```
(7) 2013年3月31日，将该债券予以出售：
```
借：应收利息                                          10 000
    贷：投资收益                                      10 000
借：银行存款                                       1 170 000
    公允价值变动损益                                 100 000
    贷：交易性金融资产——成本                      1 000 000
                    ——公允价值变动                 100 000
        投资收益                                    170 000
借：银行存款                                          10 000
    贷：应收利息                                      10 000
```

第二节　应收及预付款项

应收及预付款项是指企业在日常生产经营过程中发生的各项债权，包括应收款项和预付款项。应收款项包括应收款项，泛指企业拥有的将来获取现款、商品或劳动的权利。它是企业在日常生产经营过程中发生的各种债权，是企业重要的流动资产。预付款项则是指企业按照合同规定预付的款项，如预付账款等。应收及预付款项主要包括应收票据、应收账款、预付款项、其他应收款、应收股利、应收利息、应收款项减值等。

一、应收票据

（一）应收票据概述

应收票据是指企业因销售商品、提供劳务等收到的商业汇票。商业汇票是一种由出票人签发的，委托付款人在指定日期无条件支付确定金额给收款人或者持票人的票据。

商业汇票的付款期限，最长不得超过六个月。定日付款的汇票付款期限自出票日起计算，并在汇票上记载具体到期日；出票后定期付款的汇票付款期限自出票日起按月计算，并在汇票上记载；见票后定期付款的汇票付款期限自承兑或拒绝承兑日起按月计算，并在汇票上记载。商业汇票的提示付款期限，自汇票到期日起10日。符合条件的商业汇票的持票人，可以持未到期的商业汇票连同贴现凭证向银行申请贴现。

根据承兑人不同，商业汇票分为商业承兑汇票和银行承兑汇票。商业承兑汇票是指由付款人签发并承兑，或由收款人签发交由付款人承兑的汇票。商业承兑汇票的付款人收到开户银行的付款通知，应在当日通知银行付款。付款人在接到通知日的次日起三日内（遇法定休假日顺延）未通知银行付款的，视同付款人承诺付款，银行将于付款人接到通知日的次日起第四日（遇法定休假日顺延）上午开始营业时，将票款划给持票人。付款人提前收到由其承兑的商业汇票，应通知银行于汇票到期日付款。银行在办理划款时，付款人存款账户不足支付的，银行应填制付款人未付票款通知书，连同商业承兑汇票邮寄持票人开户银行转交持票人。

银行承兑汇票是指由在承兑银行开立存款账户的存款人（这里也是出票人）签发，由承兑银行承兑的票据。企业申请使用银行承兑汇票时，应向其承兑银行按票面金额的万分之五交纳手续费。银行承兑汇票的出票人应于汇票到期前将票款足额交存其开户银行，承兑银行应在汇票到期日或到期日后的见票当日支付票款。银行承兑汇票的出票人于汇票到期前未能足额交存票款时，承兑银行除凭票向持票人无条件付款外，对出票人尚未支付的汇票金额按照每天万分之五计收利息。

应收票据按其是否带息又分为带息票据和不带息票据，不带息票据的到期值等于面值；带息票据的到期值等于其面值加上到期应计利息。

【2015年《初级会计实务》考试真题·多选题】企业因销售商品而收到的应在"应收票据"科目核算的票据有_____。　　　　　　　　　　　　　　　　　　（　　）

A. 银行本票　　　B. 银行汇票　　　C. 银行承兑汇票
D. 商业承兑汇票　E. 转账支票

【答案】CD

（二）应收票据的核算

为了反映和监督应收票据取得、票款收回等经济业务，企业应当设置"应收票据"科目，借方登记取得的应收票据的面值，贷方登记到期收回票款或到期前向银行贴现的应收票据的票面余额，期末余额在借方，反映企业持有的商业汇票的票面金额。

1. 收到应收票据的核算

企业因销售商品、产品、提供劳务等而收到开出、承兑的商业汇票，按商业汇票的票面金额，借记"应收票据"科目，按实现的营业收入，贷记"主营业务收入"等科目，按增值税专用发票上注明的增值税额，贷记"应交税费——应交增值税（销项税额）"科目。

【例4-5】某企业3月1日向A公司销售商品一批，货款和增值税销项税额分别为20 000元和3 400元，同日收到A公司签发并承兑的期限为3个月、面值为23 400元不带息商业承兑汇票一张。企业应做会计分录：

借：应收票据——A公司　　　　　　　　　　　　　　　　　　　　　23 400
　　贷：主营业务收入　　　　　　　　　　　　　　　　　　　　　　　20 000
　　　　应交税费——应交增值税（销项税额）　　　　　　　　　　　　 3 400

2. 应收票据贴现和背书转让时的账务处理

（1）应收票据贴现。

$$票据到期值 = 票据面值 \times (1 + 票据利息率 \times 票据期限)（带息票据）$$

$$贴现息 = 票据到期值 \times 贴现率 \times 贴现期$$

$$贴现额 = 票据到期值 - 贴现息$$

应收票据贴现的账务处理：

借：银行存款（实际收到的金额）
　　财务费用（贴现息）
　　贷：应收票据（适用于满足金融资产转移准则规定的金融资产终止确认条件的情形，企业不附追索权）
　　　　短期借款（适用于不满足金融资产转移准则规定的金融资产终止确认条件的情形，企业附追索权）

票据到期日的计算有两种方式：一是按月表示，如面值 50 000 元，利率为 10%，出票日 3 月 18 日，6 个月后到期，到期日为 9 月 18 日；二是按天表示，如出票日 3 月 18 日，180 天到期，到期日是哪天？

算头不算尾	算尾不算头
3月：31－18＋1＝14	3月：31－18＝13
4月：30	4月：30
5月：31	5月：31
6月：30	6月：30
7月：31	7月：31
8月：31	8月：31
9月：180－(14＋30＋31＋30＋31＋31)＝13 到期日 9 月 14 日	9月：180－(13＋30＋31＋30＋31＋31)＝14 到期日 9 月 14 日

【例 4-6】某企业 4 月 29 日售给本市 M 公司产品一批，货款总计 100 000 元，适用增值税税率为 17%。M 公司交来一张出票日为 5 月 1 日、面值 117 000 元、期限为 3 个月的商业承兑无息票据。该企业 6 月 1 日持票据到银行贴现，贴现率为 12%。如果本项贴现业务符合金融资产转移准则规定的金融资产终止确认条件，则企业应做会计分录：

收到票据时：
借：应收票据　　　　　　　　　　　　　　　　　　　　　　117 000
　　贷：主营营业收入　　　　　　　　　　　　　　　　　　100 000
　　　　应交税费——应交增值税（销项税额）　　　　　　　17 000

6 月 1 日到银行贴现时，票据到期日为 8 月 1 日，贴现期为 2 个月（6 月 1 日—8 月 1 日）：
票据到期值＝票据票面金额＝117 000（元）
贴现息＝117 000×12%×2/12＝2 340（元）
贴现额＝117 000－2 340＝114 660（元）
借：银行存款　　　　　　　　　　　　　　　　　　　　　　114 660
　　财务费用　　　　　　　　　　　　　　　　　　　　　　2 340
　　贷：应收票据　　　　　　　　　　　　　　　　　　　　117 000

【2015 年《初级会计实务》考试真题·单选题】甲公司 2014 年 10 月 25 日售给外地乙公司产品一批，价款总计 200 000 元（假设没有现金折扣事项），增值税税额为 34 000 元，以银行存款代垫运杂费 6 000 元（假设不作为计税基数）。甲公司于 2010 年 11 月 1 日收到乙公司签发并承兑，票面金额正好为全部应收乙公司账款的带息商业承兑汇票一张，票面年利率为 8%，期限为 3 个月。2015 年 2 月 1 日票据到期日，乙公司未能偿付票据本息，则甲公司应编制的会计分录（假定 2015 年 1 月的应计利息未确认）为＿＿＿＿。（　　）

A. 借：应收账款　　　　　　　　　　　　　　　　　　　　240 000
　　贷：应收票据　　　　　　　　　　　　　　　　　　　240 000

B. 借：应收账款　　　　　　　　　　　　　　　　　　　　244 800
　　贷：应收票据　　　　　　　　　　　　　　　　　　　240 000

	财务费用		4 800

C. 借：应收账款　　　　　　　　　　　　　　　　　　244 800
　　　贷：应收票据　　　　　　　　　　　　　　　　　243 200
　　　　　财务费用　　　　　　　　　　　　　　　　　　1 600
D. 借：应收账款　　　　　　　　　　　　　　　　　　243 200
　　　贷：应收票据　　　　　　　　　　　　　　　　　243 200

【答案】C
【解析】
借：应收账款　　　　　　　　　　　　　　　　　　　244 800
　　贷：应收票据　　　　　　　　　　　　　　　　　243 200
　　　　财务费用　　　　　　　　　　　　　　　　　　1 600

234 200＝(234 000＋6 000)×(1＋8%×2/12)
1 600＝(234 000＋6 000)×8%×1/12

贴现的商业承兑汇票到期，因承兑人的银行存款账户不足支付，申请贴现的企业收到银行退回的商业承兑汇票时（限适用于贴现企业没有终止确认原票据的情形），按商业汇票的票面金额，借记"短期借款"科目，贷记"银行存款"科目。申请贴现企业的银行存款账户余额不足，应按商业汇票的票面金额，借记"应收账款"科目，贷记"应收票据"科目，银行作逾期贷款处理。

(2) 应收票据背书转让。

【例4-7】A企业为一般纳税企业的上市公司，2013年10月1日取得应收票据，票据面值为10 000元，6个月期限；2014年2月1日将该票据背书转让购进原材料，专用发票注明价款为12 000元，进项税额为2 040元，差额部分通过银行支付。

2014年2月1日：
借：原材料　　　　　　　　　　　　　　　　　　　　12 000
　　应交税费——应交增值税（进项税额）　　　　　　　 2 040
　　贷：应收票据　　　　　　　　　　　　　　　　　10 000
　　　　银行存款　　　　　　　　　　　　　　　　　 4 040

（三）到期收回应收票据的会计处理
借：银行存款或应收账款
　　贷：应收票据

二、应收账款

（一）应收账款的范围

应收账款是指企业因销售商品、提供劳务等经营活动，应向购货单位或接受劳务单位收取的款项，主要包括企业销售商品或提供劳务等应向有关债务人收取的价款及代购货单位垫付的包装费、运杂费等。

为了反映和监督应收账款的增减变动及其结存情况，企业应设置"应收账款"科目，不单独设置"预收账款"科目的企业，预收的账款也在"应收账款"科目核算。"应收账款"科目的借方登记应收账款的增加,贷方登记应收账款的收回及确认的坏账损失,期末余额一般在借方,反映企业尚未收回的应收账款;如果期末余额在贷方,则反映企业预收的账款。

(二)应收账款的确认和计价

1. 应收账款的确认

应收账款的确认主要是解决何时确认应收账款的问题。应收账款是与商品的销售或劳务的提供直接相关的,因此确认应收账款的时间通常应与确认收入的时间相一致。也就是说,在商品的所有权已经转给购货方,或劳务已经提供、收入已经实现时,对未收取的款项确认为应收账款。

2. 应收账款的计价

应收账款的计价就是确认应收账款的入账价值。应收账款是因企业销售商品或提供劳务等产生的债权,应当按照实际发生额记账。其入账价值包括销售货物或提供劳务的价款、增值税以及代购货方垫付的包装费、运杂费等。在确认应收账款的入账价值时,应当考虑有关的折扣因素。

(1)商业折扣。商业折扣是销货企业为了鼓励客户多购商品而在商品标价上给予的扣除,商业折扣与会计记录无关。存在商业折扣时,商业折扣对应收账款的入账价值没有实质影响,企业应收账款入账金额按扣除商业折扣以后的实际售价确认。例如:某商场为了扩大销售收入,进行促销活动,全场 6 折酬宾,一件衣服价格如果是 3 000 元,则按 3 000×60%=1 800(元)入账。

(2)现金折扣。现金折扣与会计记录有关。2/10(客户如果在 10 天内付款,可以享受货款的 2%现金折扣)、n/30(客户如果在 30 天内付款,则不享受任何折扣),如果企业为了加速货款的回收,销售货物时存在现金折扣时,应收账款入账金额的确认有总价法和净价法。总价法是将未扣减现金折扣前的金额作为实际总价确认为应收账款,实际发生现金折扣时计入财务费用。我国会计制度规定采用总价法。

(三)应收账款的核算

(1)在没有商业折扣的情况下,应收账款应按应收的全部金额入账。

【例 4-8】甲公司采用托收承付结算方式向乙公司销售商品一批,货款 300 000 元,增值税额 51 000 元,以银行存款代垫运杂费 6 000 元,已办理托收手续。甲公司应做如下会计处理:

借:应收账款　　　　　　　　　　　　　　　　　　　　　　　357 000
　　贷:主营业务收入　　　　　　　　　　　　　　　　　　　300 000
　　　　应交税费——应交增值税(销项税额)　　　　　　　　 51 000
　　　　银行存款　　　　　　　　　　　　　　　　　　　　　 6 000

需要说明的是,企业代购货单位垫付包装费、运杂费也应计入应收账款,通过"应收账款"科目核算。

甲公司实际收到款项时,应做如下会计处理:

借:银行存款　　　　　　　　　　　　　　　　　　　　　　　357 000
　　贷:应收账款　　　　　　　　　　　　　　　　　　　　　357 000

企业应收账款改用应收票据结算,在收到承兑的商业汇票时,借记"应收票据"科目,贷记"应收账款"科目。

【例 4-9】甲公司收到丙公司交来商业汇票一张,面值 10 000 元,用以偿还其前欠货款。甲公司应做如下会计处理:

借:应收票据　　　　　　　　　　　　　　　　　　　　　　　10 000
　　贷:应收账款　　　　　　　　　　　　　　　　　　　　　　　　10 000

(2) 在有商业折扣的情况下,应收账款和销售收入按扣除商业折扣后的金额入账。

【例 4-10】某企业赊销商品一批,按价目表的价格计算,货款金额总计 100 000 元,给买方的商业折扣为 10%,适用增值税税率为 17%,代垫运杂费 5 000 元(假设不作为计税基数)。

应做会计分录:

借:应收账款　　　　　　　　　　　　　　　　　　　　　　　110 300
　　贷:主营业务收入　　　　　　　　　　　　　　　100 000×90%=90 000
　　　　应交税费——应交增值税(销项税额)　　　　　　　　　　　15 300
　　　　银行存款　　　　　　　　　　　　　　　　　　　　　　　 5 000

收到货款时:

借:银行存款　　　　　　　　　　　　　　　　　　　　　　　110 300
　　贷:应收账款　　　　　　　　　　　　　　　　　　　　　　　 110 300

(3) 在有现金折扣的情况下,采用总价法核算。

【例 4-11】某企业赊销一批商品,货款为 100 000 元,规定对货款部分的付款条件为 2/10、n/30,适用的增值税税率为 17%,代垫运杂费 3 000 元(假设不作为计税基数)。应做会计分录:

借:应收账款　　　　　　　　　　　　　　　　　　　　　　　120 000
　　贷:主营业务收入　　　　　　　　　　　　　　　　　　　　　100 000
　　　　应交税费——应交增值税(销项税额)　　　　　　　　　　　17 000
　　　　银行存款　　　　　　　　　　　　　　　　　　　　　　　 3 000

假若客户于 10 天内付款时:

借:银行存款　　　　　　　　　　　　　　　　　　　　　　　118 000
　　财务费用　　　　　　　　　　　　　　　　　　　　　　　　 2 000
　　贷:应收账款　　　　　　　　　　　　　　　　　　　　　　　 120 000

假若客户超过 10 天付款,则无现金折扣:

借:银行存款　　　　　　　　　　　　　　　　　　　　　　　120 000
　　贷:应收账款　　　　　　　　　　　　　　　　　　　　　　　 120 000

1) 总价法的账务处理:销售商品时,按售货总价入账,以后发生折扣与转让时,冲减产品销售收入,贷记"销售折扣与折让"。即:

将商品、产品销出时:

借:应收账款(按货款及税款总价)
　　贷:主营业务收入(按货款总价)
　　　　应交税金——应交增值税(销项税额)(按税款总价)

在折扣期限内,收到销货款项:

借：银行存款（按货款净价） 销售折扣与折让（按折扣折让额）
　　贷：应收账款（按货款净价）
在折扣期外收到销货款项：
借：银行存款
　　贷：应收账款

2）净价法的账务处理：销售商品时，按商品总价扣除全部折扣后的净价入账，购货方如延期付款时，则贷记已冲减的产品销售收入，借记"银行存款"账户。

发生销货时，按全部折扣后的净价入账：
借：应收账款
　　贷：主营业务收入
　　　　应交税金——应交增值税（销项税额）

收到售价时，已超过最高折扣额期限的：
借：银行存款
　　贷：应收账款

若按规定期限收到售货款时：
借：银行存款
　　贷：应收账款

我国现行《企业会计准则》规定："各种应收款项应当及时清算、催收，定期与对方对账核实。经确认无法收回的应收账款，已提坏账准备金的，应当冲销坏账准备金；未提坏账准备金的，应当作为坏账损失，计入当期损益。"而事实上，大部分公司采取的做法是把"应收款项"尽量挂在账上，不愿意将无望收回的"应收款项"作为坏账损失。看来，上市公司还是不该满足于一时间的业绩漂亮，而应对投资者更加负责，做到会计报表如实反映企业的资产质量。

【2015年《初级会计实务》考试真题·单选题】东方公司2015年3月10日赊购一批商品，取得的增值税专用发票上注明的货款总额为400 000元，增值税税额为68 000元，同时享受的现金折扣条件为2/10、1/20、n/30。若该公司于2015年3月25日付清全部款项，则实际支付的金额为_____元。　　　　　　　　　　　　　　　　　　　　（　　）

A. 463 320　　　　B. 464 000　　　　C. 467 320　　　　D. 468 000

【答案】A

【解析】现金折扣是对应收账款进行折扣，题目中没有说不考虑增值税，则按照含增值税的价款来计算。实际支付的金额＝（400 000＋68 000）×（1－1%）＝463 320（元）。

三、预付账款

预付账款是指企业按照合同规定预付的款项。

企业应当设置"预付账款"科目，核算预付账款的增减变动及其结存情况。预付款项情况不多的企业，可以不设置"预付账款"科目，而直接通过"应付账款"科目核算。

企业根据购货合同的规定向供应单位预付款项时，借记"预付账款"科目，贷记"银行存款"科目。企业收到所购物资，按应计入购入物资成本的金额，借记"材料采购"或"原材料""库存商品""应交税费——应交增值税（进项税额）"等科目，贷记"预付账款"科目；

当预付货款小于采购货物所需支付的款项时，应将不足部分补付，借记"预付账款"科目，贷记"银行存款"科目；当预付货款大于采购货物所需支付的款项时，对收回的多余款项应借记"银行存款"科目，贷记"预付账款"科目。

【例 4-12】 甲公司向乙公司采购材料 5 000 吨，单价 10 元，所需支付的款项总额 50 000 元。按照合同规定向乙公司预付货款的 50%，验收货物后补付其余款项。甲公司应做如下会计处理：

（1）预付 50%的货款时：

借：预付账款——乙公司　　　　　　　　　　　　　　　　　　　　　25 000
　　贷：银行存款　　　　　　　　　　　　　　　　　　　　　　　　　25 000

（2）收到乙公司发来的 5 000 吨材料，验收无误，增值税专用发票记载的货款为 50 000 元，增值税额为 8 500 元。甲公司以银行存款补付所欠款项 33 500 元。

借：原材料　　　　　　　　　　　　　　　　　　　　　　　　　　　50 000
　　应交税费——应交增值税（进项税额）　　　　　　　　　　　　　　8 500
　　贷：预付账款——乙公司　　　　　　　　　　　　　　　　　　　58 500
借：预付账款——乙公司　　　　　　　　　　　　　　　　　　　　　33 500
　　贷：银行存款　　　　　　　　　　　　　　　　　　　　　　　　33 500

四、其他应收款

其他应收款是指企业除应收票据、应收账款、预付账款等以外的其他各种应收及暂付款项。其主要内容包括：

（1）应收的各种赔款、罚款，如因企业财产等遭受意外损失而应向有关保险公司收取的赔款等；

（2）应收的出租包装物租金；

（3）应向职工收取的各种垫付款项，如为职工垫付的水电费、应由职工负担的医药费、房租费等；

（4）存出保证金，如租入包装物支付的押金；

（5）其他各种应收、暂付款项。

为了反映和监督其他应收账款的增减变动及其结存情况，企业应当设置"其他应收款"科目进行核算。"其他应收款"科目的借方登记其他应收款的增加，贷方登记其他应收款的收回，期末余额一般在借方，反映企业尚未收回的其他应收款项。

【2013 年《初级会计实务》考试真题·单选题】 下列应收、暂付款项中，不通过"其他应收款"科目核算的是_____。　　　　　　　　　　　　　　　　　　　　　　　　（　　）

　　A. 应收保险公司的赔款　　　　　　B. 应收出租包装物的租金
　　C. 应向职工收取的各种垫付款项　　D. 应向购货方收取的代垫运杂费

【答案】D

【解析】应向购货方收取的代垫运杂费，计入"应收账款"科目。

【2015 年《初级会计实务》考试真题·多选题】 根据《企业会计准则》的规定，下列各项中，不应通过"其他应收款"科目核算的有_____。　　　　　　　　　　　　　　（　　）

　　A. 信用证保证金存款　　　　　　　B. 出租固定资产应收取的租金收入

C. 外币贷款抵押存款　　　　　　D. 支付的工程投标保证金
E. 债券投资时，实际支付的价款中包含的已到期但尚未领取的利息

【答案】ACE

【解析】选项A，信用证保证金存款通过"其他货币资金"科目核算；选项C，外币贷款抵押存款还应该通过"银行存款"科目进行核算；选项E，实际支付的价款中包含的已到期但尚未领取的利息通过"应收利息"进行核算。

关于备用金的核算：

在实际工作中有两种情况：定额备用金制度和非定额备用金制度。

两种制度主要的差别在于：在定额备用金制度下，报销时不冲减备用金科目（或其他应收款——备用金），而用现金补足；非定额备用金制度下，报销时应冲减备用金科目（或其他应收款——备用金）。

【例4-13】某企业的供销部门实行定额备用金制度，会计部门以现金支票拨付备用金定额6 000元。

当以现金支票拨付备用金定额时，会计部门应做分录：

借：其他应收款——备用金——供销科　　　　　　　　　　　　6 000
　　贷：银行存款　　　　　　　　　　　　　　　　　　　　　　6 000

供销部门凭发票报销5 000元，以现金支票补足备用金：

借：管理费用　　　　　　　　　　　　　　　　　　　　　　　5 000
　　贷：银行存款　　　　　　　　　　　　　　　　　　　　　　5 000

【例4-14】5月6日，职工张大勇借差旅费900元，以现金支付。企业应做分录：

借：其他应收款——张大勇　　　　　　　　　　　　　　　　　　900
　　贷：库存现金　　　　　　　　　　　　　　　　　　　　　　　900

6月10日，张大勇出差归来，报销差旅费820元，余款交回。

借：管理费用　　　　　　　　　　　　　　　　　　　　　　　　820
　　库存现金　　　　　　　　　　　　　　　　　　　　　　　　　80
　　贷：其他应收款——张大勇　　　　　　　　　　　　　　　　　900

【例4-15】甲公司在采购过程中发生材料毁损，按保险合同规定，应由保险公司赔偿损失30 000元，赔款尚未收到。

借：其他应收款——保险公司　　　　　　　　　　　　　　　30 000
　　贷：材料采购　　　　　　　　　　　　　　　　　　　　30 000

【例4-16】承例4-15，上述保险公司赔款如数收到。

借：银行存款　　　　　　　　　　　　　　　　　　　　　30 000
　　贷：其他应收款——保险公司　　　　　　　　　　　　　30 000

【例4-17】甲公司以银行存款替副总经理垫付应由其个人负担的医疗费5 000元，拟从其工资中扣回。

（1）垫支时：

借：其他应收款　　　　　　　　　　　　　　　　　　　　5 000
　　贷：银行存款　　　　　　　　　　　　　　　　　　　　5 000

（2）扣款时：

借：应付职工薪酬　　　　　　　　　　　　　　　　　　　　　　　5 000
　　贷：其他应收款　　　　　　　　　　　　　　　　　　　　　　　　　5 000

【例 4-18】甲公司租入包装物一批，以银行存款向出租方支付押金 10 000 元。
借：其他应收款——存出保证金　　　　　　　　　　　　　　　　　10 000
　　贷：银行存款　　　　　　　　　　　　　　　　　　　　　　　　　10 000

【例 4-19】承例 4-18，租入包装物按期如数退回，甲公司收到出租方退还的押金 10 000 元，已存入银行。
借：银行存款　　　　　　　　　　　　　　　　　　　　　　　　　10 000
　　贷：其他应收款——存出保证金　　　　　　　　　　　　　　　　　10 000

五、应收股利和应收利息

（一）应收股利的账务处理

应收股利是企业应收取的现金股利和应收取其他单位分配的利润。应收股利的主要账务处理：

（1）企业取得交易性金融资产时，按其公允价值，借记"交易性金融资产"科目，按发生的交易费用，借记"投资收益"科目，按支付的价款中所包含的、已宣告但尚未发放的现金股利，借记"应收股利"科目，按实际支付的金额，贷记"银行存款"等科目。

交易性金融资产持有期间被投资单位宣告发放现金股利，应借记"应收股利"科目，贷记"投资收益"科目。

（2）取得长期股权投资时，应根据长期股权投资准则确定的长期股权投资的成本，借记"长期股权投资——成本"科目，按实际支付的价款中包含的已宣告但尚未发放的现金股利或利润，借记"应收股利"科目，贷记"银行存款"等科目。

被投资单位宣告发放现金股利或利润的，按应享有的份额，借记"应收股利"科目，贷记"投资收益"（成本法）、"长期股权投资——损益调整"（权益法）科目。

（3）企业取得可供出售金融资产时，按其公允价值与交易费用之和，借记"可供出售金融资产——成本"科目，按支付的价款中包含的、已宣告但尚未发放的现金股利，借记"应收股利"科目，按实际支付的金额，贷记"银行存款"科目。

可供出售权益工具持有期间被投资单位宣告发放现金股利，按应享有的份额，借记"应收股利"科目，贷记"投资收益"科目。

（4）属于被投资单位在取得本企业的投资前实现的净利润的分配额，借记"应收股利""银行存款"等科目，贷记"长期股权投资——成本""交易性金融资产""可供出售金融资产"等科目。

（5）实际收到现金股利或利润，借记"银行存款"等科目，贷记"应收股利"科目。

（二）应收利息的账务处理

应收利息是企业发放贷款、持有至到期投资、可供出售金融资产、存放中央银行款项等应收取的利息。应收利息的主要账务处理：

（1）企业取得的交易性金融资产，按支付的价款中所包含的、已到付息期但尚未领取的利息，借记"应收利息"科目，按交易性金融资产的公允价值，借记"交易性金融资产——成本"科目，按发生的交易费用，借记"投资收益"科目，按实际支付的金额，贷记"银行存款"等科目。

（2）企业取得的持有至到期投资，应按债券的面值，借记"持有至到期投资——成本"科目，按已到付息期但尚未领取的利息，借记"应收利息"科目，贷记"银行存款"等科目，按其差额，借记或贷记"持有至到期投资——利息调整"科目（发生的交易费用最终计入利息调整明细科目）。

未发生减值的持有至到期投资如为分期付息、一次还本债券投资，应于资产负债表日按票面利率计算确定的应收未收利息，借记"应收利息"科目，按持有至到期投资摊余成本和实际利率计算确定的利息收入，贷记"投资收益"科目，按其差额，借记或贷记"持有至到期投资——利息调整"科目。

未发生减值的持有至到期投资如为一次还本付息债券投资，应于资产负债表日按票面利率计算确定的应收未收利息，借记"持有至到期投资——应计利息"科目，按持有至到期投资摊余成本和实际利率计算确定的利息收入，贷记"投资收益"科目，按其差额，借记或贷记"持有至到期投资——利息调整"科目。

（3）未发生减值的可供出售债券如为分期付息、一次还本债券投资，应于资产负债表日按票面利率计算确定的应收利息，借记"应收利息"科目，按可供出售债券摊余成本和实际利率计算确定的利息收入，贷记"投资收益"科目，按其差额，借记或贷记"可供出售金融资产——利息调整"科目。

未发生减值的可供出售债券如为一次还本付息债券投资，应于资产负债表日按票面利率计算确定的应收未收利息，借记"可供出售金融资产——应计利息"科目，按持有至到期投资摊余成本和实际利率计算确定的利息收入，贷记"投资收益"科目，按其差额，借记或贷记"可供出售金融资产——利息调整"科目。

（4）未发生减值贷款于资产负债表日按贷款的合同本金和合同约定的名义利率计算确定的应收未收利息，借记"应收利息"科目，按贷款的摊余成本和实际利率计算确定的利息收入，贷记"利息收入"科目，按其差额，借记或贷记"贷款——利息调整"科目。

（5）发生的其他应收利息，按合同约定的名义利率计算确定的应收未收利息，借记"应收利息"科目，贷记"利息收入"等科目。合同约定的名义利率与实际利率差异较大的，应采用实际利率计算确定利息收入。

（6）实际收到利息，借记"银行存款"等科目，贷记"应收利息"科目。

六、应收款项减值

企业的各项应收款项企业应当在资产负债表日对应收款项的账面价值进行检查，有客观证据表明该应收款项发生减值的，应当将该应收款项的账面价值减记至预计未来现金流量现值，按减记的金额确认减值损失，计提坏账准备。企业的应收账款符合下列条件之一的，应确认为坏账：

（1）债务人被依法宣告破产、撤销，其剩余财产确实不足清偿的应收账款；

（2）债务人死亡或被依法宣告死亡、失踪，其财产或遗产确实不足清偿的应收账款；

（3）债务人遭受重大自然灾害或意外事故，损失巨大，以其财产（包括保险赔款等）确实无法清偿的应收账款；

(4) 债务人逾期未履行偿债义务,经法院裁决,确实无法清偿的应收账款;
(5) 逾期3年以上仍未收回的应收账款。

"逾期3年以上仍未收回的应收账款"是指纳税人对债务人已停止供应货物或劳务且最后一笔应收账款逾期3年以上。

我国现行制度规定,上市公司坏账损失的决定权在公司董事会或股东大会。

应收款项减值有两种方法,分别为直接转销法和备抵法。我国企业会计准则规定采用备抵法确定应收款项的减值。

(一) 直接转销法

直接转销法是指在坏账损失实际发生时,直接借记"管理费用"科目,贷记"应收账款"科目。这种方法核算简单,不需要设置"坏账准备"科目。关于直接转销法,我们还应掌握以下两个要点:第一,该法不符合权责发生制和配比原则;第二,在该法下,如果已冲销的应收账款以后又收回,应做两笔会计分录,即先借记"应收账款"科目,贷记"管理费用"科目;然后再借记"银行存款"科目,贷记"应收账款"科目。

(二) 备抵法

备抵法是采用一定的方法按期估计坏账损失,计入当期费用,同时建立坏账准备,待坏账实际发生时,冲销已提的坏账准备和相应的应收款项。采用这种方法,坏账损失计入同一期间的损益,体现了配比原则的要求,避免了企业明盈实亏,在报表上列示了应收款项净额,使报表使用者能了解企业应收款项的可变现金额。在备抵法下,企业应设置"坏账准备"账户,该账户的贷方登记每期提取的坏账准备数额,借方登记实际发生的坏账损失数额,期末余额一般在贷方,反映企业已经提取但尚未转销的坏账准备数额。注意:应收账款账面余额减去坏账准备贷方余额后的差额为应收账款账面价值,即为企业应收账款的未来现金流量现值。

估计坏账损失时,借记"管理费用"科目,贷记"坏账准备"科目;坏账损失实际发生时,借记"坏账准备"科目,贷记"应收账款"科目。至于如何估计坏账损失,则有四种方法可供选择,即年末余额百分比法、账龄分析法、销货百分比法和个别认定法。

1. 年末余额百分比法

坏账准备可按以下公式计算:

当期应计提的坏账准备=当期按应收款项计算应提坏账准备金-(或+)"坏账准备"科目的借贷方(或借方)余额

采用年末余额百分比法时,坏账准备的计提(即坏账损失的估计)分首次计提和以后年度计提两种情况。首次计提时,坏账准备提取数=应收账款年末余额×计提比例。以后年度计提坏账准备时,可进一步分以下四种情况来掌握:① 应收账款年末余额×计提比例>"坏账准备"年末余额(指坏账准备计提前的余额,不同),按差额补提坏账准备。② 应收账款年末余额×计提比例<"坏账准备"年末余额,按差额冲减坏账准备。③ 应收账款年末余额×计提比例="坏账准备"年末余额,不补提亦不冲减坏账准备,即不做会计处理。④ 年末计提前"坏账准备"出现借方余额,应按其借方余额与"应收账款年末余额×计提比例"之和计提坏账准备。总之,在采用年末余额百分比法的情况下,始终要掌握这样一个原则,即当年坏账准备计提后,一定要保持"坏账准备贷方余额÷应收账款年末余额=计提比例"这一

等式成立。

企业计提坏账准备时，按应减记的金额，借记"资产减值损失——计提的坏账准备"科目，贷记"坏账准备"科目。冲减多计提的坏账准备时，借记"坏账准备"科目，贷记"资产减值损失——计提的坏账准备"科目。

【例 4-20】2013 年 12 月 31 日，甲公司对应收丙公司的账款进行减值测试。应收账款余额合计为 1 000 000 元，甲公司根据丙公司的资信情况确定按 10%计提坏账准备。2013 年年末计提坏账准备的会计分录为：

　　借：资产减值损失——计提的坏账准备　　　　　　　　　　　　100 000
　　　　贷：坏账准备　　　　　　　　　　　　　　　　　　　　　　　　100 000

企业确实无法收回的应收款项按管理权限报经批准后作为坏账转销时，应当冲减已计提的坏账准备。已确认并转销的应收款项以后又收回的，应当按照实际收到的金额增加坏账准备的账面余额。企业发生坏账损失时，借记"坏账准备"科目，贷记"应收账款""其他应收款"等科目。

【例 4-21】甲公司 2014 年对丙公司的应收账款实际发生坏账损失 30 000 元。确认坏账损失时，甲公司应做如下会计处理：

　　借：坏账准备　　　　　　　　　　　　　　　　　　　　　　　　30 000
　　　　贷：应收账款　　　　　　　　　　　　　　　　　　　　　　　　30 000

【例 4-22】承例 4-20 和例 4-21，甲公司 2014 年年末应收丙公司的账款余额为 1 200 000 元，经减值测试，甲公司决定仍按 10%计提坏账准备。

根据甲公司坏账核算方法，其"坏账准备"科目应保持的贷方余额为 120 000（1 200 000×10%）元；计提坏账准备前，"坏账准备"科目的实际余额为贷方 70 000（100 000－30 000）元，因此本年末应计提的坏账准备金额为 50 000（120 000－70 000）元。甲公司应做如下会计处理：

　　借：资产减值损失——计提的坏账准备　　　　　　　　　　　　50 000
　　　　贷：坏账准备　　　　　　　　　　　　　　　　　　　　　　　　50 000

已确认并转销的应收款项以后又收回的，应当按照实际收到的金额增加坏账准备的账面余额。已确认并转销的应收款项以后又收回时，借记"应收账款""其他应收款"等科目，贷记"坏账准备"科目；同时，借记"银行存款"科目，贷记"应收账款""其他应收款"等科目。也可以按照实际收回的金额，借记"银行存款"科目，贷记"坏账准备"科目。

【例 4-23】甲公司 2015 年 4 月 20 日收到 2013 年已转销的坏账 20 000 元，已存入银行。甲公司应做如下会计处理：

　　借：应收账款　　　　　　　　　　　　　　　　　　　　　　　　20 000
　　　　贷：坏账准备　　　　　　　　　　　　　　　　　　　　　　　　20 000
　　借：银行存款　　　　　　　　　　　　　　　　　　　　　　　　20 000
　　　　贷：应收账款　　　　　　　　　　　　　　　　　　　　　　　　20 000
或：
　　借：银行存款　　　　　　　　　　　　　　　　　　　　　　　　20 000
　　　　贷：坏账准备　　　　　　　　　　　　　　　　　　　　　　　　20 000

【例 4-24】某企业应收账款相关资料如下：

(1) 某企业对 A 组应收账款计提坏账准备,预计的减值计提百分比为 3‰。该企业第一年末的 A 组应收账款余额为 2 500 000 元。

第一年年末,提取坏账准备:

借:资产减值损失　　　　　　　　　　　　　　　7 500（2 500 000×3‰）
　　贷:坏账准备　　　　　　　　　　　　　　　　　　　　7 500

(2) 第二年 A 组应收账款中客户 X 公司所欠 9 000 元账款已超过 3 年,确认为坏账,第二年年末,该企业 A 组应收账款余额为 3 000 000 元。

冲销坏账:

借:坏账准备　　　　　　　　　　　　　　　　　　　9 000
　　贷:应收账款——X 公司　　　　　　　　　　　　　　9 000

坏账准备

本期确认坏账 9 000	年初余额: 7 500 计提＝10 500
	年末余额: 3 000 000×3‰＝9 000

第二年年末,计提坏账准备提取前的"坏账准备"科目余额为借方 1 500 元,按年末应收账款余额估计坏账损失为 9 000 元（3 000 000×3‰）,则本年应提取坏账准备数为 10 500 元（9 000＋1 500）。提取后"坏账准备"科目贷方余额为 9 000 元。

借:资产减值损失　　　　　　　　　　　　　　　10 500
　　贷:坏账准备　　　　　　　　　　　　　　　　　　　10 500

(3) 第三年 A 组应收账款中客户 Y 公司破产,所欠 20 000 元账款有 8 500 元无法收回,确认为坏账,第三年年末,企业 A 组应收账款余额为 2 600 000 元。

冲减坏账:

借:坏账准备　　　　　　　　　　　　　　　　　　　8 500
　　贷:应收账款——A 公司　　　　　　　　　　　　　　8 500

坏账准备

本期确认坏账 8 500	年初余额: 9 000 计提＝7 300
	年末余额: 2 600 000×3‰＝7 800

第三年年末,计提坏账准备提取前的"坏账准备"科目为贷方余额 500 元,按年末应收账款余额估计坏账损失为 7 800 元（260 000×3‰）,则本年应提取坏账准备数为 7 300 元（7 800－500）。提取后"坏账准备"科目贷方余额为 7 800 元。

借:资产减值损失　　　　　　　　　　　　　　　7 300
　　贷:坏账准备　　　　　　　　　　　　　　　　　　　7 300

（4）第四年，X 公司所欠 9 000 元账款又收回，年末 A 组应收账款余额为 3 200 000 元。

第四年，已确认为坏账冲销的应收 X 公司账款 9 000 元又收回：

借：应收账款——X 公司　　　　　　　　　　　　　　　9 000
　　贷：坏账准备　　　　　　　　　　　　　　　　　　　　　9 000
借：银行存款　　　　　　　　　　　　　　　　　　　　　9 000
　　贷：应收账款——X 公司　　　　　　　　　　　　　　　　9 000

坏账准备

	年初余额：7 800
前期确认坏账本期转回＝7 200	收回＝9 000
	年末余额： 3 200 000×3‰＝9 600

第四年年末，计提坏账准备：提取前的"坏账准备"科目为贷方余额 16 800 元，按年末应收账款余额估计坏账损失为 9 600 元（3 200 000×3‰），则本年应按其差额冲回坏账准备，冲回数为 7 200 元（16 800－9 600）。冲回后"坏账准备"科目贷方余额为 9 600 元。

借：坏账准备　　　　　　　　　　　　　　　　　　　　7 200
　　贷：资产减值损失　　　　　　　　　　　　　　　　　　　7 200

2. 账龄分析法

这是根据应收账款账龄的长短来估计坏账损失的方法。通常而言，应收账款的账龄越长，发生坏账的可能性越大。为此，将企业的应收账款按账龄长短进行分组，分别确定不同的计提百分比估算坏账损失，使坏账损失的计算结果更符合客观情况。

采用账龄分析法计提坏账准备的计算公式如下：

（1）首次计提坏账准备的计算公式：

当期应计提的坏账准备＝Σ（期末各账龄组应收账款余额×各账龄组坏账准备计提百分比）

（2）以后计提坏账准备的计算公式：

当期应计提的坏账准备＝当期按应收账款计算应计提的坏账准备金额＋（－）坏账准备账户借方余额（贷方余额）

【例 4-25】甲公司坏账准备核算采用账龄分析法，对未到期、逾期半年内和逾期半年以上的应收账款分别按 1%、5%、10% 估计坏账损失。该公司 2013 年 12 月 31 日有关应收款项账户的年末余额如下。按照类似信用风险特征将这些应收款项划分为若干组合，具体情况如下：

若甲公司"坏账准备"账户 2013 年年初贷方余额为 60 000 元，2010 年确认的坏账损失为 120 000 元，则甲公司 2013 年 12 月 31 日计提坏账准备计入"资产减值损失"账户的金额为多少？

分析：① 题目中给出了各个明细账的情况，则根据应收账款明细账户的借方余额合计数和预收账款明细账科目的借方余额合计数再加上其他应收明细科目的借方余额合计数计提。

② 预收账款的借方余额具有应收账款的性质，要计提坏账准备。

③ 企业的预付账款如有确凿证据表明其不符合预付账款性质，或者因供货单位破产、撤销等原因已无望再收到所购货物的，应当将原计入预付账款的金额转入其他应收款，并按规

定计提坏账准备。

④ 企业持有的未到期应收票据，如有确凿证据证明不能够收回或收回的可能性不大时，期末应考虑计提坏账准备。

综合以上分析，甲公司 2013 年 12 月 31 日计提坏账准备计入"资产减值损失"账户的金额＝2 000 000×5%＋300 000×10%＋1 000 000×1%＋400 000×10%＋120 000－60 000＝240 000（元）。

账龄分析法和余额百分比法一样在计提坏账准备时，考虑到了该账户原有的余额再做出调整。这两种方法都是从资产负债表的观点来估计坏账，注重的是期末坏账准备应有的余额，使资产负债表中的应收账款能更合理地按变现价值评价。但是，期末的应收账款并不都是本期的赊销产生的，可能含有以往年度销售产生的账款，采用这两种方法计算出的坏账费用就不能完全与本期的销售收入配合，在实务上，账龄分析法也使得账务处理的成本有所提高。

【2014年《初级会计实务》考试真题·单选题】A 公司 2013 年 12 月 31 日应收甲公司账款 1 000 万元，该账款预计的未来现金流量现值为 960 万元，此前已对该账款计提了 15 万元的坏账准备，则 12 月 31 日 A 公司为该笔应收账款应计提的坏账准备为（　　）万元。

A. 1 000　　　　B. 40　　　　C. 25　　　　D. 15

【答案】C

【解析】本题考核坏账准备的计算。应计提的坏账准备＝（1 000－960）－15＝25（万元）。

【2013年《初级会计实务》考试真题·单选题】甲公司应收账款以类似信用风险特征划分为若干组合，其中对未到期、逾期半年以内和逾期半年以上的应收款项分别按 1%、10%、20% 估计坏账损失。该公司 2014 年 12 月 31 日有关应收款项账户的余额及账龄如表 4-1 所示。

表 4–1　甲公司 2014 年 12 月 31 日有关应收款项账户的余额及账龄　　　　　　元

账　户	期末余额	账　龄
应收账款——A 公司	800 000（借方）	逾期 5 个月
应收账款——B 公司	1 000 000（借方）	未到期
应收票据——C 公司	800 000（借方）	未到期
其他应收款——D 公司	400 000（借方）	逾期 8 个月
预付账款——E 公司	200 000（借方）	未到期

甲公司 2014 年年初"坏账准备"账户的贷方余额为 80 000 元，2014 年 1 月 20 日确认应收 F 公司的账款 100 000 元（已逾期 4 个月）为本年度坏账。则甲公司在 2014 年度计提的应计入"资产减值损失"账户的坏账准备金额为＿＿＿＿＿＿元。（　　）

A. 180 000　　　　B. 190 000　　　　C. 200 000　　　　D. 210 000

【答案】C

3. 销货百分比法

这是根据企业销售总额的一定百分比估计坏账损失的方法。百分比按本企业以往实际发生的坏账与销售总额的关系结合生产经营与销售政策变动情况测定。在实际工作中，企业也可以按赊销百分比估计坏账损失。

采用销货百分比法计提坏账准备的计算公式如下：

当期应计提的坏账准备＝本期销售总额（或赊销额）×坏账准备计提比例

【例 4-26】丙公司 2013 年赊销金额为 20 000 元，根据以往资料和经验，估计坏账损失率为 1%，2013 年年初坏账准备账户余额为贷方 200 元。计算 2013 年应计提的坏账准备和 2006 年年末坏账准备科目余额。

解：丙公司 2013 年应计提的坏账准备为：20 000×1%＝200（元）。

借：资产减值损失　　　　　　　　　　　　　　　　　　　　　200
　　贷：坏账准备　　　　　　　　　　　　　　　　　　　　　　　　200

2013 年年末坏账准备科目余额为：200＋200＝400（元）。

可以看出，采用销货百分比法，在决定各年度应提的坏账准备金额时，并不需要考虑坏账准备账户上已有的余额。从利润表的观点看，由于这种方法主要是根据当期利润表上的销货收入数字来估计当期的坏账损失，因此坏账费用与销货收入能较好地配合，比较符合配比概念。但是由于计提坏账时没有考虑到坏账准备账户以往原有的余额，如果以往年度出现坏账损失估计错误的情况就不能自动更正，资产负债表上的应收账款净额也就不一定能正确地反映其变现价值。因此，采用销货百分比法还应该定期地评估坏账准备是否适当，及时做出调整，以便能更加合理地反映企业的财务状况。

4. 个别认定法

这是针对每项应收款项的实际情况分别估计坏账损失的方法。例如，公司是根据应收单位账款的 5% 来计算坏账，但是有一企业有明显的迹象还款困难，就可以对这一企业的应收账款进行个别认定法计提，坏账准备金按 10% 或其他。

在同一会计期间内运用个别认定法的应收账款应从其他方法计提坏账准备的应收账款中剔除。

个别认定法区别于余额百分比法和销货百分比法的主要特点在于两个方面：一是对坏账准备计提的依据不再是销货总额或赊销总额，而是客户的信用状况和偿还能力；二是计提坏账准备的比率不再是所有的欠款客户都用一个相同的比例，而是信用状况不同其适用的比率也不同。只要调查清楚了每个客户的信用状况和偿还能力，再据此确定每个客户的计提比率和欠款数额，就能核算坏账准备。

第三节　持有至到期投资

一、持有至到期投资概述

持有至到期投资，是指到期日固定、回收金额固定或可确定，且企业有明确意图和能力持有至到期的非衍生金融资产。通常情况下，企业持有的、在活跃市场上有公开报价的国债、企业债券、金融债券等，可以划分为持有至到期投资。

持有至到期投资的特征：

（一）到期日固定、回收金额固定或可确定

（二）有明确意图持有至到期

存在下列情况之一的，表明企业没有明确意图将该金融资产投资持有至到期：

（1）持有该金融资产的期限不确定；

（2）发生市场利率变化、流动性需要变化、替代投资机会及其投资收益率变化、融资来源和条件变化、外汇风险变化等情况时，将出售该金融资产；

（3）该金融资产的发行方可以按照明显低于其摊余成本的金额计量；

（4）其他表明企业没有明确意图将该金融资产投资持有至到期。

（三）有能力持有至到期

"有能力持有至到期"是指企业有足够的财力资源，并不受外部因素影响将投资持有至到期。

存在下列情况之一的，表明企业没有能力将具有固定期限的金融资产投资持有至到期：

（1）没有可利用的财务资源持续地为该金融资产投资提供资金支持，以使该金融资产投资持有至到期；

（2）受法律、行政法规的限制，使企业难以将该金融资产投资持有至到期；

（3）其他表明企业没有能力将具有固定期限的金融资产投资持有至到期的情况。

到期前处置或重分类对所持有剩余非衍生金融资产的影响：企业将持有至到期投资在到期前处置或重分类，通常表明其违背了将投资持有到期的最初意图。如果处置或重分类为其他类金融资产的金额相对于该类投资（即企业全部持有至到期投资）在出售或重分类前的总额较大，则企业在处置或重分类后应立即将其剩余的持有至到期投资（即全部持有至到期投资扣除已处置或重分类的部分）重分类为可供出售金融资产，且在本年度及以后两个完整的会计年度内不得再将该金融资产划分为持有至到期投资。

例如，某企业在2009年将某项持有至到期投资重分类为可供出售金融资产或出售了一部分，且重分类或出售部分的金额相对于该企业没有重分类或出售之前全部持有至到期投资总额比例较大，那么该企业应当将剩余的其他持有至到期投资划分为可供出售金融资产，而且在2010年和2011年两个完整的会计年度内不能将任何金融资产划分为持有至到期投资。

但是，需要说明的是，遇到以下情况时可以例外：

（1）出售日或重分类日距离该项投资到期日或赎回日较近（如到期前三个月内），且市场利率变化对该项投资的公允价值没有显著影响；

（2）根据合同约定的偿付方式，企业已收回几乎所有初始本金；

（3）出售或重分类是由于企业无法控制、预期不会重复发生且难以合理预计的独立事件所引起。

二、持有至到期投资的会计处理（如表4-2所示）

表4-2 持有至到期投资的会计处理

持有至到期投资的会计处理	初始计量	按公允价值和交易费用之和计量（其中，交易费用在"持有至到期投资——利息调整"科目核算）
		实际支付款项中包含的利息，应当确认为应收项目

续表

持有至到期投资的会计处理	后续计量	采用实际利率法,按摊余成本计量
	持有至到期投资重分类为可供出售金融资产	重分类日可供出售金融资产按公允价值计量,公允价值与账面价值的差额计入其他综合收益
	处置	处置时,售价与账面价值的差额计入投资收益

（一）持有至到期投资的初始计量

借：持有至到期投资——成本（面值）
　　应收利息（实际支付的款项中包含的利息）
　　持有至到期投资——利息调整（差额,也可能在贷方）
　贷：银行存款等

（二）持有至到期投资的后续计量

借：应收利息（分期付息债券按票面利率计算的利息）
　　持有至到期投资——应计利息（到期时一次还本付息债券按票面利率计算的利息）
　贷：投资收益（持有至到期投资摊余成本和实际利率计算确定的利息收入）
　　　持有至到期投资——利息调整（差额,也可能在借方）

【提示】就持有至到期投资来说,摊余成本即其账面价值。

【2014年《初级会计实务》考试真题·单选题】2013年1月1日,甲公司自证券市场购入面值总额为2 000万元的债券。购入时实际支付价款2 078.98万元,另外支付交易费用10万元。该债券发行日为2013年1月1日,系分期付息、到期还本债券,期限为5年,票面年利率为5%,实际年利率为4%,每年12月31日支付当年利息。甲公司将该债券作为持有至到期投资核算。

要求：根据上述资料,不考虑其他因素,回答下列第（1）题至第（2）题。（计算结果保留两位小数）

（1）该持有至到期投资2014年12月31日的账面价值为_____万元。　　（　）

A. 2 062.14　　　B. 2 068.98　　　C. 2 072.54　　　D. 2 055.44

【答案】D

【解析】持有至到期投资期末摊余成本＝期初摊余成本＋期初摊余成本×实际利率－本期收回的本金和利息－本期计提的减值准备,取得持有至到期投资时支付的交易费用应计入期初摊余成本。该持有至到期投资2013年12月31日的账面价值＝(2 078.98＋10)×(1＋4%)－2 000×5%＝2 072.54（万元）；2014年12月31日的账面价值＝2 072.54×(1＋4%)－2 000×5%＝2 055.44（万元）。

（2）2014年应确认的投资收益为_____万元。　　（　）

A. 83.56　　　B. 82.90　　　C. 82.22　　　D. 100

【答案】C

【解析】应确认投资收益＝2 055.44×4%＝82.22（万元）。

第四章 金融资产

(三)持有至到期投资转换

借:可供出售金融资产(重分类日公允价值)
　　持有至到期投资减值准备
　贷:持有至到期投资
　　　资本公积——其他资本公积(差额,也可能在借方)

(四)持有至到期投资的减值准备

持有至到期投资以摊余成本进行后续计量的,其发生减值时,应当在将该持有至到期投资的账面价值与预计未来现金流量现值之间的差额,确认为减值损失,计入当期损益,同时计提相应的资产减值准备。为了核算企业持有至到期投资的减值准备,企业应设置"持有至到期投投资减值准备"科目。本科目应当按照持有至到期投资类别和品种进行明细核算。资产负债表日,持有至到期投资发生减值的,按应减记的金额,借记"资产减值损失——计提的持有至到期投资减值准备"科目,贷记"持有至到期投资减值准备"。已计提减值准备的持有至到期投资价值以后又得以恢复,应在原已计提的减值准备金额内,按恢复增加的金额,借记"持有至到期投资减值准备",贷记"资产减值损失——计提的持有至到期投资减值准备"科目。本科目期末贷方余额,反映企业已计提但尚未转销的持有至到期投资减值准备。

(五)出售持有至到期投资

借:银行存款等
　　持有至到期投资减值准备
　贷:持有至到期投资
　　　投资收益(差额,也可能在借方)

【例4-27】2010年1月1日,XYZ公司支付价款1 000元(含交易费用),从活跃市场上购入某公司5年期债券,面值1 250元,票面年利率4.72%,按年支付利息(即每年支付59元),本金最后一次支付。合同约定,该债券的发行方在遇到特定情况时可以将债券赎回,且不需要为提前赎回支付额外款项。XYZ公司在购买该债券时,预计发行方不会提前赎回。

XYZ公司将购入的该公司债券划分为持有至到期投资,且不考虑所得税、减值损失等因素。为此,XYZ公司在初始确认时先计算确定该债券的实际利率:

设该债券的实际利率为r,则可列出如下等式:

$$59 \times (1+r)^{-1} + 59 \times (1+r)^{-2} + 59 \times (1+r)^{-3} + 59 \times (1+r)^{-4} + (59+1\,250) \times (1+r)^{-5} = 1\,000 (元)$$

采用插值法,可以计算得出$r=10\%$,如图4-1和表4-3所示。

图4-1 采用插值法计算的实际利率

表 4–3　2010—2014 年的期初摊余成本、实际利息、现金流入、期末摊余成本　　　　元

年份	期初摊余成本（a）	实际利息（b） （按 10%计算）	现金流入（c）	期末摊余成本 （d＝a＋b－c）
2010	1 000	100	59	1 041
2011	1 041	104	59	1 086
2012	1 086	109	59	1 136
2013	1 136	114*	59	1 191
2014	1 191	118**	1 309	0

* 数字四舍五入取整；
** 数字考虑了计算过程中出现的尾差。

根据上述数据，XYZ 公司的有关账务处理如下：

（1）2010 年 1 月 1 日，购入债券：

借：持有至到期投资——成本　　　　　　　　　　　　　　　　1 250
　　贷：银行存款　　　　　　　　　　　　　　　　　　　　　　1 000
　　　　持有至到期投资——利息调整　　　　　　　　　　　　　250

（2）2010 年 12 月 31 日，确认实际利息收入、收到票面利息等：

借：应收利息　　　　　　　　　　　　　　　　　　　　　　　59
　　持有至到期投资——利息调整　　　　　　　　　　　　　　41
　　贷：投资收益　　　　　　　　　　　　　　　　　　　　　100

借：银行存款　　　　　　　　　　　　　　　　　　　　　　　59
　　贷：应收利息　　　　　　　　　　　　　　　　　　　　　59

（3）2011 年 12 月 31 日，确认实际利息收入、收到票面利息等：

借：应收利息　　　　　　　　　　　　　　　　　　　　　　　59
　　持有至到期投资——利息调整　　　　　　　　　　　　　　45
　　贷：投资收益　　　　　　　　　　　　　　　　　　　　　104

借：银行存款　　　　　　　　　　　　　　　　　　　　　　　59
　　贷：应收利息　　　　　　　　　　　　　　　　　　　　　59

（4）2012 年 12 月 31 日，确认实际利息收入、收到票面利息等：

借：应收利息　　　　　　　　　　　　　　　　　　　　　　　59
　　持有至到期投资——利息调整　　　　　　　　　　　　　　50
　　贷：投资收益　　　　　　　　　　　　　　　　　　　　　109

借：银行存款　　　　　　　　　　　　　　　　　　　　　　　59
　　贷：应收利息　　　　　　　　　　　　　　　　　　　　　59

（5）2013 年 12 月 31 日，确认实际利息收入、收到票面利息等：

借：应收利息　　　　　　　　　　　　　　　　　　　　　　　59
　　持有至到期投资——利息调整　　　　　　　　　　　　　　55
　　贷：投资收益　　　　　　　　　　　　　　　　　　　　　114

借：银行存款　　　　　　　　　　　　　　　　　　　　　　59
　　贷：应收利息　　　　　　　　　　　　　　　　　　　　　59
（6）2014年12月31日，确认实际利息收入、收到票面利息和本金等：
借：应收利息　　　　　　　　　　　　　　　　　　　　　　59
　　持有至到期投资——利息调整　　　　（250－41－45－50－55）59
　　贷：投资收益　　　　　　　　　　　　　　　　　　　　118
借：银行存款　　　　　　　　　　　　　　　　　　　　　　59
　　贷：应收利息　　　　　　　　　　　　　　　　　　　　59
借：银行存款等　　　　　　　　　　　　　　　　　　　　1 250
　　贷：持有至到期投资——成本　　　　　　　　　　　　1 250

【例4-28】2015年3月，由于贷款基准利率的变动和其他市场因素的影响，乙公司持有的、原划分为持有至到期投资的某公司债券价格持续下跌。为此，乙公司于4月1日对外出售该持有至到期债券投资10%，收取价款1 200 000元（即所出售债券的公允价值）。

假定4月1日该债券出售前的账面余额（成本）为10 000 000元，不考虑债券出售等其他相关因素的影响，则乙公司相关账务处理如下：

借：银行存款　　　　　　　　　　　　　　　　　　　　1 200 000
　　贷：持有至到期投资——成本　　　　　　　　　　　1 000 000
　　　　投资收益　　　　　　　　　　　　　　　　　　　200 000
借：可供出售金融资产　　　　　　　　　　　　　　　　10 800 000
　　贷：持有至到期投资——成本　　　　　　　　　　　9 000 000
　　　　其他综合收益　　　　　　　　　　　　　　　　1 800 000

假定4月23日，乙公司将该债券全部出售，收取价款11 800 000元，则乙公司相关账务处理如下：

借：银行存款　　　　　　　　　　　　　　　　　　　11 800 000
　　贷：可供出售金融资产　　　　　　　　　　　　　10 800 000
　　　　投资收益　　　　　　　　　　　　　　　　　1 000 000
借：其他综合收益　　　　　　　　　　　　　　　　　1 800 000
　　贷：投资收益　　　　　　　　　　　　　　　　　1 800 000

【2015年《初级会计实务》考试真题·单选题】2015年1月1日，甲公司从二级市场购入乙公司分期付息、到期还本的债券12万张，以银行存款支付价款1 050万元，另支付相关交易费用12万元。该债券系乙公司于2014年1月1日发行，每张债券面值为100元，期限为3年，票面年利率为5%，每年年末支付当年度利息。甲公司拟持有该债券至到期。

要求：根据上述资料，不考虑其他因素，回答下列第（1）题至第（2）题。

（1）甲公司购入乙公司债券的入账价值是_____万元。　　　　（　　）
　　A. 1 050　　　B. 1 062　　　C. 1 200　　　D. 1 212
【答案】B
【解析】甲公司购入乙公司债券的入账价值＝1 050＋12＝1 062（万元）。

（2）甲公司持有乙公司债券至到期累计应确认的投资收益是_____万元。　（　　）
　　A. 120　　　B. 258　　　C. 270　　　D. 318

【答案】B

【解析】甲公司持有乙公司债券至到期累计应确认的投资收益＝现金流入－现金流出＝$100×12×(1+5\%×2)-(1050+12)=258$（万元）。

【2014年《初级会计实务》考试真题·单选题】2014年1月1日，甲公司自证券市场购入面值总额为2 000万元的债券。购入时实际支付价款2 078.98万元，另外支付交易费用10万元。该债券发行日为2014年1月1日，系分期付息、到期还本债券，期限为5年，票面年利率为5%，年实际利率为4%，每年12月31日支付当年利息。甲公司将该债券作为持有至到期投资核算。假定不考虑其他因素，该持有至到期投资2014年12月31日的账面价值为_____万元。（　　）

  A. 2 062.14　　　B. 2 068.98　　　C. 2 072.54　　　D. 2 083.43

【答案】C

【解析】该持有至到期投资2014年12月31日的账面价值＝$(2078.98+10)×(1+4\%)-2000×5\%=2072.54$（万元）。

第四节　可供出售金融资产

一、可供出售金融资产概述

  可供出售金融资产，是指初始确认时即被指定为可供出售的非衍生金融资产，以及没有划分为持有至到期投资、贷款和应收款项、以公允价值计量且其变动计入当期损益的金融资产。通常情况下，划分为此类的金融资产应当在活跃的市场上有报价，因此，企业从二级市场上购入的、有报价的债券投资、股票投资、基金投资等，可以划分为可供出售金融资产。

  限售股权的分类：

  (1) 企业在股权分置改革过程中持有对被投资单位在重大影响以上的股权，应当作为长期股权投资，视对被投资单位的影响程度分别采用成本法或权益法核算；企业在股权分置改革过程中持有对被投资单位不具有控制、共同控制或重大影响的股权，应当划分为可供出售金融资产。

  (2) 企业持有上市公司限售股权且对上市公司不具有控制、共同控制或重大影响的，应当按金融工具确认和计量准则规定，将该限售股权划分为可供出售金融资产，除非满足该准则规定条件划分为以公允价值计量且其变动计入当期损益的金融资产。

二、可供出售金融资产的会计处理（如表4-4所示）

（一）企业取得可供出售金融资产

1. 股票投资

借：可供出售金融资产——成本（公允价值与交易费用之和）
　　应收股利（已宣告但尚未发放的现金股利）
　　贷：银行存款等

2. 债券投资
借：可供出售金融资产——成本（面值）
　　应收利息（实际支付的款项中包含的利息）
　　可供出售金融资产——利息调整（差额，也可能在贷方）
　　贷：银行存款等

表4-4　可供出售金融资产的会计处理

可供出售金融资产的会计处理	初始计量	债券投资：按公允价值和交易费用之和计量（其中，交易费用在"可供出售金融资产——利息调整"科目核算）
		实际支付的款项中包含的利息，应当确认为应收项目
		股票投资：按公允价值和交易费用之和计量，实际支付的款项中包含的已宣告尚未发放的现金股利作为应收项目
	后续计量	资产负债表日按公允价值计量，公允价值变动计入所有者权益（其他综合收益）
	持有至到期投资重分类为可供出售金融资产	可供出售金融资产按公允价值计量，公允价值与账面价值的差额计入其他综合收益
	处置	处置时，售价与账面价值的差额计入投资收益
		将持有可供出售金融资产期间产生的"其他综合收益"转入"投资收益"

【2015年《初级会计实务》考试真题·单选题】A公司于2015年4月5日从证券市场上购入B公司发行在外的股票200万股作为可供出售金融资产，每股支付价款4元（含已宣告但尚未发放的现金股利0.5元），另支付相关费用12万元，A公司可供出售金融资产取得时的入账价值为_____万元。　　　　　　　　　　　　　　　　　　　（　　）
　　A. 700　　　　　B. 800　　　　　C. 712　　　　　D. 812
【答案】C
【解析】交易费用计入成本，可供出售金融资产入账价值＝200×(4－0.5)＋12＝712（万元）。

（二）资产负债表日计算利息
借：应收利息（分期付息债券按票面利率计算的利息）
　　可供出售金融资产——应计利息（到期时一次还本付息债券按票面利率计算的利息）
　　贷：投资收益（可供出售债券的摊余成本和实际利率计算确定的利息收入）
　　　　可供出售金融资产——利息调整（差额，也可能在借方）

（三）资产负债表日公允价值变动

1. 公允价值上升
借：可供出售金融资产——公允价值变动
　　贷：其他综合收益

2. 公允价值下降
借：其他综合收益
    贷：可供出售金融资产——公允价值变动

（四）持有期间被投资单位宣告发放现金股利
借：应收股利
    贷：投资收益

（五）将持有至到期投资重分类为可供出售金融资产
借：可供出售金融资产（重分类日公允价值）
    贷：持有至到期投资
        其他综合收益

（六）可供出售金融资产减值损失的计量

（1）可供出售金融资产发生减值时，即使该金融资产没有终止确认，原直接计入所有者权益的因公允价值下降形成的累计损失，也应当予以转出，计入当期损益。该转出的累计损失，为可供出售金融资产的初始取得成本扣除已收回本金和已摊销金额、当前公允价值和原已计入损益的减值损失后的余额。

资产负债表日减值账务处理：
借：资产减值损失
    贷：其他综合收益（从所有者权益中转出原计入资本公积的累计损失金额）
        可供出售金融资产——减值准备

（2）对于已确认减值损失的可供出售债务工具，在随后的会计期间公允价值已上升且客观上与原减值损失确认后发生的事项有关的，原确认的减值损失应当予以转回，计入当期损益（资产减值损失）。

减值损失转回账务处理：
借：可供出售金融资产——减值准备
    贷：资产减值损失

（3）可供出售权益工具投资发生的减值损失，不得通过损益转回。但是，在活跃市场中没有报价且其公允价值不能可靠计量的权益工具投资，或与该权益工具挂钩并须通过交付该权益工具结算的衍生金融资产发生的减值损失，不得转回。

减值损失转回账务处理：
借：可供出售金融资产——减值准备
    贷：其他综合收益

（七）出售可供出售金融资产的会计处理
借：银行存款等
    贷：可供出售金融资产
        投资收益（差额，也可能在借方）

同时：

借：其他综合收益（从所有者权益中转出的公允价值累计变动额，也可能在借方）
　　贷：投资收益

【提示】为了保证"投资收益"的数字正确，出售可供出售金融资产时，要将可供出售金融资产持有期间形成的"其他综合收益"转入"投资收益"。

【例4-29】乙公司于2014年7月13日从二级市场购入股票1 000 000股，每股市价15元，手续费30 000元；初始确认时，该股票划分为可供出售金融资产。

乙公司至2014年12月31日仍持有该股票，该股票当时的市价为16元。

2015年2月1日，乙公司将该股票售出，售价为每股13元，另支付交易费用30 000元。

假定不考虑其他因素，乙公司的账务处理如下：

(1) 2014年7月13日，购入股票：

借：可供出售金融资产——成本　　　　　　　　　　　　　　　15 030 000
　　贷：银行存款　　　　　　　　　　　　　　　　　　　　　　15 030 000

(2) 2014年12月31日，确认股票价格变动：

借：可供出售金融资产——公允价值变动　　　　　　　　　　　970 000
　　贷：其他综合收益　　　　　　　　　　　　　　　　　　　　970 000

(3) 2015年2月1日，出售股票：

借：银行存款　　　　　　　　　　　　　　　　　　　　　　　12 970 000
　　其他综合收益　　　　　　　　　　　　　　　　　　　　　　970 000
　　投资收益　　　　　　　　　　　　　　　　　　　　　　　　2 060 000
　　贷：可供出售金融资产——成本　　　　　　　　　　　　　　15 030 000
　　　　　　　　　　——公允价值变动　　　　　　　　　　　　 970 000

【例4-30】2014年1月1日，甲保险公司支付价款1 028.244元购入某公司发行的3年期公司债券，该公司债券的票面总金额为1 000元，票面年利率4%，实际年利率为3%，利息每年年末支付，本金到期支付。甲保险公司将该公司债券划分为可供出售金融资产。2014年12月31日，该债券的市场价格为1 000.094元。假定无交易费用和其他因素的影响，甲保险公司的账务处理如下：

(1) 2014年1月1日，购入债券：

借：可供出售金融资产——成本　　　　　　　　　　　　　　　1 000
　　　　　　　　　　——利息调整　　　　　　　　　　　　　　28.244
　　贷：银行存款　　　　　　　　　　　　　　　　　　　　　　1 028.244

(2) 2014年12月31日，收到债券利息、确认公允价值变动：

实际利息=1 028.244×3%=30.84 732≈30.85（元）

年末摊余成本=1 028.244+30.85-40=1 019.094（元）

借：应收利息　　　　　　　　　　　　　　　　　　　　　　　40
　　贷：投资收益　　　　　　　　　　　　　　　　　　　　　　30.85
　　　　可供出售金融资产——利息调整　　　　　　　　　　　　9.15

借：银行存款　　　　　　　　　　　　　　　　　　　　　　　40
　　贷：应收利息　　　　　　　　　　　　　　　　　　　　　　40

· 137 ·

借：其他综合收益　　　　　　　　　　　　　　　　　　　　　　　　19
　　贷：可供出售金融资产——公允价值变动　　　　　　　　　　　　　　19

【例4-31】2014年5月6日，甲公司支付价款10 160 000元（含交易费用10 000元和已宣告但尚未发放的现金股利150 000元），购入乙公司发行的股票2 000 000股，占乙公司有表决权股份的0.5%。甲公司将其划分为可供出售金融资产。其他资料如下：

（1）2014年5月10日，甲公司收到乙公司发放的现金股利150 000元。
（2）2014年6月30日，该股票市价为每股5.2元。
（3）2014年12月31日，甲公司仍持有该股票；当日，该股票市价为每股5元。
（4）2015年5月9日，乙公司宣告发放股利40 000 000元。
（5）2015年5月13日，甲公司收到乙公司发放的现金股利。
（6）2015年5月20日，甲公司以每股4.9元的价格将该股票全部转让。

假定不考虑其他因素的影响，甲公司的账务处理如下：

（1）2014年5月6日，购入股票：
借：应收股利　　　　　　　　　　　　　　　　　　　　　　　　150 000
　　可供出售金融资产——成本　　　　　　　　　　　　　　　10 010 000
　　贷：银行存款　　　　　　　　　　　　　　　　　　　　　　10 160 000

（2）2014年5月10日，收到现金股利：
借：银行存款　　　　　　　　　　　　　　　　　　　　　　　　150 000
　　贷：应收股利　　　　　　　　　　　　　　　　　　　　　　150 000

（3）2014年6月30日，确认股票的价格变动：
借：可供出售金融资产——公允价值变动　　　　　　　　　　　　390 000
　　贷：其他综合收益　　　　　　　　　　　　　　　　　　　　390 000

（4）2014年12月31日，确认股票价格变动：
借：其他综合收益　　　　　　　　　　　　　　　　　　　　　　400 000
　　贷：可供出售金融资产——公允价值变动　　　　　　　　　　400 000

（5）2015年5月9日，确认应收现金股利：
借：应收股利　　　　　　　　　　　　　　　　　　　　　　　　200 000
　　贷：投资收益　　　　　　　　　　　　　　　　　　　　　　200 000

（6）2015年5月13日，收到现金股利：
借：银行存款　　　　　　　　　　　　　　　　　　　　　　　　200 000
　　贷：应收股利　　　　　　　　　　　　　　　　　　　　　　200 000

（7）2015年5月20日，出售股票：
借：银行存款　　　　　　　　　　　　　　　　　　　　　　　9 800 000
　　投资收益　　　　　　　　　　　　　　　　　　　　　　　　210 000
　　可供出售金融资产——公允价值变动　　　　　　　　　　　　10 000
　　贷：可供出售金融资产——成本　　　　　　　　　　　　　10 010 000
　　　　其他综合收益　　　　　　　　　　　　　　　　　　　　10 000

【2015年《初级会计实务》考试真题·不定项选择题】2014年10月20日，甲公司以每股10元的价格从二级市场购入乙公司股票10万股，支付价款100万元，另支付相关交易费

用2万元。甲公司将购入的乙公司股票作为可供出售金融资产核算。2014年12月31日,乙公司股票市场价格为每股18元。

2015年3月15日,甲公司收到乙公司分派的现金股利4万元。2015年4月4日,甲公司将所持有乙公司股票以每股16元的价格全部出售,在支付相关交易费用2.5万元后,实际取得款项157.5万元。

要求: 根据上述资料,不考虑其他因素,回答下列第(1)题至第(2)题。(2009年新制度考题)

(1)甲公司所持有乙公司股票2014年12月31日的账面价值是_____万元。
( )

A. 100 B. 102 C. 180 D. 182

【答案】C

【解析】可供出售金融资产期末应该按照其公允价值作为账面价值,甲公司持有乙公司股票2014年12月31日的账面价值=18×10=180(万元)。

(2)甲公司2015年度因投资乙公司股票确认的投资收益是_____万元。 ( )

A. 55.50 B. 58.00 C. 59.50元 D. 62.00

【答案】C

【解析】甲公司出售乙公司股票而确认的投资收益=157.5-(100+2)=55.5(万元),因分得股利而确认的投资收益为4万元,所以甲公司2015年度因投资乙公司股票确认的投资收益=55.5+4=59.5(万元)

(八)金融资产的初始计量及后续计量(如表4-5所示)

表4-5 金融资产初始计量及后续计量

类别	初始计量	后续计量
以公允价值计量且其变动计入当期损益的金融资产	公允价值,交易费用计入当期损益	公允价值,公允价值变动计入当期损益
持有至到期投资	公允价值,交易费用计入初始入账金额,构成成本组成部分	摊余成本
贷款和应收款项		
可供出售金融资产		公允价值,公允价值变动计入所有者权益(公允价值下降幅度较大或非暂时性下跌时计入资产减值损失)

【2014年《初级会计实务》考试真题·多选题】关于金融资产的计量,下列说法中正确的有_____。 ( )

A. 交易性金融资产应当按照取得时的公允价值和相关的交易费用之和作为初始确认金额

B. 可供出售金融资产应当按取得该金融资产的公允价值和相关交易费用之和作为初始确认金额

C. 可供出售金融资产应当按照取得时的公允价值作为初始确认金额,相关的交易费用在

发生时计入当期损益

D. 持有至到期投资在持有期间应当按照摊余成本和实际利率计算确认利息收入,计入投资收益

E. 交易性金融资产应当按照取得时的公允价值作为初始确认金额,相关的交易费用计入当期损益

【答案】BDE

【解析】交易性金融资产应当按照取得时的公允价值作为初始确认金额,相关的交易费用计入当期损益;可供出售金融资产应当按取得该金融资产的公允价值和相关交易费用之和作为初始确认金额。

【2012年《初级会计实务》考试真题】2009年5月1日,DEF公司从股票二级市场以每股15元(含已宣告发放但尚未领取的现金股利0.2元)的价格购入XYZ公司发行的股票2 000 000股,占XYZ公司有表决权股份的5%,对XYZ公司无重大影响,DEF公司将该股票划分为可供出售金融资产。其他资料如下:

(1) 2009年5月10日,DEF公司收到XYZ公司发放的上年现金股利400 000元。

(2) 2009年12月31日,该股票的市场价格为每股13元。DEF公司预计该股票的价格下跌是暂时的。

(3) 2010年,XYZ公司因违反相关证券法规,受到证券监管部门查处。受此影响,XYZ公司股票的价格发生下挫。至2010年12月31日,该股票的市场价格下跌到每股6元。

(4) 2011年,XYZ公司整改完成,加之市场宏观面好转,股票价格有所回升,至12月31日,该股票的市场价格上升到每股10元。

假定2010年和2011年均未分派现金股利,不考虑其他因素的影响,则DEF公司有关的账务处理如下:

要求:

编制A公司从2009年1月1日至2011年12月31日上述有关业务的会计分录。

(1) 2009年1月1日购入股票:

借:可供出售金融资产——成本	29 600 000
应收股利(2 000 000×0.2)	400 000
贷:银行存款	30 000 000

(2) 2009年5月确认现金股利:

| 借:银行存款 | 400 000 |
| 贷:应收股利 | 400 000 |

(3) 2009年12月31日确认股票公允价值变动:

| 借:其他综合收益(2 000 000×13-29 600 000) | 3 600 000 |
| 贷:可供出售金融资产——公允价值变动 | 3 600 000 |

(4) 2010年12月31日,确认股票投资的减值损失:

借:资产减值损失(29 600 000-2 000 000×6)	17 600 000
贷:其他综合收益	3 600 000
可供出售金融资产——减值准备	14 000 000

(5) 2011年12月31日确认股票价格上涨:

借：可供出售金融资产——减值准备　　　　　　　　　　　　8 000 000
　　贷：其他综合收益（2 000 000×4）　　　　　　　　　　　　　8 000 000

第五节　长期股权投资

一、长期股权投资概述

长期股权投资包括企业持有的对其子公司、合营企业及联营企业的权益性投资以及企业持有的对被投资单位不具有控制、共同控制或重大影响，且在活跃市场中没有报价、公允价值不能可靠计量的权益性投资。

企业能够对被投资单位实施控制的，被投资单位为本企业的子公司。控制，是指有权决定一个企业的财务和经营政策，并能据以从该企业的经营活动中获取利益。

企业与其他方对被投资单位实施共同控制的，被投资单位为本企业的合营企业。共同控制，是指按照合同约定对某项经济活动所共有的控制，仅在与该项经济活动相关的重要财务和经营决策需要分享控制权的投资方一致同意时存在。

企业能够对被投资单位施加重大影响的，被投资单位为本企业的联营企业。重大影响，是指对一个企业的财务或经营政策有参与决策的权力，但并不能够控制或者与其他方一起共同控制这些政策的制定。

二、长期股权投资的核算方法

长期股权投资的方法有两种：一是成本法；二是权益法。

（一）成本法

1. 成本法的定义及其适用范围

成本法，是指投资按成本计价的方法。

下列两种情况下，企业应运用成本法核算长期股权投资：

（1）投资企业能够对被投资单位实施控制的长期股权投资。

控制是指有权决定一个企业的财务和经营政策，并能据以从该企业的经营活动中获取利益。控股合并的控制形成母子公司。

【例4-29】A公司直接持有B公司40%有表决权的股权，同时受托行使其他股东所持有B公司18%有股权的表决权。B公司董事会由11名董事组成，其中A公司派出6名。B公司章程规定，其财务和经营决策经董事会三分之二以上成员通过即可实施。A公司能否对B公司实施控制？

【答案】因为A公司在B公司董事会成员中的比例没有达到三分之二，不能决定B公司的财务和经营政策，所以A公司不能对B公司实施控制。

（2）投资企业对被投资单位不具有控制、共同控制或重大影响，并且在活跃市场中没有报价、公允价值不能可靠计量的长期股权投资。

共同控制，是指按照合同约定对某项经济活动所共有的控制。共同控制与合营企业相联系。

实务中，在确定是否构成共同控制时，一般可以考虑以下情况作为确定基础：① 任何一个合营方均不能单独控制合营企业的生产经营活动；② 涉及合营企业基本经营活动的决策需要各合营方一致同意；③ 各合营方可能通过合同或协议的形式任命其中的一个合营方对合营企业的日常活动进行管理，但其必须在各合营方已经一致同意的财务和经营政策范围内行使管理权。

重大影响，是指对一个企业的财务和经营政策有参与决策的权力。重大影响与联营企业相联系。

企业通常可以通过以下一种或几种情形来判断是否对被投资单位具有重大影响：① 在被投资单位的董事会或类似权力机构中派有代表；② 参与被投资单位的政策制定过程，包括股利分配政策等的制定；③ 与被投资单位之间发生重要交易；④ 向被投资单位派出管理人员；⑤ 向被投资单位提供关键技术资料。

【例 4–30】企业对一个上市公司有股票投资，持股比例为 11.4%，准备长期持有，在该上市公司有 2 名董事。上市公司董事会有 15 位董事，其中 5 位为独立董事。企业对上市公司是否有重大影响？该股票投资是通过长期股权投资采用权益法核算，还是按可供出售金融资产核算？

【答案】因在上市公司派有董事，对上市公司具有重大影响，应通过长期股权投资采用权益法核算。

（1）长期股权投资初始投资成本的确定。

除企业合并形成的长期股权投资以外，以支付现金取得的长期股权投资，应当按照实际支付的购买价款作为初始投资成本。企业所发生的与取得长期股权投资直接相关的费用、税金及其他必要支出应计入长期股权投资的初始投资成本。

此外，企业取得长期股权投资，实际支付的价款或对价中包含的已宣告但尚未发放的现金股利或利润，作为应收项目处理，不构成长期股权投资的成本。

（2）取得长期股权投资。

取得长期股权投资时，应按照初始投资成本计价。除企业合并形成的长期股权投资以外，以支付现金、非现金资产等其他方式取得的长期股权投资，应按照上述规定确定的长期股权投资初始投资成本，借记"长期股权投资"科目，贷记"银行存款"等科目。如果实际支付的价款中包含已宣告但尚未发放的现金股利或利润，借记"应收股利"科目，贷记"长期股权投资"科目。

【例 4–31】甲公司 2015 年 1 月 10 日购买长信股份有限公司发行的股票 50 000 股准备长期持有，从而拥有长信股份有限公司 5% 的股份。每股买入价为 6 元，另外，公司购买该股票时发生有关税费 5 000 元，款项已由银行存款支付。甲公司应做如下会计处理：

计算初始投资成本：股票成交金额（50 000×6）	300 000
加：相关税费	5 000
共计	305 000
编制购入股票的会计分录：	
借：长期股权投资	305 000
贷：银行存款	305 000

（3）长期股权投资持有期间被投资单位宣告发放现金股利或利润。

长期股权投资持有期间被投资单位宣告发放现金股利或利润时，企业按应享有的部分确认为投资收益，借记"应收股利"科目，贷记"投资收益"科目。属于被投资单位在取得本企业投资前实现净利润的分配额，应作为投资成本的收回，借记"应收股利"科目，贷记"长期股权投资"科目。

【例 4-32】甲公司 2015 年 5 月 15 日以银行存款购买诚远股份有限公司的股票 100 000 股作为长期投资，每股买入价为 10 元，每股价格中包含 0.2 元的已宣告分派的现金股利，另支付相关税费 7 000 元。甲公司应做如下会计处理：

计算初始投资成本：股票成交金额（100 000×10）	1 000 000
加：相关税费	7 000
减：已宣告分派的现金股利（100 000×0.2）	20 000
	987 000

编制购入股票的会计分录：

借：长期股权投资	987 000	
应收股利	20 000	
贷：银行存款		1 007 000

假定甲公司 2015 年 6 月 20 日收到诚远股份有限公司分来的购买该股票时已宣告分派的股利 20 000 元。此时，应做如下会计处理：

借：银行存款	20 000	
贷：应收股利		20 000

在这种情况下，取得长期股权投资时，如果实际支付的价款中包含已宣告但尚未发放的现金股利或利润，应借记"应收股利"科目，不记入"长期股权投资"科目。

【例 4-33】承 4-31，如果甲公司于 2015 年 6 月 20 日收到长信股份有限公司宣告发放 2014 年度现金股利的通知，应分得现金股利 5 000 元。甲公司应做如下会计处理：

借：应收股利	5 000	
贷：长期股权投资		5 000

在这种情况下，属于被投资单位在取得本企业投资前实现净利润的分配额，应作为投资成本的收回，借记"应收股利"科目，贷记"长期股权投资"科目，而不是确认为投资收益。

（4）长期股权投资的处置。

处置长期股权投资时，按实际取得的价款与长期股权投资账面价值的差额确认为投资损益，并应同时结转已计提的长期股权投资减值准备。其会计处理是：企业处置长期股权投资时，应按实际收到的金额，借记"银行存款"等科目，按原已计提的减值准备，借记"长期股权投资减值准备"科目，按该项长期股权投资的账面余额，贷记"长期股权投资"科目，按尚未领取的现金股利或利润，贷记"应收股利"科目，按其差额，贷记或借记"投资收益"科目。

【例 4-34】甲公司将其作为长期投资持有的远海股份有限公司 15 000 股股票，以每股 10 元的价格卖出，支付相关税费 1 000 元，取得价款 149 000 元，款项已由银行收妥。该长期股权投资账面价值为 140 000 元，假定没有计提减值准备。甲公司应做如下会计处理：

计算投资收益：股票转让取得价款	149 000
减：投资账面余额	140 000
	9 000

编制出售股票时的会计分录：

借：银行存款 149 000
　　贷：长期股权投资 140 000
　　　　投资收益 9 000

【2015年《初级会计实务》考试真题·多选题】甲公司于 2014 年 1 月 1 日投资 A 公司（非上市公司），取得 A 公司有表决权资本的 80%。A 公司于 2014 年 4 月 1 日分配现金股利 10 万元，2014 年实现净利润 40 万元，2015 年 4 月 1 日分配现金股利 10 万元，下列说法正确的有_____。（　　）

A. 甲公司 2014 年确认投资收益 0 元
B. 甲公司 2014 年确认投资收益 8 万元
C. 甲公司 2015 年确认投资收益 8 万元
D. 甲公司 2015 年确认投资收益 16 万元
E. 甲公司 2015 年恢复长期股权投资成本 8 万元

【答案】BC
【解析】甲公司对被投资单位能够实施控制，长期股权投资应采用成本法核算，甲公司应按照被投资单位宣告发放的现金股利或利润应享有的份额确认投资收益。

【例 4-35】甲公司与 A 公司 2010—2012 年与投资有关的资料如下：

（1）2010 年 1 月 1 日甲公司支付现金 1 000 万元取得 A 公司 15%的股权（不具有重大影响），发生相关税费 3 万元，假定该项投资无公允价值。

（2）2010 年 4 月 1 日，A 公司宣告分配 2009 年实现的净利润，分配现金股利 200 万元。

（3）甲公司于 2010 年 4 月 10 日收到现金股利。

（4）2010 年，A 公司发生亏损 200 万元。

（5）2011 年 A 公司发生巨额亏损，2011 年年末甲公司对 A 公司的投资按当时市场收益率对未来现金流量折现确定的现值为 600 万元。

（6）2012 年 1 月 20 日，甲公司将持有的 A 公司的全部股权转让给乙企业，收到股权转让款 620 万元。

要求：编制甲公司上述与投资有关业务的会计分录。（答案中的金额单位用万元表示）

【答案】
（1）2010 年 1 月 1 日：
借：长期股权投资——A 公司 1 003
　　贷：银行存款 1 003

（2）2010 年 4 月 1 日：
借：应收股利 30（200×15%）
　　贷：投资收益 30

（3）2010 年 4 月 10 日：
借：银行存款 30
　　贷：应收股利 30

（4）甲公司采用成本法核算，不做账务处理。

（5）2011 年年末：

借：资产减值损失	403（1 003－600）	
贷：长期股权投资减值准备	403	

（6）2012年1月20日：

借：银行存款	620	
长期股权投资减值准备	403	
贷：长期股权投资——A公司	1 003	
投资收益	20	

（二）权益法

1. 权益法的定义及适用范围

企业对被投资单位具有共同控制或者重大影响时，长期股权投资应当采用权益法核算。权益法，是指投资以初始投资成本计量后，在投资持有期间根据投资企业享有被投资单位所有者权益的份额的变动对投资的账面价值进行调整的方法。

（1）企业对被投资单位具有共同控制的长期股权投资，即企业对其合营企业的长期股权投资。

（2）企业对被投资单位具有重大影响的长期股权投资，即企业对其联营企业的长期股权投资。

2. 权益法的核算

为了核算企业的长期股权投资，企业应当设置"长期股权投资""投资收益"等科目。

"长期股权投资"科目核算企业持有的采用成本法和权益法核算的长期股权投资，借方登记长期股权投资取得时的成本以及采用权益法核算时按被投资企业实现的净利润计算的应分享的份额，贷方登记收回长期股权投资的价值或采用权益法核算时被投资单位宣告分派现金股利或利润时企业按持股比例计算应享有的份额，及按被投资单位发生的净亏损计算的应分担的份额，期末借方余额，反映企业持有的长期股权投资的价值。

（1）取得长期股权投资。

取得长期股权投资，长期股权投资的初始投资成本大于投资时应享有被投资单位可辨认净资产公允价值份额的，不调整已确认的初始投资成本，借记"长期股权投资——成本"科目，贷记"银行存款"等科目。长期股权投资的初始投资成本小于投资时应享有被投资单位可辨认净资产公允价值份额的，借记"长期股权投资——成本"科目，贷记"银行存款"等科目，按其差额，贷记"营业外收入"科目。

【例4-36】甲公司2013年1月20日购买东方股份有限公司发行的股票5 000 000股准备长期持有，占东方股份有限公司股份的30%。每股买入价为6元，另外，购买该股票时发生有关税费500 000元，款项已由银行存款支付。2012年12月31日，东方股份有限公司的所有者权益的账面价值（与其公允价值不存在差异）100 000 000元。甲公司应做如下会计处理：

计算初始投资成本：股票成交金额（5 000 000×6）	30 000 000
加：相关税费	500 000
	30 500 000

编制购入股票的会计分录：

借：长期股权投资——成本	30 500 000
贷：银行存款	30 500 000

在本例中，长期股权投资的初始投资成本 30 500 000 元大于投资时应享有被投资单位可辨认净资产公允价值份额 30 000 000（100 000 000×30%）元，其差额 500 000 元不调整已确认的初始投资成本。但是，如果长期股权投资的初始投资成本小于投资时应享有被投资单位可辨认净资产公允价值份额，应借记"长期股权投资——成本"科目，贷记"银行存款"等科目，按其差额，贷记"营业外收入"科目。

（2）持有长期股权投资期间被投资单位实现净利润或发生净亏损。

根据被投资单位实现的净利润计算应享有的份额，借记"长期股权投资——损益调整"科目，贷记"投资收益"科目。被投资单位发生净亏损做相反的会计分录，但以本科目的账面价值减记至零为限，借记"投资收益"科目，贷记"长期股权投资——损益调整"科目。"长期股权投资——对××单位投资"，该科目由"成本""损益调整""其他权益变动"三个明细科目组成，账面价值减至零即意味着"对××单位投资"的这三个明细科目合计为零。

被投资单位以后宣告发放现金股利或利润时，企业计算应分得的部分，借记"应收股利"科目，贷记"长期股权投资——损益调整"科目。收到被投资单位宣告发放的股票股利，不进行账务处理，但应在备查簿中登记。

【例 4–37】2013 年东方股份有限公司实现净利润 10 000 000 元。甲公司按照持股比例确认投资收益 3 000 000 元。2014 年 5 月 15 日，东方股份有限公司已宣告发放现金股利，每 10 股派 3 元，甲公司可分派到 1 500 000 元。2014 年 6 月 15 日，甲公司收到东方股份有限公司分派的现金股利。甲公司应做如下会计处理：

（1）确认东方股份有限公司实现的投资收益时：

借：长期股权投资——损益调整　　　　　　　　　　　　　　3 000 000
　　贷：投资收益　　　　　　　　　　　　　　　　　　　　　3 000 000

（2）东方股份有限公司宣告发放现金股利时：

借：应收股利　　　　　　　　　　　　　　　　　　　　　　1 500 000
　　贷：长期股权投资——损益调整　　　　　　　　　　　　　1 500 000

（3）收到东方股份有限公司宣告发放现金股利时：

借：银行存款　　　　　　　　　　　　　　　　　　　　　　1 500 000
　　贷：应收股利　　　　　　　　　　　　　　　　　　　　　　150 000

（3）持有长期股权投资期间被投资单位所有者权益的其他变动。

在持股比例不变的情况下，被投资单位除净损益外所有者权益的其他变动，企业按持股比例计算应享有的份额，借记或贷记"长期股权投资——其他权益变动"科目，贷记或借记"其他综合收益"科目。

【例 4–38】2013 年东方股份有限公司可供出售金融资产的公允价值增加了 4 000 000 元。甲公司按照持股比例确认相应的资本公积 1 200 000 元。甲公司应做如下会计处理：

借：长期股权投资——其他权益变动　　　　　　　　　　　　1 200 000
　　贷：其他综合收益　　　　　　　　　　　　　　　　　　　1 200 000

（4）长期股权投资的处置。

处置长期投资时，按实际取得的价款与长期股权投资账面价值的差额确认为投资收益，并应同时结转已计提的长期股权投资减值准备。其会计处理是：企业处置长期股权投资时，应按实际收到的金额，借记"银行存款"等科目，按原已计提的减值准备，借记"长期股权投资减值准备"科目,按该长期股权投资的账面余额,贷记"长期股权投资"科目,按尚未领取的现金股利或利润,贷记"应收股利"科目,按其差额,贷记或借记"投资收益"科目。

同时,还应结转原记入资本公积的相关金额,借记或贷记"其他综合收益"科目,贷记或借记"投资收益"科目。

【例4-39】承例4-36、例4-37和例4-38,2015年1月20日,甲公司出售所持东方股份有限公司的股票5 000 000股,每股出售价为10元,款项已收回。甲公司应做如下会计处理:

借:银行存款	5 000 000
贷:长期股权投资——成本	30 500 000
——损益调整	1 500 000
——其他权益变动	1 200 000
投资收益	16 800 000

同时:

借:其他综合收益	1 200 000
贷:投资收益	1 200 000

【2014年《初级会计实务》考试真题·多选题】2014年1月2日,甲公司以货币资金取得乙公司30%的股权,初始投资成本为4 000万元;当日,乙公司可辨认净资产公允价值为14 000万元,与其账面价值相同。甲公司取得投资后即派人参与乙公司的生产经营决策,但未能对乙公司形成控制。乙公司2014年实现净利润1 000万元。假定不考虑所得税等其他因素,2014年甲公司下列各项与该项投资相关的会计处理中,正确的有_____。( )

A. 确认商誉200万元　　　　　　B. 确认营业外收入200万元
C. 确认投资收益300万元　　　　D. 确认资本公积200万元
E. 确认留存收益200万元

【答案】BC

【解析】此题分录为:

2014年1月2日:

借:长期股权投资——成本	4 000
贷:银行存款	4 000
借:长期股权投资——成本	200
贷:营业外收入	200

2014年12月31日:

借:长期股权投资——损益调整	300 (1 000×30%)
贷:投资收益	300

由此可知,甲公司应该确认营业外收入200万元,确认投资收益300万元。

(三)长期股权投资减值

(1)企业对子公司、合营企业及联营企业的长期股权投资。

企业对子公司、合营企业及联营企业的长期股权投资在资产负债表日存在可能发生减值的迹象时,其可收回金额低于账面价值的,应当将该长期股权投资的账面价值减记至可收回金额，减记的金额确认为减值损失，计入当期损益，同时计提相应的资产减值准备。

（2）企业对被投资单位不具有控制、共同控制或重大影响，且在活跃市场中没有报价、公允价值不能可靠计量的长期股权投资。

企业对被投资单位不具有控制、共同控制或重大影响，且在活跃市场中没有报价、公允价值不能可靠计量的长期股权投资，应当将该长期股权投资在资产负债表日的账面价值，与按照类似金融资产当时市场收益率对未来现金流量折现确定的现值之间的差额，确认为减值损失，计入当期损益。

（3）长期股权投资减值的会计处理。

企业按照上述规定确认被投资单位应分得的现金股利或利润后，应当考虑长期股权投资是否发生减值。在判断该类长期股权投资是否存在减值迹象时，应当关注长期股权投资的账面价值是否大于享有被投资单位净资产（包括相关商誉）账面价值的份额等类似情况。出现类似情况时，企业应当按照《企业会计准则第8号——资产减值》对长期股权投资进行减值测试，可收回金额低于长期股权投资账面价值的，应当计提减值准备。

长期股权投资减值损失一经确认，在以后会计期间不得转回。

企业计提长期股权投资减值准备，应当设置"长期股权投资减值准备"科目核算。企业按应减记的金额，借记"资产减值损失——计提长期股权投资减值准备"科目，贷记"长期股权投资减值准备"科目。在这种情况下，企业处置长期股权投资，应按实际取得的价款与长期股权投资账面价值的差额确认为投资损益，并应同时结转已计提的长期股权投资减值准备。

三、长期股权投资核算方法的转换

（一）成本法转换为权益法

1. 因持股比例上升由成本法改为权益法

因持股比例上升由成本法改为权益法的会计处理如图4-2所示。

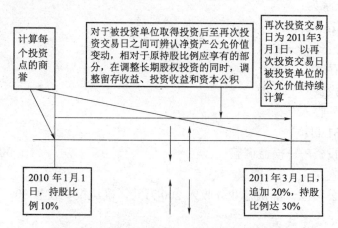

图4-2 因持股比例上升由成本法改为权益法

（1）原持股比例部分。

① 原持有的长期股权投资账面余额与按照原持股比例计算确定应享有原取得投资时被

投资单位可辨认净资产公允价值份额之间的差额,属于通过投资作价体现的商誉部分,不调整长期股权投资的账面价值。具体来讲就是,原取得投资时长期股权投资的账面余额大于应享有原取得投资时被投资单位可辨认净资产公允价值的份额,不调整长期股权投资的账面价值。属于原取得投资时因投资成本小于应享有被投资单位可辨认净资产公允价值份额的差额,一方面应调整长期股权投资的账面价值;另一方面应同时调整留存收益。

② 对于原取得投资后至新取得投资的交易日之间被投资单位可辨认净资产的公允价值变动相对于原持股比例的部分,属于在此之间被投资单位实现净损益中应享有份额的,一方面应调整长期股权投资的账面价值,同时对于原取得投资时至新增投资当期期初按照原持股比例应享有被投资单位实现的净损益,应调整留存收益,对于新增投资当期期初至新增投资交易日之间应享有被投资单位的净损益,应计入当期损益;属于其他原因导致的被投资单位可辨认净资产公允价值变动中应享有的份额,在调整长期股权投资账面价值的同时,应当计入"资本公积——其他资本公积"。

(2) 新增持股比例部分。

新增的投资成本大于应享有取得投资时被投资单位可辨认净资产公允价值,不调整长期股权投资的账面价值;新增的投资成本小于应享有取得投资时被投资单位可辨认净资产公允价值,调整长期股权投资和营业外收入。

商誉、留存收益和营业外收入的确定应与投资整体相关。

【例4-40】A 公司于 2014 年 2 月取得 B 公司 10%的股权,成本为 900 万元,取得时 B 公司可辨认净资产公允价值总额为 8 400 万元(假定公允价值与账面价值相同)。因对被投资单位不具有重大影响且无法可靠确定该项投资的公允价值,A 公司对其采用成本法核算。本例中 A 公司按照净利润的 10%提取盈余公积。

2015 年 1 月 1 日,A 公司又以 1 800 万元的价格取得 B 公司 12%的股权,当日 B 公司可辨认净资产公允价值总额为 12 000 万元。取得该部分股权后,按照 B 公司章程规定,A 公司能够派人参与 B 公司的财务和生产经营决策,对该项长期股权投资转为采用权益法核算。假定 A 公司在取得对 B 公司 10%的股权后,双方未发生任何内部交易。B 公司通过生产经营活动实现的净利润为 900 万元,未派发现金股利或利润。除所实现净利润外,未发生其他计入资本公积的交易或事项。

(1) 2015 年 1 月 1 日,A 公司应确认对 B 公司的长期股权投资,账务处理为(单位:万元):

借:长期股权投资　　　　　　　　　　　　　　　　　　　　　　18 000
　　贷:银行存款　　　　　　　　　　　　　　　　　　　　　　　　18 000

(2) 对长期股权投资账面价值的调整:

确认该部分长期股权投资后,A 公司对 B 公司投资的账面价值为 2 700 万元,其中与原持有比例相对应的部分为 900 万元,新增股权的成本为 1 800 万元。

① 对于原 10%股权的成本 900 万元与原投资时应享有被投资单位可辨认净资产公允价值份额 840(8 400×10%)万元之间的差额 60 万元,属于原投资时体现的商誉,该部分差额不调整长期股权投资的账面价值。

对于被投资单位的可辨认净资产在原投资时至新增投资交易日之间公允价值的变动(12 000−8 400)相对于原持股比例的部分 360 万元,其中属于投资后被投资单位实现净利润部分 90（900×10%）万元，应调整增加长期股权投资的账面余额，同时调整留存收益；除实现净损益外其他原因导致的可辨认净资产公允价值的变动 270 万元，应当调整增加长期股权投资的账面余额，同时计入资本公积——其他资本公积。账务处理为（单位：万元）：

借：长期股权投资　　　　　　　　　　　　　　　　　　　　　3 600
　　贷：资本公积——其他资本公积　　　　　　　　　　　　　2 700
　　　　盈余公积　　　　　　　　　　　　　　　　　　　　　　 90
　　　　利润分配——未分配利润　　　　　　　　　　　　　　　810

② 对于新取得的股权，其成本为 1 800 万元，取得该投资时按照持股比例计算确定应享有被投资单位可辨认净资产公允价值的份额 1 440（12 000×12%）万元之间的差额为投资作价中体现出的商誉，该部分商誉不要求调整长期股权投资的成本。

【例 4-41】A 公司于 2014 年 1 月 1 日取得 B 公司 10%的股权，成本为 500 万元，取得投资时 B 公司可辨认净资产公允价值总额为 6 000 万元（假定公允价值与账面价值相同）。因对被投资单位不具有重大影响且无法可靠确定该项投资的公允价值，A 公司对其采用成本法核算。A 公司按照净利润的 10%提取盈余公积。

2015 年 3 月 1 日，A 公司又以 1 510 万元取得 B 公司 20%的股权，当日 B 公司可辨认净资产公允价值总额为 7 500 万元。取得该部分股权后，按照 B 公司章程规定，A 公司能够派人参与 B 公司的生产经营决策，对该项长期股权投资转为采用权益法核算。假定 A 公司在取得对 B 公司 10%股权后至新增投资日，B 公司通过生产经营活动实现的净利润为 1 000 万元（其中 2014 年度实现净利润 900 万元，2015 年 1 月和 2 月实现净利润 100 万元），2015 年 5 月 1 日，B 公司宣告分派现金股利 200 万元，未发生其他计入资本公积的交易或事项。假定不考虑投资单位和被投资单位的内部交易。

要求：
（1）编制由成本法转为权益法核算对长期股权投资账面价值进行调整的会计分录。
（2）2015 年 3 月 1 日 A 公司支付 1 510 万元取得 B 公司 20%的股权，编制相关会计分录。

【答案】
（1）对长期股权投资账面价值的调整。
① 对于原 10%股权的成本 500 万元与原投资时应享有被投资单位可辨认净资产公允价值份额 600 万元（6 000×10%）之间的差额 100 万元，该部分差额应调整长期股权投资的账面价值和留存收益。

借：长期股权投资　　　　　　　　　　　　　　　　　　　　　 100
　　贷：盈余公积　　　　　　　　　　　　　　　　　　　　　　 10
　　　　利润分配——未分配利润　　　　　　　　　　　　　　　 90

② 对于被投资单位可辨认净资产在原投资时至新增投资交易日之间公允价值的变动（7 500－6 000）相对于原持股比例的部分 150 万元，其中属于投资后被投资单位留存收益和净利润增加部分 80 万元 [（1 000－200）×10%]，应调整增加长期股权投资的账面余额，同时调整留存收益和投资收益；除实现净损益外其他原因导致的可辨认净资产公允价值的变动 70 万元，应当调整增加长期股权投资的账面余额，同时计入资本公积（其他资本公积）。针对该部分投资的账务处理为：

借：长期股权投资	150	
贷：资本公积——其他资本公积		70
盈余公积		7
利润分配——未分配利润		63
投资收益		10

（2）2015年3月1日，A公司应确认对B公司的长期股权投资。

借：长期股权投资	1 510	
贷：银行存款		1 510

对于新取得的股权，其成本为1 510万元，与取得该投资时按照新增持股比例计算确定应享有被投资单位可辨认净资产公允价值的份额1 500万元（7 500×20%）之间的差额10万元，应体现在长期股权投资成本中，但原持股比例10%部分长期股权投资中确认留存收益100万元，所以综合考虑应确认留存收益90万元，应冲减原确认的留存收益10万元。

借：盈余公积	1	
利润分配——未分配利润	9	
贷：长期股权投资		10

若原投资点未确认留存收益，则：

借：长期股权投资	90	
贷：盈余公积		9
利润分配——未分配利润		81

2. 因持股比例下降由成本法改为权益法

持股比例下降由成本法改为权益法的会计处理如图4–3所示：

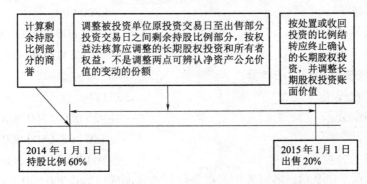

图4–3　持股比例下降由成本法改为权益法的会计处理

因处置投资导致对被投资单位的影响能力由控制转为具有重大影响或者与其他投资方一起实施共同控制的情况下，在投资企业的个别财务报表中，首先应按处置或收回投资的比例结转应终止确认的长期股权投资成本。在此基础上，应当比较剩余的长期股权投资成本与按照剩余持股比例计算原投资时应享有被投资单位可辨认净资产公允价值的份额，属于投资作价中体现的商誉部分，不调整长期股权投资的账面价值；属于投资成本小于应享有被投资单位可辨认净资产公允价值份额的，在调整长期股权投资成本的同时，应调整留存收益。

对于原取得投资后至转变为权益法核算之间被投资单位实现净损益中应享有的份额，一方面应当调整长期股权投资的账面价值，同时对于原取得投资时至处置投资当期期初被投资单位实现的净损益（扣除已发放及已宣告发放的现金股利和利润）中应享有的份额，调整留存收益，对于处置投资当期期初至处置投资之日被投资单位实现的净损益中享有的份额，调整当期损益；其他原因导致被投资单位所有者权益变动中应享有的份额，在调整长期股权投资账面价值的同时，应当计入"资本公积——其他资本公积"。

在合并财务报表中，对于剩余股权，应当按照其在丧失控制权日的公允价值进行重新计量。处置股权取得的对价与剩余股权公允价值之和，减去按原持股比例计算应享有原有子公司自购买日开始持续计算的净资产的份额之间的差额，计入丧失控制权当期的投资收益。与原有子公司股权投资相关的其他综合收益，应当在丧失控制权时转为当期投资收益。企业应当在附注中披露处置后的剩余股权在丧失控制权日的公允价值、按照公允价值重新计量产生的相关利得或损失的金额。

【例4-42】2013年1月1日，甲公司支付6 000 000元取得100%的股权，投资当时乙公司可辨认净资产的公允价值为5 000 000元，有商誉1 000 000元。2013年1月1日—2014年12月31日，乙公司的净资产增加了750 000元，其中按购买日公允价值计算实现的净利润500 000元，持有可供出售金融资产的公允价值升值250 000元。

2015年1月8日，甲公司转让乙公司60%的股权，收取现金4 800 000元存入银行，转让后甲公司对乙公司的持股比例为40%，能够对其施加重大影响。2015年1月8日，即甲公司丧失对乙公司的控制权日，乙公司剩余40%股权的公允价值为3 200 000元。假定甲、乙公司提取盈余公积的比例均为10%。假定乙公司未分配现金股利，并不考虑其他因素。甲公司在其个别和合并财务报表中的处理分别如下：

（1）甲公司个别财务报表的处理。

① 确认部分股权投资处置收益：

借：银行存款　　　　　　　　　　　　　　4 800 000
　　贷：长期股权投资　　　　　　　　　　　3 600 000（6 000 000×60%）
　　　　投资收益　　　　　　　　　　　　　1 200 000

② 对剩余股权改按权益法核算：

借：长期股权投资　　　　　　　　　　　　　300 000
　　贷：盈余公积　　　　　　　　　　　　　　20 000（500 000×40%×10%）
　　　　利润分配　　　　　　　　　　　　　180 000（500 000×40%×90%）
　　　　资本公积　　　　　　　　　　　　　100 000（250 000×40%）

经上述调整后，在个别财务报表中，剩余股权的账面价值为2 700 000（6 000 000×40%＋300 000）元。

案例分析

应收账款会计处理的分析

黄河股份有限公司为增值税一般纳税人，适用增值税税率17%，商品销售均为正常的商品交易，除特别说明外，采用应收账款余额百分比法于每年6月30日和12月31日计提坏账准备，计提比例为1%。2014年5月31日，"应收账款"科目借方余额为5 000 000元，全部为应收 A 公司账款，"坏账准备"科目贷方余额为 50 000 元；"应收票据"和"其他应收款"科目无余额。2014 年 6—12 月对有关业务进行了如下处理：

（1）6 月 1 日，向 A 公司赊销一批商品，开出的增值税专用发票注明的销售价格为 1 000 000 元，增值税为 170 000 元，货款尚未收到。

借：应收账款——A 公司　　　　　　　　　　　　　　　　　　　　1 170 000
　　贷：主营业务收入　　　　　　　　　　　　　　　　　　　　　　1 000 000
　　　　应交税费——应交增值税（销项税额）　　　　　　　　　　　　170 000

（2）6 月 10 日，收到应收 B 公司账款 4 000 000 元，款项已存入银行。

借：银行存款——B 公司　　　　　　　　　　　　　　　　　　　　4 000 000
　　贷：应收账款　　　　　　　　　　　　　　　　　　　　　　　　4 000 000

（3）6 月 15 日，向 C 公司赊销一批商品，开出的增值税专用发票上注明货款 2 000 000 元，增值税为 340 000 元，货款尚未收到。

借：应收账款——C 公司　　　　　　　　　　　　　　　　　　　　2 340 000
　　贷：主营业务收入　　　　　　　　　　　　　　　　　　　　　　2 000 000
　　　　应交税费——应交增值税（销项税额）　　　　　　　　　　　　340 000

（4）6 月 20 日，向 D 公司赊销一批商品，开出的增值税专用发票上注明货款 5 000 000 元，增值税为 850 000 元；收到 D 公司开具的不带息商业承兑汇票，到期日为 2007 年 12 月 20 日。

借：应收票据——D 公司　　　　　　　　　　　　　　　　　　　　5 850 000
　　贷：主营业务收入　　　　　　　　　　　　　　　　　　　　　　5 000 000
　　　　应交税费——应交增值税（销项税额）　　　　　　　　　　　　850 000

（5）假定 6 月份，黄河公司除上述业务外没有发生其他有关应收款项的业务。6 月 30 日，对各项应收账款计提坏账准备。其中，应收 A 公司的账款采用个别认定法计提坏账准备，计提比例 5%。

对 A 公司应收账款采用个别认定法，应计提坏账准备金额＝1 170 000×5%＝58 500（元）

借：资产减值损失　　　　　　　　　　　　　　　　　　　　　　　　58 500
　　贷：坏账准备　　　　　　　　　　　　　　　　　　　　　　　　58 500

对其他应收款项应计提坏账准备：
＝（5 000 000－4 000 000＋2 340 000＋5 850 000）×1%－50 000＝41 900（元）

借：资产减值损失　　　　　　　　　　　　　　　　　　　　　　　　41 900
　　贷：坏账准备　　　　　　　　　　　　　　　　　　　　　　　　41 900

（6）9 月 1 日，将应收 A 公司的账款质押给银行，取得期限为 3 个月的流动资金借款 1 080 000 元，年利率为 4%，到期一次还本付息。假定黄河公司月末不预提流动资金借款利息。

借：银行存款　　　　　　　　　　　　　　　　　　　　　　　　　1 080 000
　　贷：短期借款　　　　　　　　　　　　　　　　　　　　　　　　1 080 000

（7）9 月 10 日，将应收 C 公司货款出售给银行，取得价款 1 900 000 元，协议约定不附追索权。

借：银行存款　　　　　　　　　　　　　　　　　　　　　　　　　1 900 000
　　营业外支出　　　　　　　　　　　　　　　　　　　　　　　　　440 000
　　贷：应收账款——C 公司　　　　　　　　　　　　　　　　　　　2 340 000

（8）10月20日，将6月20日收到的D公司商业承兑汇票向银行贴现，获取价款5 800 000元，协议约定银行在票据到期日有追索权。

  借：银行存款   5 800 000
    贷：短期借款   5 800 000

（9）12月1日，向银行质押借入的流动资金借款到期，以银行存款支付借款本息。至12月31日，黄河公司尚未收到该账款。

  借：短期借款   1 080 000
    财务费用   108 000
    贷：银行存款   10 908 000

（10）12月20日，D公司因财务困难未向银行支付票款。黄河公司收到银行退回已贴现的商业承兑汇票，并以银行存款支付全部票款。

  借：应收票据   5 800 000
    财务费用   500 000
    贷：银行存款   5 850 000
  借：应收账款   5 850 000
    贷：应收票据   5 850 000

（11）12月31日，对各项应收账款计提坏账准备。对A公司应收账款仍采用个别认定法计提坏账准备，计提比例为20%。

  对A公司应补提的坏账准备＝1 170 000×20%－58 500＝175 500（元）

  借：资产减值损失   175 500
    贷：坏账准备   175 500

  对其他公司应收款项应计提的坏账准备＝(1 000 000＋5 850 000)×1%－91 900
          ＝－23 400（元）

  借：坏账准备   23 400
    贷：资产减值损失   23 400

要求：分析黄河公司上述各项业务的会计处理是否正确，错误的请写出正确处理方法。

答案

（1）√ （2）√ （3）√ （4）√

（5）×。应收票据不应并入应收账款计提坏账准备，正确处理如下：

其他应收款项应计提跌价准备＝(5 000 000－4 000 000＋2 340 000)×1%－50 000
      ＝－16 600（元）

  借：坏账准备   16 600
    贷：资产减值准备   16 600

（6）√

（7）×。应收C公司账款已计提的坏账准备，应在出售时一并结转，正确处理如下：

  借：银行存款   1 900 000
    坏账准备   23 400
    营业外支出   416 600
    贷：应收账款——C公司   2 340 000

(8) √

(9) √

(10) ×。正确处理如下：

借：短期借款　　　　　　　　　　　　　　　　　　5 800 000
　　财务费用　　　　　　　　　　　　　　　　　　　 500 000
　　　贷：银行存款　　　　　　　　　　　　　　　　　　　　5 850 000
借：应收账款　　　　　　　　　　　　　　　　　　5 850 000
　　　贷：应收票据　　　　　　　　　　　　　　　　　　　　5 850 000

(11) ×。坏账准备计提的计算错误，正确处理如下：

　　　　计提的坏账准备＝(1 000 000＋5 850 000)×1%＋16 600＝85 100（元）

借：资产减值准备　　　　　　　　　　　　　　　　　　85 100
　　　贷：坏账准备　　　　　　　　　　　　　　　　　　　　85 100

本章复习思考题

一、单项选择题

1. 预付账款不多的企业，可以不设"预付账款"科目，而将预付账款记入＿＿＿＿＿＿＿。
（　　）
A."应收账款"科目的借方　　　　B."应收账款"科目的贷方
C."应付账款"科目的借方　　　　D."应付账款"科目的贷方

2. 2015年4月16日，A企业销售产品一批，价款400万元，增值税68万元，收到期限为6个月的商业承兑汇票一张，年利率为7%，则该票据到期时，A企业收到的票款为＿＿＿＿＿＿＿万元。
（　　）
A. 468　　　　B. 484.38　　　　C. 400　　　　D. 414

3. 企业应按期计提坏账准备，对于已确认的坏账损失，应借记＿＿＿＿＿＿＿。（　　）
A."管理费用"科目　　　　　　　B."财务费用"科目
C."坏账准备"科目　　　　　　　D."资产减值损失"科目

4. C企业2014年年末坏账准备借方余额1 000元，2008年1月末，应收账款借方余额68 000元，当月发生坏账损失1 500元，按应收账款余额的2%计提坏账准备，则该企业1月末坏账准备的余额为＿＿＿＿＿＿＿元。
（　　）
A. 借方2 500　　B. 贷方1 360　　C. 贷方1 500　　D. 借方1 140

5. A企业将销售商品收到的银行承兑汇票背书转让给B企业，用于支付购买原材料的价款，应贷记的科目是＿＿＿＿＿＿＿。
（　　）
A. 应收账款　　B. 应收票据　　C. 应付票据　　D. 银行存款

6. 2014年7月18日，A企业将收到的出票日为5月20日、期限为180天、面值为100 000元的票据到银行申请贴现。该票据的贴现天数为＿＿＿＿＿＿＿天。
（　　）
A. 180　　　　B. 122　　　　C. 120　　　　D. 121

7. 企业的应收票据在到期时，承兑人无力偿还票款的，应将其转入＿＿＿＿＿＿＿科目。
（　　）
A. 应收账款　　B. 应付账款　　C. 其他应收款　　D. 预收账款

8. 下列各项，不通过"其他应收款"科目核算的是_____。（   ）
    A. 为购货方代垫的运费   B. 应收保险公司的各项赔款
    C. 为职工代垫的房租   D. 存出保证金

9. 根据我国《企业会计准则——金融工具确认和计量》规定，企业的交易性金融资产在持有期间取得的现金股利，应确认为_____。（   ）
    A. 投资收益   B. 营业外收入
    C. 财务费用   D. 交易性金融资产成本的调整

10. 交易性金融资产主要是指企业为了近期内出售而持有的金融资产。下列各项中不属于交易性金融资产的有_____。（   ）
    A. 企业以赚取差价为目的从一级市场购入的股票
    B. 企业对联营企业的权益性投资
    C. 企业以赚取差价为目的从二级市场购入的认股权证
    D. 企业以赚取差价为目的从二级市场购入的开放式基金

11. 某企业于 2014 年 5 月 18 日以赚取差价为目的从二级市场购入某公司股票 100 000 股，买价 3.2 元/股，购买价款中包含已宣告但尚未发放的现金股利 0.2 元/股，另支付给券商的佣金 600 元，印花税 320 元，过户费 100 元。当年 12 月 31 日，该股票的公允价值为 290 000 元。次年 4 月 20 日以 2.6 元/股的价格将其全部出售，出售时，支付给券商的佣金 500 元，印花税 260 元，过户费 100 元。试计算该股票出售时应确认的投资收益是_____元。
（   ）
    A. -39 840   B. -30 860   C. -40 860   D. -40 000

12. 某企业 2015 年 5 月 1 日购买 A 公司股票 1 000 股，每股价格 10 元，另支付相关费用 200 元；5 月 10 日又购入 A 公司股票 1 000 股，每股价格 12 元，另支付相关费用 240 元，均划分为交易性金融资产。该企业 6 月 10 日将该股票全部予以转让，取得转让价款 25 000 元，则企业通过该交易性金融资产影响的"投资收益"科目金额为_____元。（   ）
    A. 6 000   B. 3 000   C. 2 560   D. 2 000

13. 某企业以现金在二级市场购入股票 5 000 股，每股市价 20 元。其中含 0.2 元/股的已宣告但尚未领取的现金股利，另支付印花税 3 000 元，佣金 1 000 元，购入的股票作为交易性金融资产。该项交易性金融资产的初始确认金额为_____元。（   ）
    A. 100 000   B. 104 000   C. 103 000   D. 99 000

14. 甲公司与乙公司共同出资设立丙公司，经甲、乙双方协议，丙公司的董事长由乙公司委派，甲方的出资比例为 40%，股东按出资比例行使表决权。在这种情况下，_____。
（   ）
    A. 甲公司采用权益法核算该长期股权投资，乙公司采用成本法核算该长期股权投资
    B. 甲公司采用成本法核算该长期股权投资，乙公司采用权益法核算该长期股权投资
    C. 甲公司和乙公司均采用成本法核算该长期股权投资
    D. 甲公司和乙公司均采用权益法核算该长期股权投资

15. 企业作为交易性金融资产持有的股票投资，在持有期间对于被投资单位宣告发放的现金股利，应当_____。（   ）
    A. 确认为应收股利，并冲减交易性金融资产的初始确认金额

B. 确认为应收股利，并计入当期投资收益
C. 增加交易性金融资产的成本，并计入当期投资收益
D. 增加交易性金融资产的成本，并确认为公允价值变动损益

16. 根据《企业会计准则第2号——长期股权投资》的规定，长期股权投资采用权益法核算时，初始投资成本大于应享有被投资单位可辨认净资产公允价值份额之间的差额，正确的会计处理是_____。（　　）
    A. 计入投资收益   B. 冲减资本公积
    C. 计入营业外支出   D. 不调整初始投资成本

17. 可供出售金融资产以公允价值进行后续计量。公允价值变动形成的利得或损失，除减值损失和外币货币性金融资产形成的汇兑差额外，应当直接记入_____科目。（　　）
    A. 营业外支出   B. 投资收益
    C. 公允价值变动损益   D. 资本公积

18. 持有至到期投资在持有期间应当按照_____计算确认利息收入，计入投资收益。（　　）
    A. 实际利率   B. 票面利率   C. 市场利率   D. 合同利率

19. 甲公司以22万元购入B公司的股票共10万股，占B公司股份的1%，该股票目前的市价为每股2元，每股面值1元，B公司曾在5天前宣告分派现金股利，并将向股利宣告日后第7天的在册股东分派每股0.10元的现金股利。此外，甲公司还支付了股票的过户费等相关税费0.15万元。甲公司购入B公司股票后作为可供出售金融资产管理，则甲公司应确定的可供出售金融资产的初始投资成本是_____万元。（　　）
    A. 22.15   B. 20.15   C. 10.15   D. 21.15

20. 甲公司购入某上市公司发行的期限为3年、到期一次还本付息的债券，甲公司准备并有能力持有至到期，甲公司应将该项投资划分为_____。（　　）
    A. 交易性金融资产   B. 持有至到期投资
    C. 贷款及应收款项   D. 可供出售金融资产

21. 企业将持有至到期投资部分出售，应将该投资的剩余部分重分类为可供出售金融资产，并以公允价值进行后续计量，在重分类日，该投资剩余部分的账面价值与其公允价值之间的差额，应计入_____。（　　）
    A. 公允价值变动损益   B. 投资收益
    C. 营业外收入   D. 资本公积

22. 关于可供出售金融资产的计量，下列说法中正确的是_____。（　　）
    A. 应当按取得该金融资产的公允价值和相关交易费用之和作为初始确认金额
    B. 应当按取得该金融资产的公允价值作为初始确认金额，相关交易费用计入当期损益
    C. 持有期间取得的利息或现金股利，应当冲减成本
    D. 资产负债表日，可供出售金融资产应当以公允价值计量，且公允价值变动计入当期损益

23. A公司于2013年1月2日从证券市场上购入B公司于2012年1月1日发行的债券，该债券为3年期、票面年利率为5%，每年1月5日支付上年度的利息，到期日为2015年1月1日，到期日一次归还本金和最后一次利息。A公司购入债券的面值为1 000万元，实际支付价款为1 011.67万元，另支付相关费用20万元。A公司购入后将其划分为持有至到期

投资。购入债券的实际利率为6%。2013年12月31日，A公司应确认的投资收益为_____万元。 (   )

A. 58.90   B. 50   C. 49.08   D. 60.70

24. A公司于2014年4月5日从证券市场上购入B公司发行在外的股票100万股作为交易性金融资产，每股支付价款5元（含已宣告但尚未发放的现金股利1元），另支付相关费用8万元，A公司交易性金融资产取得时的账价值为_____万元。 (   )

A. 408   B. 400   C. 500   D. 508

25. A公司于2014年11月5日从证券市场上购入B公司发行在外的股票200万股作为交易性金融资产，每股支付价款5元，另支付相关费用20万元，2014年12月31日，这部分股票的公允价值为1 050万元，A公司2014年12月31日应确认的公允价值变动损益为_____万元。 (   )

A. 损失50   B. 收益50   C. 收益30   D. 损失30

26. A公司于2014年11月5日从证券市场上购入B公司发行在外的股票200万股作为可出售金融资产，每股支付价款5元，另支付相关费用20万元，2014年12月31日，这部分股票的公允价值为1 050万元，A公司2014年12月31日应确认的公允价值变动损益为_____万元。 (   )

A. 0   B. 收益50   C. 收益30   D. 损失50

二、多项选择题

1. 企业采用备抵法核算坏账准备，估计坏账损失的方法有_____。 (   )

A. 应收账款余额百分比法   B. 账龄分析法
C. 年数总和法   D. 销货百分比法
E. 双倍余额递减法

2. 下列各项，构成应收账款入账价值的有_____。 (   )

A. 增值税销项税额   B. 商业折扣
C. 代购货方垫付的保险费   D. 销售货款
E. 代购货方垫付的运杂费

3. 下列各项中，应计入"坏账准备"科目贷方的有_____。 (   )

A. 按规定提取的坏账准备
B. 当期发生的坏账损失
C. 收回已确认为坏账并转销的应收账款
D. 冲回多提的坏账准备
E. 补提的坏账准备

4. 下列各项中，会影响应收账款账面价值的有_____。 (   )

A. 收回前期应收账款   B. 发生赊销商品的业务
C. 收回已转销的坏账   D. 结转到期不能收回的票据
E. 按规定计提应收账款的坏账准备

5. 下列关于现金折扣与商业折扣的说法，正确的是_____。 (   )

A. 商业折扣是指在商品标价上给予的扣除
B. 现金折扣是指债权人为鼓励债务人早日付款，而向债务人提供的债务扣除

C. 存在商业折扣的情况下，企业应收账款入账金额应按扣除商业折扣后的实际售价确认
D. 我国会计实务中采用总价法核算存在现金折扣的交易
E. 总价法是将未减去现金折扣前的金额作为实际售价，记作应收账款的入账价值

6. 企业从二级市场购入的债券，其初始确认金额不应包括_____。（　　）
A. 支付给券商的佣金
B. 支付给代理机构的手续费
C. 实际支付的价款中包含的已到付息期但尚未领取的债券利息
D. 实际支付的价款中包含的尚未到付息期的债券利息

7. 按企业会计准则规定，下列项目中，不应计入"投资收益"科目的有_____。（　　）
A. 成本法核算的被投资企业发生亏损
B. 收到的交易性金融资产利息
C. 权益法核算下，被投资企业宣告发放现金股利
D. 为取得交易性金融资产而支付的相关费用

8. 下列说法中正确的有_____。（　　）
A. 购入的交易性金融资产实际支付的价款中包含的已宣告但尚未领取的现金股利或已到付息期但尚未领取的债券利息，应单独核算，不构成交易性金融资产的成本
B. 为购入交易性金融资产所支付的相关费用，不计入该资产的成本
C. 为购入交易性金融资产所支付的相关费用，应计入该资产的成本
D. 交易性金融资产在持有期间，收到现金股利，应确认投资收益

9. 资产负债表日，交易性金融资产公允价值超过其账面余额的差额应_____。（　　）
A. 借记"交易性金融资产（公允价值变动）"科目
B. 贷记"交易性金融资产（公允价值变动）"科目
C. 借记"公允价值变动损益"科目
D. 贷记"公允价值变动损益"科目

10. 下列情况下，投资方应采用权益法核算长期股权投资的是_____。（　　）
A. 控制　　　　B. 重大影响　　　　C. 无重大影响　　　　D. 共同控制

11. 以下各项资产减值损失中，一经确认，在以后会计期间不得转回的有_____。（　　）
A. 存货减值损失　　　　　　　B. 长期股权投资减值损失
C. 固定资产减值损失　　　　　D. 无形资产减值损失

12. 以支付现金取得的长期股权投资的初始入账价值包括_____。（　　）
A. 实际支付的价款中包含的已宣告但尚未领取的利润
B. 实际支付的价款中包含的已宣告但尚未领取的现金股利
C. 与取得长期股权投资直接相关的费用
D. 与取得长期股权投资直接相关的税金

13. 企业应当在初始确认金融资产时，将其划分为_____。（　　）
A. 以公允价值计量且其变动计入当期损益的金融资产

B. 持有至到期投资

C. 贷款和应收款项

D. 可供出售金融资产

14. 表明金融资产发生减值的客观证据，包括下列各项_____。（   ）

A. 发行方或债务人发生严重财务困难

B. 债务人违反了合同条款

C. 债权人出于经济或法律等方面因素的考虑，对发生财务困难的债务人做出让步

D. 因发行方发生重大财务困难，该金融资产无法在活跃市场继续交易

15. 关于金融资产之间的重分类的叙述正确的有_____。（   ）

A. 交易性金融资产可以重分类为可供出售金融资产

B. 交易性金融资产可以重分类为持有至到期投资

C. 持有至到期投资可以重分类为可供出售金融资产

D. 可供出售金融资产可以重分类为持有至到期投资

16. 在金融资产的初始计量中，关于交易费用处理的叙述正确的有_____。（   ）

A. 交易性金融资产发生的相关交易费用直接计入当期损益

B. 可供出售金融资产发生的相关交易费用应当计入初始确认金额

C. 持有至到期投资发生的相关交易费用应当计入初始确认金额

D. 交易性金融资产发生的相关交易费用应当计入初始确认金额

17. 金融资产的摊余成本是指该金融资产的初始确认金额经_____调整后的结果。（   ）

A. 扣除已收回的本金

B. 减去采用实际利率法将该初始确认金额大于到期日金额之间的差额进行摊销形成的累计摊销额

C. 扣除已发生的减值损失

D. 加上采用实际利率法将该初始确认金额小于到期日金额之间的差额进行摊销形成的累计摊销额

18. 下列各项中，会引起持有至到期投资账面价值发生增减变动的有_____。（   ）

A. 计提持有至到期投资减值准备

B. 确认分期付息持有至到期投资利息

C. 确认到期一次付息持有至到期投资利息

D. 采用实际利率法摊销初始确认金额与到期日金额之间的差额

19. 关于金融资产的后续计量，下列说法中正确的有_____。（   ）

A. 资产负债表日，企业应将"以公允价值计量且其变动计入当期损益"的金融资产的公允价值变动计入当期损益

B. 持有至到期投资在持有期间应当按照摊余成本和实际利率计算确认利息收入，计入投资收益

C. 资产负债表日，可供出售金融资产应当以公允价值计量，且公允价值变动计入资本公积

D. 资产负债表日，可供出售金融资产应当以公允价值计量，且公允价值变动计入当期损益

三、判断题

1. 企业应向职工收取的暂付款项可在"应收账款"科目进行核算。 （   ）
2. 预付款项不多的企业，可以将预付的款项直接记入"应付账款"的借方，不设置"预付账款"科目。但在编制会计报表时，要将"预付账款"和"应收账款"的金额分开列示。
（   ）
3. 企业实际发生坏账损失时，应借记"坏账准备"科目，贷记"应收账款"科目。
（   ）
4. 企业采用应收账款余额百分比法计提坏账准备的，期末"坏账准备"科目余额应等于按应收账款余额的一定百分比计算的坏账准备金额。 （   ）
5. 按总价法核算存在现金折扣的交易，其实际发生的现金折扣作为当期的财务费用。
（   ）
6. 2015 年 4 月 5 日，B 企业赊销产品一批，价款 10 万元，增值税额 1.7 万元，现金折扣条件为 2/10，1/20，n/30。假设折扣不考虑增值税因素。4 月 12 日，购货单位付款。则 B 企业应确认财务费用 1 000 元。 （   ）
7. 企业采用直接转销法或备抵法核算发生的坏账损失，确认的标准是不同的。（   ）
8. 无息票据的贴现所得一定小于票据面值，而有息票据的贴现所得则不一定小于票据面值。 （   ）
9. 企业取得应收票据时，无论是否带息，均应按其到期值入账。 （   ）
10. 应收款项属于企业的一项金融资产。 （   ）
11. 企业在长期股权投资持有期间所取得的现金股利，应全部计入投资收益。（   ）
12. 长期股权投资在成本法核算下，只要被投资单位宣告现金股利就应确认投资收益。
（   ）
13. 企业作为交易性金融资产持有的股票投资，在持有期间对于被投资单位宣告发放的现金股利，应在实际收到被投资单位发放的现金股利时确认应收项目，并计入当期投资收益。
（   ）
14. 资产负债表日，交易性金融资产应当按照公允价值计量，公允价值与账面余额之间的差额计入当期损益。 （   ）
15. 长期股权投资中已宣告但尚未领取的现金股利应作为应收股利处理。 （   ）
16. 长期股权投资在资产负债表日应按其可收回金额低于其账面价值的差额确认为资产减值损失，计入当期损益，同时计提相应的资产减值准备。 （   ）
17. 对持有至到期投资、贷款和应收款项等金融资产的减值损失一经确认，不得转回。
（   ）
18. 对于已确认减值损失的可供出售权益工具，在随后的会计期间公允价值已上升且客观上与原减值损失确认后发生的事项有关的，原确认的减值损失应当予以转回，计入当期损益。 （   ）
19. 可供出售金融资产发生减值后，利息收入应当按照票面利率计算确认。 （   ）
20. 持有至到期投资重分类为可供出售金融资产，重分类日，该投资的账面价值与公允价值之间的差额计入公允价值变动损益科目。 （   ）
21. 持有至到期投资在持有期间应当按照摊余成本和票面利率计算确认利息收入。

22. 购入的股权投资因其没有固定的到期日，不符合持有至到期投资的条件，不能划分为持有至到期投资。（ ）

23. 可出售金融资产符合一定条件时可重分类为交易性金融资产。（ ）

24. 企业因持有意图或能力发生改变，使某项投资不再适合划分为持有至到期投资的，应当将其重分类为可供出售金融资产，并以公允价值进行后续计量。重分类日，该投资的账面价值与公允价值之间的差额计入所有者权益，在该可供出售金融资产发生减值或终止确认时转出，计入当期损益。（ ）

四、账务处理题

1. A 公司为增值税一般纳税企业，适用的增值税税率为 17%。2012 年 6 月，发生下列业务：

（1）3 月 2 日，向 B 公司赊销某商品 100 件，每件标价 200 元，实际售价 180 元（售价中不含增值税额），已开增值税专用发票。商品已交付 B 公司。代垫 B 公司运杂费 2 000 元。现金折扣条件为 2/10，1/20，n/30。

（2）3 月 4 日，销售给乙公司商品一批，增值税发票上注明价款为 20 000 元，增值税额 3 400 元，乙公司以一张期限为 60 天，面值为 23 400 元的无息商业承兑汇票支付。该批商品成本为 16 000 元。

（3）3 月 8 日，收到 B 公司 3 月 2 日所购商品货款并存入银行。

（4）3 月 11 日，A 公司从甲公司购买原材料一批，价款 20 000 元，按合同规定先预付 40%购货款，其余货款验货后支付。

（5）3 月 20 日，因急需资金，A 公司将收到的乙公司的商业承兑汇票到银行办理贴现，年贴现率为 10%。

（6）3 月 21 日，收到从甲公司购买的原材料，并验收入库，余款以银行存款支付。增值税专用发票注明价款 20 000 元，增值税 3 400 元。

要求：编制上述业务的会计分录（假定现金折扣不考虑增值税因素）。

2. 甲企业采用应收账款余额百分比法计提坏账准备，计提比例为 0.5%。2012 年年末坏账准备科目为贷方余额 7 000 元。2013 年甲企业应收账款及坏账损失发生情况如下：

（1）1 月 20 日，收回上年已转销的坏账损失 20 000 元。

（2）6 月 4 日，获悉应收乙企业的账款 45 000 元，由于该企业破产无法收回，确认坏账损失。

（3）2013 年 12 月 31 日，甲企业应收账款余额为 1 200 000 万元。

要求：编制上述有关坏账准备的会计分录。

3. 乙企业为增值税一般纳税企业，适用的增值税税率为 17%。2014 年 8 月，发生下列业务：

（1）以应收账款 20 000 元作为抵押，按应收账款金额的 80%向银行取得借款，计 16 000 元，期限为 3 个月，合同规定，银行按应收账款的 1%扣收手续费 2 000 元，企业将实际收到的款项存入银行。

（2）因急需资金，将一笔应向 A 公司收取的账面余额为 234 000 元（其中价款为 200 000 元，增值税额为 34 000 元）的应收账款不附追索权出售给银行。该应收账款不存在现金折扣，企业也未对该应收账款计提坏账准备。合同规定的手续费比率为5%，扣留款比率为10%，甲公司实际收到款项198 000元。后因产品质量问题，企业同意给予A公司5%的销售折让，并收到银行退回的多余扣留款。

要求：根据上述资料，编制有关会计分录。

4. A公司发生以下业务，要求根据以下资料进行会计处理。

（1）2013年1月10日，A公司购入B公司发行的公司债券，该笔债券于2005年10月1日发行，面值为6 000万元，票面利率为5%，债券利息按年支付。A公司将其划分为交易性金融资产，支付价款为6 400万元（其中包含已宣告发放的债券利息75万元），另支付交易费用50万元。2006年3月2日，A公司收到该笔债券利息75万元。

（2）2013年6月30日，A公司购买的该笔债券的市价为6 380万元；2013年12月31日，A公司购买的该笔债券的市价为6 270万元。

（3）2014年3月2日，A公司收到债券利息300万元。

（4）2014年4月10日，A公司出售了所持有的B公司的公司债券，售价为6 500万元。

5. 某股份有限公司2014年有关交易性金融资产的资料如下：

（1）3月1日以银行存款购入A公司股票50 000股，并准备随时变现，每股买价16元，同时支付相关税费4 000元。

（2）4月20日A公司宣告发放的现金股利每股0.4元。

（3）4月21日又购入A公司股票50 000股，并准备随时变现，每股买价18.4元（其中包含已宣告发放尚未支取的股利每股0.4元），同时支付相关税费6 000元。

（4）4月25日收到A公司发放的现金股利20 000元。

（5）6月30日A公司股票市价为每股16.4元。

（6）7月18日该公司以每股17.5元的价格转让A公司股票60 000股，扣除相关税费10 000元，实得金额为1 040 000元。

（7）12月31日A公司股票市价为每股18元。

要求：根据上述经济业务编制有关会计分录。

6. 2013年1月1日，甲保险公司支付价款514.122元购入某公司发行的3年期公司债券，该公司债券的票面总金额为500元，票面年利率为4%，实际利率为3%，利息每年末支付，本金到期支付。甲保险公司将该公司债券划分为可供出售金融资产。2013年12月31日，该债券的市场价格为500.047元。假定不考虑交易费用和其他因素的影响。

要求：做出甲保险公司的账务处理。

7. （1）2013年5月6日，甲公司支付货款5 080 000元（含交易费用5 000元和已宣告发放现金股利75 000），购入乙公司发行的股票2 000 000股，占乙公司有表决权股份的0.5%。甲公司将其划分为可供出售金融资产。

（2）2013年5月10日，甲公司收到乙公司发放的现金股利75 000元。

（3）2013年6月30日，该股票市价为每股2.6元。

（4）2013年12月31日，甲公司仍持有该股票；当日，该股票市价为每股2.5元。

（5）2014年5月9日，乙公司宣告发放股利20 000 000元。

（6）2014年5月13日，甲公司收到乙公司发放的现金股利。

（7）2014年5月20日，甲公司以每股2.45元的价格将股票全部转让。

要求：做出甲公司的账务处理。

8.（1）2012年1月1日，甲公司按面值从债券二级市场购入乙公司公开发行的债券10 000张，每张面值200元，票面利率3%，划分为可供出售金融资产。

（2）2012年12月31日，该债券的市场价格为每张200元。

（3）2013年，乙公司因投资决策失误，发生严重财务困难，但仍可支付该债券当年的票面利息。2013年12月31日，该债券的公允价值下降为每张160元。甲公司预计，如乙公司不采取措施，该债券的公允价值预计会持续下跌。

（4）2014年，乙公司调整产品结构并整合其他资源，致使上年发生的财务困难大为好转。2014年12月31日，该债券（即乙公司发行的上述债券）的公允价值已上升至每张190元。

假定甲公司初始确认该债券时计算确定的债券实际利率为3%，且不考虑其他因素。

要求：做出甲公司有关的账务处理。

9.（1）2012年1月1日，A公司从股票二级市场以每股30元的价格购入B公司发行的股票2 000 000股，占B公司有表决权股份的5%，对B公司无重大影响，划分为可供出售金融资产。

（2）2012年5月10日，A公司收到B公司发放的上年现金股利800 000元。

（3）2012年12月31日，该股票的市场价格为每股26元。A公司预计该股票的价格下跌是暂时的。

（4）2013年，B公司因违犯相关证券法规，受到证券监管部门的查处。受此影响，B公司股票的价格发生下跌。

（5）至2013年12月31日，该股票的市场价格下跌到每股12元。

（6）2014年，B公司整改完成，加之市场宏观面好转，股票价格有所回升，至12月31日，该股票的市场价格上升至每股20元。

假定2013年和2014年均未分派现金股利，不考虑其他因素。

要求：计算A公司的账务处理。

10.乙股份有限公司（以下简称乙公司）为上市公司，乙公司发生的有关债券投资业务如下：

（1）2011年1月1日，以516万元的价格购入A公司于同日发行的4年期一次还本、分期付息债券，债券面值总额为500万元，每年1月1日付息一次，票面年利率为6%，乙公司将其划分为持有至到期投资，购买时支付相关费用1.73万元。

（2）经计算实际年利率为5%。

要求：（1）计算该债券投资每年末的摊余成本及各年应确认的投资收益。

（2）编制乙公司各年有关的会计分录。

11.甲股份有限公司（以下简称甲公司）2012—2014年对丙股份有限公司（以下简称丙公司）投资业务的有关资料如下：

（1）2012年3月1日，甲公司以银行存款2 000万元购入丙公司20%股份，另支付相关税费10万元。甲公司对丙公司的财务和经营决策具有重大影响，并准备长期持有该股份。2012年3月1日，丙公司可辨认净资产的公允价值为9 500万元。

甲公司取得该项投资时，丙公司一管理用固定资产账面原价为6 000万元，原预计使用年限为10年，已使用5年，预计净残值为0，采用直线法计提折旧，其公允价值为4 200万元，丙公司所得税税率为25%。

（2）2012年4月1日，丙公司宣告分派2011年度的现金股利100万元。

（3）2012年5月10日，甲公司收到丙公司分派的2006年度现金股利。

（4）2012年11月1日，丙公司因合营企业资本公积增加而调整增加资本公积150万元。

（5）2012年度，丙公司接受投资后实现净利润（账面）800万元，1—2月份实现净利润为100万元。

（6）2013年4月2日，丙公司召开股东大会，审议董事会于2008年3月1日提出的2007年度利润分配方案。审议通过的利润分配方案为：按净利润的10%提取法定盈余公积；分配现金股利120万元。该利润分配方案于当日对外公布。

（7）2013年，丙公司发生净亏损600万元。

（8）2013年12月31日，由于丙公司当年发生亏损，甲公司对丙公司投资的预计可收回金额为1 900万元。

（9）2014年3月20日甲公司出售对丙公司的全部投资，收到出售价款1 920万元，已存入银行。

要求：编制甲公司对丙公司长期股权投资的会计分录。

（"长期股权投资"和"资本公积"科目要求写出明细科目；答案中的金额单位用万元表示）

12. 甲公司持有乙公司30%的有表决权股份，因能够对乙公司的生产经营决策施加重大影响，甲公司对该项投资采用权益法核算。2014年10月，甲公司将该项投资中的50%对外出售，出售以后，无法再对乙公司施加重大影响，且该项投资不存在活跃市场，公允价值无法可靠计量，甲公司对该项投资转为采用成本法核算。出售时，该项长期股权投资的账面价值为4 800万元，其中投资成本3 900万元，损益调整为900万元，出售取得价款2 700万元。

答案

一、单项选择题

1. A 2. B 3. D 4. B 5. B 6. D 7. A 8. A 9. A 10. B 11. C 12. C 13. D 14. A 15. B 16. D 17. D 18. A 19. D 20. B 21. D 22. A 23. A 24. B 25. B 26. A

二、多项选择题

1. ABD 2. ACDE 3. ACE 4. ABDE 5. ABCDE 6. ABC 7. AC 8. ABD 9. AD 10. BD 11. BCD 12. CD 13. ABCD 14. ABCD 15. CD 16. ABC 17. ABCD 18. ACD 19. ABC

三、判断题

1. × 2. √ 3. √ 4. √ 5. √ 6. × 7. × 8. √ 9. × 10. √ 11. × 12. × 13. × 14. √ 15. √ 16. √ 17. × 18. × 19. × 20. × 21. × 22. √ 23. × 24. √

四、账务业务处理

1.（1）3月2日：

  借：应收账款   23 060
    贷：主营业务收入   18 000
      应交税费——应交增值税（销项税额）   3 060
      银行存款   2 000
（2）3月4日：
  借：应收票据   23 400
    贷：主营业务收入   20 000
      应交税费——应交增值税（销项税额）   3 400
  借：主营业务成本   16 000
    贷：库存商品   16 000
（3）3月8日：
  借：银行存款   22 700
    财务费用   360
    贷：应收账款   23 060
（4）3月11日：
  借：预付账款   8 000
    贷：银行存款   8 000
（5）3月20日：
贴现息＝23 400×10%÷44÷360＝286（元）
  借：银行存款   23 114
    财务费用   286
    贷：应收票据   23 400
（6）3月21日：
  借：原材料   20 000
    应交税费——应交增值税（进项税额）   3 400
    贷：预付账款   8 000
      银行存款   15 400
2.（1）借：应收账款   20 000
      贷：坏账准备   20 000
  借：银行存款   20 000
    贷：应收账款   20 000
  （2）借：坏账准备   45 000
      贷：应收账款   45 000
  （3）当期期末坏账准备余额＝1 200 000×0.5%＝6 000（元）
     提取坏账准备前科目余额＝7 000＋20 000－45 000＝－18 000（元）
     应补提坏账准备＝6 000－（－18 000）＝24 000（元）
  借：资产减值损失   24 000
    贷：坏账准备   24 000
3.（1）借：银行存款   14 000

财务费用	2 000
贷：短期借款	16 000

（2）出售应收账款时：

借：银行存款	198 000
其他应收款	23 400
财务费用	11 700
营业外支出	900
贷：应收账款	234 000

4. A公司应做如下会计处理：

（1）① 2013年1月10日，购入B公司的公司债券时：

借：交易性金融资产——成本	63 250 000
应收利息	750 000
投资收益	500 000
贷：银行存款	64 500 000

② 2013年3月2日，收到购买价款中包含的已宣告发放的债券利息时：

借：银行存款	750 000
贷：应收利息	750 000

③ 2013年12月31日，确认B公司的公司债券利息收入时：

借：应收利息	3 000 000
贷：投资收益	3 000 000

（2）① 2013年6月30日，确认该笔债券的公允价值变动损益时：

借：交易性金融资产——公允价值变动	550 000
贷：公允价值变动损益	550 000

② 2013年12月31日，确认该笔债券的公允价值变动损益时：

借：公允价值变动损益	1 100 000
贷：交易性金融资产——公允价值变动	1 100 000

（3）2014年3月2日，收到持有B公司的公司债券利息时：

借：银行存款	3 000 000
贷：应收利息	3 000 000

（4）2014年4月10日，A公司出售了所持有的B公司的公司债券：

借：银行存款	65 000 000
贷：交易性金融资产——成本	63 250 000
——公允价值变动	550 000
投资收益	1 200 000

同时，

借：投资收益	550 000
贷：公允价值变动损益	550 000

5. （1）

借：交易性金融资产——A股票（成本）	800 000
投资收益	4 000

　　　　　贷：银行存款　　　　　　　　　　　　　　　　　　　　　804 000
（2）借：应收股利　　　　　　　　　　　　　　　　　　　　　　20 000
　　　　　贷：投资收益　　　　　　　　　　　　　　　　　　　　　20 000
（3）借：交易性金融资产——A 股票（成本）　　　　　　　　　　900 000
　　　　　应收股利　　　　　　　　　　　　　　　　　　　　　　20 000
　　　　　投资收益　　　　　　　　　　　　　　　　　　　　　　 6 000
　　　　　贷：银行存款　　　　　　　　　　　　　　　　　　　　 926 000
（4）借：银行存款　　　　　　　　　　　　　　　　　　　　　　20 000
　　　　　贷：应收股利　　　　　　　　　　　　　　　　　　　　 20 000
（5）公允价值变动损益＝（800 000＋900 000）－100 000×16.4＝60 000（元）
　　借：公允价值变动损益　　　　　　　　　　　　　　　　　　　60 000
　　　　贷：交易性金融资产——A 股票（公允价值变动）　　　　　 60 000
（6）借：银行存款　　　　　　　　　　　　　　　　　　　　　 1 040 000
　　　　交易性金融资产——A 股票（公允价值变动）　　　　　　 36 000
　　　　贷：交易性金融资产——A 股票（成本）　　　　　　　　1 020 000
　　　　　　投资收益　　　　　　　　　　　　　　　　　　　　　 56 000
　　借：投资收益　　　　　　　　　　　　　　　　　　　　　　　36 000
　　　　贷：公允价值变动损益　　　　　　　　　　　　　　　　　 36 000
（7）公允价值变动损益＝18×40 000－[（800 000＋900 000－1 020 000）－（60 000－36 000）]＝64 000（元）
　　借：交易性金融资产——A 股票（公允价值变动）　　　　　　　64 000
　　　　贷：公允价值变动损益　　　　　　　　　　　　　　　　　 64 000
6.（1）2013 年 1 月 1 日，购入债券：
　　借：可供出售金融资产——成本　　　　　　　　　　　　　　　500
　　　　　　　　　　　　——利息调整　　　　　　　　　　　　14.122
　　　　贷：银行存款　　　　　　　　　　　　　　　　　　　　 514.122
（2）2013 年 12 月 31 日，收到债券利息、确认公允价值变动：
实际利息＝514.122×3%＝15.423 66≈15.42（元）
应收利息＝500×4%＝20（元）
年末摊余成本＝514.122＋15.42－20＝509.542（元）
　　借：应收利息　　　　　　　　　　　　　　　　　　　　　　　20
　　　　贷：投资收益　　　　　　　　　　　　　　　　　　　　　15.42
　　　　　　可供出售金融资产——利息调整　　　　　　　　　　　4.58
　　借：银行存款　　　　　　　　　　　　　　　　　　　　　　　20
　　　　贷：应收利息　　　　　　　　　　　　　　　　　　　　　20
　　借：其他综合收益　　　　　　　　　　　　　　　　　　　　　9.5
　　　　贷：可供出售金融资产——公允价值变动　　　　　　　　　9.5
7. 假定不考虑其他因素，甲公司的账务处理如下：
（1）2013 年 5 月 6 日，购入股票：

借：应收股利	75 000	
可供出售金融资产——成本	5 005 000	
贷：银行存款		5 080 000

（2）2013年5月10日，收到现金股利：

借：银行存款	75 000	
贷：应收股利		75 000

（3）2013年6月30日，确认股票的价格变动：

借：可供出售金融资产——公允价值变动	195 000	
贷：其他综合收益		195 000

（4）2013年12月31日，确认股票价格变动：

借：其他综合收益	200 000	
贷：可供出售金融资产——公允价值变动		200 000

（5）2014年5月9日，确认应收现金股利：

借：应收股利	100 000	
贷：投资收益		100 000

（6）2014年5月13日，收到现金股利：

借：银行存款	100 000	
贷：应收股利		100 000

（7）2014年5月20日，出售股票：

借：银行存款	4 900 000	
投资收益	105 000	
可供出售金融资产——公允价值变动	5 000	
贷：可供出售金融资产——成本		5 005 000
其他综合收益		5 000

8. 甲公司有关的账务处理如下：

（1）2012年1月1日购入债券：

借：可供出售金融资产——成本	2 000 000	
贷：银行存款		2 000 000

（2）2012年12月31日确认利息、公允价值变动：

借：应收利息	60 000	
贷：投资收益		60 000
借：银行存款	60 000	
贷：应收利息		60 000

债券的公允价值变动为零，故不做账务处理。

（3）2013年12月31日确认利息收入及减值损失：

借：应收利息	60 000	
贷：投资收益		60 000
借：银行存款	60 000	
贷：应收利息		60 000

借:资产减值损失 400 000
  贷:可供出售金融资产——公允价值变动 400 000

(4) 2014年12月31日确认利息收入及减值损失回转应确认的利息收入＝(期初摊余成本 2 000 000－发生的减值损失 400 000)×3%＝48 000(元)

借:应收利息 60 000
  贷:投资收益 48 000
     可供出售金融资产——利息调整 12 000
借:银行存款 60 000
  贷:应收利息 60 000

减值损失回转前,该债券的摊余成本＝2 000 000－400 000－12 000＝1 588 000(元)
2014年12月31日,该债券的公允价值＝1 900 000(元)
应回转的金额＝1 900 000－1 588 000＝312 000(元)

借:可供出售金融资产——公允价值变动 312 000
  贷:资产减值损失 312 000

9. A公司有关的账务处理如下:
(1) 2012年1月1日购入股票:
借:可供出售金融资产——成本 60 000 000
  贷:银行存款 60 000 000

(2) 2012年5月确认现金股利:
借:应收股利 800 000
  贷:可供出售金融资产——成本 800 000
借:银行存款 800 000
  贷:应收股利 800 000

(3) 2012年12月31日确认股票公允价值变动:
借:其他综合收益 7 200 000
  贷:可供出售金融资产——公允价值变动 7 200 000

(4) 2013年12月31日,确认股票投资的减值损失:
借:资产减值损失 35 200 000
  贷:其他综合收益 7 200 000
     可供出售金融资产——公允价值变动 28 000 000

(5) 2014年12月31日确认股票价格上涨:
借:可供出售金融资产——公允价值变动 16 000 000
  贷:其他综合收益 16 000 000

10.(1) 债券投资每年末的摊余成本及各年应确认的投资收益的计算如下表所示:

债券投资每年末的摊系成本及各年应确认的投资收益　　　　元

年份	年初摊余成本 a	实际利息收益 $b=a\times r$	应收利息 c	年末摊余成本 $d=a-(c-b)$
2011	5 177 300	258 865	300 000	5 136 165

续表

年份	年初摊余成本 a	实际利息收益 $b=a\times r$	应收利息 c	年末摊余成本 $d=a-(c-b)$
2012	5 136 165	256 808	300 000	5 092 973
2013	5 092 973	254 649	300 000	5 047 622
2014	5 047 622	252 378	300 000	5 000 000

(2) 乙公司有关该项投资的会计分录如下：

① 取得的持有至到期投资时：

借：持有至到期投资——成本　　　　　　　　　　　　　　5 000 000
　　　　　　　　——利息调整　　　　　　　　　　　　　　177 300
　　贷：银行存款　　　　　　　　　　　　　　　　　　　　5 177 300

② 2011 年年末计提利息时：

借：应收利息　　　　　　　　　　　　　　　　　　　　　300 000
　　贷：持有至到期投资——利息调整　　　　　　　　　　　41 135
　　　　投资收益　　　　　　　　　　　　　　　　　　　　258 865

③ 2012 年年初收到 2011 年度的债券利息时：

借：银行存款　　　　　　　　　　　　　　　　　　　　　300 000
　　贷：应收利息　　　　　　　　　　　　　　　　　　　　300 000

2012 年年末计提利息时：

借：应收利息　　　　　　　　　　　　　　　　　　　　　300 000
　　贷：持有至到期投资——利息调整　　　　　　　　　　　43 192
　　　　投资收益　　　　　　　　　　　　　　　　　　　　256 808

④ 2013 年年初收到 2012 年度的债券利息时：

借：银行存款　　　　　　　　　　　　　　　　　　　　　300 000
　　贷：应收利息　　　　　　　　　　　　　　　　　　　　300 000

2013 年年末计提利息时：

借：应收利息　　　　　　　　　　　　　　　　　　　　　300 000
　　贷：持有至到期投资——利息调整　　　　　　　　　　　45 351
　　　　投资收益　　　　　　　　　　　　　　　　　　　　254 649

⑤ 2014 年年初收到 2013 年度的债券利息时：

借：银行存款　　　　　　　　　　　　　　　　　　　　　300 000
　　贷：应收利息　　　　　　　　　　　　　　　　　　　　300 000

2014 年年末计提利息时：

借：应收利息　　　　　　　　　　　　　　　　　　　　　300 000
　　贷：持有至到期投资——利息调整　　　　　　　　　　　47 622
　　　　投资收益　　　　　　　　　　　　　　　　　　　　252 378

⑥ 2015 年年初到期兑付并收回 2014 年度利息时：

借：银行存款　　　　　　　　　　　　　　　　　　　　　　　5 300 000
　　贷：持有至到期投资——成本　　　　　　　　　　　　　　　　5 000 000
　　　　应收利息　　　　　　　　　　　　　　　　　　　　　　　　300 000

11. 解析：(1) 2012 年 3 月 1 日，甲公司以银行存款 2 000 万元购入丙公司 20% 股份，另支付相关税费 10 万元。甲公司对丙公司的财务和经营决策具有重大影响，并准备长期持有该股份。2012 年 3 月 1 日，丙公司可辨认净资产的公允价值为 9 500 万元。

甲公司取得该项投资时，丙公司一管理用固定资产账面原价为 6 000 万元，原预计使用年限为 10 年，已使用 5 年，预计净残值为 0，采用直线法计提折旧，其公允价值为 4 200 万元，丙公司所得税率为 25%。

会计分录（单位：万元）：
借：长期股权投资——丙公司（成本）　　　　　　　　　　　　2 010
　　贷：银行存款　　　　　　　　　　　　　　　　　　　　　　2 010

(2) 2012 年 4 月 1 日，丙公司宣告分派 2006 年度的现金股利 100 万元。
借：应收股利　　　　　　　　　　　　　　　　　　　　　　　　20
　　贷：长期股权投资——丙公司（成本）　　　　　　　　　　　　　20

(3) 2012 年 5 月 10 日，甲公司收到丙公司分派的 2006 年度现金股利。
借：银行存款　　　　　　　　　　　　　　　　　　　　　　　　20
　　贷：应收股利　　　　　　　　　　　　　　　　　　　　　　　　20

(4) 2012 年 11 月 1 日，丙公司因合营企业资本公积增加而调整增加资本公积 150 万元。
借：长期股权投资——丙公司（其他权益变动）　　　　　　　　　30
　　贷：资本公积——其他资本公积　　　　　　　　　　　　　　　30

(5) 2012 年度，丙公司接受投资后实现净利润（账面）800 万元，1—2 月份实现净利润为 100 万元。

投资后被投资方实现的账面净利润为 800 万元，按照公允价值调整后的净利润为：
$800 - (4\,200 - 3\,000)/5 \times 10/12 \times (1 - 25\%) = 650$（万元）
投资方应确认的投资收益 $= 650 \times 20\% = 130$（万元）
借：长期股权投资——丙（损益调整）　　　　　　　　　　　　　130
　　贷：投资收益　　　　　　　　　　　　　　　　　　　　　　　130

(6) 2013 年 4 月 2 日，丙公司召开股东大会，审议董事会于 2008 年 3 月 1 日提出的 2007 年度利润分配方案。审议通过的利润分配方案为：按净利润的 10% 提取法定盈余公积；分配现金股利 120 万元。该利润分配方案于当日对外公布。
借：应收股利　　　　　　　　　　　　　　　　　　　　　　　　24
　　贷：长期股权投资——丙（损益调整）　　　　　　　　　　　　24

(7) 2013 年，丙公司发生净亏损 600 万元。
投资后被投资方实现的账面净利润为 −600 万元，按照公允价值调整后的净利润为：
$-600 - (4\,200 - 3\,000)/5 \times (1 - 25\%) = -780$（万元）
投资方应确认的投资收益 $= 780 \times 20\% = 156$（万元）
借：投资收益　　　　　　　　　　　　　　　　　　　　　　　　156
　　贷：长期股权投资——丙（损益调整）　　　　　　　　　　　　156

（8）2013 年 12 月 31 日，由于丙公司当年发生亏损，甲公司对丙公司投资的预计可收回金额为 1 900 万元。

长期股权投资账面价值＝2 010－20＋30＋130－24－156＝1 970（万元）

长期股权投资减值＝1 970－1 900＝70（万元）

借：资产减值损失　　　　　　　　　　　　　　　　　　　　　　70
　　贷：长期股权投资减值准备　　　　　　　　　　　　　　　　　　70

（9）2014 年 3 月 20 日，甲公司出售对丙公司的全部投资，收到出售价款 1 920 万元，已存入银行。

借：银行存款　　　　　　　　　　　　　　　　　　　　　　1 920
　　长期股权投资减值准备　　　　　　　　　　　　　　　　　　70
　　长期股权投资——丙（损益调整）　　　　　　　　　　　　　50
　　贷：长期股权投资——丙（成本）　　　　　　　　　　　　1 990
　　　　长期股权投资——丙（其他权益变动）　　　　　　　　　30
　　　　投资收益　　　　　　　　　　　　　　　　　　　　　　20

借：资本公积——其他资本公积　　　　　　　　　　　　　　　30
　　贷：投资收益　　　　　　　　　　　　　　　　　　　　　　30

12. 借：银行存款　　　　　　　　　　　　　　　　　　　27 000 000
　　　贷：长期股权投资　　　　　　　　　　　　　　　　24 000 000
　　　　　投资收益　　　　　　　　　　　　　　　　　　 3 000 000

模块四

固定资产、无形资产核算岗位模块

第五章

固定资产

案例导入

物"死"账"活"

凯达化学废液处理公司是一家大型公司,其拥有或控制的固定资产不仅数量繁多、规格复杂,而且金额巨大。该公司成立7年多来,其各年年末的固定资产账面价值占资产总额的比例一般在35%左右。

2015年1月,注册会计师高阳审计该公司2014年12月31日资产负债表的固定资产项目时,发现固定资产账面价值仅占到资产总额的15%;在审计该公司2014年利润表时,又发现该公司当年亏损严重。经进一步审计,发现该公司在固定资产核算方面存在以下问题:

(1)"在建工程"账户中M工程项目,已到达预定可使用状态,并已于2014年1月1日投入使用,但凯达公司未按有关规定估计价值入账,也未计提相应折旧。根据有关资料显示,该工程的估计价值为1 450 000元,预计使用年限为20年,没有净残值。

(2)2014年3月1日,X车间用房屋的改扩建工程完工,但改扩建总支出5 000 000元没有计入固定资产原价;实现的变价收入300 000元,已调低了该固定资产的账面原价。另外,该车间用房屋在改扩建期间虽然停止使用但仍继续计提折旧。

(3)2014年4月1日,在结转完工的Y工程成本时,没有安装费和调试费,而有关资料显示这项工程发生的安装费和调试费共计135 000元。

(4)2014年6月30日,凯达公司以Z设备遭受自然毁损为由对其进行清理,该设备原价2 800 000元,预计净残值140 000元,预计使用年限10年,已提折旧1 064 000元,没有计提减值准备。但事实上,该设备至2014年年末仍在继续使用,所谓的自然毁损并不影响其正常使用。

案例思考:(1)凯达公司对上述固定资产所做的会计处理是否符合企业会计制度和会计准则的有关规定?这种处理会对会计信息造成怎样的影响?

(2)如果你是凯达公司的高层管理人员,你认为公司有可能出于何种目的而做出上述处理?

(3)如果你是注册会计师,你应当向凯达公司提出哪些有针对性的建议?

第一节　固定资产的确认与计量

一、固定资产的概念及确认

（一）固定资产的概念

固定资产是指同时具有以下特征的有形资产：为生产商品、提供劳务、出租或经营管理而持有的；使用寿命超过一个会计年度。

从这一定义可以看出，作为企业的固定资产应具备以下两个特征：

（1）企业持有固定资产的目的，是满足生产商品、提供劳务、出租或经营管理的需要，而不像商品一样是对外出售。这一特征是固定资产区别于商品等流动资产的重要标志。

（2）企业使用固定资产的期限较长，使用寿命一般超过一个会计年度。这一特征表明企业固定资产的收益期超过一年，能在一年以上的时间里为企业创造经济利益。

（二）固定资产的确认

固定资产在同时满足以下两个条件时，才能予以确认：

1. 与该固定资产有关的经济利益很可能流入企业

资产最基本的特征是预期能给企业带来经济利益；如果某一项目预期不能给企业带来经济利益，就不能确认为资产。对固定资产的确认来说，如果某一固定资产预期不能给企业带来经济利益，就不能确认为企业的固定资产。在实务工作中，首先，需要判断该项固定资产所包含的经济利益是否很可能流入企业。如果该项固定资产包含的经济利益不是很可能流入企业，那么，即使其满足固定资产确认的其他条件，企业也不应将其确认为固定资产；如果该项固定资产包含的经济利益很可能流入企业，并同时满足固定资产确认的其他条件，那么，企业应将其确认为固定资产。

在实务中，判断固定资产包含的经济利益是否很可能流入企业，主要依据与该固定资产所有权相关的风险和报酬是否转移给了企业。其中，与固定资产所有权相关的风险是指由于经营情况变化造成的相关收益的变动，以及由于资产闲置、技术陈旧等原因造成的损失；与固定资产所有权相关的报酬，是指在固定资产使用期内直接使用该资产而获得的收入以及处置该项资产所实现的利得等。通常，取得固定资产的所有权是判断与固定资产所有权相关的风险和报酬转移给了企业的一个重要标志。凡是所有权已属于企业，不论企业是否收到或持有该项固定资产，均可作为企业的固定资产；反之，如果没有取得所有权，即使存放在企业，也不能作为企业的固定资产。有时某项固定资产的所有权虽然不属于企业，但是，企业能够控制该项固定资产所包含的经济利益流入企业。在这种情况下，可以认为与固定资产所有权相关的风险和报酬实质上已转移给企业，也可以作为企业的固定资产加以确认。比如，融资租入固定资产，企业（承租人）虽然不拥有该固定资产的所有权，但企业能够控制该固定资产所包含的经济利益，与固定资产所有权相关的风险和报酬实质上已转移到了企业，因此，符合固定资产确认的第一个条件。

2. 该固定资产的成本能够可靠地计量

成本能够可靠地计量，是资产确认的一项基本条件。固定资产作为企业资产的重要组成部分，要予以确认，其为取得该固定资产而发生的支出也必须能够可靠地计量。如果固定资产的成本能够可靠地计量,并同时满足其他确认条件,就可以加以确认;否则,企业不应加以确认。

企业在确定固定资产成本时,有时需要根据所获得的最新资料,对固定资产的成本进行合理的估计。比如,企业对于已达到预定可使用状态的固定资产,在尚未办理竣工决算前,需要根据工程预算、工程造价或者工程实际发生的成本等资料,按估计价值确定固定资产的成本,待办理竣工决算后,再按实际成本调整原来的暂估价值。

在实务中,对固定资产进行确认时,还需要注意以下两个问题:

(1) 固定资产的各组成部分具有不同使用寿命或者以不同方式为企业提供经济利益,适用不同折旧率或折旧方法的,应当分别将各组成部分确认为单项固定资产。

(2) 与固定资产有关的后续支出,满足固定资产确认条件的,应当计入固定资产成本;不满足固定资产确认条件的,应当在发生时计入当期损益。

【2013年《初级会计实务》考试真题·单选题】不会导致固定资产账面价值发生增减的是_____。( )

A. 盘盈固定资产 B. 经营性租入设备
C. 以固定资产对外投资 D. 计提减值准备

【正确答案】B

【答案解析】经营性租入设备不属于企业的固定资产。

二、固定资产的分类

企业的固定资产种类繁多、规格不一,为加强管理,便于组织会计核算,有必要对其进行科学、合理的分类。根据不同的管理需要和核算要求以及不同的分类标准,可以对固定资产进行不同的分类,主要有以下几种分类方法:

1. 按经济用途分类

按固定资产的经济用途分类,可分为生产经营用固定资产和非生产经营用固定资产。

(1) 生产经营用固定资产,是指直接服务于企业生产、经营过程的各种固定资产,如生产经营用的房屋、建筑物、机器、设备、器具、工具等。

(2) 非生产经营用固定资产,是指不直接服务于生产、经营过程的各种固定资产,如职工宿舍等使用的房屋、设备和其他固定资产等。

按照固定资产的经济用途分类,可以归类反映和监督企业生产经营用固定资产和非生产经营用固定资产,以及生产经营用各类固定资产之间的组成和变化情况,借以考核和分析企业固定资产的利用情况,促使企业合理地配备固定资产,充分发挥其效用。

2. 综合分类

按固定资产的经济用途和使用情况等综合分类,可把企业的固定资产划分为七大类:

(1) 生产经营用固定资产;
(2) 非生产经营用固定资产;
(3) 租出固定资产(指在经营租赁方式下出租给外单位使用的固定资产);
(4) 不需用固定资产;
(5) 未使用固定资产;
(6) 土地(指过去已经估价单独入账的土地。因征地而支付的补偿费,应计入与土地有关的房屋、建筑物的价值内,不单独作为土地价值入账。企业取得的土地使用权,应作为无

形资产管理,不作为固定资产管理);

(7)融资租入固定资产(指企业以融资租赁方式租入的固定资产,在租赁期内,应视同自有固定资产进行管理)。

由于企业的经营性质不同,经营规模各异,对固定资产的分类不可能完全一致。但在实际工作中,企业大多采用综合分类的方法作为编制固定资产目录、进行固定资产核算的依据。

三、固定资产的计量

固定资产的计量涉及初始计量和期末计量两个方面。其中,固定资产初始计量是指固定资产的取得成本;固定资产期末计量主要解决固定资产的期末计价问题。

固定资产初始计量的基本原则是按成本入账。其中,成本包括企业为购建某项固定资产达到预定可使用状态前所发生的一切合理的、必要的支出。由于固定资产的取得方式不同,如:购买、自行建造、投资者投入、非货币性交易取得、债务重组取得,等等,其成本的具体确定方法也不完全相同。

(一)原始成本

固定资产的原始成本也称历史成本,是指企业在购置、投资建造或以其他方式取得某项固定资产并将其投入使用之前实际发生的全部支出。企业购建固定资产的计价、确定计提折旧的依据等均采用这种计价方法。固定资产的原始成本或历史成本是固定资产计价的基本标准。

(二)重置成本

重置成本是指在当前的生产能力和技术标准的条件下,重新购买或建造同样的固定资产所需要的全部支出。按重置成本计价,可以比较真实地反映固定资产的现时价值,但实务操作比较复杂,因此,这种方法仅在确定清查中盘盈固定资产的价值或在报表附注中对报表进行补充说明时采用。

(三)折余价值

折余价值也称净值或账面净值,是指固定资产的原始成本或重置成本减去账面累计折旧后的余额。固定资产的折余价值可以反映企业实际占用在固定资产上的资金数额和固定资产的新旧程度。这种计价方法主要用于计算盘盈、盘亏、毁损固定资产的溢余或损失。

四、固定资产的账户设置

为了核算固定资产,企业一般需要设置"固定资产""累计折旧""在建工程""工程物资""固定资产清理"等科目,核算固定资产取得、计提折旧、处置等情况。

"固定资产"科目核算企业固定资产的原价,借方登记企业增加的固定资产原价,贷方登记企业减少的固定资产原价,期末借方余额,反映企业期末固定资产的账面原价。企业应当设置"固定资产登记簿"和"固定资产卡片",按固定资产类别、使用部门和每项固定资产进行明细核算。

"累计折旧"科目属于"固定资产"的调整科目,核算企业固定资产的累计折旧,贷方登记企业计提的固定资产折旧,借方登记处置固定资产转出的累计折旧,期末贷方余额,反映企业固定资产的累计折旧额。

"在建工程"科目核算企业基建、更新改造等在建工程发生的支出,借方登记企业各项在建工程的实际支出,贷方登记完工工程转出的成本,期末借方余额反映企业尚未达到预定可使用状态的在建工程的成本。

"工程物资"科目核算企业为在建工程而准备的各种物资的实际成本。该科目借方登记企业购入工程物资的成本,贷方登记领用工程物资的成本,期末借方余额,反映企业为在建工程准备的各种物资的成本。

"固定资产清理"科目核算企业因出售、报废、毁损、对外投资、非货币性资产交换、债务重组等原因转出的固定资产价值以及在清理过程中发生的费用等,借方登记转出的固定资产价值、清理过程中应支付的相关税费及其他费用,贷方登记固定资产清理完成的处理,期末借方余额,反映企业尚未清理完毕固定资产清理净损失。该科目应按被清理的固定资产项目设置明细账,进行明细核算。

此外,企业固定资产、在建工程、工程物资发生减值的,还应当设置"固定资产减值准备""在建工程减值准备""工程物资减值准备"等科目进行核算。

第二节　固定资产增加的核算

一、外购固定资产

企业外购的固定资产,应按实际支付的购买价款,相关税费,使固定资产达到预定可使用状态前所发生的可归属于该项资产的运输费、装卸费、安装费和专业人员服务费等,作为固定资产的取得成本。

【思考】专业人员服务费和员工培训费计入固定资产的成本吗?

【答案】专业人员服务费计入;员工培训费不计入。

注意:① 按照修订后的增值税暂行条例,企业 2009 年 1 月 1 日以后购入的生产经营用固定资产所支付的增值税在符合税收法规规定的情况下,也应从销项税额中扣除(即进项税额可以抵扣),不再计入固定资产成本。购进固定资产支付的运输费,按照运输费结算单据上注明的运输费费用金额和 7% 的扣除率计算进项税额。

借:工程物资\在建工程\固定资产
　　应交税费——应交增值税(进项税额)
　贷:银行存款

② 生产经营用固定资产涉及的在建工程,领用生产用原材料的进项税额也不用转出。

③ 如果将 2009 年 1 日 1 日以后购入的生产设备对外销售,销售时应考虑销项税额的计算。

(1)企业购入不需要安装的固定资产,应按实际支付的购买价款、相关税费以及使固定资产达到预定可使用状态前所发生的可归属于该项资产的运输费、装卸费和专业人员服务费等,作为固定资产成本,借记"固定资产"科目,贷记"银行存款"等科目。

【例 5-1】甲公司购入一台不需要安装即可投入使用的设备,取得的增值税专用发票上注明的设备价款为 30 000 元,增值税额为 5 100 元,另支付运杂费 300 元,包装费 400 元,款项以银行存款支付。

甲公司应做如下会计处理:

(1) 计算固定资产的成本： 固定资产买价 30 000
加：
运输费 300
包装费 400
合　计 30 700

(2) 编制购入固定资产的会计分录：
借：固定资产 30 700
　　应交税费——应交增值税（进项税） 5 100
　　贷：银行存款 35 800

【2014 年《初级会计实务》考试真题·判断题】企业支付专设销售机构固定资产的日常修理费应计入管理费用。（　　）

【正确答案】×

【答案解析】企业支付专设销售机构固定资产的日常修理费应计入销售费用。

(2) 购入需要安装的固定资产，应在购入的固定资产取得成本的基础上加上安装调试成本等，作为购入固定资产的成本，先通过"在建工程"科目核算，待安装完毕达到预定可使用状态时，再由"在建工程"科目转入"固定资产"科目。

企业购入固定资产时，按实际支付的购买价款、运输费、装卸费和其他相关税费等，借记"在建工程"科目，贷记"银行存款"等科目；支付安装费用等时，借记"在建工程"科目，贷记"银行存款"等科目；安装完毕达到预定可使用状态时，按其实际成本，借记"固定资产"科目，贷记"在建工程"科目。

【例 5-2】甲公司用银行存款购入一台需要安装的设备，增值税专用发票上注明的设备买价为 200 000 元，增值税额为 34 000 元，支付运杂费 10 000 元，支付安装费 30 000 元。甲公司应做如下会计处理：

(1) 购入进行安装时：
借：在建工程 210 000
　　应交税费——应交增值税（进项税） 34 000
　　贷：银行存款 244 000

(2) 支付安装费时：
借：在建工程 30 000
　　贷：银行存款 30 000

(3) 设备安装完毕交付使用时，确定的固定资产成本＝210 000＋30 000＝240 000（元）
借：固定资产 240 000
　　贷：在建工程 240 000

【2012 年《初级会计实务》考试真题】20×9 年 2 月 1 日，甲公司购入一台需要安装的机器设备，取得的增值税专用发票上注明的设备价款为 500 000 元，增值税进项税额为 85 000 元，支付的运输费为 2 500 元，款项已通过银行支付；安装设备时，领用本公司原材料一批，价值 30 000 元，购进该批原材料时支付的增值税进项税额为 5 100 元；支付安装工人的工资为 4 900 元。假定不考虑其他相关税费。

甲公司的账务处理如下：

(1) 支付设备价款、增值税、运输费合计为 587 500 元：

借：在建工程——××设备　　　　　　　　　　　　　502 325
　　应交税费——应交增值税（进项税额）　　　　　　85 175（85 000＋2 500×7%）
　　　贷：银行存款　　　　　　　　　　　　　　　　587 500

思考：如果按最新的税法规定，运输费涉及的增值税应如何处理？

(2) 领用本公司原材料、支付安装工人工资等费用合计为 34 900 元：

借：在建工程——××设备　　　　　　　　　　　　　34 900
　　　贷：原材料　　　　　　　　　　　　　　　　　30 000
　　　　　应付职工薪酬　　　　　　　　　　　　　　4 900

(3) 设备安装完毕达到预定可使用状态：

固定资产成本＝502 325＋34 900＝537 225（元）

借：固定资产——××设备　　　　　　　　　　　　　537 225
　　　贷：在建工程——××设备　　　　　　　　　　537 225

（3）企业基于产品价格等因素的考虑，可能以一笔款项购入多项没有单独标价的固定资产。如果这些资产均符合资产定义，并满足固定资产的确认条件，则应将各项资产单独确认为固定资产，并按各项固定资产公允价值的比例对总成本进行分配，分别确定各项固定资产的成本。

【例 5-3】甲公司向乙公司一次购进了三台不同型号且具有不同生产能力的设备 A、B、C，共支付款项 100 000 000 元，增值税额 17 000 000 元，包装费 750 000 元，全部以银行存款转账支付：假定设备 A、B、C 均满足固定资产的定义及确认条件，公允价值分别为 45 000 000 元、38 500 000 元、16 500 000 元；不考虑其他相关税费。甲公司的账务处理如下：

(1) 确定应计入固定资产成本的金额，包括购买价款、包装费，即：

100 000 000＋750 000＝100 750 000（元）

(2) 确定设备 A、B、C 的价值分配比例。

A 设备应分配的固定资产价值比例为：

45 000 000/（45 000 000＋38 500 000＋16 500 000）×100%＝45%

B 设备应分配的固定资产价值比例为：

38 500 000/（45 000 000＋38 500 000＋16 500 000）×100%＝38.5%

C 设备应分配的固定资产价值比例为：

16 500 000/（45 000 000＋38 500 000＋16 500 000）×100%＝16.5%

(3) 确定 A、B、C 设备各自的成本：

A 设备的成本为：100 750 000×45%＝45 337 500（元）

B 设备的成本为：100 050 000×38.5%＝38 788 750（元）

C 设备的成本为：100 750 000×16.5%＝16 623 750（元）

(4) 甲公司应做如下会计处理：

借：固定资产——A 设备　　　　　　　　　　　　　　45 337 500
　　　　　　——B 设备　　　　　　　　　　　　　　38 788 750
　　　　　　——C 设备　　　　　　　　　　　　　　16 623 750
　　应交税费——应交增值税（进项税）　　　　　　　17 000 000
　　　贷：银行存款　　　　　　　　　　　　　　　　117 750 000

二、建造固定资产

企业自行建造固定资产,应按建造该项资产达到预定可使用状态前所发生的必要支出,作为固定资产的成本。

自建固定资产应先通过"在建工程"科目核算,工程达到预定可使用状态时,再从"在建工程"科目转入"固定资产"科目。企业自建固定资产,主要有自营和出包两种方式,由于采用的建设方式不同,其会计处理也不同。

1. 自营工程

自营工程是指企业自行组织工程物资采购、自行组织施工人员施工的建筑工程和安装工程。

生产经营用固定资产的购建	建筑物的购建
(1) 购入工程物资时: 借:工程物资(不含税) 　　应交税费——应交增值税(进项税额) 　贷:银行存款	(1) 购入工程物资时: 借:工程物资(含税) 　贷:银行存款
(2) 领用工程物资时: 借:在建工程(不含税) 　贷:工程物资	(2) 领用工程物资时: 借:在建工程(含税) 　贷:工程物资
(3) 在建工程领用本企业原材料: 借:在建工程(不含税) 　贷:原材料	(3) 在建工程领用本企业原材料: 借:在建工程(含税) 　贷:原材料 　　应交税费——应交增值税(进项税额转出)
(4) 在建工程领用本企业生产的商品: 借:在建(不含税) 　贷:库存商品	(4) 在建工程领用本企业生产的商品: 借:在建工程(含税) 　贷:库存商品 　　应交税费——应交增值税(销项税额)
(5) 自建工程发生的工程人员工资等: 借:在建工程 　贷:应付职工薪酬	同左
(6) 辅助生产部门为工程提供的水、电、设备安装、修理、运输等劳务: 借:在建工程 　贷:生产成本——辅助生产成本	同左
(7) 在建工程发生的借款费用满足借款费用资本化条件的: 借:在建工程 　贷:长期借款、应付利息	同左
(8) 自营工程达到预定可使用状态时,按成本: 借:固定资产 　贷:在建工程	同左

【例5-4】某企业自建厂房一幢,购入为工程准备的各种物资花费500 000元,支付的增

值税额为 85 000 元,全部用于工程建设。领用本企业生产的水泥一批,实际成本为 80 000 元,税务部门确定的计税价格为 100 000 元,增值税税率 17%;工程人员应计工资 100 000 元,支付的其他费用 30 000 元。工程完工并达到预定可使用状态。该企业应做如下会计处理:

(1)购入工程物资时:

借:工程物资 585 000
 贷:银行存款 585 000

(2)工程领用工程物资时:

借:在建工程 585 000
 贷:工程物资 585 000

(3)工程领用本企业生产的水泥,确定应计入在建工程成本的金额为:

80 000+100 000×17%=97 000(元)

借:在建工程 97 000
 贷:库存商品 80 000
  应交税费——应交增值税(销项税额) 17 000

(4)分配工程人员工资时:

借:在建工程 100 000
 贷:应付职工薪酬 100 000

(5)支付工程发生的其他费用时:

借:在建工程 30 000
 贷:银行存款等 30 000

(6)工程完工转入固定资产成本=585 000+97 000+100 000+30 000=812 000(元)

借:固定资产 812 000
 贷:在建工程 812 000

【2015 年《初级会计实务》考试真题·单选题】某企业为增值税一般纳税人,适用的增值税税率为 17%。2014 年 7 月自建厂房领用本企业生产的钢材,实际成本为 80 000 元,税务部门核定的计税为 100 000 元。假定不考虑其他因素,该钢材领用事项应计入在建工程成本的金额为_____元。( )

A. 117 000   B. 97 000   C. 80 000   D. 93 600

【正确答案】B

【答案解析】该钢材领用事项应计入在建工程成本的金额=80 000+100 000×17%=97 000(元)。

【2015 年《初级会计实务》考试真题·单选题】某企业建造厂房领用原材料一批,成本为 4 000 万元,原购入时确认的增值税进项税额为 680 万,则下列关于领用原材料的处理正确的是_____。( )

A. 借:在建工程 4 680
  贷:原材料 4 000
   应交税费——应交增值税(进项税额转出) 680

B. 借:管理费用 4 000
  贷:原材料 4 000

C. 借：管理费用 4 680
　　　贷：原材料 4 000
　　　　　应交税费——应交增值税（进项税额转出） 680
D. 借：在建工程 4 000
　　　贷：原材料 4 000

【正确答案】A
【答案解析】建造的是厂房（不动产），所以原材料对应的进项税额将来不能用于抵扣销项税额，进项税额需要做转出处理，计入在建工程的成本，所以选项A正确。

【2012年《初级会计实务》考试真题·单选题】某企业为增值税一般纳税人，适用的增值税税率为17%，2012年6月建造厂房领用材料实际成本20 000元，计税价格为20 000元，该项业务应计入在建工程成本的金额为_____元。（　　）
A. 20 000　　B. 23 400　　C. 24 000　　D. 28 000

【正确答案】B
【答案解析】领用外购的原材料用于建造厂房，厂房是不动产，领用的原材料的进项税额不能抵扣，要做进项税额转出，会计处理如下：
借：在建工程 23 400
　　贷：原材料 20 000
　　　　应交税费——应交增值税（进项税额转出） 3 400

2. 出包工程

出包工程是指企业通过招标等方式将工程项目发包给建造承包商，由建造承包商组织施工的建筑工程和安装工程。企业采用出包方式进行的固定资产工程，其工程的具体支出主要由建造承包商核算，在这种方式下，"在建工程"科目主要是企业与建造承包商办理工程价款的结算科目，企业支付给建造承包商的工程价款作为工程成本，通过"在建工程"科目核算。企业按合理估计的发包工程进度和合同规定向建造承包商结算的进度款，借记"在建工程"科目，贷记"银行存款"等科目；工程完成时按合同规定补付的工程款，借记"在建工程"科目，贷记"银行存款"等科目；工程达到预定可使用状态时，按其成本，借记"固定资产"科目，贷记"在建工程"科目。

【例5-5】某企业将一幢厂房的建造工程出包给丙公司承建，按合理估计的发包工程进度和合同规定向丙公司结算进度款600 000元，工程完工后，收到丙公司有关工程结算单据，补付工程款400 000元，工程完工并达到预定可使用状态。该企业应做如下会计处理：

（1）按合理估计的发包工程进度和合同规定向丙公司结算进度款时：
借：在建工程 600 000
　　贷：银行存款 600 000

（2）补付工程款时：
借：在建工程 400 000
　　贷：银行存款 400 000

（3）工程完工并达到预定可使用状态时：
借：固定资产 1 000 000
　　贷：在建工程 1 000 000

三、投资者投入固定资产

投资者投入的固定资产,应按投资合同或协议约定的价值确定入账价值,但合同或协议约定的价值不公允的除外。接受投资的企业既要反映本企业固定资产的增加,也要反映投资者投资额的增加。

四、融资租入固定资产

我国《企业会计准则第 21 号——租赁》规定:融资租入的固定资产,按租赁开始日租赁资产公允价值与最低租赁付款额现值两者最低者加上初始直接费用作为入账价值。

【2015 年《初级会计实务》考试真题·判断题】在租赁开始日,融资租入固定资产入账金额为租赁开始日租赁资产公允价值与最低租赁付款额现值两者最高者加上初始直接费用_____。( )

【正确答案】×

【答案解析】在租赁开始日,融资租入固定资产入账金额为租赁开始日租赁资产公允价值与最低租赁付款额现值两者最低者加上初始直接费用。

五、改扩建固定资产

企业在原有固定资产的基础上进行改建、扩建的,按原固定资产的账面价值,加上由于改建、扩建而使该项固定资产达到预定可使用状态前发生的支出,减去改建、扩建过程中发生的变价收入作为入账价值。

第三节 固定资产折旧

一、固定资产折旧概述

企业应当在固定资产的使用寿命内,按照确定的方法对应计折旧额进行系统分摊,根据固定资产的性质和使用情况,合理确定固定资产的使用寿命和预计净残值。固定资产的使用寿命、预计净残值一经确定,不得随意变更,但是,符合《企业会计准则第 4 号——固定资产》第十九条规定的除外。上述事项在报经股东大会或董事会、经理(厂长)会议或类似机构批准后,作为计提折旧的依据,并按照法律、行政法规等的规定报送有关各方备案。

影响折旧的因素主要有以下几个方面:

(1)固定资产原价,是指固定资产的成本。

(2)预计净残值,是指假定固定资产预计使用寿命已满并处于使用寿命终了时的预期状态,企业目前从该项资产处置中获得的扣除预计处置费用后的金额。

(3)固定资产减值准备,是指固定资产已计提的固定资产减值准备累计金额。

(4)固定资产的使用寿命,是指企业使用固定资产的预计期间,或者该固定资产所能生产产品或提供劳务的数量。企业确定固定资产使用寿命时,应当考虑下列因素:

① 该项资产预计生产能力或实物产量;

② 该项资产预计有形损耗,如设备使用中发生磨损、房屋建筑物受到自然侵蚀等;

③ 该项资产预计无形损耗，如因新技术的出现而使现有的技术水平相对陈旧、市场需求变化使产品过时等；

④ 法律或者类似规定对该项资产使用的限制。

总之，企业应当根据固定资产的性质和使用情况，合理确定固定资产的使用寿命和预计净残值。固定资产的使用寿命、预计净残值一经确定，不得随意变更，但是符合《企业会计准则第4号——固定资产》第十九条规定的除外。

【2012年《初级会计实务》考试真题·多选题】下列各项中，影响固定资产折旧的因素有_____。( )

A. 固定资产原价　　　　　　　　B. 固定资产的预计使用寿命
C. 固定资产预计净残值　　　　　D. 已计提的固定资产减值准备

【正确答案】ABCD

除以下情况外，企业应当对所有固定资产计提折旧：
（1）已提足折旧仍继续使用的固定资产；
（2）单独计价入账的土地。

在确定计提折旧的范围时，还应注意以下几点：
（1）固定资产应当按月计提折旧，当月增加的固定资产，当月不计提折旧，从下月起计提折旧；当月减少的固定资产，当月仍计提折旧，从下月起不计提折旧。
（2）固定资产提足折旧后，不论能否继续使用，均不再计提折旧；提前报废的固定资产，也不再补提折旧。所谓提足折旧，是指已经提足该项固定资产的应计折旧额。
（3）已达到预定可使用状态但尚未办理竣工决算的固定资产，应当按照估计价值确定其成本，并计提折旧；待办理竣工决算后，再按实际成本调整原来的暂估价值，但不需要调整原已计提的折旧额。

企业至少应当于每年年度终了，对固定资产的使用寿命、预计净残值和折旧方法进行复核。使用寿命预计数与原先估计数有差异的，应当调整固定资产使用寿命。预计净残值预计数与原先估计数有差异的，应当调整预计净残值。与固定资产有关的经济利益预期实现方式有重大改变的，应当改变固定资产折旧方法。固定资产使用寿命、预计净残值和折旧方法的改变应当作为会计估计变更。

【2013年《初级会计实务》考试真题·单选题】下列关于企业计提固定资产折旧会计处理的表述中，不正确的是_____。( )

A. 对管理部门使用的固定资产计提的折旧应计入管理费用
B. 对财务部门使用的固定资产计提的折旧应计入财务费用
C. 对生产车间使用的固定资产计提的折旧应计入制造费用
D. 对专设销售机构使用的固定资产计提的折旧应计入销售费用

【正确答案】B

【答案解析】财务部门使用固定资产的折旧计入管理费用。

【2013年《初级会计实务》考试真题·判断题】已达到预定可使用状态但尚未办理竣工决算的固定资产不应计提折旧。( )

【正确答案】×

【答案解析】本题考核固定资产折旧的计提。已达到预定可使用状态但尚未办理竣工决算的固定资产应当按照估计价值确定其成本,并计提折旧。

二、固定资产的折旧方法

企业应当根据与固定资产有关的经济利益的预期实现方式,合理选择固定资产折旧方法。可选用的折旧方法包括年限平均法、工作量法、双倍余额递减法和年数总和法等。

1. 年限平均法

年限平均法的计算公式如下:

年折旧率=(1-预计净残值率)/预计使用寿命(年)×100%

月折旧率=年折旧率/12

月折旧额=固定资产原价×月折旧率

【例5-6】甲公司有一幢厂房,原价为5 000 000元,预计可使用20年,预计报废时的净残值率为2%。该厂房的折旧率和折旧额的计算如下:

年折旧率=(1-2%)/20=4.9%

月折旧率=4.9%/12=0.41%

月折旧额=5 000 000×0.41%=20 500(元)

本例采用的是年限平均法计提固定资产折旧,其特点是将固定资产的应计折旧额均衡地分摊到固定资产预计使用寿命内,采用这种方法计算的每期折旧额是相等的。

【2010年《初级会计实务》考试真题·单选题】甲公司为增值税一般纳税人。20×9年2月28日,甲公司购入一台需安装的设备,以银行存款支付设备价款120万元、增值税进项税额20.4万元。3月6日,甲公司以银行存款支付装卸费0.6万元。4月10日,设备开始安装,在安装过程中,甲公司发生安装人员工资0.8万元;领用原材料一批,该批原材料的成本为6万元,相应的增值税进项税额为1.02万元,市场价格(不含增值税)为6.3万元。设备于20×9年6月20日完成安装,达到预定可使用状态。该设备预计使用10年,预计净残值为零,甲公司采用年限平均法计提折旧。

要求:根据上述资料,不考虑其他因素,回答下列第(1)题至第(2)题。(2009年新制度考题)

(1)甲公司该设备的入账价值是_____万元。　　　　　　　　　　(　　)

　　A. 127.40　　　　B. 127.70　　　　C. 128.42　　　　D. 148.82

(2)甲公司该设备20×9年应计提的折旧是_____万元。　　　　　(　　)

　　A. 6.37　　　　　B. 6.39　　　　　C. 6.42　　　　　D. 7.44

【正确答案】(1)A　　(2)A

【答案解析】(1)固定资产的入账价值=120+0.6+0.8+6=127.4(万元)。因该事项发生在20×9年度,那么购入设备的进项税额和领用原材料的进项税额不计入资产成本。

(2)20×9年应计提的折旧=127.4÷10÷12×6=6.37(万元)。

2. 工作量法

工作量法的基本计算公式如下:

单位工作量折旧额=固定资产原价×(1-预计净残值率)/预计总工作量

某项固定资产月折旧额=该项固定资产当月工作量×单位工作量折旧额

【例5-7】某企业的一辆运货卡车的原价为600 000元,预计总行驶里程为500 000千米,

预计报废时的净残值率为5%,本月行驶4 000千米。该辆汽车的月折旧额计算如下:

单位里程折旧额=600 000×(1−5%)/500 000=1.14(元/千米)

本月折旧额=4 000×1.14=4 560(元)

本例采用工作量法计提固定资产折旧,工作量法是指根据实际工作量计算每期应提折旧额的一种方法。

3. 双倍余额递减法

双倍余额递减法的计算公式如下:

$$年折旧率=2/预计使用寿命(年)×100\%$$

$$月折旧率=年折旧率/12$$

$$月折旧额=每月月初固定资产账面净值×月折旧率$$

【例5-8】某企业一项固定资产的原价为1 000 000元,预计净残值为4 000元,预计使用年限为5年,按双倍余额递减法计提折旧,每年的折旧额计算如下:

年折旧率=2/5×100%=40%

第1年应提的折旧额=1 000 000×40%=400 000(元)

第2年应提的折旧额=(1 000 000−400 000)×40%=240 000(元)

第3年应提的折旧额=(600 000−240 000)×40%=144 000(元)

从第4年起改用年限平均法(直线法)计提折旧。

第4年、第5年的年折旧额=[(360 000−144 000)−4 000]/2=10 600(元)

每年各月折旧额根据年折旧额除以12来计算。

本例采用了双倍余额递减法计提固定资产折旧,双倍余额递减法是指在不考虑固定资产预计净残值的情况下,根据每期期初固定资产原价减去累计折旧后的金额和双倍的直线法折旧率计算固定资产折旧的一种方法。采用双倍余额递减法计提固定资产折旧,一般应在固定资产使用寿命到期前两年内,将固定资产账面净值扣除预计净残值后的净值平均摊销。

【2015年《初级会计实务》考试真题·单选题】2012年12月31日甲公司购入一台设备,入账价值为100万元,预计使用年限为5年,预计净残值4万元,采用双倍余额递减法计提折旧,则该项设备2014年应计提的折旧额为_____万元。( )

A. 25.6　　　　B. 19.2　　　　C. 40　　　　D. 24

【正确答案】D

【答案解析】2013年折旧额=100×2/5=40(万元),2014年折旧额=(100−40)×2/5=24(万元)。

4. 年数总和法

年数总和法计算公式如下:

年折旧率=(预计使用寿命−已使用年限)/预计使用寿命×(预计使用寿命+1)/2×100%

或者　　　年折旧率=尚可使用年限/预计使用寿命的年数总和×100%

$$月折旧率=年折旧率/12$$

$$月折旧额=(固定资产原值−预计净残值)×月折旧率$$

【例5-9】承例5-8,假如采用年数总和法,计算各年折旧额如表5-1所示:

表 5-1　各年折旧额

年份	尚可使用年限/年	原价一净残值/元	变动折旧率	年折旧额/元	累计折旧/元
1	5	996 000	5/15	332 000	332 000
2	4	996 000	4/15	265 600	597 600
3	3	996 000	3/15	199 200	796 800
4	2	996 000	2/15	132 800	929 600
5	1	996 000	1/15	66 400	996 000

本例采用了年数总和法计提固定资产折旧，年数总和法又称年限合计法，是指固定资产的原价减去预计净残值后的余额，乘以一个逐年递减的分数计算每年的折旧额，这个分数的分子代表固定资产尚可使用寿命，分母代表预计使用寿命逐年数字。

【思考】双倍余额递减法和年数总和法有哪些区别？

（1）方法需要转换？在采用双倍余额递减法时，从倒数第二年起有一个折旧方法的转换，要由双倍余额递减法改成直线法，而年数总和法没有方法的转换。

（2）折旧基数相同？不同。在双倍余额递减法下，折旧基数是固定资产净值＝原价－折旧额；而在年数总和法下，折旧基数是应计折旧额＝固定资产的原价－净残值。

（3）折旧率计算方法相同？不同。在双倍余额递减法下，在没有改用直线法折旧的各年它的折旧率是2/折旧年限；而在年数总和法下，折旧率是尚可使用年限/年数总和。

（4）净残值处理方法相同？不同。在双倍余额递减法下，在没有改用直线法之前是不考虑净残值的；而在年数总和法下，每年均要考虑净残值。

【2015年《初级会计实务》考试真题·多选题】下列各项中，关于企业固定资产折旧方法的表述正确的有_____。　　　　　　　　　　　　　　　　　　　　　（　　）

A. 年限平均法需要考虑固定资产的预计净残值
B. 年数总和法计算的固定资产折旧额逐年递减
C. 双倍余额递减法不需要考虑固定资产的预计净残值
D. 年数总和法不需要考虑固定资产的预计净残值

【正确答案】AB

【答案解析】双倍余额递减法下，前几年计算折旧不考虑预计净残值，最后两年改为直线法要考虑预计净残值，选项C不正确；年数总和法下，需要考虑预计净残值。

三、固定资产折旧的核算

固定资产应当按月计提折旧，计提的折旧应当记入"累计折旧"科目，并根据用途计入相关资产的成本或者当期损益。

借：制造费用　　　【生产车间的固定资产计提的折旧费】
　　管理费用　　　【企业管理部门、未使用的固定资产计提的折旧费】
　　销售费用　　　【企业专设销售部门的固定资产计提的折旧费】
　　其他业务成本　【企业经营租出的固定资产计提的折旧费】
　　研发支出　　　【企业研发无形资产时使用的固定资产计提的折旧费】

在建工程   【自行建造固定资产中使用的固定资产计提的折旧费】
    贷：累计折旧

【例5-10】某企业采用年限平均法对固定资产计提折旧。2015年1月根据"固定资产折旧计算表"，确定的各车间及厂部管理部门应分配的折旧额为：一车间1 500 000元，二车间2 400 000元，三车间3 000 000元，厂管理部门600 000元。该企业应做如下会计处理：

    借：制造费用——一车间   1 500 000
            ——二车间   2 400 000
            ——三车间   3 000 000
        管理费用   600 000
        贷：累计折旧   7 500 000

【例5-11】乙公司2015年6月固定资产计提折旧情况如下：一车间厂房计提折旧3 800 000元，机器设备计提折旧4 500 000元；管理部门房屋建筑物计提折旧6 500 000元，运输工具计提折旧 2 400 000 元；销售部门房屋建筑物计提折旧 3 200 000 元，运输工具计提折旧2 630 000元。当月新购置机器设备一台，价值为5 400 000元，预计使用寿命为10年，该企业同类设备计提折旧采用年限平均法。

本例中，新购置的机器设备本月不计提折旧。本月计提的折旧费用中，车间使用的固定资产计提的折旧费用计入制造费用，管理部门使用的固定资产计提的折旧费用计入管理费用，销售部门使用的固定资产计提的折旧费用计入销售费用。乙公司应做如下会计处理：

    借：制造费用——一车间   8 300 000
        管理费用   8 900 000
        销售费用   5 830 000
        贷：累计折旧   23 030 000

【2015年《初级会计实务》考试真题·单选题】下列各项中事业单位计提固定资产折旧，应借记的科目是_____。   （ ）

    A. 固定资产   B. 非流动资产基金——固定资产
    C. 事业基金   D. 事业支出

【正确答案】B

【答案解析】事业单位固定资产计提折旧。
    借：非流动资产基金——固定资产
        贷：累计折旧

【2010年《初级会计实务》考试真题·多选题】企业计提固定资产折旧时，下列会计分录正确的有_____。   （ ）

    A. 计提行政管理部门固定资产折旧：
    借记"管理费用"科目，贷记"累计折旧"科目
    B. 计提生产车间固定资产折旧：
    借记"制造费用"科目，贷记"累计折旧"科目
    C. 计提专设销售机构固定资产折旧：
    借记"销售费用"科目，贷记"累计折旧"科目
    D. 计提自建工程使用的固定资产折旧：

借记"在建工程"科目，贷记"累计折旧"科目

【正确答案】ABCD

第四节 固定资产的后续支出

固定资产的后续支出是指固定资产在使用过程中发生的更新改造支出、修理费用等。企业的固定资产投入使用后，由于各个组成部分耐用程度不同或者使用的条件不同，因而往往发生固定资产的局部损坏。为了保持固定资产的正常运转和使用，充分发挥其使用效能，就必须对其进行必要的后续支出。

固定资产的更新改造等后续支出，满足固定资产确认条件的，应当计入固定资产成本，如有被替换的部分，应同时将被替换部分的账面价值从该固定资产原账面价值中扣除；不满足固定资产确认条件的固定资产修理费用等，应当在发生时计入当期损益。

在对固定资产发生可资本化的后续支出后，企业应将该固定资产的原价、已计提的累计折旧和减值准备转销，将固定资产的账面价值转入在建工程。固定资产发生的可资本化的后续支出，通过"在建工程"科目核算。在固定资产发生的后续支出完工并达到预定可使用状态时，从"在建工程"科目转入"固定资产"科目。

企业生产车间（部门）和行政管理部门等发生的固定资产：修理费用等后续支出，借记"管理费用"等科目，贷记"银行存款"等科目；企业发生的与专设销售机构相关的固定资产修理费用等后续支出，借记"销售费用"科目，贷记"银行存款"等科目。

【例5-12】2015年6月1日，甲公司对现有的一台管理用设备进行日常修理，修理过程中发生的材料费100 000元，应支付的维修人员工资为20 000元。

本例中，对机器设备的日常修理没有满足固定资产的确认条件，因此，应将该项固定资产后续支出在其发生时计入当期损益，属于生产车间（部门）和行政管理部门等发生的固定资产修理费用等后续支出，应记入"管理费用"等科目，甲公司应做如下会计处理：

借：管理费用　　　　　　　　　　　　　　　　　　　　　　　120 000
　　贷：原材料　　　　　　　　　　　　　　　　　　　　　　100 000
　　　　应付职工薪酬　　　　　　　　　　　　　　　　　　　 20 000

【例5-13】2015年8月1日，乙公司对其现有的一台管理部门使用的设备进行修理，修理过程中发生支付维修人员工资5 000元。

本例中，乙公司对管理用设备的维修没有满足固定资产的确认条件，因此，应将该项固定资产后续支出在其发生时计入当期损益，由于属于生产车间（部门）和行政管理部门等发生的固定资产修理费用等后续支出，应记入"管理费用"科目。乙公司应做如下会计处理：

借：管理费用　　　　　　　　　　　　　　　　　　　　　　　　5 000
　　贷：应付职工薪酬　　　　　　　　　　　　　　　　　　　　5 000

【2011年《初级会计实务》考试真题·不定项选择题】甲公司发生的有关交易或事项如下：

（1）为遵守国家有关环保的法律规定，20×8年1月31日，甲公司对A生产设备进行停工改造，安装环保装置。3月25日，新安装的环保装置达到预定可使用状态并交付使用，共发生成本600万元。至1月31日，A生产设备的成本为18 000万元，已计提折旧9 000万元，未计提减值准备。A生产设备预计使用16年，已使用8年，安装环保装置后还可使用8

年；环保装置预计使用 5 年。

（2）为降低能源消耗，甲公司对 B 生产设备部分构件进行更换。构件更换工程于 20×7 年 12 月 31 日开始，20×8 年 10 月 25 日达到预定可使用状态并交付使用，共发生成本 2 600 万元。

至 20×7 年 12 月 31 日，B 生产设备的成本为 8 000 万元，已计提折旧 3 200 万元，账面价值 4 800 万元，其中被替换构件的账面价值为 800 万元，被替换构件已无使用价值。B 生产设备原预计使用 10 年，更换构件后预计还可使用 8 年。

甲公司的固定资产按年限平均法计提折旧，预计净残值均为零。假定甲公司当年度生产的产品均已实现对外销售。

要求： 根据上述资料，不考虑其他因素，回答下列第（1）题至第（2）题。（2009 年原制度考题）

（1）下列各项关于甲公司 A 生产设备改造工程及其后会计处理的表述中，正确的是_____。（ ）

A. A 生产设备在安装环保装置期间停止计提折旧
B. 因不能直接带来经济利益将安装环保装置发生的成本计入当期损益
C. 环保装置达到预定可使用状态后按 A 生产设备剩余使用年限计提折旧
D. 环保装置达到预定可使用状态后 A 生产设备按环保装置的预计使用年限计提折旧

【正确答案】A

【答案解析】选项 A，固定资产更新改造期间，应该停止计提折旧；选项 B 错误，企业购置的环保设备和安全设备等资产，它们的使用虽然不能直接为企业带来经济利益，但有助于企业从其他相关资产中获取经济利益，或者将减少企业未来经济利益的流出，因此，对于这些设备，企业应将其确认为固定资产；固定资产的各组成部分具有不同使用寿命或者以不同方式为企业提供经济利益，适用不同折旧率或折旧方法的，应当分别将各组成部分确认为单项固定资产，故选项 C、D 错误。

（2）下列各项关于甲公司 B 生产设备更换构件工程及其后会计处理的表述中，正确的是_____。（ ）

A. B 生产设备更换构件时发生的成本直接计入当期损益
B. B 生产设备更换构件期间仍按原预计使用年限计提折旧
C. B 生产设备更换构件时被替换构件的账面价值终止确认
D. B 生产设备在更换构件工程达到预定可使用状态后按原预计使用年限计提折旧

【正确答案】C

【**2010 年《初级会计实务》考试真题·多选题**】下列各项中，影响固定资产清理净损益的有_____。（ ）

A. 清理固定资产发生的税费　　B. 清理固定资产的变价收入
C. 清理固定资产的账面价值　　D. 清理固定资产耗用的材料成本

【正确答案】ABCD

【答案解析】本题考核固定资产清理净损益的影响因素。清理的固定资产账面价值转入固定资产清理科目的借方，清理过程中发生的各项税费、支出记入固定资产清理科目的借方，变价收入记入固定资产清理科目的贷方，因此，选项 ABCD 均影响固定资产清理的净损益。

【2009年《初级会计实务》考试真题·单选题】某企业转让一台旧设备，取得价款56万元，发生清理费用2万元。该设备原值为60万元，已提折旧10万元。假定不考虑其他因素，出售该设备影响当期损益的金额为_____万元。（   ）
A. 4　　　　　　B. 6　　　　　　C. 54　　　　　　D. 56

【正确答案】A

【答案解析】出售该设备影响当期损益的金额＝56－（60－10）－2＝4（万元），是固定资产清理净收益，应该计入营业外收入科目。

第五节　固定资产的减值与处置

一、固定资产减值

固定资产在资产负债表日存在可能发生减值的迹象时，其可收回金额低于账面价值的，企业应当将该固定资产的账面价值减记至可收回金额，减记的金额确认为减值损失，计入当期损益，同时计提相应的资产减值准备，借记"资产减值损失——计提的固定资产减值准备"科目，贷记"固定资产减值准备"科目。固定资产减值损失一经确认，在以后的会计期间不得转回。

【例5-14】2015年12月31日，丁公司的某生产线存在可能发生减值的迹象。经计算，该机器的可收回金额合计为1 230 000元，账面价值为1 400 000元，以前年度未对该生产线计提过减值准备。

由于该生产线的可收回金额为1 230 000元，账面价值为1 400 000元，可收回金额低于账面价值，应按两者之间的差额170 000（1 400 000－1 230 000）元计提固定资产减值准备。丁公司应做如下会计处理：

借：资产减值损失——计提的固定资产减值准备　　　　　　　　170 000
　　贷：固定资产减值准备　　　　　　　　　　　　　　　　　　　170 000

二、固定资产处置

企业在生产经营过程中，可能将不适用或不需用的固定资产对外出售转让，或因磨损、技术进步等原因对固定资产进行报废，或因遭受自然灾害而对毁损的固定资产进行处理。对于上述事项在进行会计核算时，应按规定程序办理有关手续，结转固定资产的账面价值，计算有关的清理收入、清理费用及残料价值等。

固定资产处置包括固定资产的出售、报废、毁损、对外投资、非货币性资产交换、债务重组等。处置固定资产应通过"固定资产清理"科目核算。具体包括以下几个环节：

（1）固定资产转入清理。企业因出售、报废、毁损、对外投资、非货币性资产交换、债务重组等转出的固定资产，按该项固定资产的账面价值，借记"固定资产清理"科目，按已计提的累计折旧，借记"累计折旧"科目，按已计提的减值准备，借记"固定资产减值准备"科目，按其账面原价，贷记"固定资产"科目。

（2）发生的清理费用等。固定资产清理过程中应支付的相关税费及其他费用，借记"固定资产清理"科目，贷记"银行存款""应交税费——应交营业税"等科目。

(3) 收回出售固定资产的价款、残料价值和变价收入等，借记"银行存款""原材料"等科目，贷记"固定资产清理"科目。

(4) 保险赔偿等的处理：应由保险公司或过失人赔偿的损失，借记"其他应收款"等科目，贷记"固定资产清理"科目。

(5) 清理净损益的处理。固定资产清理完成后，属于生产经营期间正常的处理损失，借记"营业外支出——处置非流动资产损失"科目，贷记"固定资产清理"科目；属于自然灾害等非正常原因造成的损失，借记"营业外支出——非常损失"科目，贷记"固定资产清理"科目。如为贷方余额，借记"固定资产清理"科目，贷记"营业外收入"科目。

【例 5-15】甲公司出售一座建筑物，原价为 2 000 000 元，已计提折旧 1 000 000 元，未计提减值准备，实际出售价格为 1 200 000 元，已通过银行收回价款。甲公司应做如下会计处理：

(1) 将出售固定资产转入清理时：

借：固定资产清理　　　　　　　　　　　　　　　　　　　　1 000 000
　　累计折旧　　　　　　　　　　　　　　　　　　　　　　　1 000 000
　　贷：固定资产　　　　　　　　　　　　　　　　　　　　　2 000 000

(2) 收回出售固定资产的价款时：

借：银行存款　　　　　　　　　　　　　　　　　　　　　　1 200 000
　　贷：固定资产清理　　　　　　　　　　　　　　　　　　　1 200 000

(3) 计算销售该固定资产应交纳的营业税，按规定适用的营业税税率为 5%，应纳税额为 60 000（1 200 000×5%）元：

借：固定资产清理　　　　　　　　　　　　　　　　　　　　　60 000
　　贷：应交税费——应交营业税　　　　　　　　　　　　　　60 000

(4) 结转出售固定资产实现利得时：

借：固定资产清理　　　　　　　　　　　　　　　　　　　　　140 000
　　贷：营业外收入——非流动资产处置利得　　　　　　　　　140 000

【例 5-16】乙公司现有一台设备由于性能等原因决定提前报废，原价为 500 000 元，已计提折旧 450 000 元，未计提减值准备。报废时的残值变价收入为 20 000 元，报废清理过程中发生清理费用 3 500 元。有关收入、支出均通过银行办理结算。乙公司应做如下会计处理：

(1) 将报废固定资产转入清理时：

借：固定资产清理　　　　　　　　　　　　　　　　　　　　　50 000
　　累计折旧　　　　　　　　　　　　　　　　　　　　　　　450 000
　　贷：固定资产　　　　　　　　　　　　　　　　　　　　　500 000

(2) 收回残料变价收入时：

借：银行存款　　　　　　　　　　　　　　　　　　　　　　　20 000
　　贷：固定资产清理　　　　　　　　　　　　　　　　　　　20 000

(3) 支付清理费用时：

借：固定资产清理　　　　　　　　　　　　　　　　　　　　　3 500
　　贷：银行存款　　　　　　　　　　　　　　　　　　　　　3 500

(4) 结转报废固定资产发生的净损失时：

借：营业外支出——非流动资产处置损失　　　　　　　　　　　　　　33 500
　　　贷：固定资产清理　　　　　　　　　　　　　　　　　　　　　33 500

【例 5-17】丙公司因遭受水灾而毁损一座仓库，该仓库原价 4 000 000 元，已计提折旧 1 000 000 元，未计提减值准备。其残料估计价值 50 000 元，残料已办理入库。发生的清理费用 20 000 元，以现金支付。经保险公司核定应赔偿损失 1 500 000 元，尚未收到赔款。丙公司应做如下会计处理：

（1）将毁损的仓库转入清理时：
借：固定资产清理　　　　　　　　　　　　　　　　　　　　　　3 000 000
　　累计折旧　　　　　　　　　　　　　　　　　　　　　　　　1 000 000
　　　贷：固定资产　　　　　　　　　　　　　　　　　　　　　4 000 000
（2）残料入库时：
借：原材料　　　　　　　　　　　　　　　　　　　　　　　　　　50 000
　　　贷：固定资产清理　　　　　　　　　　　　　　　　　　　　50 000
（3）支付清理费用时：
借：固定资产清理　　　　　　　　　　　　　　　　　　　　　　　20 000
　　　贷：库存现金　　　　　　　　　　　　　　　　　　　　　　20 000
（4）确定应由保险公司理赔的损失时：
借：其他应收款　　　　　　　　　　　　　　　　　　　　　　　1 500 000
　　　贷：固定资产清理　　　　　　　　　　　　　　　　　　　1 500 000
（5）结转毁损固定资产发生的损失时：
借：营业外支出——非常损失　　　　　　　　　　　　　　　　　1 470 000
　　　贷：固定资产清理　　　　　　　　　　　　　　　　　　　1 470 000

【2015 年《初级会计实务》考试真题·单选题】某公司处置一台旧设备，取得价款 100 万元，发生清理费用 5 万元，支付相关税费 5 万元。该设备原值为 200 万元，已提折旧 60 万元。假定不考虑其他因素，处置该设备影响当期损益的金额为_____万元。（　　）
A. -40　　　　　　B. -45　　　　　　C. -50　　　　　　D. 50
【正确答案】C
【答案解析】处置该设备的分录如下：
借：固定资产清理　　　　　　　　　　　　　　　　　　　　　　　140
　　累计折旧　　　　　　　　　　　　　　　　　　　　　　　　　60
　　　贷：固定资产　　　　　　　　　　　　　　　　　　　　　200
借：固定资产清理　　　　　　　　　　　　　　　　　　　　　　　10
　　　贷：银行存款　　　　　　　　　　　　　　　　　　　　　　10
借：银行存款　　　　　　　　　　　　　　　　　　　　　　　　　100
　　　贷：固定资产清理　　　　　　　　　　　　　　　　　　　　100
借：营业外支出　　　　　　　　　　　　　　　　　　　　　　　　50
　　　贷：固定资产清理　　　　　　　　　　　　　　　　　　　　50

【2015 年《初级会计实务》考试真题·单选题】某企业一台机床由于技术更新等原因决定提前报废。该机床原价 150 万元，已计提折旧 90 万元，已计提减值准备 40 万元，残值变

价收入为10万元。假定不考虑其他因素，该企业提前报废机床的相关的会计处理结果不正确的是_____。（　　）

A. "固定资产"科目贷方登记150万元
B. "累计折旧"科目借方登记90万元
C. "固定资产减值准备"科目借方登记40万元
D. "营业外支出——非流动资产处置损失"科目借方登记20万元

【正确答案】D
【答案解析】处置提前报废机床的分录如下（单元：万元）：

借：固定资产清理　　　　　　　　　　　　　　　　20
　　累计折旧　　　　　　　　　　　　　　　　　　90
　　固定资产减值准备　　　　　　　　　　　　　　40
　　贷：固定资产　　　　　　　　　　　　　　　　　　150
借：银行存款　　　　　　　　　　　　　　　　　　10
　　贷：固定资产清理　　　　　　　　　　　　　　　　10
借：营业外支出——非流动资产处置损失　　　　　　10
　　贷：固定资产清理　　　　　　　　　　　　　　　　10

【2015年《初级会计实务》考试真题·判断题】企业出售生产经营用固定资产实现的净收益，应计入利润表的营业收入。（　　）
【正确答案】×
【答案解析】企业出售生产经营用固定资产实现的净收益，应计入利润表的营业外收入。

【2015年《初级会计实务》考试真题·判断题】企业出售自用房屋应交的营业税记入固定资产清理的借方。（　　）
【正确答案】√

第六节　固定资产清查

企业应定期或者至少于每年年末对固定资产进行清查盘点，以保证固定资产核算的真实性，充分挖掘企业现有固定资产的潜力。在固定资产清查过程中，如果发现盘盈、盘亏的固定资产，应填制固定资产盘盈盘亏报告表。清查固定资产的损溢，应及时查明原因，并按照规定程序报批处理。

一、固定资产盘盈

企业在财产清查中盘盈的固定资产，作为前期差错处理。企业在财产清查中盘盈的固定资产，在按管理权限报经批准处理前应先通过"以前年度损益调整"科目核算。盘盈的固定资产，应按重置成本确定其入账价值，借记"固定资产"科目，贷记"以前年度损益调整"科目。

【例5-18】丁公司在财产清查过程中，发现一台未入账的设备，重置成本为30 000元（假定与其计税基础不存在差异）。根据《企业会计准则第28号——会计政策、会计估计变更和差错更正》规定，该盘盈固定资产作为前期差错进行处理。假定丁公司适用的所得税税率为25%，按净利润的10%计提法定盈余公积。丁公司应做如下会计处理：

(1) 盘盈固定资产时：
借：固定资产 30 000
　　贷：以前年度损益调整 30 000
(2) 确定应交纳的所得税时：
借：以前年度损益调整 7 500
　　贷：应交税费——应交所得税 7 500
(3) 结转为留存收益时：
借：以前年度损益调整 22 000
　　贷：盈余公积——法定盈余公积 2 250
　　　　利润分配——未分配利润 19 750

二、固定资产盘亏

企业在财产清查中盘亏的固定资产，按盘亏固定资产的账面价值，借记"待处理财产损溢"科目，按已计提的累计折旧，借记"累计折旧"科目，按已计提的减值准备，借记"固定资产减值准备"科目，按固定资产的原价，贷记"固定资产"科目。按管理权限报经批准后处理时，按可收回的保险赔偿或过失人赔偿，借记"其他应收款"科目；按应计入营业外支出的金额，借记"营业外支出——盘亏损失"科目，贷记"待处理财产损溢"科目。

【例5-19】乙公司进行财产清查时发现短缺一台笔记本电脑，原价为10 000元，已计提折旧7 000元。乙公司应做如下会计处理：

(1) 盘亏固定资产时：
借：待处理财产损溢 3 000
　　累计折旧 7 000
　　贷：固定资产 10 000
(2) 报经批准转销时：
借：营业外支出——盘亏损失 3 000
　　贷：待处理财产损溢 3 000

【2015年《初级会计实务》考试真题·不定项选择题】2014年度甲公司发生如下交易或事项：

(1) 1月3日，甲公司出售某办公楼，实际收取款项1 920万元存入银行，该办公楼原价为3 000万元，采用年限平均法按20年计提折旧，预计净残值率为4%，出售时已计提折旧9年，未计提减值准备。

(2) 6月1日，为了盘活企业的非流动资产，甲公司将长期闲置的某临街房屋对外经营出租，并转作投资性房地产（采用成本模式计量），转换日，该房屋的原价为1 500万元，已计提折旧为960万元。

(3) 7月2日，对厂房进行更新改造。该厂房原值为500万元，累计折旧为200万元，改造过程中发生可资本化的支出120万元。工程项目于10月20日完工，达到预定可使用状态。

(4) 12月31日，经减值测试，应计提固定资产减值准备920万元。

要求：根据上述资料，不考虑其他因素，分析回答下列小题（答案中的金额单位用万元表示)。

1. 根据资料(1),下列各项中,与办公楼折旧相关的表述正确的是_____。( )
   A. 该办公楼的预计净残值为96万元
   B. 该办公楼的年折旧率为4.8%
   C. 该办公楼的预计净残值为120万元
   D. 该办公楼的年折旧率为5%

【正确答案】BC

【答案解析】该办公楼的预计净残值=办公楼原价×预计净残值率=3 000×4%=120(万元),选项A错误,选项C正确;办公楼的年折旧率=(1-预计净残值率)/预计使用寿命=(1-4%)/20=4.8%,选项B正确,选项D错误。

2. 根据资料(1),下列各项中,甲公司出售该办公楼会计处理正确的是_____。( )

A. 将出售办公楼转入清理时:
借:固定资产清理　　　　　　　　　　　　1 704
　　累计折旧　　　　　　　　　　　　　　1 296
　　贷:固定资产　　　　　　　　　　　　　　　3 000

B. 收到出售办公楼价款时:
借:银行存款　　　　　　　　　　　　　　1 920
　　贷:固定资产清理　　　　　　　　　　　　　1 920

C. 结转清理净损益时:
借:固定资产清理　　　　　　　　　　　　　270
　　贷:营业外收入　　　　　　　　　　　　　　　270

D. 结转清理净损益时:
借:固定资产清理　　　　　　　　　　　　　216
　　贷:营业外收入　　　　　　　　　　　　　　　216

【正确答案】ABD

【答案解析】出售办公楼时,已计提9年折旧,累计折旧=3 000×4.8%×9=1 296(万元)。
出售办公楼时,先将办公楼转入固定资产清理:
借:固定资产清理　　　　　　　　　　　　1 704
　　累计折旧　　　　　　　　　　　　　　1 296
　　贷:固定资产　　　　　　　　　　　　　　　3 000
实际收取出售价款时:
借:银行存款　　　　　　　　　　　　　　1 920
　　贷:固定资产清理　　　　　　　　　　　　　1 920
结转清理净损益时:
借:固定资产清理　　　　　　　　　　　　　216
　　贷:营业外收入　　　　　　　　　　　　　　　216

3. 根据资料(2),下列各项中,甲公司出租临街房屋会计处理正确的是_____。( )

A. 借：投资性房地产 1 500
　　　累计折旧 960
　　　贷：固定资产 1 500
　　　　　投资性房地产累计折旧 960
B. 借：投资性房地产 540
　　　贷：固定资产清理 540
C. 借：投资性房地产 540
　　　累计折旧 960
　　　贷：固定资产 1 500
D. 借：固定资产清理 540
　　　累计折旧 960
　　　贷：固定资产 1 500

【正确答案】A
【答案解析】将自用房地产转为采用成本模式计量的投资性房地产，转换当日的会计处理为：
借：投资性房地产 1 500
　　累计折旧 960
　　贷：固定资产 1 500
　　　　投资性房地产累计折旧 960

4. 根据资料（3），下列各项中，甲公司更新改造厂房达到预定可使用状态的入账价值是_____万元。（　　）

A. 420　　　　B. 300　　　　C. 120　　　　D. 620

【正确答案】A
【答案解析】厂房达到预定可使用状态的入账价值＝500－200＋120＝420（万元）。

5. 根据资料（4），2014年12月31日甲公司计提固定资产减值准备会计处理正确的是_____。（　　）

A. 借：制造费用 920
　　　贷：固定资产减值准备 920
B. 借：管理费用 920
　　　贷：固定资产减值准备 920
C. 借：营业外支出 920
　　　贷：固定资产减值准备 920
D. 借：资产减值损失 920
　　　贷：固定资产减值准备 920

【正确答案】D
【答案解析】固定资产减值的相关会计处理为：
借：资产减值损失 920
　　贷：固定资产减值准备 920

【2015年《初级会计实务》考试真题·不定项选择题】甲公司2012—2014年发生的相关业务资料如下：

（1）2012年7月1日，该公司为购买M、N两台大型生产专用设备，经批准按面值发行2 000万元的债券，该债券的期限为4年、年利率为8%（不计复利，票面利率与实际利率相同），按年分期付息，到期归还本金。发行债券当日将所筹款用于购置M、N生产专用设备，支付价款1 638万元（含增值税进项税额238万元），支付两台设备包装费12万元、安装调试费350万元。

（2）2013年12月31日，M、N设备安装调制完毕达到预定可使用状态。M、N生产设备的公允价值分别是1 230万元和820万元。两个生产设备预计可使用年限均为10年，预计净残值率为5%，采用年限平均法计提折旧。

（3）2012年9月1日，该公司为更新改造原有K厂房专门借入长期借款120万元，期限为3年、年利率为6%（不计复利，合同利率等于实际利率），按年计息、到期一次还本付息，当日将借款全部用于工程支出。另外以银行存款支付工程人员薪酬10.4万元，截止9月1日，K厂房原值为280万元，已计提折旧120万元，未计提资产减值准备。

要求：根据上述资料，不考虑其他因素，回答下列各小题。（答案中的金额单位用万元表示）

【答案解析】上述资料的相关会计处理如下：

① 2012年7月1日，按面值发行债券收到款项时：

借：银行存款　　　　　　　　　　　　　　　　　　　　　2 000
　　贷：应付债券——面值　　　　　　　　　　　　　　　　2 000

② 2012年7月1日购入两台设备：

借：在建工程　　　　　　　　　　　　　　　　　　　　　1 762
　　应交税费——应交增值税（进项税额）　　　　　　　　　 238
　　贷：银行存款　　　　　　　　　　　　　　　　　　　　2 000

③ 2012年计提债券利息时：

借：在建工程　　　　　　　　　　　　　　　　　　　　　　 80
　　贷：应付利息　　　　　　　　　　　　　　　　　　　　　 80

2013年计提债券利息时：

借：在建工程　　　　　　　　　　　　　　　　　　　　　　160
　　贷：应付利息　　　　　　　　　　　　　　　　　　　　　160

④ 2013年12月31日设备达到预定可使用状态：

借：固定资产——M　　　1 201.2　[2 002÷（1 230＋820）×1 230]
　　　　　　——N　　　 800.8　[2 002－1 105.2]
　　贷：在建工程　　　　　　　　　　　　　　　　　　　　2 002

⑤ 2012年9月1日借入长期借款：

借：银行存款　　　　　　　　　　　　　　　　　　　　　　120
　　贷：长期借款——本金　　　　　　　　　　　　　　　　　120

⑥ 2012年9月1日厂房更新改造：

借：在建工程　　　　　　　　　　　　　　　　　　　　　　160
　　累计折旧　　　　　　　　　　　　　　　　　　　　　　120
　　贷：固定资产　　　　　　　　　　　　　　　　　　　　280

⑦ 发生相关支出：
借：在建工程　　　　　　　　　　　　　　　　　　　　　　　　　130.4
　　贷：银行存款　　　　　　　　　　　　　　　　　　　　　　　　120
　　　　应付职工薪酬　　　　　　　　　　　　　　　　　　　　　　10.4

【2014年《初级会计实务》考试真题·不定项选择题】甲公司为增值税一般纳税人，2013年第四季度该公司发生的固定资产相关业务如下：

（1）10月8日，甲公司购入一台需要安装的设备，取得的增值税专用发票上注明的销售价格为98万元，增值税税额为16.66万元，另支付安装费2万元，全部款项以银行存款支付，该设备预计可使用年限为6年，预计净残值为4万元，当月达到预定可使用状态。

（2）11月，甲公司对其一条生产线进行更新改造，该生产线的原价为200万元，已计提折旧为120万元，改造过程中发生支出70万元，被替换部件的账面价值为10万元。

（3）12月，甲公司某仓库因火灾发生毁损，该仓库原价为400万元，已计提折旧100万元，其残料估计价值为5万元，残料已办理入库，发生的清理费用2万元，以现金支付，经保险公司核定应赔偿损失150万元，尚未收到赔款。

（4）12月末，甲公司对固定资产进行盘点，发现短缺一台笔记本电脑，原价为1万元，已计提折旧0.6万元，损失中应由相关责任人赔偿0.1万元。

要求：
根据上述资料，假定不考虑其他因素，分析回答下列问题。（正确答案中的金额单位用万元表示）

1. 根据资料（1），甲公司购入设备的入账成本是_____万元。　　　　（　　）
   A. 116.66　　　　B. 98　　　　C. 100　　　　D. 114.66
【正确答案】C
【答案解析】甲公司购入设备的入账成本＝98＋2＝100（万元）。

2. 根据资料（1），下列关于该设备计提折旧的表述中正确的是_____。（　　）
   A. 2013年10月该设备不应计提折旧
   B. 如采用直线法，该设备2013年第四季度应计提折旧额为3.2万元
   C. 如采用双倍余额递减法，其年折旧率应为40%
   D. 如采用年数总和法，其第一年的年折旧率应为5/16
【正确答案】A
【答案解析】固定资产购入的次月开始计提折旧，即11月开始计提折旧，所以该设备2013年10月不应计提折旧，选项A正确；如果采用直线法，该设备2013年第四季度计提折旧的月份是11、12月，折旧额＝（100－4）/6/12×2＝2.67（万元），选项B错误；如果采用双倍余额递减法，年折旧率＝2/预计使用寿命×100%＝2/6×100%＝33.3%，选项C错误；如果采用年数总和法，第一年的年折旧率＝尚可使用年限/预计使用寿命的年数总和＝6/（1＋2＋3＋4＋5＋6）×100%＝2/7，选项D错误。

3. 根据资料（2），更新改造后该生产线的入账成本是_____万元。　　（　　）
   A. 140　　　　B. 260　　　　C. 270　　　　D. 150
【正确答案】A
【答案解析】更新改造后该生产线的入账成本＝（200－120）＋70－10＝140（万元）。

· 203 ·

4. 根据资料（3），下列各项中，甲公司毁损固定资产的会计处理正确的是_____。（ ）

A. 支付清理费用时：
借：固定资产清理　　　　　　　　　　　　　　　　2
　　贷：银行存款　　　　　　　　　　　　　　　　　　　2

B. 确定应由保险公司理赔的损失时：
借：其他应收款　　　　　　　　　　　　　　　　150
　　贷：营业外收入　　　　　　　　　　　　　　　　　150

C. 将毁损的仓库转入清理时：
借：固定资产清理　　　　　　　　　　　　　　　300
　　累计折旧　　　　　　　　　　　　　　　　　　100
　　贷：固定资产　　　　　　　　　　　　　　　　　　400

D. 残料入库时：
借：原材料　　　　　　　　　　　　　　　　　　　5
　　贷：固定资产清理　　　　　　　　　　　　　　　　　5

【正确答案】CD

【答案解析】甲公司毁损固定资产时，发生的全部分录如下：
结转固定资产的账面价值时：
借：固定资产清理　　　　　　　　　　　　　　　300
　　累计折旧　　　　　　　　　　　　　　　　　　100
　　贷：固定资产　　　　　　　　　　　　　　　　　　400

残料入库时：
借：原材料　　　　　　　　　　　　　　　　　　　5
　　贷：固定资产清理　　　　　　　　　　　　　　　　　5

以现金支付清理费用时：
借：固定资产清理　　　　　　　　　　　　　　　　2
　　贷：库存现金　　　　　　　　　　　　　　　　　　　2

确定应由保险公司理赔的损失时：
借：其他应收款　　　　　　　　　　　　　　　　150
　　贷：固定资产清理　　　　　　　　　　　　　　　　150

结转清理净损失时：
借：营业外支出　　　　　　　　　　　　　　　　147
　　贷：固定资产清理　　　　　　　　　　　　　　　　147

所以选项CD正确。

5. 根据资料（4），应记入"营业外支出"科目借方的金额是_____万元。（ ）
A. 0.8　　　　B. 0.1　　　　C. 0.3　　　　D. 1

【正确答案】C

【答案解析】短缺笔记本电脑应记入"营业外支出"科目借方的金额＝1－0.6－0.1＝0.3（万元）。相关分录如下：

盘亏固定资产时：
借：待处理财产损溢　　　　　　　　　　　　　　0.4
　　累计折旧　　　　　　　　　　　　　　　　　0.6
　　贷：固定资产　　　　　　　　　　　　　　　　　　　1
确定应由责任人赔偿时：
借：其他应收款　　　　　　　　　　　　　　　　0.1
　　贷：待处理财产损溢　　　　　　　　　　　　　　　0.1
报经批准转销时：
借：营业外支出——盘亏损失　　　　　　　　　　0.3
　　贷：待处理财产损溢　　　　　　　　　　　　　　　0.3

【2012年《初级会计实务》考试真题·不定项选择题】发生的有关固定资产业务如下：

（1）2010年12月20日，甲公司向乙公司一次购进三台不同型号且具有不同生产能力的A设备、B设备和C设备，共支付价款4 000万元，增值税税额为680万元，包装费及运输费30万元，另支付A设备安装费18万元，B、C设备不需要安装，同时，支付购置合同签订、差旅费等相关费用2万元，全部款项已由银行存款支付。

（2）2010年12月28日，三台设备均达到预定可使用状态，三台设备的公允价值分别为2 000万元、1 800万元和1 200万元。该公司按每台设备公允价值的比例对支付的价款进行分配，并分别确定其入账价值。

（3）三台设备预计的使用年限均为5年，预计净残值率为2%，使用双倍余额递减法计提折旧。

（4）2011年3月，支付A设备、B设备和C设备日常维修费用分别为1.2万元，0.5万元和0.3万元。

（5）2011年12月31日，对固定资产进行减值测试，发现B设备实际运行效率和生产能力验证以完全达到预计的状况，存在减值迹象，其预计可收回金额低于账面价值的差额为120万元，其他各项固定资产未发生减值迹象。

要求：根据上述资料，不考虑其他因素，分析回答下列问题。

1. 根据资料（1）、（2），下列各项中,关于固定资产取得会计处理表述正确的是_____。
（　　）

A. 固定资产应按公允价值进行初始计量
B. 支付的相关增值税额不应计入固定资产的取得成本
C. 固定资产取得成本与其公允价值差额应计入当期损益
D. 购买价款、包装费、运输费、安装费等费用应计入固定资产的取得成本

【正确答案】 BD

【答案解析】 固定资产应按实际支付的购买价款、相关税费、使固定资产达到预定可使用状态前所发生的可归属于该项资产的运输费、装卸费、安装费和专业人员服务费等，作为固定资产的取得成本，增值税进项税额不计入固定资产取得成本。

2. 根据资料（1）、（2），下列各项中，计算结果正确的是_____。　　（　　）
A. A设备的入账价值为1 612万元
B. B设备的入账价值为1 450.8万元

C. C 设备的入账价值为 967.2 万元

D. A 设备分配购进固定资产总价款的比例为 40%

【正确答案】BCD

【答案解析】

设备 A 的入账价值=(4 000+30)×2 000/(2 000+1 800+1 200)+18=1 630（万元）；

设备 B 的入账价值=(4 000+30)×1 800/(2 000+1 800+1 200)=1 450.8（万元）；

设备 C 的入账价值=(4 000+30)×1 200/(2 000+1 800+1 200)=967.2（万元）。

A 设备的购买价款和运输费等 1 612/4 030=40%。

3. 根据资料（1）、（2），固定资产购置业务引起下列科目增减变动正确的是_____。

（　　）

A. "银行存款"减少 4 050 万元

B. "管理费用"增加 2 万元

C. "制造费用"增加 2 万元

D. "应交税费——应交增值税（进项税额）"增加 680 万元

【正确答案】BD

【答案解析】

借：固定资产——A	1 630
——B	1 450.8
——C	967.2
应交税费——应交增值税（进项税额）	680
管理费用	2
贷：银行存款	4 730

4. 根据资料（3），下列各项中，关于甲公司固定资产折旧表述正确的是_____。

（　　）

A. 前三年计提折旧所使用的折旧率为 40%

B. A 设备 2011 年度应计提折旧额为 652 万元

C. B 设备 2011 年度应计提折旧额为 580.32 万元

D. 计提前三年折旧额时不需要考虑残值的影响

【正确答案】ABCD

【答案解析】

2011 年 A 设备应计提的折旧额=1 630×2/5=652（万元）；

2011 年 B 设备应计提的折旧额=1 450.8×2/5=580.32（万元）；

双倍余额递减法前三年的折旧率=2/5=40%；前三年不考虑残值。

5. 根据资料（4），甲公司支付设备日常维修费引起下列科目变动正确的是_____。

（　　）

A. "固定资产"增加 2 万元　　　　B. "管理费用"增加 2 万元

C. "在建工程"增加 2 万元　　　　D. "营业外支出"增加 2 万元

【正确答案】B

【答案解析】日常维修计入管理费用。

6. 根据资料（5），甲公司计提资产减值准备对其利润表项目的影响是_____。

（　　）

A. 资产减值损失增加 120 万元　　B. 营业利润减少 120 万元
C. 利润总额减少 120 万元　　　　D. 净利润减少 120 万元

【正确答案】ABCD
【答案解析】
　　借：资产减值损失　　　　　　　　　　　　　　　　　　120
　　　　贷：固定资产减值准备　　　　　　　　　　　　　　　　120

案例分析

飞机的折旧年限确定多少年合适？

我国某航空公司 2015 年上半年净利润为 5 370 万元。该公司在其公布的 2015 年上半年的年报中披露：公司所使用的飞机及发动机的实际使用情况和维修情况足以使飞机及发动机保持持续、安全适航，同时结合国际上已投入运营的同类型号的飞机及发动机使用情况，公司董事会做出决议，决定从 2014 年 7 月 1 日起将公司飞机及发动机的折旧年限由原来的 10~15 年调整为 20 年，残值率由原来的飞机原值的 3%调整为 5%，备用发动机折旧年限随同飞机折旧年限确定。此项会计估计变更事项调增公司 2015 年上半年利润 42 835 万元。

思考：
（1）你认为上述我国某航空公司关于变更飞机的折旧年限所披露的理由是否充分？请说明你的看法。
（2）你认为确定飞机的折旧年限应当考虑哪些具体因素？

本章复习思考题

一、单项选择题

1. 2015 年 6 月 1 日，黄河公司对经营租入的某管理用固定资产进行改良。2015 年 10 月 31 日，改良工程达到预定可使用状态，在改良过程中共发生资本化支出 120 万元；假设不考虑其他事项，发生的支出在两年内平均摊销，2015 年年末，黄河公司因该事项计入当期损益的金额为_____万元。　　　　　　　　　　　　　　　　　　　　　　　　（　　）

A. 10　　　　B. 20　　　　C. 0　　　　D. 30

2. 恒通公司为增值税一般纳税人，适用的增值税税率为 17%。该公司董事会决定于 2015 年 6 月 30 日对某生产用固定资产进行技术改造。2015 年 6 月 30 日，该固定资产的账面原值为 3 000 万元，已计提折旧为 1 200 万元，已计提减值准备 300 万元；在改造过程中发生支出合计 800 万元，符合固定资产确认条件，被更换的部件原值为 300 万元，则该固定资产更换部件后的入账价值为_____万元。　　　　　　　　　　　　　　　　　　　　（　　）

A. 2 300　　　B. 2 200　　　C. 2 150　　　D. 2 000

3. 甲企业对某一项生产设备进行改良，该生产设备原价为 1 000 万元，已提折旧 500 万元，改良中发生各项支出共计 100 万元。改良时被替换部分的账面价值为 20 万元。则该项固定资产的入账价值为_____万元。　　　　　　　　　　　　　　　　　　　　　　（　　）

  A. 1 000　　　　　B. 1 100　　　　　C. 580　　　　　D. 600

4. 下列关于固定资产的有关核算，表述不正确的是_____。（　　）

  A. 生产车间的固定资产日常修理费用应当计入管理费用

  B. 固定资产定期检查发生的大修理费用，符合资本化条件的应当计入固定资产成本

  C. 盘亏固定资产，应通过"固定资产清理"科目核算

  D. 盘盈固定资产，应通过"以前年度损益调整"科目核算

5. 甲公司的管理部门于 2013 年 12 月底增加设备一项，该项设备原值 21 000 元，预计净残值率为 5%，预计可使用 5 年，采用年数总和法计提折旧。至 2015 年年末，在对该项设备进行检查后，估计其可收回金额为 7 200 元，则该项固定资产对甲公司 2015 年度税前利润的影响数为_____元。（　　）

  A. 1 830　　　　　B. 7 150　　　　　C. 6 100　　　　　D. 780

6. 2015 年 3 月 31 日，甲公司采用出包方式对某固定资产进行改良，该固定资产账面原价为 3 600 万元，预计使用年限为 5 年，已使用 3 年，预计净残值为零，采用年限平均法计提折旧。甲公司支付出包工程款 96 万元。2015 年 8 月 31 日，改良工程达到预定可使用状态并投入使用，预计尚可使用 4 年，预计净残值为零，采用年限平均法计提折旧。2015 年度该固定资产应计提的折旧额为_____万元。（　　）

  A. 128　　　　　B. 180　　　　　C. 308　　　　　D. 384

7. 东风公司 2012 年 9 月初增加一项设备，该项设备原值 88 000 元，预计可使用 8 年，净残值为 8 000 元，采用直线法计提折旧。至 2014 年年末，对该项设备进行检查后，估计其可收回金额为 59 750 元，减值测试后，该固定资产的折旧方法、年限和净残值等均不变。则 2015 年应计提的固定资产折旧额为_____元。（　　）

  A. 10 000　　　　　B. 8 250　　　　　C. 11 391.3　　　　　D. 9 000

8. 甲企业 2013 年 6 月 20 日开始自行建造的一条生产线，2014 年 6 月 1 日达到预定可使用状态，2014 年 7 月 1 日办理竣工决算，2014 年 8 月 1 日投入使用。该生产线建造成本为 740 万元，预计使用年限为 5 年，预计净残值为 20 万元。在采用年数总和法计提折旧的情况下，2015 年该设备应计提的折旧额为_____万元。（　　）

  A. 192　　　　　B. 216　　　　　C. 197.33　　　　　D. 222

9. 2010 年 12 月 15 日，甲公司购入一台不需要安装即可投入使用的设备，它的原价为 1 230 万元，该设备预计使用年限为 10 年，预计净残值为 30 万元，采用平均年限法计提折旧；2014 年 12 月 31 日，经过检查，该设备的可收回金额为 560 万元，预计尚可使用年限为 5 年，预计净残值为 20 万元，折旧方法不变。2015 年度该设备应计提的折旧额为_____万元。
（　　）

  A. 90　　　　　B. 108　　　　　C. 120　　　　　D. 144

10. A 公司 2014 年 9 月 1 日自行建造生产用设备一台，购入工程物资价款为 500 万元，进项税额为 85 万元，已全部领用；领用生产用原材料成本 3 万元，原进项税额为 0.51 万元；领用自产产品成本 5 万元，计税价格为 6 万元，增值税税率为 17%；支付其他相关费用 92 万元。2014 年 10 月 16 日完工投入使用，预计使用年限为 5 年，预计净残值为 40 万元。在采用双倍余额递减法计提折旧的情况下，该项设备 2015 年应提折旧为（　　）万元。

  A. 240　　　　　B. 144　　　　　C. 134.4　　　　　D. 224

二、多项选择题

1. 下列关于固定资产的会计处理的表述中,正确的有_____。（   ）
   A. 固定资产后续支出计入固定资产成本的,应当终止确认被替换部分的账面价值
   B. 固定资产盘亏造成的净损失,应当计入当期损益
   C. 确定固定资产成本时,应当考虑预计弃置费用因素
   D. 与固定资产有关的后续支出,符合准则规定固定资产的确认条件的,应当计入固定资产成本

2. 下列固定资产中,应计提折旧的固定资产有_____。（   ）
   A. 经营租赁租出的固定资产
   B. 未使用不需用的固定资产
   C. 正在改扩建的固定资产
   D. 融资租入的固定资产

3. 下列项目中,不会引起固定资产账面价值发生变化的有_____。（   ）
   A. 经营租入固定资产的改良支出
   B. 固定资产修理支出
   C. 核电站企业预计将发生的弃置费用
   D. 计提固定资产减值准备

4. 下列关于固定资产的说法中,正确的有_____。（   ）
   A. 经营租入固定资产发生的改良支出,应计入长期待摊费用,分期摊销
   B. 企业对外捐赠固定资产,应将其账面价值计入营业外支出
   C. 融资租入固定资产发生的改良支出,满足固定资产确认条件的,应该计入固定资产账面价值
   D. 特殊行业的特定固定资产存在弃置费用的,应将弃置费用的现值计入相关资产成本

5. 下列关于企业依照国家有关规定提取的安全费用的表述中,不正确的有_____。
   （   ）
   A. 企业依照国家有关规定提取的安全费用以及具有类似性质的各项费用,应当在所有者权益中的"资本公积"项下反映
   B. 对于作为固定资产管理和核算的安全防护设备等,企业应当按规定计提折旧,计入有关当期损益
   C. 按规定范围使用安全生产储备支付安全生产检查和评价支出、安全技能培训及进行应急救援演练支出等费用性支出时,直接冲减专项储备
   D. 企业使用提取的安全生产费形成固定资产的,应当通过"在建工程"科目归集所发生的支出,待安全项目完工达到预定可使用状态时从"在建工程"转入专项储备

6. 下列关于固定资产处置的表述中,正确的有_____。（   ）
   A. 当该项固定资产处于处置状态时,应当终止确认该项固定资产
   B. 出售、报废或者毁损固定资产时,应通过"固定资产清理"科目
   C. 固定资产清理完成后,属于生产经营期间正常的处理损失,应该计入"营业外支出"科目
   D. 固定资产用于对外投资时,直接按照固定资产科目余额进行结转即可,不需要通过"固

定资产清理"科目核算

7. 确定固定资产处置损益时，应考虑的因素有_____。（   ）
   A. 固定资产账面价值   B. 应交营业税
   C. 应收保险赔偿   D. 相关清理人员薪酬

8. 下列各项中，不应计入固定资产成本的有_____。（   ）
   A. 固定资产进行日常修理发生的人工费用
   B. 固定资产（机器设备）安装过程中领用原材料所负担的增值税
   C. 固定资产达到预定可使用状态后发生的专门借款利息
   D. 固定资产达到预定可使用状态前发生的工程物资盘亏净损失

9. 采用自营方式建造固定资产的情况下，下列项目中应计入固定资产取得成本的有_____。（   ）
   A. 工程人员的工资
   B. 生产车间为工程提供的水、电等费用
   C. 工程完工后发生的工程物资盘亏损失
   D. 建造固定资产通过出让方式取得土地使用权支付的土地出让金

10. 下列各项中，通过"固定资产"科目核算的有_____。（   ）
    A. 购入正在安装的设备   B. 经营性租出的设备
    C. 融资租入的不需安装的设备   D. 购入的不需安装的设备

三、判断题

1. 企业购置的环保设备和安全设备等，虽然不能直接为企业带来经济利益，但是有助于企业从相关资产中获得经济利益，或者减少企业未来经济利益的流出，因此，企业也应该将其确认为固定资产。（   ）

2. 固定资产的定期大修理支出，应当于发生时计入管理费用或销售费用。（   ）

3. 固定资产的减值准备，一经确认，不得转回。（   ）

4. 经营租入的固定资产改良符合资本化条件的，应予以资本化，通过"固定资产"科目核算，单独在以后租赁期内计提折旧。（   ）

5. 企业采用的折旧方法中，不管是哪一年对固定资产计提折旧，在计算时都应该考虑其净残值的问题。（   ）

6. 办理了竣工决算手续后，企业应按照实际成本调整原来的暂估价值和原已计提的折旧额。（   ）

7. 工程项目尚未完工时盘盈、盘亏、报废、毁损的工程物资，减去残料价值以及保险公司、过失人赔偿部分后的差额，计入当期营业外收支。（   ）

8. 已达到预定可使用状态但在年度内尚未办理竣工决算手续的固定资产，应按估计价值暂估入账，并计提折旧。（   ）

四、计算分析题

1. 甲公司为一般纳税企业，增值税税率为17%。在生产经营期间以自营方式同时建造一条生产线和一座厂房。2015年1—6月发生的有关经济业务如下：

（1）1月10日，为建造生产线购入A工程物资一批，收到的增值税专用发票上注明的价款为200万元，增值税税额为34万元；为建造厂房购入B工程物资一批，收到的增值税专用发票上注明的价款为100万元,增值税税额为17万元;款项已支付。

(2)1月20日,建造生产线领用A工程物资180万元,建造厂房领用B工程物资117万元。

(3)6月30日,建造生产线和厂房的工程人员职工薪酬合计165万元,其中生产线为115万元,厂房为50万元。

(4)6月30日,工程建设期间领用生产用原材料合计为45万元,其中生产线耗用原材料为35万元,厂房耗用原材料为10万元。

(5)6月30日,工程完工后对A工程物资进行清查,发现A工程物资减少2万元,经调查属保管员过失造成,根据企业管理规定,保管员应赔偿0.5万元,剩余A工程物资转用于在建的厂房。

(6)6月30日,生产线和厂房达到预定可使用状态并交付使用。

2. 甲公司一项固定资产安装完毕投入使用,该设备成本为500万元,预计使用5年,预计净残值为20万元。

(1)假定2008年4月10日安装完毕并交付使用,采用年限平均法计算2008年、2009年的年折旧额。

(2)假定2008年9月10日安装完毕并交付使用,采用年数总和法计算2008年、2009年的年折旧额。

(3)假定2008年12月10日安装完毕并交付使用,采用双倍余额递减法计算2009—2013年的年折旧额。

(4)假定2008年3月10日安装完毕并交付使用,采用双倍余额递减法计算2008—2013年的年折旧额。

3. 2015年12月31日,本企业的仓库突遭火灾焚毁,残料估计价值5万元,验收入库,用银行存款支付清理费用2万元。经保险公司核定的应赔偿损失7万元,尚未收到赔款。甲公司确认了该仓库的毁损损失。

答 案

一、单项选择题

1. A 2. C 3. C 4. C 5. B 6. C 7. D 8. B 9. B 10. D

二、多项选择题

1. ABCD 2. ABD 3. AB 4. ABCD 5. ABD 6. ABC 7. ABCD 8. ABC 9. AB 10. BCD

三、判断题

1. √ 2. × 3. √ 4. × 5. × 6. × 7. × 8. √

四、计算分析题

1.
(1)借:工程物资——A   200
          ——B   (117=100+17)117
      应交税费——应交增值税(进项税额)   34
    贷:银行存款   351

（2）借：在建工程——生产线　　　　　　　　　　　　　　　　180
　　　　　　　　——厂房　　　　　　　　　　　　　　　　　117
　　　贷：工程物资——A　　　　　　　　　　　　　　　　　　180
　　　　　　　　——B　　　　　　　　　　　　　　　　　　　117
（3）借：在建工程——生产线　　　　　　　　　　　　　　　　115
　　　　　　　　——厂房　　　　　　　　　　　　　　　　　 50
　　　贷：应付职工薪酬　　　　　　　　　　　　　　　　　　　165
（4）借：在建工程——生产线　　　　　　　　　　　　　　　　 35
　　　　　　　　——厂房　　　　　　　　　　　　　　　　　11.7
　　　贷：原材料　　　　　　　　　　　　　　　　　　　　　　 45
　　　　　应交税费——应交增值税（进项税额转出）　　　　　　1.7
（5）① 工程物资盘亏、报废及毁损的净损失（注意完工后）：
借：营业外支出　　　　　　　　　　　　　　　　　　　　　　1.84
　　其他应收款　　　　　　　　　　　　　　　　　　　　　　 0.5
　　贷：工程物资——A　　　　　　　　　　　　　　　　　　　　2
　　　　应交税费——应交增值税（进项税额转出）　　（0.34=2×17%）0.34
② 剩余A工程物资转用于在建的厂房：
借：在建工程——厂房　　　　　　　　　　　　　　　　　　　21.06
　　贷：工程物资——A　　　　　　　　　　　　（18=200-180-2）18
　　　　应交税费——应交增值税（进项税额转出）（3.06=18×17%）3.06
借：固定资产——生产线　　　　　　（338=180+180+115+35）330
　　　　　　——厂房　　　　（199.76=117+50+11.7+21.06）199.76
　　贷：在建工程——生产线　　　　　　　　　　　　　　　　　330
　　　　　　　——厂房　　　　　　　　　　　　　　　　　199.76
2.（1）年限平均法：
2008年年折旧额=（500-20）÷5×8/12=64（万元）
2009年年折旧额=（500-20）÷5=96（万元）
（2）年数总和法：
2008年年折旧额=（500-20）×5/15×3/12=40（万元）
2009年年折旧额=（500-20）×5/15×9/12+（500-20）×4/15×3/12=152（万元）
(3)双倍余额递减法：
2009年年折旧额=500×2/5=200（万元）
2010年年折旧额=（500-200）×2/5=120（万元）
2011年年折旧额=（500-200-120）×2/5=72（万元）
2012年年折旧额=（500-200-120-72-20）÷2=44（万元）
2013年年折旧额=（500-200-120-72-20）÷2=44（万元）
（4）双倍余额递减法：
2008年年折旧额=500×2/5×9/12=150（万元）
2009年年折旧额=500×2/5×3/12+（500-200）×2/5×9/12=140（万元）

2010年年折旧额＝(500－200)×2/5×3/12＋(500－200－120)×2/5×9/12＝84(万元)
2011年年折旧额＝(500－200－120)×2/5×3/12＋(500－200－120－72－20)÷2×
　　　　　　　9/12＝51(万元)
2012年年折旧额＝(500－200－120－72－20)÷2＝44(万元)
2013年年折旧额＝(500－200－120－72－20)÷2×3/12＝11(万元)
验算：折旧额＝150＋140＋84＋51＋44＋11＝480(万元)
应计提折旧额＝500－20＝480(万元)

3. 单位：万元

(1) 借：固定资产清理　　　　　　　　　　　　　　　　　　　23.35
　　　 累计折旧　　　　　　　[6.65＝1.05＋(30－2)/20×4]　6.65
　　　贷：固定资产　　　　　　　　　　　　　　　　　　　　　　　30
(2) 借：原材料　　　　　　　　　　　　　　　　　　　　　　　　5
　　　贷：固定资产清理　　　　　　　　　　　　　　　　　　　　5
(3) 借：固定资产清理　　　　　　　　　　　　　　　　　　　　2
　　　贷：银行存款　　　　　　　　　　　　　　　　　　　　　　2
(4) 借：其他应收款——保险公司　　　　　　　　　　　　　　7
　　　贷：固定资产清理　　　　　　　　　　　　　　　　　　　　7
(5) 借：营业外支出　　　　　　　　　　　　　　　　　　　　13.35
　　　贷：固定资产清理　　　　　　　　　　　　　　　　　　　13.35

第六章

无形资产及其他资产

案例导入

巴菲特的投资智慧

众所周知,法国产的葡萄酒是全世界最好的,但股神巴菲特却表示怀疑。"也许产自于法国一个只有 8 英亩①大的小葡萄园里的葡萄酒确实是全世界最好的,但我总是有一些怀疑,99%是吹出来的,只有1%是喝出来的。"

在一次晚宴上,主人拿出一瓶红酒说:这是法国最名贵的葡萄酒,价格非常昂贵,特意请巴菲特品尝。巴菲特用手往杯子上一挡,回答说:"谢谢,不用给我倒酒了,你还是给我钱吧。"虽然只是一句玩笑话,但却恰恰道出,法国葡萄酒之所以卖价高昂,近乎暴利,最主要的原因不是凭借酒中的葡萄汁和水这些有形的东西,而是凭借品牌声誉这些无形的东西。

案例思考:

从这个小故事中,我们可以看出,来自法国的昂贵的葡萄酒的真正价值体现在哪里?这种价值与我们前面所学习过的企业的各种资产相比有什么特点?

第一节 无形资产的初始确认和计量

一、无形资产概述

无形资产,是指企业拥有或者控制的没有实物形态的可辨认非货币性资产。通常包括专利权、非专利技术、商标权、著作权、特许权、土地使用权等。相对于其他资产,无形资产具有以下特征:

(一)由企业拥有或者控制并能为其带来未来经济利益的资源

无形资产作为一项资产,具有一般资产的本质特征,即由企业拥有或者控制并能为其带

---

① 1 英亩≈4 046.86 平方米。

来未来经济利益。通常情况下，企业拥有或者控制的无形资产应当拥有其所有权并且能够为企业带来未来经济利益。但在某些情况下并不需要企业拥有其所有权，如果企业有权获得某项无形资产产生的未来经济利益，并能约束其他方获得这些经济利益，则表明企业控制了该无形资产。例如，对于会产生经济利益的技术知识，若其受版权、贸易协议约束（如果允许）等法定权利的保护，那么说明该企业控制了相关利益。

客户关系、人力资源等，由于企业无法控制其带来的未来经济利益，不符合无形资产的定义，不应将其确认为无形资产。

（二）无形资产不具有实物形态

无形资产通常表现为某种权利、某项技术或是某种获取超额利润的综合能力，它们不具有实物形态，比如，土地使用权、非专利技术等。企业的有形资产，例如固定资产虽然也能为企业带来经济利益，但其为企业带来经济利益的方式与无形资产不同，固定资产是通过实物价值的磨损和转移来为企业带来未来经济利益，而无形资产很大程度上是通过自身所具有的技术等优势为企业带来未来经济利益。

某些无形资产的存在有赖于实物载体。比如，计算机软件需要存储在磁盘中。但这并不改变无形资产本身不具实物形态的特性。在确定一项包含无形和有形要素的资产是属于固定资产，还是属于无形资产时，需要通过判断来加以确定，通常以哪个要素更重要作为判断的依据。例如，计算机控制的机械工具没有特定计算机软件就不能运行时，说明该软件是构成相关硬件不可缺少的组成部分，该软件应作为固定资产处理；如果计算机软件不是相关硬件不可缺少的组成部分，则该软件应作为无形资产核算。

（三）无形资产具有可辨认性

要作为无形资产进行核算，该资产必须是能够区别于其他资产可单独辨认的，如企业特有的专利权、非专利技术、商标权、土地使用权、特许权等。

符合以下条件之一的，则认为其具有可辨认性：

（1）能够从企业中分离或者划分出来，并能单独用于出售或转让等，而不需要同时处置在同一获利活动中的其他资产，表明无形资产可以辨认。某些情况下，无形资产可能需要与有关的合同一起用于出售转让等，这种情况下也视为可辨认无形资产。

（2）产生于合同性权利或其他法定权利，无论这些权利是否可以从企业或其他权利和义务中转移或者分离。如一方通过与另一方签订特许权合同而获得的特许使用权通过法律程序申请获得的商标权、专利权等。

如果企业有权获得一项无形资产产生的未来经济利益，并能约束其他方获取这些利益，则表明企业控制了该项无形资产。例如，对于会产生经济利益的技术知识，若其受到版权、贸易协议约束（如果允许）等法定权利或雇员保密法定职责的保护，那么说明该企业控制了相关利益。

内部产生的品牌、报刊名、刊头、客户名单和实质上类似的项目支出，不能与整个业务开发成本区分开来。因此，这类项目不应确认为无形资产。

（四）无形资产属于非货币性资产

非货币性资产是指企业持有的货币资金和将以固定或可确定的金额收取的资产以外的其

他资产。无形资产由于没有发达的交易市场,一般不容易转化成现金,在持有过程中为企业带来未来经济利益的情况不确定,不属于以固定或可确定的金额收取的资产,属于非货币性资产。

二、无形资产的内容

无形资产通常包括专利权、非专利技术、商标权、著作权、特许权、土地使用权等。

（一）专利权

专利权,是指国家专利主管机关依法授予发明创造专利申请人,对其发明创造在法定期限内所享有的专有权利,包括发明专利权、实用新型专利权和外观设计专利权。

（二）非专利技术

非专利技术,也称专有技术。它是指不为外界所知、在生产经营活动中已采用了的、不享有法律保护的、可以带来经济效益的各种技术和诀窍。非专利技术一般包括工业专有技术、商业贸易专有技术、管理专有技术等。

（三）商标权

商标是用来辨认特定的商品或劳务的标记。商标权指专门在某类指定的商品或产品上使用特定的名称或图案的权利。

（四）著作权

著作权又称版权,指作者对其创作的文学、科学和艺术作品依法享有的某些特殊权利。著作权包括作品署名权、发表权、修改权和保护作品完整权,还包括复制权、发行权、出租权、展览权、表演权、放映权、广播权、信息网络传播权、摄制权、改编权、翻译权、汇编权以及应当由著作权人享有的其他权利。

（五）特许权

特许权,又称经营特许权、专营权,指企业在某一地区经营或销售某种特定商品的权利或是一家企业接受另一家企业使用其商标、商号、技术秘密等的权利。通常有两种形式：一种是由政府机构授权,准许企业使用或在一定地区享有经营某种业务的特权,如水、电、邮电通信等专营权、烟草专卖权,等等；另一种指企业间依照签订的合同,有限期或无限期使用另一家企业的某些权利,如连锁店分店使用总店的名称等。

（六）土地使用权

土地使用权,指国家准许某企业在一定期间内对国有土地享有开发、利用、经营的权利。根据我国《土地管理法》的规定,我国土地实行公有制,任何单位和个人不得侵占、买卖或者以其他形式非法转让。企业取得土地使用权的方式大致有以下几种：行政划拨取得、外购取得及投资者投资取得。

无形资产准则规定,作为投资性房地产的土地使用权,适用《企业会计准则第 3 号——投资性房地产》；企业合并中形成的商誉,适用《企业会计准则第 8 号——资产减值》和《企业会计准则第 20 号——企业合并》；石油天然气矿区权益,适用《企业会计准则第 27 号——石油天然气开采》。

本章着重讲解无形资产的确认和计量,尤其是企业内部研究开发项目的支出及无形资产的后续计量等问题。

三、无形资产的确认条件

无形资产应当在符合定义的前提下,同时满足以下两个确认条件时,才能予以确认:

(一)与该无形资产有关的经济利益很可能流入企业

作为无形资产确认的项目,必须具备其所产生的经济利益很可能流入企业这一条件。通常情况下,无形资产产生的未来经济利益可能包括在销售商品、提供劳务的收入当中,或者企业使用该项无形资产而减少或节约了成本,或者体现在获得的其他利益当中。例如,生产加工企业在生产工序中使用了某种知识产权,使其降低了未来生产成本。

会计实务中,要确定无形资产所创造的经济利益是否很可能流入企业,需要实施职业判断。在实施这种判断时,需要对无形资产在预计使用寿命内可能存在的各种经济因素做出合理估计,并且应当有确凿的证据支持。例如,企业是否有足够的人力资源、高素质的管理队伍、相关的硬件设备、相关的原材料等来配合无形资产为企业创造经济利益。同时,更为重要的是关注一些外界因素的影响,例如,是否存在与该无形资产相关的新技术、新产品冲击,或据其生产的产品是否存在市场等。在实施判断时,企业管理层应对在无形资产的预计使用寿命内存在的各种因素做出最稳健的估计。

(二)该无形资产的成本能够可靠地计量

成本能够可靠地计量是确认资产的一项基本条件,对于无形资产而言,这个条件显得更为重要。例如,企业内部产生的品牌、报刊名、刊头、客户名单和实质上类似项目的支出,由于不能与整个业务开发成本区分开来,成本无法可靠计量,因此,不应确认为无形资产。

四、无形资产的初始计量

无形资产通常是按实际成本计量,即以取得无形资产并使之达到预定用途而发生的全部支出作为无形资产的成本。对于不同来源取得的无形资产,其成本构成不尽相同。

(一)外购的无形资产成本

外购的无形资产,其成本包括购买价款、相关税费以及直接归属于使该项资产达到预定用途所发生的其他支出。其中,直接归属于使该项资产达到预定用途所发生的其他支出包括使无形资产达到预定用途所发生的专业服务费用、测试无形资产是否能够正常发挥作用的费用等,但不包括为引入新产品进行宣传发生的广告费、管理费用及其他间接费用,也不包括在无形资产已经达到预定用途以后发生的费用。

无形资产达到预定用途后所发生的支出,不构成无形资产的成本。例如,在形成预定经济规模之前发生的初始运作损失。在无形资产达到预定用途之前发生的其他经营活动的支出,如果该经营活动并非为使无形资产达到预定用途所必不可少的,有关经营活动的损益应于发生时计入当期损益,而不构成无形资产的成本。

【例 6-1】因甲公司某项生产活动需要乙公司已获得的专利技术,如果使用了该项专利技术,甲公司预计其生产能力比原先提高20%,销售利润率增长15%。为此,甲公司从乙公司购入一项专利权,按照协议约定以现金支付,实际支付的价款为300万元,并支付相关税费1万元和有关专业服务费用5万元,款项已通过银行转账支付。

分析:① 甲公司购入的专利权符合无形资产的定义,即甲公司能够拥有或者控制该项专利技术,符合可辨认的条件,同时是不具有实物形态的非货币性资产。② 甲公司购入的专利权符合无形资产的确认条件。首先,甲公司的某项生产活动需要乙公司已获得的专利技术,甲公司使用了该项专利技术,预计甲公司的生产能力比原先提高20%,销售利润率增长15%,即经济利益很可能流入;其次,甲公司购买该项专利权的成本为300万元,另外支付相关税费和有关专业服务费用6万元,即成本能够可靠计量。由此,符合无形资产的确认条件。

无形资产初始计量的成本=300+1+5=306(万元)

甲公司的账务处理如下(单位:万元):

借:无形资产——专利权 306
  贷:银行存款 306

采用分期付款方式购买无形资产,购买无形资产的价款超过正常信用条件延期支付,实际上具有融资性质的,无形资产的成本为购买价款的现值。

【例6-2】A上市公司20×2年1月8日从B公司购买一项商标权,由于A公司资金周转比较紧张,经与B公司协商采用分期付款方式支付款项。合同规定,该项商标权总计6 000 000元,每年末付款2 000 000元,三年付清。假定银行同期贷款利率为10%。为了简化核算,假定不考虑其他有关税费,其有关计算如下:

无形资产现值=$2\,000\,000\times(1+10\%)^{-1}+2\,000\,000\times(1+10\%)^{-2}+2\,000\,000\times(1+10\%)^{-3}$=4 973 800(元)

未确认融资费用=6 000 000-4 973 800=1 026 200(元)

第一年应确认的融资费用=4 973 800×10%=497 380(元)

第二年应确认的融资费用=(4 973 800-2 000 000+497 380)×10%=347 118(元)

第三年应确认的融资费用=1 026 200-497 380-347 118=181 702(元)

A公司的账务处理如下:

借:无形资产——商标权 4 937 800
  未确认融资费用 1 026 200
  贷:长期应付款 6 000 000

第一年年底付款时:

借:长期应付款 2 000 000
  贷:银行存款 2 000 000
借:财务费用 497 380
  贷:未确认融资费用 497 380

第二年年底付款时:

借:长期应付款 2 000 000
  贷:银行存款 2 000 000
借:财务费用 347 118
  贷:未确认融资费用 347 118

第三年年底付款时：
借：长期应付款   2 000 000
　　贷：银行存款   2 000 000
借：财务费用   181 702
　　贷：未确认融资费用   181 702

（二）投资者投入的无形资产成本

投资者投入的无形资产的成本，应当按照投资合同或协议约定的价值确定，但合同或协议约定价值不公允的除外。

【例6-3】因乙公司创立的商标已有较好的声誉，甲公司预计使用乙公司商标后可使其未来利润增长30%。为此，甲公司与乙公司协议商定，乙公司以其商标权投资于甲公司，双方协议价格（等于公允价值）为500万元，甲公司另支付印花税等相关税费2万元，款项已通过银行转账支付。

该商标权的初始计量，应当以取得时的成本为基础。取得时的成本为投资协议约定的价格500万元，加上支付的相关税费2万元。

甲公司接受乙公司作为投资的商标权的成本=500+2=502（万元）

甲公司的账务处理如下（单位：万元）：
借：无形资产——商标权   502
　　贷：实收资本（或股本）   500
　　　　银行存款   2

（三）通过非货币性资产交换和债务重组等方式取得无形资产的成本

通过非货币性资产交换、债务重组等方式取得的无形资产的成本，在相关章节介绍，此处不再赘述。

（四）土地使用权的处理

企业取得的土地使用权通常应当按照取得时所支付的价款及相关税费确认为无形资产。但属于投资性房地产的土地使用权，应当按照投资性房地产进行会计处理。

土地使用权用于自行开发建造厂房等地上建筑物时，土地使用权的账面价值不与地上建筑物合并计算其成本，而仍作为无形资产进行核算，土地使用权与地上建筑物分别进行摊销和提取折旧。但下列情况除外：

（1）房地产开发企业取得的土地使用权用于建造对外出售的房屋建筑物，相关的土地使用权应当计入所建造的房屋建筑物成本。

（2）企业外购的房屋建筑物，实际支付的价款中包括土地以及建筑物的价值，则应当对支付的价款按照合理的方法（例如，公允价值）在土地和地上建筑物之间进行分配；如果确实无法在地上建筑物与土地使用权之间进行合理分配的，应当全部作为固定资产，按照固定资产确认和计量的原则进行会计处理。

企业改变土地使用权的用途，停止自用土地使用权而将其作为用于出租或增值目的时，应将其转为投资性房地产。

【提示】土地使用权可以作为固定资产核算，可以作为无形资产核算，也可以作为投资性房地产核算，还可以计入所建造的房屋建筑物成本存货核算。

第二节　内部研究开发支出的确认和计量

一、研究与开发阶段的区分

对于企业自行研究的开发项目，应当区分研究阶段与开发阶段分别进行核算。关于研究阶段与开发阶段的具体划分，企业应当根据自身实际情况以及相关信息加以判断。

（一）研究阶段

研究，是指为获取新的技术和知识等进行的有计划的调查，研究活动的例子包括：意于获取知识而进行的活动；研究成果或其他知识的应用研究、评价和最终选择；材料、设备、产品、工序、系统或服务替代品的研究；以及新的或经改进的材料、设备、产品、工序、系统或服务的可能替代品的配制、设计、评价和最终选择。从研究活动的特点看，其研究是否能在未来形成成果，即通过开发后是否会形成无形资产均有很大的不确定性，企业也无法证明其研究活动一定能够形成带来未来经济利益的无形资产，因此，研究阶段的有关支出在发生时应当费用化计入当期损益。

（二）开发阶段

开发，是指在进行商业性生产或使用前，将研究成果或其他知识应用于某项计划或设计，以生产出新的或具有实质性改进的材料、装置、产品等。开发活动的例子包括：生产前或使用前的原型和模型的设计、建造和测试；含新技术的工具、夹具、模具和冲模的设计；不具有商业性生产经济规模的试生产设施的设计、建造和运营；新的或改造的材料、设备、产品、工序、系统或服务所选定的替代品的设计、建造和测试等。进入开发阶段的研发项目往往形成成果的可能性较大。由于开发阶段相对于研究阶段更进一步，且很大程度上形成一项新产品或新技术的基本条件已经具备，此时如果企业能够证明满足无形资产的定义及相关确认条件，所发生的开发支出可资本化，确认为无形资产的成本。

二、研究与开发阶段支出的确认

（一）研究阶段支出

考虑到研究阶段的探索性及其成果的不确定性，企业无法证明其能够带来未来经济利益的无形资产的存在，因此，对于企业内部研究开发项目，研究阶段的有关支出，应当在发生时全部费用化，计入当期损益（管理费用）。

（二）开发阶段支出

考虑到进入开发阶段的研发项目往往形成成果的可能性较大，因此，如果企业能够证明开发支出符合无形资产的定义及相关确认条件，则可将其确认为无形资产。具体来讲，对于企业内部研究开发项目，开发阶段的支出同时满足了下列条件的才能资本化，确认为无形资产，否则应当计入当期损益（管理费用）。

1. 完成该无形资产以使其能够使用或出售在技术上具有可行性

判断无形资产的开发在技术上是否具有可行性，应当以目前阶段的成果为基础，并提供相关证据和材料,证明企业进行开发所需的技术条件等已经具备,不存在技术上的障碍或其他不确定性。比如,企业已经完成了全部计划、设计和测试活动,这些活动是使资产能够达到设计规划书中的功能、特征和技术所必需的活动或经过专家鉴定等。

2. 具有完成该无形资产并使用或出售的意图

开发某项产品或专利技术产品等,通常是根据管理当局决定该项研发活动的目的或者意图加以确定,也就是说,研发项目形成成果以后,是为出售还是为自己使用并从使用中获得经济利益,应当依管理当局的决定为依据。因此,企业的管理当局应当明确表明其持有拟开发无形资产的目的,并具有完成该项无形资产开发并使其能够使用或出售的可能性。

3. 无形资产产生经济利益的方式,包括能够证明运用该无形资产生产的产品能为企业带来经济利益流入

开发支出资本化作为无形资产确认,其基本条件是能够为企业带来未来经济利益。如果有关的无形资产在形成以后,主要是用于形成新产品或新工艺的,企业应对运用该无形资产生产的产品市场情况进行估计,应能够证明所生产的产品存在市场,能够带来经济利益的流入;如果有关的无形资产开发以后主要是用于对外出售的,则企业应能够证明市场上存在对该类无形资产的需求,开发以后存在外在的市场可以出售并带来经济利益的流入;如果无形资产开发以后不是用于生产产品,也不是用于对外出售,而是在企业内部使用的,则企业应能够证明在企业内部使用时对企业的有用性。

4. 有足够的技术、财务资源和其他资源支持,以完成该无形资产的开发,并有能力使用或出售该无形资产

这一条件主要包括:① 为完成该项无形资产开发具有技术上的可靠性。开发的无形资产并使其形成成果在技术上的可靠性是继续开发活动的关键。因此,必须有确凿证据证明企业继续开发该项无形资产有足够的技术支持和技术能力。② 财务资源和其他资源支持。财务和其他资源支持是能够完成该项无形资产开发的经济基础,因此,企业必须能够说明为完成该项无形资产的开发所需的财务和其他资源,是否能够足以支持完成该项无形资产的开发。③ 能够证明企业获取在开发过程中所需的技术、财务和其他资源,以及企业获得这些资源的相关计划等。如在企业自有资金不足以提供支持的情况下,是否存在外部其他方面的资金支持,如银行等借款机构愿意为该无形资产的开发提供所需资金的声明等来证实。④ 有能力使用或出售该无形资产以取得收益。

5. 归属于该无形资产开发阶段的支出能够可靠计量

企业对于研究开发活动发生的支出应单独核算,如发生的研究开发人员的工资、材料费等,在企业同时从事多项研究开发活动的情况下,所发生的支出同时用于支持多项研究开发活动的,应按照一定的标准在各项研究开发活动之间进行分配,无法明确分配的,应予费用化计入当期损益,不计入开发活动的成本。

(三) 无法区分研究阶段和开发阶段的支出

无法区分研究阶段和开发阶段的支出,应当在发生时费用化,计入当期损益(管理费用)。

三、内部开发的无形资产的计量

内部开发活动形成的无形资产的成本,由可直接归属于该资产的创造、生产并使该资产

能够以管理层预定的方式运作的所有必要支出组成。可直接归属成本包括：开发该无形资产时耗费的材料、劳务成本、注册费、在开发该无形资产过程中使用的其他专利权和特许权的摊销、按照借款费用的处理原则可以资本化的利息费用等。在开发无形资产过程中发生的，除上述可直接归属于无形资产开发活动之外的其他销售费用、管理费用等间接费用，无形资产达到预定用途前发生的可辨认的无效和初始运作损失，为运行该无形资产发生的培训支出等不构成无形资产的开发成本。

值得强调的是，内部开发无形资产的成本仅包括在满足资本化条件的时点至无形资产达到预定用途前发生的支出总和，对于同一项无形资产在开发过程中达到资本化条件之前已经费用化计入损益的支出不再进行调整。

四、内部研究开发费用的账务处理

企业自行开发无形资产发生的研发支出，不满足资本化条件的，借记"研发支出——费用化支出"科目；满足资本化条件的，借记"研发支出——资本化支出"科目，贷记"原材料""银行存款""应付职工薪酬"等科目。

研究开发项目达到预定用途形成无形资产的，应按"研发支出——资本化支出"科目的余额，借记"无形资产"科目，贷记"研发支出——资本化支出"科目。

期末，应将不符合资本化条件的研发支出转入当期管理费用，借记"管理费用"科目，贷记"研发支出——费用化支出"科目；将符合资本化条件但尚未完成的开发费用继续保留在"研发支出"科目中，待开发项目达到预定用途形成无形资产时，再将其发生的实际成本转入无形资产。

外购或以其他方式取得的、正在研发过程中应予资本化的项目，应按确定的金额，借记"研发支出——资本化支出"科目，贷记"银行存款"等科目。以后发生的研发支出，应当比照上述原则进行会计处理。

【例 6-4】 某企业自行研究开发一项新产品专利技术，在研究开发过程中发生材料费 40 000 000 元、人工工资 10 000 000 元，以及用银行存款支付其他费用 30 000 000 元，总计 80 000 000 元，其中，符合资本化条件的支出为 50 000 000 元，期末，该专利技术已经达到预定用途。假定不考虑相关税费。

相关费用发生时：

借：研发支出——费用化支出　　　　　　　　　　　　　　　　30 000 000
　　　　　　——资本化支出　　　　　　　　　　　　　　　　　50 000 000
　　贷：原材料　　　　　　　　　　　　　　　　　　　　　　　40 000 000
　　　　应付职工薪酬　　　　　　　　　　　　　　　　　　　　10 000 000
　　　　银行存款　　　　　　　　　　　　　　　　　　　　　　30 000 000

期末：

借：管理费用　　　　　　　　　　　　　　　　　　　　　　　　30 000 000
　　无形资产　　　　　　　　　　　　　　　　　　　　　　　　50 000 000
　　贷：研发支出——费用化支出　　　　　　　　　　　　　　　30 000 000
　　　　　　——资本化支出　　　　　　　　　　　　　　　　　50 000 000

【2012 年《初级会计实务》考试真题·单选题】 2011 年 3 月某企业开始自行研发一项非

专利技术，至 2011 年 12 月 31 日研发成功并达到预定可使用状态，累计研究支出为 160 万元，累计开发支出为 500 万元（其中符合资本化条件的支出为 400 万元）。该非专利技术使用寿命不能合理确定，假定不考虑其他因素，该业务导致企业 2011 年度利润总额减少（　　）万元。

  A. 100   B. 160   C. 260   D. 660

【正确答案】C

【答案解析】研究阶段支出 160 万元和开发阶段不符合资本化条件支出 100 万元应计入当期损益，所以 2011 年减少的利润总额为 160＋100＝260（万元）。

第三节　无形资产的后续计量

一、无形资产使用寿命的确定

无形资产的后续计量以其使用寿命为基础。

（一）估计无形资产使用寿命应考虑的因素

企业估计无形资产的使用寿命，通常应考虑《企业会计准则第 6 号——无形资产》规定的各项因素。

（二）无形资产使用寿命的确定

（1）源自合同性权利或其他法定权利取得的无形资产，其使用寿命通常不应超过合同性权利或其他法定权利的期限。如果合同性权利或其他法定权利能够在到期时因续约等延续，则仅当有证据表明企业续约不需要付出重大成本时，续约期才能够包括在使用寿命的估计中。

（2）没有明确的合同或法律规定无形资产的使用寿命的，企业应当综合各方面因素判断，以确定无形资产能为企业带来经济利益的期限。

经过上述努力确实无法合理确定无形资产为企业带来经济利益的期限的，才能将其作为使用寿命不确定的无形资产。

（三）无形资产使用寿命的复核

企业至少应当于每年年度终了，对使用寿命有限的无形资产的使用寿命进行复核。

无形资产的使用寿命与以前估计不同的，应当改变摊销期限。

企业应当在每个会计期间对使用寿命不确定的无形资产的使用寿命进行复核。如果有证据表明无形资产的使用寿命是有限的，应当估计其使用寿命，并按使用寿命有限的无形资产的有关规定处理。

二、使用寿命有限的无形资产摊销

使用寿命有限的无形资产，应在其预计的使用寿命内采用系统合理的方法对应摊销金额进行摊销。

（一）应摊销金额

无形资产的应摊销金额为其成本扣除预计残值后的金额。已计提减值准备的无形资产，

还应扣除已计提的无形资产减值准备累计金额。使用寿命有限的无形资产,其残值一般为零,但下列情况除外:

(1) 有第三方承诺在无形资产使用寿命结束时购买该无形资产;

(2) 可以根据活跃市场得到预计残值信息,并且该市场在无形资产使用寿命结束时很可能存在。

(二) 摊销期和摊销方法

企业摊销无形资产,应当自无形资产可供使用时起,至不再作为无形资产确认时止。

企业选择的无形资产摊销方法,应当反映与该项无形资产有关的经济利益的预期实现方式。无法可靠确定预期实现方式的,应当采用直线法摊销。企业至少应当于每年年度终了,对无形资产的摊销方法进行复核,摊销方法与以前估计不同的,应当改变摊销方法。

(三) 使用寿命有限的无形资产摊销的会计处理

无形资产的摊销金额一般应计入当期损益,但如果某项无形资产是专门用于生产某种产品或其他资产的,其所包含的经济利益是通过转入所生产的产品或其他资产中实现的,则该无形资产的摊销金额应当计入相关资产的成本。例如,一项专门用于生产某种产品的专利技术,其摊销金额应构成所生产产品成本的一部分,计入制造该产品的制造费用。

【2011 年《初级会计实务》考试真题·判断题】使用寿命有限的无形资产应当自达到预定用途的下月起开始摊销。 ( )

【正确答案】×

【答案解析】使用寿命有限的无形资产应当自达到预定用途的当月起开始摊销,处置当月不摊销。

【例 6-5】某股份有限公司从外单位购得一项商标权,支付价款 30 000 000 元,款项已支付,该商标权的使用寿命为 10 年,不考虑残值的因素,以直线法摊销预期实现经济利益的方式。账务处理如下:

借: 无形资产——商标权　　　　　　　　　　　　　　　　　30 000 000
　　贷: 银行存款　　　　　　　　　　　　　　　　　　　　　　30 000 000
借: 管理费用　　　　　　　　　　　　　　　　　　3 000 000 (30 000 000÷10)
　　贷: 累计摊销　　　　　　　　　　　　　　　　　　　　　　3 000 000

【例 6-6】某企业取得一项专利技术,法律保护期限为 20 年,企业预计运用该专利生产的产品在未来 15 年内会为企业带来经济利益。就该项专利技术,第三方向企业承诺在 5 年内以其取得之日公允价值的 60%购买该项专利权,从企业管理层目前的持有计划来看,准备在 5 年内将其出售给第三方,该项专利技术应在企业持有其 5 年内摊销,残值为该专利在取得之日公允价值的 60%。

无形资产的残值意味着在其经济寿命结束之前企业预计将会处置该无形资产,并且从该处置中取得利益。估计无形资产的残值应以资产处置时的可收回金额为基础,此时的可收回金额是指在预计出售日,出售一项使用寿命已满且处于类似使用状况下同类无形资产预计的处置价格(扣除相关税费)。残值确定以后,在持有无形资产的期间,至少应于每年年末进行复核,预计其残值与原估计金额不同的,应按照会计估计变更进行处理。如果无形资产的残值重新估计以后高于其账面价值的,无形资产不再摊销,直至残值降至低于账面价值时再恢复摊销。

三、使用寿命不确定的无形资产

根据可获得的情况判断，有确凿证据表明无法合理估计其使用寿命的无形资产，才能作为使用寿命不确定的无形资产。企业不得随意判断使用寿命不确定的无形资产。按照无形资产准则规定，对于使用寿命不确定的无形资产，在持有期间内不需要摊销，如果期末重新复核后仍为不确定的，应当在每个会计期间进行减值测试，严格按照《企业会计准则第 8 号——资产减值》的规定，需要计提减值准备的，相应计提有关的减值准备。账务处理为：借记"资产减值损失"科目，贷记"无形资产减值准备"科目。无形资产减值损失一经确认，在以后会计期间不得转回。

第四节 无形资产的处置

无形资产的处置，主要是指无形资产出售、对外出租、对外捐赠，或者是无法为企业带来未来经济利益时，应予转销并终止确认。

一、无形资产的出租

企业将所拥有的无形资产的使用权让渡给他人，并收取租金，属于与企业日常活动相关的其他经营活动取得的收入，在满足收入准则规定的确认标准的情况下，应确认相关的收入及成本。

出租无形资产时，取得的租金收入，借记"银行存款"等科目，贷记"其他业务收入"等科目；摊销出租无形资产的成本并发生与转让有关的各种费用支出时，借记"其他业务成本""营业税金及附加"等科目，贷记"累计摊销""应交税费"等科目。

【2011 年《初级会计实务》考试真题·单选题】下列各项中，关于无形资产摊销表述不正确的是_____。 （   ）

A. 使用寿命不确定的无形资产不应摊销
B. 出租无形资产的摊销额应计入管理费用
C. 使用寿命有限的无形资产处置当月不再摊销
D. 无形资产的摊销方法主要有直线法和生产总量法

【正确答案】B
【答案解析】出租无形资产的摊销额应计入其他业务成本。

【例 6-7】某企业将一项专利技术出租给另外一个企业使用，该专利技术账面余额为 5 000 000 元，摊销期限为 10 年，出租合同规定，承租方每销售一件用该专利生产的产品，必须付给出租方 10 元专利技术使用费。假定承租方当年销售该产品 10 万件。

假定不考虑其他相关税费，出租方的账务处理如下：

借：银行存款　　　　　　　　　　　　　　　　　1 000 000
　　贷：其他业务收入　　　　　　　　　　　　　　　　1 000 000
借：其他业务成本　　　　　　　　　　　　　　　　500 000
　　贷：累计摊销　　　　　　　　　　　　　　　　　　500 000

二、无形资产的出售

企业将无形资产出售，表明企业放弃无形资产的所有权。无形资产准则规定，企业出售无形资产时，应将所取得的价款与该无形资产账面价值的差额作为资产处置利得或损失（营业外收入或营业外支出），与固定资产处置性质相同，计入当期损益。

出售无形资产时，应按实际收到的金额，借记"银行存款"等科目；按已摊销的累计摊销额，借记"累计摊销"科目；原已计提减值准备的，借记"无形资产减值准备"科目；按应支付的相关税费，贷记"应交税费""银行存款"等科目；按其账面余额，贷记"无形资产"科目，按其差额，贷记"营业外收入——处置非流动资产利得"科目或借记"营业外支出——处置非流动资产损失"科目。

【例6-8】 某公司将拥有的一项非专利技术出售，取得收入8 000 000元，应交营业税为400 000元。该非专利技术的账面余额为7 000 000元，累计摊销额为3 500 000元，已计提的减值准备为2 000 000元。账务处理如下：

借：银行存款	8 000 000
累计摊销	3 500 000
无形资产减值准备	2 000 000
贷：无形资产	7 000 000
应交税费——应交营业税	400 000
营业外收入——处置非流动资产利得	6 100 000

三、无形资产的报废

如果无形资产预期不能为企业带来未来经济利益，不再符合无形资产的定义，应将其转销（无形资产已被其他新技术所替代，不能为企业带来经济利益；或者无形资产不再受到法律保护，且不能给企业带来经济利益等）。例如，甲企业的某项无形资产法律保护期限已过，用其生产的产品没有市场，则说明该无形资产无法为企业带来未来经济利益，应予转销。

无形资产预期不能为企业带来经济利益的，应按已摊销的累计摊销额，借记"累计摊销"科目；原已计提减值准备的，借记"无形资产减值准备"科目；按其账面余额，贷记"无形资产"科目；按其差额，借记"营业外支出"科目。

【例6-9】 某企业的某项专利技术，其账面余额为6 000 000元，摊销期限为10年，采用直线法进行摊销，已摊销了5年，假定该项专利权的残值为0，计提的减值准备为1 600 000元，今年用其生产的产品没有市场，应予转销。假定不考虑其他相关因素，其账务处理如下：

借：累计摊销	3 000 000
无形资产减值准备	1 600 000
营业外支出——处置无形资产损失	1 400 000
贷：无形资产——专利权	6 000 000

【2013年《初级会计实务》考试真题·业务题】 甲企业为增值税一般纳税人，2010年度至2012年度发生的与无形资产有关的业务如下：

（1）2010年1月10日，甲企业开始自行研发一项行政管理用非专利技术，截至2010年5月31日，用银行存款支付外单位协作费74万元，领用本单位原材料成本26万元（不考虑增值税因素），经测试，该项研发活动已完成研究阶段。

（2）2010年6月1日研发活动进入开发阶段，该阶段发生研究人员的薪酬支出35万元，领用材料成本85万元（不考虑增值税因素），全部符合资本化条件，2010年12月1日，该项研发活动结束，最终开发形成一项非专利技术投入使用，该非专利技术预计可使用年限为5年，预计净残值为零，采用直线法摊销。

（3）2011年1月1日，甲企业将该非专利技术出租给乙企业，双方约定租赁期限为2年，每月末以银行转账结算方式收取租金1.5万元。

（4）2012年12月31日，租赁期限届满，经减值测试，该非专利技术的可回收金额为52万元。

要求：根据上述资料，不考虑其他因素，分析回答下列各题（答案中的金额单位用万元表示）：

1. 根据资料（1）和（2），甲企业自行研究开发无形资产的入账价值是_____万元。
（　　）

A. 100　　　　　B. 120　　　　　C. 146　　　　　D. 220

【正确答案】B

【答案解析】企业自行开发无形资产在研究阶段发生的支出不符合资本化条件，计入研发支出——费用化支出，最终计入当期损益；开发阶段符合资本化条件的支出计入研发支出——资本化支出，最终计入无形资产。所以甲企业自行研究开发无形资产的入账价值＝35＋85＝120（万元）。

2. 根据资料（1）至资料（3），下列各项中，关于甲企业该非专利技术摊销的会计处理表述正确的是_____。
（　　）

A. 应当自可供使用的下月起开始摊销
B. 应当自可供使用的当月起开始摊销
C. 该非专利技术出租前的摊销额应计入管理费用
D. 摊销方法应当反映与该非专利技术有关的经济利益的预期实现方式

【正确答案】BCD

【答案解析】对于使用寿命有限的无形资产应当自可供使用的当月起开始摊销，处置当月不再摊销，所以选项A错误，选项B正确；该无形资产出租前供行政管理用，所以出租前其摊销金额应计入管理费用，选项C正确；企业选择无形资产的摊销方法，应当反映与该项无形资产有关的经济利益的预期实现方式，选项D正确。

3. 根据资料（3），下列各项中，甲企业2011年1月出租无形资产和收取租金的会计处理正确的是_____。
（　　）

A. 借：其他业务成本　　　　　　　　　　　　　2
　　　贷：累计摊销　　　　　　　　　　　　　　　　2
B. 借：管理费用　　　　　　　　　　　　　　　2
　　　贷：累计摊销　　　　　　　　　　　　　　　　2
C. 借：银行存款　　　　　　　　　　　　　　1.5
　　　贷：其他业务收入　　　　　　　　　　　　　1.5
D. 借：银行存款　　　　　　　　　　　　　　1.5
　　　贷：营业外收入　　　　　　　　　　　　　　1.5

【正确答案】AC

【答案解析】出租无形资产的摊销金额计入其他业务成本，租金收入计入其他业务收入，每月摊销金额=120÷5÷12=2（万元）。所以该分录为：

借：银行存款　　　　　　　　　　　　　　　　　　　　　　1.5
　　贷：其他业务收入　　　　　　　　　　　　　　　　　　　　1.5
借：其他业务成本　　　　　　　　　　　　　　　　　　　　　2
　　贷：累计摊销　　　　　　　　　　　　　　　　　　　　　　2

4. 根据资料（4），甲企业非专利技术的减值金额是_____万元。（　　）
A. 0　　　　　B. 18　　　　　C. 20　　　　　D. 35.6

【正确答案】B

【答案解析】2012年12月31日，该无形资产已计提摊销金额=2×(1+12×2)=50（万元），计提减值损失前该无形资产的账面价值=120-2×(1+12×2)=70（万元），可回收金额为52万元，所以计提减值金额为70-52=18（万元）。

5. 根据资料（1）至资料（4），甲企业2012年12月31日应列入资产负债表"无形资产"项目的金额是_____万元。（　　）
A. 52　　　　　B. 70　　　　　C. 72　　　　　D. 88

【正确答案】A

【答案解析】列入资产负债表"无形资产"项目金额=无形资产账面原值-无形资产累计摊销-无形资产减值损失=120-50-18=52（万元）。

第五节　其他资产

一、其他资产概述

其他资产是指不能包括在货币资金、交易性金融资产、应收及预付款项、存货、长期股权投资、固定资产、无形资产等之内的其他资产，主要包括长期待摊费用等。

二、长期待摊费用

长期待摊费用，是指企业已经发生但应由本期和以后各期负担的分摊期限在一年以上的各项费用。如以经营租赁方式租入的固定资产发生的改良支出等。

企业应设置"长期待摊费用"科目，核算已经支出、但摊销期限在1年以上（不含1年）的各项费用的发生、摊销以及结余情况。该科目期末借方余额，反映企业尚未摊销的各项长期待摊费用的摊余价值。该科目应按费用的种类设置明细账，进行明细核算，并在会计报表附注中按照费用项目披露其摊余价值、摊销期限、摊销方式等。

费用发生时，借记"长期待摊费用"科目，贷记"银行存款""原材料"等有关科目。摊销长期待摊费用时，借记"管理费用""销售费用"等科目，贷记"长期待摊费用"科目。

三、长期应收款

根据2007年新会计准则规定，由于分期收款销售商品核算方法与以前不同，新增加科目

"长期应收款"。

企业应设置"长期应收款"科目，本科目核算企业融资租赁产生的应收款项和采用递延方式分期收款、实质上具有融资性质的销售商品和提供劳务等经营活动产生的应收款项。

长期应收款指的是企业融资租赁产生的应收款项和采用递延方式分期收款、实质上具有融资性质的销售商品和提供劳务等经营活动产生的应收款项。

企业的长期应收款项，包括融资租赁产生的应收款项、采用递延方式具有融资性质的销售商品和提供劳务等产生的应收款项等，通过"长期应收款"科目核算。实质上构成对被投资单位净投资的长期权益，也通过本科目核算。本科目可按债务人进行明细核算。本科目的期末借方余额，反映企业尚未收回的长期应收款。

1. 长期应收款的主要账务处理

（1）出租人融资租赁产生的应收租赁款，在租赁期开始日，应按租赁开始日最低租赁收款额与初始直接费用之和，借记"长期应收款"科目，按未担保余值，借记"未担保余值"科目，按融资租赁资产的公允价值（最低租赁收款额和未担保余值的现值之和），贷记"融资租赁资产"科目，按融资租赁资产的公允价值与账面价值的差额，借记"营业外支出"科目或贷记"营业外收入"科目，按发生的初始直接费用，贷记"银行存款"等科目，按其差额，贷记"未实现融资收益"科目。

（2）采用递延方式分期收款销售商品或提供劳务等经营活动产生的长期应收款，满足收入确认条件的，按应收的合同或协议价款，借记"长期应收款"科目，按应收合同或协议价款的公允价值（折现值），贷记"主营业务收入"等科目，按其差额，贷记"未实现融资收益"科目。涉及增值税的，还应进行相应的处理。

（3）如有实质上构成对被投资单位净投资的长期权益，被投资单位发生的净亏损应由本企业承担的部分，在"长期股权投资"的账面价值减记至零以后，还需承担的投资损失，应以"长期应收款"科目中实质上构成了对被投资单位净投资的长期权益部分账面价值减记至零为限，继续确认投资损失，借记"投资收益"科目，贷记"长期应收款"科目。除上述已确认投资损失外，投资合同或协议中约定仍应承担的损失，确认为预计负债。

2. 未实现融资收益的核算

企业分期计入租赁收入或利息收入的未实现融资收益，应通过"未实现融资收益"科目核算。本科目可按未实现融资收益项目进行明细核算。本科目期末贷方余额，反映企业尚未转入当期收益的未实现融资收益。

四、其他长期资产

其他长期资产一般包括国家批准储备的各种物资、银行冻结存款、临时设施及诉讼中财产等。企业可以根据资产的性质及特点单独设置相关科目进行核算。

案例分析

DZ激光研发费用资本化增厚业绩

DZ激光2013年年报披露，公司实现营业收入148 555.54万元、净利润16 820.28万元，同比分别增长 73.93%和 85.57%，每股收益 0.45 元。公司拟每 10 股分配现金股利 1 元（含税），以资本公积金向全体股东每 10 股转增 6 股。年报显示，根据新会计准则，2013 年公司技术开发费用得以资本化，相比原会计准则，此举增加公司利润 1 785.75 万元，占公司净利润总额的 10%。

案例思考：如何划分研究阶段和开发阶段？对企业收益和所得税有什么影响？

企业研发费用（即原"技术开发费"），指企业在产品、技术、材料、工艺、标准的研究、开发过程中发生的各项费用。按照新无形资产准则，研究费用计入当期损益，开发费用在符合一定条件时予以资本化，计入无形资产。

新会计准则规定：企业内部研发项目的支出，应当区分研究阶段支出与开发阶段支出。研究费用依然是费用化处理；进入开发程序后，开发过程中的费用如果符合相关条件，就可以资本化。企业研发费用还可按实际发生额的 150%抵扣当年度的应纳税所得额，对于开发新技术、新产品、新工艺的研发费用，还允许加计扣除（在原有 100%的基础上再加一个比例）。这些都成为鼓励企业研发投入同时保证利润水平的新做法。

之前的研发支出费用化往往导致公司，尤其是研发密集型公司的价值被低估。现在，部分研发支出的资本化能增加企业的资产，企业财务状况也会有一定程度的好转，新会计准则对研发费用资本化和高比例税前扣除的规定将使众多高科技型中小板上市公司从中获益，DZ 激光仅仅是一个开始。

本章复习思考题

一、单项选择题

1. 无形资产是指企业拥有或者控制的没有实物形态的可辨认_____。　　（　　）
   A. 货币性资产　　　　　　　　　　B. 非货币性资产
   C. 货币性流动资产　　　　　　　　D. 货币性非流动资产

2. 以下不属于无形资产基本特征的项目是_____。　　（　　）
   A. 无形资产没有实物形态
   B. 无形资产属于非货币性长期资产
   C. 无形资产在创造经济利益方面存在较大不确定性
   D. 无形资产具有不可辨认性

3. 以下所列出的资产项目，不能纳入无形资产准则进行核算的项目是_____。
   　　　　　　　　　　　　　　　　　　　　　　　　　　　　　　　　（　　）
   A. 专利权　　　B. 商标权　　　C. 商誉　　　D. 专有技术

4. 下列不能形成无形资产的项目是_____。　　（　　）
   A. 自主研发但没有进入开发阶段的支出
   B. 企业合并形成的无形资产
   C. 政府补助形成的无形资产
   D. 债务重组形成的无形资产

5. 外购无形资产的成本不包括的项目包括_____。　　（　　）
   A. 购买价款
   B. 相关税费

C. 直接归属于使该项资产达到预定用途所发生的其他支出
D. 购买无形资产的价款超过正常信用条件延期支付而实质上承担的融资费用

6. 无形资产在计提资产减值准备之后，如有充分的证据表明其减值又得以恢复，根据相关准则规定，应该_____。（   ）

A. 按已恢复部分，在无形资产减值准备的数额内，冲减无形资产减值准备，并确认为当期损益
B. 按可能恢复部分，在无形资产减值准备的数额内，冲减无形资产减值准备，并确认为当期损益
C. 按已恢复部分，在无形资产减值准备的数额内，冲减无形资产减值准备，并确认为资本公积
D. 一律不冲回

7. 企业应在资产负债表日对无形资产的账面价值进行检查，至少于每年年末检查一次。在检查时，如果发现以下情况，则不应对无形资产的可收回金额进行估计，并将该无形资产的账面价值超过可收回金额的部分确认为减值准备_____。（   ）

A. 该无形资产已被其他新技术等所替代，使其为企业创造经济利益的能力受到重大不利影响
B. 该无形资产的市价在当期大幅下跌，并在剩余摊销年限内可能不会回升
C. 其他足以表明该无形资产的账面价值已超过可收回金额
D. 该无形资产的账面价值等于可收回金额

8. 企业无形资产计量采用的方法主要是_____。（   ）
A. 历史成本法　　B. 公允价值法　　C. 重置成本法　　D. 现值法

9. 当某项无形资产已丧失使用价值和转让价值时，应将其账面价值_____。
（   ）
A. 全部转入当期损益　　　　　B. 全部计提减值准备
C. 加速进行摊销　　　　　　　D. 转入长期待摊费用

10. 下列有关无形资产会计处理的表述中，错误的项目是_____。（   ）
A. 企业内部研究开发项目研究阶段的支出应当计入管理费用
B. 购入但尚未投入使用的无形资产的价值不应进行摊销
C. 不能为企业带来经济利益的无形资产的账面价值应全部转入营业外支出
D. 只有很可能为企业带来经济利益且其成本能够可靠计量的无形资产才能予以确认

11. 对出租的无形资产进行摊销时，其摊销的价值应计入_____。（   ）
A. 管理费用　　B. 其他业务成本　　C. 营业外支出　　D. 销售费用

12. 企业在筹建期间发生的除应计入有关资产价值的各项开办费用，应先在以下科目中归集_____。（   ）
A. 长期待摊费用　　B. 生产成本　　C. 制造费用　　D. 销售费用

二、多项选择题
1. 无形资产的基本特征是_____。（   ）
A. 无形资产没有实物形态
B. 无形资产属于非货币性长期资产

C. 无形资产是为企业使用而非出售的资产
D. 无形资产是能够为企业带来未来经济利益的资源
E. 无形资产在创造经济利益方面存在较大的不确定性

2. 无形资产主要包括_____。（   ）
   A. 专利权和商标权　　　　　　B. 非专利技术
   C. 商誉　　　　　　　　　　　D. 土地使用权
   E. 著作权和特许权

3. 无形资产的确认标准包括_____。（   ）
   A. 符合无形资产的定义　　　　B. 产生的经济利益很可能流入企业
   C. 成本能够可靠地计量　　　　D. 必须是企业当期产生的
   E. 必须是企业直接拥有的

4. 关于"研发支出"科目核算内容，下列表述正确的项目是_____。（   ）
   A. 本科目应按照研究开发项目设立
   B. 本科目应该分别按"费用化支出"与"资本化支出"进行明细核算
   C. 本科目归集各种研究和开发方面费用，其中对开发阶段符合相关条件的支出转入无形资产科目中
   D. 本科目月末不应有余额
   E. 本科目月末余额表示正在进行的研发项目情况

5. 下列项目中，应作为无形资产核算的有_____。（   ）
   A. 企业自创商标过程中发生的广告费
   B. 企业自外单位购入商标发生的购置费
   C. 企业自外单位购入商标权发生的相关税费
   D. 企业自行开发非专利技术支付的研究阶段发生的费用
   E. 企业自行开发非专利技术支付的开发阶段发生的费用

6. 下列项目中，不能确认为无形资产的有_____。（   ）
   A. 企业自创的商誉　　　　　　B. 企业接受投资者投资的专利权
   C. 企业合并产生的商誉　　　　D. 企业持有并准备增值后转让的土地使用权
   E. 从外单位购入的专利权

7. 下列表述中，不正确的项目有_____。（   ）
   A. 无形资产的出租收入应确认为其他业务收入
   B. 无形资产的成本应自取得当月按直线法摊销，冲减无形资产账面价值
   C. 无形资产的后续支出应在发生时全部予以资本化
   D. 无形资产的研究与开发费用应在发生时全部计入当期损益
   E. 无形资产的出售收益计入营业外收入

8. 对使用寿命有限的无形资产，下列说法中正确的有_____。（   ）
   A. 其应摊销金额应当在使用寿命内系统合理摊销
   B. 其摊销期限应当自无形资产可供使用时起至不再作为无形资产确认时止
   C. 其摊销期限应当自无形资产可供使用的下个月时起至不作为无形资产确认时止
   D. 无形资产的应摊销金额为其成本扣除预计残值后的金额，已计提减值准备的无形资产，

还应扣除已计提的无形资产减值准备累计金额

　　E. 无形资产的摊销方法只能采用直线法

9. 对于无形资产摊销的会计处理，下列说法中正确的有_____。　　　　（　　）

　　A. 使用寿命有限的无形资产的应摊销金额应当在使用寿命内系统合理摊销

　　B. 企业应当自无形资产可供使用的次月起，至不再作为无形资产确认时止摊销无形资产

　　C. 无形资产的使用寿命与以前估计不同的，应当改变摊销期限

　　D. 无形资产的摊销方法与以前估计不同的，应当改变摊销方法

　　E. 使用寿命有限的无形资产，其残值一般应当视为零

10. 下列有关无形资产的说法中正确的有_____。　　　　　　　　　（　　）

　　A. 购买无形资产的价款超过正常信用条件延期支付，实质上具有融资性质的，无形资产的成本以购买价款为基础确定

　　B. 投资者投入无形资产的成本，应当按照投资合同或协议约定的价值确定，即使合同或协议约定价值不公允

　　C. 自行开发并依法取得的无形资产，其入账价值为开发和申请过程中发生的所有支出

　　D. 无形资产的应摊销金额为其成本扣除预计残值后的金额，已计提减值准备的无形资产，还应扣除已计提的无形资产减值准备累计金额

　　E. 无形资产的使用寿命及摊销方法与以前估计不同的，应当改变摊销期限和摊销方法

11. 下列应当计提无形资产减值准备的情况有_____。　　　　　　　（　　）

　　A. 某项无形资产已被其他新技术所替代，使其为企业创造经济利益的能力受到重大不利影响

　　B. 某项无形资产的市价在当期大幅度下跌，并在剩余摊销年限内不会恢复

　　C. 某项无形资产已超过法律保护期限，但仍然有部分使用价值

　　D. 企业内部报告的证据表明无形资产的经济绩效已经低于或者将低于预期

　　E. 其他足以证明某项无形资产实质上已经发生了减值的情形

12. 企业自行开发项目开发阶段的支出，满足资本化的条件包括_____。（　　）

　　A. 完成该无形资产以使其能够使用或出售，在技术上具有可行性

　　B. 归属于该无形资产开发阶段的支出能够可靠地计量

　　C. 具有完成该无形资产并使用或出售的意图

　　D. 无形资产生产的产品存在市场或无形资产自身存在市场，无形资产将在内部使用的，可证明其有用性

　　E. 有足够的技术、财务和其他资源支持

　　三、判断题

1. 无形资产是指企业拥有或者控制的没有实物形态的非货币性资产，包括可辨认非货币性资产和不可辨认非货币性资产两个部分。　　　　　　　　　　　　　　　（　　）

2. 商誉和非专利技术一样属于企业无形资产范畴。　　　　　　　　　　（　　）

3. 某个项目要确认为无形资产，首先必须符合无形资产的定义，其次产生的经济利益很可能流入企业，再次其成本能够可靠地计量。　　　　　　　　　　　　　（　　）

4. 企业在自创商誉、品牌等过程中发生的支出，不能将其作为企业的无形资产予以确认。
　　　　　　　　　　　　　　　　　　　　　　　　　　　　　　　　　（　　）

5. 企业内部研发活动可以划分成研究阶段和开发阶段，并对开发阶段的符合相关条件的支出准予资本化。（   ）

6. 外购无形资产的成本，包括购买价款、相关税费以及直接归属于使该项资产达到预定用途所发生的其他支出，比如，购买无形资产的价款超过正常信用条件延期支付，实质上具有融资性质的利息支出。（   ）

7. 自主研发形成的无形资产，在开发阶段符合相关条件的情况下，可构成无形资产价值，其初始成本包括以前期间已经费用化的支出。（   ）

8. 无形资产在确认后发生的支出，金额较大的应增加无形资产的价值，金额较小的可确认为发生当期的费用。（   ）

9. 如果无形资产可收回金额低于其账面价值，说明企业的无形资产发生了减值，应计提无形资产的减值准备。（   ）

10. 对于已确认减值的无形资产，如有充分的证据表明其减值又得以恢复，应按已恢复部分，在无形资产减值准备的数额内，冲减无形资产减值准备，并确认为当期损益。（   ）

11. 一般情况下，使用寿命有限的无形资产，其应摊销金额为其成本扣除已计提的无形资产减值准备的累计金额。（   ）

12. 企业取得的使用寿命有限的无形资产均应按直线法摊销。（   ）

四、业务计算题

1. 资料：某企业发生以下业务：

（1）从 XYZ 公司购入某项商标权，价格 400 000 元，相关手续费 14 000 元，款项通过银行存款支付。

（2）接受 DEF 公司投资的某项专利权，双方作价 120 000 元作为投入资本。

（3）经研究决定，上述商标权的摊销期限为 10 年，专利权的摊销期限为 8 年，从使用月份开始按月摊销。

（4）假设企业将取得的上项专利权使用 6 个月后转让给其他单位，取得价款 115 000 元存入银行，营业税税率为 5%。

要求：编制该企业取得商标权和专利权的会计分录。

计算商标权和专利权的月摊销额，并编制本月摊销的会计分录。

编制取得转让专利权价款的会计分录。

2. 2013 年 6 月 1 日，某企业决定自行研制开发某项技术。该企业认为，研发该项技术具有可靠的技术和财务等资源的支持，研发成功后用于产品生产，可降低产品成本，为企业带来巨大的收益。

有关资料如下：

（1）2013 年在研究开发过程中，发生材料费 46 800 元（含增值税），人工费 100 000 元，用银行存款支付的其他费用 80 000 元，其中，符合资本化条件的支出为 180 000 元。

（2）2014 年 1 月 1 日，该专利技术研发成功，已经达到预定用途，以银行存款支付律师费 11 400 元，注册费 600 元。

（3）该项专利权的法定保护期限为 10 年，企业预计该项专利权的使用寿命为 5 年，采用直线法于每年年末摊销。

要求：根据上述资料编制该企业相关的会计分录。

3. 资料：某企业 2008—2014 年发生以下业务：

（1）2008 年 12 月 1 日，以银行存款 600 000 元购入一项无形资产（不考虑相关税费）用于管理。该无形资产的预计使用寿命为 10 年，预计净残值为零，采用直线法摊销。

（2）2012 年 12 月 31 日，预计该无形资产的可收回金额为 284 000 元。该无形资产发生减值后，原预计使用年限不变。

（3）2013 年 12 月 31 日，预计该无形资产的可收回金额为 259 600 元，原预计使用年限不变。

（4）2014 年 1 月 1 日，将该无形资产对外出租，期限 1 年，取得价款 60 000 元收存银行（不考虑相关税费）。

要求：根据上述资料编制该企业相关的会计分录。

4. 资料：某企业发生以下业务：

（1）2011 年 1 月，以银行存款 200 000 元购入一项特许经营权（不考虑相关税费）。企业无法预见该特许经营权为企业带来经济利益的期限。

（2）2011 年 6 月，研发部门准备研究开发一项专有技术。在研究阶段，企业为了研究成果的应用研究、评价，以银行存款支付了相关费用 600 000 元。

（3）2011 年 8 月，上述专有技术研究成功，转入开发阶段。企业将研究成果应用于该项专有技术的设计，直接发生的研发人员工资、材料费以及相关设备折旧费等分别为 2 000 000 元、1 800 000 元和 800 000 元，同时以银行存款支付了其他相关费用 200 000 元。以上开发支出均满足无形资产的确认条件。

（4）2011 年 10 月 1 日，上述专有技术的研究开发项目达到预定用途，形成无形资产。企业预计该专有技术的使用寿命为 10 年。企业无法可靠确定与该专有技术有关的经济利益的预期实现方式。

（5）2012 年 12 月 31 日，由于市场上出现的一项新技术对企业的现有专利技术产生不利影响，经减值测试，该专有技术的可收回金额为 1 800 000 元，预计尚可使用 3 年。

（6）2014 年 5 月 31 日，企业研发的专有技术预期不能为企业带来经济利益，经批准将其予以转销。

要求：根据上述资料编制该企业相关的会计分录。

5. 资料：某企业发生以下业务：

（1）企业筹建期间发生下列费用：以支票支付注册登记费 20 000 元；以支票购买办公用品 80 000 元；应付职工工资 180 000 元；以银行存款 80 000 元支付借款利息，其中 48 000 元为固定资产的借款利息。企业于当年正式投入运营，开办费分 5 年平均摊销，按月进行会计处理。

（2）企业对租入的房屋进行改造，领用原材料的实际成本为 120 000 元，应负担的税款为 20 400 元，应负担的工资费用 48 000 元，福利费用 6 720 元，以银行存款支付其他费用 20 000 元，改造完工交付使用。房屋的租赁期 5 年，投入使用后按月摊销其价值。

要求：根据上述经济业务编制该企业相关的会计分录。

答 案

一、单项选择题
1. B 2. D 3. D 4. A 5. D 6. D 7. D 8. A 9. A 10. B 11. B 12. A

二、多项选择题
1. ABCDE 2. ABDE 3. ABC 4. ABCE 5. BC 6. ACD 7. BCD 8. ABD 9. ACDE 10. DE 11. ABCDE 12. ABCDE

三、判断题
1. × 2. × 3. √ 4. √ 5. √ 6. × 7. × 8. × 9. √ 10. × 11. √ 12. ×

四、账务处理题

1. （1）借：无形资产——商标权　　　　　　　　　　　　　　　414 000
　　　　贷：银行存款　　　　　　　　　　　　　　　　　　　414 000
（2）借：无形资产——某项专利权　　　　　　　　　　　　　120 000
　　　　贷：实收资本——DEF 公司　　　　　　　　　　　　120 000
（3）对于商标权，每月摊销额计算如下：414 000/（10×12）=3 450
　　　对于专利权，每月摊销额计算如下：120 000/（8×12）=1 250
借：管理费用　　　　　　　　　　　　　　　　　　　　　　4 700
　　贷：累计摊销　　　　　　　　　　　　　　　　　　　　4 700
（4）借：银行存款　　　　　　　　　　　　　　　　　　　115 000
　　　　累计摊销　　　　　　　　　　　　　　　　　　　　7 500
　　　　应交税费　　　　　　　　　　　　　　　　　　　　5 750
　　　贷：无形资产——某项专利权　　　　　　　　　　　　120 000
　　　　　营业外收入——处置非流动资产利得　　　　　　　8 250

2. （1）2013 年 6 月 1 日—12 月 31 日：
借：研发支出——费用化支出　　　　　　　　　　　　　　46 800
　　　　　　——资本化支出　　　　　　　　　　　　　　180 000
　　贷：原材料　　　　　　　　　　　　　　　　　　　　40 000
　　　　应交税费——应交增值税（进项税额转出）　　　　6 800
　　　　应付职工薪酬　　　　　　　　　　　　　　　　　100 000
　　　　银行存款　　　　　　　　　　　　　　　　　　　80 000
借：管理费用　　　　　　　　　　　　　　　　　　　　　46 800
　　贷：研发支出——费用化支出　　　　　　　　　　　　46 800
（2）2014 年 1 月 1 日：
借：研发支出——资本化支出　　　　　　　　　　　　　　12 000
　　贷：银行存款　　　　　　　　　　　　　　　　　　　12 000
借：无形资产——专利权　　　　　　　　　　　　　　　　192 000
　　贷：研发支出——资本化支出　　　　　　　　　　　　192 000
（3）2014 年 12 月 31 日：

借：制造费用	38 400	
贷：累计摊销		38 400

3.（1）2008 年 12 月 1 日：

借：无形资产	600 000	
贷：银行存款		600 000

每月摊销：

借：管理费用	5 000	
贷：累计摊销		5 000

（2）2012 年 12 月 31 日：

账面价值＝600 000－(600 000÷10÷12)×49＝355 000（元）

应计提的无形资产减值准备＝355 000－284 000＝71 000（元）

借：资产减值损失——无形资产减值损失	71 000	
贷：无形资产减值准备		71 000

（3）2013 年 12 月 31 日：

该无形资产的摊销额＝284 000÷(12×5＋11)×12＝48 000（元）

该无形资产的账面价值＝284 000－48 000＝236 000（元）

可收回金额为 259 600 元，按规定，已计提的减值准备不得冲回。

（4）2014 年 1 月 1 日：

借：银行存款	60 000	
贷：其他业务收入		60 000
借：其他业务成本	48 000	
贷：累计摊销		48 000

4.（1）2011 年 1 月：

借：无形资产——特许经营权	200 000	
贷：银行存款		200 000

（2）2011 年 6 月：

借：研发支出——费用化支出	600 000	
贷：银行存款		600 000
借：管理费用	600 000	
贷：研发支出——费用化支出		600 000

（3）2011 年 8 月：

借：研发支出——资本化支出	4 800 000	
贷：原材料		1 800 000
银行存款		200 000
应付职工薪酬		2 000 000
累计折旧		800 000

（4）2011 年 10 月 1 日：

借：无形资产	4 800 000	
贷：研发支出——资本化支出		4 800 000

2011 年 12 月 31 日：
借：管理费用 120 000
　　贷：累计摊销 120 000
（5）2012 年 12 月 31 日：
借：管理费用 480 000
　　贷：累计摊销 480 000
　　　　账面价值＝4 800 000－（120 000＋480 000）＝4 200 000（元）
　　　　应计提的无形资产减值准备＝4 200 000－1 800 000＝2 40 000（元）
借：资产减值损失——无形资产减值损失 2 40 000
　　贷：无形资产减值准备 2 400 000
2013 年 12 月 31 日：
借：管理费用 600 000
　　贷：累计摊销 600 000
（6）2014 年 5 月 31 日：
借：营业外支出——处置非流动资产损失 1 200 000
　　累计摊销 1 200 000
　　无形资产减值准备 2 400 000
　　贷：无形资产 4 800 000
5.（1）筹建期间发生开办费时：
借：长期待摊费用——开办费 360 000
　　贷：银行存款 180 000
　　　　应付职工薪酬 180 000
在正式运营前五年内，按月摊销开办费：
借：管理费用 6 000
　　贷：长期待摊费用——开办费 6 000
（2）支付装修费用时，做会计分录如下：
借：长期待摊费用——租入固定资产改良支出 215 120
　　贷：原材料 120 000
　　　　应交税费 20 400
　　　　应付职工薪酬 54 720
　　　　银行存款 20 000
按月摊销时，做会计分录如下：
借：管理费用 3 585.33
　　贷：长期待摊费用——租入固定资产改良支出 3 585.33

第七章

投资性房地产

案例导入

房地产开发商的待售楼盘是投资性房地产吗?

新会计准则非常引人注目的一点是关于投资性房地产的后续计量引入了"公允价值模式"。有媒体如此评论:"在近年中国各地房价大幅上涨的背景下,如果拥有'投资性房地产'的上市公司一旦采用公允价值,其业绩会产生'三级跳',届时出现每股收益 3 元甚至 5 元的公司均是可能的。"投资性房地产准则真有如此大的魔力吗?这无疑是一个值得研究和探讨的话题。学习完本章内容,相信大家会对这个问题有一个比较清晰的认识。

案例思考:(1)房地产开发商的待售楼盘是投资性房地产吗?为什么?

(2)投资性房地产有几种计量模式?

第一节 投资性房地产概述

一、投资性房地产的定义与特征

投资性房地产是指为赚取租金或资本增值,或者两者兼有而持有的房地产。主要包括:已出租的土地使用权、持有并准备增值后转让的土地使用权和已出租的建筑物。

投资性房地产和自用房地产在实物形态上完全相同,例如都表现为土地使用权、建筑物或构建物等,但在产生现金流量的方式上具有各自的特点和显著的差异。房地产投资是为了赚取租金或资本增值,或两者兼有。因此,投资性房地产产生的现金流量在很大程度上独立于企业持有的其他资产,而自用房地产必须与其他资产如生产设备、原材料、人力资源等相结合才能产生现金流量。根据实质重于形式原则,两类房地产应区分进行会计处理,本章所涉及的房地产均为投资性房地产,而自用房地产适用固定资产或无形资产准则。

二、投资性房地产的范围

1. 属于投资性房地产的范围

（1）已出租的土地使用权。企业计划出租但尚未出租的土地使用权，不属于此类。对于以经营租赁方式租入土地使用权再转租给其他单位的，不能确认为投资性房地产。

（2）持有并准备增值后转让的土地使用权按照国家有关规定认定的闲置土地，不属于持有并准备增值后转让的土地使用权，也就不属于投资性房地产。由于我国土地所有权属于国家，企业拥有的只是土地使用权，如果在一定期限内不开发的闲置土地，国家要收回其土地使用权。因此，像投资房产一样先低价吃进一块地闲置两三年以后再高价卖出，这是为国家所不允许的。新会计准则应用指南对此也做出了特别说明：闲置土地不属于持有并准备增值的土地使用权。

（3）已出租的建筑物。一般应自租赁协议规定的租赁期开始日起，经营租出的建筑物才属于已出租的建筑物。通常情况下，对企业持有以备经营出租的空置建筑物，如董事会或类似机构做出书面决议，明确表明将其用于经营出租且持有意图短期内不再发生变化的，即使尚未签订租赁协议，也应视为投资性房地产。

2. 不属于投资性房地产的范围

（1）自用房地产，即为生产商品、提供劳务或者经营管理而持有的房地产。企业出租给本企业职工居住的宿舍，即使按照市场价格收取租金，也不属于投资性房地产。这部分房产间接为企业自身的生产经营服务，具有自用房地产的性质。

（2）作为存货的房地产，是指房地产开发企业销售的或为销售而正在开发的商品房和土地。这部分房地产属于房地产开发企业的存货。

【例 7-1】请判断下列资产是否属于投资性房地产。

（1）闲置土地。

答案：否。按照国家有关规定认定的闲置土地，不属于持有并准备增值后转让的土地使用权。

（2）房地产公司准备出售的房地产。

答案：否。房地产公司将房地产作为存货核算，投资性房地产范围不包括出售的建筑物。

（3）出租办公楼并提供保安、维修等辅助服务。

答案：是。企业将建筑物出租，按租赁协议向承租人提供的相关辅助服务在整个协议中不重大的，应当将该建筑物确认为投资性房地产。

（4）旅馆饭店。

答案：否。企业拥有并自行经营的旅馆饭店，其经营目的主要是通过提供客房服务赚取服务收入，该旅馆饭店不确认为投资性房地产。

（5）下列项目属于投资性房地产的有_____。　　　　　　　　　　　　　（　　）

A. 已出租的建筑物
B. 持有并准备增值后转让的土地使用权
C. 已出租的土地使用权
D. 持有并准备增值后出售的房屋建筑物

【答案】ABC

【2012 年《初中级会计实务》考试真题·单选题】下列各项资产中不属于投资性房地产

的是_____。 ( )

A. 用于赚取租金的房地产
B. 持有并准备增值后转让的土地使用权
C. 赚取租金和资本增值两者兼有而持有的房地产
D. 为经营管理而持有的房地产

【正确答案】D
【答案解析】为经营管理而持有的房地产属于自用房地产,选项 D 正确。

第二节 投资性房地产的确认和初始计量

一、投资性房地产的确认

将某个项目确认为投资性房地产,首先应当符合投资性房地产的概念;其次要同时满足投资性房地产的两个确认条件:与该资产相关的经济利益很可能流入企业,该投资性房地产的成本能够可靠计量。

比如企业的房地产一部分自用,一部分对外出租。对于出租部分,能否作为投资性房地产,取决于其成本能否单独计量,以及其带来的经济利益能否单独计量。

二、投资性房地产的初始计量

投资性房地产应当按照成本进行初始计量。

(1)外购投资性房地产的成本,包括购买价款、相关税费和可直接归属于该资产的其他支出。

【例7-2】某公司2012年3月10日考虑到大量资金闲置,房地产价格增值潜力较大,决定将闲置的2 000万元现金用于购置房地产,并对外出租。公司在购置房地产过程中支付相关税费100万元。

(1)采用成本模式后续计量,则:

借:投资性房地产 21 000 000
　　贷:银行存款 21 000 000

(2)采用公允价值模式后续计量,则:

借:投资性房地产——成本 21 000 000
　　贷:银行存款 21 000 000

(2)自行建造投资性房地产的成本,由建造该项资产达到预定可使用状态前所发生的必要支出构成。

【例7-3】A公司是一家建筑公司,为了降低经营风险,于2012年1月1日开始在企业拥有的一块地皮上自行建造一幢商务办公楼,拟用于对外招租。工期为1年,于2012年12月31日完工。工程期间发生人工费用600万元,投入工程物资3 000万元,假设无相关税费。工程开工时,所占用地皮的账面价值为4 000万元,在"无形资产"科目核算(以下会计分录中的单位为万元)。

(1)工程领用物资时:

```
借：在建工程                                    3 000
    贷：工程物资                                 3 000
(2) 分配工程人员工资时：
借：在建工程                                      600
    贷：应付职工薪酬                              600
(3) 将土地使用权的账面价值在开工时转入工程成本：
借：在建工程                                    4 000
    贷：无形资产                                 4 000
(4) 工程完工时：
借：投资性房地产                                7 600
    贷：在建工程                                 7 600
```

(3) 以其他方式取得的投资性房地产的成本，按照相关会计准则的规定确定。

【2013年《初级会计实务》考试真题·单选题】2012年1月1日，英明公司与乙公司签订一份租赁合同，将当日购入的一幢写字楼出租给乙公司，租赁期为2012年1月1日至2014年12月31日。该写字楼购买价格为1 000万元，外购时发生直接费用15万元，为取得该写字楼所有权另支付了契税85万元，上述款项均以银行存款支付完毕。不考虑其他因素，则英明公司该项投资性房地产的入账价值为_____万元。（   ）

A. 1 000   B. 1 015   C. 1 100   D. 1 085

【正确答案】C

【答案解析】英明公司该项投资性房地产的入账价值=1 000+15+85=1 100（万元）。

第三节 投资性房地产的后续计量

投资性房地产的后续计量需要注意的问题：

(1) 企业通常应当采用成本模式对投资性房地产进行后续计量，也可以采用公允价值模式对投资性房地产进行后续计量。

(2) 同一企业只能采用一种模式对所有投资性房地产进行后续计量，不得同时采用两种计量模式。

一、采用成本模式后续计量

在成本模式下，应当按照固定资产或无形资产的有关规定，对投资性房地产进行后续计量，计提折旧或进行摊销；存在减值迹象的，还应当按照资产减值的有关规定进行处理。

【例7-4】某公司于2009年12月10日以银行存款购入某栋商务楼作为投资性房地产，购置价为1 400万元，税费100万元，使用年限为15年，假设无残值，企业采取平均年限法计提折旧。该房地产出租年租金为200万元，于年末一次性结算。该公司采用成本模式对投资性房地产进行核算（以下会计分录中的单位为万元）。

(1) 购入投资性房地产时：

```
借：投资性房地产                                1 500
    贷：银行存款                                 1 500
```

(2) 2010 年应计提的折旧：
借：其他业务成本　　　　　　　　　　　　　　　　　　　　100
　　贷：投资性房地产累计折旧（摊销）　　　　　　　　　　　　100
(3) 收取租金时：
借：银行存款　　　　　　　　　　　　　　　　　　　　　　200
　　贷：其他业务收入　　　　　　　　　　　　　　　　　　　　200

【提示】投资性房地产作为企业主营业务的，应通过"主营业务收入"和"主营业务成本"科目核算相关的损益。

注意：(1) 投资性房地产减值准备一经计提，在持有期间不得转回。
(2) 投资性房地产中的房产折旧参照固定资产准则，地产摊销参照无形资产准则。

二、采用公允价值模式后续计量

1. 采用公允价值模式的前提条件

有确凿证据表明投资性房地产的公允价值能够持续可靠取得的，可以对投资性房地产采用公允价值模式进行后续计量。采用公允价值模式计量的，应当同时满足下列条件：

(1) 投资性房地产所在地有活跃的房地产交易市场。

所在地，通常是指投资性房地产所在的城市。对于大中型城市，应当为投资性房地产所在的城区。

(2) 企业能够从房地产交易市场上取得同类或类似房地产的市场价格及其他相关信息，从而对投资性房地产的公允价值做出合理的估计。

同类或类似的房地产，对建筑物而言，是指所处地理位置和地理环境相同、性质相同、结构类型相同或相近、新旧程度相同或相近、可使用状况相同或相近的建筑物；对土地使用权而言，是指同一城区、同一位置区域、所处地理环境相同或相近、可使用状况相同或相近的土地。

2. 采用公允价值模式进行后续计量的会计处理

采用公允价值模式计量的，不对投资性房地产计提折旧或进行摊销，应当以资产负债表日投资性房地产的公允价值为基础调整其账面价值，公允价值与原账面价值之间的差额计入当期损益（公允价值变动损益）。投资性房地产取得的租金收入，确认为其他业务收入。

资产负债表日，投资性房地产的公允价值高于其账面余额的差额，借记"投资性房地产（公允价值变动）"科目，贷记"公允价值变动损益"科目；公允价值低于其账面余额的差额做相反的会计分录。

【例 7-5】甲公司 2009 年年末支付 1 000 万元购置了一栋办公楼，用于出租，属于投资性房地产。甲公司与乙公司签订经营租赁合同，从 2010 年 1 月 1 日起，租期三年，每年租金 80 万元，在年初一次性收取。甲公司对该投资性房地产采用公允价值计量模式。已知 2010 年年末该投资性房地产的公允价值为 1 100 万元；2011 年年末该投资性房地产的公允价值为 1 150 万元（以下会计分录中的单位为万元）。

(1) 2009 年购建房地产时：
借：投资性房地产——成本　　　　　　　　　　　　　　　1 000
　　贷：银行存款　　　　　　　　　　　　　　　　　　　　　1 000
(2) 2010 年年初收到租金：

借：银行存款　　　　　　　　　　　　　　　　　　　　　80
　　　　贷：预收账款　　　　　　　　　　　　　　　　　　　　　80
（3）2010 年年末确认收入和确认公允价值变动损益：
　　借：预收账款　　　　　　　　　　　　　　　　　　　　　80
　　　　贷：其他业务收入　　　　　　　　　　　　　　　　　　　80
　　借：投资性房地产——公允价值变动损益　　　　　　　　100
　　　　贷：公允价值变动损益　　　　　　　　　　　　　　　　100
（4）2011 年年初收到租金：
　　借：银行存款　　　　　　　　　　　　　　　　　　　　　80
　　　　贷：预收账款　　　　　　　　　　　　　　　　　　　　　80
（5）2011 年年末确认收入和确认公允价值变动损益：
　　借：预收账款　　　　　　　　　　　　　　　　　　　　　80
　　　　贷：其他业务收入　　　　　　　　　　　　　　　　　　　80
　　借：投资性房地产——公允价值变动损益　　　　　　　　50
　　　　贷：公允价值变动损益　　　　　　　　　　　　　　　　50

三、投资性房地产后续计量模式的变更

企业对投资性房地产的计量模式一经确定，不得随意变更。成本模式转为公允价值模式的，应当作为会计政策变更，按照《企业会计准则第 28 号——会计政策、会计估计变更和差错更正》处理。

已采用公允价值模式计量的投资性房地产，不得从公允价值模式转为成本模式。

第四节　投资性房地产的转换与处置

一、投资性房地产的转换

房地产的转换，是因房地产用途发生改变而对房地产进行的重新分类。企业有确凿证据表明房地产用途发生改变，应当将投资性房地产转换为其他资产或者将其他资产转换为投资性房地产。这里的确凿证据包括两个方面：一是企业董事会应当就改变房地产用途形成正式的书面决议；二是房地产因用途改变而发生实际状态上的改变。包括：

（1）投资性房地产开始自用。
（2）作为存货的房地产，改为出租。
（3）自用土地使用权停止自用，用于赚取租金或资本增值。
（4）自用建筑物停止自用，改为出租。

1. 转换日的确定

（1）投资性房地产开始自用，是指投资性房地产转为自用房地产。

其转换日为房地产达到自用状态，企业开始将房地产用于生产商品、提供劳务或者经营管理的日期。

（2）作为存货的房地产改为出租，或者自用建筑物、自用土地使用权停止自用改为出租，

其转换日为租赁期开始日。

【注意】租赁开始日与租赁期开始日的区别。

2. 房地产转换的会计处理

(1) 在成本模式下，将房地产转换前的账面价值作为转换后的入账价值。

将作为存货的房地产转换为投资性房地产的，应按其在转换日的账面余额，借记"投资性房地产"科目，贷记"开发产品"等科目。已计提跌价准备的，还应同时结转跌价准备。

将自用的建筑物等转换为投资性房地产的，应按其在转换日的原价、累计折旧、减值准备等，分别转入"投资性房地产"科目、"投资性房地产累计折旧（摊销）"科目、"投资性房地产减值准备"科目。

将投资性房地产转为自用时，应按其在转换日的账面余额、累计折旧、减值准备等，分别转入"固定资产""累计折旧""固定资产减值准备"等科目。

【例 7-6】某公司 2008 年 12 月 31 日在自有土地上建成一座厂房，此在建工程的账面成本为 800 万元（折旧期限 20 年，按平均年限法计提折旧，预计无残值），建成初衷是作为自用的车间，但由于产品销路不畅于 2010 年 1 月 1 日将此厂房出租，租期为 10 年，出租时该厂房已计提减值准备 10 万元。公司采用成本模式对投资性房地产进行核算（以下会计分录中的单位为万元）。

借：投资性房地产　　　　　　　　　　　　　　　　　　800
　　累计折旧　　　　　　　　　　　　　　　　　　　　 40
　　固定资产减值准备　　　　　　　　　　　　　　　　 10
　　贷：固定资产　　　　　　　　　　　　　　　　　　800
　　　　投资性房地产累计折旧　　　　　　　　　　　　 40
　　　　投资性房地产减值准备　　　　　　　　　　　　 10

【例 7-7】某公司 2009 年 6 月 30 日决定将投资性房地产转换为自用房地产。当日，该投资性房地产已计提累计折旧 150 万元，已计提减值准备 50 万元。假定投资性房地产账面原价为 600 万元，不考虑其他因素。公司采用成本模式对投资性房地产进行核算（以下会计分录中的单位为万元）。

借：固定资产　　　　　　　　　　　　　　　　　　　 600
　　投资性房地产减值准备　　　　　　　　　　　　　　50
　　投资性房地产累计折旧　　　　　　　　　　　　　 150
　　贷：固定资产减值准备　　　　　　　　　　　　　　50
　　　　累计折旧　　　　　　　　　　　　　　　　　 150
　　　　投资性房地产　　　　　　　　　　　　　　　 600

【2014 年《初中级会计实务》考试真题·单选题】2013 年 4 月 2 日，甲公司董事会做出决议将其持有的一项土地使用权停止自用，待其增值后转让以获取增值收益。该项土地使用权的成本为 6 000 万元，预计使用年限为 50 年，预计净残值为 50 万元，甲公司对其采用直线法进行摊销，至转换时已使用了 10 年，未计提减值准备。甲公司对其投资性房地产采用成本模式计量，该项土地使用权转换前后其预计使用年限、预计净残值以及摊销方法相同。则 2013 年度甲公司该项土地使用权应计提的摊销额为　　　　　　万元。　　　　（　　）

A. 89.25　　　　B. 119　　　　C. 120　　　　D. 90

【正确答案】B

【答案解析】该项土地使用权转换前后其预计使用年限、预计净残值以及摊销方法相同，故其2013年度应计提的摊销额=(6 000-50)÷50=119(万元)。

(2) 公允价值模式计量的投资性房地产转换为自用房地产时，以转换日公允价值作为自用房地产的账面价值，公允价值与账面价值的差额，作为公允价值变动损益，计入当期损益。

将投资性房地产转为自用时，应按其在转换日的公允价值，借记"固定资产"等科目，按其账面余额，贷记"投资性房地产(成本、公允价值变动)"科目，按其差额，贷记或借记"公允价值变动损益"科目。

【例7-8】乙公司将原采用公允价值计量模式计价的一幢出租用厂房收回，作为企业一般性固定资产处理，在出租收回前，该投资性房地产的成本和公允价值变动明细科目分别为700万元和100万元(借方)。

(1) 如果在转换日厂房的公允价值是840万元。

会计处理：

借：固定资产　　　　　　　　　　　　　　　　　　　　　　　　　840
　　贷：投资性房地产——成本　　　　　　　　　　　　　　　　　　700
　　　　　　　　　　——公允价值变动　　　　　　　　　　　　　　100
　　　　公允价值变动损益　　　　　　　　　　　　　　　　　　　　 40

(2) 如果在转换日厂房的公允价值是780万元。

会计处理：

借：固定资产　　　　　　　　　　　　　　　　　　　　　　　　　780
　　公允价值变动损益　　　　　　　　　　　　　　　　　　　　　　20
　　贷：投资性房地产——成本　　　　　　　　　　　　　　　　　　700
　　　　　　　　　　——公允价值变动　　　　　　　　　　　　　　100

(3) 自用房地产或存货转换为采用公允价值模式计量的投资性房地产，按照转换当日的公允价值计量。

转换日的公允价值小于原账面价值的，其差额计入当期损益(公允价值变动损益)；转换当日的公允价值大于原账面价值的，其差额作为其他综合收益。企业在处置该项投资性房地产时，原计入所有者权益的部分应当转入处置当期损益(其他业务成本)。

将作为存货的房地产转换为投资性房地产的，应按其在转换日的公允价值，借记"投资性房地产(成本)"科目；按其账面余额，贷记"开发产品"等科目；按其差额，贷记"其他综合收益"科目或借记"公允价值变动损益"科目。已计提跌价准备的，还应同时结转跌价准备。

将自用的建筑物等转换为投资性房地产的，按其在转换日的公允价值，借记"投资性房地产(成本)"；按已计提的累计折旧等，借记"累计折旧"等科目；按其账面余额，贷记"固定资产"等科目；按其差额，贷记"其他综合收益"科目或借记"公允价值变动损益"科目。已计提减值准备的，还应同时结转减值准备。

【例7-9】企业将一幢自用的厂房作为投资性房地产对外出租。该厂房的账面原值为1 000

万元，已计提折旧 400 万元，计提减值准备 100 万元。假定该企业对投资性房地产采用公允价值模式进行后续计量。

（1）转换当日公允价值为 480 万元。该厂房转换前的账面价值为 1 000－400－100＝500（万元），公允价值 480 万元小于账面价值 20 万元，应直接计入当期损益。其会计处理为（单元为万元）：

借：投资性房地产——成本　　　　　　　　　　　　　　　　480
　　固定资产减值准备　　　　　　　　　　　　　　　　　　100
　　累计折旧　　　　　　　　　　　　　　　　　　　　　　400
　　公允价值变动损益　　　　　　　　　　　　　　　　　　 20
　贷：固定资产　　　　　　　　　　　　　　　　　　　　1 000

（2）转换日公允价值为 530 万元。公允价值大于账面价值 30 万元，应直接计入资本公积。会计处理为（单元为万元）：

借：投资性房地产——成本　　　　　　　　　　　　　　　　530
　　累计折旧　　　　　　　　　　　　　　　　　　　　　　400
　　固定资产减值准备　　　　　　　　　　　　　　　　　　100
　贷：固定资产　　　　　　　　　　　　　　　　　　　　1 000
　　　其他综合收益　　　　　　　　　　　　　　　　　　　 30

【2014 年《初级会计实务》考试真题·单选题】（注意：本题选项 C 涉及的考点 2015 年教材已经发生变化）企业将房地产存货转换为采用公允价值模式计量的投资性房地产，转换日存货公允价值小于原账面价值的差额应计入的会计科目是_____。（　　）

A．营业外支出　　　　　　　　B．公允价值变动损益
C．其他综合收益　　　　　　　D．其他业务成本

【正确答案】B

【答案解析】企业将房地产存货转换为采用公允价值模式计量的投资性房地产时，如果转换日存货的公允价值小于原账面价值，那么两者之间的差额应该借记"公允价值变动损益"科目核算。

【例 7-10】甲公司采用公允价值模式计量投资性房地产。有关资料如下：

（1）2010 年 12 月 1 日甲公司与 A 公司签订协议，将自用的办公楼出租给 A 公司，租期为 3 年，每年租金为 1 000 万元，于年底收取，2011 年 1 月 1 日为租赁期开始日，2013 年 12 月 31 日到期。转换日的公允价值为 30 000 万元，该固定资产账面原值为 20 000 万元，已计提的累计折旧为 10 000 万元，未计提减值准备。

（2）2011 年 12 月 31 日该投资性房地产的公允价值为 30 500 万元。

（3）2012 年 12 月 31 日该投资性房地产的公允价值为 30 800 万元。

（4）2013 年 12 月 31 日租赁协议到期，甲公司收回办公楼作为自用办公楼，该办公楼的公允价值为 30 700 万元。假设不考虑相关税费。

要求：（1）编制 2011 年 1 月 1 日转换日转换房地产的有关会计分录。

（2）编制收到租金的相关会计分录。

（3）编制 2011 年 12 月 31 日调整投资性房地产的会计分录。

（4）编制 2012 年 12 月 31 日调整投资性房地产的会计分录。

(5) 编制 2013 年 12 月 31 日租赁协议到期的相关会计分录。

编制相关分录如下（单位：万元）：

（1）编制 2011 年 1 月 1 日转换日转换房地产的有关会计分录：

借：投资性房地产——成本	30 000
累计折旧	10 000
贷：固定资产	20 000
其他综合收益	20 000

（2）编制收到租金的相关会计分录：

借：银行存款	1 000
贷：其他业务收入	1 000

（3）编制 2011 年 12 月 31 日调整投资性房地产的会计分录

借：投资性房地产——公允价值变动	500
贷：公允价值变动损益	500

（4）编制 2012 年 12 月 31 日调整投资性房地产的会计分录

借：投资性房地产——公允价值变动	300
贷：公允价值变动损益	300

（5）编制 2013 年 12 月 31 日租赁协议到期的相关会计分录

借：固定资产	30 700
公允价值变动损益	100
贷：投资性房地产——成本	30 000
——公允价值变动	800

投资性房地产转换的会计分录（如表 7-1 和表 7-2 所示）：

1. 非房地产企业

表 7-1　非房地产企业投资性房地产转换的会计分录

（1）成本模式下的转换	（2）公允价值模式下的转换
① 自用房地产转换为投资性房地产 借：投资性房地产【原值】 　　累计折旧（累计摊销） 　　固定资产减值准备（无形资产减值准备） 　　贷：固定资产（无形资产）【原值】 　　　　投资性房地产累计折旧（投资性房地产累计摊销） 　　　　投资性房地产减值准备	① 自用房地产转换为投资性房地产 借：投资性房地产——成本【公允价值】 　　累计折旧（累计摊销） 　　固定资产减值准备（无形资产减值准备） 　　公允价值变动损益【借差】 　　贷：固定资产（无形资产）【原值】 　　　　其他综合收益【贷差】
② 投资性房地产转换为自用房地产 借：固定资产（无形资产）【原值】 　　投资性房地产累计折旧（投资性房地产累计摊销） 　　投资性房地产减值准备 　　贷：投资性房地产【原值】 　　　　累计折旧（累计摊销） 　　　　固定资产减值准备（无形资产减值准备）	② 投资性房地产转换为自用房地产 借：固定资产（无形资产）【公允价值】 　　公允价值变动损益【借差】 　　贷：投资性房地产——成本 　　　　　　　　　　——公允价值变动 　　　　公允价值变动损益【贷差】

2. 房地产企业

表7–2 房地产企业投资性房地产转换的会计分录

（1）成本模式下的转换	（2）公允价值模式下的转换
① 作为存货的房地产转换为投资性房地产 借：投资性房地产【账面价值】 　　存货跌价准备【已计提存货跌价准备】 　贷：开发产品【账面余额】	① 作为存货的房地产转换为投资性房地产 借：投资性房地产——成本【公允价值】 　　存货跌价准备【已计提存货跌价准备】 　　公允价值变动损益【借差】 　贷：开发产品【账面余额】 　　　其他综合收益【贷差】
② 投资性房地产转换为存货 借：开发产品【账面价值】 　　投资性房地产累计折旧 　　投资性房地产减值准备 　贷：投资性房地产	② 投资性房地产转换为存货 借：开发产品【公允价值】 　　公允价值变动损益【借差】 　贷：投资性房地产——成本 　　　　　　　　——公允价值变动 　　　公允价值变动损益【贷差】

二、投资性房地产的处置

当投资性房地产被处置，或者永久退出使用且预计不能从其处置中取得经济利益时，应当终止确认该项投资性房地产。

1. 处置成本模式计量的投资性房地产

处置时，应按实际收到的金额，借记"银行存款"等科目，贷记"其他业务收入"科目。按该项投资性房地产的累计折旧或累计摊销，借记"投资性房地产累计折旧（摊销）"科目；按该项投资性房地产的账面余额，贷记"投资性房地产"科目；按其差额，借记"其他业务成本"科目。已计提减值准备的，还应同时结转减值准备。

【例7–11】某公司于2008年12月10日以银行存款购入某栋商务楼作为投资性房地产，购置价为1 400万元，税费100万元，使用年限为15年，假设无残值，企业采取平均年限法计提折旧。该房地产出租年租金为200万元，于年末一次性结算。公司采用成本模式对投资性房地产进行核算。公司于2010年1月1日以3 000万元的价格对外转让。2008年12月10日购入的该幢商务楼，已通过银行转账收取转让价款。假设不考虑其他税费（单位为万元）。

（1）取得投资性房地产处置收入：

借：银行存款　　　　　　　　　　　　　　　　　　　　　　　3 000
　贷：其他业务收入　　　　　　　　　　　　　　　　　　　　　3 000

（2）结转投资性房地产成本：

借：投资性房地产累计折旧　　　　　　　　　　　　　　　　　　100
　　其他业务成本　　　　　　　　　　　　　　　　　　　　　1 400
　贷：投资性房地产　　　　　　　　　　　　　　　　　　　　1 500

2. 处置公允价值模式计量的投资性房地产

处置时，应按实际收到的金额，借记"银行存款"等科目，贷记"其他业务收入"科目。按该项投资性房地产的账面余额，借记"其他业务成本"科目，贷记"投资性房地产（成本）"

科目，贷记或借记"投资性房地产（公允价值变动）"科目；同时，按该项投资性房地产的公允价值变动，借记或贷记"公允价值变动损益"科目，贷记或借记"其他业务收入""其他业务成本"科目。按该项投资性房地产在转换日计入其他综合收益的金额，借记"其他综合收益"科目，贷记"其他业务收入""其他业务成本"科目。

（1）将收到的款项计入其他业务收入；
（2）将账面价值转入其他业务成本；
（3）将公允价值变动损益科目的金额转入其他业务成本；
（4）将转换日计入资本公积的金额转入其他业务成本。

【例 7-12】 甲公司将一幢出租用厂房出售，取得收入 3 000 万元，款项已存入银行。甲公司对该厂房采用公允价值模式计量。处置当日，该投资性房地产的成本和公允价值变动明细科目分别为 2 500 万元和 200 万元（借方），假设不考虑相关税费。

会计处理（单位为万元）：

（1）借：银行存款　　　　　　　　　　　　　　　　　3 000
　　　　贷：其他业务收入　　　　　　　　　　　　　　　　　3 000
（2）借：其他业务成本　　　　　　　　　　　　　　　2 700
　　　　贷：投资性房地产——成本　　　　　　　　　　　　2 500
　　　　　　　　　　——公允价值变动　　　　　　　　　　　200
（3）借：公允价值变动损益　　　　　　　　　　　　　200
　　　　贷：其他业务成本　　　　　　　　　　　　　　　　　200

【例 7-13】 甲公司采用公允价值模式计量投资性房地产。有关资料如下：

（1）2008 年 12 月 1 日甲公司与 A 公司签订协议，将自用的办公楼出租给 A 公司，租期为 3 年，每年租金为 1 000 万元，于年底收取，2009 年 1 月 1 日为租赁期开始日，2011 年 12 月 31 日到期。转换日的公允价值为 30 000 万元，该固定资产账面原值为 20 000 万元，已计提的累计折旧为 10 000 万元，未计提减值准备。

（2）2009 年 12 月 31 日该投资性房地产的公允价值为 30 500 万元。

（3）2010 年 12 月 31 日该投资性房地产的公允价值为 30 800 万元。

（4）2011 年 12 月 31 日租赁协议到期，甲公司将办公楼以 31 000 万元的价格对外出售。假设不考虑相关税费。

要求：① 编制 2009 年 1 月 1 日转换日转换房地产的有关会计分录。② 编制收到租金的相关会计分录。③ 编制 2009 年 12 月 31 日调整投资性房地产的会计分录。④ 编制 2010 年 12 月 31 日调整投资性房地产的会计分录。⑤ 编制 2011 年 12 月 31 日该办公楼对外售出的会计分录（会计分录中的单位为万元）。

（1）编制 2009 年 1 月 1 日转换日转换房地产的有关会计分录：

借：投资性房地产——成本　　　　　　　　　　　　30 000
　　累计折旧　　　　　　　　　　　　　　　　　　10 000
　　贷：固定资产　　　　　　　　　　　　　　　　　　　20 000
　　　　其他综合收益　　　　　　　　　　　　　　　　　　20 000

（2）编制收到租金的相关会计分录：

借：银行存款 1 000
　　贷：其他业务收入 1 000
（3）编制2009年12月31日调整投资性房地产的会计分录：
借：投资性房地产——公允价值变动 500
　　贷：公允价值变动损益 500
（4）编制2010年12月31日调整投资性房地产的会计分录：
借：投资性房地产——公允价值变动 300
　　贷：公允价值变动损益 300
（5）编制2011年12月31日该办公楼对外售出的会计分录：
借：银行存款 31 000
　　贷：其他业务收入 31 000
借：其他业务成本 30 800
　　贷：投资性房地产——成本 30 000
　　　　　　　　　　——公允价值变动 800
借：公允价值变动损益 800
　　贷：其他业务成本 800
借：其他综合收益 20 000
　　贷：其他业务成本 20 000

【2013年《初中级会计实务》考试真题·单选题】企业处置一项以公允价值模式计量的投资性房地产，实际收到的金额为100万元，投资性房地产的账面余额为80万元，其中成本为70万元，公允价值变动为10万元。该项投资性房地产是由自用房地产转换的，转换日公允价值大于账面价值的差额为20万元。假设不考虑相关税费，处置该项投资性房地产使利润总额增加（　　）万元。

A. 30　　　　　　B. 20　　　　　　C. 40　　　　　　D. 10

【正确答案】C

【答案解析】原转换日公允价值大于账面价值计入其他综合收益的部分在处置时应结转至当期损益，公允价值变动损益转入其他业务成本不影响利润总额。因此处置该项投资性房地产使利润总额增加=（100-80）+20=40（万元）。

投资性房地产处置的会计分录，如表7-3所示。

表7-3　投资性房地产处置的会计分录

（一）成本模式计量的投资性房地产	（二）公允价值模式计量的投资性房地产
借：银行存款 　　贷：其他业务收入	借：银行存款 　　贷：其他业务收入
借：其他业务成本 　　投资性房地产累计折旧（投资性房地产累计摊销） 　　投资性房地产减值准备 　　贷：投资性房地产	借：其他业务成本 　　公允价值变动损益 　　其他综合收益 　　贷：投资性房地产——成本 　　　　　　　　　　——公允价值变动

【2011年《初级会计实务》考试真题·多选题】下列各项中，影响企业当期损益的有_____。（   ）

A. 采用成本模式计量的投资性房地产，期末计提的折旧摊销额
B. 采用成本模式计量的投资性房地产，期末可收回金额低于账面价值的差额
C. 企业将采用公允价值模式计量的投资性房地产转为自用的房地产，转换日的公允价值高于账面价值的差额
D. 自用房地产转换为采用公允价值模式计量的投资性房地产时，转换日房地产的公允价值小于账面价值的差额

【正确答案】ABCD
【答案解析】选项A，应计入其他业务成本；选项B，应计提资产减值损失；选项C和D，应将差额计入公允价值变动损益。

【2013年《初级会计实务》考试真题·多选题】ABC公司为一家房地产开发企业，2012年3月10日，ABC公司与小雪公司签订了租赁协议，将其开发的一栋写字楼出租给小雪公司使用，租赁期开始日为2012年4月15日。2012年4月15日，该写字楼的账面余额为4 500万元，未计提存货跌价准备，公允价值为4 700万元。2012年12月31日，该项投资性房地产的公允价值为4 800万元。2013年6月租赁期届满，收回该项投资性房地产，并以5 500万元出售，出售款项已收讫。ABC公司对投资性房地产采用公允价值模式计量，不考虑相关税费。下列各项关于ABC公司的会计处理，正确的有_____。（   ）

A. 借：投资性房地产——成本　　　　　　　　　　　　　4 700
　　　贷：开发产品　　　　　　　　　　　　　　　　　　4 500
　　　　　其他综合收益　　　　　　　　　　　　　　　　　200
B. 借：投资性房地产——成本　　　　　　　　　　　　　4 700
　　　贷：开发产品　　　　　　　　　　　　　　　　　　4 500
　　　　　公允价值变动损益　　　　　　　　　　　　　　　200
C. 借：投资性房地产——公允价值变动　　　　　　　　　　100
　　　贷：公允价值变动损益　　　　　　　　　　　　　　　100
D. 借：公允价值变动损益　　　　　　　　　　　　　　　　100
　　　其他综合收益　　　　　　　　　　　　　　　　　　　200
　　　其他业务成本　　　　　　　　　　　　　　　　　　4 500
　　　贷：投资性房地产——成本　　　　　　　　　　　　4 700
　　　　　　　　　　　——公允价值变动　　　　　　　　　100

【正确答案】ACD
【答案解析】(1) 2012年4月15日，存货转换为投资性房地产：
借：投资性房地产——成本　　　　　　　　　　　　　　4 700
　　贷：开发产品　　　　　　　　　　　　　　　　　　 4 500
　　　　其他综合收益　　　　　　　　　　　　　　　　　 200
(2) 2012年12月31日，公允价值变动：
借：投资性房地产——公允价值变动　　　　　　　　　　 100
　　贷：公允价值变动损益　　　　　　　　　　　　　　　100

(3) 2013 年 6 月，出售投资性房地产：
借：银行存款　　　　　　　　　　　　　　　　5 500
　　贷：其他业务收入　　　　　　　　　　　　　　　　5 500
借：公允价值变动损益　　　　　　　　　　　　　100
　　其他综合收益　　　　　　　　　　　　　　　200
　　其他业务成本　　　　　　　　　　　　　　4 500
　　贷：投资性房地产——成本　　　　　　　　　　　　4 700
　　　　　　　　　　——公允价值变动　　　　　　　　100

三、与投资性房地产有关的信息披露

企业应当在会计报表附注中披露与投资性房地产有关的下列信息：
（1）投资性房地产的种类、金额和计量模式；
（2）采用成本模式的，投资性房地产的折旧或摊销，以及减值准备的计提情况；
（3）采用公允价值模式的，公允价值的确定依据和方法，以及公允价值变动对损益的影响；
（4）房地产转换情况、理由，以及对损益或所有者权益的影响；
（5）当期处置的投资性房地产及其对损益的影响。

案例分析

投资性房地产的确认

宏远公司新购一栋写字楼，打算将一层用于对外出租，其余楼层作为本企业的办公场所。对外出租的写字楼一层为宏远公司唯一对外出租的资产。有关该写字楼的相关资料如下：

1. 2005 年 4 月 5 日，宏远公司购入写字楼。写字楼一层每平方米购买成本（包括相关税费）为 3.6 万元，共计 2 600 平方米；其余楼层每平方米购买成本（包括相关税费）为 1.8 万元，共计 32 000 平方米；购买成本总计为 66 960 万元，宏远公司即日付清全部款项。

2. 写字楼预计使用年限为 30 年，预计净残值为零，采用年限平均法计提折旧（为简化起见，假定除投资性房地产转换日须单独计提截至转换日的折旧外，其他情况下均于每年 12 月 31 日计提折旧）。

3. 2005 年 6 月 28 日，宏远公司与 B 公司签订了经营租赁合同，将写字楼的一层出租给 B 公司使用，租赁期为 3 年，年租金为 360 万元，自租赁期开始日起按年预收租金（为简化起见，假定每年 12 月 31 日确认租金收入），租赁期开始日为 2005 年 7 月 1 日。宏远公司对投资性房地产采用成本模式进行后续计量。

4. 为了提高租金收入，宏远公司决定与 B 公司的租赁合同到期后对写字楼一层进行改建，并与 C 公司签订了经营租赁合同，约定于改建工程完工之日起将写字楼一层出租给 C 公司使用，租赁期为 5 年，年租金为 480 万元，自租赁期开始日起按年预收租金（为简化起见，假定每年 12 月 31 日确认租金收入）。2008 年 7 月 1 日，与 B 公司的租赁合同到期，写字楼一层随即转入改建工程，在改建过程中，用银行存款支付改建支出 590 万元，拆除部分的残料作价 2 万元售出，款项存入银行。2008 年 8 月 30 日，写字楼一层改建工程完工，即日按照租赁合同出租给 C 公司使用,租赁期开始日为 2008 年 9 月 1 日。改建后预计净残值和预计使用寿命(含改建期间)未发生变动。

5. 由于宏远公司所在地的房地产市场现已比较成熟,房地产的公允价值能够持续可靠地取得,可以满足采用公允价值模式的条件,宏远公司决定从 2011 年 1 月 1 日起,对投资性房地产采用公允价值模式进行后续计量。2011 年 1 月 1 日,写字楼一层的公允价值为 8 500 万元;2011 年 12 月 31 日,写字楼一层的公允价值为 9 000 万元;2012 年 12 月 31 日,写字楼一层的公允价值为 8 800 万元。宏远公司按净利润的 10% 提取盈余公积。

6. 2013 年 9 月 1 日,与 C 公司的租赁合同到期,宏远公司将写字楼一层收回后自用,当日写字楼一层的公允价值为 8 580 万元。

根据上述资料分析:

1. 判断写字楼一层是否可以单独确认为投资性房地产?如果可以单独确认为投资性房地产,应于何时确认为投资性房地产?该写字楼应于何时开始计提折旧?

2. 编制 2005—2014 年与该写字楼相关的全部会计分录。

答案:

1. 判断写字楼一层是否可以单独确认为投资性房地产?如果可以单独确认为投资性房地产,应于何时确认为投资性房地产?该写字楼应于何时开始计提折旧?

(1) 写字楼一层是否可以单独确认为投资性房地产?

由于该写字楼不同用途的部分能够单独计量和出售,因而宏远公司应将其分别确认为固定资产和投资性房地产。其中,固定资产部分的成本为 57 600 万元(32 000×1.8),投资性房地产部分的成本为 9 360 万元(2 600×3.6)。

(2) 该写字楼应于何时确认为投资性房地产?

外购的房地产只有在购入的同时即开始出租,才能直接确认为投资性房地产。该写字楼虽然购入的时间为 2005 年 4 月 5 日,但由于在购入时写字楼一层尚未对外出租,因而应先将该写字楼全部确认为固定资产,直至写字楼一层对外出租时,再将其从固定资产转换为投资性房地产,即写字楼一层确认为投资性房地产的时间是 2005 年 7 月 1 日。

(3) 该写字楼应于何时开始计提折旧?

当月增加的固定资产当月不计提折旧,从下月起计提折旧。因此,该写字楼应从 2005 年 5 月起计提折旧。

2. 编制 2005—2014 年与该写字楼相关的全部会计分录。

(1) 2005 年的有关会计分录。

2005 年 4 月 5 日,购入写字楼。

借:固定资产——写字楼　　　　　　　　　　　　　　　669 600 000
　　贷:银行存款　　　　　　　　　　　　　　　　　　　　　　　　669 600 000

2005 年 7 月 1 日,计提截至转换日的折旧。

写字楼应提折旧额 = 66 960/30×12×2 = 372(万元)

其中:　　写字楼一层应提折旧额 = 9 360/(30×12)×2 = 52(万元)
　　　　　写字楼自用应提折旧额 = 57 600/(30×12)×2 = 320(万元)

借:管理费用　　　　　　　　　　　　　　　　　　　　3 720 000
　　贷:累计折旧　　　　　　　　　　　　　　　　　　　　　　　　3 720 000

2005年7月1日,将写字楼一层转换为投资性房地产。
借:投资性房地产——写字楼一层　　　　　　　　　　　　93 600 000
　　累计折旧　　　　　　　　　　　　　　　　　　　　　　520 000
　　贷:固定资产——写字楼　　　　　　　　　　　　　　　　　　93 600 000
　　　　投资性房地产累计折旧　　　　　　　　　　　　　　　　　520 000
2005年7月1日,预收租金。
借:银行存款　　　　　　　　　　　　　　　　　　　　　3 600 000
　　贷:预收账款——B公司　　　　　　　　　　　　　　　　　　3 600 000
2005年12月31日,确认租金收入。
$$应确认租金收入＝360×6/12＝180（万元）$$
借:预收账款——B公司　　　　　　　　　　　　　　　　1 800 000
　　贷:其他业务收入　　　　　　　　　　　　　　　　　　　　1 800 000
2005年12月31日,计提折旧。
$$写字楼一层应提折旧额＝9\ 360/30×12×6＝156（万元）$$
$$写字楼自用楼层应提折旧额＝57\ 600/30×12×6＝960（万元）$$
借:管理费用　　　　　　　　　　　　　　　　　　　　　9 600 000
　　贷:累计折旧　　　　　　　　　　　　　　　　　　　　　　9 600 000
借:其他业务成本　　　　　　　　　　　　　　　　　　　1 560 000
　　贷:投资性房地产累计折旧　　　　　　　　　　　　　　　　1 560 000
（2）2006年的有关会计分录。
2001年7月1日,预收租金。
借:银行存款　　　　　　　　　　　　　　　　　　　　　3 600 000
　　贷:预收账款——B公司　　　　　　　　　　　　　　　　　　3 600 000
2006年12月31日,确认租金收入。
借:预收账款——B公司　　　　　　　　　　　　　　　　3 600 000
　　贷:其他业务收入　　　　　　　　　　　　　　　　　　　　3 600 000
（3）2006年12月31日,计提折旧。
$$写字楼一层应提折旧额＝9\ 360/30×12×12＝312（万元）$$
借:管理费用　　　　　　　　　　　　　　　　　　　　　19 200 000
　　贷:累计折旧　　　　　　　　　　　　　　　　　　　　　　19 200 000
借:其他业务成本　　　　　　　　　　　　　　　　　　　3 120 000
　　贷:投资性房地产累计折旧　　　　　　　　　　　　　　　　3 120 000
（3）2007年的有关会计分录。
2007年7月1日,预收租金。
借:银行存款　　　　　　　　　　　　　　　　　　　　　3 600 000
　　贷:预收账款——B公司　　　　　　　　　　　　　　　　　　3 600 000
2007年12月31日,确认租金收入。
借:预收账款——B公司　　　　　　　　　　　　　　　　3 600 000
　　贷:其他业务收入　　　　　　　　　　　　　　　　　　　　3 600 000

2007年12月31日，计提折旧。

借：管理费用	19 200 000	
贷：累计折旧		19 200 000
借：其他业务成本	3 120 000	
贷：投资性房地产累计折旧		3 120 000

（4）2008年的有关会计分录。

2008年6月30日，确认租金收入。

借：预收账款——B公司	1 800 000	
贷：其他业务收入		1 800 000

2008年6月30日，计提折旧。

$$写字楼一层应提折旧额 = 9\,360/30 \times 12 \times 6 = 156（万元）$$

借：其他业务成本	1 560 000	
贷：投资性房地产累计折旧		1 560 000

2008年7月1日，将写字楼一层转入改建工程。

$$写字楼一层累计折旧 = 52 + 156 + 31\,202 + 156 = 988（万元）$$

借：投资性房地产——写字楼一层（在建）	83 720 000	
投资性房地产累计折旧	9 880 000	
贷：投资性房地产——写字楼一层		93 600 000

用银行存款支付改建支出。

借：投资性房地产——写字楼一层（在建）	5 900 000	
贷：银行存款		5 900 000

拆除部分的残料作价出售。

借：银行存款	20 000	
贷：投资性房地产——写字楼一层（在建）		20 000

2008年8月30日，写字楼一层改建工程完工。

$$扩建后厂房价值 = 8\,372 + 590 - 2 = 8\,960（万元）$$

借：投资性房地产——写字楼一层	89 600 000	
贷：投资性房地产——写字楼一层（在建）		89 600 000

2008年9月1日，预收租金。

借：银行存款	4 800 000	
贷：预收账款——B公司		4 800 000

2008年12月31日，确认租金收入。

$$应确认租金收入 = 480 \times 4/12 = 160（万元）$$

借：预收账款——B公司	1 600 000	
贷：其他业务收入		1 600 000

2008年12月31日，计提折旧。

$$写字楼一层应提折旧额 = 112（万元）$$

$$写字楼自用楼层应提折旧额 = 1\,920（万元）$$

借：管理费用	19 200 000	
贷：累计折旧		19 200 000
借：其他业务成本	1 120 000	
贷：投资性房地产累计折旧		1 120 000

（5）2009年的有关会计分录。

2009年9月1日，预收租金。

借：银行存款	4 800 000	
贷：预收账款——B公司		4 800 000

2009年12月31日，确认租金收入。

借：预收账款——B公司	4 800 000	
贷：其他业务收入		4 800 000

2009年12月31日，计提折旧。

　　写字楼一层应提折旧额＝8 960/[30 012－(2+3×12+2)]×12＝336（万元）

借：管理费用	19 200 000	
贷：累计折旧		19 200 000
借：其他业务成本	3 360 000	
贷：投资性房地产累计折旧		3 360 000

（6）2010年的有关会计分录。

2010年9月1日，预收租金。

借：银行存款	4 800 000	
贷：预收账款——B公司		4 800 000

2010年12月31日，确认租金收入。

借：预收账款——B公司	4 800 000	
贷：其他业务收入		4 800 000

2010年12月31日，计提折旧。

借：管理费用	19 200 000	
贷：累计折旧		19 200 000
借：其他业务成本	3 360 000	
贷：投资性房地产累计折旧		3 360 000

（7）2011年的有关会计分录。

2011年1月1日，投资性房地产改用公允价值模式计量。

　　　　写字楼一层累计折旧＝112+336×2＝784（万元）

借：投资性房地产——写字楼一层（成本）	85 000 000	
投资性房地产累计折旧	7 840 000	
贷：投资性房地产——写字楼一层		89 600 000
盈余公积		324 000
利润分配——未分配利润		2 916 000

2011年9月1日，预收租金。

借：银行存款 4 800 000
　　贷：预收账款——B公司 4 800 000
2011年12月31日，确认租金收入。
借：预收账款——B公司 4 800 000
　　贷：其他业务收入 4 800 000
2011年12月31日，确认公允价值变动损益。

$$公允价值变动损益=9\,000-8\,500=500（万元）$$

借：投资性房地产——写字楼一层（公允价值变动） 5 000 000
　　贷：公允价值变动损益 5 000 000
2011年12月31日，计提折旧。
借：管理费用 19 200 000
　　贷：累计折旧 19 200 000

（8）2012年的有关会计分录。
2012年9月1日，预收租金
借：银行存款 4 800 000
　　贷：预收账款——B公司 4 800 000
2012年12月31日，确认租金收入。
借：预收账款——B公司 4 800 000
　　贷：其他业务收入 4 800 000
2012年12月31日，确认公允价值变动损益。

$$公允价值变动损益=8\,800-9\,000=-200（万元）$$

借：公允价值变动损益 2 000 000
　　贷：投资性房地产——写字楼一层（公允价值变动） 2 000 000
2012年12月31日，计提折旧。
借：管理费用 19 200 000
　　贷：累计折旧 19 200 000

（9）2013年的有关会计分录。
2013年8月31日，确认租金收入。

$$应确认租金收入=480\times8/12=320（万元）$$

借：预收账款——B公司 3 200 000
　　贷：其他业务收入 3 200 000
2013年9月1日，将写字楼一层收回后自用。

$$累计公允价值变动损益=500-200=300（万元）$$

借：固定资产——写字楼 85 800 000
　　公允价值变动损益 2 200 000
　　贷：投资性房地产——写字楼（成本） 85 000 000
　　　　　　　　　　——写字楼（公允价值变动） 3 000 000
2013年12月31日，计提折旧。

$$写字楼原自用部分应提折旧额=57\,600/30\times12=1\,920（万元）$$
$$写字楼原出租部分应提折旧额=132（万元）$$

借：管理费用　　　　　　　　　　　　　　　　　　　　　　　20 520 000
　　贷：累计折旧　　　　　　　　　　　　　　　　　　　　　　　20 520 000

（10）2014年的有关会计分录。

　　　　写字楼原自用部分应提折旧额＝57 600/30×12＝1 920（万元）
　　　　写字楼原出租部分应提折旧额＝396（万元）
　　　　写字楼应提折旧额合计＝1 920＋396＝2 316（万元）

或者，按如下方法计算写字楼应提折旧额：

　　　　写字楼累计已提折旧额＝16 772（万元）
　　　　写字楼未提折旧额＝（57 600＋8 580）－16 772＝49 408（万元）
　　　　写字楼剩余使用月数＝30×12－（8×12＋8）＝256（月）
　　　　写字楼应提折旧额合计＝（49 408÷256）×12＝2 316（万元）

借：管理费用　　　　　　　　　　　　　　　　　　　　　　　23 160 000
　　贷：累计折旧　　　　　　　　　　　　　　　　　　　　　　　23 160 000

本章复习思考题

一、单项选择题

1. 下列各项中，属于投资性房地产的是_____。　　　　　　　　　　（　　）
   A. 企业拥有并自行经营的旅馆饭店
   B. 企业以经营租赁方式租出的办公大楼
   C. 房地产开发企业正在开发的商品房
   D. 企业持有拟增值后转让的房屋建筑物

2. 甲公司将一办公楼转换为采用公允价值模式计量的投资性房地产，该办公楼的账面原值为50 000万元，已累计计提的折旧为1 000万元，已计提的固定资产减值准备为2 000万元，转换日的公允价值为60 000万元，则转换日记入"其他综合收益"科目的金额为（　　）万元。

   A. 60 000　　　　　B. 47 000　　　　　C. 50 000　　　　　D. 13 000

3. 20×2年6月30日，甲公司与乙公司签订租赁合同，合同规定甲公司将一栋自用办公楼出租给乙公司，租赁期为1年，年租金为200万元。当日，出租办公楼的公允价值为8 000万元，其账面价值为5 500万元。20×2年12月31日，该办公楼的公允价值为9 000万元。20×3年6月30日，甲公司收回租赁期届满的办公楼并对外出售，取得价款9 500万元。甲公司采用公允价值模式对投资性房地产进行后续计量，不考虑其他因素。上述交易或事项对甲公司20×3年度损益的影响金额是（　　）万元。

   A. 500　　　　　　B. 6 000　　　　　C. 3 100　　　　　D. 7 000

4. 下列各项关于土地使用权会计处理的表述中不正确的是_____。　（　　）
   A. 为建造固定资产购入的土地使用权确认为无形资产
   B. 房地产开发企业为开发商品房购入的土地使用权确认为存货
   C. 用于出租的土地使用权及其地上建筑物一并确认为投资性房地产
   D. 土地使用权在地上建筑物达到预定可使用状态时与地上建筑物一并确认为固定资产

5. 甲企业将某一栋写字楼租赁给乙公司使用，并一直采用成本模式进行后续计量。2014年1月1日，甲企业认为，出租给乙公司使用的写字楼，其所在地的房地产交易市场比较成熟，具备了采用公允价值模式计量的条件，决定对该项投资性房地产从成本模式转换为公允价值模式计量。2014年1月1日，该写字楼的原造价为8 500万元，已计提折旧500万元，账面价值为8 000万元。该写字楼的公允价值为9 000万元。假设甲企业按净利润的10%计提盈余公积。甲企业采用资产负债表债务法核算所得税，所得税税率25%。则甲公司因此调整2014年年初未分配利润为_____万元。   （   ）

  A. 900   B. 1 000   C. 675   D. 750

  6. 2011年7月1日，甲公司将一项按照成本模式进行后续计量的投资性房地产转换为固定资产。该资产在转换前的账面原价为4 000万元，已计提折旧200万元，已计提减值准备100万元，转换日的公允价值为3 850万元，假定不考虑其他因素，转换日甲公司应借记"固定资产"科目的金额为_____万元。   （   ）

  A. 3 700   B. 3 800   C. 3 850   D. 4 000

二、多项选择题

  1. 下列有关投资性房地产后续计量会计处理的表述中，正确的有_____。   （   ）

  A. 不同企业可以分别采用成本模式或公允价值模式

  B. 满足特定条件时可以采用公允价值模式

  C. 同一企业可以分别采用成本模式和公允价值模式

  D. 同一企业不得同时采用成本模式和公允价值模式

  2. 下列关于投资性房地产核算的表述中不正确的有_____。   （   ）

  A. 采用成本模式计量的投资性房地产不需要确认减值损失

  B. 采用公允价值模式计量的投资性房地产可转换为成本模式计量

  C. 采用公允价值模式计量的投资性房地产，公允价值的变动金额应计入资本公积

  D. 采用成本模式计量的投资性房地产，符合条件时可转换为公允价值模式计量

  3. 关于投资性房地产的后续计量，下列说法中正确的有_____。   （   ）

  A. 同一企业只能采用一种模式对所有投资性房地产进行后续计量，不得同时采用两种计量模式

  B. 已经计提减值准备的投资性房地产，其减值损失在以后的会计期间内不得转回

  C. 采用公允价值模式计量的投资性房地产，应对投资性房地产计提折旧或进行摊销

  D. 资产负债表日，以公允价值计量的投资性房地产公允价值与账面价值的差额应当调整资本公积

  4. 投资性房地产的后续计量从成本模式转为公允价值模式的，转换日投资性房地产的公允价值高于其账面价值的差额会对下列财务报表项目产生影响的有_____。   （   ）

  A. 资本公积 B. 营业外收入 C. 未分配利润 D. 盈余公积

  5. 某公司的投资性房地产采用公允价值模式计量。2012年6月23日，该公司将一项固定资产转换为投资性房地产。该固定资产的账面余额为500万元，已提折旧80万元，已经计提减值准备20万元。假设该项房地产在当日的公允价值为350万元。关于转换日的处理，下列各项表述中，不正确的有_____。   （   ）

  A. 该项房地产在转换日的处理不影响当期损益

  B. 计入公允价值变动损益的金额为50万元

  C. 投资性房地产的入账价值为400万元

  D. 该事项属于会计政策变更

三、判断题

1. 企业将自行建造的房地产达到预定可使用状态时开始自用，之后改为对外出租，应当在该房地产达到预定可使用状态时确认为投资性房地产。（ ）

2. 企业将建筑物出租并按出租协议向承租人提供保安和维修等其他服务，所提供的其他服务在整个协议中不重大的，可以将该建筑物确认为投资性房地产。（ ）

3. 通常情况下，对企业持有以备经营出租的空置建筑物或在建建筑物，如董事会或类似机构做出书面决议，明确表明将其用于经营出租且持有意图短期内不再发生变化的，即使尚未签订租赁协议，也应视为投资性房地产。（ ）

4. 企业将采用经营租赁方式租入的土地使用权转租给其他单位的，应该将土地使用权确认为投资性房地产。（ ）

5. 企业对某项投资性房地产进行改扩建等再开发且将来仍作为投资性房地产的，再开发期间应将其转入在建工程，再开发期间不计提折旧或摊销。（ ）

6. 企业可以根据情况，对投资性房地产后续计量在成本模式与公允价值模式之间互换。（ ）

7. 已采用公允价值模式计量的投资性房地产，可以从公允价值计量模式转为成本计量模式。（ ）

8. 企业出租的土地使用权和建筑物，只有能够单独计量和出售的才能确认为投资性房地产。（ ）

9. 企业对投资性房地产进行日常维护所发生的支出，应当在发生时计入当期损益。（ ）

答　案

一、单项选择题

1. 【答案】B

【解析】选项 A 属于自用房地产；选项 C 属于存货；选项 D 企业持有拟增值后转让的房屋建筑物不属于投资性房地产。

2. 【答案】D

【解析】记入"其他综合收益"科目的金额＝60 000－（50 000－1 000－2 000）＝13 000（万元）。

3. 【答案】C

【解析】处置投资性房地产时，需要将自用办公楼转换为以公允价值模式计量的投资性房地产时计入其他综合收益 2 500 万元（8 000－5 500）转入其他业务成本的贷方，则上述交易或事项对甲公司 20×3 年度损益的影响金额＝9 500－9 000＋2 500＋200/2＝3 100（万元）。

附分录（单位为万元）：

借：银行存款	9 500
贷：其他业务收入	9 500
借：其他业务成本	9 000
贷：投资性房地产——成本	8 000
——公允价值变动	1 000
借：其他综合收益	2 500
贷：其他业务成本	2 500

借：公允价值变动损益　　　　　　　　　　　　　　　　　1 000
　　　贷：其他业务成本　　　　　　　　　　　　　　　　　　1 000
借：银行存款　　　　　　　　　　　　　　　　　　　　　　100
　　　贷：其他业务收入　　　　　　　　　　　　　　　　　　　100

4. 【答案】D

【解析】选项A正确，企业的土地使用权用于自行开发建造厂房等地上建筑物时，土地使用权的账面价值不与地上建筑物合并计算其成本，而仍作为无形资产进行核算，选项D错误；选项B正确，房地产开发企业取得的土地使用权用于建造对外出售的商品房时，土地使用权作为存货核算；选项C正确，用于出租的土地使用权和地上建筑物，应将其作为投资性房地产核算。

5. 【答案】C

【解析】成本模式转为公允价值模式的，应当作为会计政策变更处理，将计量模式变更时公允价值与账面价值的差额，调整期初留存收益。账务处理如下（单位为万元）：

借：投资性房地产——××（成本）　　　　　　　　　　　9 000
　　投资性房地产累计折旧（摊销）　　　　　　　　　　　500
　　　贷：投资性房地产——××　　　　　　　　　　　　　8 500
　　　　　递延所得税负债　　　　　　　　　　　　　　　　250
　　　　　盈余公积　　　　　　　　　　　　　　　　　　　75
　　　　　利润分配——未分配利润　　　　　　　　　　　　675

6. 【答案】D

【解析】企业将采用成本模式计量的投资性房地产转换为固定资产时，应当按该项投资性房地产在转换日的账面余额、累计折旧、减值准备等，分别转入"固定资产""累计折旧""固定资产减值准备"等科目，按其账面余额，借记"固定资产"科目，贷记"投资性房地产"科目，按已计提的折旧，借记"投资性房地产累计折旧"科目，贷记"累计折旧"科目，原已计提减值准备的，借记"投资性房地产减值准备"科目，贷记"固定资产减值准备"科目。相关会计分录为（单位为万元）：

借：固定资产　　　　　　　　　　　　　　　　　　　　　4 000
　　投资性房地产累计折旧　　　　　　　　　　　　　　　　200
　　投资性房地产减值准备　　　　　　　　　　　　　　　　100
　　　贷：投资性房地产　　　　　　　　　　　　　　　　　4 000
　　　　　累计折旧　　　　　　　　　　　　　　　　　　　200
　　　　　固定资产减值准备　　　　　　　　　　　　　　　100

二、多项选择题

1. 【答案】ABD

【解析】投资性房地产的后续计量中，同一企业不得同时采用成本模式和公允价值模式进行后续计量。

2. 【答案】ABC

【解析】采用成本模式计量的投资性房地产期末应考虑是否计提减值损失，选项A错误；已采用公允价值模式计量的投资性房地产不能再转换为成本模式，而采用成本模式计量的投资性房地产符合一定的条件可以转换为公允价值模式计量，选项 B 错误，选项 D 正确；采用公允价值模式计量的投资性房地产，公允价值的变动金额应计入公允价值变动损益，选项 C 错误。

3. 【答案】AB

【解析】采用公允价值模式计量的投资性房地产，不对投资性房地产计提折旧或进行摊销，应当以资产负债表日投资性房地产的公允价值为基础调整其账面价值，公允价值与原账面价值之间的差额计入当期损益，选项 C 和 D 不正确。

4. 【答案】CD

【解析】投资性房地产后续计量由成本模式变更为公允价值模式计量属于会计政策变更，公允价值与账面价值的差额应调整期初留存收益（盈余公积和未分配利润）。

5. 【答案】ACD

【解析】自用房地产转换为采用公允价值模式计量的投资性房地产时，投资性房地产应按照转换当日的公允价值 350 万元计量，公允价值小于账面价值的差额 50 万元（500－80－20－350）计入公允价值变动损益；该事项属于房地产的转换，不属于会计政策变更，因此选项 A、C 和 D 表述不正确。

三、判断题

1. 【答案】×

【解析】企业将自行建造的房地产达到预定可使用状态时同时对外出租，才能在该房地产达到预定可使用状态时确认为投资性房地产。

2. 【答案】√

【解析】企业将建筑物出租并按出租协议向承租人提供保安和维修等其他服务，所提供的其他服务在整个协议中不重大的，可以将该建筑物确认为投资性房地产；所提供的其他服务在整个协议中如为重大的，该建筑物应视为企业的经营场所，应当确认为自用房地产。

3. 【答案】√

4. 【答案】×

【解析】投资性房地产中已出租的土地使用权是指企业通过出让或转让方式取得的、以经营租赁方式出租的土地使用权；但对于以经营租赁方式租入土地使用权再转租给其他单位的不能确认为投资性房地产。

5. 【答案】×

【解析】企业对某项投资性房地产进行改扩建等再开发且将来仍作为投资性房地产的，再开发期间应继续将其作为投资性房地产，再开发期间不计提折旧或摊销。

6. 【答案】×

【解析】投资性房地产只能由成本模式转换为公允价值模式；不能由公允价值模式转换为成本模式。

7. 【答案】×

【解析】《企业会计准则》规定投资性房产后续计量符合一定条件时可以从成本模式转为公允价值模式，但不可以由公允价值模式转换为成本模式，如果两个方向都可以转换，就给企业调节利润提供方便了。

8. 【答案】✓

【解析】某项房地产，部分用于赚取租金或资本增值，部分用于生产商品、提供劳务或经营管理，能够单独计量和出售的、用于赚取租金或资本增值的部分，应当确认为投资性房地产；不能够单独计量和出售的、用于赚取租金或资本增值的部分，不确认为投资性房地产。

9. 【答案】✓

【解析】企业对投资性房地产进行日常维护所发生的支出，应当在发生时计入其他业务成本。

模块五

筹资核算岗位模块

第八章

流动负债

案例导入

增值税的构成

强盛公司为增值税一般纳税人，适用的增值税税率为17%。本月购买材料一批，增值税专用发票上注明价款为200 000元，增值税税额为34 000元；购买办公用空调2台，增值税专用发票上注明价款为10 000元，增值税税额为1 700元。销售产品一批，不含增值税税额的价款为300 000元；捐给希望工程产品一批，成本为80 000元，不含增值税税额的价款为100 000元。

案例思考：强盛公司本月应交多少增值税呢？

第一节 负债概述

一、负债的含义

从会计要素的角度来看，在企业全部资产中体现的权益，按提供者的要求不同分为所有者权益和负债两部分。负债和所有者权益同为企业资产的取得来源，但负债体现的是债权人对企业资产的索偿权，而所有者权益体现的则是投资人对总资产扣去负债后的剩余额的索偿权。

我国的《企业会计准则——基本准则》在对负债做定义时，强调了现时义务和经济利益的流出：

"负债是指企业过去的交易、事项形成的，预期会导致经济利益流出企业的现时义务。"

从这个定义中得出，负债至少具有以下几个方面的特征：

（1）负债是由于过去的交易或事项而使企业现时应承担的对其他经济实体的经济义务或责任。

（2）负债是企业负有的将来做出经济利益的牺牲或丧失的义务。

(3) 负债是能用货币确切计量或合理估计的经济义务。
(4) 负债一般有确切或合理估计的债权人和到期日。

二、负债的分类

负债按其流动性，实际上是按照偿还期限的长短，可以分为流动负债和非流动负债（如图 8-1 所示）。

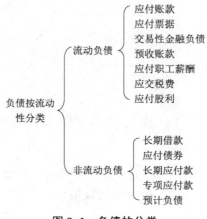

图 8-1 负债的分类

第二节 短期借款

一、短期借款概述

短期借款是企业向银行或其他金融机构等借入的期限在 1 年以内（含 1 年）的各种借款。短期借款一般是企业为维持正常的生产经营所需的资金而借入的或者为抵偿某项债务而借入的。企业向银行或其他金融机构等借入的各种借款，不论是用于企业的生产经营过程，还是用于购建固定资产，或者其他用途，只要借款期限在 1 年以下，都属于短期借款的内容。

二、短期借款的核算

为了核算企业短期借款的借入、归还及结存情况，应设置"短期借款"账户，并按债权人户名和借款种类设置明细账。"短期借款"账户只记本金数，应付利息作为一项财务费用，计入当期损益。企业从银行借入的各种短期借款，应借记"银行存款"账户，贷记"短期借款"账户。

在实际工作中，银行一般于每季度末收取短期借款利息。因此，企业的短期借款利息一般采用月末预提的方式进行核算。短期借款利息属于筹资费用，应当计入"财务费用"账户。企业应当在期末按照计算确定的短期借款利息费用，借记"财务费用"，贷记"应付利息"；实际支付利息时，借记"应付利息"，贷记"银行存款"。

短期借款到期归还时，不论是按期支付利息，还是借款到期连同本息一起偿还，在归还借款时，通过"短期借款"账户核算的金额仍然是借入时的取得金额。借记"短期借款"，贷记"银行存款"等。

【例8-1】星海公司2013年10月1日从银行取得短期借款500 000元，年利率6%，期限6个月，借款期满一次还本付息，利息采用每月预提方式。根据上述资料，该公司应做会计处理如下：

（1）10月1日，借入款项时：
借：银行存款   500 000
　　贷：短期借款   500 000

（2）10月31日，预提利息费用时：
　　　每月利息费用＝50×6%÷12＝2 500（元）
借：财务费用   2 500
　　贷：应付利息   2 500

以后每月预提利息均需做上述相同的会计分录（除最后一个月）。

（3）2014年3月31日，归还借款本息时：
借：短期借款   500 000
　　应付利息   12 500
　　财务费用   2 500
　　贷：银行存款   515 000

【例8-2】承上例，星海公司按季度支付利息，则相应的会计分录为：

（1）10月1日，借入款项时：
借：银行存款   500 000
　　贷：短期借款   500 000

（2）10月31日，预提利息费用时：
　　　每月利息费用＝50×6%÷12＝2 500（元）
借：财务费用   2 500
　　贷：应付利息   2 500

以后每月预提利息均需做上述相同的会计分录（除季度末）。

（3）2013年12月31日，第一次支付利息：
借：应付利息   5 000
　　财务费用   2 500
　　贷：银行存款   7 500

（4）2014年3月31日，第二次支付利息并归还借款本金时：
借：短期借款   500 000
　　应付利息   5 000
　　财务费用   2 500
　　贷：银行存款   507 500

【2013年《初级会计实务》考试真题·单选题】2012年9月1日，某企业向银行借入一笔期限2个月、到期一次还本付息的生产经营周转借款200 000元，年利息6%。借款利息不采用预提方式，于实际支付时确认。11月1日，企业以银行存款偿还借款本息的会计处理正确的是_____。   （   ）

A. 借：短期借款 200 000
　　　应付利息 2 000
　　贷：银行存款 202 000
B. 借：短期借款 200 000
　　　应付利息 1 000
　　　财务费用 1 000
　　贷：银行存款 202 000
C. 借：短期借款 200 000
　　　财务费用 2 000
　　贷：银行存款 202 000
D. 借：短期借款 202 000
　　贷：银行存款 202 000

【正确答案】C
【答案解析】借款利息不采用预提方式，利息在到期还本付息时直接确认为财务费用。

第三节　应付票据

一、应付票据概述

应付票据是指企业签发的允诺在不超过一年内按票据上规定的期限支付一定金额给持票人的一种书面证明。

从理论上讲，应付票据包括的内容很多，如支票、本票和汇票。但在我国会计实务中，应付票据仅指应付商业汇票，这是在企业经济往来活动中由于采用商业汇票结算办法而形成的债务或在借贷活动中形成的债务。

商业汇票按承兑人的不同分为商业承兑汇票和银行承兑汇票。

商业承兑汇票的承兑人应为付款人，承兑人对这项债务承诺在一定时期内支付，作为企业的一项负债。

银行承兑汇票应由在承兑银行开立存款账户的存款人签发，由银行承兑。由银行承兑的汇票对付款人来说，只是为收款方按期收回债权提供了可靠的信用保证，不会由于银行的承兑而使企业的这项负债消失。

因此，银行承兑的汇票也应作为一项负债。

我国有关法律法规规定，商业汇票的最长付款期限为6个月。将其作为流动负债进行管理和核算是可行的。

与应收票据一样，应付票据可以是只在票据到期日按照票据票面金额支付而不计息的不带息票据，也可以是按照票据上载明的利率，在票据票面金额上加计利息的带息票据。

二、应付票据的核算

企业应设置"应付票据"账户，用以核算各种签发、承兑的商业汇票。同时设置"应付票据备查簿"，详细登记每一笔应付票据的种类、号数、签发日期、到期日、票面金额、合同交易号、收款人以及付款日期和金额等详细资料。应付票据到期付清时,应在备查簿内逐笔注销。

出具票据时,带息票据和不带息票据,都须按票面金额记作负债。

(一)不带息票据的核算

不带息票据经过承兑以后,企业应按票据的面值借记"原材料""库存商品""应交税费——应交增值税"等账户,贷记"应付票据"账户。

票据到期支付款项时,按支付的票据面值借记"应付票据"账户,贷记"银行存款"账户。

注意以下几点:

(1)入账价值——面值;不包括支付银行承兑汇票的手续费。

(2)支付银行承兑汇票的手续费——直接计入"财务费用"。企业支付的银行承兑汇票手续费应当计入当期财务费用,借记"财务费用"账户,贷记"银行存款"账户。

(3)到期值的计算。

带息票据:到期值=面值+面值×票面利率×期限

不带息票据:到期值=面值

(4)票据期内计息——直接计入"应付票据",相应利息费用计入"财务费用——利息支出"。

(5)到期无力支付的应付票据。

若为带息票据,期末不再计提利息,并将其转入"应付账款"(到期值)。

若为银行承兑汇票,将其转入"短期借款"(到期值)。

如果应付商业承兑汇票到期,企业无力支付款项,应按票据面值借记"应付票据"账户,贷记"应付账款"账户。

如果票据为银行承兑汇票,应按票据面值借记"应付票据"账户,贷记"短期借款"账户。

【例8-3】星海公司赊购一批材料,不含税价格30 000元,增值税税率17%,企业开出一张等值的4个月期限的不带息商业承兑汇票,材料到达企业并已验收入库。

根据上述经济业务,星海公司应做如下账务处理:

(1)购货时:

借:原材料	30 000
应交税费——应交增值税(进项税额)	5 100
贷:应付票据	35 100

(2)到期付款时:

借:应付票据	35 100
贷:银行存款	35 100

(3)假如该票据到期,星海公司无法偿还这笔款项,则应将其转为应付账款:

借:应付票据	35 100
贷:应付账款	35 100

(4)假如该票据为银行承兑汇票,企业到期不能支付这笔款项,则应由银行先行支付,作为对企业的短期借款:

借:应付票据	35 100
贷:短期借款	35 100

（二）带息票据的核算

带息应付票据承兑后，企业的入账方法与不带息票据相同。但入账以后应付票据的账面价值是否保持不变，取决于票据利息的核算方法。

我国企业会计准则规定：

应付票据按期计算应付利息，并增加应付票据的账面价值。对于带息票据，企业应按照票据的存续期间和票面利率计算应付利息，并相应增加应付票据的账面价值。在存续期间内何时计算应付利息并入账，由企业自行决定，但在中期期末和年度终了这两个时点上，企业必须计算带息票据的利息，并记入当期损益。

【例8-4】 星海公司2012年12月1日购进一批材料，不含税价格100 000元，增值税税率17%，开出一张期限为3个月的等值商业承兑带息票据，年利率为9%。

星海公司应做如下账务处理：

（1）2012年12月1日购进材料时：

借：原材料	100 000
应交税费——应交增值税（进项税额）	17 000
贷：应付票据	117 000

（2）2012年12月31日计算本年度1个月应计利息时：

$$117\,000 \times 9\% \div 12 = 877.50（元）$$

借：财务费用	877.50
贷：应付票据	877.50

2013年1月31日分录同上。

（3）2013年3月1日到期付款时：

借：应付票据	118 755.00
财务费用	877.50
贷：银行存款	119 632.50

（4）假如该票据到期，星海公司无法偿还这笔款项，则应将其转为应付账款：

借：应付票据	119 632.50
贷：应付账款	119 632.50

（5）假如该票据为银行承兑汇票，企业到期不能支付这笔款项，则应由银行先行支付，作为对企业的短期借款：

借：应付票据	119 632.50
贷：短期借款	119 632.50

第四节　应付账款及预收款项

一、应付账款的核算

（一）应付账款的概念

应付账款是指企业因购买材料、商品或接受劳务供应等经营活动应支付的款项。应付账款,一般应在与所购买物资所有权相关的主要风险和报酬已经转移,或者所购买的劳务已经接受时确认。

(二)应付账款的会计处理

为了核算企业因购进货物或接受劳务而发生的应付账款的增减变动情况,应设置"应付账款"账户,并按债权人设置明细账户进行明细分类核算。

按照国际惯例和我国有关制度的规定,企业在销售时,可以采取销售折扣的手段。销售折扣有商业折扣和现金折扣两种形式。

商业折扣是指在规定的货物价目单上根据不同的销售对象给予一定扣减的折扣。商业折扣不计入应付账款的入账价值。比如,允许售价按标价的9折计算,即按价目单上价格的90%作为成交价。这种折扣形式一般发生在销售货物之前。

现金折扣是为了尽快收回账款而鼓励客户早日偿付所欠货款的一种手段,允许在一定的付款期限内给予规定的折扣优惠。比如,客户若在销售后10天之内付款,可以获得2%的折扣优惠;若在20天之内付款,可以获得1%的折扣优惠;超过20天且在信用期内付款则需付全额。可以表示为2/10,1/20,n/30等形式。这种折扣形式一般发生在销售货物之后。现金折扣下应收账款的入账方法有总价法和净价法。

我国会计准则规定采用总价法进行处理。

1. 不带有现金折扣的应付账款的核算

在赊购过程中,若不带有现金折扣,其账务处理较简单。

当企业购入材料、商品等验收入库,但货款尚未支付时,应根据有关凭证,

借:原材料、库存商品
　　应交税费——应交增值税(进项税额)
　贷:应付账款

企业接受供应单位提供劳务而发生应付未付款项,应根据供应单位的发票账单,

借:生产成本、制造费用、管理费用
　贷:应付账款

偿还时,借记"应付账款"账户,贷记"银行存款"账户。

若企业开出并承兑的商业汇票抵付应付账款,应借记"应付账款"账户,贷记"应付票据"账户。

有些应付账款由于债权单位撤销或其他原因,使企业无法支付这笔应付款项,这笔无法支付的应付账款应作为企业的营业外收入处理。借记"应付账款"账户,贷记"营业外收入"。

【例8–5】星海公司2010年8月10日从万达公司赊购一批材料,不含税价格200 000元,增值税税率17%。双方约定在1个月内付款。但星海公司到9月10日无法全额支付这笔款项,于是开出一张面值150 000元、期限半年的不带息商业汇票予以抵偿,其余用银行存款支付。

根据上述资料,星海公司应做会计处理如下:

(1)2010年8月10日,赊购时:

借:原材料　　　　　　　　　　　　　　　　　　　　　200 000
　　应交税费——应交增值税(进项税额)　　　　　　　 34 000
　贷:应付账款　　　　　　　　　　　　　　　　　　　　　　234 000

（2）9月10日：
借：应付账款　　　　　　　　　　　　　　　　　　　　　　　234 000
　　贷：银行存款　　　　　　　　　　　　　　　　　　　　　　84 000
　　　　应付票据　　　　　　　　　　　　　　　　　　　　　150 000
（3）半年后偿还应付票据时：
借：应付票据　　　　　　　　　　　　　　　　　　　　　　　150 000
　　贷：银行存款　　　　　　　　　　　　　　　　　　　　　150 000

2. 带有现金折扣的应付账款的核算

若在赊购过程中，销售方根据购买方的付款时间给予一定的现金折扣时，可以使用总价法。

总价法是在购货发生时，按发票上记载的应付金额的总价，即不扣除折扣的价格记账。偿还货款时根据是否取得现金折扣的情况入账。若在折扣期内付款，获得的现金折扣就应冲减应付账款，作为一项理财收益，表明企业合理调度资金，理财有方。

【例8-6】星海公司2010年8月10日从万达公司赊购一批材料，不含税价格200 000元，增值税税率17%。假定万达公司给予星海公司购货的现金折扣条件为：2/10，n/30。

根据上述经济业务，星海公司的会计处理如下：

A. 购货发生时的会计分录同例8-5。
B. 若星海公司在10天之内付款，可以少付4 000（200 000×2%）元：
借：应付账款　　　　　　　　　　　　　　　　　　　　　　　234 000
　　贷：银行存款　　　　　　　　　　　　　　　　　　　　230 000
　　　　财务费用　　　　　　　　　　　　　　　　　　　　　　4 000
C. 若星海公司超过10天而在30天之内付款：
借：应付账款　　　　　　　　　　　　　　　　　　　　　　　234 000
　　贷：银行存款　　　　　　　　　　　　　　　　　　　　234 000

二、预收账款的核算

预收账款是指企业在销售商品或提供劳务前，根据购销合同的规定，向购货方预先收取的部分或全部货款。

预收账款具有定金的性质，企业在收到款项后，应在合同规定的期限内给购货单位发出货物或提供劳务，否则，必须如数退还预收的款项。但预收账款的偿还一般不需要支出货币资金，而是商品或劳务。因此，在会计上，将预收账款作为负债处理。

企业在核算预收账款时，常用方法有两种：

一是单独设置"预收账款"账户，收到预收货款时记入该账户，待企业以商品或劳务偿还后，再进行结算。这种核算方法能完整地反映这项流动负债的发生及偿付情况，并便于填报会计报表。

二是不单独设置"预收账款"账户，将预收的货款直接作为应收账款的减项，反映在"应收账款"账户的贷方，但在填列会计报表时，需根据"应收账款"账户的明细账户分析填列。

（一）销售商品或提供劳务时的会计核算

1. 收到预收的款项

借：银行存款
    贷：预收账款

2. 按照确认收入的金额及应交增值税的金额

借：预收账款
    贷：主营业务收入
        应交税费——应交增值税（销项税额）

3. 收到剩余价款或退回多余价款的会计核算

预收账款部分不足，按照实际收到的补付金额：

借：银行存款
    贷：预收账款

预收账款部分超过，办理转账手续，退回多余价款：

借：预收账款
    贷：银行存款

【例 8-7】星海公司与万达公司签订一项购销合同，由星海公司为万达公司生产一批产品，含税货款总额 7 020 000 元，增值税税率 17%，预计 1 年完成。按合同规定，万达公司预先支付货款的 60%，剩余 40% 待完工交货时再支付。

根据上述经济业务，星海公司应做如下账务处理：

（1）收到 60% 预付款时：

借：银行存款	4 212 000
贷：预收账款	4 212 000

（2）一年后交付产品并收回剩余 40% 款项时：

借：预收账款	7 020 000
贷：主营业务收入	6 000 000
应交税费——应交增值税（销项税额）	1 020 000
借：银行存款	2 808 000
贷：预收账款	2 808 000

第五节　应付职工薪酬

一、应付职工薪酬的内容

职工薪酬是指企业为获得职工提供的服务而给予各种形式的报酬以及其他相关支出。职工薪酬包括：

（1）职工工资、奖金、津贴和补贴；

（2）职工福利费；

（3）医疗保险费、养老保险费、失业保险费、工伤保险费和生育保险费等社会保险费；

(4) 住房公积金;
(5) 工会经费和职工教育经费;
(6) 非货币性福利;
(7) 因解除与职工的劳动关系给予的补偿;
(8) 其他与获得职工提供的服务相关的支出。

二、应付职工薪酬的账务处理

(一) 应付职工薪酬确认的基本原则

(1) 应由生产产品、提供劳务负担的职工薪酬,计入产品成本或劳务成本。

(2) 为日常行政管理、财务管理、人员管理等提供服务的职工发生的应付职工薪酬,计入管理费用。

(3) 为销售商品提供服务的职工发生的应付职工薪酬,计入当期销售费用。

(4) 为在建工程项目提供服务的职工发生的应付职工薪酬,计入固定资产的初始成本。

(5) 为无形资产开发提供服务的职工发生的应付职工薪酬,符合资本化条件的,计入无形资产的初始成本;不符合资本化条件的,计入研发支出。

(6) 为企业为职工缴纳的医疗保险费、养老保险费、失业保险费、工伤保险费、生育保险费等社会保险费和住房公积金,应当在职工为其提供服务的会计期间,根据工资总额的一定比例计算,并按照上述规定处理。

为核算企业根据有关规定应付给职工的各种薪酬,应设置"应付职工薪酬"科目,并可按"工资""职工福利""社会保险费""住房公积金""工会经费""职工教育经费""非货币性福利""辞退福利"等进行明细核算。

【例8-8】20×9年3月M公司本月应发工资、医疗保险、基本养老保险、住房公积金、工会经费及职工教育经费的明细表如表8-1所示:假定医疗保险、基本养老保险、住房公积金、工会经费及职工教育经费分别按照工资总额的10%、20%、10%、2%和1.5%提取。

表8-1 "应付职工薪酬"科目的明细 元

部门薪酬	工资总额	医疗保险(10%)	基本养老保险(20%)	住房公积金(10%)	工会经费(2%)	职工教育经费(1.5%)	合计
基本生产车间	80 000	8 000	16 000	8 000	1 600	120	114 800
车间管理部门	10 000	1 000	2 000	1 000	200	150	14 350
行政管理部门	30 000	3 000	6 000	3 000	600	450	43 050
财务部门	20 000	2 000	4 000	2 000	400	300	28 700
销售部门	25 000	2 500	5 000	2 500	500	375	35 875
合计	165 000	16 500	33 000	16 500	3 300	2 475	236 775

要求做有关会计分录：

借：生产成本		114 800
制造费用		14 350
管理费用		71 750
销售费用		35 875
贷：应付职工薪酬——工资		165 000
——社会保险费		49 500
——住房公积金		16 500
——工会经费		3 300
——职工教育经费		2 475

【例 8-9】星海公司 2010 年 8 月"工资结算汇总表"表明：应付工资总额 380 万元。在"工资费用分配表"中显示：

生产工人工资 180 万元，车间管理人员工资 30 万元，行政管理人员工资 34 万元，专设销售机构人员工资 26 万元，在建工程人员工资 105 万元，技术开发部门工资 5 万元。

该公司按照工资总额的 14% 提取职工福利费，按照 15% 提取社会保险费，按照 15% 提取应交住房公积金，按照 2% 和 2.5% 提取工会经费与职工教育经费。假定该公司于月末计算工资并发放。社会保险费和住房公积金均按月上缴（比例＝14%＋15%＋15%＋2%＋2.5%＝48.5%）。

根据上述经济业务，该公司应做如下会计分录：

（1）月末，计算并分配工资费用时：（单位：万元）

借：生产成本	180
制造费用	30
管理费用	34
在建工程	105
研发支出	5
销售费用	26
贷：应付职工薪酬——工资	380

（2）提取各种其他项目时：

借：生产成本	87.3（180×48.5%）
制造费用	14.55（30×48.5%）
管理费用	16.49（34×48.5%）
在建工程	50.925（105×48.5%）
研发支出	2.425（5×48.5%）
销售费用	12.61（26×48.5%）
贷：应付职工薪酬——职工福利费	53.2（380×14%）
——社会保险费	57（380×15%）
——住房公积金	57（380×14%）
——工会经费	7.6（380×2%）
——职工教育经费	9.5（380×2.5%）

（二）非货币性职工薪酬的会计核算

1. 企业以自产产品作为非货币性福利发给职工的

企业以其自产产品发放给职工作为职工薪酬的，应根据收益对象，按照该资产的公允价值，计入相关资产成本或者当期损益，同时确认应付职工薪酬。借记"管理费用""生产成本""制造费用"等科目，贷记"应付职工薪酬——非货币性福利"科目。

【例8-10】20×9年2月，甲公司决定以自产的产品作为福利发放给全体职工（共计100人）该批商品的生产成本为200 000元，售价为250 000元。甲公司开具增值税专用发票注明增值税为42 500元。假定100名职工中70名为直接参加生产的职工，车间管理人员10名，其余20名为总部管理人员。

确认负债时：
借：生产成本　　　　　　　　　　　　　　　　　204 750（70×2 500×1.17）
　　制造费用　　　　　　　　　　　　　　　　　 29 250（10×2 500×1.17）
　　管理费用　　　　　　　　　　　　　　　　　 58 500（20×2 500×1.17）
　　贷：应付职工薪酬——非货币性福利　　　　　292 500

实际发放时：
借：应付职工薪酬——非货币性福利　　　　　　　292 500
　　贷：主营业务收入　　　　　　　　　　　　　250 000
　　　　应交税费——应交增值税（销项税额）　　 42 500
借：主营业务成本　　　　　　　　　　　　　　　200 000
　　贷：库存商品　　　　　　　　　　　　　　　200 000

2. 企业将外购商品作为非货币性薪酬发放

外购货物（生产企业指外购材料、商业企业指外购商品）用于集体福利、个人消费以及非应税项目的，做进项税额转出。用于捐赠、抵债、分配利润、换取非货币资产或非应税劳务、投资等方面的，应当计提销项税额。

【例8-11】20×9年2月，甲公司决定购入一批日用品作为福利发放给全体职工（共计50人）直接参加生产的职工30名，车间管理人员5名，行政管理人员12人，销售人员3人。该批日用品增值税专用发票注明货款为50 000元，增值税为8 500元。货款已经支付。

确认负债时：
借：生产成本　　　　　　　　　　　　　　　　　 35 100（30×1 000×1.17）
　　制造费用　　　　　　　　　　　　　　　　　　5 850（5×1 000×1.17）
　　管理费用　　　　　　　　　　　　　　　　　 14 040（12×1 000×1.17）
　　销售费用　　　　　　　　　　　　　　　　　　3 510（3×1 000×1.17）
　　贷：应付职工薪酬——非货币性福利　　　　　　58 500

实际发放时：
借：应付职工薪酬——非货币性福利　　　　　　　 58 500
　　贷：库存商品　　　　　　　　　　　　　　　 50 000
　　　　应交税费——应交增值税（进项税额转出）　8 500

3. 企业将拥有的房屋等资产无偿提供给职工使用的

应根据受益对象,将该住房每期应计提的折旧计入相关成本或当期损益,同时确认应付职工薪酬。确认薪酬时,借记相关成本费用,贷记"应付职工薪酬——非货币性福利"科目。同时,借记"应付职工薪酬——非货币性福利"科目,贷记"累计折旧"科目。

4. 租赁住房等资产提供给职工无偿使用的

应根据受益对象,将每期租金计入相关成本或当期损益,同时确认应付职工薪酬。确认薪酬时,借记相关成本费用,贷记"应付职工薪酬——非货币性福利"科目。支付租金时,借记"应付职工薪酬——非货币性福利"科目,贷记"银行存款"科目。

【例 8-12】丙公司为总部部门经理级别以上职工每人提供一辆桑塔纳汽车免费使用,同时为副总裁以上高级管理人员每人租赁一套住房。该公司总部共有部门经理以上职工 25 名,假定每辆桑塔纳汽车每月计提折旧 1 000 元;该公司还为其 5 名副总裁以上高级管理人员每人租赁一套面积为 100 平方米带有家具和电器的公寓,月租金为每套 4 000 元(假定上述人员发生的费用无法认定受益对象)。要求:编制该公司上述与职工薪酬有关业务的会计分录。

确认负债时:
借:管理费用　　　　　　　　　　　　　　　　　　　　45 000(25×1 000＋5×4 000)
　　贷:应付职工薪酬——非货币性福利　　　　　　　　　45 000
实际发放时:
借:应付职工薪酬——非货币性福利　　　　　　　　　　45 000
　　贷:累计折旧　　　　　　　　　　　　　　　　　　　25 000(25×1 000)
　　　　银行存款　　　　　　　　　　　　　　　　　　　20 000

5. 辞退福利

企业应当预计因辞退福利而产生的负债,在同时满足下列两个条件时予以确认:
(1)企业已制订正式的解除劳动关系计划或提出自愿裁减建议,并即将实施;
(2)企业不能单方面撤回解除劳动关系计划或裁减建议。
企业应将本期确认的辞退福利全部计入当期的管理费用。
借:管理费用
　　贷:应付职工薪酬

6. 难以确认收益对象的非货币性福利,直接计入当期损益和应付职工薪酬

(三)企业发放职工薪酬的主要账务处理

(1)企业支付职工工资、奖金、津贴、福利费和补贴等,借记"应付职工薪酬——工资"账户,贷记"银行存款""库存现金"等账户;企业从应付职工薪酬中扣还的各种款项(代垫的家属药费、个人所得税等),借记本账户,贷记"其他应收款""应交税费——应交个人所得税"等账户。

借:应付职工薪酬——工资
　　贷:银行存款/库存现金/其他应收款
　　　　应交税费——应交个人所得税

【例8-13】A企业根据"工资结算汇总表"结算本月应付职工工资总额462 000元,其中代扣职工房租40 000元,企业代垫职工家属医药费2 000元,实发工资420 000元。该企业有关会计分录如下:

(1) 向银行提取现金时:
借:库存现金　　　　　　　　　　　　　　　　　　　　420 000
　　贷:银行存款　　　　　　　　　　　　　　　　　　　　420 000

(2) 发放工资时:
借:应付职工薪酬——工资　　　　　　　　　　　　　　420 000
　　贷:库存现金　　　　　　　　　　　　　　　　　　　　420 000

(3) 代扣款项时:
借:应付职工薪酬——工资　　　　　　　　　　　　　　 42 000
　　贷:其他应收款——代垫医药费　　　　　　　　　　　 40 000
　　　　　　　　——职工房租　　　　　　　　　　　　　　2 000

(2) 支付工会经费和职工教育经费,或缴纳社会保险、住房公积金。

企业支付工会经费和职工教育经费,或按照国家有关规定缴纳社会保险费或住房公积金时,借记"应付职工薪酬——工会经费(或职工教育经费、社会保险费、住房公积金)"账户,贷记"银行存款"等账户。

【例8-14】承上例,甲企业缴纳职工住房公积金92 400元,其中企业承担46 200元,职工个人承担46 200元。会计分录如下:

借:应付职工薪酬——住房公积金　　　　　　　　　　　46 200
　　其他应付款——应交住房公积金　　　　　　　　　　 46 200
　　贷:银行存款　　　　　　　　　　　　　　　　　　　　92 400

(3) 支付职工福利费。

企业向职工食堂、职工医院、生活困难职工等支付职工福利费时,借记本科目,贷记"银行存款"等账户。

【例8-15】2011年3月,甲企业以现金支付职工李某生活困难补助1 000元。会计分录如下:

借:应付职工薪酬——职工福利　　　　　　　　　　　　 1 000
　　贷:库存现金　　　　　　　　　　　　　　　　　　　　 1 000

(4) 发放非货币性福利。

这部分内容在应付职工薪酬确认的例题中有涉及,具体参见例8-10,例8-11,例8-12,此处不再赘述。

【2011年《初级会计实务》考试真题·多选题】下列各项中,应列入资产负债表"应付职工薪酬"项目的有_____。　　　　　　　　　　　　　　　　(　　)
　　A. 支付临时工的工资　　　　　　B. 发放困难职工的补助金
　　C. 缴纳职工的工伤保险费　　　　D. 支付辞退职工的经济补偿金
【正确答案】ABCD

第六节 应付股利

一、应付股利的含义

企业作为独立核算的经济实体,对其实现的经营成果除了按照税法及有关法律法规规定交税、交费外,还必须对运用投资者投入的资金给予一定的回报,作为投资者应该分享的所得税后的利润分配,取得投资收益。因此,企业分配给投资者的现金股利或利润,在实际未支付给投资者之前,形成了一笔负债。

股利是企业股东对企业净利润的分享。

在我国,股利的支付通常有两种基本形式,即现金股利和股票股利。

所谓现金股利,是反映企业以现金形式向股东派发的股利。

股票股利则是企业用增发的股票向股东派发的股利。

当作股利发放的股票,又称红股,俗称送股。

当企业经董事会或股东大会决议确定分配现金股利时,自宣告之日起,应付的股利就构成企业的一项流动负债;如果董事会或股东大会决议确定发放股票股利,则并不构成企业的负债,因为它只是从未分配利润转增股本,是企业权益内部的一种变化,不会引起任何含有经济利益的资源外流。

二、应付股利的核算

按会计准则规定,设置"应付股利"账户,核算内容为企业经董事会或股东大会决议确定分配的现金股利,而企业分配的股票股利,在正式办理增资手续以前,只需在备查簿中做相应登记,不需要做正式的账务处理。

通常,企业派发现金股利需经历两个步骤或阶段,首先是企业董事会或股东大会决议确定并宣告股利分配方案,这时,按应支付的现金股利,借记"利润分配——应付股利"账户,贷记"应付股利"账户;

然后,企业如数拨出一笔现款存入受托的证券公司或银行,用于实际支付股东的现金股利,此时,借记"应付股利"账户,贷记"现金""银行存款"等账户。

【例 8-16】甲公司 2011 年度实现净利润 8 000 000 元,经过股东大会批准,决定于 2012 年 2 月分配现金股利 500 000 元。股利已经用银行存款支付。企业应做会计分录如下:

借:利润分配——应付现金股利或利润　　　　　　　　　　　500 000
　　贷:应付股利　　　　　　　　　　　　　　　　　　　　　　500 000
借:应付股利　　　　　　　　　　　　　　　　　　　　　　500 000
　　贷:银行存款　　　　　　　　　　　　　　　　　　　　　　500 000

企业董事会或类似机构通过的利润分配方案中拟分配的现金股利或利润,不做账务处理。

第七节 应交税费

一、应交税费概述

应交税费是企业根据国家税法规定计算的应交纳的各种税费。

企业应依法交纳的各种税金主要有：增值税、消费税、营业税、所得税、资源税、土地增值税、城市维护建设税、房产税、土地使用税、车船使用税。

企业应交纳的费用有：教育费附加、矿产资源补偿费等。

企业应当设置"应交税费"账户，用来总括反映各种税费的缴纳情况，并按照应交税费的种类进行明细核算。

企业交纳的印花税、契税、耕地占用税等不通过"应交税费"账户核算。

二、应交增值税

（一）增值税概述

增值税是对在我国境内销售货物或提供加工、修理修配劳务，以及进口货物的单位和个人，就其取得的货物或应税劳务销售额，以及进口货物金额计算税款，并实行税款抵扣制的一种流转税。

我国当前的增值税是消费型增值税，允许将生产、经营用固定资产价值中已含的税款，在购置当期全部一次扣除。

增值税纳税人分为一般纳税人和小规模纳税人。这两类企业在增值税的计算和交税、会计账户设置以及账务处理等方面有较大差异。

（二）一般纳税人企业

1. 纳税人义务和计税公式

一般纳税人增值税的基本税率为17%，低税率为13%。目前，我国增值税的计算采用购进抵扣法，即企业购入货物或接受劳务支付的增值税（称为进项税额），可以从销售货物或提供劳务按规定收取的增值税（称为销项税额）中抵扣。

具体做法是：

以货物或劳务的销售额为计税依据，按照税法规定的税率计算出货物或劳务应负担的销项税额，同时扣除企业为生产货物或提供劳务外购原材料、燃料、低值易耗品等物资在以前购买环节已交纳的进项税额，抵扣后的余额即为实际应交纳的增值税，用公式表示为：

一般纳税人的应纳增值税税额＝当期销项税额－当期进项税额－留抵税额

进口货物的应纳增值税税额＝（关税完税价格＋关税＋消费税）×税率

2. 应交增值税的账户设置

"应交增值税"明细账户的借方发生额，反映企业购进货物或接受应税劳务支付的进项税额、实际已交纳的增值税额等；贷方发生额，反映销售货物或提供应税劳务应交纳的增值税额、出口货物退税、转出已支付或应分担的增值税等；期末借方余额，反映企业尚未抵扣的增值税。

第八章 流动负债

企业应交的增值税,在"应交税费"账户下设置"应交增值税"明细账户进行核算。"应交税费——应交增值税"账户分别设置"进项税额""进项税额转出""销项税额""出口退税""已交税金"等专栏。

3. 增值税进项税额

"进项税额"专栏,记录企业购入货物或接受应税劳务而支付,准予从销项税额中抵扣的增值税额。企业购入货物或接受应税劳务支付的进项税额,用蓝字登记;退回所购货物应冲销的进项税额,用红字登记。企业从国内采购商品或接受应税劳务时,借记"固定资产""原材料""库存商品""制造费用"等账户,根据增值税专用发票上注明的可抵扣进项税额,借记"应交税费——应交增值税(进项税额)"账户,贷记"应付账款""银行存款"等账户。

准予从销项税额中抵扣的进项税额通常包括:

(1) 从销售方取得的增值税专用发票上注明的增值税税额;

(2) 从海关取得的完税凭证上注明的增值税税额;

(3) 购进农业生产者销售的农产品或者向小规模纳税人购买的农产品,准予按照买价和13%的扣除率计算增值税进项税额。

(4) 外购货物(固定资产除外)所支付的运输费用,以及销售货物所支付的运输费用,根据运费结算单据所列运费结算金额按7%的扣除率计算进项税额。

(5) 生产企业购进废旧物资回收经营单位销售的免税废旧物资,可按照废旧物资税收经营单位开具的由税务机关监制的普通发票上注明的金额,按10%的扣除率计算进项税额。

【例 8-17】星光公司为一般纳税企业。2013 年 1 月发生以下有关增值税进项税额的业务:

(1) 购进原材料一批,增值税专用发票上注明价款为 400 000 元,增值税税率为 17%,运输费为 4 000 元,装卸费为 1 000 元。原材料已入库,货款已付。

(2) 购进不需要安装的设备一台,价款为 300 000 元,增值税专用发票上注明的增值税税额 51 000 元,款项未付。

(3) 购进免税农产品一批,价款为 100 000 元,规定扣除率为 13%,货物在途中,实际成本发核算,款项已付。

星光公司所做的会计分录如下:

(1) 购进原材料时:

借:原材料 404 720
　　应交税费——应交增值税(进项税额) 68 280
　贷:银行存款 473 000

其中:

　　增值税进项税额=400 000×17%+4 000×7%=68 280(元)

　　原材料成本=400 000+4 000×(1-7%)+1 000=404 720(元)

(2) 购进不需要安装的设备时:

借:固定资产 300 000
　　应交税费——应交增值税(进项税额) 51 000
　贷:应付账款 351 000

(3) 购进免税农产品时:

　　可抵扣进项税额=100 000×13%=13 000(元)

借：商品采购　　　　　　　　　　　　　　　　　　　　　　　　　87 000
　　应交税费——应交增值税（进项税额）　　　　　　　　　　　　13 000
　　　贷：银行存款　　　　　　　　　　　　　　　　　　　　　　100 000

4. 进项税额转出

企业购进的货物、在产品、产成品等发生非正常损失（不含自然灾害），以及将购进的货物在没有任何加工的情况下对内改变用途（如用于非应税项目、集体福利等），其进项税额应通过"应交税费——应交增值税（进项税额转出）"账户转入有关账户。

（1）原生产用的外购货物用于非增值税应税项目，如用于企业工程项目或无形资产研发等（用于生产用设备等固定资产除外）。

借：在建工程
　　研发支出等（货物成本＋进项税额）
　　　贷：原材料等
　　　　　应交税费——应交增值税（进项税额转出）

（2）外购货物发生非正常损失。

借：营业外支出等（货物成本＋进项税额）
　　　贷：原材料
　　　　　应交税费——应交增值税（进项税额转出）

（3）外购货物用于集体福利或者个人消费。

企业决定以外购货物用于集体福利或者个人消费时：

借：生产成本
　　制造费用
　　管理费用等
　　　贷：应付职工薪酬——非货币性福利（货物成本＋进项税额）

实际发放外购货物时：

借：应付职工薪酬——非货币性福利
　　　贷：库存商品等
　　　　　应交税费——应交增值税（进项税额转出）

外购货物时涉及的运费，且已按运费的7%计算并确认了进项税额的，在发生上述业务时，应将该进项税额一同予以转出。

【例8-18】

A公司2010年建造办公楼领用外购原材料10 000元，原材料购入时支付的增值税为1 700元；因自然灾害毁损原材料一批，其实际成本20 000元，经确认损失材料的增值税3 400元。则A公司计入"应交税费——应交增值税（进项税额转出）"科目的金额为＿＿＿＿＿＿元。
（　　）

A. 680　　　　　B. 1 020　　　　　C. 1 700　　　　　D. 5 100

【正确答案】C

【知识点】本题考查增值税进项税额转出处理。

【答案解析】办公楼属于非应税项目，建造办公楼领用外购原材料，原增值税进项税额不允许抵扣，因此A公司计入"应交税费——应交增值税（进项税额转出）"科目的金额为1 700元。因自然灾害毁损的存货增值税进项税额是可以抵扣的，不需要做增值税进项税额转出处理。

【2012年《初级会计实务》考试真题·多项选择题】
下列各项一般纳税企业应作为增值税进项税额转出处理的有_____。（ ）
A. 工程项目领用本企业外购的生产用的原材料
B. 非常损失造成的外购存货盘亏
C. 工程项目领用本企业自产的产品
D. 以本企业自产的产品对外投资
【正确答案】AB
【答案解析】"工程项目领用本企业外购的生产用的原材料"和"非常损失造成的外购存货盘亏"应作为增值税进项税额转出处理；"工程项目领用本企业自产产品"和"以自产的产品对外投资"应作为增值税销项税额处理。

5. 增值税销项税额
（1）销售货物或提供应税劳务。

企业销售货物或者提供应税劳务，按照营业收入和应收取的增值税税额，借记"应收账款""应收票据""银行存款"等科目，按专用发票上注明的增值税税额，贷记"应交税费——应交增值税（销项税额）"科目，按照实现的营业收入，贷记"主营业务收入""其他业务收入"科目。发生的销售退回，做相反的会计分录。

应交增值税销项税额的计算公式：

$$销项税额＝销售额（不含税）×税率$$
$$不含税销售税＝含税销售额/（1＋增值税税率）$$

【例8-19】某企业销售产品一批，售价5万元，增值税税率17%，成本2.6万元。合同规定现金折扣条件为2/10，1/20，n/30，购买方于20日内付款，如果该批产品于第二年5月10日被退回，款项以银行存款划付，退回产品验收入库，产品成本按原来数额结转（按不含税价计算现金折扣）。

要求：根据资料，编制商品销售、收款及销售退回的会计分录（单位为万元）。
商品销售时：
A：借：应收账款   5.85
　　　贷：主营业务收入   5
　　　　　应交税费——应交增值税（销项税额）   0.85
B：结转成本
　借：主要业务成本   2.6
　　　贷：库存商品   2.6
购方20日内付款时：
　借：银行存款   5.8
　　　财务费用   0.05（5×1%）
　　　贷：应收账款   5.85
第二年5月10日退回产品时：
　借：主营业务收入   5
　　　应交税费——应交增值税（销项税额）   0.85
　　　贷：银行存款   5.8
　　　　　财务费用   0.05

借：库存商品　　　　　　　　　　　　　　　　　　　　　　　　　2.6
　　贷：主要业务成本　　　　　　　　　　　　　　　　　　　　　　　2.6
（2）视同销售行为。
按照税法规定，企业的下列交易和事项应视同对外销售处理，计算应交增值税：
① 将货物交付他人代销；
② 销售代销货物；
③ 设有两个以上机构并实行统一核算的纳税人，将其货物从一个机构移送其他机构用于销售，但相关机构设在同一县（市）的除外；
④ 将自产、委托加工的货物用于非应税项目；
⑤ 将自产、委托加工或购买的货物作为投资，提供给其他单位或个体经营者；
⑥ 将自产、委托加工或购买的货物分配给股东或投资者；
⑦ 将自产、委托加工的货物用于集体福利或个人消费；
⑧ 将自产、委托加工或购买的货物无偿赠送他人。

自产或委托加工的产品用于在建工程（非应税项目）和对外捐赠视同销售行为，确认销项税额，但是不确认收入，应该直接贷记库存商品；而自产或委托加工的产品用于职工福利、分配股利和对外投资视同销售行为，确认销项税额，同时确认收入、结转成本。

【注意】如果企业销售货物或者提供劳务业务给出的是合税销售额，按公式"不含税销售额＝含税销售额÷（1＋税率）"还原为不含税销售额，并以不含税销售额为基础计算销项税额。

【例8-20】某企业2012年发生的下列事项中应该确认增值税销项税额的有_____。
（　　）

A. 建造厂房领用本企业自产的产品
B. 生产车间2012年3月购入的一项设备改良时领用本企业自产的产品
C. 以本企业自产的产品对外投资
D. 建造厂房领用本企业外购的原材料

【正确答案】AC
【答案解析】选项B，生产车间设备购入时增值税是可以抵扣的，该设备改良时领用自产产品不属于视同销售，因此不需要确认相应的销项税额；选项D，企业建造厂房领用本企业外购的原材料应该将确认的原材料的进项税额予以转出，不需要确认销项税。

【例8-21】星光公司为一般纳税人，2011年3月28日将自产的A产品对外无偿捐赠。该批产品成本为120 000元，计税价格为200 000元，增值税税率为17%。该企业做如下分录：
借：营业外支出　　　　　　　　　　　　　　　　　　　　　　　154 000
　　贷：库存商品　　　　　　　　　　　　　　　　　　　　　　　120 000
　　　　应交税费——应交增值税（销项税额）　　　　　　　　　　 34 000

6. 出口退税

企业出口货物，向海关办理报关出口手续后，凭出口报关单等有关凭证，向税务机关申报办理出口退税而收到退回的税款。出口货物退回的增值税额，用蓝字登记；出口货物办理退税后发生退货或者退关而补交已退的税款，用红字登记。

企业出口产品按规定退税的，按应收的出口退税额，借记"其他应收款"科目，贷记"应交税费——应交增值税（出口退税）"科目。

7. 交纳增值税

(1) 企业交纳本月应交的增值税。

借：应交税费——应交增值税（已交税金）
　　贷：银行存款

(2) 企业交纳以前各期未交增值税。

借：应交税费——未交增值税
　　贷：银行存款

"应交税费——应交增值税"科目的贷方余额，表示企业应交纳的增值税。

【例 8-22】星光公司用银行存款交纳本月应交增值税 100 000 元，交纳上月应交增值税 20 000 元。

借：应交税费——应交增值税（已交税金）　　　　　　　　　　　　100 000
　　　　　　——未交增值税　　　　　　　　　　　　　　　　　　　20 000
　　贷：银行存款　　　　　　　　　　　　　　　　　　　　　　　　120 000

【例 8-23】企业交纳本期应交增值税，应通过_____科目核算。　　（　　）

A. 应交税费——应交增值税（销项税额）

B. 应交税费——应交增值税（进项税额）

C. 应交税费——应交增值税（进项税额转出）

D. 应交税费——应交增值税（已交税金）

【正确答案】D

【答案解析】企业交纳本期应交增值税，应通过"应交税费——应交增值税（已交税金）"科目核算。

(三) 小规模纳税人

小规模纳税人是指年销售额在规定标准以下，并且会计核算不健全，不能按规定报送有关税务资料的增值税纳税人。

所谓会计核算不健全是指不能正确核算增值税的销项税额、进项税额和应纳税额。

小规模纳税企业应当按照不含税销售额和规定的增值税征收率计算交纳增值税，销售货物或提供应税劳务时只能开具普通发票，不能开具增值税专用发票，不享有进项税额的抵扣权，其购进货物或接受应税劳务支付的增值税直接计入有关货物或劳务的成本。

小规模纳税企业只需在"应交税费"科目下设置"应交增值税"明细科目，不需要在"应交增值税"明细科目中设置专栏，"应交税费——应交增值税"科目贷方登记应交纳的增值税，借方登记已交纳的增值税；期末贷方余额为尚未交纳的增值税，借方余额为多交纳的增值税。

小规模纳税企业的销售收入按不含税价格计算。

不含税销售额＝含税销售额÷（1＋征收率）

应纳增值税＝不含税销售额×征收率

【例 8-23】某企业为小规模纳税企业，销售产品一批，含税价格 206 000 元，增值税征收率 3%，该批产品应交增值税为 6 000 元。　　　　　　　　　　　　　　　　（　　）

【正确答案】√

【答案解析】该批产品应交增值税为：206 000÷（1＋3%）×3%＝6 000（元）。

【例8-24】甲公司为小规模纳税人，适用增值税征收率为3%。2011年5月发生以下业务。编制会计分录：

（1）2011年5月1日，购进原材料一批，价款为20 000元，增值税专用发票上注明税额为600元，款项已付。

借：原材料　　　　　　　　　　　　　　　　　　　　　　　20 600
　　贷：银行存款　　　　　　　　　　　　　　　　　　　　　　20 600

（2）2011年5月26日，销售商品一批，开出的普通发票上注明价款为30 000元，款项已存入银行。

借：银行存款　　　　　　　　　　　　　　　　　　　　　　30 900
　　贷：主营业务收入　　　　　　　　　　　　　　　　　　　30 000
　　　　应交税费——应交增值税　　　　　　　　　　　　　　　900

（3）以银行存款上交本月增值税。

借：应交税费——应交增值税　　　　　　　　　　　　　　　　900
　　贷：银行存款　　　　　　　　　　　　　　　　　　　　　　　900

（四）营业税改征增值税试点有关企业增值税的账务处理

1. 适用范围

营业税改征增值税的试点选择与制造业密切相关的部分行业，包括交通运输业、部分现代服务业。在现行增值税17%标准税率和13%低税率基础上，新增11%和6%两档低税率。

2. 试点纳税人差额征税的会计处理

（1）一般纳税人的会计处理。

提供应税劳务时按有关规定允许从销售额中扣除其支付给非试点纳税人价款的，在"应交税费——应交增值税"科目下增设"营改增抵减的销项税额"专栏，用于记录该企业因按规定扣减销售额而减少的销项税额，对应分录为：

借：主营业务成本
　　应交税费——应交增值税（营改增抵减的销项税额）
　　贷：银行存款等

对于期末一次性进行账务处理的企业，期末可以按规定当期允许扣减销售额而减少的销项税额做如下分录：

借：应交税费——应交增值税（营改增抵减的销项税额）
　　贷：主营业务成本

（2）小规模纳税人的会计处理。

小规模纳税人提供应税服务时，按允许从销售额中扣除其支付给非试点纳税人价款的，按规定扣减销售额而减少的应交增值税应直接冲减"应交税费——应交增值税"科目，对应分录为：

借：主营业务成本
　　应交税费——应交增值税
　　贷：银行存款等

对于期末一次性进行账务处理的企业，期末，按规定当期允许扣减销售额而减少的应交增值税做如下分录：
借：应交税费——应交增值税
　　贷：主营业务成本

【例 8-25】下面关于营改增的说法不正确的是＿＿＿＿＿＿＿。　　　　（　　）

A. 一般纳税人应该在"应交税费——应交增值税"科目下增设"营改增抵减的销项税额"明细科目

B. 小规模纳税人初次购买增值税税控设备，按规定抵减的增值税应纳税额应直接冲减"应交税费——应交增值税"科目

C. 交通运输业适用 11%的税率

D. 租赁有形不动产适用 17%的税率

【正确答案】D

【答案解析】选项 D 应为租赁有形动产。

【例 8-26】增值税差额征税是指营业税改征增值税试点地区的纳税人，提供营业税改征增值税应税服务，以取得的全部价款和价外费用扣除支付给规定范围纳税人、规定项目价款后不含税余额交纳增值税。　　　　　　　　　　　　　　　　　　　　　　　（　　）

【正确答案】√

三、应交消费税

消费税是对生产、委托加工及进口应税消费品（主要指烟、酒、饮料、高档次及高能耗的消费品）征收的一种税。在对货物普遍征收增值税的基础上，选择少数消费品再征收一道消费税，主要是为了调节产品结构，引导消费方向，保证国家财政收入。

（一）消费税的计算

消费税的征收方法采取从价定率和从量定额两种方法。公式如下：

从价定率下的应纳消费税额＝销售额×税率

从量定额下的应纳消费税额＝销售数量×单位税额

（二）应交消费税的账务处理

企业应在"应交税费"科目下设置"应交消费税"明细科目，核算应交消费税的发生、交纳情况。该科目贷方登记应交纳的消费税，借方登记已交纳的消费税；期末贷方余额为尚未交纳的消费税，借方余额为多交纳的消费税。

1. 销售应税消费品

企业将生产的产品直接对外销售的，对外销售产品应交纳的消费税，通过"营业税金及附加"科目核算。

【例 8-27】星光公司 2011 年 6 月销售本企业自己生产的化妆品，价款为 2 000 000（不含增值税）元，适用的消费税税率为 30%。

借：营业税金及附加　　　　　　　　　　　　　　　　　　　　　600 000
　　贷：应交税费——应交消费税　　　　　　　　　　　　　　　　　600 000

2. 自产自用应税消费品

企业以生产的产品用于在建工程和对外捐赠等，按规定应交纳的消费税，借记"在建工

程""营业外支出"等科目,贷记"应交税费——应交消费税"科目;将自产产品用于对外投资、分配给职工等,应该借记"营业税金及附加"科目,贷记"应交税费——应交消费税"科目。

【例8-28】星光公司在建工程领用本企业自产产品50 000元,应纳增值税10 200元,应纳消费税6 000元。

借:在建工程	66 200
贷:库存商品	50 000
应交税费——应交增值税(销项税额)	10 200
——应交消费税	6 000

3. 委托加工应税消费品

企业如有应交消费税的委托加工物资,一般由受托方代收代缴税款。受托方按该税款金额,借记"应收账款""银行存款"等科目,贷记"应交税费——应交消费税"科目。委托加工应税消费品收回后,直接用于销售的,委托方应将代收代缴的消费税计入委托加工的应税消费品成本,借记"委托加工物资"等科目,贷记"应付账款""银行存款"等科目,待委托加工应税消费品销售时,不需要再交纳消费税;委托加工的应税消费品收回后用于连续生产应税消费品,按规定准予抵扣的,委托方应按代收代缴的消费税款,借记"应交税费——应交消费税"科目,贷记"应付账款""银行存款"等科目,待委托加工的应税消费品生产出应纳消费税的产品销售时,再计算交纳消费税。

【注意】受托加工或翻新改制金银首饰按规定由受托方交纳消费税。

【2013年《初级会计实务》考试真题·单选题】甲企业为增值税一般纳税人,委托A单位加工B材料(非金银首饰),发出原材料价款40 000元,支付加工费20 000元,取得的增值税专用发票上注明增值税额为3 400元,由受托方代收代交的消费税为2 000元,材料已加工完毕验收入库,款项均已支付。委托方收回后的B材料用于连续生产应税消费品,该B材料收回时的成本为_____元。( )

A. 60 000   B. 62 000   C. 32 700   D. 22 700

【正确答案】A

【答案解析】收回后继续用于生产应税消费品的委托加工物资的消费税按规定准予抵扣,委托方应按代收代缴的消费税款,借记"应交税费——应交消费税"科目。会计分录为:

借:委托加工物资	40 000
贷:原材料	40 000
借:委托加工物资	20 000
应交税费——应交增值税(进项税额)	3 400
——应交消费税	2 000
贷:银行存款	25 400
借:原材料	60 000
贷:委托加工物资	60 000

【例8-29】委托加工的应税消费品收回后准备直接出售的,由受托方代收代缴的消费税,委托方应借记的会计科目是_____。( )

A. 在途物资   B. 委托加工物资

C. 应交税费——应交消费税　　　　　D. 营业税金及附加

【正确答案】B

【答案解析】委托加工的应税消费品收回后准备直接出售的，由受托方代收代缴的消费税要计入委托加工物资的成本。

4. 进口应税消费品

企业进口应税物资在进口环节应交的消费税，计入该项物资的成本。

【例8-30】下列税金中，应计入存货成本的有_____。　　　　　（　　）

A. 由受托方代收代缴的直接用于对外销售的商品负担的消费税
B. 由受托方代收代缴的用于连续生产应税消费品负担的消费税
C. 进口原材料交纳的进口环节消费税
D. 一般纳税人进口原材料交纳的增值税

【正确答案】AC

【答案解析】由受托方代收代缴的直接用于对外销售的商品负担的消费税计入委托加工物资的成本；由受托方代收代缴的用于继续生产应税消费品负担的消费税应记入"应交税费——应交消费税"科目的借方；进口原材料交纳的进口环节消费税应计入原材料成本；一般纳税人进口原材料交纳的增值税可以作为进项税额抵扣。

四、应交营业税

1. 营业税概述

营业税是对在我国境内提供应税劳务、转让无形资产或销售不动产的单位和个人征收的流转税。税率从20%～30%不等。

营业税的劳务是指属于交通运输业、建筑业、金融保险业、邮电通信业、文化体育业、娱乐业、服务业税目征收范围的劳务。不包括加工、修理修配等劳务。

2. 营业税的计算

$$应纳税额＝营业额×适用税率$$

这里的营业额是指企业提供应税劳务、转让无形资产或者销售不动产向对方收取的全部价款和价外费用。价外费用包括：向对方收取的手续费、基金、集资费、代收款项、代垫款项及其他各种性质的价外收费。

3. 应交营业税的账务处理

企业应在"应交税费"科目下设置"应交营业税"明细科目，核算应交营业税的发生、交纳情况。该科目贷方登记应交纳的营业税，借方登记已交纳的营业税，期末贷方余额为尚未交纳的营业税。

（1）工业企业经营工业生产以外的其他业务所取得的收入，按规定应交的营业税，通过"营业税金及附加"和"应交税费——应交营业税"账户核算。会计分录为：

借：营业税金及附加
　　贷：应交税费——应交营业税

（2）企业销售不动产，应当向不动产所在地主管税务机关申报交纳营业税，应纳税款作为固定资产清理支出处理。房地产开发企业经营房屋不动产所交纳的营业税，应作为营业税金及附加处理。会计分录为：

借：固定资产清理或营业税金及附加（出售收入×营业税率 5%）
    贷：应交税费——应交营业税

(3) 企业出租、出售无形资产按规定应该交纳营业税。在会计核算时，由于企业出租无形资产所发生的支出是通过"其他业务成本"账户核算的，所以，出租无形资产应交纳的营业税也通过"其他业务成本"账户核算。出售无形资产时所取得的净收入或净支出计入"营业外损益"，应交营业税属于出售过程中的一项支出。

借：营业税金及附加（转让收入×营业税率 5%）
    贷：应交税费——应交营业税

按规定期限上交营业税时：

借：应交税费——应交营业税
    贷：银行存款

【例 8-31】利源建筑公司 2013 年 6 月建筑收入为 100 000 000 元，适用的营业税税率为 3%。

借：营业税金及附加   3 000 000
    贷：应交税费——应交营业税   3 000 000

五、其他应交税费

其他应交税费是指除上述应交税费以外的应交税费，包括应交资源税、应交城市维护建设税、应交土地增值税、应交所得税、应交房产税等。企业应当在"应交税费"科目下设置相应的明细科目进行核算，贷方登记应交纳的有关税费，借方登记已交纳的有关税费，期末贷方余额表示尚未交纳的有关税费。

1) 应交资源税。

资源税是对我国境内开采矿产品或者生产盐的单位和个人征收的税。对外销售应税产品应交的资源税应借记"营业税金及附加"账户，自产自用的应记入"生产成本""制造费用"科目等，贷记"应交税费——应交资源税"账户。

（1）销售物资应交纳的资源税，借记"营业税金及附加"账户，贷记"应交税费——应交资源税"账户。

（2）自产自用的物资应交纳的资源税，借记"生产成本"账户，贷记"应交税费——应交资源税"账户。

（3）收购未税矿产品，按实际支付的收购款，借记"原材料"等账户，贷记"银行存款"等账户，代扣代交的资源税，借记"原材料"等账户，贷记"应交税费——应交资源税"账户。

（4）外购液体盐加工固体盐，在购入液体盐时，按所允许抵扣的资源税，借记"应交税费——应交资源税"账户，按外购价款扣除允许抵扣资源税后的数额，借记"原材料"等账户，按应支付的全部价款，贷记"银行存款""应付账款"等账户。

加工成固体盐后，在销售时，按计算出的销售固体盐应交的资源税，借记"营业税金及附加"账户，贷记"应交税费——应交资源税"账户，将销售固体盐应纳资源税抵扣液体盐已纳税后的差额上交时，借记"应交税费——应交资源税"账户，贷记"银行存款"账户。

（5）交纳资源税，借记"应交税费——应交资源税"账户，贷记"银行存款"账户。

【例 8-32】甲企业对外销售某种资源税应税矿产品 A，应交资源税 10 000 元；同时将自产的资源税应税矿产品 B 用于企业的产品生产，这批矿产品应交资源税为 5 000 元。

借：营业税金及附加	10 000
生产成本	5 000
贷：应交税费——应交资源税	15 000

2）应交城市维护建设税。

应交城市维护建设税，是以增值税、消费税、营业税为计税依据征收的一种税。税率因纳税人所在地不同从 1%～7%不等。

应纳税额=（应交增值税+应交消费税+应交营业税）×适用税率

企业应交的城市维护建设税，借记"营业税金及附加"等科目，贷记"应交税费——应交城市维护建设税"科目。

【例 8-33】星光公司 2012 年 2 月实际上交增值税 500 000 元，消费税 300 000 元，营业税 100 000 元。该企业适用的城市维护建设税税率为 7%。

计提应交城市维护建设税时：

借：营业税金及附加	63 000
贷：应交税费——应交城市维护建设税	63 000

应纳税额=（500 000+300 000+100 000）×7%=63 000（元）

上交税款时：

借：应交税费——应交城市维护建设税	63 000
贷：银行存款	63 000

【2012 年《初级会计实务》考试真题·单选题】某企业适用的城市维护建设税税率为 7%，2011 年 8 月该企业应缴纳增值税 200 000 元、土地增值税 30 000 元、营业税 100 000 元、消费税 50 000 元、资源税 20 000 元，8 月该企业应计入"应交税费——应交城市维护建设税"科目的金额为_____元。　　　　　　　　　　　　　　　（　　）

A. 16 100　　　　B. 24 500　　　　C. 26 600　　　　D. 28 000

【正确答案】B

【答案解析】增值税、营业税、消费税是城市建设维护税的基础。该企业应计入"应交税费——应交城市建设维护税"科目金额=（增值税+营业税+消费税）×7%=（200 000+100 000+50 000）×7%=24 500（元）。

3）应交土地增值税。

土地增值税是指在我国境内有偿转让土地使用权及土地上建筑物和其他附着物产权的单位和个人，就其土地增值额征收的一种税。

土地增值税通过"应交税费——应交土地增值税"科目核算。转让的土地使用权连同地上建筑物及附着物一并在"固定资产"科目核算的，其税款计入"固定资产清理"，借记"固定资产清理"科目，贷记"应交税费——应交土地增值税"科目；土地使用权在"无形资产"科目核算的，其税款影响无形资产的处置损益，即营业外收支的金额，按实际收到的金额，借记"银行存款"科目，按应交的土地增值税，贷记"应交税费——应交土地增值税"科目，同时冲销土地使用权的账面价值，贷记"无形资产"科目，按其差额，借记"营业外支出"或贷记"营业外收入"科目。

土地增值税采用四级超率累进税率，其中最低税率 30%，最高税率 60%。

【例8-34】星光公司对外转让一栋厂房，根据税法规定计算的应交土地增值税为500 000元。

计算应交土地增值税：

借：固定资产清理　　　　　　　　　　　　　　　　　　　　　500 000
　　贷：应交税费——应交土地增值税　　　　　　　　　　　　　　　　　500 000

支付税款时：

借：应交税费——应交土地增值税　　　　　　　　　　　　　　500 000
　　贷：银行存款　　　　　　　　　　　　　　　　　　　　　　　　　　500 000

4）应交教育费附加。

教育费附加是为了发展教育事业而向企业征收的附加费用，按照应交流转税的一定比例计算交纳。企业应交的教育费附加，借记"营业税金及附加"等科目，贷记"应交税费——应交教育费附加"科目。

5）企业按规定计算的代扣代交的职工个人所得税，借记"应付职工薪酬"科目，贷记"应交税费——应交个人所得税"科目。

6）企业应交的房产税、城镇土地使用税、车船税、矿产资源补偿费，借记"管理费用"科目，贷记"应交税费——应交房产税（或城镇土地使用税、车船税、矿产资源补偿费）"科目。

【例8-35】甲公司为增值税一般纳税人，2012年实际应缴纳的各种税金为：增值税500万元，营业税200万元，土地使用税50万元，耕地占用税20万元，车船税1万元，印花税0.5万元，所得税100万元。以上实际缴纳时应计入"应交税费"借方金额的是＿＿＿＿＿＿万元。　　　　　　　　　　　　　　　　　　　　　　　　　　　　　　（　　）

A. 871.5　　　　　B. 871　　　　　C. 851　　　　　D. 851.5

【正确答案】C

【答案解析】印花税、耕地占用税不用经过应交税费科目核算。因此应缴纳的应交税费＝500＋200＋50＋1＋100＝851（万元）。

【2014年《初级会计实务》考试真题·多选题】企业交纳的下列税费中，不通过"应交税费"科目核算的有＿＿＿＿＿＿。　　　　　　　　　　　　　　　　　　　　（　　）

A. 教育费附加　　　B. 印花税　　　C. 耕地占用税　　　D. 契税

【正确答案】BCD

【答案解析】企业交纳的不需要预计应交数的税金，在交纳时直接计入相关资产成本或当期损益，不通过"应交税费"科目核算，本题选项A是通过"应交税费"科目核算的，其他三项不通过"应交税费"科目核算。首先，企业将生产的产品直接对外销售的，对外销售产品应交纳的消费税，通过"营业税金及附加"账户核算。企业按规定计算出应交的消费税，借记"营业税金及附加"账户，贷记"应交税费——应交消费税"账户。

【注意】

（1）不通过"应交税费"科目核算的税种：印花税、耕地占用税。

（2）直接计入"管理费用"的税种有四种：房产税、土地使用税、车船使用税、印花税。

第八节 其他应付款

一、其他应付款概述

企业除了应付票据、应付账款、应付工资等以外,还会发生一些应付暂收其他单位或个人的款项,如应付租入固定资产和包装物的租金、职工未按期领取的工资、存入保证金、应付统筹退休金等。这些暂收应付款,构成了企业的一项流动负债,在我国会计核算中,设置"其他应付款"账户进行核算。

二、其他应付款账务处理

在核算时,应付租入固定资产的租金是指企业采用经营性租赁方式租入固定资产所应支付的租金,这些应交纳的租金,应计入企业的费用(制造费用或管理费用等);而融资租入固定资产应付的租赁费,则作为长期负债,计入"长期应付款"账户。存入保证金是指其他单位或个人由于使用企业的某项资产而交付的押金(如出租包装物押金),待以后资产归还后还需退还的暂收款项。

【例8-36】星光公司从2012年6月1日起,以经营租赁方式租入管理用办公设备一批,每月租金6 000元,次月3日以银行存款支付租金。

计提应付经营租赁租金时:
借:管理费用　　　　　　　　　　　　　　　　　　　　　　　　6 000
　　贷:其他应付款　　　　　　　　　　　　　　　　　　　　　　　6 000
支付租金时:
借:其他应付款　　　　　　　　　　　　　　　　　　　　　　　6 000
　　贷:银行存款　　　　　　　　　　　　　　　　　　　　　　　　6 000

【2012年《初级会计实务》考试真题·多选题】下列各项中,应计入其他应付款的有_____。　　　　　　　　　　　　　　　　　　　　　　　　　　　　　　(　　)
　　A. 存入保证金　　　　　　　　　B. 应付销货方代垫的运杂费
　　C. 应付租入包装物租金　　　　　D. 到期无力支付的商业承兑汇票
【正确答案】AC
【答案解析】选项B,计入应付账款;选项D,计入应付账款。

案例分析

企业涉税业务的处理

利源公司为一般纳税企业,增值税税率17%,材料按实际成本核算。2012年4月30日,"应交税费——应交增值税"借方余额4万元,均可从下月的销项税额中抵扣。

5月发生以下业务:

(1)购买原材料一批,价款600 000元,增值税额102 000元,已开出商业汇票,原材料已入库。

（2）用原材料对外投资，双方协议按成本作价。该批原材料成本 360 000 元，计税价格为 410 000 元，应交纳的增值税额 69 700 元。

（3）销售产品一批，售价 200 000 元（不含增值税）实际成本 160 000 元，增值税发票已交购货方，货款尚未收到，符合收入确认条件。

（4）在建工程领用原材料一批，其实际成本 300 000 元，所负担的增值税额 51 000 元。

（5）月末盘亏原材料一批，实际成本 100 000 元，增值税额 17 000 元。

（6）用银行存款交纳本月增值税。

请运用本章所学知识，对利源公司这个月的涉税业务做出相应的会计处理。

（1）借：原材料　　　　　　　　　　　　　　　　　　　　　600 000
　　　　应交税费——应交增值税（进项税额）　　　　　　　 102 000
　　　　　贷：应付票据　　　　　　　　　　　　　　　　　　702 000
（2）借：长期股权投资　　　　　　　　　　　　　　　　　　479 700
　　　　　贷：其他业务收入　　　　　　　　　　　　　　　　410 000
　　　　　　　应交税费——应交增值税（销项税额）　　　　　 69 700
　　　借：其他业务成本　　　　　　　　　　　　　　　　　　360 000
　　　　　贷：原材料　　　　　　　　　　　　　　　　　　　360 000
（3）借：应收账款　　　　　　　　　　　　　　　　　　　　234 000
　　　　　贷：应交税费——应交增值税（销项税额）　　　　　 34 000
　　　　　　　主营业务收入　　　　　　　　　　　　　　　　200 000
　　　借：主营业务成本　　　　　　　　　　　　　　　　　　160 000
　　　　　贷：库存商品　　　　　　　　　　　　　　　　　　160 000
（4）借：在建工程　　　　　　　　　　　　　　　　　　　　351 000
　　　　　贷：原材料　　　　　　　　　　　　　　　　　　　300 000
　　　　　　　应交税费——应交增值税（进项税额转出）　　　 51 000
（5）借：待处理财产损溢　　　　　　　　　　　　　　　　　117 000
　　　　　贷：原材料　　　　　　　　　　　　　　　　　　　100 000
　　　　　　　应交税费——应交增值税（进项税额转出）　　　 17 000
　　　　69 700 + 34 000 + 51 000 + 17 000 －（40 000 + 102 000）= 29 700
（6）借：应交税费——应交增值税（已交税金）　　　　　　　 29 700
　　　　　贷：银行存款　　　　　　　　　　　　　　　　　　 29 700

本章复习思考题

一、单选题

1. 下列各项中，属于偿付金额视经营情况而定的流动负债是_____。　　（　　）
   A. 应付股利　　　B. 短期借款　　　C. 应付票据　　　D. 预收账款
2. 企业对确实无法支付的应付账款，应转入的会计科目是_____。　　（　　）
   A. 其他业务收入　　B. 资本公积　　　C. 盈余公积　　　D. 营业外收入
3. 银行承兑汇票到期，企业无力支付票款的，按应付票据的账面价值，借记"应付票据"科目，贷记_____科目。　　（　　）
   A. 应付账款　　　B. 短期借款　　　C. 其他应付款　　　D. 预付账款

4. 下列各项中，不应通过"应交税费"科目核算的是_____。（ ）
   A. 应缴的土地使用税　　　　　　B. 应缴的教育费附加
   C. 应缴的消费税　　　　　　　　D. 应缴的耕地占用税
5. 甲企业为增值税小规模纳税人（征收率为3%），11月初欠缴增值税1 000元，本月购进材料买价为10 000元，支付的增值税为1 700元，本月销售产品，取得含税销售收入1 030 000元，则甲企业本月应交增值税为_____。（ ）
   A. 31 000元　　B. 30 000元　　C. 29 300元　　D. 28 300元
6. 下列税金中，与企业计算损益无关的是_____。（ ）
   A. 消费税　　B. 所得税　　C. 增值税　　D. 城市维护建设税
7. 下列各项中，不属于流动负债的是_____。（ ）
   A. 应缴税费　　B. 应付票据　　C. 预付账款　　D. 预收账款
8. 企业缴纳的下列税款，不应计入"管理费用"科目的是_____。（ ）
   A. 增值税　　B. 印花税　　C. 房产税　　D. 土地使用税
9. 下列各项中，不属于职工薪酬核算内容的是_____。（ ）
   A. 住房公积金　　　　　　　　　B. 工会经费和职工教育经费
   C. 职工因公出差的差旅费　　　　D. 因解除与职工的劳动关系给予的补偿
10. 下列各项中，不应计入"营业税金及附加"科目的是_____。（ ）
    A. 消费税　　　　　　　　　　　B. 营业税
    C. 城市维护建设税　　　　　　　D. 增值税的销项税额
11. 某企业为增值税小规模纳税人，购入原材料取得的增值税专用发票上注明：货款20 000元，增值税3 400元，在购入材料的过程中另支付运杂费1 000元。则该企业原材料的入账价值为_____元。（ ）
    A. 20 000　　B. 20 600　　C. 23 400　　D. 24 400
12. 企业出售固定资产应缴的营业税，应借记的会计科目是_____。（ ）
    A. 营业税金及附加　　　　　　　B. 固定资产清理
    C. 营业外支出　　　　　　　　　D. 其他业务成本
13. 甲公司结算本月管理部门人员应付职工工资共250 000元，代扣该部门职工个人所得税15 000元，实发工资235 000元，该企业会计处理中，不正确的是_____。（ ）
    A. 借：管理费用   250 000
          贷：应付职工薪酬——工资   250 000
    B. 借：应付职工薪酬——工资   15 000
          贷：应交税费——应交个人所得税   15 000
    C. 借：其他应收款   15 000
          贷：应交税费——应交个人所得税   15 000
    D. 借：应付职工薪酬——工资   235 000
          贷：银行存款   235 000
14. 某企业为增值税一般纳税人，2011年实际缴纳税金情况如下：增值税850万元、消费税150万元、城市维护建设税70万元、车船使用税0.5万元、印花税1.5万元、所得税120万元。上述各项税金应计入"应交税费"科目借方的金额是_____万元。（ ）
    A. 1 190　　B. 1 190.5　　C. 1 191.5　　D. 1 192

二、多选题

1. 下列各项中，属于结算过程中形成的流动负债的有_____。（　　）
   A. 短期借款　　B. 应付账款　　C. 应付票据
   D. 应缴税费　　E. 预收账款

2. 下列各项中，属于流动负债的有_____。（　　）
   A. 短期借款　　B. 应付账款　　C. 预收账款
   D. 应付职工薪酬　　E. 预付账款

3. 企业所发生的下列税费中，可以记入"营业税金及附加"科目的有_____。（　　）
   A. 教育费附加　　B. 房产税　　C. 土地使用税
   D. 营业税　　E. 所得税

4. 工业企业按规定缴纳营业税的项目有_____。（　　）
   A. 销售商品取得收入　　B. 销售不动产取得收入
   C. 出租无形资产取得收入　　D. 提供运输等工业性劳务
   E. 销售原材料取得收入

5. 下列各项税金中，应计入有关资产成本的有_____。（　　）
   A. 增值税一般纳税人购入材料已交的增值税
   B. 增值税一般纳税人购入消费品已交的消费税
   C. 增值税小规模纳税企业购入商品已交的增值税
   D. 进口商品缴纳的关税
   E. 企业购入材料签订合同时缴纳的印花税

6. 下列税费中，应记入"管理费用"科目的有_____。（　　）
   A. 营业税　　B. 土地使用税　　C. 城市维护建设税
   D. 印花税　　E. 消费税

7. 下列各项中，应通过"应付职工薪酬"科目核算的有_____。（　　）
   A. 工会经费　　B. 职工教育经费　　C. 职工补充养老保险
   D. 向职工提供企业支付了补偿的商品　　E. 以自产的产品作为福利发给职工

三、计算分析题

1. 资料：大地公司为增值税一般纳税人，原材料按实际成本核算，2013年12月发生下列有关业务：

（1）购入甲材料一批，增值税发票上注明原材料价款为200 000元，增值税34 000元，运费2 000元，材料已验收入库，价款已用银行存款支付（假定运费不考虑增值税）。

（2）购置生产用不需要安装的设备一台，发票上注明价款20 000元，增值税为3 400元，款项已通过银行支付。

（3）水灾后盘点库存发现损失原材料4 000元，应分担增值税680元。

（4）销售产品一批，开出增值税专用发票，注明价款300 000元，增值税51 000元，款项已存入银行。

（5）在建仓库工程领用生产用原材料40 000元，应分担增值税6 800元。

（6）投资转入材料一批，不含税价格为80 000元，增值税13 600元。

(7) 计算本月应交增值税并以银行存款上交。

要求：编制上述业务的会计分录。

2. 资料：企业于 2013 年 6 月 1 日购入材料一批，该批材料价款为 200 000 元，允许抵扣的增值税进项税额为 34 000 元，企业签发由银行承兑的期限为 3 个月的银行承兑汇票一张，通过银行转账支付银行承兑汇票的手续费 500 元。该批材料已验收入库，按实际成本核算。

要求：根据上述资料编制下列会计分录：

（1）2013 年 6 月 1 日，购入材料，签发汇票时；

（2）支付银行承兑汇票手续费时；

（3）2013 年 9 月 1 日，银行承兑汇票到期支付票款时；

（4）2013 年 9 月 1 日，银行承兑汇票到期企业无力支付票款时。

3. 资料：甲公司本月有关职工薪酬的业务如下：

（1）本月应发工资 1 000 000 元，其中：生产工人及车间管理人员的工资分别为 500 000 元和 100 000 元；公司管理部门人员的工资为 150 000 元；公司专设销售机构人员的工资为 75 000 元；建造厂房人员的工资为 100 000 元；内部开发存货管理系统人员的工资为 75 000 元，符合无形资产资本化条件。

（2）根据所在地政府规定，公司分别按上年月平均职工工资总额 1 000 000 元的 11%、21%、1.5%、0.5%、1%和 7%计算缴纳医疗保险费、养老保险费、失业保险费、工伤保险费、生育保险费等社会保险费和住房公积金；根据上年实际发生的职工福利情况，公司预计本年应负担的职工福利费金额为职工工资总额的 2%，受益对象为上述所有人员。公司还分别按工资总额的 2%和 2.5%计提工会经费和职工教育经费。

（3）公司应向职工支付工资、奖金、津贴等 1 000 000 元，其中：代垫的家属医药费为 25 000 元、应缴的个人所得税为 30 000 元，按 2%、0.5%、8%、7%计算医疗保险、失业保险、养老保险和住房公积金，其余部分通过银行划到各职工银行账户。

要求：根据上述资料编制会计分录。

答 案

一、单选题

1. A 2. D 3. B 4. D 5. A 6. C 7. C 8. A 9. C 10. D 11. D 12. B 13. C 14. B

二、多选题

1. BCE 2. ABCD 3. AD 4. BCD 5. BCD 6. BD 7. ABCDE

三、计算分析题

1.

(1) 借：原材料　　　　　　　　　　　　　　　　　　　　　　　202 000
　　　　应交税费——应交增值税（进项税额）　　　　　　　　　　34 000
　　　贷：银行存款　　　　　　　　　　　　　　　　　　　　　　　236 000

(2) 借：固定资产　　　　　　　　　　　　　　　　　　　　　　　20 000
　　　　应交税费——应交增值税（进项税额）　　　　　　　　　　 3 400
　　　贷：银行存款　　　　　　　　　　　　　　　　　　　　　　　 23 400

（3）借：待处理财产损溢　　　　　　　　　　　　　　4 680
　　　　贷：应交税费——应交增值税（进项税额转出）　　680
　　　　　　原材料　　　　　　　　　　　　　　　　4 000
（4）借：银行存款　　　　　　　　　　　　　　　　351 000
　　　　贷：主营业务收入　　　　　　　　　　　　300 000
　　　　　　应交税费——应交增值税（销项税额）　　51 000
（5）借：在建工程　　　　　　　　　　　　　　　　　46 800
　　　　贷：应交税费——应交增值税（进项税额转出）　6 800
　　　　　　原材料　　　　　　　　　　　　　　　　40 000
（6）借：原材料　　　　　　　　　　　　　　　　　　80 000
　　　　应交税费——应交增值税（进项税额）　　　　13 600
　　　　贷：实收资本　　　　　　　　　　　　　　　93 600
（7）本月应交增值税＝（51 000＋680＋6 800）－（34 000＋3 400＋13 600）＝7 480（元）
借：应交税费——应交增值税（已交税金）　　　　　　　7 480
　　贷：银行存款　　　　　　　　　　　　　　　　　　7 480

2.
（1）借：原材料　　　　　　　　　　　　　　　　　200 000
　　　　应交税费——应交增值税（进项税额）　　　　34 000
　　　　贷：应付票据　　　　　　　　　　　　　　234 000
（2）借：财务费用　　　　　　　　　　　　　　　　　　500
　　　　贷：银行存款　　　　　　　　　　　　　　　　500
（3）借：应付票据　　　　　　　　　　　　　　　　234 000
　　　　贷：银行存款　　　　　　　　　　　　　　234 000
（4）借：应付票据　　　　　　　　　　　　　　　　234 000
　　　　贷：短期借款　　　　　　　　　　　　　　234 000

3.
（1）借：生产成本　　　　　　　　　　　　　　　　500 000
　　　　制造费用　　　　　　　　　　　　　　　　100 000
　　　　管理费用　　　　　　　　　　　　　　　　150 000
　　　　销售费用　　　　　　　　　　　　　　　　75 000
　　　　在建工程　　　　　　　　　　　　　　　　100 000
　　　　研发支出——资本化支出　　　　　　　　　75 000
　　　　贷：应付职工薪酬——工资　　　　　　　1 000 000
（2）借：生产成本　　　　　　　　　　　　　　　　242 500
　　　　制造费用　　　　　　　　　　　　　　　　48 500
　　　　管理费用　　　　　　　　　　　　　　　　72 750
　　　　销售费用　　　　　　　　　　　　　　　　36 375
　　　　在建工程　　　　　　　　　　　　　　　　48 500

研发支出——资本化支出	36 375
贷：应付职工薪酬——社会保险费	350 000
——住房公积金	70 000
——职工福利	20 000
——工会经费	20 000
——职工教育经费	25 000

（3）借：应付职工薪酬——工资　　　　　　　　　　　1 000 000
　　　贷：其他应收款　　　　　　　　　　　　　　　　　25 000
　　　　　应交税费——应交个人所得税　　　　　　　　　30 000
　　　　　其他应付款——社会保险费　　　　　　　　　　105 000
　　　　　　　　　　——住房公积金　　　　　　　　　　 70 000
　　　　　银行存款　　　　　　　　　　　　　　　　　　770 000

第九章

长期负债

案例导入

非流动负债的借款利息应该计入财务费用吗?

1993年7月12日,重庆渝港钛白粉股份有限公司(简称"渝钛白")在深交所挂牌上市。公司上市时正值钛白粉项目建设期,而上市仅融资7 000万元,近10亿元的工程建设资金几乎全靠银行贷款,平均每年负担银行利息高达8 000多万元。仅就1997年而言,为该项工程发生的借款利息及应付债券利息就有8 064万元。

钛白粉项目为国家重点项目,目标是建成年产1.5万吨硫酸法金红石型钛白粉,工程于1992年1月破土动工,1995年6月完成主体工程建设,8月18日投料试生产,11月20日生产出金红石型高档钛白粉产品,并经国家指定检验部门检测,质量达到国家标准。由于该钛白粉装置还不够完善和当时缺乏流动资金及与英国ICI公司合资谈判的需要,公司自1996年3月起停车整改,直至1997年3月开始批量生产。1997年度共生产出1 680吨钛白粉。

注册会计师在审计中发现并认为:从该事项的经济实质来看,工程既已投入使用,而且能够生产合格产品,创造效益,说明该工程已经达到预定可使用状态;而1997年发生的借款利息及应付债券利息8 064万元,渝钛白将其资本化计入了钛白粉工程成本,应调整计入财务费用。而渝钛白则认为,钛白粉工程项目不同于一般的基建项目。一方面,钛白粉这种基础化工产品不同于普通商品,对各项技术指标的要求非常严格,需要通过反复试生产,逐步调整质量、消耗等指标,直到生产出合格的产品才能投放市场,而试生产期间的试产品性能不稳定,是不能投放市场的;另一方面,原料的腐蚀性很强,如生产钛白粉的主要原料是硫酸,一旦停工,就会淤积于管道、容器中,再次开车前,就必须进行彻底清洗、维护,并调试设备。因此,钛白粉项目交付使用进入投资回报期、产生效益前,还有一个过渡期,即整改和试生产期间,这仍属于工程在建期。因此,项目建设期的借款利息及应付债券利息8 064万元理应资本化计入钛白粉工程成本。

案例思考: 注册会计师为何认为8 064万元借款利息及应付债券利息不能计入钛白粉工程成本,而应该计入财务费用?

第一节 长期负债

一、长期负债的特点及分类

长期负债（long-term liability of long-term debt），又称为非流动负债，是会计分录的内容，是指期限超过 1 年的债务，1 年内到期的长期负债在资产负债表中列入短期负债。长期负债与流动负债相比，具有数额较大、偿还期限较长的特点。因此，举借长期负债往往附有一定的条件，如需要企业指定某项资产作为还款的担保品，要求企业指定担保人，设置偿债基金，等等，以保护债权人的经济利益。

按照《企业会计准则第 30 号——财务报表列报》的要求，负债分为流动负债和非流动负债（也称长期负债）。其中，流动负债是指满足下列条件之一的负债：① 预计在一个正常营业周期中清偿；② 主要为交易目的而持有；③ 自资产负债表日起一年内到期应予以清偿；④ 企业无权自主地将清偿推迟至资产负债表日后一年以上。流动负债以外的负债为长期负债。长期负债通常包括长期借款、长期应付款、应付债券等。根据《企业会计准则第 22 号——金融工具确认和计量》的规定，长期负债应当按照公允价值进行初始计量，采用摊余成本进行后续计量。实际利率与合同利率差别较小的，也可按合同利率计算利息费用。

（一）长期负债的特点

长期负债有以下几个特点：

第一，保证长期负债得以偿还的基本前提是企业短期偿债能力较强，不至于破产清算。所以，短期偿债能力是长期偿债能力的基础；

第二，长期负债因为数额较大，其本金的偿还必须有一种积累的过程。从长期来看，所有真实的报告收益应最终反映为企业的现金净流入，所以企业的长期偿债能力与企业的获利能力是密切相关的；

第三，企业的长期负债数额大小关系到企业资本结构的合理性，所以对长期债务不仅要从偿债的角度考虑，还要从保持资本结构合理性的角度来考虑。保持良好的资本结构又能增强企业的偿债能力。

常见的长期负债有长期借款、公司债券、住房基金和长期应付款等。

举借长期债款的利弊包括：

企业长期债务融资的有利之处：

（1）付息成本低。

由于债券受限制性条款的保护，安全程度高于股票，所以长期债券的利息支出成本低于股票的股息成本。还有，债券的利息是在所得税前支付，有抵销所得税的好处，而股票则是在所得税后支付，显然债券的税后成本低于股票的税后成本。因此，债券为企业提供了低成本的资本来源。

（2）发行成本低。

债券的发行成本一般低于股票的发行成本。

（3）债券融资不会稀释企业的每股收益和股东对企业的控制权。

（4）长期债务的风险小于短期债务。

长期资金为企业提供了比短期资金更高的流动性,企业可以有充裕的时间安排本金的偿付,还在一定程度上降低企业破产的风险。

(5)债务融资可以为企业产生财务杠杆的作用,使企业的每股收益增加。

企业长期债务融资的不利之处:

(1)财务风险加大。

长期债务的增加会使企业的财务风险和破产风险增大,也因而使企业的总资本成本增加。

(2)在长期债务合同中,各种保护性条款会使企业在股息策略、流动资本和融资决策等方面的灵活性受到限制。

(3)企业需要大量的资金来源以满足固定利息支出和偿债基金等固定现金流出的需要。

(二)长期负债的分类

根据负债的筹集方式不同,长期负债可分为长期借款、应付债券、长期应付款、专项应付款和递延所得税负债。

1. 长期借款

长期借款(long-term loans)是指企业向银行或其他金融机构借入的期限在1年以上(不含1年)或超过1年的1个营业周期以上的各项借款。我国股份制企业的长期借款主要是向金融机构借入的各项长期性款项,如从各专业银行、商业银行取得的贷款;除此之外,还包括向财务公司、投资公司等金融企业借入的款项。

企业的长期借款一般有两种方式:一是将借款存入银行,由银行监督随时提取;二是由银行核定一个借款限额,在限额内随用随借,在这种方式下,企业在限额内借入的款项按其用途直接记入"在建工程""固定资产"等账户。企业长期借款的偿还也有不同的方式:可以是分期付息到期还本,也可以是到期一次还本付息,还可以是分期还本付息。

2. 应付债券

债券是企业依照法定程序发行的,约定在一定期限内还本付息的有价证券。应付债券就是企业在记账时的一个会计科目,即发行债券的企业在到期时应付钱给持有债券的人(包括本钱和利息)。

应付债券是企业为筹集长期资金而实际发行的债券及应付的利息,它是企业筹集长期资金的一种重要方式。企业发行债券的价格受同期银行存款利率的影响较大,一般情况下,企业可以按面值发行、溢价发行和折价发行债券。

企业应设置"应付债券"科目,并在该科目下设置"债券面值""债券溢价""债券折价""应计利息"等明细科目,核算应付债券发行、计提利息、还本付息等情况。

3. 长期应付款

长期应付款(long-term payables)是在较长时间内应付的款项,而会计业务中的长期应付款是指除了长期借款和应付债券以外的其他多种长期应付款。主要有应付补偿贸易引进设备款和应付融资租入固定资产租赁费等。

4. 专项应付款

专项应付款是企业接受国家拨入的具有专门用途的款项所形成的不需要以资产或增加其他负债偿还的负债,如新产品试制费拨款、中间试验费拨款和重要科学研究补助费拨款等科技三项拨款等。

5. 递延所得税负债

递延所得税负债（deferred tax liability）主要指：一是本科目核算企业根据所得税准则确认的应纳税暂时性差异产生的所得税负债；二是本科目应当按照应纳税暂时性差异项目进行的明细核算；三是递延所得税负债的主要账务处理。

不确认递延所得税负债的情况：

（1）商誉的初始确认中不确认递延所得税负债。

非同一控制下的企业合并中，因企业合并成本大于合并中取得的被购买方可辨认净资产公允价值的差额，按照会计准则规定应确认为商誉，但按照税法规定其计税基础为0，两者之间的差额形成应纳税暂时性差异，准则中规定对其不确认为一项递延所得税负债，否则会增加商誉的价值。

（2）在除企业合并以外的其他交易中，如果交易发生时既不影响会计利润也不影响应纳税所得额，则由资产、负债的初始确认所产生的递延所得税负债不予确认。

（3）与联营企业、合营企业的投资相关的应纳税暂时性差异产生的递延所得税负债，在同时满足以下两个条件时不予确认：投资企业能够控制暂时性差异转回的时间；该暂时性差异在可预见的未来很可能不会转回。

二、长期借款

长期借款，是指企业从银行或其他金融机构借入的期限在1年以上（不含1年）的借款。长期借款的有关账务处理如下：

企业借入各种长期款项，按实际收到的款项，借记"银行存款"科目，贷记"长期借款——本金"科目；按其差额，借记"长期借款——利息调整"科目。

在资产负债表日，企业应按长期借款的摊余成本和实际利率计算确定的长期借款的利息费用，借记"在建工程""财务费用""制造费用"等科目，按借款本金和合同利率计算确定的应付未付利息，贷记"应付利息"科目（对于一次还本付息的长期借款，贷记"长期借款——应计利息"科目），按其差额，贷记"长期借款——利息调整"科目。

企业归还长期借款，按归还的长期借款本金，借记"长期借款——本金"科目，按转销的利息调整金额，贷记"长期借款——利息调整"科目，按实际归还的款项，贷记"银行存款"科目，按其差额，借记"在建工程""财务费用""制造费用"等科目。

【例9–1】某企业为建造一幢厂房，于2014年1月1日借入期限为2年的长期专门借款1 500 000元，款项已存入银行。借款利率按市场利率确定为9%，每年付息一次，期满后一次还清本金。2014年年初，该企业以银行存款支付工程价款共计9 000 000元，2015年年初，又以银行存款支付工程费用600 000元。该厂房于2015年8月31日完工，达到预定可使用状态。假定不考虑闲置专门借款资金存款的利息收入或者投资收益。

【正确答案】该企业的有关账务处理如下：

（1）2014年1月1日，取得借款时：

借：银行存款 1 500 000
　　贷：长期借款——某银行——本金 1 500 000

（2）2014 年年初，支付工程款时：

借：在建工程——某厂房　　　　　　　　　　　　　　　900 000
　　贷：银行存款　　　　　　　　　　　　　　　　　　　　　900 000

（3）2014 年 12 月 31 日，计算 2014 年应计入工程成本的利息费用时：
　　　　借款利息＝1 500 000×9％＝135 000（元）

借：在建工程——某厂房　　　　　　　　　　　　　　　135 000
　　贷：应付利息——某银行　　　　　　　　　　　　　　　135 000

（4）2014 年 12 月 31 日，支付借款利息时：

借：应付利息——某银行　　　　　　　　　　　　　　　135 000
　　贷：银行存款　　　　　　　　　　　　　　　　　　　　　135 000

（5）2015 年年初，支付工程款时：

借：在建工程——某厂房　　　　　　　　　　　　　　　600 000
　　贷：银行存款　　　　　　　　　　　　　　　　　　　　　600 000

（6）2015 年 8 月 31 日，工程达到预定可使用状态时：
　　该期应计入工程成本的利息＝(1 500 000×9％÷12)×8＝90 000（元）

借：在建工程——某厂房　　　　　　　　　　　　　　　　90 000
　　贷：应付利息——某银行　　　　　　　　　　　　　　　　90 000

同时：

借：固定资产——某厂房　　　　　　　　　　　　　　　1 725 000
　　贷：在建工程——某厂房　　　　　　　　　　　　　　1 725 000

（7）2015 年 12 月 31 日，计算 2015 年 9—12 月的利息费用时：
　　应计入财务费用的利息＝(1 500 000×9％÷12)×4＝45 000（元）

借：财务费用——某借款　　　　　　　　　　　　　　　　45 000
　　贷：应付利息——某银行　　　　　　　　　　　　　　　　45 000

（8）2015 年 12 月 31 日，支付利息时：

借：应付利息——某银行　　　　　　　　　　　　　　　135 000
　　贷：银行存款　　　　　　　　　　　　　　　　　　　　　135 000

（9）2016 年 1 月 1 日，到期还本时：

借：长期借款——某银行——本金　　　　　　　　　　　1 500 000
　　贷：银行存款　　　　　　　　　　　　　　　　　　　　1 500 000

三、应付债券

企业根据国家有关规定，在符合条件的前提下，经批准可以发行公司债券、可转换公司债券、认股权和债券分离交易的可转换公司债券。本章在此以一般公司债券和可转换公司债券为例说明应付债券的会计处理。

（一）一般公司债券

1. 公司债券的发行

企业发行的一年期以上的债券，构成了企业的长期负债。公司债券的发行方式有三种，即面值发行、溢价发行、折价发行。假设其他条件不变,债券的票面利率高于市场利率时,可按超过债券票面价值的价格发行,称为溢价发行,溢价是企业以后各期多付利息而事先得到的补偿;如果债券的票面利率低于市场利率,可按低于债券票面价值的价格发行,称为折价发行,折价是企业以后各期少付利息而预先给投资者的补偿;如果债券的票面利率与市场利率相同,可按票面价值的价格发行,称为面值发行。溢价或折价实质上是发行债券企业在债券存续期内对利息费用的一种调整。

无论是按面值发行,还是溢价发行或折价发行,企业均应按债券面值记入"应付债券——面值"科目,实际收到的款项与面值的差额,记入"应付债券——利息调整"科目。企业发行债券时,按实际收到的款项,借记"银行存款"等科目,按债券票面价值,贷记"应付债券——面值"科目,按实际收到的款项与票面价值之间的差额,贷记或借记"应付债券——利息调整"科目。

2. 利息调整的摊销

利息调整应在债券存续期间内采用实际利率法进行摊销。

企业发行的债券通常分为到期一次还本付息或分期付息、一次还本两种。资产负债表日,对于分期付息、一次还本的债券,企业应按应付债券的摊余成本和实际利率计算确定的债券利息费用,借记"在建工程""制造费用""财务费用"等科目,按票面利率计算确定的应付未付利息,贷记"应付利息"科目,按其差额,借记或贷记"应付债券——利息调整"科目。

对于一次还本付息的债券,企业应于资产负债表日按摊余成本和实际利率计算确定的债券利息费用,借记"在建工程""制造费用""财务费用"等科目,按票面利率计算确定的应付未付利息,贷记"应付债券——应计利息"科目,按其差额,借记或贷记"应付债券——利息调整"科目。

3. 债券的偿还

采用一次还本付息方式的,企业应于债券到期支付债券本息时,借记"应付债券——面值""应付债券——应计利息"科目,贷记"银行存款"科目。采用一次还本、分期付息方式的,在每期支付利息时,借记"应付利息"科目,贷记"银行存款"科目;债券到期偿还本金并支付最后一期利息时,借记"应付债券——面值""在建工程""财务费用""制造费用"等科目,贷记"银行存款"科目,按其差额,借记或贷记"应付债券——利息调整"科目。

【例9-2】2012年1月1日,甲公司经批准发行4年期一次还本、分期付息的公司债券60 000 000元,债券利息在每年12月31日支付,票面利率为年利率6%。假定债券发行时的市场利率为5%。

【正确答案】

甲公司该批债券实际发行价格:

$60\,000\,000 \times (P/S, 5\%, 5) + 60\,000\,000 \times 6\% \times (P/A, 5\%, 5) = 60\,000\,000 \times 0.783\,5 + 60\,000\,000 \times 6\% \times 4.329\,5 = 62\,596\,200$(元)

甲公司根据上述资料,采用实际利率法和摊余成本计算确定的利息费用见表9-1。

表 9-1 利息费用一览表　　　　　　　　　　　　　　　元

日　期	现金流出 （a）	实际利息费用 （b）＝期初（d）×5%	已偿还的本金 （c）＝（a）-（b）	摊余成本余额 （d）＝期初（d）-（c）
2012年1月1日				62 596 200.00
2012年12月31日	3 600 000	3 129 810.00	470 190.00	62 126 010.00
2013年12月31日	3 600 000	3 106 300.50	493 699.50	61 632 310.50
2014年12月31日	3 600 000	3 081 615.53	518 384.47	61 113 926.03
2015年12月31日	3 600 000	3 055 696.30	544 303.70	60 569 622.33
2016年12月31日	3 600 000	3 030 377.67*	569 622.33	60 000 000.00
小　计	18 000 000	15 403 800.00	2 596 200.00	60 000 000.00
2016年12月31日	60 000 000	—	60 000 000.00	0
合　计	78 000 000	15 403 800	62 596 200	—

＊尾数调整：60 000 000＋3 600 000－60 569 622.33＝3 030 377.67（元）

根据表 9-1 的资料，甲公司的账务处理如下：

（1）2012 年 1 月 1 日，发行债券时：

借：银行存款　　　　　　　　　　　　　　　　　　　　　62 596 200
　　贷：应付债券——面值　　　　　　　　　　　　　　　　　　60 000 000
　　　　　　——利息调整　　　　　　　　　　　　　　　　　　2 596 200

（2）2012 年 12 月 31 日，计算利息费用时：

借：财务费用（或在建工程）　　　　　　　　　　　　　　3 129 810
　　应付债券——利息调整　　　　　　　　　　　　　　　　470 190
　　贷：应付利息　　　　　　　　　　　　　　　　　　　　　3 600 000

（3）2012 年 12 月 31 日，支付利息时：

借：应付利息　　　　　　　　　　　　　　　　　　　　　3 600 000
　　贷：银行存款　　　　　　　　　　　　　　　　　　　　　3 600 000

2013 年、2014 年、2015 年确认利息费用的会计分录与 2012 年相同，金额与利息费用一览表的对应金额一致。

（4）2016 年 12 月 31 日，归还债券本金及最后一期利息费用时：

借：财务费用（或在建工程）　　　　　　　　　　　　　　3 030 377.67
　　应付债券——面值　　　　　　　　　　　　　　　　　　60 000 000.00
　　　　　　——利息调整　　　　　　　　　　　　　　　　596 622.33
　　贷：银行存款　　　　　　　　　　　　　　　　　　　　　63 600 000.00

尾数调整：60 000 000＋3 600 000－60 596 622.33＝3 030 377.67（元）

（二）可转换公司债券

我国发行可转换公司债券采取记名式无纸化发行方式。企业发行的可转换公司债券，既含有负债成分又含有权益成分，根据《企业会计准则第 37 号——金融工具列报》的规定，应当在初始确认时将负债和权益成分进行分拆,分别进行处理。企业在进行分拆时,应当先确定负债成分的公允价值并以此作为其初始确认金额,确认为应付债券;再按照该可转换公司债券整体的发行价格扣除负债成分初始确认金额后的金额确定权益成分的初始确认金额,确认为资本公积。负债成分的公允价值是合同规定的未来现金流量按一定利率折现的现值。其中,利率根据市场上具有可比信用等级并在相同条件下提供几乎相同现金流量,但不具有转换权的工具的适用利率确定。发行该可转换公司债券发生的交易费用,应当在负债成分和权益成分之间按照其初始确认金额的相对比例进行分摊。企业发行可转换公司债券的有关账务处理如下:

企业发行的可转换公司债券在"应付债券"科目下设置"可转换公司债券"明细科目核算。企业应按实际收到的款项,借记"银行存款"等科目,按可转换公司债券包含的负债成分面值,贷记"应付债券——可转换公司债券——面值"科目,按权益成分的公允价值,贷记"资本公积——其他资本公积"科目,按其差额,借记或贷记"应付债券——可转换公司债券——利息调整"科目。

对于可转换公司债券的负债成分,在转换为股份前,其会计处理与一般公司债券相同,即按照实际利率和摊余成本确认利息费用,按照面值和票面利率确认应付债券或应付利息,差额作为利息调整。

可转换公司债券持有人行使转换权利,将其持有的债券转换为股票的,按可转换公司债券的余额,借记"应付债券——可转换公司债券——面值"科目,借记或贷记"应付债券——可转换公司债券——利息调整"科目,按其权益成分的金额,借记"资本公积——其他资本公积"科目,按股票面值和转换的股数计算的股票面值总额,贷记"股本"科目,按其差额,贷记"资本公积——股本溢价"科目。如用现金支付不可转换股票的部分,还应贷记"库存现金""银行存款"等科目。

【例9-3】甲上市公司经批准于2014年1月1日按每份面值100元发行了1 000 000份5年期一次还本、分期付息的可转换公司债券,共计100 000 000元,款项已收存银行,债券票面年利率为6%。债券发行1年后可转换为甲上市公司普通股股票,转股时每份债券可转10股,股票面值为每股1元。假定2015年1月1日债券持有人将持有的可转换公司债券全部转换为甲上市公司普通股股票。甲上市公司发行可转换公司债券时二级市场上与之类似的没有转换权的债券市场利率为9%。该可转换公司债券发生的利息费用不符合资本化条件。

【正确答案】

甲上市公司有关该可转换公司债券的账务处理如下:

(1)2014年1月1日,发行可转换公司债券时:

首先,确定可转换公司债券负债成分的公允价值:

$100\,000\,000 \times (P/S, 9\%, 5) + 100\,000\,000 \times 6\% \times (P/A, 9\%, 5) = 100\,000\,000 \times 0.649\,9 + 100\,000\,000 \times 6\% \times 3.889\,7 = 88\,328\,200$(元)

可转换公司债券权益成分的公允价值:$100\,000\,000 - 88\,328\,200 = 11\,671\,800$(元)

借:银行存款	100 000 000
应付债券——可转换公司债券——利息调整	11 671 800
贷:应付债券——可转换公司债券——面值	100 000 000
资本公积——其他资本公积——可转换公司债券	11 671 800

(2) 2014 年 12 月 31 日，确认利息费用时：

应计入财务费用的利息＝88 328 200×9%＝7 949 538（元）
当期应付未付的利息费用＝100 000 000×6%＝6 000 000（元）

借：财务费用	7 949 538
贷：应付利息	6 000 000
应付债券——可转换公司债券——利息调整	1 949 538

(3) 2015 年 1 月 1 日，债券持有人行使转换权时：

转换的股份数＝1 000 000×10＝10 000 000（股）

借：应付债券——可转换公司债券——面值	100 000 000
资本公积——其他资本公积——可转换公司债券	11 671 800
贷：股本	10 000 000
应付债券——可转换公司债券——利息调整	9 722 262
资本公积——股本溢价	91 949 538

企业发行附有赎回选择权的可转换公司债券，其在赎回日可能支付的利息补偿金，即债券约定赎回期届满日应当支付的利息减去应付债券票面利息的差额，应当在债券发行日至债券约定赎回届满日期间计提应付利息，计提的应付利息分别计入相关资产成本或财务费用。

四、长期应付款

长期应付款，是企业除长期借款和应付债券以外的其他各种长期应付款项，包括应付融资租入固定资产的租赁费、具有融资性质的延期付款购买资产发生的应付款项等。

（一）应付融资租入固定资产的租赁费

租赁，是指在约定的期间内，出租人将资产使用权让与承租人，以获取租金的协议。租赁的主要特征是转移资产的使用权，而不是转移资产的所有权，并且这种转移是有偿的，取得使用权以支付租金为代价，从而使租赁有别于资产购置和不把资产的使用权从合同的一方转移给另一方的服务性合同，如劳务合同、运输合同、保管合同、仓储合同等，以及无偿提供使用权的借用合同。

1. 租赁的分类

承租人应当在租赁开始日将租赁分为融资租赁和经营租赁。租赁开始日，是指租赁协议日与租赁各方就主要条款做出承诺日中的较早者。在租赁开始日，承租人应当将租赁认定为融资租赁或经营租赁，并确定租赁期开始日应确认的金额。

企业对租赁进行分类时，应当全面考虑租赁期届满时租赁资产所有权是否转移给承租人，承租人是否有购买租赁资产的选择权，租赁期占租赁资产使用寿命的比例等各种因素。租赁期，是指租赁协议规定的不可撤销的租赁期间。如果承租人有权选择续租该资产，并且在租赁开始日就可以合理确定承租人将会行使这种选择权，不论是否再支付租金，续租期也包括在租赁期之内。

具体地说，满足下列标准之一的，应认定为融资租赁：

（1）在租赁期届满时，资产的所有权转移给承租人。即如果在租赁协议中已经约定，或者根据其他条件在租赁开始日就可以合理判断，租赁期届满时出租人会将资产的所有权转移给承租人，那么该项租赁应当认定为融资租赁。

（2）承租人有购买租赁资产的选择权，所订立的购价预计远低于行使选择权时租赁资产的公允价值，因而在租赁开始日就可合理确定承租人将会行使这种选择权。

（3）租赁期占租赁资产使用寿命的大部分。这里的"大部分"掌握在租赁期占租赁开始日租赁资产使用寿命的 75%以上（含 75%）。需要说明的是，这里的量化标准只是指导性标准，企业在具体运用时，必须以《企业会计准则第 21 号——租赁》规定的相关条件判断。

需要注意的是，这条标准强调的是租赁期占租赁资产使用寿命的比例，而非租赁期占该项资产全部可使用年限的比例。如果租赁资产是旧资产，在租赁前已使用年限超过资产自全新时起算可使用年限的 75%以上（含 75%）时，则这条判断标准不适用，不能使用这条标准确定租赁的分类。

（4）就承租人而言，租赁开始日最低租赁付款额的现值几乎相当于租赁开始日租赁资产的公允价值。这里的"几乎相当于"掌握在 90%（含 90%）以上。需要说明的是，这里的量化标准只是指导性标准，企业在具体运用时，必须以《企业会计准则第 21 号——租赁》规定的相关条件判断。

最低租赁付款额，是指在租赁期内，承租人应支付或可能被要求支付的款项（不包括或有租金和履约成本），加上由承租人或与其有关的第三方担保的资产余值。

承租人有购买租赁资产选择权，所订立的购买价款预计将远低于行使选择权时租赁资产的公允价值，因而在租赁开始日就可以合理确定承租人将会行使这种选择权的，购买价款应当计入最低租赁付款额。

（5）租赁资产性质特殊，如果不做较大改造，只有承租人才能使用。这条标准是指，租赁资产是出租人根据承租人对资产型号、规格等方面的特殊要求专门购买或建造的，具有专购、专用性质。这些租赁资产如果不做较大的重新改制，其他企业通常难以使用。这种情况下，该项租赁业务应当认定为融资租赁。

2. 企业（承租人）对融资租赁的会计处理

（1）租赁期开始日的会计处理。

租赁期开始日，是指承租人有权行使其使用租赁资产权利的日期，表明租赁行为的开始。在租赁期开始日，承租人应当对租入资产、最低租赁付款额和未确认融资费用进行初始确认。

企业采用融资租赁方式租入的固定资产，应在租赁期开始日，将租赁开始日按照资产公允价值与最低租赁付款额现值两者中较低者，加上初始直接费用，作为租入资产的入账价值，借记"固定资产"等科目，按最低租赁付款额，贷记"长期应付款"科目，按发生的初始直接费用，贷记"银行存款"等科目，按其差额，借记"未确认融资费用"科目。

初始直接费用，是指在租赁谈判和签订租赁协议的过程中发生的可直接归属于租赁项目的费用。承租人发生的初始直接费用，通常有印花税、佣金、律师费、差旅费、谈判费等。承租人发生的初始直接费用，应当计入租入资产价值。

企业在计算最低租赁付款额的现值时，能够取得出租人租赁内含利率的，应当采用租赁内含利率作为折现率；否则，应当采用租赁合同规定的利率作为折现率。企业无法取得出租人的租赁内含利率且租赁合同没有规定利率的，应当采用同期银行贷款利率作为折现率。其中，租赁内含利率，是指在租赁开始日，使最低租赁收款额的现值与未担保余值的现值之和等于租赁资产公允价值与出租人的初始直接费用之和的折现率。

未担保余值,指租赁资产余值中扣除就出租人而言的担保余值以后的资产余值。

(2) 未确认融资费用的分摊。

在融资租赁下,承租人向出租人支付的租金中,包含了本金和利息两部分,承租人支付租金时,一方面应减少长期应付款;另一方面应同时将未确认的融资费用按一定的方法确认为当期融资费用。

在分摊未确认的融资费用时,根据《企业会计准则第21号——租赁》的规定,承租人应当采用实际利率法。根据租赁开始日租赁资产和负债的入账价值基础不同,融资费用分摊率的选择也不同。未确认融资费用的分摊率的确定具体分为下列几种情况:

① 以出租人的租赁内含利率为折现率将最低租赁付款额折现,且以该现值作为租赁资产入账价值的,应当将租赁内含利率作为未确认融资费用的分摊率。

② 以合同规定利率为折现率将最低租赁付款额折现,且以该现值作为租赁资产入账价值的,应当将合同规定利率作为未确认融资费用的分摊率。

③ 以银行同期贷款利率为折现率将最低租赁付款额折现,且以该现值作为租赁资产入账价值的,应当将银行同期贷款利率作为未确认融资费用的分摊率。

④ 以租赁资产公允价值为入账价值的,应当重新计算分摊率。该分摊率是使最低租赁付款额的现值等于租赁资产公允价值的折现率。

存在优惠购买选择权的,在租赁期届满时,未确认融资费用应全部摊销完毕,租赁负债应当减少至优惠购买金额。在承租人或与其有关的第三方对租赁资产提供了担保的情况下,在租赁期届满时,未确认融资费用应当全部摊销完毕,租赁负债还应减少至担保余值。

担保余值,就承租人而言,是指由承租人或与其有关的第三方担保的资产余值。其中,资产余值是指在租赁开始日估计的租赁期届满时租赁资产的公允价值。为了促使承租人谨慎地使用租赁资产,尽量减少出租人自身的风险和损失,租赁协议有时要求承租人或与其有关的第三方对租赁资产的余值进行担保,此时的担保余值是针对承租人而言的。除此以外,担保人还可能是与承租人和出租人均无关,但在财务上有能力担保的第三方,如担保公司,此时的担保余值是针对出租人而言的。

(3) 履约成本的会计处理。

履约成本,是指租赁期内为租赁资产支付的各种使用费用,如技术咨询和服务费、人员培训费、维修费、保险费等。

承租人发生的履约成本通常应计入当期损益。

(4) 或有租金的会计处理。

或有租金,是指金额不固定、以时间长短以外的其他因素(如销售量、使用量、物价指数等)为依据计算的租金。

由于或有租金的金额不固定,无法采用系统、合理的方法对其进行分摊,因此或有租金在实际发生时,计入当期损益。

(5) 租赁期届满时的会计处理。

租赁期届满时,承租人通常对租赁资产的处理有三种情况,即返还、优惠续租和留购。

租赁期届满,承租人向出租人返还租赁资产的,通常借记"长期应付款——应付融资租赁款""累计折旧"科目,贷记"固定资产——融资租入固定资产"科目。

如果承租人行使优惠续租选择权,则应视同该项租赁一直存在而做出相应的会计处理。

如果承租人在租赁期届满时没有续租,根据租赁协议规定向出租人支付违约金时,应当借记"营业外支出"科目,贷记"银行存款"等科目。

在承租人享有优惠购买选择权的情况下,支付购买价款时,借记"长期应付款——应付融资租赁款"科目,贷记"银行存款"等科目;同时,将固定资产从"融资租赁固定资产"明细科目转入有关明细科目。

【例9-4】2012年12月28日,A公司与B公司签订了一份租赁合同。合同主要条款如下:
(1)租赁标的物:数控机床。
(2)租赁期开始日:租赁物运抵A公司生产车间之日(即2013年1月1日)。
(3)租赁期:从租赁期开始日算起36个月(即2013年1月1日至2015年12月31日)。
(4)租金支付方式:自租赁期开始日起每年末支付租金900 000元。
(5)该机床在2013年1月1日的公允价值为2 500 000元。
(6)租赁合同规定的利率为8%(年利率)。
(7)该机床为全新设备,估计使用年限为5年,不需安装调试,采用年限平均法计提折旧。
(8)2014年和2015年,A公司每年按该机床所生产产品的年销售收入的1%向B公司支付经营分享收入。

A公司在租赁谈判和签订租赁合同过程中发生可归属于租赁项目的手续费、差旅费9 800元。2014年和2015年,A公司使用该数控机床生产产品的销售收入分别为8 000 000元和10 000 000元。2014年12月31日,A公司以银行存款支付该机床的维护费2 800元。2015年12月31日,A公司将该机床退还B公司。

A公司(承租人)的会计处理如下:
(1)租赁开始日的会计处理。
第一步,判断租赁类型。

本例中,租赁期(3年)占租赁资产尚可使用年限(5年)的60%(小于75%),没有满足融资租赁的第3条判断标准;最低租赁付款额的现值为2 319 390元(计算过程见下文),大于租赁资产公允价值的90%,即2 250 000元(2 500 000×90%),满足融资租赁的第4条判断标准,因此,A公司应当将该项租赁认定为融资租赁。

第二步,计算租赁开始日最低租赁付款额的现值,确定租赁资产的入账价值。

本例中A公司不知道出租人的租赁内含利率,因此应选择租赁合同规定的利率8%作为最低租赁付款额的折现率。

最低租赁付款额=各期租金之和+承租人担保的资产余值=900 000×3+0=2 700 000(元)
最低租赁付款额的现值=900 000×(P/A,8%,3)=900 000×2.577 1=2 319 390(元)<租赁资产公允价值2 500 000元

根据《企业会计准则第21号——租赁》规定的孰低原则,租赁资产的入账价值应为其折现值2 319 390元加上初始直接费用9 800元,即2 329 190元。

第三步,计算未确认融资费用。

未确认融资费用=最低租赁付款额-最低租赁付款额现值=2 700 000-2 319 390=380 610(元)

第四步，进行具体账务处理。

借：固定资产——融资租入固定资产——数控机床　　　　　2 329 190
　　未确认融资费用　　　　　　　　　　　　　　　　　　　380 610
　　　贷：长期应付款——B公司——应付融资租赁款　　　　　　2 700 000
　　　　　银行存款　　　　　　　　　　　　　　　　　　　　　　9 800

（2）分摊未确认融资费用的会计处理。

第一步，确定融资费用分摊率。

由于租赁资产的入账价值为其最低租赁付款额的折现值，因此该折现率就是其融资费用分摊率，即8%。

第二步，在租赁期内采用实际利率法分摊未确认融资费用（见表9–2）。

表9–2　分摊未确认融资费用　　　　　　　　　　　　　　　　　　　　　　　元

日　期	租金 （a）	确认的融资费用 （b）=期初（d）×8%	应付本金减少额 （c）=（a）-（b）	应付本金余额 （d）=期初（d）-（c）
（1）2013年1月1日				2 319 390
（2）2013年12月31日	900 000	185 551.2	714 448.8	1 604 941.2
（3）2014年12月31日	900 000	128 395.3	771 604.7	833 366.5
（4）2015年12月31日	900 000	66 663.5*	833 336.5	0
合　计	2 700 000	380 610	2 319 390	—

* 尾数调整：900 000－833 336.5＝66 663.5（元）

第三步，进行具体账务处理。

2013年12月31日，支付第一期租金时：

借：长期应付款——B公司——应付融资租赁款　　　　　　　　900 000
　　贷：银行存款　　　　　　　　　　　　　　　　　　　　　　900 000

2013年1—12月，每月分摊未确认融资费用时：

　　　　每月财务费用＝185 551.2÷12＝15 462.6（元）

借：财务费用　　　　　　　　　　　　　　　　　　　　　　　15 462.6
　　贷：未确认融资费用　　　　　　　　　　　　　　　　　　　15 462.6

2013年2—12月，每月计提折旧时：

　　　　每月折旧费用＝2 329 190÷（3×12-1）＝66 548.29（元），下同

借：制造费用　　　　　　　　　　　　　　　　　　　　　　　66 548.29
　　贷：累计折旧　　　　　　　　　　　　　　　　　　　　　　66 548.29

2014年12月31日，支付第二期租金时：

借：长期应付款——B公司——应付融资租赁款　　　　　　　　900 000
　　贷：银行存款　　　　　　　　　　　　　　　　　　　　　　900 000

2014年1—12月，每月分摊未确认融资费用时：

　　　　每月财务费用＝128 395.3÷12＝10 699.61（元）

借：财务费用	10 699.61	
贷：未确认融资费用		10 699.61

2015年12月31日，支付第三期租金时：

借：长期应付款——B公司——应付融资租赁款	900 000	
贷：银行存款		900 000

2015年1—12月，每月分摊未确认融资费用时：

每月财务费用＝66 663.5÷12＝5 555.29（元）

借：财务费用	5 555.29	
贷：未确认融资费用		5 555.29

（3）履约成本的会计处理。

2014年12月31日，A公司发生该机床的维护费2 800元时：

借：管理费用	2 800	
贷：银行存款		2 800

（4）或有租金的会计处理。

2014年12月31日，根据合同规定，A公司应向B公司支付经营分享收入80 000元。

借：销售费用	80 000	
贷：其他应付款——B公司		80 000

2015年12月31日，根据合同规定，A公司应向B公司支付经营分享收入100 000元。

借：销售费用	100 000	
贷：其他应付款——B公司		100 000

（5）租赁期届满时的会计处理。

2015年12月31日，A公司将该机床退还B公司时：

借：累计折旧	2 329 190	
贷：固定资产——融资租入固定资产——数控机床		2 329 190

（二）具有融资性质的延期付款购买资产

　　企业购买资产有可能延期支付有关价款。如果延期支付的购买价款超过正常信用条件，实质上具有融资性质的，所购资产的成本应当以延期支付购买价款的现值为基础确定。实际支付的价款与购买价款的现值之间的差额，应当在信用期间内采用实际利率法进行摊销，符合资本化条件的，计入相关资产成本，否则计入当期损益。其账务处理为：企业购入资产超过正常信用条件延期付款实质上具有融资性质时，应按购买价款的现值，借记"固定资产""在建工程"等科目，按应支付的价款总额，贷记"长期应付款"科目，按其差额，借记"未确认融资费用"科目。按期支付价款，借记"长期应付款"科目，贷记"银行存款"科目。

【2013年《初级会计实务》考试真题·多选题】下列各项中，应计入长期应付款的有＿＿＿＿。
（　　）

A. 应付租入包装物租金
B. 具有融资性质的分期付款方式购入固定资产的应付款项
C. 因债权人单位撤销而长期无法支付的应付账款
D. 应付融资租入固定资产的租赁费

【正确答案】 BD

【答案解析】应付租入包装物的租金应该计入其他应付款，选项 A 错误；具有融资性质的分期付款购买固定资产的应付款项，应该计入长期应付款，选项 B 正确；因债权人单位撤销而长期无法支付的应付账款应该计入营业外收入，选项 C 错误；应付融资租入固定资产的租赁费应该计入长期应付款，选项 D 正确。

第二节 借款费用

一、借款费用的范围

借款费用是企业因借入资金所付出的代价，包括借款利息、折价或者溢价的摊销、辅助费用以及因外币借款而发生的汇兑差额等。承租人确认的融资租赁发生的融资费用属于借款费用。

因借款而发生的利息包括企业向银行或者其他金融机构等借入资金发生的利息、发行公司债券或企业债券发生的利息，以及为购建或者生产符合资本化条件的资产而发生的带息债务所承担的利息等。

因借款而发生的折价或者溢价主要是指发行债券等发生的折价或者溢价，发行债券中的折价或者溢价，其实质是对债券票面利息的调整（即将债券票面利率调整为实际利率），属于借款费用的范畴。例如，XYX 公司发行公司债券，每张公司债券票面价值为 100 元，票面年利率为 6%，期限为 4 年，而同期市场利率为年利率 8%，由于公司债券的票面利率低于市场利率，为成功发行公司债券，XYZ 公司采取了折价发行的方式，折价金额在实质上是用于补偿投资者在购入债券后所受到的名义利息上的损失，应当作为以后各期利息费用的调整额。

因借款而发生的辅助费用是指企业在借款过程中发生的诸如手续费、佣金等费用，由于这些费用是因安排借款而发生的，也属于借入资金所付出的代价，是借款费用的构成部分。

因外币借款而发生的汇兑差额，是指由于汇率变动导致市场汇率与账面汇率出现差异，从而对外币借款本金及其利息的记账本位币金额所产生的影响金额。

对于企业发生的权益性融资费用，不应包括在借款费用中。

【例 9-5】某企业发生了借款手续费 100 000 元，发行公司债券佣金 10 000 000 元，发行公司股票佣金 20 000 000 元，借款利息 2 000 000 元。其中借款手续费 100 000 元、发行公司债券佣金 10 000 000 元和借款利息 2 000 000 元均属于借款费用；发行公司股票属于公司权益性融资，所发生的佣金应当冲减溢价，不属于借款费用范畴，不应按照《企业会计准则第 17 号——借款费用》进行会计处理。

二、借款费用的确认

（一）确认原则

借款费用的确认主要解决的是将每期发生的借款费用资本化、计入相关资产的成本，还是将有关借款费用费用化、计入当期损益的问题。借款费用确认的基本原则是：企业发生的借款费用可直接归属于符合资本化条件的资产购建或者生产的，应当予以资本化，计入相关资产成本；其他借款费用应当在发生时根据其发生额确认为费用，计入当期损益。

符合资本化条件的资产是指需要经过相当长时间的购建或者生产活动才能达到预定可使用状态或者可销售状态的固定资产、投资性房地产和存货等资产。建造合同成本、无形资产的开发支出等在符合条件的情况下，也可以认定为符合资本化条件的资产。其中，"相当长时间"应当是指资产的购建或者生产所必需的时间，通常为 1 年以上（含 1 年）。

在实务中，如果由于人为或者故意等非正常因素导致资产的购建或者生产时间相当长的，该资产不属于符合资本化条件的资产。购入即可使用的资产，或者购入后需要安装但所需安装时间较短的资产，或者需要建造或生产但建造或生产时间较短的资产，均不属于符合资本化条件的资产。

【例 9-6】甲企业向银行借入资金分别用于生产 A 产品和 B 产品，其中，A 产品的生产时间较短，为 1 个月；B 产品属于大型发电设备，生产周期较长，为 1 年零 3 个月。

为存货生产而借入的借款费用在符合资本化条件的情况下应当予以资本化。本例中，由于 A 产品的生产时间较短，不属于需要经过相当长时间的生产才能达到预定可销售状态的资产，因此，为 A 产品的生产而借入资金所发生的借款费用不应计入 A 产品的生产成本，而应当计入当期财务费用。而 B 产品的生产时间比较长，属于需要经过相当长时间的生产才能达到预定可销售状态的资产，因此，为 B 产品的生产而借入资金所发生的借款费用符合资本化的条件，应计入 B 产品的成本中。

（二）借款费用应予资本化的借款范围

借款包括专门借款和一般借款。专门借款是指为购建或者生产符合资本化条件的资产而专门借入的款项。专门借款通常应当有明确的用途，即为购建或者生产某项符合资本化条件的资产而专门借入，并通常应当具有标明该用途的借款合同。例如，某企业为了建造一条生产线向某银行专门贷款 50 000 000 元，某房地产开发企业为了开发某住宅小区向某银行专门贷款 2 亿元等，均属于专门借款，其使用目的明确，而且其使用受到相关合同的限制。一般借款是指除专门借款之外的借款，相对于专门借款而言，一般借款在借入时，其用途通常没有特指用于符合资本化条件的资产的购建或者生产。

借款费用应予资本化的借款范围既包括专门借款，也可包括一般借款。其中，对于一般借款，只有在购建或者生产某项符合资本化条件的资产占用了一般借款时，才应将与该部分一般借款相关的借款费用资本化；否则，所发生的借款费用应当计入当期损益。

（三）借款费用资本化期间的确定

只有发生在资本化期间内的有关借款费用才允许资本化，资本化期间的确定是借款费用确认和计量的重要前提。借款费用资本化期间是指从借款费用开始资本化时点到停止资本化时点的期间，但不包括借款费用暂停资本化的期间。

1. 借款费用开始资本化的时点

借款费用允许开始资本化必须同时满足三个条件，即资产支出已经发生、借款费用已经发生、为使资产达到预定可使用或者可销售状态所必要的购建或者生产活动已经开始。

（1）资产支出已经发生的判断。

资产支出包括以支付现金、转移非现金资产和承担带息债务形式而发生的支出。

① 支付现金，是指用货币资金支付符合资本化条件的资产的购建或者生产支出。

② 转移非现金资产，是指企业将自己的非现金资产直接用于符合资本化条件的资产的购

建或者生产。

【例 9-7】 某企业将自己生产的产品，包括水泥、钢材等，用于符合资本化条件的资产的建造或者生产，该企业同时还用自己生产的产品换取其他企业的工程物资，用于符合资本化条件的资产的建造或者生产，这些产品的成本均属于资产支出。

③ 承担带息债务，是指企业为了购建或者生产符合资本化条件的资产而承担的带息应付款项。企业以赊购方式购买这些物资所产生的债务可能带息，也可能不带息。如果企业赊购这些物资承担的是不带息债务，就不应当将购买价款计入资产支出，因为该债务在偿付前不需要承担利息，也没有占用借款资金。企业只有等到实际偿付债务，发生了资源流出时，才能将其作为资产支出。如果企业赊购物资承担的是带息债务，企业要为这笔债务付出代价，支付利息，与企业向银行借入款项用以支付资产支出在性质上是一致的。企业为购建或者生产符合资本化条件的资产而承担的带息债务应当作为资产支出，当该带息债务发生时，视同资产支出已经发生。

（2）借款费用已经发生的判断。

借款费用已经发生，是指企业已经发生了因购建或者生产符合资本化条件的资产而专门借入款项的借款费用，或者占用了一般借款的借款费用。

（3）为使资产达到预定可使用或者可销售状态所必要的购建或者生产活动已经开始的判断。

为使资产达到预定可使用或者可销售状态所必要的购建或者生产活动已经开始，是指符合资本化条件的资产的实体建造或者生产工作已经开始，如主体设备的安装、厂房的实际开工建造等。它不包括仅仅持有资产但没有发生为改变资产形态而进行的实质上的建造或者生产活动。

企业只有在上述三个条件同时满足的情况下，有关借款费用才可以开始资本化；只要其中有一个条件没有满足，借款费用就不能资本化，而应计入当期损益。

【例 9-8】 某企业专门借入款项建造某项符合资本化条件的固定资产，相关借款费用已经发生，同时固定资产的实体建造工作也已开始，但为固定资产建造所需物资等都是赊购或者客户垫付的（且所形成的负债均为不带息负债），发生的相关薪酬等费用也尚未形成现金流出。

在这种情况下，固定资产建造本身并没有占用借款资金，没有发生资产支出，该事项只满足借款费用开始资本化的第二个和第三个条件，但是没有满足第一个条件，所以，所发生的借款费用不应予以资本化。

【例 9-9】 某企业为了建造一项符合资本化条件的固定资产，使用自有资金购置了工程物资，该固定资产已经开始动工兴建，但专门借款资金尚未到位，也没有占用一般借款资金。

在这种情况下，企业尽管满足了借款费用开始资本化的第一个和第三个条件，但是不符合借款费用开始资本化的第二个条件，因此不允许开始借款费用的资本化。

【例 9-10】 某企业为了建造某一项符合资本化条件的厂房，已经使用银行存款购置了水泥、钢材等，发生了资产支出，相关借款也已开始计息，但是厂房因各种原因迟迟未能开工兴建。

在这种情况下，企业尽管满足了借款费用开始资本化的第一个和第二个条件，但不符合借款费用开始资本化的第三个条件，因此所发生的借款费用不允许资本化。

2. 借款费用暂停资本化的期间

符合资本化条件的资产在购建或者生产过程中发生非正常中断且中断时间连续超过3个月的，应当暂停借款费用的资本化。中断的原因必须是非正常中断，属于正常中断的，相关借款费用仍可资本化。在实务中，企业应当遵循"实质重于形式"等原则来判断借款费用暂停资本化的时间，如果相关资产购建或者生产的中断时间较长而且满足其他规定条件的，相关借款费用应当暂停资本化。

非正常中断，通常是由于企业管理决策上的原因或者其他不可预见的原因等所导致的中断。例如，企业因与施工方发生了质量纠纷，或者工程、生产用料没有及时供应，或者资金周转发生了困难，或者施工、生产发生了安全事故，或者发生了与资产购建、生产有关的劳动纠纷等原因，导致资产购建或者生产活动发生中断，均属于非正常中断。

【例9-11】 某企业于2014年1月1日利用专门借款开工兴建一幢厂房，支出已经发生，因此借款费用从当日起开始资本化。工程预计于2015年3月完工。

2014年5月15日，由于工程施工发生了安全事故，导致工程中断，直到9月10日才复工。

该中断属于非正常中断，因此，上述专门借款在5月15日至9月10日间所发生的借款费用不应资本化，而应作为财务费用计入当期损益。

非正常中断与正常中断显著不同。正常中断通常仅限于购建或者生产符合资本化条件的资产达到预定可使用或者可销售状态所必要的程序，或者事先可预见的不可抗力因素导致的中断。例如，某些工程建造到一定阶段必须暂停下来进行质量或者安全检查，检查通过后才可继续下一阶段的建造工作，这类中断是在施工前可以预见的，而且是工程建造必须经过的程序，属于正常中断。某些地区的工程在建造过程中，由于可预见的不可抗力因素（如雨季或冰冻季节等）导致施工出现停顿，也属于正常中断。

【例9-12】 某企业在北方某地建造某工程期间，遇上冰冷季节（通常为6个月），工程施工因此中断，待冰冻季节过后方能继续施工。

由于该地区在施工期间出现较长时间的冰冻为正常情况，由此导致的施工中断是可预见的不可抗力因素导致的中断，属于正常中断。在正常中断期间所发生的借款费用可以继续资本化，计入相关资产的成本。

3. 借款费用停止资本化的时点

购建或者生产符合资本化条件的资产达到预定可使用或者可销售状态时，借款费用应当停止资本化。在符合资本化条件的资产达到预定可使用或者可销售状态之后所发生的借款费用，应当在发生时根据其发生额确认为费用，计入当期损益。

资产达到预定可使用或者可销售状态，是指所购建或者生产的符合资本化条件的资产已经达到建造方、购买方或者企业自身等预先设计、计划或者合同约定的可以使用或者可以销售的状态。企业在确定借款费用停止资本化的时点需要运用职业判断，应当遵循实质重于形式原则，针对具体情况，依据经济实质判断所购建或者生产的符合资本化条件的资产达到预定可使用或者可销售状态的时点，具体可从以下几个方面进行判断：

（1）符合资本化条件的资产的实体建造（包括安装）或者生产活动已经全部完成或者实质上已经完成。

（2）所购建或者生产的符合资本化条件的资产与设计要求、合同规定或者生产要求相符或者基本相符，即使有极个别与设计、合同或者生产要求不相符的地方，也不影响其正常使用或者销售。

（3）继续发生在所购建或生产的符合资本化条件的资产上的支出金额很少或者几乎不再发生。

购建或者生产符合资本化条件的资产需要试生产或者试运行的，在试生产结果表明资产能够正常生产出合格产品，或者试运行结果表明资产能够正常运转或者营业时，应当认为该资产已经达到预定可使用或者可销售状态。

【例 9–13】ABC 公司借入一笔款项，于 2014 年 2 月 1 日采用出包方式开工兴建一幢厂房。2015 年 10 月 10 日工程全部完工，达到合同要求。10 月 30 日工程验收合格，11 月 15 日办理工程竣工结算，11 月 20 日完成全部资产移交手续，12 月 1 日厂房正式投入使用。

在本例中，企业应当将 2015 年 10 月 10 日确定为工程达到预定可使用状态的时点，作为借款费用停止资本化的时点。后续的工程验收日、竣工结算日、资产移交日和投入使用日均不应作为借款费用停止资本化的时点，否则会导致资产价值和利润的高估。

在符合资本化条件的资产的实际购建或者生产过程中，如果所购建或者生产的符合资本化条件的资产分别建造、分别完工，企业也应当遵循实质重于形式原则，区别不同情况，界定借款费用停止资本化的时点。

如果所购建合适生产的符合资本化条件的资产的各部分分别完工，且每部分在其他部分继续建造或者生产过程中可供使用或者可对外销售，且为使该部分资产达到预定可使用或可销售状态所必要的购建或者生产活动实质上已经完成的，应当停止与该部分资产相关的借款费用的资本化，因为该部分资产已经达到了预定可使用或者可销售状态。

如果企业购建或者生产的资产的各部分分别完工，但必须等到整体完工后才可使用或者对外销售的，应当在该资产整体完工时停止借款费用的资本化。在这种情况下，即使各部分资产已经完工，也不能够认为该部分资产已经达到预定可使用或者可销售状态，企业只能在所购建固定资产整体完工时，才能认为资产已经达到了预定可使用或者可销售状态，借款费用方可停止资本化。

【例 9–14】某企业在建设某一涉及数项工程的钢铁冶炼项目时，每个单项工程都是根据各道冶炼工序设计建造的，因此只有在每项工程都建造完毕后，整个冶炼项目才能正式运转，达到生产和设计要求，所以每一个单项工程完工后不应认为资产已经达到了预定可使用状态，企业只有等到整个冶炼项目全部完工，达到预定可使用状态时，才停止借款费用的资本化。

三、借款费用的计量

（一）借款利息资本化金额的确定

在借款费用资本化期间内，每一会计期间的利息（包括折价或溢价的摊销，下同）的资本化金额，应当按照下列原则确定：

（1）为购建或者生产符合资本化条件的资产而借入专门借款的，应当以专门借款当期实际发生的利息费用减去将尚未动用的借款资金存入银行取得的利息收入或进行暂时性投资取得的投资收益后的金额，确定专门借款应予资本化的利息金额。

（2）为购建或者生产符合资本化条件的资产而占用了一般借款的，企业应当根据累计资产支出超过专门借款部分的资产支出加权平均数乘以所占用一般借款的资本化率，计算确定一般借款应予资本化的利息金额。资本化率应当根据一般借款加权平均率计算确定。即企业占用一般借款购建或者生产符合资本化条件的资产时,一般借款的借款费用的资本化金额的确定应当与资产支出挂钩。有关计算公式如下:

一般借款利息费用资本化金额＝累计资产支出超过专门借款部分的资产支出加权平均数×所占用一般借款的资本化率

所占用一般借款的资本化率＝所占用一般借款加权平均率＝所占用一般借款当期实际发生的利息之和÷所占用一般借款本金加权平均数

(3) 每一会计期间的利息资本化金额不应当超过当期相关借款实际发生的利息金额。

【例9-15】ABC公司于2014年1月1日正式动工兴建一幢厂房,工期预计为1年6个月。工程采用出包方式,分别于2014年1月1日、2014年7月1日和2015年1月1日支付工程进度款。

ABC公司为建造厂房于2014年1月1日专门借款30 000 000元,借款期限为3年,年利率为5%。另外,在2014年7月1日又专门借款60 000 000元,借款期限为5年,年利率为6%。借款利息按年支付(如无特别说明,本章例题中名义利率与实际利率相同)。

ABC公司将闲置借款资金用于固定收益债券短期投资,该短期投资月收益率为0.5%。

厂房于2015年6月30日完工,达到预定可使用状态。

ABC公司为建造该厂房的支出金额如表9-3所示。

表9-3 支出金额 元

日 期	每期资产支出金额	累计资产支出金额	闲置借款资金用于短期投资金额
2014年1月1日	15 000 000	15 000 000	15 000 000
2014年7月1日	35 000 000	50 000 000	40 000 000
2015年1月1日	35 000 000	85 000 000	5 000 000
总 计	85 000 000	—	60 000 000

由于ABC公司使用了专门借款建造厂房,而且厂房建造支出没有超过专门借款金额,因此,公司2014年、2015年建造厂房应予资本化的利息金额计算如下:

(1) 确定借款费用资本化期间为2014年1月1日至2015年6月30日。
(2) 计算在资本化期间内专门借款实际发生的利息金额:
2014年专门借款发生的利息金额＝30 000 000×5%＋60 000 000×6%×6/12＝3 300 000(元)
2015年1月1日至6月30日专门借款发生的利息金额＝30 000 000×5%×6/12＋60 000 000×6%×6/12＝2 550 000(元)
(3) 计算在资本化期间内利用闲置资金的专门借款资金进行短期投资的收益:
2014年短期投资收益＝15 000 000×0.5%×6＋40 000 000×0.5%×6＝1 650 000(元)
2015年1月1日至6月30日短期投资收益＝5 000 000×0.5%×6＝150 000(元)
(4) 由于在资本化期间内,专门借款利息费用的资本化金额应当以其实际发生的利息费用减去将闲置的借款资金进行短期投资取得的投资收益后的金额确定,因此:
公司2014年的利息资本化金额＝3 300 000－1 650 000＝1 650 000(元)
公司2015年的利息资本化金额＝2 550 000－150 000＝2 400 000(元)

(5) 有关账务处理如下：
① 2014 年 12 月 31 日：
借：在建工程——某厂房　　　　　　　　　　　　　　　　1 650 000
　　应收利息（或银行存款）　　　　　　　　　　　　　　1 650 000
　　　贷：应付利息——某银行　　　　　　　　　　　　　　　3 300 000
② 2015 年 6 月 30 日：
借：在建工程——某厂房　　　　　　　　　　　　　　　　2 400 000
　　应收利息（或银行存款）　　　　　　　　　　　　　　　150 000
　　　贷：应付利息——某银行　　　　　　　　　　　　　　　2 550 000

【例 9-16】沿用例 9-15，假定 ABC 公司建造厂房没有专门借款，占用的都是一般借款。
ABC 公司为建造厂房占用的一般借款有两笔，具体如下：

（1）向 A 银行长期贷款 20 000 000 元，期限为 2013 年 12 月 1 日至 2016 年 12 月 1 日，年利率为 6%，按年支付利息。

（2）发行公司债券 1 亿元，于 2013 年 1 月 1 日发行，期限为 5 年，年利率为 8%，按年支付利息。

假定这两笔一般借款除了用于厂房建设外，没有用于其他符合资本化条件的资产的购建或者生产活动。

假定全年按 360 天计算，其他资料沿用例 9-15。

鉴于 ABC 公司建造厂房没有占用专门借款，而占用了一般借款，因此公司应当首先计算所占用一般借款的加权平均利率作为资本化率，然后计算建造厂房的累计资产支出加权平均数，将其与资本化率相乘，计算求得当期应予资本化的借款利息金额。具体如下：

（1）计算所占用一般借款资本化率：
一般借款资本化率（年）=（20 000 000×6%+100 000 000×8%）÷（20 000 000+100 000 000）×100%=7.67%

（2）计算累计资产支出加权平均数：
2014 年累计资产支出加权平均数=15 000 000×360÷360+35 000 000×180÷360=32 500 000（元）
2015 年累计资产支出加权平均数=85 000 000×180÷360=42 500 000（元）

（3）计算每期利息资本化金额：
2014 年为建造厂房的利息资本化金额=32 500 000×7.67%=2 492 750（元）
2014 年实际发生的一般借款利息费用=20 000 000×6%+100 000 000×8%=9 200 000（元）
2015 年为建造厂房的利息资本化金额=42 500 000×7.67%=3 259 750（元）
2015 年 1 月 1 日至 6 月 30 日实际发生的一般借款利息费用=20 000 000×6%×180÷360+100 000 000×8%×180÷360=4 600 000（元）

上述计算的利息资本化金额没有超过两笔一般借款实际发生的利息费用，可以资本化。

（4）根据上述计算结果，账务处理如下：
① 2014 年 12 月 31 日：
借：在建工程——厂房　　　　　　　　　　　　　　　　　2 492 750
　　财务费用　　　　　　　　　　　　　　　　　　　　　6 707 250

  贷：应付利息——某银行   9 200 000

② 2015 年 6 月 30 日：

  借：在建工程——厂房   3 259 750

    财务费用   1 340 250

    贷：应付利息——某银行   4 600 000

【**例 9-17**】沿用例 9-15、例 9-16，假定 ABC 公司为建造厂房于 2014 年 1 月 1 日专门借款 30 000 000 元，借款期限为 3 年，年利率为 5%。除此之外，没有其他专门借款。在厂房建造过程中所占用的一般借款仍为两笔，一般借款有关资料沿用例 9-16。其他相关资料同例 9-15 和例 9-16。

在这种情况下，公司应当首先计算专门借款利息的资本化金额，然后计算所占用一般借款的资本化金额。具体如下：

（1）计算专门借款利息资本化金额：

2014 年专门借款利息资本化金额=30 000 000×5%－15 000 000×0.5%×6=1 050 000（元）

2015 年专门借款利息资本化金额=30 000 000×5%×180÷360=750 000（元）

（2）计算一般借款资本化金额：

在建造厂房过程中，自 2014 年 7 月 1 日起已经有 20 000 000 元占用了一般借款，另外，2015 年 1 月 1 日指出的 35 000 000 元也占用了一般借款。计算这两笔资产支出的加权平均数如下：

2014 年占用了一般借款的资产支出加权平均数=20 000 000×180÷360=10 000 000（元）

由于一般借款利息资本化率与例 9-16 相同，即为 7.67%。所以：

2014 年应予资本化的一般借款利息金额=10 000 000×7.67%=767 000（元）

2015 年占用了一般借款的资产支出加权平均数=（20 000 000＋35 000 000）×180÷360=27 500 000（元）

则 2015 年应予资本化的一般借款利息金额=27 500 000×7.67%=2 109 250（元）

（3）根据上述结算结果，公司建造厂房应予资本化的利息金额如下：

2014 年利息资本化金额=1 050 000＋767 000=1 817 000（元）

2015 年利息资本化金额=750 000＋2 109 250=2 859 250（元）

（4）有关账务处理如下：

① 2014 年 12 月 31 日：

  借：在建工程——某厂房   1 817 000

    财务费用   8 433 000

    应收利息（或银行存款）   450 000

    贷：应付利息——某银行   10 700 000

注：2014 年实际发生的借款利息=30 000 000×5%＋20 000 000×6%＋100 000 000×8%=10 700 000（元）

② 2015 年 6 月 30 日：

  借：在建工程——某厂房   2 859 250

    财务费用   2 490 750

    贷：应付利息——某银行   5 350 000

注：2015年1月1日至6月30日实际发生的借款费用＝10 700 000÷2＝5 350 000（元）

【例9-18】甲公司拟在厂区内建造一幢新厂房，有关资料如下：

（1）2014年1月1日向银行专门借款60 000 000元，期限为3年，年利率为6%，每年1月1日付息。

（2）除专门借款外，公司只有一笔其他借款，为公司于2013年12月1日借入的长期借款72 000 000元，期限为5年，年利率为8%，每年12月1日付息，假设甲公司在2014年和2015年年底均未支付当年利息。

（3）由于审批、办手续等原因，厂房于2014年4月1日才开始动工兴建，当日支付工程款24 000 000元。工程建设期间的支出情况如表9-4所示。

表9-4 工程建设期间的支出情况　　　　　　　　　　元

日　期	每期资产支出金额	累计资产支出金额	闲置借款资金用于短期投资金额
2014年4月1日	24 000 000	24 000 000	36 000 000
2014年6月1日	12 000 000	36 000 000	24 000 000
2014年7月1日	36 000 000	72 000 000	占用一般借款
2015年1月1日	12 000 000	84 000 000	
2015年4月1日	6 000 000	90 000 000	
2015年7月1日	6 000 000	96 000 000	
总　计	96 000 000	—	—

工程于2015年9月30日完工，达到预定可使用状态。其中，由于施工质量问题，工程于2014年9月1日至12月31日停工4个月。

（4）专门借款中未支出部分全部存入银行，假定月利率为0.25%。假定全年按照360天计算，每月按照30天计算。

根据上述资料，有关利息资本化金额的计算和账务处理如下：

（1）计算2014年、2015年全年发生的专门借款和一般借款利息费用：

2014年专门借款发生的利息金额＝60 000 000×6%＝3 600 000（元）

2014年一般借款发生的利息金额＝72 000 000×8%＝5 760 000（元）

2015年专门借款发生的利息金额＝60 000 000×6%＝3 600 000（元）

2015年一般借款发生的利息金额＝72 000 000×8%＝5 760 000（元）

（2）在本例中，尽管专门借款于2014年1月1日借入，但是厂房建设于4月1日方才开工。因此，借款利息费用只有在4月1日起才符合开始资本化的条件，计入在建工程成本。同时，由于厂房建设在2014年9月1日至12月31日期间发生非正常中断4个月，该期间发生的利息费用应当暂停资本化，计入当期损益。

（3）计算2014年借款利息资本化金额和应计入当期损益金额及其账务处理：

① 计算2014年专门借款应予资本化的利息金额。

2014年1—3月和9—12月专门借款发生的利息费用＝60 000 000×6%×210÷360＝2 100 000（元）

2014 年专门借款转存入银行取得的利息收入＝60 000 000×0.25%×3＋36 000 000×0.25%×2＋24 000 000×0.25%×1＝690 000（元）

其中，专门借款在资本化期间内取得的利息收入＝36 000 000×0.25%×2＋24 000 000×0.25%×1＝240 000（元）

公司在 2014 年应予资本化的专门借款利息金额＝3 600 000－2 100 000－240 000＝1 260 000（元）

公司在 2014 年应当计入当期损益（财务费用）的专门借款利息金额（减利息收入）＝3 600 000－1 260 000－690 000＝1 650 000（元）

② 计算 2014 年一般借款应予资本化的利息金额。

公司在 2014 年占用了一般借款资金的资产支出加权平均数＝（24 000 000＋12 000 000＋36 000 000－60 000 000）×60÷360＝2 000 000（元）

公司在 2014 年一般借款应予资本化的利息金额＝2 000 000×8%＝160 000（元）

公司在 2014 年应当计入当期损益的一般借款利息金额＝5 760 000－160 000＝5 600 000（元）

③ 计算 2014 年应予资本化和应计入当期损益的利息金额。

公司在 2014 年应予资本化的借款利息金额＝1 260 000＋160 000＝1 420 000（元）

公司在 2014 年应当计入当期损益的借款利息金额＝1 650 000＋5 600 000＝7 250 000（元）

④ 2014 年有关会计分录：

借：在建工程——某厂房　　　　　　　　　　　　　　　　1 420 000
　　财务费用　　　　　　　　　　　　　　　　　　　　　　7 250 000
　　应收利息或银行存款　　　　　　　　　　　　　　　　　　690 000
　　贷：应付利息——某银行　　　　　　　　　　　　　　　　　　9 360 000

（4）计算 2015 年借款利息资本化金额和应计入当期损益金额及其账务处理：

① 计算 2015 年专门借款应予资本化的利息金额。

公司在 2015 年应予资本化的专门借款利息金额＝60 000 000×6%×270÷360＝2 700 000（元）

公司在 2015 年应当计入当期损益的专门借款利息金额＝3 600 000－2 700 000＝900 000（元）

② 计算 2015 年一般借款应予资本化的利息金额。

公司在 2015 年占用了一般借款资金的资产支出加权平均数＝24 000 000×270÷360＋6 000 000×180÷360＋6 000 000×90÷360＝22 500 000（元）

公司在 2015 年一般借款应予资本化的利息金额＝22 500 000×8%＝1 800 000（元）

公司在 2015 年应当计入当期损益的一般借款利息金额＝5 760 000－1 800 000＝3 960 000（元）

③ 计算 2015 年应予资本化和应计入当期损益的利息金额。

公司在 2015 年应予资本化的借款利息金额＝2 700 000＋1 800 000＝4 500 000（元）

公司在 2015 年应当计入当期损益的借款利息金额＝900 000＋3 960 000＝4 860 000（元）

④ 2015 年有关会计分录：

借：在建工程——某厂房　　　　　　　　　　　　　　　　4 500 000
　　财务费用　　　　　　　　　　　　　　　　　　　　　　4 860 000
　　贷：应付利息——某银行　　　　　　　　　　　　　　　　　　9 360 000

（二）借款辅助费用资本化金额的确定

辅助费用是企业为了安排借款而发生的必要费用，包括借款手续费（如发行债券手续费）、佣金等。如果企业不发生这些费用，就无法取得借款，因此，辅助费用是企业借入款项所付出的一种代价，是借款费用的有机组成部分。

对于企业发生的专门借款辅助费用，在所购建或者生产的符合资本化条件的资产达到预定可使用或者可销售状态之前发生的，应当在发生时根据其发生额予以资本化；在所购建或者生产的符合资本化条件的资产达到预定可使用或者可销售状态之后所发生的，应当在发生时根据其发生额确认为费用，计入当期损益。上述资本化或计入当期损益的辅助费用的发生额，是指根据《企业会计准则第22号——金融工具确认和计量》，按照实际利率法所确定的金融负债交易费用对每期利息费用的调整额。借款实际利率与合同利率差异较小的，也可以采用合同利率计算确定利息费用。一般借款发生的辅助费用，也应当按照上述原则确定其发生额。考虑到借款辅助费用与金融负债交易费用是一致的，其会计处理相同。

根据《企业会计准则第22号——金融工具确认和计量》的规定，除以公允价值计量且其变动计入当期损益的金融负债之外，其他金融负债相关的交易费用应当计入金融负债的初始确认金额。为购建或者生产符合资本化条件的资产的专门借款或者一般借款，通常都属于除以公允价值计量且其变动计入当期损益的金融负债之外的其他金融负债。对于这些金融负债所发生的辅助费用需要计入借款的初始确认金额，即抵减相关借款的初始确认金额，从而影响以后各期实际利息的计算。换句话说，由于辅助费用的发生将导致相关借款实际利率的上升，从而需要对各期利息费用做相应调整，在确定借款辅助费用资本化金额时可以结合借款利息资本化金额一并计算。

（三）外币专门借款汇兑差额资本化金额的确定

在资本化期间内，外币专门借款本金及其利息的汇兑差额应当予以资本化，计入符合资本化条件的资产的成本；除外币专门借款之外的其他外币借款本金及其利息所产生的汇兑差额，应当作为财务费用计入当期损益。

【例9–19】甲公司产品已经打入美国市场，为节约生产成本，决定在当地建造生产工厂设立分公司，2015年1月1日，为该工程项目专门向当地银行借入10 000 000美元，年利率为8%，期限为3年，假定不考虑与借款有关的辅助费用。合同约定，甲公司于每年1月1日支付借款利息，到期偿还借款本金。

工程于2014年1月1日开始实体建造，2015年6月30日完工，达到预定可使用状态。期间发生的资产支出如下：

2014年1月1日，支出2 000 000美元；

2014年7月1日，支出5 000 000美元；

2015年1月1日，支出3 000 000美元。

公司的记账本位币为人民币，外币业务采用外币业务发生时当日即期汇率即市场汇率折算。相关汇率如下：

2014年1月1日，市场汇率为1美元＝6.70元人民币；

2014年12月31日，市场汇率为1美元＝6.75元人民币；

2015年1月1日，市场汇率为1美元＝6.77元人民币；

2015年6月30日，市场汇率为1美元＝6.80元人民币。

【正确答案】
本例中，甲公司计算该外币借款汇兑差额资本化金额如下：
（1）计算2014年汇兑差额资本化金额。
① 应付利息=10 000 000×8%×6.75=5 400 000（元）
财务处理为：
借：在建工程——某工程　　　　　　　　　　　　　　　　　　　　5 400 000
　　贷：应付利息——某银行　　　　　　　　　　　　　　　　　　5 400 000
② 外币借款本金及利息汇兑差额=10 000 000×(6.75−6.70)+800 000×(6.75−6.70)=500 000（元）

账务处理为：
借：在建工程——某工程　　　　　　　　　　　　　　　　　　　　500 000
　　贷：长期借款——某银行——汇兑差额　　　　　　　　　　　　500 000
（2）2015年1月1日实际支付利息时，应当支付800 000美元，折算成人民币为5 416 000元。该金额与原账面金额之间的差额16 000元应当继续予以资本化，计入在建工程成本。账务处理为：
借：应付利息——某银行　　　　　　　　　　　　　　　　　　　　5 400 000
　　在建工程——某工程　　　　　　　　　　　　　　　　　　　　16 000
　　贷：银行存款　　　　　　　　　　　　　　　　　　　　　　　5 416 000
（3）计算2015年6月30日时的汇兑差额资本化金额。
① 应付利息=10 000 000×8%×1/2×6.80=2 720 000（元）
账务处理为：
借：在建工程——某工程　　　　　　　　　　　　　　　　　　　　2 720 000
　　贷：应付利息——某银行　　　　　　　　　　　　　　　　　　2 720 000
② 外币借款本金及利息汇兑差额=10 000 000×(6.80−6.75)+400 000×(6.80−6.75)=500 000（元）

账务处理为：
借：在建工程——某工程　　　　　　　　　　　　　　　　　　　　500 000
　　贷：长期借款——某银行——汇兑差额　　　　　　　　　　　　500 000

第三节　债务重组

一、债务重组的概念

债务重组又称债务重整，是指债权人在债务人发生财务困难的情况下，债权人按照其与债务人达成的协议或者法院的裁定做出让步的事项。也就是说，只要修改了原定债务偿还条件的，即债务重组时确定的债务偿还条件不同于原协议的，均作为债务重组。
下列情形不属于债务重组：
（1）债务人发行的可转换债券按正常条件转为其股权（因为没有改变条件）；

(2) 债务人破产清算时发生的债务重组（此时应按清算会计处理）；
(3) 债务人改组（权利与义务没有发生实质性变化）；
(4) 债务人借新债偿旧债（借新债与偿旧债实际上是两个过程，旧债偿还的条件并未发生改变）。

二、债务重组的方式

1. 清偿债务

债务人转让其资产给债权人以清偿债务的债务重组方式。债务人通常用于偿债的资产主要有：现金、存货、金融资产、固定资产、无形资产等。以现金清偿债务，通常是指以低于债务的账面价值的现金清偿债务，如果以等量的现金偿还所欠债务，则不属于债务重组。

2. 债务转为资本

债务人将债务转为资本，同时债权人将债权转为股权的债务重组方式。但债务人根据转换协议，将应付可转换公司债券转为资本的，则属于正常情况下的债务资本，不能作为债务重组处理。

3. 修改其他债务条件

减少债务本金、降低利率、免去应付未付的利息等。

4. 以上三种方式组合

采用以上三种方式共同清偿债务的债务重组形式。
(1) 债务的一部分以资产清偿，另一部分则转为资本；
(2) 债务的一部分以资产清偿，另一部分则修改其他债务条件；
(3) 债务的一部分转为资本，另一部分则修改其他债务条件；
(4) 债务的一部分以资产清偿，一部分转为资本，其他部分则修改其他债务条件。

三、债务重组的账务处理

（一）现金清偿债务

(1) 债务人以低于债务账面价值的现金清偿债务时，债务人应将豁免的债务即重组债务的账面价值与支付的现金之间的差额确认为债务重组利得，计入营业外收入。

(2) 债权人应将给予债务人豁免的债务即该债权账面余额与收到的现金之间的差额确认为债务重组损失，计入营业外支出。重组债权已计提了减值准备的，应当先将上述差额冲减减值准备，以冲减后的余额，作为债务重组损失，计入营业外支出。

【例9-20】甲公司从乙公司购入原材料50万元（含税），由于财务困难无法归还，2015年10月1日进行债务重组，甲公司用银行存款支付40万元后，余款不再偿还。乙公司对应收账款已计提坏账准备5万元。

【正确答案】

(1) 甲公司（债务人）会计处理（单位为万元，下同）：

借：应付账款——乙公司　　　　　　　　　　　　　　50
　　贷：银行存款　　　　　　　　　　　　　　　　　　40
　　　　营业外收入——债务重组利得　　　　　　　　　10

(2) 乙公司（债权人）会计处理：
借：银行存款　　　　　　　　　　　　　　　　　　　　40
　　坏账准备　　　　　　　　　　　　　　　　　　　　 5
　　营业外支出——债务重组损失　　　　　　　　　　　 5
　　贷：应收账款——甲公司　　　　　　　　　　　　　　　50

（二）以非现金资产清偿债务

（1）对于债务人而言，以非现金资产清偿债务时，应当：第一，重组债务的账面价值超过抵债资产的公允价值之间的差额（即债务重组利得），确认为债务重组利得计入营业外收入。第二，同时，把抵债的资产作为销售处理：

① 抵债资产为存货的，相当于把存货出售了，应计入"主营业务收入"或"其他业务收入"科目。

② 抵债资产为固定资产、无形资产的，相当于把固定资产、无形资产出售了，分别计入营业外收入或营业外支出。

③ 抵债资产为长期股权投资、金融资产的，相当于把它们转让了，其公允价值和账面价值的差额，计入投资收益。

（2）对于债权人而言，应当将重组债权的账面余额与受让资产的公允价值之间的差额，确认为债务重组损失计入营业外支出。重组债权已经计提了减值准备的，应当先将上述差额冲减减值准备，以冲减后的余额，作为债务重组损失，计入营业外支出。债权人收到存货、固定资产、无形资产等抵债资产的，应当以其公允价值入账。

【例9-21】公司从乙公司购入原材料50万元（含税），由于财务困难无法归还，2015年2月1日进行债务重组。甲公司以一台设备抵偿债务。该设备账面原值为70万元，已提折旧30万元，未计提减值准备（净额40万元）；债务重组日该设备的公允价值为35万元。假设不考虑相关税费。乙公司对应收账款已计提坏账准备4万元。

【正确答案】
(1) 甲公司（债务人）的会计处理（单位为万元，下同）：
借：固定资产清理　　　　　　　　　　　　　　　　　　40
　　累计折旧　　　　　　　　　　　　　　　　　　　　30
　　贷：固定资产　　　　　　　　　　　　　　　　　　　　70
借：应付账款　　　　　　　　　　　　　　　　　　　　50
　　营业外支出——资产转让损失（35－40）　　　　　　 5
　　贷：固定资产清理　　　　　　　　　　　　　　　　　　40
　　　　营业外收入——债务重组利得（50－35）　　　　　　15

注：资产转让损失＝资产公允价值35－资产账面价值40（70－30）＝－5（万元）；债务重组收益＝重组债务账面价值50－资产公允价值35＝15（万元）

(2) 乙公司（债权人）的会计处理：
借：固定资产　　　　　　　　　　　　　　　　　　　　35（公允价值）
　　坏账准备　　　　　　　　　　　　　　　　　　　　 4
　　营业外支出——债务重组损失　　　　　　　　　　　11
　　贷：应收账款　　　　　　　　　　　　　　　　　　　　50

【例 9-22】2015 年，丙公司从丁公司购入原材料一批，价款共计 117 万元（含增值税），现丙公司发生财务困难，无法按约定偿还货款，经双方协议，丁公司同意丙公司用其产品抵偿该笔欠款。抵债产品市价为 80 万元，增值税税率为 17%，产品成本为 68 万元。丁公司已为该笔应收账款计提坏账准备 10 万元。假定不考虑其他税费。

【正确答案】

(1) 丙公司（债务人）的会计处理（单位为万元，下同）：

借：应付账款　　　　　　　　　　　　　　　　　　　　　　117
　　贷：主营业务收入　　　　　　　　　　　　　　　　　　80
　　　　应交税费——应交增值税（销项税额）（80×17%）　13.6
　　　　营业外收入——债务重组利得（117－93.6）　　　　23.4
借：主营业务成本　　　　　　　　　　　　　　　　　　　　68
　　贷：库存商品　　　　　　　　　　　　　　　　　　　　68

(2) 丁公司（债权人）的会计处理：

借：库存商品　　　　　　　　　　　　　　　　　　80（公允价值）
　　应交税费——应交增值税（进项税额）　　　　　13.6
　　坏账准备　　　　　　　　　　　　　　　　　　10
　　营业外支出——债务重组损失　　　　　　　　　13.4
　　贷：应收账款　　　　　　　　　　　　　　　　117

【例 9-23】甲公司从乙公司购入原材料 50 万元（含税），由于财务困难无法归还，2015 年 10 月 1 日进行债务重组。甲公司以长期股权投资抵偿债务。该长期股权投资账面余额为 40 万元，确定的长期股权投资的公允价值为 45 万元，未计提减值准备；假设不考虑相关税费。乙公司对应收账款已计提坏账准备 4 万元。

【正确答案】

(1) 甲公司（债务人）的会计处理（单位为万元，下同）：

借：应付账款　　　　　　　　　　　　　　　　　　　　　　50
　　贷：长期股权投资　　　　　　　　　　　　　　　　　　40
　　　　投资收益（45－40）　　　　　　　　　　　　　　　5
　　　　营业外收入——债务重组利得（50－45）　　　　　　5

注：资产转让收益＝资产公允价值 45－资产账面价值 40＝5（万元）；债务重组收益＝重组债务账面价值 50－资产公允价值 45＝5（万元）

(2) 乙公司（债权人）的会计处理：

借：长期股权投资　　　　　　　　　　　　　　　　　　　　45
　　坏账准备　　　　　　　　　　　　　　　　　　　　　　4
　　营业外支出——债务重组损失　　　　　　　　　　　　　1
　　贷：应收账款　　　　　　　　　　　　　　　　　　　　50

（三）将债务转为资本

(1) 将债务转为资本的，债务人应当将债权人放弃债权而享有股份的面值总额确认为股本（或者实收资本），股份的公允价值总额与股本（或者实收资本）之间的差额确认为资本公积（资本溢价）。重组债务的账面价值与股份的公允价值总额之间的差额（即债务重组利得），计入当期营业外收入。

（2）对于债权人而言，应当将重组债权的账面余额与所转股份的公允价值之间的差额，确认为债务重组损失计入营业外支出。重组债权已经计提了减值准备的，应当先将上述差额冲减减值准备，以冲减后的余额，作为债务重组损失，计入营业外支出。

【例9—24】甲公司从乙公司购入原材料50万元（含税），由于财务困难无法归还，2015年10月10日进行债务重组。甲公司将债务转为资本，债务转为资本后，乙公司所占份额为甲公司注册资本100万元的40%，该份额的公允价值为46万元。乙公司对应收账款已计提坏账准备2万元。

【正确答案】

（1）甲公司（债务人）的会计处理（单位为万元，下同）：

借：应付账款　　　　　　　　　　　　　　　　　　　　　　　　50
　　贷：实收资本（100×40%）　　　　　　　　　　　　　　　　40
　　　　资本公积——资本溢价（46－40）　　　　　　　　　　　 6
　　　　营业外收入——债务重组利得（50－46）　　　　　　　　 4

（2）乙公司（债权人）的会计处理：

借：长期股权投资——甲公司　　　　　　　　　　　46（公允价值）
　　坏账准备　　　　　　　　　　　　　　　　　　　　　　　　 2
　　营业外支出——债务重组损失　　　　　　　　　　　　　　　 2
　　贷：应收账款　　　　　　　　　　　　　　　　　　　　　　50

（四）修改其他债务条件

（1）修改其他债务条件的（即延期还款），债务人应将修改其他债务条件后债务的公允价值作为重组后债务的入账价值。重组债务的账面价值与重组后债务入账价值之间的差额，确认为债务重组利得计入营业外收入。

应注意的是，以修改其他债务条件进行的债务重组涉及或有应付金额，该或有应付金额符合《企业会计准则第13号——或有事项》中有关预计负债确认条件的，债务人应将该或有应付金额确认为预计负债。

比如，债务重组协议规定，债务人在债务重组后一定时间里，其业绩改善到一定程度或者符合一定要求（如扭亏为盈、摆脱财务困境等），债务人需要向债权人额外支付一定金额，债务人承担的或有应付金额符合预计负债确认条件的，应当将该或有应付金额确认为预计负债。

（2）债权人应当将修改其他债务条件后的债权的公允价值作为重组后债权的账面价值。重组债权的账面余额与重组后的债权的账面价值之间的差额，计入当期营业外支出。债权人已对债权计提减值准备的，应当先将该差额冲减减值准备，减值准备不足以冲减的部分，计入当期营业外支出。

应注意的是，如果债权人存在或有应收金额，不应确认或有应收金额。

【例9—25】甲公司从乙公司购入原材料50万元（含税），由于财务困难无法归还，2008年10月10日进行债务重组。经双方协商，甲公司在一年后支付42万元。乙公司对应收账款已计提坏账准备3万元。

【正确答案】
（1）甲公司（债务人）的会计处理（单位为万元，下同）：
借：应付账款　　　　　　　　　　　　　　　　　50
　　贷：应付账款——债务重组　　　　　　　　　42（公允价值）
　　　　营业外收入——债务重组利得　　　　　　8
（2）乙公司（债权人）的会计处理：
借：应收账款——债务重组　　　　　　　　　　42（公允价值）
　　坏账准备　　　　　　　　　　　　　　　　3
　　营业外支出——债务重组损失　　　　　　　5
　　贷：应收账款　　　　　　　　　　　　　　50

【例9-26】甲公司从乙公司购入原材料50万元（含税），由于财务困难无法归还，2013年12月31日进行债务重组。经协商，甲公司在两年后支付本金40万元，利息按5%计算；同时规定，如果2014年甲公司有盈利，从2015年起则按8%计息。

根据2013年年末债务重组时甲企业的生产经营情况判断，2009年甲公司很可能实现盈利；2014年年末甲公司编制的利润表表明已经实现盈利。假设利息按年支付。乙公司已计提坏账准备5万元。假设实际利率等于名义利率。

（1）甲公司（债务人）的会计处理（单位为万元，下同）：
甲公司重组债务的公允价值为40万元（即长期应付款的现值）；对于或有应付金额，符合确认负债的条件，应在重组日确认为负债（没有考虑时间价值）。

借：应付账款　　　　　　　　　　　　　　　　　50
　　贷：长期应付款——债务重组　　　　　　　　40
　　　　预计负债——债务重组（40×3%）　　　　1.2
　　　　营业外收入——债务重组利得　　　　　　8.8

2014年12月31日支付利息：
借：财务费用（40×5%）　　　　　　　　　　　　2
　　贷：银行存款　　　　　　　　　　　　　　　2

2015年12月31日还清债务：
借：长期应付款——债务重组　　　　　　　　　　40
　　财务费用　　　　　　　　　　　　　　　　　2
　　预计负债——债务重组　　　　　　　　　　　1.2
　　贷：银行存款　　　　　　　　　　　　　　　43.2

（2）乙公司（债权人）的会计处理：
借：长期应收款——债务重组　　　　　　　　　　40（现值）
　　坏账准备　　　　　　　　　　　　　　　　　5
　　营业外支出——债务重组损失　　　　　　　　5
　　贷：应收账款　　　　　　　　　　　　　　　50

2014年12月31日收到利息：
借：银行存款　　　　　　　　　　　　　　　　　2
　　贷：财务费用　　　　　　　　　　　　　　　2

2015年12月31日收回欠款：

借：银行存款（40＋2＋1.2）　　　　　　　　　　　　　43.2
　　贷：长期应收款　　　　　　　　　　　　　　　　　　40
　　　　财务费用　　　　　　　　　　　　　　　　　　　3.2

（五）混合重组的会计处理

（1）债务重组以现金清偿债务、非现金清偿债务、债务转为资本、修改其他债务条件等方式的组合进行的，债务人应当依次以支付的现金、转让的非现金资产公允价值、债权人享有股份的公允价值冲减重组债务的账面价值；涉及延期还款的还应减去将来应付的金额，其差额计入当期损益。

通俗地说，就是将重组债务的账面价值减去债务重组日抵债资产的公允价值，再减去将来应付的金额，其差额计入当期损益。同时将转让的非现金资产公允价值与其账面价值之间的差额，计入当期损益。

（2）债权人应当依次以收到的现金、接受的非现金资产公允价值、债权人享有股份的公允价值冲减重组债权的账面余额，再减去将来应收金额，减去已计提的坏账准备，其差额计入当期损益。

案例分析

两种筹资方案哪种更有利？

E公司是一家民营企业，你拥有该公司20%的普通股权益。假设你是公司总经理，鉴于企业经营规模的扩大，提出了一次性扩充厂房设备的建议，其成本预计为1 000 000元。对扩充厂房设备资金来源有人提出两种可供选择的方案：

方案一：以每股20元的价格发行新股10 000股，股票的面值每股为10元。另按面值发行公司债券800 000元。公司债券的期限为20年，利率为15%。

方案二：以面值发行公司债券1 000 000元。公司债券的期限为20年，利率为15%。

最近一期的简明资产负债表的数据如下：

简明资产负债表　　　　　　　　　　　　　　　　　　元

资产		负债和所有者权益	
流动资产	1 600 000	流动负债	1 800 000
非流动资产	6 400 000	普通股本，每股面值10元	300 000
		资本公积	150 000
		未分配利润	5 750 000
资产合计	8 000 000	负债和所有者权益合计	8 000 000

该公司过去几年的利润相对稳定，预计这项扩充计划将使每年的利息费用前和所得税前的利润从800 000元增至1 080 000元。假定所得税率为30%。

案例分析：请你分析和判断以上两种筹资方案哪一个较为有利？并说明其原因。

本章复习思考题

一、单选题

1. 甲公司于 2011 年 1 月 1 日向 B 银行借款 1 000 000 元,为期 3 年,一次还本付息,合同利率为 3%,实际利率为 4%,为取得借款发生手续费 27 747 元,2011 年年末"长期借款"科目余额为_____元。(   )
   A. 1 011 143.12   B. 1 002 253   C. 981 143.12   D. 972 253

2. 就发行债券的企业而言,所获债券溢价收入实质是_____。(   )
   A. 为以后少付利息而付出的代价   B. 为以后多付利息而得到的补偿
   C. 本期利息收入   D. 以后期间的利息收入

3. 甲公司 2010 年 1 月 1 日为建造一生产线,向银行借入 100 万美元,期限为 3 年,年利率为 8%,利息按季计算,到期一次支付。1 月 1 日借入时的市场汇率为 1 美元=7.0 元人民币,3 月 31 日的市场汇率为 1 美元=6.9 元人民币,6 月 30 日的市场汇率为 1 美元=6.7 元人民币。假设 2010 年第一、二季度均属于资本化期间,则第二季度外币专门借款汇兑差额的资本化金额为_____万元人民币。(   )
   A. −20.4   B. 20.4   C. 20.8   D. 30.4

4. A 公司为建造一条生产线专门于 2×11 年 1 月 1 日按面值发行外币公司债券 150 万美元,年利率为 8%,期限为 3 年,按季计提利息,按年支付利息。工程于 2×11 年 1 月 1 日开始实体建造并于当日发生了相关资产支出,预计工期为 2 年。A 公司的记账本位币为人民币,外币业务采用外币业务发生时当日的市场汇率折算,假定相关汇率如下:2×11 年 1 月 1 日,市场汇率为 1 美元=6.9 元人民币,3 月 31 日的市场汇率为 1 美元=7.1 元人民币。不考虑其他因素,则第一季度外币专门借款汇兑差额的资本化金额为_____万元人民币。
   (   )
   A. 30.6   B. 0   C. 30   D. 29.4

5. 下列项目中,不属于借款费用的是_____。(   )
   A. 外币借款发生的汇兑损失   B. 借款过程发生的承诺费
   C. 发行公司债券发生的折价   D. 发行公司债券溢价的摊销

6. 甲企业以融资租赁方式租入 N 设备,该设备的公允价值为 100 万元,最低租赁付款额的现值为 93 万元,甲企业在租赁谈判和签订租赁合同过程中发生手续费、律师费等合计为 2 万元。甲企业融资租入固定资产的入账价值为_____万元。(   )
   A. 93   B. 95   C. 100   D. 102

7. 2012 年 1 月 1 日,甲公司发行 5 年期一次还本、分次付息的可转换公司债券 400 万元。票面年利率为 6%,利息按年支付,发行价格为 460 万元,另发行交易费用 40 万元。债券发行 1 年后可转换为普通股股票。经计算,该项可转换公司债券负债成分的公允价值为 379.5 万元。不考虑其他因素,则 2012 年 1 月 1 日,甲公司因该项债券记入"应付债券"科目的金额为_____万元。(   )
   A. 346.5   B. 379.5   C. 339.5   D. 412.5

8. 2007 年 1 月 1 日,甲公司从银行取得 3 年期专门借款开工兴建一栋厂房。2009 年 6 月 30 日该厂房达到预定可使用状态并投入使用,7 月 31 日验收合格,8 月 5 日办理竣工决

算，8月31日完成资产移交手续。甲公司该专门借款费用在2009年停止资本化的时点为_____。（　　）

   A. 6月30日　　　B. 7月31日　　　C. 8月5日　　　D. 8月31日

9. 下列情况不应暂停借款费用资本化的是_____。（　　）

   A. 由于劳务纠纷而造成连续超过3个月的固定资产的建造中断
   B. 由于资金周转困难而造成连续超过3个月的固定资产的建造中断
   C. 由于发生安全事故而造成连续超过3个月的固定资产的建造中断
   D. 由于可预测的气候影响而造成连续超过3个月的固定资产的建造中断

10. 甲公司为建造固定资产于2011年1月1日借入3年期、年利率为7%的专门借款5 400万元。此外，甲公司在建造固定资产过程中，于2011年11月1日借入一般借款2 700万元，期限2年，年利率为6%。甲公司无其他借款。该工程于当年1月1日开始建造，发生工程支出4 800万元，11月1日发生工程支出2 400万元，12月1日发生工程支出2 000万元，年末工程尚未完工。甲公司2011年一般借款利息资本化的金额为_____万元。（　　）

   A. 28　　　　　B. 20　　　　　C. 25　　　　　D. 22.5

11. A公司于2011年1月1日发行4年期一次还本付息的公司债券，债券面值2 000万元，票面年利率5%，发行价格1 901.04万元。A公司经计算该债券的实际利率为6%。该债券2011年度应确认的利息费用为_____万元。（　　）

   A. 100　　　　B. 120　　　　C. 95.05　　　　D. 114.06

12. 某公司于2012年1月1日按每份面值1 000元发行期限为2年、票面年利率为7%的可转换公司债券30万份，利息每年末支付。每份债券可在发行1年后转换为200股普通股。发行日市场上与之类似但没有转换股份权利的公司债券的市场利率为9%，假定不考虑其他因素。2012年1月1日，该交易对所有者权益的影响金额为_____万元。[（P/A，9%，2）=1.759 1，（P/F，9%，2）=0.841 7]（　　）

   A. 0　　　　　B. 1 054.89　　　C. 3 000　　　D. 28 945.11

13. 承租人对融资租入的资产采用公允价值作为入账价值的，分摊未确认融资费用所采用的分摊率是_____。（　　）

   A. 银行同期贷款利率
   B. 租赁合同中规定的利率
   C. 出租人出租资产的无风险利率
   D. 使最低租赁款的现值与租赁资产公允价值相等的折现率

14. 2009年1月1日，甲公司取得专门借款2 000万元直接用于当日开工建造的厂房并于当日发生资产支出，2009年累计发生建造支出1 800万元，2010年1月1日，该公司又取得一笔一般借款500万元，年利率为6%，当天发生建造支出300万元，以借入款项支付（甲公司无其他一般借款）。不考虑其他因素，甲公司按季计算利息费用资本化金额。2010年第一季度该公司一般借款利息费用应予资本化的金额为_____万元。（　　）

   A. 1.5　　　　B. 3　　　　　C. 4.5　　　　D. 7.5

15. A租赁公司将一台大型设备以融资租赁方式租给B企业。双方签订合同，该设备租赁期4年，租赁期届满B企业归还给A公司设备。每半年末支付租金787.5万元，B企业担保的资产余值为450万元，B企业的母公司担保的资产余值为675万元，另外担保公司担保金额为675万元，未担保余值为225万元，则B企业的最低租赁付款额为_____万元。
（　　）

A. 6 300　　　　B. 8 325　　　　C. 8 100　　　　D. 7 425

二、多项选择题

1. 下列关于长期借款的核算中，正确的有_____。（　　）
   A. 取得借款时，按实际收到的款项，借记"银行存款"科目
   B. 期末计息时，按实际利率法计算的利息费用，贷记"财务费用"科目
   C. 期末计息时，按借款本金和合同利率计算确定的应付未付利息，贷记"应付利息"科目
   D. 归还长期借款时，按实际归还的款项，贷记"银行存款"科目

2. 下列符合资本化条件的资产所发生的借款费用在予以资本化时，不与资产支出相挂钩的有_____。（　　）
   A. 专门借款利息　　　　B. 专门借款的溢价摊销
   C. 一般借款利息　　　　D. 外币专门借款的汇兑差额

3. 符合资本化条件的资产，是指需要经过相当长时间的购建或者生产活动才能达到预定可使用或者可销售状态的资产，具体包括_____。（　　）
   A. 固定资产
   B. 投资性房地产
   C. 房地产开发企业开发的用于出售的房地产开发产品
   D. 商品制造企业刚投入生产的以备半年后出售的产品

4. 下列关于借款利息资本化金额的表述中，正确的有_____。（　　）
   A. 借款存在折价或者溢价的，应当按照实际利率法确定每一会计期间应摊销的折价或者溢价金额，调整每期利息金额
   B. 在资本化期间，每一会计期间的利息资本化金额，不应当超过当期相关借款实际发生的利息金额
   C. 为购建或者生产符合资本化条件的资产而占用了一般借款的，企业应当根据累计资产支出加权平均数乘以所占用一般借款的资本化率，计算确定一般借款应予资本化的利息金额
   D. 为购建或者生产符合资本化条件的资产而占用了一般借款的，计算确定一般借款应予资本化的利息金额时，不需要考虑一般借款闲置资金的利息收入或投资收益

5. 下列关于企业发行可转换公司债券会计处理的表述中，正确的有_____。（　　）
   A. 将负债成分确认为应付债券
   B. 将权益成分确认为资本公积
   C. 按债券面值计量负债成分初始确认金额
   D. 按公允价值计量负债成分初始确认金额

6. 以下属于非正常原因停工的情况有_____。（　　）
   A. 因可预见的不可抗力因素而停工　　B. 因与工程建设有关的劳动纠纷而停工
   C. 资金周转困难而停工　　　　　　　D. 与施工方发生质量纠纷而停工

7. 在符合资本化条件的资产的购建活动中，下列各项中属于资产支出已经发生的有_____。（　　）

A. 以自产产品发放给在建工程人员作为福利
B. 以生产用原材料换入在建工程所需工程物资
C. 以银行存款购入工程物资
D. 以开出不带息银行承兑汇票方式购入工程物资

8. 在计算所占用一般借款的资本化率时，应考虑的因素有_____。（   ）
A. 借款的时间　　　　　　　　B. 溢折价的摊销
C. 资产支出　　　　　　　　　D. 借款的利率

9. 企业发行的债券，如果为分期付息到期一次还本的债券，随着各期债券利息调整（债券溢折价）的摊销，以下说法正确的有_____。（   ）
A. 随着各期债券溢价的摊销，债券的摊余成本、利息费用应逐期减少
B. 随着各期债券溢价的摊销，债券的摊余成本减少、利息费用应逐期增加
C. 随着各期债券折价的摊销，债券的摊余成本、利息费用应逐期增加
D. 随着各期债券溢价的摊销，债券的溢价摊销额应逐期减少

10. 可以构成融资租入固定资产入账价值的有_____。（   ）
A. 履约成本
B. 承租人或与其有关的第三方担保的资产余值
C. 承租人在租赁谈判和签订租赁合同过程中发生的，可归属于租赁项目的手续费、律师费、差旅费、印花税等初始直接费用
D. 未担保余值

11. 承租人和出租人在对租赁分类时，认定为融资租赁时应考虑的因素有_____。
（   ）
A. 租赁期届满时租赁资产所有权是否转移给承租人
B. 承租人是否有购买租赁资产的选择权
C. 租赁期占租赁资产尚可使用年限的比例
D. 租赁资产性质是否特殊，是否重新改制

12. 资产负债表日，按长期借款或应付债券的摊余成本和实际利率计算确定的利息费用，应借记的会计科目可能有_____。（   ）
A. 在建工程　　B. 制造费用　　C. 财务费用　　D. 研发支出

三、判断题

1. 长期借款，是指企业从银行或其他金融机构借入的期限在一年及一年以上的借款。
（   ）

2. 企业核算分期付息到期还本的长期借款计提的利息，应增加长期借款的账面价值。
（   ）

3. 按照现行规定，可转换公司债券自发行至转换为股份前，其会计处理与一般公司债券相同。
（   ）

4. 未担保余值，是指租赁资产余值中扣除就承租人而言的担保余值以后的资产余值。
（   ）

5. 资产负债表中的"长期应付款"项目直接按照"长期应付款"科目的期末余额填列。
（   ）

6. 企业为生产产品而借入的银行借款所产生的利息，不能够进行资本化。（   ）

7. 资产支出只包括为购建或者生产符合资本化条件的资产而以支付现金、转移非现金资产或者承担不带息债务形式发生的支出。（   ）

8. 符合资本化条件的资产，是指需要经过半年以上的购建或者生产活动才能达到预定可使用或者可销售状态的固定资产、投资性房地产和存货等资产。（   ）

9. 企业发行可转换公司债券时支付的交易费用应全部计入负债成分的初始确认金额。（   ）

10. 企业发行分期付息、一次还本债券时实际收到款项小于债券票面价值的差额采用实际利率法进行摊销，各期确认的实际利息费用会逐期减少。（   ）

11. 无论是否按面值发行一般公司债券，均应该按照实际收到的金额记入"应付债券"科目的"面值"明细科目。（   ）

12. 如果有两笔以上专门借款，仍需要计算专门借款的加权平均资本化率。（   ）

13. 在资本化期间内，外币专门借款及一般借款的本金及利息的汇兑差额，应当予以资本化，计入符合资本化条件的资产成本。（   ）

14. 在借款费用资本化期间内，建造资产的累计支出金额未超过专门借款金额的，发生的专门借款利息，应当全部计入所建造资产成本。（   ）

15. 购建或者生产的资产的各部分分别完工，但必须等到整体完工后才可使用或者可对外销售的，应当在该资产整体完工时停止借款费用的资本化。（   ）

四、业务题

1. A公司为建造厂房于2013年4月1日从银行借入2 000万元专门借款，借款期限2年，年利率为6%，2013年7月1日，A公司采用出包方式委托B公司为其造厂房，并预付1 000万元工程款，厂房实体建设工作于当日开始，该工程为可预见气候原因在2013年8月1日至11月30日中断施工，12月1日恢复正常施工，至年末工程尚未完工。闲置资金短期投资月收益率为0.5%。该项厂房建设工程在2013年度资本化的利息金额为多少万元？

2. A公司2012年1月1日折价发行5年期、面值为3 750万元的债券，发行价格为3 000万元，票面利率为4.72%，每年末支付利息，到期一次还本，按实际利率法摊销折价，债券实际利率为10%。A公司发行该项公司债券所募集的资金专用于建造一条生产线，生产线从2012年1月1日开始建设，于2014年年底完工，达到预定可使用状态，则A公司2013年应予资本化的利息费用为多少万元？

3. 2012年4月1日，A公司取得3年期专门借款1 500万元直接用于当日开工建造的办公楼，年利率为6%，2012年累计发生建造支出1 200万元，2013年1月1日，该公司又取得3年期一般借款2 000万元，年利率为7%，2013年4月1日发生建造支出900万元，上述支出均以借入款项支付（A公司无其他一般借款）。A公司的闲置专门借款资金均用于短期投资，月收益率为0.4%，工程于2013年年底达到预定可使用状态。则2013年借款费用的资本化金额为多少万元？

4. 长江公司于2012年1月1日动工兴建一幢办公楼，工程于2013年9月30日完工，达到预定可使用状态。

长江公司建造工程资产支出如下：

（1）2012年4月1日，支出3 000万元；

（2）2012 年 6 月 1 日，支出 1 000 万元；
（3）2012 年 7 月 1 日，支出 3 000 万元；
（4）2013 年 1 月 1 日，支出 3 000 万元；
（5）2013 年 4 月 1 日，支出 2 000 万元；
（6）2013 年 7 月 1 日，支出 1 000 万元。

长江公司为建造办公楼于 2012 年 1 月 1 日专门借款 5 000 万元，借款期限为 3 年，年利率为 6%，按年支付利息。除此之外，无其他专门借款。

办公楼的建造还占用两笔一般借款：

（1）从 A 银行取得长期借款 4 000 万元，期限为 2011 年 12 月 1 日至 2014 年 12 月 1 日，年利率为 6%，按年支付利息。

（2）发行公司债券 2 亿元，发行日为 2011 年 1 月 1 日，期限为 5 年，年利率为 8%，按年支付利息。

闲置专门借款资金用于固定收益债券暂时性投资，假定暂时性投资月收益率为 0.25%，并收到款项存入银行。假定全年按 360 天计。

因原料供应不及时，工程项目于 2012 年 8 月 1 日至 11 月 30 日发生中断。

要求：

（1）计算 2012 年和 2013 年专门借款利息资本化金额及应计入当期损益的金额。
（2）计算 2012 年和 2013 年一般借款利息资本化金额及应计入当期损益的金额。
（3）计算 2012 年和 2013 年利息资本化金额及应计入当期损益的金额。
（4）编制 2012 年和 2013 年与利息资本化金额有关的会计分录。

5. 正保公司拟建造一栋厂房，预计工期为 2 年，有关资料如下：

（1）正保公司于 2×11 年 1 月 1 日为该项工程专门借款 3 000 万元，借款期限为 3 年，年利率 6%，利息按年支付；

（2）工程建设期间占用了两笔一般借款，具体如下：

① 2×10 年 12 月 1 日向某银行借入长期借款 4 000 万元，期限为 3 年，年利率为 9%，利息按年于每年初支付；

② 2×11 年 7 月 1 日按面值发行 5 年期公司债券 3 000 万元，票面年利率为 8%，利息按年于每年初支付，款项已全部收存银行。

（3）工程于 2×11 年 1 月 1 日开始动工兴建，工程采用出包方式建造，当日支付工程款 1 500 万元。工程建设期间的支出情况如下：

2×11 年 7 月 1 日：3 000 万元；
2×12 年 1 月 1 日：2 000 万元；
2×12 年 7 月 1 日：3 000 万元。

截至 2×12 年年末，工程尚未完工。其中，由于施工质量问题工程于 2×11 年 8 月 1 日至 11 月 30 日停工 4 个月。

（4）专门借款中未支出部分全部存入银行，假定月利率为 0.5%。假定全年按照 360 天计算，每月按照 30 天计算。

根据上述资料，要求：

（1）计算 2×11 年利息资本化和费用化的金额并编制会计分录；

(2) 计算 2×12 年利息资本化和费用化的金额并编制会计分录。（计算结果保留两位小数，答案金额以万元为单位）

答 案

一、单项选择题

1.

【正确答案】A

【答案解析】

取得借款时：

借：银行存款	972 253
长期借款——利息调整	27 747
贷：长期借款——本金	1 000 000

2011 年年末计提利息的分录：

借：财务费用	38 890.12
贷：长期借款——应计利息	30 000
长期借款——利息调整	8 890.12

【该题针对"长期借款的核算"知识点进行考核】

2.

【正确答案】B

【答案解析】溢价收入实质是为以后多付利息而得到的补偿。

【该题针对"一般公司债券的核算"知识点进行考核】

3.

【正确答案】A

【答案解析】第二季度本金汇兑差额=100×(6.7－6.9)=－20（万元）

利息的汇兑差额=100×8%×3/12×(6.7－6.9)+100×8%×3/12×(6.7－6.7)=－0.4（万元）

【该题针对"借款辅助费用及外币借款的处理"知识点进行考核】

4.

【正确答案】C

【答案解析】第一季度外币借款本金的汇兑差额=150×(7.1－6.9)=30（万元），第一季度外币借款利息的汇兑差额=150×8%×3/12×(7.1－7.1)=3×0=0（万元），即第一季度外币专门借款汇兑差额资本化金额为 30 万元。

【该题针对"借款辅助费用及外币借款的处理"知识点进行考核】

5.

【正确答案】C

【答案解析】借款费用不包括发行债券发生的溢价和折价，但包括溢价和折价的摊销，溢折价的摊销是对利息费用的一种调整。

【该题针对"借款费用的范围"知识点进行考核】

6.

【正确答案】B

【答案解析】本题考核融资租入固定资产的核算。融资租入固定资产的入账价值＝93＋2＝95（万元）。

【该题针对"长期应付款的核算"知识点进行考核】

7.
【正确答案】A
【答案解析】本题考核可转换公司债券的初始确认。该项可转换公司债券负债成分应分摊的发行费用＝40×（379.5/460）＝33（万元），记入"应付债券"科目的金额＝379.5－33＝346.5（万元）。

【该题针对"可转换公司债券的核算"知识点进行考核】

8.
【正确答案】A
【答案解析】购建或者生产符合资本化条件的资产达到预定可使用或者可销售状态时，借款费用应当停止资本化，即 6 月 30 日为该专门借款费用在 2009 年停止资本化的时点。

【该题针对"借款费用的确认"知识点进行考核】

9.
【正确答案】D
【答案解析】选项 D，属于正常中断，借款费用不需暂停资本化。

【该题针对"借款费用的确认"知识点进行考核】

10.
【正确答案】D
【答案解析】支出累计支出占用了一般借款的累计支出加权平均数＝1 800×2/12＋900×1/12＝375（万元）

一般借款利息资本化金额＝375×6%＝22.5（万元）

【该题针对"借款利息资本化金额的确定"知识点进行考核】

11.
【正确答案】D
【答案解析】实际利息费用＝应付债券期初的摊余成本×实际利率＝1 901.04×6%＝114.06（万元）。

【该题针对"一般公司债券的核算"知识点进行考核】

12.
【正确答案】B
【答案解析】（1）该可转换公司债券的负债成分公允价值＝1 000×30×7%×1.759 1＋1 000×30×0.841 7＝28 945.11（万元）；

（2）该可转换公司债券的权益成分公允价值＝1 000×30－28 945.11＝1 054.89（万元）。

【该题针对"可转换公司债券的核算"知识点进行考核】

13.
【正确答案】D
【该题针对"长期应付款的核算"知识点进行考核】

14.

【正确答案】A

【答案解析】本题要求计算的是一般借款的利息费用资本化金额,专门借款共2 000万元,2009年累计资产支出1 800万元,2010年支出的300万元中有200万元属于专门借款,一般借款占用100万元,故2010年第一季度一般借款利息费用应予资本化的金额=100×6‰×3/12=1.5(万元)。

【该题针对"借款利息资本化金额的确定"知识点进行考核】

15.

【正确答案】D

【答案解析】最低租赁付款额=787.5×8+450+675=7 425(万元)

【该题针对"长期应付款的核算"知识点进行考核】

二、多项选择题

1.

【正确答案】ACD

【答案解析】选项B,期末计息时,按实际利率法计算的实际利息费用,应借记"财务费用"科目。

【该题针对"长期借款的核算"知识点进行考核】

2.

【正确答案】ABD

【答案解析】专门借款发生的借款费用予以资本化时不需要考虑资产支出,外币专门借款的汇兑差额予以资本化时也无须与资产支出相挂钩。

【该题针对"借款辅助费用及外币借款的处理"知识点进行考核】

3.

【正确答案】ABC

【该题针对"借款费用的范围"知识点进行考核】

4.

【正确答案】ABD

【答案解析】本题考核借款利息资本化金额的确定。选项C应当根据累计资产支出超过专门借款部分的资产支出加权平均数作为计算的依据。

【该题针对"借款利息资本化金额的确定"知识点进行考核】

5.

【正确答案】ABD

【答案解析】企业发行的可转换公司债券,应当在初始确认时将其包含的负债成分和权益成分进行分拆,将负债成分确认为应付债券,将权益成分确认为资本公积。负债成分的初始确认金额为其公允价值,即将负债成分的未来现金流量进行折现后的金额。

【该题针对"可转换公司债券的核算"知识点进行考核】

6.

【正确答案】BCD

【答案解析】选项A,属于正常原因停工。

【该题针对"借款费用的确认"知识点进行考核】

7.

【正确答案】ABC

【答案解析】选项 D，开出无息银行承兑汇票属于不带息债务，不能认定为资产支出已经发生。

【该题针对"借款费用的确认"知识点进行考核】

8.

【正确答案】ABD

【答案解析】所占用一般借款的资本化率＝所占用一般借款加权平均利率＝所占用一般借款当期实际发生的利息之和÷所占用一般借款本金加权平均数。

如果借款是企业发行的债券，则计算借款的实际利息费用时还应考虑溢折价的摊销。一般借款资本化率的计算与资产支出无关，所以选项 C 不正确。

【该题针对"借款利息资本化金额的确定"知识点进行考核】

9.

【正确答案】AC

【答案解析】B 选项不正确，随着各期债券溢价的摊销，债券摊余成本减少，实际利息费用也逐期减少；由于每期确认的应付利息金额不变，所以随着各期债券溢价的摊销，溢价摊销额应逐期增加，D 选项不正确。

【该题针对"一般公司债券的核算"知识点进行考核】

10.

【正确答案】BC

【该题针对"长期应付款的核算"知识点进行考核】

11.

【正确答案】ABCD

【该题针对"长期应付款的核算"知识点进行考核】

12.

【正确答案】ABCD

【该题针对"长期借款的核算"知识点进行考核】

三、判断题

1.

【正确答案】×

【答案解析】长期借款不含一年期的借款。

【该题针对"长期借款的核算"知识点进行考核】

2.

【正确答案】×

【答案解析】企业核算分期付息到期还本的长期借款计提的利息，设置"应付利息"科目核算。

【该题针对"长期借款的核算"知识点进行考核】

3.

【正确答案】×

【答案解析】企业发行的可转换公司债券，应当在初始确认时将其包含的负债成分和权益成分进行分拆，将负债成分确认为应付债券，将权益成分确认为资本公积。对于可转换公司债券的负债成分，在转换为股份前，其会计处理与一般公司债券相同。

【该题针对"可转换公司债券的核算"知识点进行考核】

4.

【正确答案】×

【答案解析】未担保余值，是指租赁资产余值中扣除就出租人而言的担保余值以后的资产余值。

【该题针对"长期应付款的核算"知识点进行考核】

5.

【正确答案】×

【答案解析】资产负债表中的"长期应付款"项目应根据"长期应付款"科目的期末余额，减去相应的"未确认融资费用"科目期末余额后的金额填列。

【该题针对"长期应付款的核算"知识点进行考核】

6.

【正确答案】×

【答案解析】需要经过相当长时间的购建或者生产活动才能达到预定可使用或可销售状态的固定资产、投资性房地产和存货等资产，符合资本化条件时，都可以将其借款费用资本化，如企业制造的用于对外出售的大型机器设备等也属于企业生产的产品，借款费用也可能资本化。

【该题针对"借款费用的范围"知识点进行考核】

7.

【正确答案】×

【答案解析】本题考核资本化开始时点确定的条件。以承担不带息债务形式发生的支出不属于资产支出。

【该题针对"借款费用的确认"知识点进行考核】

8.

【正确答案】×

【答案解析】本题考核的是符合资本化条件的资产。符合资本化条件的资产是指需要经过相当长时间（1年或1年以上）的购建或者生产活动才能达到预定可使用或者可销售状态的固定资产、投资性房地产和存货等资产。

【该题针对"借款费用的确认"知识点进行考核】

9.

【正确答案】×

【答案解析】本题考核可转换公司债券的核算。发行可转换公司债券发生的交易费用，应当在负债成分和权益成分之间按照各自的相对公允价值进行分摊。

【该题针对"可转换公司债券的核算"知识点进行考核】

10.

【正确答案】×

【答案解析】本题考核应付债券的后续计量。应付债券随着利息调整摊销会向面值回归，折价发行下摊余成本会逐期增加，因此确认的利息费用会逐期增加。

【该题针对"应付债券的计量"知识点进行考核】

11.

【正确答案】×

【答案解析】本题考核一般公司债券的初始计量。无论是否按面值发行一般公司债券，均应该按照债券面值记入"应付债券"科目的"面值"明细科目。

【该题针对"一般公司债券的核算"知识点进行考核】

12.

【正确答案】×

【答案解析】确定专门借款利息费用的资本化金额时无须计算专门借款资本化率。

【该题针对"借款利息资本化金额的确定"知识点进行考核】

13.

【正确答案】×

【答案解析】外币一般借款本金及利息的汇兑差额，应当予以费用化。

【该题针对"借款辅助费用及外币借款的处理"知识点进行考核】

14.

【正确答案】×

【答案解析】在借款费用资本化期间内，建造资产的累计支出金额未超过专门借款金额的，发生的专门借款利息扣除该期间与专门借款相关的收益后的金额，应当计入所建造资产成本。

【该题针对"借款利息资本化金额的确定"知识点进行考核】

15.

【正确答案】√

【该题针对"借款费用的确认"知识点进行考核】

四、业务题

1. 【答案】2 000×6%×（6/12）－1 000×0.5%×6＝30（万元）

2. 【答案】2013年年初该项债券的摊余成本＝3 000+3 000×10%－3 750×4.72%＝3 123（万元），2013年应确认的实际借款利息＝3 123×10%＝312.3（万元），根据题意，应该全部予以资本化。

3. 【答案】2013年专门借款利息资本化金额＝1 500×6%－（1 500－1 200）×0.4%×3＝86.4（万元）；

2013年一般借款可资本化期间为9个月，一般借款利息资本化金额＝600×7%×（9/12）＝31.5（万元）；

2013年借款费用的资本化金额＝86.4+31.5＝117.9（万元）。

4. 【答案】

（1）① 2012年

2012年专门借款能够资本化的期间为4月1日—7月31日和12月，共5个月。

2012 年专门借款利息资本化金额=5 000×6%×(5/12)－2 000×0.25%×2－1 000×0.25%×1=112.5(万元)。

2012 年专门借款不能够资本化的期间为 1 月 1 日—3 月 31 日和 8 月 1 日—11 月 30 日，共 7 个月。

2012 年专门借款利息应计入当期损益的金额=5 000×6%×(7/12)－5 000×0.25%×3=137.5(万元)。

② 2013 年

2013 年专门借款能够资本化的期间为 1 月 1 日—9 月 30 日，共 9 个月。

2013 年专门借款利息资本化金额=5 000×6%×(9/12)=225(万元)。

2013 年专门借款不能够资本化的期间为 10 月 1 日—12 月 31 日，共 3 个月。

2013 年专门借款利息应计入当期损益的金额=5 000×6%×(3/12)=75(万元)。

(2)

一般借款资本化率(年)=(4 000×6%+20 000×8%)/(4 000+20 000)=7.67%。

① 2012 年

2012 年占用了一般借款资金的资产支出加权平均数=2 000×(2/12)=333.33(万元)。

2012 年一般借款利息资本化金额=333.33×7.67%=25.57(万元)。

2012 年一般借款利息应计入当期损益的金额=(4 000×6%+20 000×8%)－25.57=1 814.43(万元)。

② 2013 年

2013 年占用了一般借款资金的资产支出加权平均数=(2 000+3 000)×9/12+2 000×6/12+1 000×(3/12)=5 000(万元)。

2013 年一般借款利息资本化金额=5 000×7.67%=383.5(万元)。

2013 年一般借款利息应计入当期损益的金额=(4 000×6%+20 000×8%)－383.5=1 456.5(万元)。

(3)

2012 年利息资本化金额=112.5+25.57=138.07(万元)。

2012 年应计入当期损益的金额=137.5+1 814.43=1 951.93(万元)。

2013 年利息资本化金额=225+383.5=608.5(万元)。

2013 年应计入当期损益的金额=75+1 456.5=1 531.5(万元)。

(4)

2012 年：

借：在建工程	138.07
财务费用	1 951.93
银行存款(应收利息)	50
贷：应付利息(5 000×6%+4 000×6%+20 000×8%)	2 140

2013 年：

借：在建工程	608.5
财务费用	1 531.5
贷：应付利息	2 140

5. (1) 计算 2×11 年利息资本化和费用化的金额并编制会计分录：

① 计算 2×11 年专门借款应予资本化的利息金额：

2×11 年专门借款发生的利息金额=3 000×6%=180（万元）

2×11 年 8—11 月专门借款发生的利息费用=3 000×6%×（120/360）=60（万元）

2×11 年专门借款存入银行取得的利息收入=1 500×0.5%×6=45（万元）

2×11 年应予资本化的专门借款利息金额=180－60－45=75（万元）

② 计算 2×11 年一般借款应予资本化的利息金额：

在 2×11 年占用了一般借款资金的资产支出加权平均数=1 500×（60/360）=250（万元）

2×11 年一般借款发生的利息金额=4 000×9%+3 000×8%×（180/360）=480（万元）

2×11 年一般借款的资本化率=480÷[4 000+3 000×（180/360）]×100%=8.73%

2×11 年一般借款应予资本化的利息金额=250×8.73%=21.83（万元）

2×11 年应当计入当期损益的一般借款利息金额=480－21.83=458.17（万元）

③ 计算 2×11 年应予资本化的和应计入当期损益的利息金额：

2×11 年应予资本化的借款利息金额=75+21.83=96.83（万元）

2×11 年应当计入当期损益的借款利息金额=60+458.17=518.17（万元）

④ 2×11 年有关的会计分录：

借：在建工程　　　　　　　　　　　　　　　　　　　　　　　96.83
　　财务费用　　　　　　　　　　　　　　　　　　　　　　　518.17
　　应收利息（或银行存款）　　　　　　　　　　　　　　　　 45
　　贷：应付利息　　　　　　　　　　　　　　　　　　　　　　　660

（2）计算 2×12 年借款利息资本化金额和应计入当期损益金额及其账务处理：

① 计算 2×12 年专门借款应予资本化的利息金额：

2×12 年应予资本化的专门借款利息金额=3 000×6%=180（万元）

② 计算 2×12 年一般借款应予资本化的利息金额：

2×12 年占用一般借款资金的资产支出加权平均数=1 500×（360/360）+2 000×（360/360）+3 000×（180/360）=5 000（万元）

2×12 年一般借款发生的利息金额=4 000×9%+3 000×8%=600（万元）

2×12 年一般借款的资本化率=600÷（4 000+3 000）×100%=8.57%

2×12 年一般借款应予资本化的利息金额=5 000×8.57%=428.50（万元）

2×12 年应当计入当期损益的一般借款利息金额=600－428.50=171.50（万元）

③ 计算 2×12 年应予资本化和应计入当期损益的利息金额：

2×12 年应予资本化的借款利息金额=180+428.50=608.50（万元）

2×12 年应计入当期损益的借款利息金额=171.50（万元）

④ 2×12 年的有关会计分录：

借：在建工程　　　　　　　　　　　　　　　　　　　　　　　608.50
　　财务费用　　　　　　　　　　　　　　　　　　　　　　　171.50
　　贷：应付利息　　　　　　　　　　　　　　　　　　　　　　　780

第十章

所有者权益

案例导入

披露资本存在的问题

中诚会计师事务所的注册会计师在审计某小型施工企业华兴公司2013年度会计报表时，发现存在以下问题：

1. 华兴公司在2013年度实收资本有异常，验资报告显示华兴公司2013年4月将资本公积200万元（其中80万元为股权投资准备）转增资本，华兴公司截至转增资本之日报表累计亏损为100万元。

2. 2013年7月，华兴公司账面净资产2 000万元，为扩大企业规模，该企业将历年形成的账外财产进行价值评估，将评估后的价值800万元作为主管部门对该公司的投资入账。但按照华兴公司的账外财产数量、价值明细表列示的价值显示为700万元。

案例思考：该公司为什么存在问题？应该怎么解决？

第一节 所有者权益概述

一、所有者权益的概念及特征

（一）所有者权益的概念

所有者权益是指企业资产扣除负债后由所有者享有的剩余权益，包括实收资本（或股本）、资本公积、盈余公积和未分配利润，在股份制企业又称为股东权益。所有者权益是企业投资人对企业净资产的所有权。它受总资产和总负债变动的影响而发生增减变动。所有者权益包含所有者以其出资额的比例分享的企业利润。与此同时，所有者也必须以其出资额承担企业的经营风险。所有者权益还意味着所有者有法定的管理企业和委托他人管理企业的权利。

（二）所有者权益的特征

企业的所有者和债权人均是企业资金的提供者，因而所有者权益和负债（债权人权益）二者均是对企业资产的要求权，但二者之间又存在着明显的区别。

主要的区别有：

所有者权益：

（1）性质不同；

（2）权利不同；

（3）偿还期限不同；

（4）风险不同；

（5）计量不同。

对所有者权益的理解：

（1）所有者权益产生于权益性投资行为；

（2）所有者权益滞后于债权人权益；

（3）所有者权益没有固定的偿还期限和偿还金额；

（4）所有者权益具有比债权人权益更大的风险。

所有者权益与债权人权益比较，一般具有以下四个基本特征：

（1）所有者权益在企业经营期内可供企业长期、持续地使用，企业不必向投资人返还资本金。而负债则须按期返还给债权人，成为企业的负担。

（2）企业所有人凭其对企业投入的资本，享受税后分配利润的权利。所有者权益是企业分配税后净利润的主要依据，而债权人除按规定取得利息外，无权分配企业的盈利。

（3）企业所有人有权行使企业的经营管理权，或者授权管理人员行使经营管理权。但债权人并没有经营管理权。

（4）企业的所有者对企业的债务和亏损负有无限的责任或有限的责任，而债权人与企业的其他债务不发生关系，一般也不承担企业的亏损。

二、所有者权益的分类

所有者权益按其构成，分为投入资本、资本公积和留存收益三类。

1. 投入资本

投入资本是指所有者在企业注册资本的范围内实际投入的资本。所谓注册资本，是指企业在设立时向工商行政管理部门登记的资本总额，也就是全部出资者设定的出资额之和。企业对资本的筹集，应该按照法律、法规、合同和章程的规定及时进行。如果是一次筹集的，投入资本应等于注册资本；如果是分期筹集的，在所有者最后一次缴入资本以后，投入资本应等于注册资本。注册资本是企业的法定资本，是企业承担民事责任的财力保证。

在不同类型的企业中，投入资本的表现形式有所不同。在股份有限公司，投入资本表现为实际发行股票的面值，也称为股本；在其他企业，投入资本表现为所有者在注册资本范围内的实际出资额，也称为实收资本。

投入资本按照所有者的性质不同，可以分为国家投入资本、法人投入资本、个人投入资本和外方投入资本。国家投入资本是指有权代表国家投资的政府部门或者机构以国有资产投入企业所形成的资本;法人投入资本是指我国具有法人资格的单位以其依法可以支配的资产投入企业所形成的资本;个人投入资本是指我国公民以其合法财产投入企业所形成的资本;外方投入资本是指外国投资者以及我国香港、澳门和台湾地区的投资者将资产投入企业所形成的资本。

投入资本按照投入资产的形式不同,可以分为货币投资、实物投资和无形资产投资。

2. 资本公积

资本公积是指归所有者所共有的、非收益转化而形成的资本,主要包括资本溢价(股本溢价)和其他资本公积等。

3. 留存收益

留存收益是指归所有者所共有的、由收益转化而形成的所有者权益,主要包括法定盈余公积、任意盈余公积和未分配利润。

所有者权益按经济内容划分,可分为投入资本、资本公积、盈余公积和未分配利润四种。

(1) 投入资本是投资者实际投入企业经济活动的各种财产物资,包括国家投资、法人投资、个人投资和外商投资。国家投资是有权代表国家投资的部门或者机构以国有资产投入企业的资本;法人投资是企业法人或其他法人单位以其依法可以支配的资产投入企业的资本;个人投资是社会个人或者本企业内部职工以其合法的财产投入企业所形成的资本;外商投资是国外投资者以及我国香港、澳门和台湾地区投资者投入的资本。

(2) 资本公积是通过企业非营业利润所增加的净资产,包括接受捐赠、法定财产重估增值、资本汇率折算差额和资本溢价所得的各种财产物资。接受捐赠是指企业因接受其他部门或个人的现金或实物等捐赠而增加的资本公积;法定财产重估增值是指企业因分立、合并、变更和投资时资产评估或者合同、协议约定的资产价值与原账面净值的差额;资本汇率折算差额是指企业收到外币投资时由于汇率变动而发生的汇兑差额;资本溢价是指投资人缴付的出资额超出其认缴资本金的差额,包括股份有限公司发行股票的溢价净收入及可转换债券转换为股本的溢价净收入等。

(3) 盈余公积是指企业从税后净利润中提取的公积金。盈余公积按规定可用于弥补企业亏损,也可按法定程序转增资本金。法定公积金提取率为10%。

(4) 未分配利润是本年度所实现的净利润经过利润分配后所剩余的利润,等待以后分配。如果未分配利润出现负数时,即表示年末的未弥补的亏损,应由以后年度的利润或盈余公积来弥补。

所有者权益如按照形成来源分类,可分为投入资本和留存收益。前者是所有者初始和追加投入的资本以及其他集团或个人投入的不属于负债的资本,后者是企业所得税后利润的留存部分。

第二节 股份有限公司

一、股份有限公司的基本特征

(一) 股份有限公司的特征

股份公司(Stock Corporation)是指以公司资本为股份所组成的公司,股东以其认购的股份为限对公司承担责任的企业法人。设立股份有限公司,应当有 2 人以上 200 人以下为发起人,注册资本的最低限额为人民币 500 万元。由于所有股份公司均须是负担有限责任的有限公司(但并非所有有限公司都是股份公司),所以一般合称"股份有限公司"。股份公司产生于 18 世纪的欧洲,19 世纪后半期广泛流行于世界资本主义各国,到目前,股份公司在资本主义国家的经济中占据统治地位。

公司的资本总额平分为金额相等的股份;公司可以向社会公开发行股票筹资,股票可以依法转让;法律对公司股东人数只有最低限度,无最高额规定;股东以其所认购股份对公司承担有限责任,公司以其全部资产对公司债务承担责任;每一股有一表决权,股东以其所认购持有的股份,享受权利,承担义务;公司应当将经注册会计师审查验证过的会计报告公开。

股份有限公司有以下特征:

(1)股份有限公司是独立的经济法人;

(2)股份有限公司的股东人数不得少于法律规定的数目,如法国规定,股东人数最少为 7 人;

(3)股份有限公司的股东对公司债务负有限责任,其限度是股东应交付的股金额;

(4)股份有限公司的全部资本划分为等额的股份,通过向社会公开发行的办法筹集资金,任何人在缴纳了股款之后,都可以成为公司股东,没有资格限制;

(5)公司股份可以自由转让,但不能退股;

(6)公司账目须向社会公开,以便于投资人了解公司情况,进行选择;

(7)公司设立和解散有严格的法律程序,手续复杂。

由此可以看出,股份有限公司是典型的"资合公司"。一个人能否成为公司股东取决于他是否缴纳了股款,购买了股票,而不取决于他与其他股东的人身关系,因此,股份有限公司能够迅速、广泛、大量地集中资金。同时,我们还可以看到,虽然无限责任公司、有限责任公司、两合公司的资本也都划分为股份,但是这些公司并不公开发行股票,股份也不能自由转让,证券市场上发行和流通的股票都是由股份有限公司发行的,因此,狭义地讲,股份公司指的就是股份有限公司。

(二)股份有限公司的设立条件

1. 发起人符合法定的资格,达到法定的人数

发起人的资格是指发起人依法取得的创立股份有限公司的资格。股份有限公司的发起人可以是自然人,也可以是法人,但发起人中须有过半数的人在中国境内有住所。

设立股份有限公司,必须达到法定的人数,应有 2 人以上 200 人以下的发起人。国有企业改建为股份有限公司的,发起人可以少于 5 人,但应当采取募集设立方式。规定发起人的最低限额,是设立股份有限公司的国际惯例。如果发起人的最低限额没有规定,一则发起人太少难以履行发起人的义务,二则防止少数发起人损害其他股东的合法权益。对发起人的最高限额则无规定的必要。

2. 发起人认缴和向社会公开募集的股本达到法定的最低限额

股份有限公司须具备基本的责任能力,为保护债权人的利益,设立股份有限公司必须达到法定资本额。我国股份有限公司的资本最低限额不得低于 500 万元人民币。对有特定要求的股份有限公司的注册资本最低限额需要高于上述最低限额的,由法律、行政法规另行规定。

发起人可以用货币出资，也可以用实物、工业产权、非专利技术、土地使用权作价出资。发起人以货币出资时，应当缴付现金。发起人以货币以外的其他财产权出资时，必须进行评估作价，核实财产，并折合为股份，且应当依法办理其财产权的转移手续，将财产权由发起人转归公司所有。

3. 股份发行、筹办事项符合法律规定

股份发行、筹办事项符合法律规定，是设立股份有限公司所必须遵循的原则。

股份的发行是指股份有限公司在设立时为了筹集公司资本，出售和募集股份的法律行为。这里讲的股份的发行是设立发行，是在设立公司的过程中，为了组建股份有限公司，筹集组建公司所需资本而发行股份的行为。设立阶段的发行分为发起设立发行和募集设立发行两种。发起设立发行即所有股份均由发起人认购，不得向社会公开招募。招募设立发行即发起人只认购股份的一部分，其余部分向社会公开招募。

股份有限公司的资本划分为股份，每一股的金额相等。公司的股份采限股票的形式。股份的发行实行公开、公平、公正的原则，且必须同股同权、同股同利。同次发行的股份、每股的发行条件、发行价格应当相同。

以发起方式设立股份有限公司的，发起人以书面认足公司章程规定及发行的股份后，应即缴纳全部股款。

以募集方式设立股份有限公司的，发起人认购的股份不得少于公司股份总数的35%，其余股份应当向社会公开募集。发起人向社会公开募集股份时，必须依法经国务院证券管理部门批准，并公告招股说明书，制作认股书，由依法批准设立的证券经营机构承销，签订承销协议，同银行签订代收股款协议，由银行代收和保存股款，向认股人出具收款单据。

招股说明书应载明下列事项：

（1）发起人认购的股份数；
（2）每股的票面金额和发行价格；
（3）无记名股票的发行总数；
（4）认股人的权利、义务；
（5）本次募股的起止期限及逾期募足时认股人可以撤回所认股份的说明。

4. 发起人制定公司章程，并经创立大会通过

股份有限公司的章程，是股份有限公司重要的文件，其中规定了公司最重要的事项，它不仅是设立公司的基础，也是公司及其股东的行为准则。因此，公司章程虽然由发起人制定，但以募集设立方式设立股份有限公司的，必须召开由认股人组成的创立大会，并经创立大会决议通过。

5. 有公司名称，建立符合公司要求的组织机构

名称是股份有限公司作为法人必须具备的条件。公司名称必须符合企业名称登记管理的有关规定，股份有限公司的名称还应标明"股份有限公司"字样。

股份有限公司必须有一定的组织机构，对公司实行内部管理和对外代表公司。股份有限公司的组织机构是股东大会、董事会、监事会和经理。股东大会做出决议；董事会是执行公司股东大会决议的执行机构；监事会是公司的监督机构，依法对董事、经理和公司的活动实行监督；经理由董事会聘任，主持公司的日常生产经营管理工作，组织实施董事会决议。

6. 有固定的生产经营场所和必要的生产经营条件

二、股票的特征及种类

（一）股票的特征

股票是一种有价证券，它是股份有限公司签发的证明股东所持股份的凭证。股票一经发行，购买股票的投资者即成为公司的股东。股票实质上代表了股东对股份公司的所有权，股东凭借股票可以获得公司的股息和红利，参加股东大会并行使自己的权力，同时也承担相应的责任与风险。

股票的特征——股票具有以下五个方面的特征：

（1）收益性。收益性是股票最基本的特征。股票的收益来源可分成两类：一是来自股份公司；二是来自股票流通。

（2）风险性。股票风险的内涵是预期收益的不确定性。股东能否获得预期的股息红利收益，完全取决于公司的盈利情况。

（3）流动性。流动性是指股票可以在依法设立的证券交易所上市交易或在经批准设立的其他证券交易场所转让的特性。

（4）永久性。永久性是指股票所载有权利的有效性是始终不变的，因为它是一种无期限的法律凭证。

（5）参与性。参与性是指股票持有人有权参与公司重大决策的特性。股票持有人作为股份公司的股东，有权出席股东大会，体现对公司经营决策的参与权。

（二）股票的种类

按股东权利分类，股票可分为普通股、优先股和后配股。

1. 普通股

普通股是随着企业利润变动而变动的一种股份，是股份公司资本构成中最普通、最基本的股份，是股份企业资金的基础部分。普通股的基本特点是其投资收益（股息和分红）不是在购买时约定，而是事后根据股票发行公司的经营业绩来确定。公司的经营业绩好，普通股的收益就高；反之，若经营业绩差，普通股的收益就低。普通股是股份公司资本构成中最重要、最基本的股份，亦是风险最大的一种股份，但又是股票中最基本、最常见的一种。在我国上交所与深交所上市的股票都是普通股。

一般可把普通股的特点概括为如下四点：

（1）持有普通股的股东有权获得股利，但必须是在公司支付了债息和优先股的股息之后才能分得。普通股的股利是不固定的，一般视公司净利润的多少而定。当公司经营有方，利润不断递增时普通股能够比优先股多分得股利，股利率甚至可以超过50%；但赶上公司经营不善的年头，也可能连一分钱都得不到，甚至可能连本也赔掉。

（2）当公司因破产或结业而进行清算时，普通股东有权分得公司剩余资产，但普通股东必须在公司的债权人、优先股股东之后才能分得财产，财产多时多分，少时少分，没有则只能作罢。由此可见，普通股东与公司的命运更加息息相关，荣辱与共。当公司获得暴利时，普通股东是主要的受益者；而当公司亏损时，他们又是主要的受损者。

（3）普通股东一般都拥有发言权和表决权，即有权就公司重大问题进行发言和投票表决。

普通股东持有一股便有一股的投票权,持有两股者便有两股的投票权。任何普通股东都有资格参加公司最高级会议——每年一次的股东大会,但如果不愿参加,也可以委托代理人来行使其投票权。

(4) 普通股东一般具有优先认股权,即当公司增发新普通股时,现有股东有权优先(可能还以低价)购买新发行的股票,以保持其对企业所有权的原百分比不变,从而维持其在公司中的权益。比如某公司原有1万股普通股,而你拥有100股,占1%,现在公司决定增发10%的普通股,即增发1 000股,那么你就有权以低于市价的价格购买其中1%即10股,以便保持你持有股票的比例不变。

在发行新股票时,具有优先认股权的股东既可以行使其优先认股权,认购新增发的股票,也可以出售、转让其认股权。当然,在股东认为购买新股无利可图,而转让或出售认股权又比较困难或获利甚微时,也可以听任优先认股权过期而失效。公司提供认股权时,一般规定股权登记日期,股东只有在该日期内登记并缴付股款,方能取得认股权而优先认购新股。通常这种登记在登记日期内购买的股票又称为附权股,相对地,在股权登记日期以后购买的股票就称为除权股,即股票出售时不再附有认股权。这样在股权登记日期以后购买股票的投资者(包括老股东),便无权以低价购进股票,此外,为了确保普通股权的权益,有的公司还发认股权证,即能够在一定时期(或永久)内以一定价格购买一定数目普通股份的凭证。一般公司的认股权证是和股票、债券一起发行的,这样可以更多地吸引投资者。

综上所述,由普通股的前两个特点不难看出,普通股的股利和剩余资产分配可能大起大落,因此,普通股东所担的风险最大。既然如此,普通股东当然也就更关心公司的经营状况和发展前景,而普通股的后两个特性恰恰使这一愿望变成现实——提供和保证了普通股东关心公司经营状况与发展前景的权力的手段。然而还应值得注意的是,在投资股和优先股向一般投资者公开发行时,公司应使投资者感到普通股比优先股能获得较高的股利,否则,普通股既在投资上冒风险,又不能在股利上比优先股多得,那么还有谁愿购买普通股呢?一般公司发行优先股,主要是以"保险安全"型投资者为发行对象,对于那些比较富有"冒险精神"的投资者,普通股才更具魅力。总之,发行这两种不同性质的股票,目的在于更多地吸引具有不同兴趣的资本。

2. 优先股

优先股是"普通股"的对称,是股份公司发行的在分配红利和剩余财产时比普通股具有优先权的股份。优先股也是一种没有期限的有权凭证,优先股股东一般不能在中途向公司要求退股(少数可赎回的优先股例外)。优先股的主要特征有三:一是优先股通常预先定明股息收益率。由于优先股股息率事先固定,所以优先股的股息一般不会根据公司经营情况而增减,而且一般也不能参与公司的分红,但优先股可以先于普通股获得股息,对公司来说,由于股息固定,它不影响公司的利润分配。二是优先股的权利范围小。优先股股东一般没有选举权和被选举权,对股份公司的重大经营无投票权,但在某些情况下可以享有投票权。三是可以先于普通股获得股息,清偿顺序可以先于普通股。如果公司股东大会需要讨论与优先股有关的索偿权,即优先股的索偿权先于普通股,而次于债权人,优先股的优先权主要表现在两个方面:

(1) 股息领取优先权。股份公司分派股息的顺序是优先股在前,普通股在后。股份公司不论其盈利多少,只要股东大会决定分派股息,优先股就可按照事先确定的股息率领取股息,即使普遍减少或没有股息,优先股亦应照常分派股息。

(2) 剩余资产分配优先权。股份公司在解散、破产清算时,优先股具有公司剩余资产的分配优先权,不过,优先股的优先分配权在债权人之后,而在普通股之前。只有还清公司债权人债务之后,有剩余资产时,优先股才具有剩余资产的分配权。只有在优先股索偿之后,普通股才参与分配。

优先股的种类很多,为了适应一些专门想获取某些优先好处的投资者的需要,优先股有各种各样的分类方式。

主要分类有以下几种:

(1) 累积优先股和非累积优先股。累积优先股是指在某个营业年度内,如果公司所获的盈利不足以分派规定的股利,日后优先股的股东对往年来付给的股息,有权要求如数补给。对于非累积的优先股,虽然对于公司当年所获得的利润有优先于普通股获得派股息的权利,但如该年公司所获得的盈利不足以按规定的股利分配时,非累积优先股的股东不能要求公司在以后年度中予以补发。一般来讲,对投资者来说,累积优先股比非累积优先股具有更大的优越性。

(2) 参与优先股与非参与优先股。当企业利润增大,除享受既定比率的利息外,还可以跟普通股共同参与利润分配的优先股,称为"参与优先股"。除了既定股息外,不再参与利润分配的优先股,称为"非参与优先股"。一般来讲,参与优先股较非参与优先股对投资者更为有利。

(3) 可转换优先股与不可转换优先股。可转换的优先股是指允许优先股持有人在特定条件下把优先股转换成为一定数额的普通股。否则,就是不可转换优先股。可转换优先股是近年来日益流行的一种优先股。

(4) 可收回优先股与不可收回优先股。可收回优先股是指允许发行该类股票的公司,按原来的价格再加上若干补偿金将已发生的优先股收回。当该公司认为能够以较低股利的股票来代替已发生的优先股时,就往往行使这种权利。反之,就是不可收回的优先股。优先股的收回方式有三种:

① 溢价方式:公司在赎回优先股时,虽是按事先规定的价格进行,但由于这往往给投资者带来不便,因而发行公司常在优先股面值上再加一笔"溢价"。

② 公司在发行优先股时,从所获得的资金中提出一部分款项创立"偿债基金",专用于定期地赎回已发出的一部分优先股。

③ 转换方式:即优先股可按规定转换成普通股。虽然可转换的优先股本身构成优先股的一个种类,但在国外投资界,也常把它看成是一种实际上的收回优先股方式,只是这种收回的主动权在投资者而不在公司里,对投资者来说,在普通股的市价上升时这样做是十分有利的。

3. 后配股

后配股是在利益或利息分红及剩余财产分配时比普通股处于劣势的股票,一般是在普通股分配之后,对剩余利益进行再分配。如果公司的盈利巨大,后配股的发行数量又很有限,则购买后配股的股东可以取得很高的收益。发行后配股,一般所筹措的资金不能立即产生收益,投资者的范围又受限制,因此利用率不高。后配股一般在下列情况下发行:

(1) 公司为筹措扩充设备资金而发行新股票时,为了不减少对旧股的分红,在新设备正式投用前,将新股票作后配股发行。

(2) 企业兼并时,为调整合并比例,向被兼并企业的股东交付一部分后配股。

(3) 在有政府投资的公司里,私人持有的股票股息达到一定水平之前,把政府持有的股票作为后配股。

三、股票的作用

1. 对上市公司的好处

(1) 股票上市后,上市公司就成为投资大众的投资对象,因而容易吸收投资大众的储蓄资金,扩大了筹资的来源。

(2) 股票上市后,上市公司的股权就分散在千千万万个大小不一的投资者手中,这种股权分散化能有效地避免公司被少数股东单独支配的危险,赋予公司更大的经营自由度。

(3) 股票交易所对上市公司股票行情及定期会计表册的公告,起了一种广告效果,有效地扩大了上市公司的知名度,提高了上市公司的信誉。

(4) 上市公司主权分散及资本大众化的直接效果就是使股东人数大大增加,这些数量极大的股东及其亲朋好友自然会购买上市公司的产品,成为上市公司的顾客。

(5) 可争取更多的股东。上市公司对此一般都非常重视,因为股票多就意味着消费者多,这利于公共关系的改善和实现所有者的多样化,对公司的广告亦有强化作用。

(6) 利于公司股票价格的确定。

(7) 上市公司既可公开发行证券,又可对原有股东增发新股,这样,上市公司的资金来源就很充分。

(8) 为鼓励资本市场的建立与资本积累的形成,一般对上市公司进行减税优待。当然,并非所有的大公司都愿意将其股票在交易所挂牌上市。美国就有许多这样的大公司,它们不是不能满足交易所关于股票挂牌上市的条件,而是不愿受证券交易委员会关于证券上市的种种限制。例如,大多数股票交易所都规定,在所里挂牌的公司必须定期公布其财务状况等,而有的公司正是因为这一原因而不在交易所挂牌了。

2. 对投资者的好处

(1) 挂牌上市为股票提供了一个连续性市场,这利于股票的流通。证券流通性越好,投资者就越愿意购买。不过,在交易所挂牌股票的流通性却不如场外市场上股票的流通性。这是多数股票都在场外流通的一个重要原因。

(2) 利于获得上市公司的经营及财务方面的资料,了解公司的现状,从而做出正确的投资决策。

(3) 上市股票的买卖,须经买卖双方的竞争,只有在买进与卖出报价一致时方能成交,所以证券交易所里的成交价格远比场外市场里的成交价格公平合理。

(4) 股票交易所利用所传播媒介,迅速宣布上市股票的成交行情。这样,投资者就能了解市价变动的趋势,作为投资决策的参考。

(5) 证券交易所对经纪人所收取的佣金有统一的标准,老少无欺。

第三节 实收资本

一、实收资本概述

我国有关法律规定,投资者设立企业首先必须投入资本。《企业法人登记管理条例》规定,企业申请开业,必须具备国家规定的与其生产经营和服务规模相适应的资金。为了反映和监督投资者投入资本的增减变动情况,企业必须按照国家统一的会计制度的规定进行实收资本的核算,真实地反映所有者投入企业资本的状况,维护所有者各方面在企业的权益。除股份有限公司以外,其他各类企业应通过"实收资本"科目核算,股份有限公司应通过"股本"科目核算。

企业收到所有者投入企业的资本后,应根据有关原始凭证(如投资清单、银行通知单等),分别按不同的出资方式进行会计处理。

二、实收资本的账务处理

(一)接受现金资产投资

1. 股份有限公司以外的企业接受现金资产投资
借:银行存款(实际收到的款项)
　　贷:实收资本(出资者在注册资本中占有的份额)
　　　　资本公积——资本溢价(差额)

2. 股份有限公司接受现金资产投资
(1)收到发行收入:
借:银行存款(股数×价格)
　　贷:股本(股数×面值)
　　　　资本公积——股本溢价[股数×(价格-面值)]

(2)发行费用的处理:
股份有限公司发行股票支付的手续费、佣金等发行费用,股票溢价发行的,从发行股票的溢价中抵扣;股票发行没有溢价或溢价金额不足以支付发行费用的部分,应将不足支付的发行费用冲减"盈余公积""利润分配——未分配利润"等科目。

【2014年《初级会计实务》考试真题·单选题】某上市公司发行普通股1 000万股,每股面值1元,每股发行价格5元,支付手续费20万元。该公司发行普通股计入资本公积的金额为_____万元。　　　　　　　　　　　　　　　　　　　　　　　　　　　(　　)
　A. 1 000　　　　B. 3 980　　　　C. 4 980　　　　D. 5 000
【正确答案】B
【答案解析】计入资本公积的金额=1 000×(5-1)-20=3 980(万元)。

(二)接受非现金资产投资

企业接受投资者作价投入的非现金资产,应按投资合同或协议约定价值确定入账价值(但投资合同或协议约定价值不公允的除外)和在注册资本中应享有的份额。

对于投资合同或协议约定的价值（不公允的除外）超过其在注册资本中所占份额的部分，应当计入资本公积。

【注意】如果接受投资者投入的固定资产和材料物资的增值税按规定可以抵扣，应将增值税计入"进项税额"。

借：非现金资产（合同或协议价）
　　贷：实收资本（在注册资本中占有的份额）
　　　　资本公积（差额）

我国《公司法》规定，股东可以用货币出资，也可以用实物、知识产权、土地使用权等可以用货币估价并可以依法转让的非货币财产作价出资；但是，法律、行政法规规定不得作为出资的财产除外。对作为出资的非货币财产应当评估作价，核实财产，不得高估或者低估作价。法律、行政法规对评估作价有规定的，从其规定。全体股东的货币出资金额不得低于有限责任公司注册资本的30%。不论以何种方式出资，投资者如在投资过程中违反投资合约，不按规定如期缴足出资额，企业可以依法追究投资者的违约责任。

企业接受非现金资产投资时，应按投资合同或协议约定价值确定非现金资产价值（但投资合同或协议约定价值不公允的除外）和在注册资本中应享有的份额。

1. 接受投入固定资产

企业接受投资者作价投入的房屋、建筑物、机器设备等固定资产，应按投资合同或协议约定价值确定固定资产价值（但投资合同或协议约定价值不公允的除外）和在注册资本中应享有的份额。

【例10-1】甲有限责任公司于设立时收到乙公司作为资本投入的不需要安装的机器设备一台，合同约定该机器设备的价值为2 000 000元，增值税进项税额为340 000元（假设不允许抵扣）。合同约定的固定资产价值与公允价值相符，不考虑其他因素，甲有限责任公司进行会计处理时，应编制会计分录如下：

借：固定资产　　　　　　　　　　　　　　　　　　　　2 340 000
　　贷：实收资本——乙公司　　　　　　　　　　　　　　　　2 340 000

本例中，该项固定资产合同约定的价值与公允价值相符，并且甲公司接受的固定资产投资产生的相关增值税进项税额不允许抵扣，因此，固定资产应按合同约定价值与增值税进项税额的合计金额2 340 000元入账。甲公司接受乙公司投入的固定资产按合同约定全额作为实收资本，因此，可按2 340 000元的金额贷记"实收资本"科目。

2. 接受投入材料物资

企业接受投资者作价投入的材料物资，应按投资合同或协议约定价值确定材料物资价值（但投资合同或协议约定价值不公允的除外）和在注册资本中应享有的份额。

【例10-2】乙有限公司于设立时收到B公司作为资本投入的原材料一批，该批原材料投资合同或协议约定价值（不含可抵扣的增值税进项税额部分）为100 000元，增值税进项税额为17 000元。B公司已开具了增值税专用发票。假设合同约定的价值与公允价值相符，该进项税额允许抵扣，不考虑其他因素，乙有限公司在进行会计处理时，应编制会计分类如下：

借：原材料　　　　　　　　　　　　　　　　　　　　　　100 000
　　应交税费——应交增值税（进项税额）　　　　　　　　　　17 000
　　贷：实收资本——B公司　　　　　　　　　　　　　　　　117 000

本例中,原材料的合同约定价值与公允价值相符,因此,可按照100 000元的金额借记"原材料"科目;同时,该进项税额允许抵扣,因此,增值税专用发票上注明的增值税税额17 000元,应借记"应交税费——应交增值税(进项税额)"科目。乙公司接受B公司投入德尔原材料按合同约定金额作为实收资本,因此可按117 000元的金额贷记"实收资本"科目。

3. 接受投入无形资产

企业收到以无形资产方式投入的资本,应按投资合同或协议约定价值确定无形资产价值(但投资合同或协议约定价值不公允的除外)和在注册资本中应享有的份额。

【例10-3】丙有限责任公司于设立时收到A公司作为资本投入的非专利技术一项,该非专利技术投资合同约定价值为60 000元,同时收到B公司作为资本投入的土地使用权一项,投资合同约定价值为80 000元。假设丙公司接受该非专利技术和土地使用权符合国家注册资本管理的有关规定,可按合同约定作实收资本入账,合同约定的价值与公允价值相符,不考虑其他因素。丙有限责任公司在进行会计处理时,应编制会计分录如下:

借:无形资产——非专利技术　　　　　　　　　　　　　　　60 000
　　　　　　——土地使用权　　　　　　　　　　　　　　　80 000
　　贷:实收资本——A公司　　　　　　　　　　　　　　　　60 000
　　　　　　　　——B公司　　　　　　　　　　　　　　　　80 000

本例中,非专利技术与土地使用权的合同约定价值与公允价值相符,因此,可分别按照60 000元和80 000元的金额借记"无形资产"科目。A、B公司投入的非专利技术和土地使用权按合同约定全额作为实收资本,因此可分别按60 000元和80 000元的金额贷记"实收资本"科目。

(三)实收资本(或股本)的增减变动

一般情况下,企业的实收资本应相对固定不变,但在某些特定情况下,实收资本也可能发生增减变化。我国企业法人登记管理条例中规定,除国家另有规定外,企业的注册资金应当与实收资本相一致,当实收资本比原注册资金增加或减少的幅度超过20%时,应持资金信用证明或者验资证明,向原登记主管机关申请变更登记。如擅自改变注册资本或抽逃资金,要受到工商行政管理部门的处罚。

1. 实收资本(或股本)的增加

一般企业增加资本主要有三个途径:接受投资者追加投资、资本公积转增资本和盈余公积转增资本。

需要注意的是,由于资本公积和盈余公积均属于所有者权益,用其转增资本时,如果是独资企业比较简单,直接结转即可。如果是股份公司或有限责任公司应该按照原投资者各出资比例相应增加各投资者的出资额。

【例10-4】甲、乙、丙三人共同投资设立A有限责任公司,原注册资本为4 000 000元,甲、乙、丙分别出资500 000元、2 000 000元和1 500 000元。为扩大经营规模,经批准,A公司注册资本扩大为5 000 000元,甲、乙、丙按照原出资比例分别追加投资125 000元、500 000元和375 000元。A公司如期收到甲、乙、丙追加的现金投资。A公司的会计分录如下:

借:银行存款　　　　　　　　　　　　　　　　　　　　　1 000 000
　　贷:实收资本——甲　　　　　　　　　　　　　　　　　　125 000

——乙	500 000
——丙	375 000

本例中，甲、乙、丙按原出资比例追加实收资本，因此，A公司应分别按照125 000元、500 000元和375 000元的金额贷记"实收资本"科目中甲、乙、丙明细分类账。

【例10-5】承例10-4，因扩大经营规模需要，经批准，A公司按原出资比例将资本公积1 000 000元转增资本。A公司的会计分录如下：

借：资本公积	1 000 000
贷：实收资本——甲	125 000
——乙	500 000
——丙	375 000

本例中，资本公积1 000 000元按原出资比例转增实收资本，因此，A公司应分别按照125 000元、500 000元和375 000元的金额贷记"实收资本"科目中甲、乙、丙明细分类账。

【例10-6】承例10-4，因扩大经营规模需要，经批准，A公司按原出资比例将盈余公积1 000 000元转增资本。A公司的会计分录如下：

借：盈余公积	1 000 000
贷：实收资本——甲	125 000
——乙	500 000
——丙	375 000

本例中，盈余公积1 000 000元按原出资比例转增实收资本，因此，A公司应分别按照125 000元、500 000元和375 000元的金额贷记"实收资本"科目中甲、乙、丙明细分类账。

2. 实收资本（或股本）的减少

企业减少实收资本应按法定程序报经批准，股份有限公司采用收购本公司股票方式减资的，按股票面值和注销股数计算的股票面值总额冲减股本，按注销库存股的账面余额与所冲减股本的差额冲减股本溢价，股本溢价不足冲减的，再冲减盈余公积直至未分配利润。如果购回股票支付的价款低于面值总额的，所注销库存股的账面余额与所冲减股本的差额作为增加股本溢价处理。

【例10-7】A公司2001年12月31日的股本为100 000 000股，面值为1元，资本公积（股本溢价）30 000 000元，盈余公积40 000 000元。经股东大会批准，A公司以现金回购本公司股票20 000 000股并注销。假定A公司按每股2元回购股票，不考虑其他因素，A公司的会计处理如下：

（1）回购本公司股票时：

借：库存股	40 000 000
贷：银行存款	40 000 000

库存股成本=20 000 000×2=40 000 000（元）

（2）注销本公司股票时：

借：股本	20 000 000
资本公积——股本溢价	20 000 000
贷：库存股	40 000 000

应冲减的资本公积=20 000 000×2-20 000 000×1=20 000 000（元）

【例 10-8】 承例 10-7，假定 A 公司按每股 3 元回购股票，其他条件不变，A 公司的会计处理如下：

（1）回购本公司股票时：

借：库存股　　　　　　　　　　　　　　　　　　　　　　60 000 000
　　贷：银行存款　　　　　　　　　　　　　　　　　　　　　60 000 000
　　　　库存股成本＝20 000 000×3＝60 000 000（元）

（2）注销本公司股票时：

借：股本　　　　　　　　　　　　　　　　　　　　　　　20 000 000
　　资本公积——股本溢价　　　　　　　　　　　　　　　　30 000 000
　　盈余公积　　　　　　　　　　　　　　　　　　　　　　10 000 000
　　贷：库存股　　　　　　　　　　　　　　　　　　　　　60 000 000

应冲减的资本公积＝20 000 000×3－20 000 000×1＝40 000 000（元），由于应冲减的资本公积大于公司现有的资本公积，所有只能冲减资本公积 30 000 000 元，剩余的 10 000 000 元应冲减盈余公积。

【例 10-9】 承例 10-7，假定 A 公司按每股 0.9 元回购股票，其他条件不变，A 公司的会计处理如下：

（1）回购本公司股票：

借：库存股　　　　　　　　　　　　　　　　　　　　　　18 000 000
　　贷：银行存款　　　　　　　　　　　　　　　　　　　　　18 000 000
　　　　库存股成本＝20 000 000×0.9＝18 000 000（元）

（2）注销本公司股票时：

借：股本　　　　　　　　　　　　　　　　　　　　　　　20 000 000
　　贷：库存股　　　　　　　　　　　　　　　　　　　　　18 000 000
　　　　资本公积——股本溢价　　　　　　　　　　　　　　　18 000 000

应增加的资本公积＝20 000 000×1－20 000 000×0.9＝2 000 000（元），由于折价回购，股本与库存股成本的差额 2 000 000 元应作为增加资本公积处理。

第四节　资 本 公 积

一、资本公积概述

资本公积是企业收到投资者的超出其在企业注册资本（股本）中所占份额的投资，以及直接计入所有者权益的利得和损失等。资本公积包括资本溢价（股本溢价）和直接计入所有者权益的利得和损失等。

资本溢价（股本溢价），是企业收到投资者的超出其在企业注册资本（或股本）中所占份额的投资。形成资本溢价（股本溢价）的原因有溢价发行股票、投资者超额缴入资本等。

直接计入所有者权益的利得和损失是指不应计入当期损益、会导致所有者权益发生增减变动的、与所有者投入资本或者向所有者分配利润无关的利得或者损失。

资本公积的核算包括资本溢价（股本溢价）的核算、其他资本公积的核算和资本公积转增资本的核算等内容。

二、资本公积的账务处理

（一）资本溢价

除股份有限公司外的其他类型的企业，在企业创立时，投资者认缴的出资额与注册资本一致，一般不会产生资本溢价。但在企业重组或有新的投资者加入时，常常会出现资本溢价。因为在企业进行正常生产经营后，其资本利润率通常要高于企业初创阶段，另外，企业有内部积累，新投资者加入企业后，对这些积累也要分享，所以新加入的投资者往往要付出大于原投资者的出资额，才能取得与原投资者相同的出资比例。投资者多缴的部分就形成了资本溢价。

【例10–10】A有限责任公司有两位投资者投资200 000元设立，每人各出资100 000元。一年后，为扩大经营规模，经批准，A有限责任公司注册资本增加到300 000元，并引入第三位投资者加入。按照投资协议，新投资者需缴入现金110 000元，同时享有该公司1/3的股份。A有限责任公司已收到该现金投资。假定不考虑其他因素，A有限责任公司的会计分录如下：

借：银行存款　　　　　　　　　　　　　　　　　　　　　　　110 000
　　贷：实收资本　　　　　　　　　　　　　　　　　　　　　　100 000
　　　　资本公积——资本溢价　　　　　　　　　　　　　　　　 10 000

本例中，A有限责任公司收到第三位投资者的现金投资110 000元中，100 000元属于第三位投资者在注册资本中所享有的份额，应记入"实收资本"科目，10 000元属于资本溢价，应记入"资本公积——资本溢价"科目。

（二）股本溢价

股份有限公司是以发行股票的方式筹集股本的，股票可按面值发行，也可按溢价发行，我国目前不准折价发行。与其他类型的企业不同，股份有限公司在成立时可能会溢价发行股票，因而在成立之初，就可能会产生股本溢价。股本溢价的数额等于股份有限公司发行股票时实际收到的款额超过股票面值总额的部分。

在按面值发行股票的情况下，企业发行股票取得的收入，应全部作为股本处理；在溢价发行股票的情况下，企业发行股票取得的收入，等于股票面值部分作为股本处理，超出股票面值的溢价收入应作为股本溢价处理。

发行股票相关的手续费、佣金等交易费用，如果是溢价发行股票的，应从溢价中抵扣，冲减资本公积（股本溢价）；无溢价发行股票或溢价金额不足以抵扣的，应将不足抵扣的部分冲减盈余公积和未分配利润。

【例10–11】B股份有限公司首次公开发行了普通股50 000 000股，每股面值1元，每股发行价格为4元。B公司以银行存款支付发行手续费、咨询费等费用共计6 000 000元。假定发行收入已全部收到，发行费用已全部支付，不考虑其他因素，B公司的会计处理如下：

（1）收到发行收入时：

借：银行存款　　　　　　　　　　　　　　　　　　　　　　　200 000 000
　　贷：股本　　　　　　　　　　　　　　　　　　　　　　　　 50 000 000

　　　　　资本公积——股本溢价　　　　　　　　　　　　　　　　　　　　　150 000 000

　　应增加的资本公积=50 000 000×(4-1)=150 000 000（元），本例中，B 股份有限公司溢价发行普通股，发行收入中等于股票面值的部分 50 000 000 元应记入"股本"科目，发行收入超出股票面值的部分 150 000 000 元记入"资本公积——股本溢价"科目。

（2）支付发行费用时：
　　借：资本公积——股本溢价　　　　　　　　　　　　　　　　　　　　　　6 000 000
　　　　贷：银行存款　　　　　　　　　　　　　　　　　　　　　　　　　　　　6 000 000

　　本例中，B 股份有限公司的股本溢价 150 000 000 元高于发行中发生的交易费用 6 000 000 元，因此，交易费用可从股本溢价中扣除，作为冲减资本公积处理。

（三）其他资本公积的核算

其他资本公积是指除资本溢价（股本溢价）项目以外所形成的资本公积，其中主要是直接计入所有者权益的利得和损失。本书以因被投资单位所有者权益的其他变动产生的利得或损失为例，介绍相关的其他资本公积的核算。

企业对某被投资单位的长期股权投资采用权益法核算的，在持股比例不变的情况下，对因被投资单位除净损益以外的所有者权益的其他变动，如果是利得，则应按持股比例计算其应享有被投资企业所有者权益的增加数额；如果是损失，则做相反的分录。在处置长期股权投资时，应转销与该笔投资相关的其他资本公积。

【例 10-12】C 有限责任公司于 2012 年 1 月 1 日向 F 公司投资 8 000 000 元，拥有该公司 20%的股份，并对该公司有重大影响，因而对 F 公司长期股权投资采用权益法核算。2012 年 12 月 31 日，F 公司净损益之外的所有者权益增加了 1 000 000 元。假定除此以外，F 公司的所有者权益没有变化，C 有限责任公司的持股比例没有变化，F 公司资产的账面价值与公允价值一致，不考虑其他因素。C 有限责任公司的会计分录如下：

　　借：长期股权投资——F 公司　　　　　　　　　　　　　　　　　　　　　　200 000
　　　　贷：资本公积——其他资本公积　　　　　　　　　　　　　　　　　　　　200 000

C 有限责任公司增加的资本公积=1 000 000×20%=200 000（元），本例中，C 有限责任公司对 F 公司的长期股权投资采用权益法核算，持股比例未发生变化，F 公司发生了除净损益之外的所有者权益的其他变动，C 有限责任公司应按其持股比例计算应享有的 F 公司权益的数额 200 000 元，作为增加其他资本公积处理。

（四）资本公积转增资本的核算

经股东大会或类似机构决议，用资本公积转增资本时，应冲减资本公积，同时按照转增前的实收资本（或股本）的结构或比例，将转增的金额记入"实收资本"（"股本"）科目下各所有者的明细分类账。

第五节　留　存　收　益

一、留存收益概述

留存收益是公司在经营过程中所创造的，但由于公司经营发展的需要或法定的原因等，没有分配给所有者而留存在公司的盈利。留存收益是指企业从历年实现的利润中提取或留存于企业的内部积累，它来源于企业的生产经营活动所实现的净利润，包括企业的盈余公积金和未分配利润两个部分，其中盈余公积金是有特定用途的累积盈余，未分配利润是没有指定用途的累积盈余。

【2015年《初级会计实务》考试真题·单选题】下列各项中，不属于留存收益的是_____。
（　　）

A．资本溢价　　　　　　　　B．任意盈余公积
C．未分配利润　　　　　　　D．法定盈余公积

【正确答案】A
【答案解析】留存收益包括盈余公积和未分配利润，盈余公积又包括法定盈余公积和任意盈余公积，所以BCD都属于留存收益。A不属于留存收益。

二、留存收益的账务处理

（一）利润分配

1. 利润分配的顺序

利润分配是指企业根据国家有关规定和企业章程、投资者的决议等，对企业当年可供分配的利润所进行的分配。

企业本年实现的净利润加上年初未分配利润（或减年初未弥补亏损）和其他转入后的余额，为可供分配的利润。

可供分配的利润，按下列顺序分配：① 提取法定盈余公积；② 提取任意盈余公积；③ 向投资者分配利润。

2. 设置的科目

留存收益的核算设置"盈余公积"和"利润分配"科目。

企业在"利润分配"科目下，设置"提取法定盈余公积""提取任意盈余公积""应付现金股利""盈余公积补亏"和"未分配利润"等明细科目。

年度终了，企业应将全年实现的净利润，自"本年利润"科目转入"利润分配——未分配利润"科目，并将"利润分配"科目下的其他有关明细科目的余额，转入"未分配利润"明细科目。结转后，"未分配利润"明细科目的贷方余额，就是累积未分配的利润数额；如为借方余额，则表示累积未弥补的亏损数额。

（1）结转净利润。

首先，将当年实现的净利润通过"本年利润"科目的借方转入"利润分配——未分配利润"的贷方，形成可供分配的利润，进行具体的利润分配。

（2）提取法定盈余公积。

（3）提取任意盈余公积。

（4）按照股东大会的决议，向投资者分配利润。

（5）将利润分配各明细科目"提取法定盈余公积""提取任意盈余公积""应付现金股利"余额转入"利润分配——未分配利润"科目。

"利润分配——未分配利润"科目如出现借方余额，则表示累积未弥补的亏损数额。对于

未弥补亏损可以用以后年度实现的税前利润进行弥补,但弥补期限不得超过 5 年,超过 5 年以后可以用税后利润弥补,也可以用盈余公积补亏。

用利润弥补亏损,不需要做账务处理,属于"利润分配——未分配利润"借贷方自动抵减;以盈余公积补亏时,分录如下:

借:盈余公积
　　贷:利润分配——盈余公积补亏
借:利润分配——盈余公积补亏
　　贷:利润分配——未分配利润

【例 10-13】未分配利润的数额等于企业当年实现的税后利润加未分配利润年初数。(　　)
【正确答案】×

【例 10-14】某企业年初未分配利润为 100 万元,本年实现的净利润为 200 万元,分别按 10%提取法定盈余公积和任意盈余公积,向投资者分配利润 150 万元,该企业未分配利润为(　　)万元。

A. 10　　　　　B. 90　　　　　C. 100　　　　　D. 110

【正确答案】D
【答案解析】未分配利润＝100＋200－200×20%－150＝110(万元)。

【例 10-15】D 股份有限公司年初未分配利润为 0 元,本年实现净利润 2 000 000 元,本年提取法定盈余公积 200 000 元,宣告发放现金股利 800 000 元。

【正确答案】假定不考虑其他因素,D 股份有限公司应进行如下会计处理:

(1)结转实现净利润时:

借:本年利润　　　　　　　　　　　　　　　　　　　　　　2 000 000
　　贷:利润分配——未分配利润　　　　　　　　　　　　　　2 000 000

如企业当年发生亏损,则应借记"利润分配——未分配利润"科目,贷记"本年利润"科目。

(2)提取法定盈余公积、宣告发放现金股利时:

借:利润分配——提取法定盈余公积　　　　　　　　　　　　　200 000
　　　　　　——应付现金股利　　　　　　　　　　　　　　　800 000
　　贷:盈余公积　　　　　　　　　　　　　　　　　　　　　200 000
　　　　应付股利　　　　　　　　　　　　　　　　　　　　　800 000

同时,

借:利润分配——未分配利润　　　　　　　　　　　　　　　1 000 000
　　贷:利润分配——提取法定盈余公积　　　　　　　　　　　200 000
　　　　　　　　——应付现金股利　　　　　　　　　　　　　800 000

结转后,如果"未分配利润"明细科目的余额在贷方,表示累计未分配的利润;如果余额在借方,则表示累积未弥补的亏损。本例中,"利润分配——未分配利润"明细科目的余额在贷方,此贷方余额 1 000 000 元(本年利润 2 000 000－提取法定盈余公积 200 000－应付现金股利 800 000)即为 D 股份有限公司本年年末的累计未分配利润。

(二)盈余公积

盈余公积是指企业按规定从净利润中提取的企业积累资金。公司制企业的盈余公积包括法定盈余公积和任意盈余公积。

按照《公司法》有关规定，公司制企业应当按照净利润（减弥补以前年度亏损，下同）的 10%提取法定盈余公积。非公司制企业法定盈余公积的提取比例可超过净利润的 10%。法定盈余公积累计额已达注册资本的 50%时可以不再提取。值得注意的是，在计算提取法定盈余公积的基数时，不应包括企业年初未分配利润。

公司制企业可根据股东大会的决议提取任意盈余公积。非公司制企业经类似权力机构批准，也可提取任意盈余公积。法定盈余公积和任意盈余公积的区别在于其各自计提的依据不同，前者以国家的法律法规为依据；后者由企业的权力机构自行决定。

企业提取的盈余公积经批准可用于弥补亏损、转增资本、发放现金股利或利润等。

1. 提取盈余公积

企业按规定提取盈余公积时，应通过"利润分配"和"盈余公积"等科目处理。

【例 10–16】E 股份有限公司本年实现净利润为 5 000 000 元，年初未分配利润为 0 元。经股东大会批准，E 股份有限公司按当年净利润的 10%提取法定盈余公积。假定不考虑其他因素，E 股份有限公司的会计分录如下：

借：利润分配——提取法定盈余公积　　　　　　　　　　　　　　　500 000
　　贷：盈余公积——法定盈余公积　　　　　　　　　　　　　　　　　500 000
　　　　本年提取盈余公积金额＝5 000 000×10%＝500 000（元）

2. 盈余公积补亏

【例 10–17】经股东大会批准，F 股份有限公司用以前年度提取的盈余公积弥补当年亏损，当年弥补亏损的数额为 600 000 元。假定不考虑其他因素，F 股份有限公司的会计分录如下：

借：盈余公积　　　　　　　　　　　　　　　　　　　　　　　　　600 000
　　贷：利润分配——盈余公积补亏　　　　　　　　　　　　　　　　　600 000

3. 盈余公积转增资本

【例 10–18】因扩大经营规模需要，经股东大会批准，G 股份有限公司将盈余公积 400 000 元转增股本。假定不考虑其他因素，G 股份有限公司的会计分录如下：

借：盈余公积　　　　　　　　　　　　　　　　　　　　　　　　　400 000
　　贷：股本　　　　　　　　　　　　　　　　　　　　　　　　　　400 000

4. 用盈余公积发放现金股利或利润

【例 10–19】H 股份有限公司 2003 年 12 月 31 日普通股股本为 50 000 000 股，每股面值 1 元，可供投资者分配的利润为 5 000 000 元，盈余公积 20 000 000 元。2004 年 3 月 20 日，股东大会批准了 2003 年度利润分配方案，以 2003 年 12 月 31 日为登记日，按每股 0.2 元发放现金股利。H 股份有限公司共需要分派 10 000 000 元现金股利，其中动用可供投资者分配的利润 5 000 000 元、盈余公积 5 000 000 元。假定不考虑其他因素，H 股份有限公司的会计处理如下：

（1）宣告分派股利时：

借：利润分配——应付现金股利　　　　　　　　　　　　　　　　5 000 000
　　盈余公积　　　　　　　　　　　　　　　　　　　　　　　　5 000 000
　　贷：应付股利　　　　　　　　　　　　　　　　　　　　　　10 000 000

（2）支付股利时：

借：应付股利　　　　　　　　　　　　　　　　　　　　　　　　　10 000 000
　　贷：银行存款　　　　　　　　　　　　　　　　　　　　　　　　10 000 000

本例中，H 股份有限公司经股东大会批准，以未分配利润和盈余公积发放现金股利，属于以未分配利润发放现金股利的部分 5 000 000 元应记入"利润分配——应付现金股利"科目，属于以盈余公积发放现金股利的部分 5 000 000 元应记入"盈余公积"科目。

三、弥补亏损

（一）企业弥补亏损的方法

企业弥补亏损的方式主要有三种：

（1）企业发生亏损，可以用次年度的税前利润弥补，次年度利润不足弥补的，可以在 5 年内延续弥补。

（2）企业发生的亏损，5 年内的税前利润不足弥补时，用税后利润弥补。

（3）企业发生的亏损，可以用盈余公积弥补。

以税前利润或税后利润弥补亏损，均不需要进行专门的账务处理。所不同的是以税前利润进行弥补亏损的情况下，其弥补的数额可以抵减企业当期的应纳税所得额，而用税后利润进行弥补亏损的数额，则不能在企业当期的应纳税所得额中抵减。

（二）税前利润或税后利润弥补亏损的会计处理

与实现利润的情况相同，企业应将本年发生的亏损自"本年利润"科目，转入"利润分配——未分配利润"科目：

借：利润分配——未分配利润
　　贷：本年利润

结转后"利润分配"科目的借方余额，即为未弥补亏损的数额。然后通过"利润分配"科目核算有关亏损的弥补情况。

企业发生的亏损可以用次年实现的税前利润弥补。在用次年实现的税前利润弥补以前年度亏损的情况下，企业当年实现的利润自"本年利润"科目，转入"利润分配——未分配利润"科目，即

借：本年利润
　　贷：利润分配——未分配利润

这样将本年实现的利润结转到"利润分配——未分配利润"科目的贷方，其贷方发生额与"利润分配——未分配利润"的借方余额自然抵补。因此，以当年实现净利润弥补以前年度结转的未弥补亏损时，不需要进行专门的账务处理。

【例 10–20】某企业 2010 年发生亏损 200 万元，在年度终了时，企业应当结转本年发生的亏损。则处理为（单位为万元）：

借：利润分配——未分配利润　　　　　　　　　　　　　　　　　　　200
　　贷：本年利润　　　　　　　　　　　　　　　　　　　　　　　　　　200

假设该企业 2011—2015 年每年实现税前利润 30 万元，根据制度规定，企业发生的亏损可以在五年内用税前利润进行弥补。该企业在 2010—2014 年均可在税前进行亏损弥补，在每年终了时，则处理为：

借：本年利润	30	
贷：利润分配——未分配利润		30

该企业 2015 年"利润分配——未分配利润"账户期末余额为借方余额 50 万元，即还有 50 万元亏损未进行弥补。假设该企业 2016 年实现税前利润 80 万元，根据制度规定，该企业只能用税后利润弥补以前年度亏损，假设该企业适用的企业所得税税率为 25%，企业没有其他纳税调整事项，其应纳税所得额为 80 万元，当年应缴纳的所得税为 20（80×25%）万元，则处理为：

（1）计算应缴纳所得税：

借：所得税费用	20	
贷：应交税费——应交所得税		20

同时：

借：本年利润	20	
贷：所得税费用		20

（2）结转本年利润，弥补以前年度未弥补的亏损：

借：本年利润	60	
贷：利润分配——未分配利润		60

（3）该企业 2016 年"利润分配——未分配利润"科目的期末余额为贷方余额 10（-50+60）万元。

（三）盈余公积弥补亏损的会计处理

企业以提取的盈余公积弥补亏损时，应当由公司董事会提议，并经股东大会批准。即

借：盈余公积
　　贷：利润分配——盈余公积补亏

【例 10-21】假设某公司 2015 年期末"利润分配——未分配利润"科目的余额为借方余额 500 万元，公司董事会提议，并经股东大会批准用盈余公积金弥补亏损，此时应处理为（单位为万元）：

借：盈余公积	500	
贷：利润分配——盈余公积补亏		500
借：利润分配——盈余公积补亏	500	
贷：利润分配——未分配利润		500

（四）企业弥补亏损的税务处理

《中华人民共和国企业所得税法》（中华人民共和国主席令第 63 号）第十八条规定："企业纳税年度发生的亏损，准予向以后年度结转，用以后年度的所得弥补，但结转年限最长不得超过五年。"根据国税发〔1997〕189 号文件规定："税法所指亏损的概念，不是企业财务报表中所反映的亏损额，而是企业财务报表中的亏损额经主管税务机关按税法规定调整后的金额。"这里的"五年"，是指税收上计算弥补亏损的期限，只对计算应纳税所得额产生影响，而在弥补亏损的会计核算中，并不受"五年"期限的限制。会计上，无论是盈利还是亏损，期末一律将"本年利润"科目的余额，结转"利润分配——未分配利润"科目。这里的"本年利润"余额是指扣除所得税费用后的净利润。

案例分析

披露资本存在的问题

接"案例导入"中诚会计师事务所的注册会计师,在审计某小型施工企业华兴公司 2013 年度会计报表时,发现存在以下问题:

1. 华兴公司连续几年亏损,企业净资产出现巨额赤字,2013 年 4 月董事会决议,对于出资人 C 公司投入的资金超过其注册资本所占份额确认为"其他应付款"的部分转作"资本公积——资本溢价",同时,董事会要求出资方按照各自原出资比例,对资不抵债部分予以弥补,弥补后 D 公司才能转让出资。

2. 2013 年 3 月,华兴公司的上级主管部门国有资产管理公司把其应收 E 公司的 300 万元债权划拨到华兴公司,并要求债转股为国有资产管理公司的出资,增加华兴公司的注册资本,进行验证并出具了审计报告,华兴公司对此已办理了国有产权登记和公司增资的变更登记。

3. 通过华兴公司 2013 年度会计报表了解到,华兴公司成立时 F 公司投入一幢房产,华兴公司对此的会计处理为:

借:固定资产——房产   2 000 000(评估价)
  贷:实收资本——F 公司   1 600 000
    资本公积——股权投资准备   400 000(超投部分)

该固定资产已经计提了 20 万元的折旧。该房产长期没有办理过户手续,华兴公司以所欠 F 公司的款项 200 万元把该房产置换出去,未做会计处理。

思考:为什么存在问题?应该怎么解决?

本章复习思考题

一、单项选择题

1. 某股份有限公司发行股票 5 000 万股,面值 1 元/股,发行价 1.02 元/股,发行股票前该公司"资本公积——股本溢价""资本公积——其他资本公积""盈余公积"和"利润分配——未分配利润"科目的贷方余额分别为 0 万元、30 万元、200 万元和 160 万元。该公司发行股票发生的手续费、佣金等交易费用 150 万元。该公司应冲减盈余公积的金额是_____万元。
( )
  A. 150   B. 20   C. 120   D. 50

2. 某股份有限公司按法定程序报经批准采用收购本公司股票方式减资,该公司收购本公司股票 100 万股,收购价格 0.9 元/股,面值 1 元/股,发生的佣金、印花税等交易费用 1.5 万元。该公司应增加的资本公积(股本溢价)的金额是_____万元。 ( )
  A. 1.5   B. 8.5   C. 10   D. 11.5

3. 股份有限公司按法定程序报经批准采用收购本公司股票方式减资的,购回股票支付的价款(含交易费用)超过其面值总额的,如果资本公积(股本溢价)不足冲减的,应最先冲减_____。
( )

A. 资本公积——其他资本公积　　B. 股本
C. 未分配利润　　D. 盈余公积

4. 将"本年利润"科目和"利润分配"科目下的其他有关明细科目的余额转入"未分配利润"明细科目后，"未分配利润"明细科目的贷方余额，就是_____。（　　）
A. 当年实现的净利润　　B. 累计留存收益
C. 累计实现的净利润　　D. 累计未分配的利润数额

5. 经股东大会或类似机构决议，用资本公积转增资本时，应冲减_____。（　　）
A. 资本公积（资本溢价或股本溢价）　　B. 资本公积（其他资本公积）
C. 留存收益　　D. 未分配利润

6. 某企业于 2000 年成立（假定所得税税率为 33%），当年发生亏损 80 万元，2001—2006 年每年实现利润总额为 10 万元，则 2006 年年底该企业"利润分配——未分配利润"科目的借方余额为_____万元。（　　）
A. 20　　B. 20.2　　C. 23.30　　D. 40

7. 企业增资扩股时，投资者实际缴纳的出资额大于其按约定比例计算的其在注册资本中所占的份额部分，应作为_____。（　　）
A. 资本公积　　B. 实收资本　　C. 盈余公积　　D. 营业外收入

8. 甲股份有限公司以每股 4 元的价格回购股票 1 000 万股，股票每股面值 1 元，共支付回购款 4 050 万元。回购时，公司的股本为 11 000 万元，资本公积溢价为 3 000 万元（均为该股票产生），盈余公积为 450 万元，未分配利润为 550 万元。回购股票后甲公司的所有者权益总额为_____万元。（　　）
A. 15 000　　B. 14 000　　C. 11 950　　D. 10 950

9. 某股份制公司委托某证券公司代理发行普通股 100 000 股，每股面值 1 元，每股按 1.2 元的价格出售。按协议，证券公司从发行收入中收取 3% 的手续费，从发行收入中扣除。则该公司计入资本公积的数额为_____元。（　　）
A. 16 400　　B. 100 000　　C. 116 400　　D. 0

10. 企业用当年实现的利润弥补亏损时，应做的会计处理是_____。（　　）
A. 借记"本年利润"科目，贷记"利润分配——未分配利润"科目
B. 借记"利润分配——未分配利润"科目，贷记"本年利润"科目
C. 借记"利润分配——未分配利润"科目，贷记"利润分配——未分配利润"科目
D. 无须专门做会计处理

11. 采用权益法核算长期股权投资时，对于被投资企业因交易性金融资产公允价值变动影响损益，期末因该事项投资企业应按所拥有的表决权资本的比例计算应享有的份额，将其计入_____。（　　）
A. 资本公积　　B. 投资收益　　C. 其他业务收入　　D. 营业外收入

12. 某企业收到外商投入的资本 10 000 美元，收到美元时当日市场汇率为 1:8.27，合同约定的汇率为 1:8.2，该项业务产生的资本公积为_____元。（　　）
A. 借方 700　　B. 贷方 700　　C. 贷方 500　　D. 0

13. 甲股份有限公司委托 A 证券公司发行普通股 1 000 万股，每股面值 1 元，每股发行价格为 5 元。根据约定，股票发行成功后，甲股份有限公司应按发行收入的 2% 向 A 证券公

司支付发行费。发行股票冻结期间的利息收入为 40 万元。如果不考虑其他因素，股票发行成功后，甲股份有限公司记入"资本公积"科目金额应为_____万元。（　　）
　　A. 4 000　　　　B. 3 900　　　　C. 3 940　　　　D. 3 960

二、多项选择题

1. 下列各项中，引起非公司制企业实收资本增加的有_____。（　　）
　　A. 接受现金资产投资　　　　　　B. 盈余公积转增资本
　　C. 资本公积转增资本　　　　　　D. 追加对被投资单位的投资

2. 下列各项中，关于未分配利润描述正确的有_____。（　　）
　　A. 未分配利润是企业所有者权益的组成部分
　　B. 可留待以后年度进行分配，但不得用于弥补亏损
　　C. 可留待以后年度进行分配的当年结余利润
　　D. 可留待以后年度进行分配的历年结存利润

3. 股份有限公司发行股票发生的交易费用，可能借记_____科目。（　　）
　　A. 资本公积　　　B. 财务费用　　　C. 盈余公积　　　D. 利润分配

4. 下列各项中属于资本公积来源的有_____。（　　）
　　A. 资本溢价
　　B. 股本溢价
　　C. 处置无形资产形成的利得
　　D. 权益法下被投资单位因吸收新投资者而增加的资本溢价中投资企业按应享有的份额而增加的数额

5. 直接计入所有者权益的利得应是同时具备以下_____特点的经济利益的总流入。
　　　　　　　　　　　　　　　　　　　　　　　　　　　　　　　（　　）
　　A. 不应计入当期损益　　　　　　B. 会导致所有者权益增加
　　C. 与所有者投入资本无关　　　　D. 由企业非日常活动所形成

6. 直接计入所有者权益的损失应是同时具备以下_____特点的经济利益的流出。
　　　　　　　　　　　　　　　　　　　　　　　　　　　　　　　（　　）
　　A. 不应计入当期损益　　　　　　B. 会导致所有者权益减少
　　C. 与向所有者分配利润无关　　　D. 由企业非日常活动所形成

7. 企业"利润分配"科目的核算内容包括_____。（　　）
　　A. 企业利润的分配　　　　　　　B. 企业亏损的弥补
　　C. 历年分配后的未分配利润　　　D. 历年弥补后的未弥补亏损

8. "利润分配"科目下可设置_____等明细科目进行明细核算。（　　）
　　A. 提取法定盈余公积　　　　　　B. 提取法定公益金
　　C. 盈余公积补亏　　　　　　　　D. 未分配利润

9. 下列各项中，能引起盈余公积发生增减变动的有_____。（　　）
　　A. 提取任意盈余公积　　　　　　B. 以盈余公积转增资本
　　C. 用任意盈余公积弥补亏损　　　D. 用盈余公积派送新股

10. 下列各项中，属于所有者权益的有_____。（　　）
　　A. 坏账准备　　　B. 资本溢价　　　C. 应付股利　　　D. 任意盈余公积

11. 下列各项中，能够影响企业资本公积的有_____。（ ）
A. 划转无法支付的应付账款　　　　B. 接受固定资产捐赠
C. 利用国家拨款形成的固定资产　　D. 权益法下被投资方回购股票

三、判断题

1. 企业接受非现金资产投资时，应按投资合同或协议约定的价值（不公允的除外）计入"实收资本"或"股本"科目。（ ）

2. 股份有限公司按法定程序报经批准采用收购本公司股票方式减资的，购回股票支付的价款（含交易费用）低于其面值总额的，应依次增加资本公积（股本溢价）、盈余公积和未分配利润。（ ）

3. 企业在非日常活动中形成的利得都应直接增加资本公积。（ ）

4. 无论是利得还是损失都存在直接计入所有者权益的和计入当期损益的。（ ）

5. "利润分配——未分配利润"科目贷方仅登记转入的本年利润额。（ ）

6. 企业用以后年度的税前利润弥补亏损时，应借记"本年利润"科目，贷记"利润分配——其他转入"科目。（ ）

7. 在按面值发行股票的情况下，公司发行股票支付的手续费、佣金等发行费用，直接计入当期财务费用。（ ）

8. 企业的盈余公积包括法定盈余公积、任意盈余公积。（ ）

9. 用盈余公积转增资本不影响所有者权益总额的变化，但会使企业净资产减少。（ ）

四、计算分析题

1. 某股份有限公司按法定程序报经批准采用收购本公司股票方式减资，该公司收购本公司股票 100 万股，回购价格 1.5 元/股，面值 1 元/股，发生的佣金、印花税等交易费用 2 万元。以上款项均以银行存款付讫。该公司注销股票时"资本公积——股本溢价"科目贷方余额 20 万元，"资本公积——其他资本公积"科目贷方余额 10 万元，"盈余公积"科目贷方余额 30 万元，"利润分配——未分配利润"科目贷方余额 80 万元。

要求：

（1）计算该公司回购股票所支付的价款（含交易费用）；

（2）计算确定该公司回购股票所支付的价款（含交易费用）与其面值总额的差额；

（3）编制该公司回购股票的会计分录；

（4）若公司回购股票的价款为 0.9 元/股，其他条件不变，则计算确定该公司回购股票所支付的价款（含交易费用）与其面值总额的差额并编制回购股票的会计分录（"资本公积"科目须写出明细科目，金额单位用万元表示）。

2. 东方公司 20×7 年年初未分配利润 300 000 元，任意盈余公积 200 000 元，当年实现税后利润为 1 800 000 元，公司董事会决定按 10%提取法定盈余公积，25%提取任意盈余公积，分派现金股利 500 000 元。

东方公司现有股东情况如下：A 公司占 25%，B 公司占 30%，C 公司占 10%，D 公司占 5%，其他占 30%。20×8 年 5 月，经公司股东大会决议，以任意盈余公积 500 000 元转增资本，并已办妥转增手续。

20×8 年度东方公司亏损 350 000 元。

要求：

(1) 根据以上资料,编制20×7年有关利润分配的会计处理。
(2) 编制东方公司盈余公积转增资本的会计分录。
(3) 编制20×8年年末结转亏损的会计分录,并计算未分配利润的年末金额。
(盈余公积和利润分配的核算写明明细科目)

3. 2006年12月15日,A、B、C共同投资设立甲股份有限公司,注册资本为4 000 000元,A、B、C的持股比例分别为60%、25%和15%。甲股份有限公司已如期收到各投资者一次缴足的款项。2007年2月12日,甲股份有限公司发行普通股20 000 000股,每股面值1元,每股发行价格5元,股款100 000 000元已全部收到,不考虑发行过程中的税费等因素。

要求: 做出甲股份有限公司的账务处理。

4. 正保股份有限公司(以下简称正保公司)为一家从事药品生产的增值税一般纳税企业。2011年1月1日,所有者权益总额为50 000万元,其中股本30 000万元,资本公积5 000万元,盈余公积6 000万元,未分配利润9 000万元。2011年度正保公司发生如下经济业务:

(1) 接受甲公司投入原材料一批,合同约定的价值为3 000万元(与公允价值相符),增值税税额为510万元;同时正保公司增加股本2 500万元,相关法律手续已办妥。

(2) 被投资企业乙公司可供出售金融资产的公允价值净值减少500万元,甲公司采用权益法按40%持股比例确认应享有的份额。

(3) 经股东大会决议,并报有关部门核准,增发普通股3 000万股,每股面值1元,每股发行价格5元,按照发行股款的2%向证券公司支付发行费。发行款已全部收到并存入银行。假定不考虑其他因素。

(4) 因扩大经营规模需要,经股东大会批准,正保公司将盈余公积2 800万元转增股本。

(5) 结转本年实现净利润3 000万元。

(6) 按税后利润的10%提取法定盈余公积。

(7) 向投资者宣告分配现金股利500万元。

(8) 将"利润分配——提取法定盈余公积""利润分配——应付现金股利"明细科目余额结转至"未分配利润"。

要求:
(1) 根据上述资料,逐项编制正保公司相关经济业务的会计分录。
(2) 计算年末所有者权益各项目的账面余额。

五、案例分析题

某公司年终利润分配前的有关资料如下:

上年未分配利润1 000万元,本年度税后利润2 000万元,股本(500万股,每股1元)500万元,资本公积100万元,盈余公积400万元(含公益金),所有者权益4 000万元,每股市价40元。

该公司决定:本年按规定比例15%提取盈余公积(含公益金),发放股票股利10%(即股东每持10股可得1股),并且按发放股票股利后的股数派发现金股利每股0.1元。

要求: 假设股票每股市价与每股账面价值成正比例关系,计算利润分配后的未分配利润、盈余公积、资本公积、流通股数和预计每股市价。

答案

一、单项选择题

1. D 2. B 3. D 4. D 5. A 6. C 7. A 8. D 9. A 10. D 11. B 12. D 13. C

二、多项选择题

1. ABC 2. AD 3. ABCD 4. ABD 5. ABCD 6. ABCD 7. ABCD 8. ACD
9. ABCD 10. BD 11. CD

三、判断题

1. × 2. × 3. × 4. √ 5. × 6. × 7. × 8. √ 9. ×

四、计算分析题

1.

（1）计算该公司回购股票所支付的价款（含交易费用）。

该公司回购股票所支付的价款（含交易费用）=100×1.5+2=152（万元）

（2）计算确定该公司回购股票所支付的价款（含交易费用）与其面值总额的差额

注销股票的面值总额=100×1=100（万元）。

回购股票所支付的价款（含交易费用）超过其面值总额的差额=152-100×1=52（万元）

上述差额应一次冲减资本公积（股本溢价）、盈余公积和未分配利润。

应首先冲减资本公积（股本溢价）20万元，冲减后尚余 52-20=32（万元）

再冲减盈余公积 30 万元，尚余 32-30=2（万元）

剩下的 2 万元冲减未分配利润。

（3）编制该公司回购股票的会计分录。

借：股本		100（100×1）
资本公积——股本溢价		20
盈余公积		30
利润分配——未分配利润		2
贷：银行存款		152

（4）若公司回购股票的价款为 0.9 元/股，其他条件不变，计算确定该公司回购股票所支付的价款（含交易费用）与其面值总额的差额并编制回购股票的会计分录。

回购股票所支付的价款（含交易费用）=100×0.9+2=92（万元）

注销股票的面值总额=100×1=100（万元）

回购股票所支付的价款（含交易费用）低于其面值总额的差额=100×1-92=8（万元）

上述差额应全部增加资本公积（股本溢价）。

借：股本		100
贷：银行存款		92
资本公积——股本溢价		8

2.

（1）20×7 年利润分配的会计处理：

借：本年利润		1 800 000
贷：利润分配——未分配利润		1 800 000

借：利润分配——提取法定盈余公积	180 000
利润分配——提取任意盈余公积	450 000
利润分配——应付现金股利	500 000
贷：盈余公积——法定盈余公积	180 000
盈余公积——任意盈余公积	450 000
应付股利	500 000
借：利润分配——未分配利润	1 130 000
贷：利润分配——提取法定盈余公积	1 80 000
利润分配——提取任意盈余公积	450 000
利润分配——应付现金股利	500 000

（2）以任意盈余公积转增股本：

借：盈余公积——任意盈余公积	500 000
贷：股本	500 000

（3）结转 20×8 年发生的亏损：

借：利润分配——未分配利润	350 000
贷：本年利润	350 000

2008 年未分配利润＝300 000＋ 1 800 000－1 130 000－350 000＝620 000（元）

3.

（1）
借：银行存款	4 000 000
贷：股本——A（4 000 000×60%）	2 400 000
——B（4 000 000×25%）	1 000 000
——C（4 000 000×15%）	600 000

（2）应记入"资本公积"科目的金额＝100 000 000－20 000 000＝80 000 000（元）。

借：银行存款	100 000 000
贷：股本	20 000 000
资本公积——股本溢价	80 000 000

4.（1）

① 借：原材料	3 000
应交税费——应交增值税（进项税额）	510
贷：股本	2 500
资本公积——股本溢价	1 010
② 借：资本公积——其他资本公积	200
贷：长期股权投资——其他权益变动	200
③ 借：银行存款	14 700
贷：股本	3 000
资本公积——股本溢价	11 700
④ 借：盈余公积	2 800
贷：股本	2 800

⑤ 借：本年利润 3 000
     贷：利润分配——未分配利润 3 000
⑥ 正保公司提取法定盈余公积金：
借：利润分配——提取法定盈余公积 300
     贷：盈余公积——法定盈余公积 300
⑦ 正保公司向投资者宣告分配现金股利：
借：利润分配——应付现金股利 500
     贷：应付股利 500
⑧ 借：利润分配——未分配利润 800
     贷：利润分配——提取法定盈余公积 300
              ——应付现金股利 500
（2）年末股本账面余额＝30 000＋2 500＋3 000＋2 800＝38 300（万元）
    年末资本公积账面余额＝5 000＋1 010－200＋11 700＝17 510（万元）
    年末盈余公积账面余额＝6 000－2 800＋300＝3 500（万元）
    年末未分配利润＝9 000＋3 000－300－500＝11 200（万元）

五、案例分析题

（1）提取盈余公积＝2 000×15%＝300（万元）
    盈余公积余额＝400＋300＝700（万元）
（2）流通股数＝500×（1＋10%）＝550（万股）
（3）股票股利＝40×500×10%＝2 000（万元）
    股本余额＝1×550＝550（万元）
    资本公积余额＝100＋（2 000－500×10%）＝2 050（万元）
（4）现金股利＝500×（1＋10%）×0.1＝55（万元）
    未分配利润余额＝1 000＋（2 000－300－2 000－55）＝645（万元）
（5）分配前每股市价与每股账面价值之比＝40÷（4 000÷500）＝5
    分配后每股账面价值＝（645＋2 050＋700＋550）÷550＝7.17（元）
    预计分配后每股市价＝7.17×5＝35.85（元/股）

模块六
收入、费用和利润核算岗位模块

第十一章

收 入

案例导入

虚增销售收入

注册会计师小王对某公司 2013 年度的报表进行审计时,发现"主营业务收入"和"应收账款"账户的发生额较以往各期都大。对照前期调查了解到该公司已经连续两年亏损,本年度生产销售环境并未比以前有所好转,小王感到销售收入的真实性值得怀疑。

案例思考:
(1)"主营业务收入"和"应收账款"账户的发生额较以往各期都大,是否正常?
(2)企业多计销售收入的途径有哪些?

第一节 收入概述

一、收入的定义及其分类

(一)收入的定义

收入是指企业在日常活动中形成的、会导致所有者权益增加的、与所有者投入资本无关的经济利益的总流入。

"日常活动"是指企业为完成其经营目标所从事的经常性活动以及与之相关的活动。比如:工业企业制造并销售产品、商业企业销售商品、咨询公司提供咨询服务、软件企业为客户开发软件、安装公司提供安装服务、租赁公司出租资产等,均属于企业为完成其经营目标所从事的经常性活动,由此产生的经济利益的总流入构成收入;企业转让无形资产使用权、出售原材料等,属于与经常性活动相关的活动,由此产生的经济利益的总流入也构成收入。企业处置固定资产、无形资产等活动,不是企业为完成其经营目标所从事的经常性活动,也不属于与经常性活动相关的活动,由此产生的经济利益的总流入不构成收入,应当确认为营业外收入。

(二)收入的分类

收入可以有不同的分类。按照企业从事日常活动的性质,可将收入分为销售商品收入、提供劳务收入、让渡资产使用权收入和建造合同收入。但不包括企业为第三方收取的款项,如增值税等,企业应将此作为负债处理。

按企业经营业务的主次分为主营业务收入和其他业务收入。不同行业其主营业务收入所包括的内容也不同,工业企业的主营业务收入主要包括销售商品、自制半成品、代制品、代修品、提供工业性作业等所取得的收入;商品流通企业的主营业务收入主要包括销售商品所取得的收入;旅游企业的主营业务收入主要包括客房收入、餐饮收入等。主营业务收入一般占企业营业收入的比重较大,对企业的经济效益产生较大的影响。其他业务收入主要包括出租固定资产、出租无形资产、出租包装物和商品、销售材料、用材料进行非货币性交换(非货币性资产交换具有商业实质且公允价值能够可靠计量)或债务重组等实现的收入。

【2015年《初级会计实务》考试真题·单选题】下列各项中,应确认为其他业务收入的是_____。( )

A. 银行存款利息收入　　　　　B. 转让商标使用权收入
C. 接受现金捐赠利得　　　　　D. 现金股利收入

【正确答案】B

【答案解析】选项A计入财务费用的贷方;选项C计入营业外收入;选项D计入投资收益。

二、收入的特征

(一)收入是企业在日常活动中形成的经济利益的总流入

收入形成于企业日常活动的特征使其与产生于非日常活动的利得相区分。企业所从事或发生的某些活动也能为企业带来经济利益,但不属于企业为完成其经营目标所从事的经常性活动,也不属于与经常性活动相关的活动。如:工业企业处置固定资产、无形资产,因其他企业违约收取罚款等,这些活动形成的经济利益的总流入属于企业的利得而不是收入。利得通常不经过经营过程就能取得,或属于企业不曾期望获得的收益。

(二)收入会导致企业所有者权益的增加

收入形成的经济利益总流入的形式多种多样,既可能表现为资产的增加,如:增加银行存款、应收账款;也可能表现为负债的减少,如减少预收账款;还可能表现为两者的组合,如:销售实现时,部分冲减预收账款,部分增加银行存款。收入形成的经济利益总流入能增加资产或减少负债或两者兼而有之,根据"资产-负债=所有者权益"的会计等式,收入一定能增加企业的所有者权益。这里所说的收入能增加所有者权益,仅指收入本身的影响,而收入扣除与之相配比的费用后的净额,既可能增加所有者权益,也可能减少所有者权益。

企业为第三方或客户代收的款项,如:企业代国家收取的增值税等,一方面增加企业的资产;另一方面增加企业的负债,并不增加企业的所有者权益,因此不构成本企业的收入。

（三）收入与所有者投入资本无关

所有者投入资本主要是为谋求享有企业资产的剩余权益，由此形成的经济利益总流入不构成收入，而应确认为企业所有者权益的组成部分。

第二节 销售商品收入

一、销售商品收入的确认与计量

销售商品收入是指企业通过销售商品实现的收入。比如工业企业制造并销售产品、商业企业销售商品等实现的收入。收入的确认是一个非常重要的问题，它不仅关系到流转税纳税时间的确定，还会影响成本、费用的正确结转，以至于影响利润和应纳税所得额及应纳所得税额计算的正确性。同时还应区分会计核算上的收入确认与税法上作为纳税依据的收入确认，不能混为一谈。

销售商品收入同时满足以下五个条件时，才能予以确认：

（1）企业已将商品所有权上的主要风险和报酬转移给购货方。与商品所有权有关的风险，是指商品可能发生减值或毁损等形成的损失；与商品所有权有关的报酬，是指商品价值增值或通过使用商品等形成的经济利益。

判断一项商品所有权上的主要风险和报酬是否已转移给买方，需要关注该项交易的实质而不是形式：

① 大多数情况下，所有权上的风险和报酬的转移伴随着所有权凭证的转移或实物的交付而转移，例如大多数零售商品。

② 企业已将所有权凭证或实物交付给买方，但可能在有些情况下保留商品所有权上的主要风险和报酬，如交款提货方式销售商品。

③ 有些情况下，企业已将商品所有权上的主要风险和报酬转移给买方，但实物尚未交付。这种情况下，应在所有权上的主要风险和报酬转移时确认收入，而不管实物是否交付。例如，购买方已支付货款但尚未提货，即交款提货通常属于这种情况。

（2）企业既没有保留通常与所有权相联系的继续管理权，也没有对已售出的商品实施控制。企业将商品所有权上的主要风险和报酬转移给买方后，如仍然保留通常与所有权相联系的继续管理权，或仍然对售出的商品实施控制，则此项销售不能成立，不能确认相应的销售收入。如某房地产企业 A 将尚待开发的土地销售给 B 企业，合同同时规定由 A 企业开发这片土地，开发后的土地售出后，利润由 A、B 两企业按一定比例分配。这意味着 A 企业仍保留了与该土地所有权相联系的继续管理权，不能确认收入。

如企业对售出的商品保留了与所有权无关的管理权，则不受本条件的限制。例如，房地产企业将开发的房产售出后，保留了对该房产的物业管理权，由于此项管理权与房产所有权无关，房产销售成立。企业提供的物业管理应视为一个单独的劳务合同，有关收入确认为劳务收入。

（3）收入的金额能够可靠计量。收入能否可靠计量，是确认收入的基本前提，收入不能可靠计量，则无法确认收入。企业在销售商品时，售价通常已经确定，但销售过程中由于某种不确定因素，也有可能出现售价变动的情况，则新的售价未确定前不应确认收入。

（4）相关的经济利益很可能流入企业。经济利益，是指直接或间接流入企业的现金或现金等价物。在销售商品的交易中，与交易相关的经济利益即为销售商品的价款。销售商品的价款能否有把握收回，是收入确认的一个重要条件。企业在销售商品时，如估计价款收回的可能性不大，即使收入确认的其他条件均已满足，也不应当确认收入。销售商品的价款能否收回，主要根据企业以前和购货方交往的直接经验，或从其他方面取得的信息，或政府的有关政策等进行判断。实务中，如果企业售出的商品符合合同或协议规定的要求，企业已将发票账单交付购货方，购货方也承诺付款，即说明商品销售的价款很可能收回。

（5）相关的已发生或将发生的成本能够可靠计量。根据收入与成本必须配比的会计基本原则，如果为赚取收入而发生的成本不能可靠计量，也不能确认收入，如已收到价款，收到的价款应确认为一项负债，例如订货销售。企业销售商品应同时满足上述 5 个条件，才能确认收入。任何一个条件没有满足，即使收到货款，也不能确认收入。为了单独反映已经发生但尚未确认销售收入的商品成本，企业应设置"发出商品""委托代销商品"等科目进行核算。"发出商品"科目核算一般销售方式下，已经发出但尚未确认销售收入的商品成本；"委托代销商品"科目，核算企业在委托其他单位代销商品的情况下，已经发出但尚未确认收入的商品成本。企业对于发出的商品，在确定不能确认收入时，应按发出商品的实际成本，借记"发出商品""委托代销商品"等科目，贷记"库存商品"科目。期末，"发出商品""委托代销商品"科目的余额，应并入资产负债表的"存货"项目反映。

二、销售商品收入的账务处理

销售商品收入的会计处理主要涉及一般销售商品业务、已经发出商品但不符合收入确认条件的销售业务、销售折让、销售退回、采用预售款方式销售商品、采用支付手续方式委托代销商品等情况。

（一）一般销售商品业务

在进行销售商品的会计处理时，首先要考虑销售商品收入是否符合收入确认条件。符合收入准则所规定的五项确认条件的，企业应及时确认收入并结转相关销售成本。通常情况下，企业应按已收或应收的合同或协议价款，加上应收取的增值税额，借记"银行存款""应收账款""应收票据"等科目，按确定的收入金额，贷记"主营业务收入""其他业务收入"等科目，按应收取的增值税额，贷记"应交税费——应交增值税（销项税额）"科目。如果售出商品不符合收入确认条件，则不确认收入，已经发出的商品，应当通过"发出商品"科目进行核算。

【例11-1】广电公司在2015年3月5日采用托收承付结算方式销售一批商品，开出的增值税专用发票上注明售价为500 000元，增值税税额为85 000元；商品已经发出，并已向银行办妥托收手续；该批商品的成本为400 000元，广电公司的会计分录如下：

（1）确认销售收入时：

借：应收账款　　　　　　　　　　　　　　　　　　　　　　585 000
　　贷：主营业务收入　　　　　　　　　　　　　　　　　　　　　500 000

应交税费——应交增值税（销项税额）	85 000

（2）结转成本：

借：主营业务成本	400 000
贷：库存商品	400 000

【例 11-2】 广电公司 2015 年出租包装物，取得租金收入 200 元，包装物的成本为 150 元（包装物成本在出租时一次转入销售成本）。租金收入已存入银行（不考虑相关税费）。广电公司会计处理如下：

收到租金时：

借：银行存款	200
贷：其他业务收入	200

同时结转成本：

借：其他业务成本	150
贷：周转材料——包装物	150

（二）已经发出商品但不符合收入确认条件的销售业务

【例 11-3】 广电公司在 2015 年 4 月 10 日向南岗公司销售一批商品，开出的增值税专用发票上注明的销售价格为 200 000 元，增值税税额为 34 000 元，款项尚未收到；该批商品成本为 120 000 元。广电公司在销售时已知乙公司资金周转发生困难（不满足相关的经济利益很可能流入企业），但为了减少存货积压，同时也为了维持与南岗公司长期建立的商业关系，广电公司仍将商品发往乙公司且办妥托收手续，假定广电公司销售该批商品的增值税纳税义务已经发生。

广电公司的账务处理如下：

（1）2015 年 4 月 10 日发出商品时：

借：发出商品	120 000
贷：库存商品	120 000

同时，将增值税专用发票上注明的增值税税额转入应收账款：

借：应收账款	34 000
贷：应交税费——应交增值税（销项税额）	34 000

（如果销售该商品的增值税纳税义务尚未发生，则不做这笔分录，等纳税义务发生时再做应交增值税的分录。）

（2）2015 年 7 月 10 日，广电公司得知南岗公司经营情况逐渐好转，南岗公司承诺近期付款时：

借：应收账款	200 000
贷：主营业务收入	200 000
借：主营业务成本	120 000
贷：发出商品	120 000

（3）2015 年 7 月 20 日收到款项时：

借：银行存款	234 000
贷：应收账款	234 000

(三）商业折扣、现金折扣和销售折让的处理

企业销售商品收入的金额通常按照从购货方已收或应收的合同或协议价款确定。在确定销售商品收入的金额时，应注意区分现金折扣、商业折扣和销售折让及其不同的账务处理方法。总的来讲，确定销售商品收入的金额时，不应考虑预计可能发生的现金折扣、销售折让，即应按总价确认，但应是扣除商业折扣后的净额。现金折扣、商业折扣、销售折让的区别以及相关会计处理方法如下：

（1）销售商品涉及现金折扣的，应当按照扣除现金折扣前的金额确定销售商品收入金额。现金折扣在实际发生时计入当期损益。现金折扣，是指债权人为鼓励债务人在规定的期限内付款而向债务人提供的债务扣除，通常发生在以赊销方式销售商品及提供劳务的交易中。企业为了鼓励客户提前偿付货款，与债务人达成协议，债务人在不同的期限内付款可享受不同比例的折扣。现金折扣应在实际发生时计入当期财务费用。

【例 11-4】广电公司在 2015 年 4 月 1 日向南岗公司销售一批商品，开出的增值税专用发票上注明的销售价款为 20 000 元，增值税税额为 3 400 元。为及早收回货款，广电公司和南岗公司约定的现金折扣条件为：2/10，1/20，n/30。假定计算现金折扣时不考虑增值税额。甲公司的账务处理如下：

4 月 1 日销售实现时，按销售总价确认收入：

借：应收账款	23 400
贷：主营业务收入	20 000
应交税费——应交增值税（销项税额）	3 400

如果南岗公司在 4 月 9 日付清货款：

借：银行存款	23 000
财务费用	400
贷：应收账款	23 400

如果南岗公司在 4 月 18 日付清货款：

借：银行存款	23 200
财务费用	200
贷：应收账款	23 400

如果南岗公司在 4 月底才付清货款，则按全额付款：

借：银行存款	23 400
贷：应收账款	23 400

（2）销售商品涉及商业折扣的，应当按照扣除商业折扣后的金额确定销售商品收入金额。商业折扣，是指企业为促进商品销售而在商品标价上给予的价格扣除。

【例 11-5】广电公司为增值税一般纳税企业，2015 年 4 月 1 日销售 A 商品 1 000 件，每件商品的标价为 10 元（不含增值税），每件商品的实际成本为 6 元，A 商品适用的增值税税率为 17%；由于是成批销售，广电公司给予购货方 10%的商业折扣，并在销售合同中规定现金折扣条件为 2/10，1/20，n/30；A 商品于 4 月 1 日发出，购货方于 4 月 9 日付款。假定计算现金折扣时考虑增值税。

本例涉及商业折扣和现金折扣的问题，首先需要计算确定销售商品收入的金额。根据销

售商品收入的金额确定的有关规定,销售商品收入的金额应是未扣除现金折扣但扣除商业折扣后的金额,现金折扣应在实际发生时计入当期财务费用。因此,广电公司应确认的销售商品收入金额为 9 000(10×1 000-10×1 000×10%)元,增值税销项税额为 1 530(90 000×17%)元。购货方于销售实现后的 10 日内付款,享有的现金折扣为 210.6[(90 000+1 530)×2%]元。广电公司的会计处理如下:

4月1日销售实现时:

借:应收账款	10 530
贷:主营业务收入	9 000
应交税费——应交增值税(销项税额)	1 530
借:主营业务成本	6 000(6×1 000)
贷:库存商品	6 000

4月9日收到货款时:

借:银行存款	10 319.4
财务费用	210.6
贷:应收账款	10 530

以上的 210.6 元为考虑增值税时的现金折扣,若本例假设计算现金折扣时不考虑增值税,则广电公司给予购货方的现金折扣为 9 000×2%=180(元)。本例中,若购货方于 4 月 19 日付款,则享有的现金折扣为 105.3(10 530×1%)元。广电公司在收到货款时的会计分录为:

借:银行存款	10 424.7
财务费用	105.3
贷:应收账款	10 530

若购货方于 4 月底才付款,则应按全额付款。广电公司在收到货款时的会计分录为:

借:银行存款	10 530
贷:应收账款	10 530

(3)销售折让,是指企业因售出商品的质量不合格等原因而在售价上给予的减让。企业将商品销售给买方后,如买方发现商品在质量、规格等方面不符合要求,可能要求卖方在价格上给予一定减让。销售折让可能发生在企业确认收入之前,也可能发生在企业确认收入之后。发生在收入确认之前的销售折让,其处理相当于商业折扣,即在销售商品时直接给予客户价格上的减让,企业实现的销售收入按实际销售价格(原销售价格减去商业折扣)确认。企业已经确认销售商品收入的售出商品发生销售折让的,应当在发生时冲减当期销售商品收入。

销售折让属于资产负债表日后事项的,适用《企业会计准则第 29 号——资产负债表日后事项》,应当调整资产负债表日的财务报表。

【例 11-6】广电企业销售一批商品,增值税专用发票上注明的销售价格为 80 000 元,增值税为 13 600 元。货到后购货方发现商品质量不合格,要求在价格上给予 10%的折让。假定已获得税务部门开具的索取折让证明单,并开具了红字增值税专用发票。广电企业的会计处理为:

销售实现时:

借:应收账款——××企业	93 600
贷:主营业务收入	80 000

应交税费——应交增值税（销项税额）	13 600

发生销售折让时：

借：主营业务收入	8 000
应交税费——应交增值税（销项税额）	1 360
贷：应收账款——××企业	9 360

收到销售商品价款时：

借：银行存款	84 240
贷：应收账款——××企业	84 240

（4）商品销售退回，是指企业售出的商品由于质量、品种不符合要求等原因而发生的退货。企业发生销售退回后，应按照有关的原始凭证，办理商品入库手续。凡是本月发生已确认收入的销售退回，无论是属于本年度还是以前年度销售的商品，均应冲减本月的销售收入，借记"主营业务收入""应交税费——应交增值税（销项税额）"科目，贷记"银行存款""应收账款""应付账款"等科目。如已经结转销售成本，同时应冲减同一月份的主营业务成本，借记"库存商品"科目，贷记"主营业务成本"科目。未确认收入的发出商品的退回按计入"发出商品"科目的金额，借记"库存商品"等科目，贷记"发出商品"科目。资产负债表日及之前售出的商品在资产负债表日至财务会计报告批准报出日之间发生退回的，应当作为资产负债表日后事项的调整事项处理。

【例11-7】广电工业生产企业2015年12月销售甲产品100件，单位售价14元，单位销售成本10元。因质量问题该批产品于2016年5月退回10件，货款已经退回。该企业2016年5月销售甲产品150件，单位销售成本11元。该产品的增值税税率17%，假如该企业为增值税一般纳税人，销售退回应退回的增值税已取得有关证明。按上述已知条件，该企业的会计处理如下：

● 冲减主营业务收入：

借：主营业务收入	140
应交税费——应交增值税（销项税额）	23.80
贷：银行存款	163.80

● 分别采用两种方法计算退回产品的成本：

① 从当月销售数量中扣除已退回产品的数量：

2016年5月实际销售甲产品的数量＝150－10＝140（件）

2016年5月实际销售甲产品的成本＝140×11＝1 540（元）

结转5月份主营业务成本：

借：主营业务成本	1 540
贷：库存商品	1 540

② 单独计算本月退回产品的成本，退回产品的销售成本按照退回月份的成本计算：

2016年5月销售甲产品的实际成本＝150×11＝1 650（元）

结转5月份销售产品成本：

借：主营业务成本	1 650
贷：库存商品	1 650

　　2016年5月退回产品的实际成本＝10×11＝110（元）

借：库存商品	110	
贷：主营业务成本		110

如果按销售月份的产品实际成本计算,退回产品的实际成本为100(10×10)元;如果用退回月份的同类或同种产品的实际成本计算退回产品的成本,上述两种计算方法的结果相同;如果退回的产品本月没有销售或没有同类或同种产品销售的,则按销售月份的产品实际成本计算退回产品的成本,两者计算销售成本的金额会出现差异。

销售退回属于资产负债表日后事项的,适用《企业会计准则第29号——资产负债表日后事项》。

(5) 其他商品销售。

① 商品需要安装和检验的销售。在这种销售方式下,购买方在授受交货以及安装和检验完毕前一般不应确认收入,但如果安装程序比较简单,或检验是为最终确定合同价格而必须进行的程序,则可以在商品发出时,或在商品装运时确认收入。

② 附有销售退回条件的商品销售。在附有销售退回条件商品销售方式下,对符合收入确认条件的部分,按正常销售商品业务进行账务处理,对不符合收入确认条件的,将发出商品的成本转入"发出商品"科目,将已确认应收的增值税税额转入"应收账款"科目。

③ 代销商品。代销商品分别按以下情况确认收入:

1) 视同买断。即由委托方和受托方签订协议,委托方按协议价收取所代销的货款,实际售价由受托方自定。由于这种销售因商品相关的风险和报酬已随商品发出而转移,本质上已经将商品销售,如果满足其他确认条件,委托方应在将商品交付给受托方时确认收入。

【例11-8】广电公司委托南岗公司销售甲商品100件,协议价为200元/件,该商品成本为120元/件,增值税税率17%。广电公司开具增值税专用发票,发票上注明:售价20 000元,增值税额3 400元。南岗公司实际销售时开具的增值税发票上注明:售价24 000元,增值税为4 080元。

广电企业的会计处理:

① 将甲商品交付B企业时:

借：应收账款	23 400	
贷：主营业务收入		20 000
应交税费——应交增值税(销项税额)		3 400
借：主营业务成本	12 000	
贷：库存商品		12 000

② 收到B企业汇来的货款时:

借：银行存款	23 400	
贷：应收账款——海天实业		23 400

南岗企业的会计处理:

① 收到拨来的甲商品时:

借：库存商品	20 000	
应交税费——应交增值税(进项税额)	3 400	
贷：应付账款		23 400

② 实际销售商品时:

借：银行存款	28 080	
贷：主营业务收入		24 000
应交税费——应交增值税（销项税额）		4 080
借：主营业务成本	20 000	
贷：库存商品		20 000
借：应付账款——湘江公司	23 400	
贷：银行存款		23 400

2）收取手续费。在采用支付手续费代销方式下，委托方在发出商品时，商品所有权上的主要风险和报酬并未转移给受托方，委托方在发出商品时通常不应确认销售商品收入，而应在收到受托方开出的代销清单时确认销售商品收入，同时将应支付的代销手续费计入销售费用；受托方应在代销商品销售后，按合同或协议约定的方法计算确定代销手续费，确认劳务收入。受托方可通过"受托代销商品""受托代销商品款"等科目，对受托代销商品进行核算。确认代销手续费收入时，借记"受托代销商品款"科目，贷记"其他业务收入"等科目。

【例 11-9】假如例 11-8 中，南岗企业按每件 200 元的价格出售给顾客，光电企业按售价的 10% 支付 B 企业手续费。南岗企业实际销售时，即向买方开出一张增值税专用发票，发票上注明甲商品售价 20 000 元，增值税额 3 400 元。广电企业在收到南岗企业交来的代销清单时，向南岗企业开具一张相同金额的增值税发票。

广电企业的会计处理：

① 广电企业将甲商品交付南岗企业时：

借：委托代销商品	12 000	
贷：库存商品		12 000

② 收到代销清单时：

借：应收账款——南岗企业	23 400	
贷：主营业务收入		20 000
应交税费——应交增值税（销项税额）		3 400
借：主营业务成本	12 000	
贷：委托代销商品		12 000
借：销售费用	2 000	
贷：应收账款——南岗企业		2 000

③ 收到南岗企业汇来的货款净额 21 400 元（23 400－2 000）：

借：银行存款	21 400	
贷：应收账款——南岗企业		21 400

南岗企业的会计处理：

① 收到甲商品时：

借：受托代销商品	20 000	
贷：代销商品款		20 000

② 实际销售商品时：

借：银行存款	23 400	

贷：应付账款——广电企业		20 000
应交税费——应交增值税（销项税额）		3 400
借：应交税费——应交增值税（进项税额）	3 400	
贷：应付账款——广电企业		3 400
借：代销商品款	20 000	
贷：受托代销商品		20 000

③ 归还广电企业贷款并计算代销手续费时：

借：应付账款——广电企业	23 400	
贷：银行存款		21 400
主营业务收入（或其他业务收入）		2 000

（4）售后回购，是指销售商品的同时，销售方同意日后重新买回这批商品。在我国，售后回购一般具有融资性质，在这种情况下，通常不应当确认收入。回购价格大于原售价的差额，应在回购期间按期计提利息，计入财务费用。

【例 11-10】广电公司于 5 月 1 日向宏达公司销售商品，价格为 100 万元，增值税为 17 万元，成本为 80 万元。广电公司应于 9 月 30 日以 110 万元购回。

发出商品应做如下会计处理：

借：银行存款	1 170 000	
贷：库存商品		800 000
应交税费——增值税（销项税额）		170 000
应付账款		200 000

回购价格大于原售价的差额分 5 个月分摊：（110－100）÷5＝2（万元）

| 借：财务费用 | 20 000 | |
| 贷：应付账款 | | 20 000 |

回购商品时：

借：库存商品	1 100 000	
应交税费——增值税（进项税额）	187 000	
贷：银行存款		1 287 000
借：应付账款	300 000	
贷：库存商品		300 000

（5）售后租回，是指销售商品的同时，销售方同意日后再租回所售商品。在这种销售方式下，应当分情况处理：

1）如果售后租回形成一项融资租赁，售价与资产账面价值之间的差额应当单独设置"递延收益"科目核算，并按该项租赁资产的折旧进度进行分摊，作为折旧费用的调整。

2）如果售后租回形成一项经营租赁，售价与资产账面价值之间的差额也通过"递延收益"科目核算，并在租赁期内按照租金支付比例分摊。

（6）以旧换新销售，是指销售方在销售商品的同时回收与所售商品相同的旧商品。在这种销售方式下，销售的商品按照商品销售的方法确认收入，回收的商品作为购进商品处理。

【2015 年《初级会计实务》考试真题·单选题】下列各项中，关于收入表述不正确的是_____。（　　）

A. 企业在商品销售后如能够继续对其实施有效控制，则不应确认收入

B. 企业采用交款提货式销售商品，通常应在开出发票账单并收到货款时确认收入

C. 企业在资产负债表日提供劳务交易结果能够可靠估计的，应采用完工百分比法确认提供劳务收入

D. 企业销售商品相关的已发生或将发生的成本不能可靠计量，但已收到价款的，应按照已收到的价款确认收入

【正确答案】D

【答案解析】企业销售商品确认收入的一个条件就是要满足成本能够可靠计量，所以选项D错误。

【2015年《初级会计实务》考试真题·判断题】企业采用支付手续费方式委托代销商品，委托方应在发出商品时确认销售商品收入。 （ ）

【正确答案】×

【答案解析】采用支付手续费方式的，应当在收到代销清单时确认收入。

【2014年《初级会计实务》考试真题·多选题】下列关于企业销售商品收入确认时点的表述中，正确的有_____。 （ ）

A. 采用支付手续费委托代销方式销售商品，应在收到代销清单时确认收入

B. 采用预收货款方式销售商品，应在收到货款时确认收入

C. 采用交款提货方式销售商品，应在开出发票收到货款时确认收入

D. 采用托收承付方式销售商品，应在发出商品并办妥托收手续时确认收入

【正确答案】ACD

【答案解析】采用预收货款方式销售商品，应在发出商品时确认收入。

【2013年《初级会计实务》考试真题·多选题】下列各项中，应计入工业企业其他业务收入的有_____。 （ ）

A. 出售投资性房地产取得的收入

B. 随同商品出售且单独计价的包装物取得的收入

C. 股权投资取得的现金股利收入

D. 经营性租赁固定资产的现金收入

【正确答案】ABD

【答案解析】工业企业的股权投资取得的现金股利收入应该计入投资收益核算，不属于企业的其他业务收入。

第三节 提供劳务收入

一、提供劳务收入的确认与计量

企业会计准则区分并分别规定了"提供劳务交易的结果能够可靠估计"和"提供劳务交易的结果不能够可靠估计"两种情况下提供劳务收入的确认和计量问题。

(一)提供劳务的交易结果能够可靠估计

依据以下条件进行判断,如果同时满足以下条件,则交易的结果能够可靠估计:

(1) 收入的金额能够可靠计量。收入的金额能够可靠计量,是指提供劳务收入的总额能够合理估计。通常情况下,企业应当按照从接受劳务方已收或应收的合同或协议价款确定提供劳务收入总额。随着劳务的不断提供,可能会根据实际情况增加或减少已收或应收的合同或协议价款,此时,企业应及时调整提供劳务收入总额。

(2) 相关的经济利益很可能流入企业。相关的经济利益很可能流入企业,是指提供劳务收入总额收回的可能性大于不能收回的可能性。企业在确定提供劳务收入总额能否收回时,应当结合接受劳务方的信誉、以前的经验以及双方就结算方式和期限达成的合同或协议条款等因素,综合进行判断。通常情况下,企业提供的劳务符合合同或协议要求,接受劳务方承诺付款,就表明提供劳务收入总额收回的可能性大于不能收回的可能性。

(3) 交易的完工进度能够可靠确定。企业可以根据提供劳务的特点,选用下列方法确定提供劳务交易的完工进度:

1) 已完工作的测量,这是一种比较专业的测量方法,由专业测量师对已经提供的劳务进行测量,并按一定方法计算确定提供劳务交易的完工程度。

2) 已经提供的劳务占应提供劳务总量的比例,这种方法主要以劳务量为标准确定提供劳务交易的完工程度。

3) 已经发生的成本占估计总成本的比例,这种方法主要以成本为标准确定提供劳务交易的完工程度。只有反映已提供劳务的成本才能包括在已经发生的成本中,只有反映已提供或将提供劳务的成本才能包括在估计总成本中。

(4) 交易中已发生和将发生的成本能够可靠计量。合同总成本包括至资产负债表日止已经发生的成本和完成劳务将要发生的成本。企业应建立完善的内部成本核算制度和有效的内部财务预算及报告制度,准确提供每期发生的成本,并对完成剩余劳务将要发生的成本做出科学、可靠估计,并随着劳务的不断提供或外部情况的不断变化,随时对估计的成本进行修订。

在采用完工百分比法确认收入时,收入和相关的费用应按以下公式计算:

本年确认的收入=劳务总收入×本年末止劳务的完工进度-以前年度已确认的收入

本年确认的费用=劳务总成本×本年末止劳务的完工进度-以前年度已确认的费用

【例11-11】广电软件开发公司(适用增值税税率为17%)于2015年10月5日为客户订制一项软件,工期大约5个月,合同总计4 680 000元(含税),至2015年12月31日已发生成本2 200 000元(不考虑进项税额),预收账款2 925 000元。预计开发完整个软件还将发生成本800 000元。2015年12月31日经专业测量师测量,软件的开发程度为60%。

2015年确认收入=劳务总收入×劳务的完成程度-以前年度已确认的收入=4 000 000×60%-0=2 400 000(元)

2015年确认营业成本=劳务总成本×劳务的完成程度-以前年度已确认的营业成本=(2 200 000+800 000)×60%-0=1 800 000(元)

该企业应做如下会计分录:

(1) 发生成本时:

```
借：劳务成本                                              2 200 000
    贷：银行存款                                                  2 200 000
```
(2) 预收款项时：
```
借：银行存款                                              2 925 000
    贷：预收账款                                                  2 925 000
```
(3) 确认收入：
```
借：预收账款                                              2 808 000
    贷：主营业务收入                                              2 400 000
        应交税费——应交增值税（销项税额）                          408 000
```
(4) 结转成本：
```
借：主营业务成本                                          1 800 000
    贷：劳务成本                                                  1 800 000
```
发生的成本为 2 200 000 元，扣除已结转的成本 1 800 000 元，余额 400 000 元应并入年度资产负债表"存货"项目内反映。

（二）提供劳务的交易结果不能够可靠估计

企业在资产负债表日，如不能可靠估计所提供劳务的交易结果，亦即不能满足前述 4 个条件中的任何一条，则不能按完工百分比法确认收入。这时企业应正确预计已经收回或将要收回的款项能弥补多少已经发生的成本，并按以下办法处理：

（1）如果已经发生的劳务成本预计能够得到补偿，应按已经发生的劳务成本金额确认收入；同时，按相同的金额结转成本，不确认利润。

（2）如果已经发生的劳务成本预计不能全部得到补偿，应按能够得到补偿的劳务金额确认收入，并按已经发生的劳务成本结转成本。确认的收入金额小于已经发生的劳务成本的差额，确认为损失。

（3）如果预计已经发生的劳务成本全部不能得到补偿，则不应确认收入，但应将已经发生的成本确认为当期费用。

【例 11-12】 广电公司于 2014 年 12 月 25 日接受南岗公司委托，为其培训一批学员，培训期为 6 个月，2015 年 1 月 1 日开学。协议约定，南岗公司应向广电公司支付的培训费总额为 90 000 元，分三次等额支付，第一次在开学时预付，第二次在 2015 年 3 月 1 日支付，第三次在培训结束时支付。2015 年 1 月 1 日，南岗公司预付第一次培训费。至 2015 年 2 月 28 日，广电公司发生培训成本 40 000 元（假定均为培训人员薪酬）。2015 年 3 月 1 日，广电公司得知南岗公司经营发生困难，后两次培训费能否收回难以确定。广电公司的会计处理如下：

（1）2015 年 1 月 1 日收到南岗公司预付的培训费：
```
借：银行存款                                                 30 000
    贷：预收账款                                                      30 000
```
（2）实际发生培训成本 40 000 元：
```
借：劳务成本                                                 40 000
    贷：应付职工薪酬                                                  40 000
```
（3）2015 年 2 月 28 日确认提供劳务收入并结转劳务成本：

借：预收账款	30 000	
贷：主营业务收入		30 000
借：主营业务成本	40 000	
贷：劳务成本		40 000

本例中，广电公司已经发生的劳务成本 40 000 元预计只能部分得到补偿，即只能按预收款项得到补偿，应按预收账款 30 000 元确认劳务收入，并将已经发生的劳务成本 40 000 元结转入当期损益。

（二）同时销售商品和提供劳务收入

在企业与企业的交易中，有时既包括销售商品又包括提供劳务，如销售机器设备的同时负责安装工作、销售软件后继续提供技术支持等。此时，如果销售商品部分和提供劳务部分能够区分且能够单独计量的，企业应当分别核算销售商品部分和提供劳务部分，将销售商品的部分作为销售商品处理，将提供劳务的部分作为提供劳务处理。如果销售商品部分和提供劳务部分不能够区分，或虽能够区分但不能够单独计量的，企业应当将销售商品部分和提供劳务部分全部作为销售商品进行会计处理。

二、特殊的劳务收入

特殊的劳务收入，在按完工百分比法确认劳务收入的情况下，应按以下标准分别确认收入：

（1）安装费收入。如果安装费是与商品销售分开的，则应在年度终了时根据安装的完工程度确认收入；如果安装费是商品销售收入的一部分，则应与所销售的商品同时确认收入。

（2）申请入会费和会员费收入。这方面的收入确认应以所提供服务的性质为依据。如果所收费用只允许取得会籍，而所有其他服务或商品都要另行收费，则在款项收回不存在任何不确定性时确认为收入。如果所收费用能使会员所负担的价格购买商品或接受劳务，则该项收费应在整个受益期内分期确认收入。

（3）包括在商品售价内的服务费。如商品的售价内包括可区分的在售后一定期限内的服务费，应在商品销售实现时，按售价扣除该项服务费后的余额确认为商品销售收入。服务费递延至提供服务的期间内确认为收入。在这种情况下，企业可设置"递延收益"科目，核算所售商品的售价中包含的可区分的售后服务费。

（4）订制软件收入。主要是指为特定客户开发软件，不包括开发的商品化软件。订制软件收入应在资产负债表日根据开发的完成程度确认收入。

（5）特许权费收入。特许权费收入包括提供初始及后续服务、设备和其他有形资产及专门技术等方面的收入。其中属于提供设备和其他有形资产的部分，应在这些资产的所有权转移时，确认为收入；属于提供初始及后续服务的部分，在提供服务时确认为收入。

（6）广告费收入。宣传媒介的佣金收入应在相关的广告或商业行为开始出现于公众面前时予以确认。广告的制作佣金收入则应在年度终了时根据项目的完成程度确认。

（7）入场费收入。因艺术表演、招待宴会以及其他特殊活动而产生的收入，应在这些活动发生时予以确认。如果是一笔预收几项活动的费用，则这笔预收款应合理分配给每项活动。

（8）定期收费。有的企业与客户签订合同，长期为客户提供某一种或几种重复的劳务，客户按期支付劳务费。在这种情况下，企业应在合同约定的收款日期确认收入。如某物业管理企业与某住宅小区物业产权人签订合同，为该小区所有住户提供维修、清洁、绿化、保安及代收房费、水电费等项劳务，每月末收取劳务费。该企业应在每月末将应收取的劳务费确认为当月收入。

【2015年《初级会计实务》考试真题·单选题】2014年11月1日，甲公司接受乙公司委托为其安装一项大型设备，安装期限为3个月，合同约定乙公司应支付安装费总额为60 000元。当日收到乙公司20 000元预付款，其余款项安装结束验收合格后一次付清。截至2014年12月31日，甲公司实际发生安装费15 000元，预计至安装完成还将发生安装费用25 000元；该公司按已发生的成本占估计总成本的比例确定完工进度。不考虑其他因素，甲公司2014年应确认的收入为_____元。　　　　　　　　　　　　　　　　　　　　　　　（　　）

　　A. 20 000　　　　B. 22 500　　　　C. 15 000　　　　D. 60 000

【正确答案】B

【答案解析】2014年年末的完工进度＝15 000/（15 000＋25 000）×100％＝37.5％；2014年应确认的收入＝60 000×37.5％＝22 500（元）。

【2015年《初级会计实务》考试真题·多选题】确定劳务交易完工进度的方法有_____。
　　　　　　　　　　　　　　　　　　　　　　　　　　　　（　　）

　　A. 由专业测量师对已经提供的劳务进行测量
　　B. 预计能收回金额占估计总成本的比例
　　C. 已提供劳务成本占应提供劳务总量的比例
　　D. 已收到结算款占合同总收入的比例

【正确答案】AC

【答案解析】企业可以根据提供劳务的特点，选用下列方法确定提供劳务交易的完工进度：① 已完工作的测量，要由专业的测量师对已经提供的劳务进行测量；② 已经提供的劳务占应提供劳务总量的比例；③ 已经发生的成本占估计总成本的比例。选项AC正确。

【2013年《初级会计实务》考试真题·单选题】2013年4月12日，某企业与客户签订一项工程劳务合同，合同期为一年，合同收入总额为3 000万元，预计合同总成本为2 100万元，至2013年12月31日该企业实际发生总成本为1 400万元，但提供的劳务交易结果不能可靠估计，估计只能从工程款中收回成本1 050万元，2013年度该企业应确认的该劳务收入为_____万元。　　　　　　　　　　　　　　　　　　　　　（　　）

　　A. 1 400　　　　B. 2 100　　　　C. 2 900　　　　D. 1 050

【正确答案】D

【答案解析】由于企业提供的劳务交易结果不能够可靠地估计，已经发生的劳务成本预计能够部分得到补偿，所以按照能够得到补偿的1 050万元来确认劳务收入，2013年度该企业应确认的劳务收入的金额为1 050万元。

第四节　让渡资产使用权收入

一、让渡资产使用权收入的确认与计量

让渡资产使用权取得的收入主要包括：

（1）利息收入，是指因他人使用本企业现金而取得的利息收入。如金融企业存、贷款形成的利息收入及同业之间发生往来形成的利息收入等。

（2）使用费收入，是指因他人使用本企业的无形资产等而形成的使用费收入，如他人使用本企业的商标权、专利权、专营权、软件、版权等。

企业对外出租资产收取的租金、进行债权投资收取的利息、进行股权投资取得的现金股利，也构成让渡资产使用权形成的收入。

让渡资产使用权取得的收入应遵循以下确认原则：

（1）相关的经济利益很可能流入企业。企业在确定让渡资产使用权的使用费收入金额是否很可能收回时，应当根据对方企业的信誉和生产经营情况、双方就结算方式和期限等达成的合同或协议条款等因素，综合进行判断。如果企业估计使用费收入金额收回的可能性不大，就不应确认收入。

（2）收入的金额能够可靠计量。利息收入根据合同或协议规定的存、贷款利率确定；使用费收入按企业与其资产使用者签订的合同或协议确定。当收入的金额能够可靠计量时，才能确认收入。

利息收入应在每个会计期末，按未收回的存款或贷款的本金、存续期间和适当的利率计算并确认利息收入；让渡资产使用权的使用费收入金额，应按照有关合同或协议约定的收费时间和方法计算确定。不同的使用费收入，收费时间和方法各不相同。有一次性收取一笔固定金额的，如一次收取10年的场地使用费；有在合同或协议规定的有效期内分期等额收取的，如合同或协议规定在使用期内每期收取一笔固定的金额；也有分期不等额收取的，如合同或协议规定按资产使用方每期销售额的百分比收取使用费等。

如果合同或协议规定一次性收取使用费，且不提供后续服务的，应当视同销售该项资产一次性确认收入；提供后续服务的，应在合同或协议规定的有效期内分期确认收入。如果合同或协议规定分期收取使用费的，应按合同或协议规定的收款时间、金额和规定的收费方法计算确定的金额分期确认收入。

二、让渡资产使用权收入的账务处理

【例11-13】广电、南岗两企业达成协议，广电企业允许南岗企业经营其连锁店。协议规定，广电企业共向南岗企业收取特许权费700 000元，其中，提供家具、柜台等收费200 000元，这些家具、柜台成本为180 000元；提供初始服务，收费350 000元，发生成本230 000元；提供后续服务收费150 000元，发生成本50 000元。假定款项在协议开始时一次付清。则A企业的会计处理如下：

（1）收到款项：

借：银行存款　　　　　　　　　　　　　　　　　　　　　　　700 000
　　贷：预收账款　　　　　　　　　　　　　　　　　　　　　　　　700 000

（2）在家具、柜台等的所有权转移时，确认200 000元收入：

借：预收账款　　　　　　　　　　　　　　　　　　　　　　　200 000
　　贷：其他业务收入　　　　　　　　　　　　　　　　　　　　　　200 000
借：其他业务成本　　　　　　　　　　　　　　　　　　　　　180 000
　　贷：库存商品　　　　　　　　　　　　　　　　　　　　　　　　180 000

（3）在提供初始服务时，确认 350 000 元的收入：

借：预收账款　　　　　　　　　　　　　　　　　　　　　　350 000
　　贷：其他业务收入　　　　　　　　　　　　　　　　　　　　350 000
借：其他业务成本　　　　　　　　　　　　　　　　　　　　　230 000
　　贷：银行存款等　　　　　　　　　　　　　　　　　　　　　230 000

（4）在提供后续服务时，确认 150 000 元：

借：预收账款　　　　　　　　　　　　　　　　　　　　　　150 000
　　贷：其他业务收入　　　　　　　　　　　　　　　　　　　　150 000
借：其他业务支出　　　　　　　　　　　　　　　　　　　　　 50 000
　　贷：银行存款等　　　　　　　　　　　　　　　　　　　　　 50 000

【2015年《初级会计实务》考试真题·单选题】下列各项中，应确认为其他业务收入的是_____。　　　　　　　　　　　　　　　　　　　　　　　　　　　　（　　）

A．银行存款利息收入　　　　　　B．转让商标使用权收入
C．接受现金捐赠利得　　　　　　D．现金股利收入

【正确答案】B

【答案解析】选项 A 计入财务费用的贷方；选项 C 计入营业外收入；选项 D 计入投资收益。

【2015年《初级会计实务》考试真题·判断题】企业转让无形资产使用权时，如果合同或协议规定一次性收取使用费，且不提供后续服务的，应视同销售该项无形资产一次性确认收入。_____　　　　　　　　　　　　　　　　　　　　　　　　　　　　　　（　　）

【正确答案】√

【2015年《初级会计实务》考试真题·多选题】下列各项中，属于让渡资产使用权收入的有_____。　　　　　　　　　　　　　　　　　　　　　　　　　　　　　　（　　）

A．债券投资取得的利息　　　　　B．出租固定资产取得的租金
C．股权投资取得的现金股利　　　D．转让商标使用权取得的收入

【正确答案】ABCD

【答案解析】让渡资产使用权，既包括实物资产，也包括货币资产。

第五节　建造合同收入

一、建造合同概述

（一）建造合同的概念

建造合同，是指为建造一项或数项在设计、技术、功能、最终用途等方面密切相关的资产而订立的合同。这里所讲的资产，是指房屋、道路、桥梁、水坝等建筑物以及船舶、飞机、大型机械设备等。

建造合同属于经济合同范畴，但它不同于一般的材料采购和劳务合同，而是有其自身的特征。主要表现在：① 先有买主（即客户），后有标底（即资产），建造资产的造价在签订合

同时已经确定；② 资产的建设期长，一般都要跨越一个会计年度，有的长达数年；③ 所建造的资产体积大、造价高；④ 建造合同一般为不可取消的合同。

（二）建造合同的类别

建造合同分为固定造价合同和成本加成合同两类。固定造价合同是指按照固定的合同价或固定单价确定工程价款的建造合同。成本加成合同是指以合同约定或其他方式议定的成本为基础，加上该成本的一定比例或定额费用确定工程价款的建造合同。

（三）建造合同的分立与合并

企业通常应当按照单项建造合同进行会计处理。但是，在某些情况下，为了反映一项或一组合同的实质，需要将单项合同进行分立或将数项合同进行合并。

（1）合同分立。一项包括建造数项资产的建造合同，同时满足下列条件的，每项资产应当分立为单项合同：① 每项资产均有独立的建造计划；② 与客户就每项资产单独进行谈判，双方能够接受或拒绝与每项资产有关的合同条款；③ 每项资产的收入和成本可以单独辨认。如果不同时具备上述三个条件，则不能将建造合同进行分立，而应仍将其作为一个合同进行会计处理。

（2）合同合并。一组合同无论对应单个客户还是多个客户，同时满足下列条件的，应当合并为单项合同：① 该组合同按一揽子交易签订。② 该组合同密切相关，每项合同实际上已构成一项综合利润率工程的组成部分。③ 该组合同同时或依次履行。如果不同时符合上述三个条件，则不能将该组合同进行合并，而应以各单项合同进行会计处理。

（3）追加资产的建造。满足下列条件之一的，应当作为单项合同：① 该追加资产在设计、技术或功能上与原合同包括的一项或数项资产存在重大差异。② 议定该追加资产的造价时，不需要考虑原合同价款。

（四）合同收入与合同成本

1. 合同收入

合同收入包括合同规定的初始收入和因合同变更、索赔、奖励等形成的收入两部分。合同规定的初始收入，即建造承包商与客户在双方签订的合同中最初商订的合同总金额，它构成了合同收入的基本内容。因合同变更、索赔、奖励等形成的收入并不构成合同双方在签订合同时已在合同中商订的合同总金额，而是在执行合同过程中由于合同变更、索赔、奖励等原因而形成的追加收入。

合同变更是指客户为改变合同规定的作业内容而提出的调整。索赔款是指因客户或第三方原因造成的、向客户或第三方收取的、用以补偿不包括在合同造价中成本的款项；奖励款是指工程达到或超过规定的标准，客户同意支付的额外款项。

2. 合同成本

合同成本应当包括从合同签订开始至合同完成所发生的、与执行合同有关的直接费用和间接费用。这里所说的"直接费用"是指为完成合同所发生的、可以直接计入合同成本核算对象的各项费用支出。"间接费用"是指为完成合同发生的、不易直接归属于合同成本核算对象而应分配计入有关合同成本核算对象的各项费用支出。

（1）合同的直接费用应当包括下列内容：

耗用的材料费用。主要包括施工过程中耗用的构成工程实体或有助于形成工程实体的原材料、辅助材料、构配件、零件、半成品的成本和周转材料的摊销及租赁费用。周转材料是指企业在施工过程中能多次使用并可基本保持原来的实物形态而逐渐转移其价值的材料，如施工中使用的模板、挡板和脚手架等。

耗用的人工费用。主要包括从事工程建造的人员的工资、奖金、福利费、工资性质的津贴等支出。

耗用的机械使用费。主要包括施工生产过程中使用自有施工机械所发生的机械使用费、租用外单位施工机械支付的租赁费和施工机械的安装、拆卸和进出场费。

其他直接费用。指其他可以直接计入合同成本的费用。主要包括有关的设计和技术援助费用、施工现场材料二次搬运费、生产工具和用具使用费、检验试验费、工程定位复测费、工程点交费用、场地清理费用等。由于直接费用在发生时能够分清受益对象，所以直接费用在发生时直接计入合同成本。

（2）间接费用是企业下属的施工单位或生产单位为组织和管理施工生产活动所发生的费用，包括临时设施摊销费用和施工、生产单位管理人员的职工薪酬、劳动保护费、固定资产折旧费及修理费、物料消耗、低值易耗品摊销费、取暖费、水电费、办公费、差旅费、财产保险费、工程保修费、排污费等。

（3）因订立合同而发生的有关费用。建造承包商为订立合同而发生的差旅费、投标费等，能够单独区分和可靠计量且合同很可能订立的，应当予以归集，待取得合同时计入合同成本；未满足上述条件的，应当计入当期损益。

（4）合同成本不包括应当计入当期损益的下列费用：企业行政管理部门为组织和管理生产经营活动所发生的管理费用；船舶等制造企业的销售费用；企业筹集生产经营所需资金而发生的财务费用。

直接费用在发生时直接计入合同成本，间接费用在资产负债表日按照系统、合理的方法分摊计入合同成本；合同完成后处置残余物资取得的收益等与合同有关的零星收益，应当冲减合同成本。

这里，"与合同有关的零星收益"是指在合同执行过程中取得的，但不计入合同收入而应冲减合同成本的非经常性的收益。例如，完成合同后处置残余物资取得的收益。

（五）合同收入与合同成本的确认

合同收入与合同成本的确认条件：

在同一会计年度内完成的建造合同，应在完成时确认合同收入和合同成本。

（1）如果固定造价合同的结果能够可靠估计，企业应根据完工百分比法在资产负债表日确认合同收入和合同成本。

其中，固定造价合同的结果能够可靠估计是指同时满足下列条件：① 合同总收入能够可靠计量。② 与合同相关的经济利益很可能流入企业。③ 实际发生的合同成本能够清楚地区分和可靠计量。④ 合同完工进度和为完成合同尚需发生的成本能够可靠确定。

成本加成合同的结果能够可靠估计，是指同时满足下列条件：① 与合同相关的经济利益很可能流入企业；② 实际发生的合同成本能够清楚区分和可靠计量。

（2）如果固定造价合同的结果不能够可靠估计，应分两种情况进行处理：合同成本在其发生的当期确认为合同费用；合同成本不可能收回的，应在发生时立即确认为合同费用，不确认合同收入。

合同预计总成本超过合同总收入的，应当将预计损失确认为当期费用。

二、建造合同的账务处理

（一）完工百分比法及其应用

完工百分比法是根据合同完工进度确认合同收入和费用的方法。运用这种方法确认合同收入和费用能为报表使用者提供有关合同进度及本期业绩的有用信息，体现了权责发生制的精神。

完工百分比法的运用包括两个步骤：

首先确定建造合同的完工进度，计算出完工百分比。企业确定合同完工进度可以选用下列方法：

（1）累计实行发生的合同成本占合同预计总成本的比例。该方法是确定合同完工进度较常用的方法。计算公式如下：

$$合同完工进度 = \frac{累计实际发生的合同成本}{合同预计总成本} \times 100\%$$

【例11-14】某建筑公司签订了一项合同总金额为1 000万元的建造合同，合同规定的建设期为3年。第一年实际发生合同成本300万元，年末预计为完成合同尚需发生成本520万元；第二年实际发生合同成本为400万元，年末预计为完成合同尚需发生成本150万元。根据上述资料，合同完工进度：

$$第一年合同完工进度 = \frac{300}{300+520} \times 100\% = 37\%$$

$$第二年合同完工进度 = \frac{300+400}{300+400+150} \times 100\% = 82\%$$

（2）已经完成的合同工作量占合同预计总工作量的比例。该方法适用于合同工作量容易确定的建造合同，如道路工程、土石方挖掘、砌筑工程等。计算公式如下：

$$合同完工进度 = \frac{已经完成的合同工作量}{合同预计总工作量} \times 100\%$$

【例11-15】路桥工程公司签订了修建一条长100千米公路的建造合同，合同规定的总金额为8 000万元，工期为3年。该公司第一年修建了30千米，第二年修建了40千米。根据上述资料，计算合同完工进度如下：

$$第一年合同完工进度 = \frac{30}{100} \times 100\% = 30\%$$

$$第二年合同完工进度 = \frac{30+40}{100} \times 100\% = 70\%$$

（3）实际测定的完工进度。该方法是在无法根据上述两种方法确定合同完工进度时所要用的一种特殊的技术测量方法，适用于一些特殊的建造合同，如水下施工工程等。需要指出的是，这种技术测量并不是由建造承包商自行随意测定，而应由专业人员现场进行科学测定。

例如，某建筑公司承建一项水下作业工程，在资产负债表日，经专业人员现场测定，已完成工作量达合同总工作量的80%。则该合同的完工进度为80%。

根据完工百分比法计量和确认当期的合同收入和费用，当期确认的合同收入和费用可用下列公式计算：

当期确认的合同收入＝（合同总收入×完工进度）－以前会计年度累计已确认的收入

当期确认的合同毛利＝（合同总收入－合同预计总成本）×完工进度－以前会计年度累计已确认的毛利

当期确认的合同费用＝当期确认的合同收入－当期确认的合同毛利－以前会计年度预计损失准备

（二）建造合同业务的账务处理

企业为核算建造合同业务应设置"工程施工"、"工程结算"科目。

（1）"工程施工"科目（船舶等制造企业亦可使用"生产成本"科目），核算企业实际发生的合同成本和合同毛利。本科目应当按照建造合同，分别按"合同成本"、"间接费用"、"合同毛利"进行明细核算，期末借方余额反映企业尚未完工的建造合同成本和合同毛利。企业进行合同建造时发生的人工费、材料费、机械使用费以及施工现场材料的二次搬运费、生产工具和用具使用费、检验试验费、临时设施折旧费等其他直接费用，借记"工程施工（合同成本）"科目，贷记"应付职工薪酬"、"原材料"等科目；发生的施工、生产单位管理人员职工薪酬、固定资产折旧费、财产保险费、工程保修费、排污费等间接费用，借记"工程施工（间接费用）"科目，贷记"累计折旧"、"银行存款"等科目。月末，将间接费用分配计入有关合同成本时，借记"工程施工（合同成本）"科目，贷记"工程施工（间接费用）"科目。根据建造合同准则确认合同收入、合同费用时，借记"主营业务成本"科目，贷记"主营业务收入"科目，按其差额，借记或贷记"工程施工（合同毛利）"科目。合同完工时，将"工程施工"科目余额与相应的"工程结算"科目对冲，借记"工程结算"科目，贷记"工程施工"科目。

（2）"工程结算"科目，核算企业根据建造合同约定向购买方办理结算的累计金额。本科目是"工程施工"科目的备抵科目，应当按照建造合同进行明细核算，期末贷方余额反映企业尚未完工建造合同已办理结算的累计金额。企业向购买方办理工程价款结算时，按应结算的金额，借记"应收账款"等科目，贷记"工程结算"科目。合同完工时，将"工程结算"科目余额与相应的"工程施工"科目对冲，借记"工程结算"科目，贷记"工程施工"科目。在建造合同未开工或实施过程中，如果合同的预计总成本超过总收入，则应当确认预计损失。未开工时，按其差额，借记"主营业务成本"科目，贷记"预计负债"科目；实施过程中，按其差额，借记"资产减值损失"科目，贷记"存货跌价准备——合同预计损失准备"科目；合同完工时，借记"预计负债"或"存货跌价准备——合同预计损失准备"科目，贷记"主营业务成本"科目。

【例11-16】某建筑公司签订了一项总金额为100万元的固定造价合同，最初预计总成本为90万元。第一年实际发生成本63万元，年末，预计为完成合同尚需发生成本42万元。假定该合同的结果能够可靠地估计。该公司应在年末时进行如下会计处理：

第一年合同完工进度 $= \dfrac{63}{63+42} \times 100\% = 60\%$

第一年确认的合同收入＝合同总收入×60%＝100×60%＝60（万元）

第一年确认的合同毛利＝[100－(63＋42)]×60%＝－3（万元）

第一年应确认的合同费用＝收入－毛利＝60－(－3)＝63（万元）

第一年预计的合同损失＝[(63＋42)－100]×(1－60%)＝2（万元）

其账务处理为：

借：主营业务成本　　　　　　　　　　　　　　　　　　　630 000
　　贷：主营业务收入　　　　　　　　　　　　　　　　　　600 000
　　　　工程施工——毛利　　　　　　　　　　　　　　　　 30 000

同时，

借：管理费用——合同预计损失　　　　　　　　　　　　　 20 000
　　贷：存货跌价准备——预计损失准备　　　　　　　　　　 20 000

【例 11-17】某造船企业为增值税一般纳税人，适用增值税税率为 17%。2012 年 1 月，企业与一客户签订了一项总额为 6 786 000 元（含增值税）的固定造价合同，承建一艘船舶。工程已于 2012 年 2 月开工，预计 2014 年 8 月完工。最初，预计工程总成本为 5 500 000 元；至 2013 年年底，由于钢材价格上涨等因素调整了预计总成本，预计工程总成本已达到 6 000 000 元。该造船企业于 2014 年 6 月提前两个月完成了合同，工程优良，客户同意支付奖励款 234 000 元（含增值税）。建造该船舶的其他有关资料如表 11-1 所示（不考虑其他相关税费）。

表 11-1　建造船舶的相关资料　　　　　　　　　　　　　　　　　　元

年　份	2012 年	2013 年	2014 年
到目前为止已发生的成本	1 540 000	4 800 000	5 950 000
完成合同尚需发生成本	3 960 000	1 200 000	—
已结算合同价款	2 035 800	3 463 200	1 521 000
实际收到价款	1 985 000	3 393 000	1 638 000

（1）2012 年的账务处理。

① 登记发生的合同成本：

借：工程施工　　　　　　　　　　　　　　　　　　　　　1 540 000
　　贷：原材料、应付职工薪酬、累计折旧等　　　　　　　　1 540 000

② 登记已结算的合同价款：

借：应收账款　　　　　　　　　　　　　　　　　　　　　2 035 800
　　贷：工程结算　　　　　　　　　　　　　　　　　　　　2 035 800

③ 登记实际收到的合同价款：

借：银行存款　　　　　　　　　　　　　　　　　　　　　1 985 000
　　贷：应收账款　　　　　　　　　　　　　　　　　　　　1 985 000

④ 确认和计量当年的收入、费用和毛利，并登记入账：

2012 年的完工进度＝1 540 000/（1 540 000＋3 960 000）＝28%
2012 年应确认的合同收入＝5 800 000×28%＝1 624 000（元）
2012 年应确认的毛利＝（5 800 000－1 540 000－3 960 000）×28%＝84 000（元）
2012 年应确认的合同费用＝1 624 000－84 000＝1 540 000（元）

借：主营业务成本　　　　　　　　　　　　　　　　　　1 540 000
　　工程结算　　　　　　　　　　　　　　　　　　　　　276 080
　　工程施工——毛利　　　　　　　　　　　　　　　　　　84 000
　　贷：主营业务收入　　　　　　　　　　　　　　　　　　1 624 000
　　　　应交税费——应交增值税（销项税额）　　　　　　　　276 080

（2）2013 年的账务处理。
① 登记发生的合同成本：
借：工程施工　　　　　　　　　　　　　　　　　　　　3 260 000
　　贷：原材料、应付职工薪酬、累计折旧等　　　　　　　　3 260 000
② 登记已结算的合同价款：
借：应收账款　　　　　　　　　　　　　　　　　　　　3 463 200
　　贷：工程结算　　　　　　　　　　　　　　　　　　　3 463 200
③ 登记实际收到的合同价款：
借：银行存款　　　　　　　　　　　　　　　　　　　　3 393 000
　　贷：应收账款　　　　　　　　　　　　　　　　　　　3 393 000
④ 确认和计量当年的收入、费用和毛利，并登记入账：
2013 年的完工进度＝4 800 000/（4 800 000＋1 200 000）＝80%
2013 年应确认的合同收入＝5 800 000×80%－1 624 000＝3 016 000（元）
2013 年应确认的毛利＝(5 800 000－4 800 000－1 200 000)×80%－84 000＝－244 000(元)
2013 年应确认的合同费用＝3 016 000＋244 000＝3 260 000（元）
2013 年确认的合同预计损失＝(4 800 000＋1 200 000－5 800 000)×(1－80%)＝40 000(元)

注：在 2013 年年底，由于该合同预计总成本 6 000 000 元，大于合同总收入 5 800 000 元，预计发生损失总额为 200 000 元；由于在"工程施工——毛利"科目中反映了 160 000 元的亏损（84 000－244 000），因此，应将剩余的、为完成工程将发生的预计损失 40 000 元确认为当期损失。

借：主营业务成本　　　　　　　　　　　　　　　　　　3 260 000
　　工程结算　　　　　　　　　　　　　　　　　　　　　512 700
　　贷：主营业务收入　　　　　　　　　　　　　　　　　3 016 000
　　　　工程施工——毛利　　　　　　　　　　　　　　　　244 000
　　　　应交税费——应交增值税（销项税额）　　　　　　　　512 700

同时，确认合同预计损失：
借：资产减值损失　　　　　　　　　　　　　　　　　　　40 000
　　贷：存货跌价准备——合同预计损失准备　　　　　　　　　40 000

（3）2014 年的账务处理。
① 登记发生的合同成本：

借：工程施工	1 150 000
贷：原材料、应付职工薪酬、累计折旧等	1 150 000

② 登记已结算的合同价款：

借：应收账款	1 521 000
贷：工程结算	1 521 000

③ 登记实际收到的合同价款：

借：银行存款	1 638 000
贷：应收账款	1 638 000

④ 确认和计量当年的收入、费用和毛利，并登记入账：

2014年应确认的合同收入＝合同总金额－至目前累计已确认的收入
　　　　　　　　　　＝（5 800 000＋200 000）－（1 624 000＋3 016 000）＝1 360 000（元）

2014年应确认的毛利＝［（5 800 000＋200 000）－5 950 000］－（84 000－244 000）
　　　　　　　　　＝50 000＋160 000＝210 000（元）

2014年应确认的合同费用＝当年确认的合同收入－当年确认的毛利
　　　　　　　　　　　＝1 360 000－210 000＝1 150 000（元）

借：主营业务成本	1 150 000
工程结算	231 200
工程施工——毛利	210 000
贷：主营业务收入	1 360 000
应交税费——应交增值税（销项税额）	231 200

⑤ 2014年工程全部完工，应将确认的合同预计损失转回，同时将"工程施工"科目的余额与"工程结算"科目的余额相对冲：

借：存货跌价准备——合同预计损失准备	40 000
贷：主营业务成本	40 000
借：工程结算	6 000 000
贷：工程施工	5 950 000
工程施工——毛利	50 000

（三）建造合同的结果不能可靠估计的处理方法

（1）合同成本能够收回的，合同收入根据能够收回的实际合同成本予以确认，合同成本在其发生的当期确认为合同费用。

（2）合同成本不可能收回的，在发生时立即确认为合同费用，不确认合同收入。

【例11-18】某建筑公司与客户签订了一项总金额为1 000 000元的建造合同。第一年实际发生工程成本400 000元，双方均能履行合同规定的义务，但建筑公司在年末时对该项工程的完工进度无法可靠估计。在这种情况下，该公司不能采用完工百分比法确认收入，但由于客户能够履行合同，当年发生的成本均能收回，所以公司可将当年发生的成本金额同时确认为当年的收入和费用，当年不确认利润。其账务处理如下：

借：主营业务成本	400 000
贷：主营业务收入	400 000

假定该公司当年与客户只办理价款结算150 000元，由于客户出现财务危机，其余款项

可能收不回来。在这种情况下，该公司只将 150 000 元确认为当年的收入，400 000 元应确认为当年的费用。其账务处理如下：

  借：主营业务成本   400 000
    贷：主营业务收入   150 000
      工程施工——毛利   250 000

  使建造合同的结果不能可靠估计的不确定因素不复存在的，应当按照前述相关规定确认与建造合同有关的收入和费用。

  合同预计总成本超过合同总收入的，应当将预计损失确认为当期费用。

案例分析

企业销售收入的账务处理

  红星公司为增值税一般纳税企业，适用的增值税税率为 17%。该公司 2014 年度发生如下销售业务，销售价款均不含应向购买方收取的增值税额。

  （1）红星公司与 A 企业签订一项购销合同，合同规定，红星公司为 A 企业建造安装两台电梯，合同价款为 800 万元。按合同规定，A 企业在红星公司交付商品前预付价款的 20%，其余价款将在红星公司将商品运抵 A 企业并安装检验合格后才予以支付。红星公司于本年度 12 月 25 日将完成的商品运抵 A 企业，预计于次年 1 月 31 日全部安装完成。该电梯的实际成本为 580 万元，预计安装费用为 10 万元。

  （2）红星公司本年度销售给 C 企业一台机床，销售价款 50 万元，红星公司已开出增值税专用发票，并将提货单交与 C 企业，C 企业已开出商业承兑汇票，承兑期限为 3 个月，到期日为次年 2 月 3 日。由于 C 企业车间内安装该项新设备的场地尚未确定，经红星公司同意，机床待次年 1 月 20 日再予提货。该机床的实际成本为 35 万元。

  （3）红星公司本年度 1 月 5 日销售给 D 企业一台大型设备。销售价款 200 万元。按合同规定，D 企业于 1 月 5 日先支付货款的 20%，其余价款分四次平均支付，于每年 6 月 30 日和 12 月 31 日支付。设备已发出，D 企业已验收合格。该设备实际成本为 120 万元。

  （4）红星公司本年度委托×商店代销一批零配件，代销价款 40 万元；本年度收到×商店交来的代销清单，代销清单列明已销售代销零配件的 80%，×商店按代销价款的 5%收取手续费。该批零配件的实际成本为 25 万元。

  （5）红星公司本年度销售给×企业一台机床，销售价款为 35 万元，对企业已支付全部价款。该机床本年 12 月 31 日尚未完工，已发生的实际成本为 15 万元。

  （6）红星公司于 4 月 20 日以托收承付方式向 B 企业销售一批商品，成本为 6 万元，增值税发票上注明：售价 10 万元，增值税 17 000 元。该批商品已经发出，并已向银行办妥托收手续。此时得知 B 企业在另一项交易中发生巨额损失，资金周转十分困难，已经拖欠另一公司的货款。

  （7）红星公司本年度 12 月 1 日销售一批商品，增值税发票上的售价为 8 万元，增值税额 13 600 元，销售成本为 6 万元，货到后买方发现商品质量不合格，电话告知红星公司，提出只要红星公司在价格上给予 5%的折让，3 天内保证付款，红星公司应允并已通知买方。

(8) 红星公司上年度 12 月 18 日销售 A 商品一批，售价 5 万元，增值税额 8 500 元，成本 2.6 万元。合同规定现金折扣条件为 2/10；1/20；n/30。买方于上年度 12 月 27 日付款，享受现金折扣 1 000 元。红星公司现金折扣处理采用总价法处理。本年度 5 月 20 日该批产品因质量严重不合格被退回。

要求：根据上述所给资料，计算红星公司 2014 年度实现的营业收入、营业成本（要求列出计算过程，答案中的金额单位用万元表示）。

答案：

营业收入 = 50 + 200 × 60% + 40 × 80% + 7.6 − 5 = 204.6（万元）

营业成本 = 35 + 120 × 60% + 25 × 80% + 6 − 2.6 = 130.4（万元）

【分析】会计制度规定，如果销售方对出售的商品还留有所有权的重要风险，如销售方对出售的商品负责安装、检验等过程，在这种情况下，这种交易通常不确认收入。因此：

（1）此购销业务不能在 2014 年确认收入，因为安装服务为合同中的重要条款。

（2）商品所有权已经转移，相关的收入已经收到或取得了收款的证据，因此应当确认收入、结转成本。营业收入为 50 万元、营业成本为 35 万元。

（3）为分期收款销售，在这种方式下按合同约定的收款日期分期确认营业收入。根据合同 D 企业在 1 月 5 日、6 月 30 日、12 月 31 日分别支付了 60% 的价款，因而 2014 年共实现营业收入 200 × 60% 万元，营业成本 120 × 60% 万元。

（4）委托代销商品在收到受托方的代销清单时再确认营业收入。因而按代销清单所列本年营业收入为 40 × 80% 万元，营业成本为 25 × 80% 万元。

（5）属于订货销售业务。按照订货销售业务确认收入的原则，订货销售业务应在将商品交付购买方时确认收入，并结转相关的成本。因此，该项业务不应确认收入，也不可结转相关成本。

（6）此项收入目前收回的可能性不大，应暂不确认收入。

（7）该项业务属于销售折让，也符合收入确认的条件，确认的营业收入为 76 000 元（80 000 − 4 000），同时结转营业成本 6 万元。

（8）此项销售退回应冲减退回月份的收入及成本。由于此项业务涉及现金折扣问题，但总价法核算，原收入的确认不考虑现金折扣，其折扣是作为财务费用处理的。所以冲减的收入为 5 万元，成本 2.6 万元，还应冲减财务费用、所得税等。

本章复习思考题

一、概念与思考题

1. 《企业会计准则第 14 号——收入》《企业会计准则第 15 号——建造合同》是怎样规定商品销售收入、提供劳务收入、转让资产使用权收入、建造合同收入的确认条件的？

2. 结算方式对商品销售收入核算有何影响？

3. 试述计量建造合同收入的完工百分比法的基本原理。

二、单项选择题

1. 2016 年 1 月 1 日，甲公司采用分期收款方式向乙公司销售一套大型设备，合同约定的销售价格为 1 000 万元，分 4 次于每年 12 月 31 日等额收取。该大型设备成本为 800 万元。假定该销售商品符合收入确认条件，同期银行贷款年利率为 6%。不考虑其他因素，则甲公司

2016年1月1日应确认的销售商品收入金额为_____万元。[（P/A，6%，4）=3.465 1]
(   )

A. 800　　　　B. 866.28　　　　C. 1 000　　　　D. 1 170

2. 2015年12月1日，A乳品有限公司与电视台签订了一份广告协议，广告的播出时间为1年，广告费为120万元。至2015年12月底，该广告尚未出现在公众面前，广告公司已经完成制作的60%，则该电视台应确认的广告收入为_____万元。
(   )

A. 0　　　　B. 20　　　　C. 60　　　　D. 120

3. 甲公司本年度委托乙商店代销一批零配件，代销价款200万元。本年度收到乙商店交来的代销清单，代销清单列明已销售代销零配件的60%，甲公司收到代销清单时向乙商店开具增值税发票。乙商店按代销价款的5%收取手续费。该批零配件的实际成本为120万元。则甲公司本年度应确认的销售收入为_____万元。
(   )

A. 120　　　　B. 114　　　　C. 200　　　　D. 68.4

4. 企业对外销售需要安装的商品时，若安装和检验属于销售合同的重要组成部分，则确认该商品销售收入的时间是_____。
(   )

A. 商品运抵并开始安装时　　　　B. 发出商品时
C. 商品安装完毕并检验合格时　　D. 收到商品销售货款时

5. 为筹措研发新药品所需资金，2015年12月1日，甲公司与丙公司签订购销合同。合同规定：丙公司购入甲公司积存的100箱B种药品，每箱销售价格为20万元。甲公司已于当日收到丙公司开具的银行转账支票，并交付银行办理收款。B种药品每箱销售成本为10万元（未计提跌价准备）。同时，双方还签订了补充协议，补充协议规定甲公司于2016年9月30日按每箱26万元的价格购回全部B种药品。甲公司2015年应确认的财务费用为_____万元。
(   )

A. 100　　　　B. 60　　　　C. 0　　　　D. 160

6. 下列有关收入的表述中，正确的是_____。
(   )

A. 凡是资产的增加或负债的减少，或二者兼而有之，同时引起所有者权益的增加，一定表明收入的增加

B. 在商品销售收入确认条件中，所有权上的主要报酬和风险随所有权凭证的转移而转移

C. 如果企业确认商品销售收入后，发生销售退回的均冲减退回当月的销售收入，并冲减当月销售成本

D. 在对销售收入进行计量时，应不考虑预计可能发生的现金折扣和销售折让，现金折扣和销售折让实际发生时才予以考虑

7. 甲公司对A产品实行1个月内"包退、包换、包修"的销售政策。2015年1月销售A产品100件，2月销售A产品80件，A产品的销售单价均为5 000元。根据2015年的经验，A产品包退的占4%、包换的占2%、包修的占6%。假设2016年2月实际发生的1月销售的A产品退回比例为3%，则甲公司2月应确认A产品的销售收入为_____元。
(   )

A. 384 000　　　　B. 389 000　　　　C. 399 000　　　　D. 406 000

8. 2015年9月1日，甲公司与客户签订一项固定造价建造合同，承建一幢办公楼，预计2017年12月31日完工；合同总金额为12 000万元，预计总成本为10 000万元。截至2015

年12月31日,甲公司实际发生合同成本3 000万元。2008年年初由于变更合同而增加收入200万元。同时由于物价上涨的原因,预计总成本将为11 000万元。截至2016年12月31日,甲公司实际发生合同成本7 700万元,假定该建造合同的结果能够可靠地估计,2016年度因订立合同而发生的有关费用甲公司对该项建造合同确认的收入为_____万元。( )

    A. 3 700   B. 4 800   C. 4 940   D. 5 794

9. 下列不属于让渡资产使用权收入的是_____。( )

    A. 版权费收入   B. 出租房屋租金收入

    C. 出租包装物租金收入   D. 出售设备收入

10. 2015年1月1日,乙建筑公司与客户签订一项固定造价建造合同,承建一幢办公楼,预计2016年6月30日完工;合同总金额为16 000万元,预计合同总成本为14 000万元。2016年4月28日,工程提前完工并符合合同要求,客户同意支付奖励款200万元。截至2015年12月31日,乙建筑公司已确认合同收入12 000万元。2016年度,乙建筑公司因该固定造价建造合同应确认的合同收入为_____万元。( )

    A. 2 000   B. 2 200   C. 4 000   D. 4 200

三、多项选择题

1. 企业发生的下列收入中应当在其他业务收入中核算的有_____。( )

    A. 出租固定资产   B. 出租无形资产

    C. 出租包装物   D. 销售材料

    E. 出售无形资产

2. 按照建造合同的规定,下列属于合同收入内容的有_____。( )

    A. 合同中规定的初始收入   B. 客户预付的定金

    C. 因奖励形成的收入   D. 因客户违约产生的罚款收入

    E. 因合同变更形成的收入

3. 采用累计实际发生的合同成本占合同预计总成本的比例确定合同完工进度的,累计实际发生的合同成本包括的内容有_____。( )

    A. 施工中使用的材料成本

    B. 施工中发生的人工成本

    C. 施工中尚未安装或使用的材料成本

    D. 在分包工程的工作量完成之前预付给分包单位的款项

    E. 施工中发生的机械使用费

4. 下列有关收入确认的表述中,正确的有_____。( )

    A. 为特定客户开发软件的收入应在资产负债表日根据开发的完工程度予以确认

    B. 销售商品并签订回购协议的情况下,应当按销售收入的款项高于回购支出的款项的差额确认收入

    C. 售后回购方式销售的商品应当确认收入,回购的商品作为购进商品处理

    D. 托收承付方式下,在办妥托收手续时确认收入

    E. 附有销售退回条件的商品销售,如果企业能够根据以往的经验对退货的可能性做出合理估计的,应在发出商品时,按估计不会发生退货的部分确认收入

5. 按我国会计准则规定，下列商品销售业务不能确认为收入的有_____。（　　）

　　A. 尚未完成售出商品的安装或检验工作，且此项安装或检验任务是销售合同的重要组成部分

　　B. 收取手续费方式下，委托方收到代销清单的商品销售

　　C. 预收款销售，货款已收到，货物未发出

　　D. 采用以旧换新方式销售的商品

　　E. 附有销售退回条件但不能合理估计退货比例的商品销售

6. 某公司 2015 年 11 月 6 日发给甲企业商品 1 000 件，增值税专用发票注明的货款为 100 000 元，增值税税额为 17 000 元，代垫运杂费 2 000 元，该批商品的成本为 85 000 元。在向银行办妥手续后得知甲企业资金周转十分困难，该公司决定本月不能确认该笔收入，但是增值税纳税义务已经发生。下列相关会计处理中，正确的有_____。（　　）

　　A. 借：发出商品　　　　　　　　　　　　　　　　85 000
　　　　　贷：库存商品　　　　　　　　　　　　　　　　　85 000

　　B. 借：应收账款　　　　　　　　　　　　　　　　2 000
　　　　　贷：银行存款　　　　　　　　　　　　　　　　　2 000

　　C. 借：应收账款　　　　　　　　　　　　　　　　85 000
　　　　　贷：主营业务成本　　　　　　　　　　　　　　　85 000

　　D. 借：应收账款　　　　　　　　　　　　　　　　17 000
　　　　　贷：应交税费——应交增值税（销项税额）　　　　17 000

　　E. 借：主营业务成本　　　　　　　　　　　　　　85 000
　　　　　贷：库存商品　　　　　　　　　　　　　　　　　85 000

7. 下列有关收入确认的表述中，正确的有_____。（　　）

　　A. 销售并附有购回协议下，应当按商品的售价确认收入

　　B. 以托收承付方式销售商品的，在办妥托收手续时确认收入

　　C. 预收款销售应当在交付商品时确认收入

　　D. 企业在资产负债表日，如果建造合同的结果不能可靠地估计，合同成本能够收回的，合同收入根据能够收回的实际合同成本加以确认

　　E. 附有销售退回条件的商品销售，企业能够合理估计退货可能性并确认与退货相关的负债的，应在发出商品时确认收入

8. 按我国企业会计准则规定，下列项目中不应确认为收入的有_____。（　　）

　　A. 销售商品收取的增值税

　　B. 出售飞机票时代收的保险费

　　C. 旅行社代客户购买景点门票收取的款项

　　D. 销售商品代垫的运杂费

　　E. 受托代销商品收取的手续费

9. 按我国会计准则规定，让渡资产使用权取得的收入包括_____。（　　）

　　A. 材料销售收入

　　B. 包装物销售收入

　　C. 出租固定资产取得的租金收入

D. 利息收入

E. 收取的物业管理费收入

10. 下列有关建造合同的会计处理,正确的有_____。（　　）

A. 建造合同结果能够可靠估计的,采用完工百分比法确认合同收入和合同费用

B. 建造合同结果不能可靠估计且合同成本不能收回的,按合同成本确认合同收入

C. 建造合同结果不能可靠估计且合同成本能够收回的,按合同成本确认合同收入

D. 建造合同结果不能可靠估计且合同成本不能收回的,合同成本在发生时计入费用

E. 如果合同预计总成本超过合同总收入的,应当将预计损失确认为营业外支出

四、判断题

1. 企业向客户收取的款项均为收入。（　　）
2. 没有收款就不记收入。（　　）
3. 将委托代销商品交给受托方时应确认收入。（　　）
4. 从被投资企业取得股利属于企业的收入。（　　）
5. 所有的劳务都应在完成后确认收入。（　　）
6. 只有提供了劳务就可以确认收入。（　　）
7. 工业企业对外加工收入的加工费为主营业务收入。（　　）
8. 销售退回只冲减收入,而不冲减成本。（　　）
9. 一般纳税人销售商品开具普通发票的,不能计算销项税额。（　　）
10. 劳务收入均交纳营业税。（　　）

五、业务题

1. 甲公司为一般纳税企业,增值税税率为17%。2015年1月1日向乙公司销售保健品1 000件,每件不含税价格5万元,每件成本4万元,增值税发票已开出。协议约定,购货方应于2月1日前付款；本年6月30日前有权退货。甲公司根据经验,估计退货率为20%。2月1日收到全部货款存入银行,假定销售退回实际发生时可冲减增值税额。

要求：编制甲公司会计分录,并假定6月30日分别退货为200件、210件和160件三种情况编制甲公司有关退货的会计分录。

2. 远洋股份有限公司（以下简称远洋公司）为增值税一般纳税企业,适用的增值税税率为17%。商品销售价格除特别注明外均不含增值税额,所有劳务均属于工业性劳务。销售实现时结转销售成本。远洋公司销售商品和提供劳务均为主营业务。2015年12月,远洋公司销售商品和提供劳务的资料如下：

（1）12月1日,对A公司销售商品一批,增值税专用发票注明销售价格为200万元,增值税额为34万元。提货单和增值税专用发票已交A公司,A公司已承诺付款。为及时收回货款,给予A公司的现金折扣条件如下：2/10,1/20,n/30（假定计算现金折扣时不考虑增值税因素）。该批商品的实际成本为160万元。12月19日,收到A公司支付的所享受现金折扣金额后的款项,并存入银行。

（2）12月2日,收到B公司来函,要求对当年11月10日所购商品在价格上给予10%的折让（远洋公司在该批商品售出时确认销售收入500万元,未收款）。经查核,该批商品外观存在质量问题。远洋公司同意了B公司提出的折让要求。当日,收到B公司交来的税务机关开具的索取折让证明单,并开具红字增值税专用发票。

(3) 12月30日，与C公司签订协议，向C公司销售商品一批，销售价格为200万元；该协议规定，远洋公司应在2016年5月1日将该批商品购回，回购价为220万元。款项已收到，商品并未发出。该批商品的实际成本为150万元。

(4) 远洋公司经营以旧换新业务，12月31日销售W产品2件，单价为5.85万元（含税价格），单位销售成本为3万元；同时收回2件同类旧商品，每件回收价为1 000元（不考虑增值税）。远洋公司收到扣除旧商品的款项存入银行。

(5) 12月15日，与E公司签订一项设备维修合同，该合同规定，该设备维修总价款为60万元（不含增值税），于维修任务完成并验收合格后一次结清。12月31日，该设备维修任务完成并经E公司验收合格，远洋公司实际发生的维修费用为20万元（均为修理人员工资）。12月31日，鉴于E公司发生重大财务困难，远洋公司预计很可能收到的维修款为17.55万元（含增值税额）。

(6) 12月25日，与F公司签订协议，委托其代销商品一批。根据代销协议，远洋公司按代销协议价收取所代销商品的货款，商品实际售价由受托方自定。该批商品的协议价为60万元（不含增值税额），实际成本为48万元。商品已运往F公司，符合收入确认条件。

(7) 12月31日，与G公司签订一件特制商品的合同。该合同规定，商品总价款为60万元（不含增值税额），自合同签订日起2个月内交货。合同签订日，收到G公司预付的款项20万元，并存入银行。商品制造工作尚未开始。

(8) 12月31日，收到A公司退回的当月1日所购商品的20%。经查核，该批商品存在质量问题，远洋公司同意了A公司的退货要求。当日，收到A公司交来的税务机关开具的进货退出证明单，并开具红字增值税专用发票和支付退货款项。

要求：(1) 编制远洋公司12月发生的上述经济业务的会计分录。

(2) 计算远洋公司12月的营业收入和营业成本（"应交税费"科目要求写出明细科目；答案中的金额单位用万元表示）。

3. 甲公司于2015年11月受托为A企业培训一批学员，培训期为6个月，11月1日开学。双方签订的协议注明，A企业应支付培训费总额为60 000元，分三次支付，第一次在开学时支付，第二次在培训中间，即2016年2月1日支付，第三次在培训结束时支付，每期支付20 000元。A企业已在11月预付第一期款项。

2015年12月31日，甲公司已经发生培训成本30 000元，但此时得知A企业当年效益不佳，经营发生困难，后两次的培训费是否能够收到，难以预计。

要求：做出2015年甲企业相关的账务处理。

4. J软件开发公司于2015年8月12日接受客户委托劳务，为客户研制一项管理软件，工期约7个月，合同规定总价款为5 000 000元，分两期收取，客户财务状况和信誉良好。2015年8月15日，通过银行收到客户首期付款3 125 000元，至2015年年末，J公司为研制该软件已发生劳务成本2 750 000元，经专业测量师测量，软件的研制开发程度为60%。预计到研制开发完成整个软件还将发生成本1 000 000元，并预计能按时完成软件的研制开发。编制J公司的会计分录。

5. 中铁建筑公司签订了一项总额为4 000万元的建造合同，承建一座桥梁。工程已于2013年7月开工，预计2015年9月完工。最初，预计工程总成本为3 600万元，到2014年年底，由于材料价格上涨等因素调整了预计总成本，预计工程总成本已为4 200万元。该项工程于

2015年6月提前3个月完成了建造合同,客户同意支付奖励款600万元。建造该项工程的其他有关资料如下:(单位:万元)

项目	2013年	2014年	2015年
至目前为止已发生的成本	1 260	3 150	4 160
完成合同尚需发生的成本	2 340	1 050	—
已结算工程价款	1 800	1 800	1 000
实际收到价款	1 700	1 720	1 180

要求：根据上述资料,编制中铁建筑公司2013年、2014年和2015年相关业务的会计分录。(金额单位用万元表示)。

6.【2014年《初级会计实务》考试真题·不定项选择题】甲公司为增值税一般纳税人,适用的增值税税率为17%。商品销售价格不含增值税,在确认销售收入时逐笔结转销售成本,2013年该公司发生如下交易或事项：

(1) 4月21日,向乙公司销售一批E产品,开出增值税专用发票上注明的销售价格为600万元,增值税税额为102万元,款项尚未收到;该批产品成本为350万元,甲公司已将商品发出,纳税义务已经发生,但该笔销售不符合收入确认条件。

(2) 7月6日,甲公司承担一项销售产品安装任务,安装期9个月,安装劳务完工进度按已发生成本占预计总成本的比例确定,合同总收入为40万元,当年实际发生成本12万元,预计还将发生成本18万元。

(3) 9月1日,甲公司将部分F产品作为福利发给本公司职工,其中生产工人400件、车间管理人员100件、专设销售机构人员50件,该产品每件销售价格为0.6万元,实际成本为0.4万元。

(4) 12月4日,甲公司向丙公司销售G产品,销售价格为100万元,产品的实际成本总额为65万元,因成批销售,甲公司给予丙公司10%的商业折扣,丙公司12月15日付款,该笔销售符合收入确认条件。

要求：根据上述资料,假定不考虑其他因素,分析回答下列小题。(答案中的金额单位用万元表示)

(1) 根据资料(1),下列各项中,甲公司向乙公司销售产品的会计处理结果正确的是_____。(   )

A. 应收账款增加702万元　　　　B. 库存商品减少350万元
C. 应收账款增加102万元　　　　D. 应交税费增加102万元

(2) 根据资料(2),2013年度甲公司应确认的劳务收入是_____万元。(   )

A. 12　　　　B. 30　　　　C. 40　　　　D. 16

(3) 根据资料(3),下列各项中,甲公司向职工发放福利的会计处理正确的是_____。(   )

A. 借：主营业务成本　　　　　　　　　　　　　　220
　　　贷：库存商品　　　　　　　　　　　　　　　　　220
B. 借：生产成本　　　　　　　　　　　　　　　280.8
　　　　制造费用　　　　　　　　　　　　　　　70.2
　　　　销售费用　　　　　　　　　　　　　　　35.1

    贷：应付职工薪酬   386.1
  C. 借：应付职工薪酬   386.1
    贷：主营业务收入   330
      应交税费——应交增值税（销项税额）   56.1
  D. 借：发出商品   220
    贷：库存商品   220

（4）根据资料（4），下列各项中，甲公司向丙公司销售产品的会计处理结果正确的是_____。（ ）

  A. 主营业务收入增加 90 万元   B. 主营业务成本增加 65 万元
  C. 应交税费增加 15.3 万元   D. 销售费用增加 10 万元

（5）根据资料（1）至（4），对甲公司 2013 年营业利润的影响金额是_____万元。（ ）

  A. 369   B. 353.9   C. 103.9   D. 139

7.【2013 年《初级会计实务》考试真题·不定项选择题】甲公司为增值税一般纳税人，适用的增值税税率为 17%，所得税税率为 25%，假定销售商品、原材料和提供劳务均符合收入确认条件，其成本在确认收入时逐笔结转，商品、原材料售价中不含增值税。2011 年甲公司发生如下交易或事项：

  （1）3 月 2 日，向乙公司销售商品一批，按商品标价计算的金额为 200 万元。该批商品实际成本为 150 万元。由于是成批销售，甲公司给予乙公司 10%的商业折扣并开具了增值税专用发票，并在销售合同中规定现金折扣条件为 2/10、1/20、n/30，甲公司已于当日发出商品，乙公司于 3 月 15 日付款，假定计算现金折扣时不考虑增值税。

  （2）5 月 5 日，甲公司由于产品质量原因对上年出售给丙公司的一批商品按售价给予 10%的销售折让，该批商品售价为 300 万元。增值税税额为 51 万元。贷款已结清。经认定，同意给予折让并以银行存款退还折让款，同时开具红字增值税专用发票。

  （3）9 月 20 日，销售一批材料，增值税专用发票上注明的售价为 15 万元。增值税税额为 2.55 万元。款项已由银行收妥。该批材料的实际成本为 10 万元。

  （4）10 月 5 日，承接一项设备安装劳务，合同期为 6 个月，合同总收入为 120 万元，已经预收 80 万元。余额在设备安装完成时收回。采用完工百分比法确认劳务收入。完工率按照已发生成本占估计总成本的比例确定，至 2011 年 12 月 31 日已发生的成本为 50 万元，预计完成劳务还将发生成本 30 万元。

  （5）11 月 10 日，向本公司行政管理人员发放自产产品作为福利。该批产品的实际成本为 8 万元，市场售价为 10 万元。

  （6）12 月 20 日，收到国债利息收入 59 万元，以银行存款支付销售费用 5.5 万元，支付税收滞纳金 2 万元。

  要求：根据上述资料，不考虑其他因素，分析回答下列小题。（答案中的金额单位用万元表示）

  （1）根据资料（1），下列各项中，会计处理结果正确的是_____。（ ）

  A. 3 月 2 日，甲公司应确认销售商品收入 180 万元
  B. 3 月 2 日，甲公司应确认销售商品收入 176 万元

C. 3月15日，甲公司应确认财务费用2万元
D. 3月15日，甲公司应确认财务费用1.8万元

(2) 根据资料（2）至（5），下列各项中，会计处理正确的是_____。（ ）

A. 5月5日，甲公司发生销售折让时的会计分录：
借：主营业务收入　　　　　　　　　　　　　　　　　　　30
　　应交税费——应交增值税（销项税额）　　　　　　　　5.1
　　　贷：银行存款　　　　　　　　　　　　　　　　　　　　　35.1

B. 9月20日，甲公司销售材料时的会计分录：
借：银行存款　　　　　　　　　　　　　　　　　　　　　17.55
　　　贷：其他业务收入　　　　　　　　　　　　　　　　　　　15
　　　　　应交税费——应交增值税（销项税额）　　　　　　　　2.55

借：其他业务成本　　　　　　　　　　　　　　　　　　　10
　　　贷：原材料　　　　　　　　　　　　　　　　　　　　　　10

C. 11月10日，甲公司向本公司行政管理人员发放自产产品时的会计分录：
借：管理费用　　　　　　　　　　　　　　　　　　　　　11.7
　　　贷：应付职工薪酬　　　　　　　　　　　　　　　　　　　11.7

借：应付职工薪酬　　　　　　　　　　　　　　　　　　　11.7
　　　贷：主营业务收入　　　　　　　　　　　　　　　　　　　10
　　　　　应交税费——应交增值税（销项税额）　　　　　　　　1.7

借：主营业务成本　　　　　　　　　　　　　　　　　　　8
　　　贷：库存商品　　　　　　　　　　　　　　　　　　　　　8

D. 12月31日，甲公司确认劳务收入，结转劳务成本的会计分录：
借：预收账款　　　　　　　　　　　　　　　　　　　　　75
　　　贷：主营业务收入　　　　　　　　　　　　　　　　　　　75

借：主营业务成本　　　　　　　　　　　　　　　　　　　50
　　　贷：劳务成本　　　　　　　　　　　　　　　　　　　　　50

(3) 根据资料（1）至（5），甲公司2011年年度利润表中"营业收入"的金额是_____万元。（ ）

　A. 225　　　　　　B. 235　　　　　　C. 250　　　　　　D. 280

(4) 根据资料（1）至（5），甲公司2011年年度利润表中"营业成本"的金额是_____万元。（ ）

　A. 168　　　　　　B. 200　　　　　　C. 208　　　　　　D. 218

(5) 根据资料（1）至（6），下列各项中，关于甲公司2011年期间费用和营业利润计算结果正确的是_____。（ ）

　A. 期间费用为7.3万元　　　　　　B. 期间费用为19万元
　C. 营业利润为13万元　　　　　　　D. 营业利润为72万元

(6) 根据资料（1）至（6），下列各项中，关于甲公司2011年年度利润表中"所得税费用"和"净利润"的计算结果正确的是_____。

　A. 所得税费用3.25万元　　　　　　B. 净利润66.75万元

C. 所得税费用 17.5 万元　　　　　　D. 净利润 52.5 万元

8. 【2015 年《初级会计实务》考试真题·不定项选择题】甲企业为增值税一般纳税人，适用的增值税税率为 17%，商品售价中均不含增值税。销售商品和提供劳务均符合收入确认条件，其成本在确认收入时逐笔结转。2014 年 12 月，甲公司发生如下交易或事项：

（1）1 日，与乙公司签订为期 3 个月的劳务合同，合同总价款为 300 万元。至 12 月 31 日，已经预收合同款 220 万元，实际发生劳务成本 140 万元，估计为完成该合同还将发生劳务成本 60 万元，该公司按实际发生的成本占估计总成本的比例确定劳务完工进度。

（2）5 日，向丙公司销售商品一批，该批商品的标价为 200 万元（不含增值税），实际成本为 160 万元，由于成批销售，甲公司给予丙公司 10%的商业折扣，并在销售合同中规定现金折扣条件为 2/10，1/20，n/30，甲公司于当日发出商品同时开具增值税专用发票，符合商品销售收入确认条件，于当月 20 日收到丙公司支付的货款，计算现金折扣时考虑增值税。

（3）10 日，向丁公司转让一项专利权的使用权，一次性收取使用费 30 万元存入银行，且不再提供后续服务，不考虑相关税费，该专利本月应计提摊销 15 万元。

（4）15 日，因商品质量原因，甲公司对本年 9 月销售给客户的一批商品按售价给予 5%的销售折让，该批商品原售价为 200 万元，增值税税额为 34 万元，实际成本为 180 万元，贷款已结清，经认定，甲公司同意给予折让并开具红字增值税专用发票，以银行存款退还折让款。

（5）25 日，因本月完成政府下达技能培训任务，收到财务补助资金 10 万元存入银行。

要求：根据上述资料，不考虑其他因素，分析回答下列小题。（答案中的金额单位为万元）

（1）根据资料（1），下列各项中，关于甲公司 12 月 31 日会计处理结果正确的是_____。
（　　）

A. 结转提供劳务成本 140 万元　　　B. 确认提供劳务收入 220 万元
C. 确认提供劳务收入 210 万元　　　D. 结转提供劳务成本 154 万元

（2）根据资料（2），下列各项中，关于甲公司会计处理结果正确的是_____。
（　　）

A. 20 日，"财务费用"科目借方登记 2.34 万元
B. 20 日，"财务费用"科目借方登记 2.106 万元
C. 5 日，"主营业务收入"科目贷方登记 200 万元
D. 5 日，"主营业务收入"科目贷方登记 180 万元

（3）根据资料（3），甲公司转让专利使用权的会计处理正确的是_____。
（　　）

A. 收取使用费时：
　借：银行存款　　　　　　　　　　　　　　　　　　　　　　30
　　　贷：其他业务收入　　　　　　　　　　　　　　　　　　　　30
B. 结转摊销时：
　借：其他业务成本　　　　　　　　　　　　　　　　　　　　15
　　　贷：累计摊销　　　　　　　　　　　　　　　　　　　　　　15
C. 收取使用费时：
　借：银行存款　　　　　　　　　　　　　　　　　　　　　　30

　　　　贷：营业外收入　　　　　　　　　　　　　　　　　　　　　　　30
　　D. 结转摊销时：
　　借：主营业务成本　　　　　　　　　　　　　　　　　　　　　　　15
　　　　贷：累计摊销　　　　　　　　　　　　　　　　　　　　　　　　15
　（4）根据资料（4）、（5），下列各项中，甲公司会计处理的说法中正确的是_____。
　　　　　　　　　　　　　　　　　　　　　　　　　　　　　　　　　（　　）
　　A. 主营业务收入减少 10 万元
　　B. 主营业务成本减少 9 万元
　　C. 营业外收入增加 10 万元
　　D. 发生销售折让不影响主营业务成本
　（5）根据资料（1）至（5），甲公司本期应确认的"营业收入"的金额是_____万元。
　　　　　　　　　　　　　　　　　　　　　　　　　　　　　　　　　（　　）
　　A. 390　　　　　　B. 400　　　　　　C. 410　　　　　　D. 420

答　案

一、略

二、BAACBDBCDD

三、ABCD、ACE、ABE、AD、ACE、ABD、BCDE、ABCD、CD、ACD

四、×××√××√×××

五、

1. 甲公司销货附有退回条件，且可以合理估计退货可能性。
（1）1 月 1 日销售成立：
借：应收账款　　　　　　　　　　　　　　　　　　　　　　　　5 850
　　贷：主营业务收入　　　　　　　　　　　　　　　　　　　　5 000
　　　　应交税费——应交增值税（销项税额）　　　　　　　　　　850
借：主营业务成本　　　　　　　　　　　　　　　　　　　　　　4 000
　　贷：库存商品　　　　　　　　　　　　　　　　　　　　　　4 000
（2）1 月 31 日确认销售退回：
借：主营业务收入　　　　　　　　　　　　　　　　1 000（5 000×20%）
　　贷：主营业务成本　　　　　　　　　　　　　　　800（4 000×20%）
　　　　预计负债　　　　　　　　　　　　　　　　　200
（3）2 月 1 日收到货款：
借：银行存款　　　　　　　　　　　　　　　　　　　　　　　　5 850
　　贷：应收账款　　　　　　　　　　　　　　　　　　　　　　5 850
（4）6 月 30 日退回 200 件：
借：库存商品　　　　　　　　　　　　　　　　　　　800（200×4）
　　应交税费——应交增值税（销项税额）　　　　　　170（200×5×17%）
　　预计负债　　　　　　　　　　　　　　　　　　　200
　　贷：银行存款　　　　　　　　　　　　　　　　1 170（200×5×1.17）

如退回 210 件：
借：库存商品　　　　　　　　　　　　　　　　840（210×4）
　　应交税费——应交增值税（销项税额）　　178.5（210×5×17%）
　　主营业务收入　　　　　　　　　　　　　　50（10×5）
　　预计负债　　　　　　　　　　　　　　　　200
　　贷：主营业务成本　　　　　　　　　　　　40（10×4）
　　　　银行存款　　　　　　　　　　　　　　1 228.5（210×5×1.17）
如退回 160 件：
借：库存商品　　　　　　　　　　　　　　　　640（160×4）
　　应交税费——应交增值税（销项税额）　　136（160×5×17%）
　　主营业务成本　　　　　　　　　　　　　　160（40×4）
　　预计负债　　　　　　　　　　　　　　　　200
　　贷：银行存款　　　　　　　　　　　　　　936（160×5×1.17）
　　　　主营业务收入　　　　　　　　　　　　200（40×5）

2. （1）
① 借：应收账款　　　　　　　　　　　　　　　234
　　贷：主营业务收入　　　　　　　　　　　　200
　　　　应交税费——应交增值税（销项税额）　34
　借：主营业务成本　　　　　　　　　　　　　160
　　贷：库存商品　　　　　　　　　　　　　　160
　借：银行存款　　　　　　　　　　　　　　　232
　　财务费用　　　　　　　　　　　　　　　　2
　　贷：应收账款　　　　　　　　　　　　　　234
② 借：主营业务收入　　　　　　　　　　　　　50
　　应交税费——应交增值税（销项税额）　　8.5
　　贷：应收账款　　　　　　　　　　　　　　58.5
③ 借：银行存款　　　　　　　　　　　　　　　234
　　贷：应交税费——应交增值税（销项税额）　34
　　　　其他应付款　　　　　　　　　　　　　200
④ 借：银行存款　　　　　　　　　　　　　　　11.5
　　库存商品　　　　　　　　　　　　　　　　0.2
　　贷：主营业务收入　　　　　　　　　　　　10
　　　　应交税费——应交增值税（销项税额）　1.7
　借：主营业务成本　　　　　　　　　　　　　6
　　贷：库存商品　　　　　　　　　　　　　　6
⑤ 借：应收账款　　　　　　　　　　　　　　　17.55
　　贷：主营业务收入　　　　　　　　　　　　15
　　　　应交税费——应交增值税（销项税额）　2.55
借：劳务成本　　　　　　　　　　　　　　　　20

贷：应付职工薪酬	20
借：主营业务成本	20
贷：劳务成本	20

⑥ 借：应收账款　　　　　　　　　　　　　　　　　　　　　70.2
　　　贷：主营业务收入　　　　　　　　　　　　　　　　　　60
　　　　　应交税费——应交增值税（销项税额）　　　　　　10.2
　　借：主营业务成本　　　　　　　　　　　　　　　　　　　48
　　　贷：库存商品　　　　　　　　　　　　　　　　　　　　48
⑦ 借：银行存款　　　　　　　　　　　　　　　　　　　　　20
　　　贷：预收账款　　　　　　　　　　　　　　　　　　　　20
⑧ 借：主营业务收入　　　　　　　　　　　　　　　　　　　40
　　　应交税费——应交增值税（销项税额）　　　　　　　　6.8
　　　贷：银行存款　　　　　　　　　　　　　　　　　　　　46.4
　　　　　财务费用　　　　　　　　　　　　　　　　　　　　0.4
　　借：库存商品　　　　　　　　　　　　　　　　　　　　　32
　　　贷：主营业务成本　　　　　　　　　　　　　　　　　　32

（2）营业收入＝200－50＋10＋15＋60－40＝195（万元）
　　营业成本＝160＋6＋20＋48－32＝202（万元）

3. 在本例中，2015 年 12 月 31 日，甲公司已经发生劳务成本 30 000 元，成本能否完全弥补难以预计，但可以肯定的是在已经发生的 30 000 元劳务成本中，20 000 元是能够得到补偿的，因此，应该按照 20 000 元的劳务成本金额确认提供劳务收入，并按实际发生的成本金额结转劳务成本。

① 2015 年 11 月 1 日，收到 A 企业预付的培训费时：
借：银行存款　　　　　　　　　　　　　　　　　　　　　　20 000
　　贷：预收账款　　　　　　　　　　　　　　　　　　　　　20 000
② 甲企业发生成本时：
借：劳务成本　　　　　　　　　　　　　　　　　　　　　　30 000
　　贷：银行存款（等）　　　　　　　　　　　　　　　　　　30 000
③ 2015 年 12 月 31 日，确认收入并结转成本：
借：预收账款　　　　　　　　　　　　　　　　　　　　　　20 000
　　贷：主营业务收入　　　　　　　　　　　　　　　　　　　20 000
借：主营业务成本　　　　　　　　　　　　　　　　　　　　30 000
　　贷：劳务成本　　　　　　　　　　　　　　　　　　　　　30 000

4. J 公司的有关会计处理如下：
① 收到客户首期付款时，应做如下会计分录：
借：银行存款　　　　　　　　　　　　　　　　　　　　　　3 125 000
　　贷：预收账款　　　　　　　　　　　　　　　　　　　　　3 125 000
② 发生劳务成本时，应做如下会计分录：
借：劳务成本　　　　　　　　　　　　　　　　　　　　　　2 750 000

　　　　　贷：应付职工薪酬等　　　　　　　　　　　　　　　　　　　　　　　2 750 000
　③ 2015年年末，按完工百分比法确认劳务收入，应做如下会计分录：
　　　　2007年应确认的收入＝5 000 000×60%－0＝3 000 000（元）
　　借：预收账款　　　　　　　　　　　　　　　　　　　　　　　　　　　　　3 000 000
　　　　　贷：主营业务收入　　　　　　　　　　　　　　　　　　　　　　　　　3 000 000
　④ 2015年年末，按完工百分比法确认劳务费用，应做如下会计分录：
　　　　2015年应确认的费用＝（2 750 000＋1 000 000）×60%－0＝2 250 000（元）
　　借：主营业务成本　　　　　　　　　　　　　　　　　　　　　　　　　　　　2 250 000
　　　　　贷：劳务成本　　　　　　　　　　　　　　　　　　　　　　　　　　　2 250 000
　⑤ 2016年，继续发生劳务成本时，应做如下会计分录：
　　借：劳务成本　　　　　　　　　　　　　　　　　　　　　　　　　　　　　　1 000 000
　　　　　贷：应付职工薪酬等　　　　　　　　　　　　　　　　　　　　　　　　1 000 000
　⑥ 收到客户第二期付款时，应做如下会计分录：
　　借：银行存款　　　　　　　　　　　　　　　　　　　　　　　　　　　　　　1 875 000
　　　　　贷：预收账款　　　　　　　　　　　　　　　　　　　　　　　　　　　1 875 000
　⑦ 完工时确认剩余收入，应做如下会计分录：
　　　　完工时应确认的收入＝5 000 000×100%－3 000 000＝2 000 000（元）
　　借：预收账款　　　　　　　　　　　　　　　　　　　　　　　　　　　　　　2 000 000
　　　　　贷：主营业务收入　　　　　　　　　　　　　　　　　　　　　　　　　2 000 000
　⑧ 完工时确认剩余费用，应做如下会计分录：
　　　　完工时应确认的费用＝（2 750 000＋1 000 000）×100%－2 250 000＝1 500 000（元）
　　借：主营业务成本　　　　　　　　　　　　　　　　　　　　　　　　　　　　1 500 000
　　　　　贷：劳务成本　　　　　　　　　　　　　　　　　　　　　　　　　　　1 500 000

5.（1）2013年的会计分录：
　① 登记实际发生的合同成本：
　　借：工程施工　　　　　　　　　　　　　　　　　　　　　　　　　　　　　　1 260
　　　　　贷：应付职工薪酬、原材料等　　　　　　　　　　　　　　　　　　　　1 260
　② 登记已结算的工程价款：
　　借：应收账款　　　　　　　　　　　　　　　　　　　　　　　　　　　　　　1 800
　　　　　贷：工程结算　　　　　　　　　　　　　　　　　　　　　　　　　　　1 800
　③ 登记已收的工程价款：
　　借：银行存款　　　　　　　　　　　　　　　　　　　　　　　　　　　　　　1 700
　　　　　贷：应收账款　　　　　　　　　　　　　　　　　　　　　　　　　　　1 700
　④ 登记确认的收入、费用和毛利：
　2013年的完工进度＝1 260/（1 260＋2 340）×100%＝35%
　2013年确认的合同收入＝4 000×35%＝1 400（万元）
　2013年确认的合同费用＝（1 260＋2 340）×35%＝1 260（万元）
　2013年确认的毛利＝1 400－1 260＝140（万元）
　　借：工程施工——毛利　　　　　　　　　　　　　　　　　　　　　　　　　　140

```
       主营业务成本                                                    1 260
           贷：主营业务收入                                              1 400
```
（2）2014年的会计分录：

① 登记实际发生的合同成本：
```
   借：工程施工                                                      1 890
       贷：应付职工薪酬、原材料等                                       1 890
```
② 登记已结算的工程价款：
```
   借：应收账款                                                      1 800
       贷：工程结算                                                  1 800
```
③ 登记已收的工程价款：
```
   借：银行存款                                                      1 720
       贷：应收账款                                                  1 720
```
④ 登记确认的收入、费用和毛利：

2014年的完工进度＝3 150/（3 150＋1 050）×100％＝75％

2014年确认的合同收入＝4 000×75％－1 400＝1 600（万元）

2014年确认的合同费用＝（3 150＋1 050）×75％－1 260＝1 890（万元）

2014年确认的毛利＝1 600－1 890＝－290（万元）

2014年确认的合同预计损失＝（4 200－4 000）×（1－75％）＝50（万元）
```
   借：主营业务成本                                                   1 890
       贷：主营业务收入                                              1 600
           工程施工——毛利                                             290
```
同时：
```
   借：资产减值损失                                                     50
       贷：存货跌价准备——预计损失准备                                     50
```
2015年的会计分录：

① 登记实际发生的合同成本：
```
   借：工程施工                                                      1 010
       贷：应付职工薪酬、原材料等                                       1 010
```
② 登记已结算的工程价款：
```
   借：应收账款                                                      1 000
       贷：工程结算                                                  1 000
```
③ 登记已收的工程价款：
```
   借：银行存款                                                      1 180
       贷：应收账款                                                  1 180
```
④ 登记确认的收入、费用和毛利：

2015年确认的合同收入＝合同总金额－至目前为止累计已确认的收入＝（4 000＋600）－1 400－1 600＝1 600（万元）

2015年确认的合同费用＝合同总成本－至目前为止累计已确认的成本＝4 160－（1 260＋1 890）＝1 010（万元）

2015年确认的毛利＝1 600－1 010＝590（万元）
借：主营业务成本　　　　　　　　　　　　　　　　　　　　　　1 010
　　工程施工——毛利　　　　　　　　　　　　　　　　　　　　　590
　　贷：主营业务收入　　　　　　　　　　　　　　　　　　　　　　　1 600
借：存货跌价准备——预计损失准备　　　　　　　　　　　　　　　50
　　贷：主营业务成本　　　　　　　　　　　　　　　　　　　　　　　　50
⑤ 2015年项目完工，应将"工程施工"科目的余额与"工程结算"科目的余额对冲：
借：工程结算　　　　　　　　　　　　　　　　　　　　　　　　4 600
　　贷：工程施工——合同成本　　　　　　　　　　　　　　　　　　4 160
　　　　　　　　——毛利　　　　　　　　　　　　　　　　　　　　　440

6.（1）
【正确答案】BCD
【答案解析】甲公司应当编制的会计分录为：
借：发出商品　　　　　　　　　　　　　　　　　　　　　　　　350
　　贷：库存商品　　　　　　　　　　　　　　　　　　　　　　　　　350
借：应收账款　　　　　　　　　　　　　　　　　　　　　　　　102
　　贷：应交税费——应交增值税（销项税额）　　　　　　　　　　　　102

（2）
【正确答案】D
【答案解析】2013年度的完工进度＝12÷（12＋18）×100%＝40%；2013年度应确认的劳务收入＝40×40%＝16（万元）。

（3）
【正确答案】ABC
【答案解析】将自产产品作为福利发放给职工，要做视同销售处理。
借：主营业务成本　　　　　　　　　　　　　　　　　　　　　　220
　　贷：库存商品　　　　　　　　　　　　　　　　　　　　　　　　　220
借：生产成本　　　　　　　　　　　　　　　　　　　　　　　　280.8
　　制造费用　　　　　　　　　　　　　　　　　　　　　　　　　70.2
　　销售费用　　　　　　　　　　　　　　　　　　　　　　　　　35.1
　　贷：应付职工薪酬　　　　　　　　　　　　　　　　　　　　　　　386.1
借：应付职工薪酬　　　　　　　　　　　　　　　　　　　　　　386.1
　　贷：主营业务收入　　　　　　　　　　　　　　　　　　　　　　　330
　　　　应交税费——应交增值税（销项税额）　　　　　　　　　　　　56.1

（4）
【正确答案】ABC
【答案解析】甲公司应当编制的会计分录为：
借：应收账款　　　　　　　　　　　　　　　　　　　　　　　　105.3
　　贷：主营业务收入　　　　　　　　　　　　　　　　　　　　　　　90
　　　　应交税费——应交增值税（销项税额）　　　　　　　　　　　　15.3
借：主营业务成本　　　　　　　　　　　　　　　　　　　　　　65

```
    贷：库存商品                                        65
  借：银行存款                                         105.3
    贷：应收账款                                        105.3
```
（5）

【正确答案】C

【答案解析】营业收入＝16＋330＋90＝436（万元）；营业成本＝12＋220＋65＝297（万元），销售费用＝35.1（万元）；营业利润＝436－297－35.1＝103.9（万元）。

7. 【2015年《初级会计实务》考试真题·不定项选择题】

（1）

【正确答案】AD

【答案解析】
```
  借：应收账款                                        210.6
    贷：主营业务收入                                    180
      应交税费——应交增值税（销项税额）                30.6
  借：主营业务成本                                     150
    贷：库存商品                                        150
  借：银行存款                                         208.8
    财务费用                                           1.8
    贷：应收账款                                        210.6
```

（2）

【正确答案】ABCD

（3）

【正确答案】C

【答案解析】营业收入＝180－30＋15＋75＋10＝250（万元）。

（4）

【正确答案】D

【答案解析】营业成本＝150＋10＋50＋8＝218（万元）

（5）

【正确答案】BD

【答案解析】期间费用＝1.8（业务1）＋11.7（业务5）＋5.5（业务6）＝19（万元）。

营业利润＝250－218－19＋59（业务6）＝72（万元）。

（6）

【正确答案】AB

【答案解析】

所得税费用＝应纳税所得额×25%＝（利润总额＋纳税调整增加－纳税调整减少）×25%＝[（72－2）＋2－59]×25%＝13×25%＝3.25（万元）。

净利润＝利润总额－所得税费用＝70－3.25＝66.75（万元）。

8.（1）

【正确答案】AC

【答案解析】确认提供劳务收入=140/（140+60）×300=210（万元）

（2）

【正确答案】BD

【答案解析】财务费用：200×（1-10%）×（1+17%）×1%=2.106（万元），主营业务收入：200×0.9=180（万元）。

（3）

【正确答案】AB

【答案解析】让渡资产使用权的使用费收入，一般通过（其他业务收入）科目核算；让渡资产计提的摊销额等，一般通过"其他业务成本"科目核算。

（4）

【正确答案】ACD

【答案解析】已确认销售收入的售出商品发生销售折让，且不属于资产负债表日后事项的，应在发生时冲减当期销售商品收入，如按规定允许扣减增值税税额的，还应冲减已确认的应交增值税销项税额。

（5）

【正确答案】C

【答案解析】"营业收入"金额=180+210+30-10=410（万元）

第十二章

费 用

案例导入

常 客 计 划

现在,一些航空公司正在推行"常客计划"。这项计划规定,凡是乘坐该航空公司航班行程达到一定公里数的旅客,该公司将奖励其一张往返机票(限国内经济舱)。假定一位旅客从2012年开始乘坐该公司的航班。2014年10月得到了该份奖励。

案例思考:
(1)航空公司为该旅客提供奖励性运输服务而发生的成本费用应该计入哪一年的费用?
(2)在该奖励尚未兑现之前,是否需要确认对旅客的负债?

第一节 费用的概念和特征

一、费用的定义

我国《企业会计准则》中对费用的定义表述为:费用是企业生产经营过程中发生的各项耗费。费用是指企业为销售商品、提供劳务等,在日常活动中发生的、会导致所有者权益减少的、与向所有者分配利润无关的经济利益总流出。企业直接为生产商品和提供劳务等发生的直接材料、直接人工、商品进价和其他直接费用,直接计入生产经营成本;企业为生产商品和提供劳务而发生的各项间接费用,应当按一定标准分配计入生产经营成本。企业行政管理部门为组织和管理生产经营活动而发生的管理费用和财务费用,为销售和提供劳务而发生的进货费用、销售费用等,应当作为期间费用,直接计入当期损益。

二、费用的特征

无论费用是否包括损失,都应具有以下特征:
第一,费用最终会导致企业资源的减少,这种减少具体表现为企业的资金支出。从这个意义上说，费用本质是一种资源流出企业，它与资源流入企业所形成的收入相反，它也可理解为资产的耗费，其目的是取得收入，从而获得更多资产。

第二，费用最终会减少企业的所有者权益。

一般而言，企业的所有者权益会随着收入的增长而增加；相反，费用的增加会减少所有者权益。但是所有者权益减少也不一定都列入费用，如企业偿债性支出和向投资者分配利润，显然减少了所有者权益，但不能归入费用。

第三，费用可能表现为资产的减少，或负债的增加，或者二者兼而有之。

第二节 费用的内容

一、支出、费用和成本

支出是企业生产经营活动的经常性业务，是为了达到特定的目的而由经济主体的支付行为而导致的资源的减少。支出分为资本性支出和费用性支出，资本性支出形成一项资产，而费用性支出形成一项费用。

费用是指会计期间内经济利益的减少，其表现形式为资产的减少或负债的增加而引起的所有者权益的减少，但不包括向所有者进行分配等经济活动引起的所有者权益的减少。而美国财务会计准则委员会对费用的定义为：某一主体在其持续的、主要的核心业务中，因交付或生产了货物，提供了劳务，或进行了其他活动而付出的或其他耗用的资产因而承担的负债。

我国对成本的定义为：生产经营过程中所耗的生产资料转移的价值和劳动者为自己劳动所创造的价值的货币表现。美国会计学会对成本的定义为：成本是指为达到特定的目的而发生或应发生的价值牺牲，它可用货币单位加以衡量。美国会计师协会对成本的定义为：成本是指为获取财物或劳务而支付的现金或转移的其他资产，发行股票、提供劳务或发生负债而以货币衡量的数额。从以上定义可以看出，成本大多与支出相联系，只不过是支出一部分与当期相联系，一部分与以后期间相联系。与当期相联系的支出形成了本期的一项费用，与以后期间相联系的支出则形成了企业的一项资产。

三者之间的关系从支出的性质来看，其本质就是企业的一种目的性花费，是企业在用的一种资产，如用现金、银行存款或其他权益性债券、证券来交换另一种资产如存货、固定资产等，笔者在这里并不把企业这种用来交换其他资产的资产叫作"成本"，而把它叫作支出，以便于和下面我们所说的成本加以区分。企业的支出分为两类：一种为资本性支出，它形成了企业的资产，根据企业内资金的价值运动，经过产、供、销三个阶段，资金从货币资金转换到储备资金、生产资金、成品资金，最后又回到了货币资金，其实在这个过程中除了最后一个阶段资金都是在"资产—成本—资产"这样一个循环中相互转化，这一种转化都没有脱离一个会计主体。

例如：企业用货币资金购买了原材料，用原材料生产产品，在产品还没有完全生产出来的时候，原材料的价值转移到了生产成本里，但是这里的生产成本还是由企业支配的，即归企业所有，还没有脱离企业这个会计主体，生产成本转化为库存商品，成本转化为了企业的资产，更是没有脱离企业这个会计主体。另一种是费用性支出。在资金循环的最后阶段，商品转化成了货币资金，这是通过企业与企业之间的交换实现的，企业通过交换，把自己的资产"送离"了它原来的会计主体,在送离过程中,形成了企业的一项费用,即费用的形成伴随着企业资产会计主体的转换。上面的论述,我们只讨论了企业在生产过程中成本与费用的区别,同样,在企业的管理部门或者筹资部门、销售部门也存在这样的情况,即费用的发生总是伴随着企业资产的会计主体的转换。

二、费用的分类

企业的费用主要包括主营业务成本、其他业务成本、营业税金及附加、销售费用、管理费用和财务费用等。

1. 按费用与收入的关系分类,费用可分为营业成本和期间费用

(1) 营业成本是指销售商品或提供劳务的成本。营业成本按照其在销售商品或提供劳务等日常活动中所处地位,可分为主营业务成本和其他业务成本。主营业务成本是指企业销售商品、提供劳务等经常性活动所发生的成本。其他业务成本是指企业除主营业务活动以外的其他经营活动所发生的成本。

(2) 期间费用是指管理费用、销售费用和财务费用。管理费用是指企业行政管理部门为组织和管理生产经营活动、提供劳务而发生的各种费用,如差旅费、保险费、办公费;销售费用是指企业在销售商品、提供劳务等日常活动中发生的除营业成本以外的各项费用以及专设销售机构的各项经费,如包装费、广告费;财务费用是指企业筹集生产经营所需资金等而发生的筹资费用,如利息收入和支出、汇兑损益以及相关手续费等。

2. 按费用的经济内容分类,可分为七个方面

(1) 外购材料费用是指企业为顺利进行生产经营而耗费的一切从外部购入的原材料、半成品、辅助材料、包装物等。

(2) 外购燃料费用是指企业为顺利进行生产经营而耗费的一切从外部购入的各种燃料。

(3) 外购动力费用是指企业为顺利进行生产经营而耗费的从外部购进的各种动力。

(4) 薪酬费用是指企业应计入生产费用的职工薪酬。

(5) 折旧费用是指企业所拥有的或控制的固定资产按照使用情况和一定比例计提的折旧费用。

(6) 税金是指企业应计入生产费用的各种税金,如土地使用税、房产税、所得税等。

(7) 其他支出是指不属于以上费用要素的费用支出。

3. 按费用与产量之间的关系分类,可分为固定费用和变动费用

(1) 固定费用是指带有相对固定性质,在一定限度内不随产量、销售量或工作量等增减而升降的费用,如管理人员工资、办公费用等。

(2) 变动费用是指随着产量、销售量或工作量等的增减而升降的费用,如工业生产中耗用原料及主要材料。

【2015 年《初级会计实务》考试真题·多选题】下列各项中,最终应计入产品成本的有_____。( )

A. 机器设备的折旧费 B. 生产工人的工资
C. 报销车间管理人员的医药费 D. 支付某行政管理人员 5 个月的病假工资

【正确答案】ABC

【答案解析】D 项应计入"管理费用"。

【例 12-1】下列各项中,最终应计入产品生产成本的有_____。( )

A. 发生的生产工人工资　　　　B. 计提的生产工人福利费
C. 支付的生产工人医药费　　　D. 支付的离退休人员医药费

【正确答案】ABC
【答案解析】D项应计入"管理费用"。

【例12-2】下列各项中，属于费用的有_____。（　　）
A. 营业税金及附加　　　　　　B. 销售费用
C. 管理费用　　　　　　　　　D. 营业外支出

【正确答案】ABC
【答案解析】费用是企业日常活动中发生的经济利益的总流出，营业外支出不是日常活动中发生的，所以不属于费用。

【例12-3】下列各项中属于费用的有_____。（　　）
A. 当期已销商品的成本　　　　B. 车间生产工人的职工薪酬
C. 固定资产报废净损失　　　　D. 出租固定资产的累计折旧

【正确答案】AD
【答案解析】B项属于生产成本；C项属于营业外支出。

第三节　费用的确认与计量

一、费用的确认原则

在确认费用时，首先应当划分生产费用与非生产费用的界限。生产费用是指与企业日常生产经营活动有关的费用，如生产产品所发生的原材料费用、人工费用等；非生产费用是指不属于生产费用的费用，如用于购建固定资产所发生的费用，不属于生产费用。

其次，应当分清生产费用与产品成本的界限。生产费用与一定的期间相联系，而与生产的产品无关；产品成本与一定品种和数量的产品相联系，而不论发生在哪一期。

最后，应当分清生产费用与期间费用的界限。生产费用应当计入产品成本，而期间费用直接计入当期损益。

费用的确认除了应当符合定义外，也应当满足严格的条件，即费用只有在经济利益很可能流出从而导致企业资产减少或者负债增加，经济利益的流出额能够可靠计量时才能予以确认。

因此，费用的确认至少应当符合以下条件：
（1）是与费用相关的经济利益应当很可能流出企业；
（2）是经济利益流出企业的结果会导致资产的减少或者负债的增加；
（3）是经济利益的流出额能够可靠计量。

二、费用的计量

费用的实质是资产的耗费，但并不是所有的资产耗费都是费用。因此，就需明确什么样的资产耗费应确认为费用。由于发生费用的目的是取得收入，那么费用的确认就应当与收入确认相联系。因此，确认费用应遵循划分收益性支出与资本性支出原则、权责发生制原则和配比原则。

（一）划分收益性支出与资本性支出原则

按照划分收益性支出与资本性支出原则，某项支出的效益及于几个会计年度（几个营业周期），该项支出应予以资本化，不能作为当期的费用；如果某项支出在一个会计期间内则确认为费用。这一原则为费用的确认，给定了一个时间上的总体界限。正确地区分收益性支出与资本性支出，保证了正确地计量资产的价值和正确地计算各期的产品成本、期间费用及损益。

（二）权责发生制原则

划分收益性支出与资本性支出原则，只是为费用的确认做出时间上的大致区分，而权责发生制原则则规定了具体在什么时点上确认费用。企业会计制度规定，凡是当期已经发生或应当负担的费用，不论款项是否收付，都应作为当期的费用；凡是不属于当期的费用，即使款项已在当期支付，也不应当作为当期的费用。

（三）配比原则

按照配比原则，为产生当期收入所发生的费用，应当确认为该期的费用。配比原则的基本含义在于，当收入已经实现时，某些资产（如物料用品）已被消耗，或已被出售（如商品），以及劳务已经提供（如专设的销售部门人员提供的劳务），已被耗用的这些资产和劳务的成本，应当在确认有关收入的期间予以确认。如果收入要到未来期间实现，相应的费用应递延分配于未来的实际受益期间。因此，费用的确认，要根据费用与收入的相关程度，确定哪些资产耗费或负债的增加应从本期收入中扣减。

费用是通过所使用或所耗用的商品或劳务的价值来计量的，通常的费用计量标准是实际成本。企业会计制度规定，企业在生产经营过程中所发生的其他各项费用，应当以实际发生数计入成本、费用。

费用是资产的一种转化形式。有些资产将会使几个会计期间受益，这样，在计量通过系统、合理的分摊而形成的费用时，是以其资产取得成本的实际数进行计量的。例如，固定资产的折旧要按固定资产原始价值和规定使用年限来计算。无形资产的摊销、长期待摊费用的摊销也都属于这种情况。有些费用可以立即确认，这时，可以按其实际发生额进行计量。

总之，企业应按实际成本来计量费用，不得以估计成本或计划成本代替实际成本。

第四节　费用的核算

一、生产成本核算

1. 生产成本的概念

生产成本的概念有广义和狭义之分，广义的成本泛指所有取得资产所耗费的代价。狭义的成本是指产品的生产成本，也称之为制造成本。其成本核算的程序如下：

（1）确定成本核算对象。成本核算对象是指为计算产品成本而确定的生产费用归集和分配的范围。

（2）归集和分配本期发生的生产费用。将生产经营过程中发生的各种耗费，按其耗用情况直接或分配计入各有关的成本类账户。对基本生产车间发生的直接材料和直接人工等费用借记"生产成本——基本生产成本"科目核算，对于基本生产车间发生的间接费用通过"制造费用"科目核算。对辅助生产车间发生的费用，通过"生产成本——辅助生产成本"科目核算。

（3）按照各项成本计算对象对本期计入产品成本的各种费用进行归集和分配，计算出各种产品生产成本。一般按照基本生产车间和辅助生产车间分配，将发生在基本生产车间的全部制造费用，采用适当的分配标准，分配计入各产品成本计算对象，各辅助生产车间在计算出各自的劳务成本后，按提供劳务量的情况分配计入各有关成本账户。

（4）将月初在产品费用与本期发生的生产费用，在完工产品与月末在产品之间进行分配，计算出完工产品成本和月末在产品成本。期末，按照一定的方法，将按产品归集的累计费用在已完工产品与在产品之间进行分配，计算出完工产品和期末在产品的实际成本，然后，将完工产品负担的生产费用从"生产成本"账户转入"库存商品"账户。

2. 生产成本的核算

直接费用计入生产成本；间接费用先计入制造费用，然后分配计入生产成本。直接用于产品生产的各种原材料费用，应借记"生产成本"、"制造费用"，贷记"原材料"。生产产品的工人的职工薪酬应单独计入"直接人工"成本项目，应借记"生产成本"、"制造费用"，贷记"应付职工薪酬"。

【例12-4】M企业发生部分经济业务如下：

（1）基本生产车间为生产甲产品耗用材料一批，计划成本5 500元；生产乙产品耗用材料一批，计划成本4 200元；车间管理部门领用一般消耗性材料，计划成本800元。本月企业材料成本核算差异率为2%。

（2）生产甲产品工人工资47 000元，生产乙产品工人工资36 000元，车间管理人员工资8 000元。

（3）当期共发生制造费用12 000元，月末，经过分配，甲产品负担6 840元，乙产品负担5 160元。

（4）月末，甲产品加工完成经检验合格入库，全部成本为60 000元。

账务处理如下：

（1）借：生产成本——甲产品　　　　　　　　　　　　　　　　　5 500
　　　　　　　　——乙产品　　　　　　　　　　　　　　　　　　4 200
　　　　制造费用　　　　　　　　　　　　　　　　　　　　　　　800
　　　贷：原材料　　　　　　　　　　　　　　　　　　　　　　　10 500
同时，
　　借：生产成本——甲产品　　　　　　　　　　　　　　　　　　100
　　　　　　　　——乙产品　　　　　　　　　　　　　　　　　　84
　　　　制造费用　　　　　　　　　　　　　　　　　　　　　　　16
　　　贷：材料成本差异　　　　　　　　　　　　　　　　　　　　200
（2）借：生产成本——甲产品　　　　　　　　　　　　　　　　　47 000
　　　　　　　　——乙产品　　　　　　　　　　　　　　　　　　36 000

| | | | | 制造费用 | | 800 |
| | | | 贷：应付职工薪酬——工资 | | | 83 800 |

（3）借：生产成本——甲产品　　　　　　　　　　　6 840
　　　　　　　　　　——乙产品　　　　　　　　　　　5 160
　　　　　贷：制造费用　　　　　　　　　　　　　　12 000
（4）借：库存商品——甲产品　　　　　　　　　　　60 000
　　　　　贷：生产成本——甲产品　　　　　　　　　60 000

二、期间费用的核算

期间费用是企业日常活动发生的应直接计入当期损益的费用。期间费用包括销售费用、管理费用和财务费用。

（一）销售费用

1. 销售费用的内容

销售费用是指企业销售商品和材料、提供劳务的过程中发生的各种费用，包括保险费、包装费、展览费和广告费、商品维修费、预计产品质量保证损失、运输费、装卸费等以及为销售本企业商品而专设的销售机构（含销售网点、售后服务网点等）的职工薪酬、业务费、折旧费等经营费用。企业发生的与专设销售机构相关的固定资产日常修理费用等后续支出属于销售费用。

2. 销售费用的主要账务处理

（1）企业在销售商品过程中发生的包装费、保险费、展览费和广告费、运输费、装卸费等费用，借记本科目，贷记"库存现金"、"银行存款"科目。

（2）企业发生的为销售本企业商品而专设的销售机构的职工薪酬、业务费等经营费用，借记本科目，贷记"应付职工薪酬"、"银行存款"、"累计折旧"等科目。

期末，应将本科目余额转入"本年利润"科目，结转后本科目应无余额。

【2015 年《初级会计实务》考试真题·单选题】企业发生的与专设销售机构相关的固定资产修理费用等后续支出，应在发生时计入_____。　　　　　　　　　　（　　）

　　A. 制造费用　　　B. 管理费用　　　C. 销售费用　　　D. 其他业务成本

【正确答案】C

（二）管理费用

1. 管理费用的内容

管理费用是指企业为组织和管理企业生产经营所发生的费用，包括企业的董事会和行政管理部门在企业的经营管理中发生的，或者应当由企业统一负担的公司经费（包括行政管理部门职工工资、修理费、物料消耗、低值易耗品摊销、办公费和差旅费等）、工会经费、待业保险费、劳动保险费、董事会费、聘请中介机构费、咨询费（含顾问费）、诉讼费、业务招待费、房产税、车船使用税、土地使用税、印花税、技术转让费、矿产资源补偿费、无形资产摊销、职工教育经费、研究与开发费、排污费、存货盘亏或盘盈（不包括应计入营业外支出的存货损失）、计提的坏账准备和存货跌价准备等。

2. 管理费用的主要账务处理

（1）直接支付费用。

属于直接支付费用的主要业务有招待费、审计费、诉讼费，土地使用、印花税、车船使用税等。

（2）转账摊销费用。

属于转账摊销费用的项目有折旧费、低值易耗品摊销费、无形资产摊销费、提取坏账准备等。

（3）预付待摊费用。

预付待摊费用主要是指固定资产修理费用。

企业应通过"管理费用"科目，核算管理费用的发生和结转情况。该科目借方登记企业发生的各项管理费用，贷方登记期末转入"本年利润"科目的管理费用，结转后该科目应无余额。该科目按管理费用的费用项目进行明细核算。

企业在筹建期间发生的开办费，包括人员工资、办公费、培训费、差旅费、印刷费、注册登记费等，借记"管理费用"科目，贷记"银行存款"科目；企业行政管理部门人员的职工薪酬，借记"管理费用"科目，贷记"应付职工薪酬"科目；企业按规定计算确定的应交房产税、车船税、土地使用税、矿产资源补偿费、印花税，借记"管理费用"科目，贷记"应交税费"等科目；企业行政管理部门发生的办公费、水电费、差旅费等以及企业发生的业务招待费、咨询费、研究费用等其他费用，借记"管理费用"科目，贷记"银行存款"、"研发支出"等科目。期末，应将"管理费用"科目余额转入"本年利润"科目，借记"本年利润"科目，贷记"管理费用"科目。

管理费用在会计核算上是作为期间费用核算的，企业发生的管理费用，在"管理费用"科目核算，并在"管理费用"科目中按费用项目设置明细账，进行明细账核算。期末"管理费用"科目的余额结转"本年利润"科目后无余额。

【例12-5】下列各项中，应计入"管理费用"的有_____。　　　　　（　　）

A. 行政管理部门的物料消耗　　　　B. 无形资产研究费用
C. 生产车间管理人员的职工薪酬　　D. 计提的坏账准备

【正确答案】AB

【答案解析】选项C生产车间管理人员的职工薪酬应计入"制造费用"科目，选项D计提的坏账准备应计入"资产减值损失"科目。

【例12-6】某企业行政部9月共发生费用224 000元，其中，行政人员薪酬150 000元，行政部专用办公设备折旧费45 000元，报销行政人员差旅费21 000元（假定报销人均未预借差旅费），其他办公、水电费8 000元（均用银行存款支付）。

【正确答案】会计分录如下：

借：管理费用　　　　　　　　　　　　　　　　　　　　　　224 000
　　贷：应付职工薪酬　　　　　　　　　　　　　　　　　　150 000
　　　　累计折旧　　　　　　　　　　　　　　　　　　　　 45 000
　　　　库存现金　　　　　　　　　　　　　　　　　　　　 21 000
　　　　银行存款　　　　　　　　　　　　　　　　　　　　 8 000

【例12-7】某企业当月按规定计算确定的应交房产税为3 000元、应交车船使用税为2 600

元、应交土地使用税为 4 300 元。

【正确答案】会计分录如下：

借：管理费用　　　　　　　　　　　　　　　　　　　　　　9 900
　　贷：应交税费——应交房产税　　　　　　　　　　　　　　　　3 000
　　　　　　　　——应交车船使用税　　　　　　　　　　　　　　2 600
　　　　　　　　——应交土地使用税　　　　　　　　　　　　　　4 300

【例 12-8】某企业当月生产车间发生设备大修理费用 45 000 元（以银行存款支付），行政管理部门发生设备日常修理费用 1 000 元（以现金支付），均不满足固定资产确认条件。

【正确答案】会计分录如下：

借：管理费用　　　　　　　　　　　　　　　　　　　　　　46 000
　　贷：银行存款　　　　　　　　　　　　　　　　　　　　　　45 000
　　　　库存现金　　　　　　　　　　　　　　　　　　　　　　1 000

（三）财务费用

1. 财务费用的内容

财务费用指企业在生产经营过程中为筹集资金而发生的筹资费用。包括企业生产经营期间发生的利息支出（减利息收入）、汇兑损益（有的企业如商品流通企业、保险企业进行单独核算，不包括在财务费用）、金融机构手续费，企业发生的现金折扣或收到的现金折扣等。但在企业筹建期间发生的利息支出，应计入开办费；为购建或生产满足资本化条件的资产发生的应予以资本化的借款费用，在"在建工程"、"制造费用"等账户核算。

利息支出指企业短期借款利息、长期借款利息、应付票据利息、票据贴现利息、应付债券利息、长期应付引进国外设备款利息等利息支出（除资本化的利息外）减去银行存款等的利息收入后的净额。

汇兑损失指企业因向银行结售或购入外汇而产生的银行买入、卖出价与记账所采用的汇率之间的差额，以及月度（季度、年度）终了，各种外币账户的外币期末余额按照期末规定汇率折合的记账人民币金额与原账面人民币金额之间的差额等。

相关的手续费指发行债券所需支付的手续费（需资本化的手续费除外）、开出汇票的银行手续费、调剂外汇手续费等，但不包括发行股票所支付的手续费等。

其他财务费用，如融资租入固定资产发生的融资租赁费用等。

2. 财务费用的主要账务处理

企业发生的财务费用在"财务费用"科目中核算，并按费用项目设置明细账进行明细核算。企业发生的各项财务费用借记"财务费用"科目，贷记"银行存款"、"预提费用"等科目；企业发生利息收入、汇兑收益冲减借方。月终，将借方归集的财务费用全部由"财务费用"科目的贷方转入"本年利润"科目的借方，计入当期损益。结转当期服务费用后，"财务费用"科目期末无余额。

【例 12-9】下列各项中，应计入财务费用的包括_____。　　　　　　　　　（　　）

A. 汇兑损失　　　　　　　　　　B. 利息支出
C. 诉讼费　　　　　　　　　　　D. 购货单位享受的现金折扣

【正确答案】ABD

【2013年《初级会计实务》考试真题·单选题】下列各项中,不应列入利润表中"财务费用"项目的是_____。   (   )
  A. 计提的短期借款利息   B. 筹建期间发生的长期借款利息
  C. 销售商品发生的现金折扣   D. 经营活动中支付银行借款的手续费
【正确答案】B
【答案解析】筹建期间发生的长期借款的利息,如果是可以资本化的,要计入相关资产成本,如果是不能资本化的部分要计入管理费用,选项 B 错误。

【例 12-10】某企业于 20×7 年 1 月 1 日向银行借入生产经营用短期借款 360 000 元,期限 6 个月,年利率 5%,该借款本金到期后一次归还,利息分月预提,按季支付。假定所有利息均不符合利息资本化条件。

【正确答案】有关利息支出的会计处理如下:
每月末,预提当月应计利息:
$$360\ 000 \times 5\% \div 12 = 1\ 500\ (元)$$
借:财务费用   1 500
  贷:应付利息   1 500

【例 12-11】某企业于 20×7 年 1 月 1 日向银行借入生产经营用短期借款 360 000 元,期限 6 个月,年利率 5%,该借款本金到期后一次归还,利息分月预提,按季支付。假定 1 月其中 120 000 元暂时作为闲置资金存入银行,并获得利息收入 400 元,假定所有利息均不符合利息资本化条件。

【正确答案】1 月相关利息的会计处理如下:
1 月末,预提当月应计利息:
$$360\ 000 \times 5\% \div 12 = 1\ 500\ (元)$$
借:财务费用   1 500
  贷:应付利息   1 500
同时,当月取得的利息收入 400 元应作为冲减财务费用处理。
借:银行存款   400
  贷:财务费用   400

【例 12-12】某企业于 20×7 年 1 月 1 日平价发行公司债券,面值 500 000 000 元,期限 2 年,年利率 6%,到期后本息一次归还。债券发行过程中,发生手续费 2 500 000 元。
【正确答案】有关手续费的会计分录如下:
借:财务费用   2 500 000
  贷:银行存款   2 500 000

三、所得税费用核算

(一)所得税费用概述

所得税费用是指应在会计税前利润中扣除的所得税费用,包括当期所得税费用和递延所得税费用(或收益,下同)。所得税费用的确认有应付税款法和资产负债表债务法两种方法。采用应付税款法只确认当期所得税费用,而不确认递延所得税费用;采用资产负债表债务法,既要确认当期所得税费用，也要确认递延所得税费用。我国现行会计准则规定，所得税费用确认应采用资产负债表债务法。详细内容参见第十三章。

（二）当期所得税费用的核算

当期所得税费用是指按照当期应当缴纳的所得税确认的费用。

应纳税所得额是指企业按所得税税法规定的项目计算确认的收益，是计算缴纳所得税的依据。由于企业会计税前利润与应纳税所得额的计算口径、计算时间可能不一致，因而两者之间可能存在差异。例如，企业购买国债的利息收入，在会计核算中作为投资收益计入了会计税前利润；而所得税法规定国债的利息收入免征所得税，不计入应纳税所得额。企业应从会计税前利润中扣除上述差异，计算应纳税所得额。又如，超过所得税法规定的计税工资标准以及业务招待费标准的支出等，在会计核算中作为费用抵减了会计税前利润，但所得税法不允许将其在税前扣除。企业应在会计税前利润的基础上，补加上述差异，计算应纳税所得额。

总之，企业在会计税前利润的基础上，将所得税法规定的收入、费用与企业计入会计税前利润的收入、费用之间的差异进行调整，确定应纳税所得额。

【例 12-13】 乙公司 12 月的资料如下：

会计税前利润：	42 600 元
减：国债利息收入	1 500 元
加：非公益性捐赠支出	1 000 元
加：资产减值损失	2 400 元
减：公允价值变动收益	5 000 元
应纳税所得额	39 500 元

假定税法不允许在所得税前扣抵所有资产减值损失，所得税税率为 25%。

$$应交所得税 = 39\,500 \times 25\% = 9\,875（元）$$

借：所得税费用——当期所得税费用　　　　　　　　　　　　9 875
　　贷：应交税费——应交所得税　　　　　　　　　　　　　　　　9 875

（三）递延所得税费用核算

递延所得税费用是指由于暂时行差异的发生或转回而确认的所得税费用。

1. 暂时性差异

暂时行差异是指资产或负债的账面价值与其计税基础之间的差异。其中，账面价值是指按照企业会计准则规定的有关资产、负债在企业的资产负债表中应列示的金额。由于资产、负债的账面价值与其计税基础不同，产生了在未来收回资产或清偿负债的期间内，应纳税所得额增加或减少并导致未来期间应交所得税增加或减少的情况，在这些暂时性差异发生的当期，应当确认相应的递延所得税负债或递延所得税资产。根据暂时性差异对未来期间应纳税所得额影响不同，分为应纳税暂时性差异和可抵扣暂时性差异。某些不符合资产、负债的确认条件，未作为财务会计报告中资产、负债列示的项目，如果按照税法规定可以确定其计税基础，该计税基础与账面价值之间的差额也属于暂时性差异。

（1）应纳税暂时性差异。应纳税暂时性差异是指在确定未来收回资产或清偿负债期间的应纳税所得额时，将导致产生应纳税金额的暂时性差异。该差异在未来期间转回时，会增加转回期间的应纳税所得额,即在未来期间不考虑该事项影响的应纳税所得额的基础上,由于该暂时性差异的转回,会进一步增加转回期间的应纳税所得额和应纳所得税金额。在该暂时性差异产生当期,应当确认相关的递延所得税负债。

(2)可抵扣暂时性差异。可抵扣暂时性差异是指在确定未来收回资产和清偿负债期间的应纳税所得额时,将导致产生可抵扣金额的暂时性差异。该差异在未来期间转回时会减少转回期间的应纳税所得额,减少未来期间的应交所得税。在该暂时性差异产生当期,应当确认相关的递延所得税资产。

【例12—14】甲公司20×5年1月1日购入一台固定资产,原值为60 000元,假定无预计净残值,税法规定采用直线法计提折旧,折旧年限为5年;该公司采用直线法计提折旧,折旧年限为3年。

20×5年1月1日,该固定资产的账面价值60 000元,计税基础也为60 000元,无差异。

20×5年,按照税法规定应计提折旧12 000,年末计税基础为48 000元;该公司实际计提折旧20 000元,年末账面价值为40 000元。两者之间的差额为8 000元。由于该固定资产在未来期间可以按照48 000元在所得税前抵扣,比该固定资产的账面价值多8 000元,因此这8 000元差异属于可抵扣暂时性差异。

【例12—15】乙公司20×5年12月1日购入股票,实际支付价款10 000元,确认为交易性金融资产;12月31日,该股票的公允价值为13 000元,确认公允价值变动损益3 000元。

20×5年12月31日,该交易性金融资产计税基础仍为10 000元,账面价值为13 000元,两者之间的差额为3 000元。由于未来出售该股票时只能按照10 000元在所得税前抵扣,因此,这3 000元差异属于应纳税暂时性差异。

2. 递延所得税资产与递延所得税负债

递延所得税资产是指按照可抵扣暂时性差异和现行税率计算确定的资产,其性质属于预付的税款,在未来期间抵扣应纳税款。期末递延所得税资产大于期初递延所得税资产的差额,应确认为递延所得税收益,冲减所得税费用,借记"递延所得税资产",贷记"所得税费用"科目;反之,则冲减递延所得税资产,借记"所得税费用",贷记"递延所得税资产"科目。

递延所得税负债是指按照税法应纳税暂时性差异和现行税率计算确定的负债,其性质属于应付的税款,在未来期间转为应纳税款。期末递延所得税负债大于期初递延所得税负债的差额,应确认为递延所得税费用,借记"所得税费用",贷记"递延所得税负债"科目;反之,冲减递延所得税负债,并作为递延所得税收益处理,借记"递延所得税负债",贷记"所得税费用"科目。

【例12—16】某企业在20×5—20×8年期间每年的应税所得分别是-200万元、80万元、90万元、100万元,该企业适用所得税税率为30%,假设无其他暂时性差异。

(1)20×5年的账务处理为:

借:递延所得税资产　　　　　　　　　　　　　　　　　　　600 000
　　　贷:所得税费用——递延所得税费用(补亏减税)　　　　600 000

(2)20×6年账务处理为:

借:所得税费用　　　　　　　　　　　　　　　　　　　　　240 000
　　　贷:递延所得税资产　　　　　　　　　　　　　　　　　240 000

(3)20×7年账务处理为:

借：所得税费用	270 000	
贷：递延所得税资产		270 000

（4）20×8年的账务处理为：

借：所得税费用	300 000	
贷：递延所得税资产		90 000
应交税费——应交所得税		210 000

【例12-17】A公司原始投资成本300万元，2011年所持股票的公允价值为500万元，适用所得税税率为25%。其账务处理如下：

$$递延所得税负债=（500-300）\times25\%=50（万元）$$

借：所得税费用	500 000	
贷：递延所得税负债		500 000

案例分析

成本费用内部控制

资料：某国企2014年营业收入在该省同行中排名第二，但该年发生巨额亏损。经调查，主要是企业成本费用没有得到合理控制。其相关成本控制如下：

（1）销售费用实行实报实销制度；

（2）供应部为确保生产消耗需要，在正常持有量的基础上增加了一倍的原材料，由于该类存货市场价格持续下降，大量库存给企业造成较大负担；

（3）生产工人执行计时工资制度；

为强化成本费用管理，总经理采取了以下措施：

（1）取消销售费用实行实报实销制度，实行"基本工资+奖金"制度，奖金由总经理视情况而定；

（2）由车间主任根据生产消耗情况提出请购申请，经过总经理批准后交采购部门进行采购；

（3）改计时工资为计件工资。

半年后发现，销售部员工埋怨，销售情况时好时坏，产品质量下降，库存很大。

案例分析：以上案例的费用成本控制存在什么原理问题？改进后存在什么问题？请提出改进意见。

本章复习思考题

一、单选题

1. 产品生产费用在完工产品与在产品之间分配，采用在产品按定额成本计算，所必须具备的条件是_____。（ ）

A. 原材料费用在产品成本中所占比重较大，而且在生产开始时一次全部投入

B. 月末在产品数量较小

C. 原材料消耗定额比较准确、稳定，在产品数量稳定

D. 各月末在产品数量变化不大

2. 如果各月末在产品数量比较稳定、相差不多，那么在完工产品和在产品之间分配生产费用时，应当采用的方法是_____。 （   ）
   A. 不计算在产品成本   B. 在产品成本按年初数固定计算
   C. 按约当产量比例计算   D. 定额比例法

3. 某企业基本生产车间本月新投产甲产品 680 件，月末完工 600 件，期末在产品完工率为 50%。本月甲产品生产发生的费用为：直接材料 142 800 元，直接人工 51 200 元，制造费用 101 000 元。甲产品生产所耗原材料系投入时一次性投入。月末，该企业完工产品与在产品之间的生产费用分配采用约当产量法，则本月完工甲产品的总成本为_____元。
                                                                      （   ）
   A. 268 687.5   B. 269 475   C. 269 192.6   D. 276 562.5

4. 某种产品月初在产品制造费用 1 512 元，本月发生制造费用 3 198 元，月初在产品定额工时 360 小时，本月投入定额工时 780 小时。本月完工 30 件，每件工时定额 18 小时。在产品按定额成本计价法分配计算的该种产品本月完工产品的制造费用为_____元。
                                                                      （   ）
   A. 1 512   B. 2 190   C. 2 400   D. 3 198

5. 下列项目中应计入"生产成本"科目的是_____。   （   ）
   A. 专设销售机构人员的工资   B. 车间管理人员工资
   C. 车间生产工人的工资   D. 车间生产工人的劳动保护费

6. 某工业企业生产甲产品，甲产品的工时定额为 50 小时，其中第一道工序的工时定额为 20 小时，第二道工序的工时定额为 30 小时；期末甲在产品数量 300 件，其中第一道工序在产品 100 件，第二道工序在产品 200 件。每道工序在产品的完工程度为 40%，该企业完工产品和在产品成本分配采用约当产量法，则期末甲在产品的约当产量为_____件。
                                                                      （   ）
   A. 150   B. 160   C. 80   D. 144

7. 根据现行会计准则的规定，下列各项中，不计入管理费用的是_____。   （   ）
   A. 支付的劳动保险费
   B. 发生的业务招待费
   C. 违反销售合同支付的罚款
   D. 支付的离退休人员参加医疗保险的医疗保险基金

8. 某企业于 20×8 年 6 月发生一场火灾，财产损失共计 150 万元，其中存货损失 95 万元，固定资产损失 55 万元。经查，事故是由于雷击所致。企业收到保险公司的赔偿款 50 万元，其中流动资产保险赔偿款为 35 万元，固定资产保险赔偿款为 15 万元。企业由于火灾发生的损失应计入营业外支出的金额为_____万元。   （   ）
   A. 150   B. 100   C. 55   D. 40

9. 某企业投资性房地产采用公允价值计量模式。20×8 年 1 月 1 日购入一幢建筑物用于出租。该建筑物的成本为 510 万元，用银行存款支付。建筑物预计使用年限为 20 年，预计净残值为 10 万元。20×8 年 6 月 30 日，该建筑物的公允价值为 508 万元。20×8 年 6 月 30 日应做的会计处理为_____。   （   ）
   A. 借：其他业务成本   12.5   贷：累计折旧   12.5

B. 借：管理费用　　　　　　12.5　　　贷：累计折旧　　　　　　12.5
C. 借：投资性房地产　　　　2　　　　贷：公允价值变动损益　　2
D. 借：公允价值变动损益　　2　　　　贷：投资性房地产　　　　2

10. 下列交易或事项中，应作为营业外收支的核算的是_____。（　　）
A. 企业出售无形资产使用权获得的收入
B. 计提的无形资产减值准备
C. 债务重组损失
D. 投资性房地产处置的收入

二、多选题

1. 下列各项中，工业企业应将其计入财务费用的有_____。（　　）
A. 给予购货方的现金折扣　　　　　B. 不附追索权的应收票据贴现息
C. 给予购货方的商业折扣　　　　　D. 计提的带息应付票据利息
E. 外币应收账款汇兑净损失

2. 下列项目中，应计入销售费用的有_____。（　　）
A. 企业在筹建期间内发生的开办费　　B. 矿产资源补偿费
C. 专设销售机构固定资产的折旧费　　D. 为推销产品发生的业务招待费
E. 预计产品质量保证损失

3. 下列固定资产中，企业应当计提折旧但不计入"管理费用"科目的有_____。（　　）
A. 以经营租赁方式出租的机器设备　　B. 生产车间使用的机器设备
C. 行政管理部门使用的办公设备　　　D. 工程项目使用的固定资产计提的折旧
E. 生产车间季节性停用的机器设备

4. 下列各项中，可能计入管理费用的有_____。（　　）
A. 房产税
B. 高危行业安全生产费
C. 生产车间固定资产发生的日常修理费
D. 专设销售机构使用固定资产发生的日常修理费
E. 耕地占用税

5. 下列属于生产成本的是_____。（　　）
A. 产品生产耗用材料　　　　　　B. 生产人员工资
C. 行政管理人员工资　　　　　　D. 利息支出
E. 设备折旧费

6. 下列属于期间费用的有_____。（　　）
A. 销售费用　　　　　　　　　　B. 业务招待费
C. 行政部门办公费　　　　　　　D. 设备修理费
E. 车间管理人员工资

7. 下列属于直接生产成本的有_____。（　　）
A. 直接生产工人工资　　　　　　B. 产品耗用材料
C. 设备维修耗用材料　　　　　　D. 设备折旧费

E. 劳动保护费

8. 下列属于费用支出的有_____。 （　　）
A. 工资支出　　　　　　　　B. 利息支出
C. 购买固定资产支出　　　　D. 购买债券支出
E. 耗用材料

三、业务题

大庆股份有限公司 2015 年 3 月发生如下业务：

（1）支付银行借款利息 50 000 元，其中在建工程利息 30 000 元；行政管理部门修理费用 1 000 元；职工教育经费 17 000 元；工会经费 2 400 元；广告宣传费用 800 元；购入一项商标权 25 000 元；捐赠 4 000 元；生产车间水电费 1 600 元；各项税收罚款及滞纳金 2 900 元；违反合同罚款 1 520 元；办公用品 100 元；营业税和所得税 4 600 元；生产设备保险费 3 260 元；诉讼费用 640 元；业务招待费 4 800 元；劳动保护费 2 200 元；销售产品运输费用 200 元；材料入库前挑选、整理费用 300 元。以上款项均用银行存款支付。

（2）分配职工工资 100 000 元，其中生产工人工资 80 000 元；车间管理人员工资 4 000 元；公司管理人员工资 6 000 元；工程人员工资 10 000 元。并按上述工资总额的 14%的比例提取职工福利费。

（3）预提生产用固定资产修理费用 10 000 元。

（4）摊销无形资产价值 8 000 元。

（5）结转本月发生的管理费用、营业费用、财务费用、营业外支出。

要求：做上述业务相关的会计分录。

答　案

一、CBABC DCBDC

二、ABDE、CE、ABDE、ABC、ABE、ABC、AB、ABE

三、业务题

（1）借：在建工程　　　　　　　　　　　　　　　　30 000
　　　　财务费用　　　　　　　　　　　　　　　　20 000
　　　　管理费用　　　　　　　　　　　　　　　　25 940
　　　　销售费用　　　　　　　　　　　　　　　　 1 000
　　　　无形资产　　　　　　　　　　　　　　　　25 000
　　　　营业外支出　　　　　　　　　　　　　　　 8 420
　　　　应交税费　　　　　　　　　　　　　　　　 4 600
　　　　材料采购　　　　　　　　　　　　　　　　 300
　　　　制造费用　　　　　　　　　　　　　　　　 7 060
　　　贷：银行存款　　　　　　　　　　　　　　　122 320

（2）借：生产成本　　　　　　　　　　　　　　　　80 000
　　　　制造费用　　　　　　　　　　　　　　　　 4 000
　　　　管理费用　　　　　　　　　　　　　　　　 60
　　　　在建工程　　　　　　　　　　　　　　　　10 000

	贷：应付职工薪酬	100 000
借：生产成本		11 200
制造费用		560
管理费用		840
在建工程		1 400
贷：应付职工薪酬		14 000
（3）借：制造费用		10 000
贷：银行存款		10 000
（4）借：管理费用		8 000
贷：累计摊销		8 000
（5）借：本年利润		70 200
贷：管理费用		40 780
财务费用		20 000
销售费用		1 000
营业外支出		8 420

第十三章

利润及利润分配

案例导入

利润的实质

剩余价值和利润不仅在质上是相同的,剩余价值是利润的本质,利润是剩余价值的表现形式,而且在量上也是相等的。剩余价值和利润所不同的只是,剩余价值是对可变资本而言的,利润是对全部资本而言的。因此,剩余价值一旦转化为利润,剩余价值的起源以及它所反映的资本剥削雇佣劳动的关系就被掩盖了,被抹杀了(《马克思恩格斯全集》第25卷,第56页),因而就具有了令人眼花缭乱的神秘化形式。在资本主义社会,利润所造成的假象就是:它是资本的产物,同劳动完全无关。

如果以 W 代表商品价值,k 代表成本价格,以 p 代表利润,那么,随着剩余价值转化为利润,则资本主义条件下商品价值的构成,即 $W=c+v+m=k+m$,就进一步变成 $W=k+p$,亦即商品价值转化为成本价格+利润。

剩余价值这个范畴明显地反映了资本同劳动的对立,因为它是可变资本的增殖额并被资本家无偿占有的;而利润这个范畴,似乎意味着资本自身就能够创造出一个新价值来。这种颠倒是资本主义生产方式的必然产物。首先,因为资本家生产商品所耗费的不变资本+可变资本($C+V$)转化为成本价格,从而掩盖了不变资本(C)同可变资本(V)之间的本质区别;其次,因为劳动力价格转化为工资,表现为劳动的报酬,所以剩余价值就转化为利润,表现为似乎同雇佣工人的劳动无关,而只是预付总资本的产物;最后,剩余价值转化为利润,以剩余价值率转化为利润率为前提,即借助于利润率,才把已转化为成本价格超过额的剩余价值,进一步转化为预付总资本在一定周转期间内超过它自身价值的余额。在现实生活中,产业资本家通常也是从既定的利润率水平出发,然后以利润率乘预付总资本得出预期的利润量,而它并非主观幻觉之物,而是客观上完全有可能实现的东西。科学的论证和实践表明:这个利润量其实是由可变资本所带来的增殖额。总之,剩余价值是内在的本质或实体,而利润则是外在的现象或形式。

案例思考:会计中的利润的含义是什么?

第十三章 利润及利润分配

第一节 利润的意义及内容

一、利润的构成

利润是指企业在一定会计期间的经营成果。利润包括收入减去费用后的净额、直接计入当期利润的利得和损失等。

直接计入当期利润的利得和损失，是指应当计入当期损益、会导致所有者权益发生增减变动的、与所有者投入资本或者向所有者分配利润无关的利得或者损失。

（一）营业利润

营业利润＝营业收入－营业成本－营业税金及附加－销售费用－管理费用－财务费用－资产减值损失＋公允价值变动收益（－公允价值变动损失）＋投资收益（－投资损失）

其中：

营业收入是指企业经营业务所确认的收入总额，包括主营业务收入和其他业务收入。

营业成本是指企业经营业务所发生的实际成本总额，包括主营业务成本和其他业务成本。

资产减值损失是指企业计提各项资产减值准备所形成的损失。

公允价值变动收益（或损失）是指企业交易性金融资产等公允价值变动形成的应计入当期损益的利得（或损失）。

投资收益（或损失）是指企业以各种方式对外投资所取得的收益（或发生的损失）。

（二）利润总额

利润总额＝营业利润＋营业外收入－营业外支出

其中：

营业外收入是指企业发生的与其日常活动无直接关系的各项利得。

营业外支出是指企业发生的与其日常活动无直接关系的各项损失。

（三）净利润

净利润＝利润总额－所得税费用

其中，所得税费用是指企业确认的应从当期利润总额中扣除的所得税费用。

【2015年《初级会计实务》考试真题·单选题】下列各项，不影响企业营业利润的项目是_____。 （ ）

A. 劳务收入 B. 财务费用
C. 出售包装物收入 D. 出售无形资产净收益

【正确答案】D

【答案解析】选项A和C属于收入，选项B属于费用，均影响企业营业利润的计算。选项D计入营业外收入，属于利得，不在营业利润计算范围内。

【2014年《初级会计实务》考试真题·单选题】下列各项中，影响利润表中"营业利润"项目的是_____。 （ ）

A. 盘亏固定资产净损失 B. 计提固定资产减值准备

C. 发生的所得税费用　　　　　　D. 转让无形资产的净收益

【正确答案】B

【答案解析】盘亏固定资产净损失计入营业外支出,影响利润总额,不影响营业利润,选项 A 错误;计提固定资产减值准备计入资产减值损失,影响营业利润,选项 B 正确;发生的所得税费用影响净利润,不影响营业利润,选项 C 错误;转让无形资产的净收益计入营业外收入,影响利润总额,不影响营业利润,选项 D 错误。

【例 13-1】某企业本期营业收入 1 000 万元,营业成本 800 万元,管理费用为 20 万元,销售费用 35 万元,资产减值损失 40 万元,投资收益为 45 万元,营业外收入 15 万元,营业外支出 10 万元,所得税费用为 32 万元。假定不考虑其他因素,该企业本期营业利润为_____万元。
（　　）

A. 123　　　　　　B. 200　　　　　　C. 150　　　　　　D. 155

【正确答案】C

【答案解析】企业本期营业利润＝1 000－800－20－35－40＋45＝150（万元）

二、利润的确认

既然利润是企业在一定时期内的全部收入抵减全部支出后的结果,那么利润的确认必然与收入、费用的确认密切相关,直接受到收入和费用的影响,因此,严格遵循权责发生制原则的要求,合理确认收入和费用,是正确确认利润的前提条件。根据配比原则的要求,企业一定时期内的收入必须与相关的费用相配比,形成一定时期的经营成果。严格意义上说,利润的确认时间与收入、费用的确认时间应该是一致的,即在企业有了耗费并取得收入时确认利润的实现,但由于收入和与其相关的费用的确认时间（时点）往往是不一致的,加上企业在一定时期内收支频繁,不便细分。基于此,在实际工作中,企业一定时期所形成的利润,通常是在期末（月末、季末、年末）时确认。

三、利润的计量

企业的利润,既包括通过生产经营活动而实现的利润,也包括通过投资活动实现的投资收益,还包括与生产经营活动无直接关系的营业外收支差额。根据《企业会计制度》的规定,企业的利润总额由营业利润、投资收益、补贴收入和营业外收支差额四部分构成,企业的营业利润加上投资收益和补贴收入,再加上营业外收入减去营业外支出,即为企业当期的利润总额。当期的利润总额扣减所得税费用,即为企业当期的净利润。

（一）营业利润

营业利润是指企业从事经营活动（包括销售商品和提供劳务等活动）所实现的利润,它是企业利润的主要部分,包括主营业务利润、其他业务利润和期间费用三部分。其计算公式为:

营业利润＝主营业务利润＋其他业务利润－期间费用

1. 主营业务利润

主营业务利润也称基本业务利润,是指企业从事生产经营活动中主营业务所实现的利润,即企业的主营业务收入减去主营业务成本和主营业务税金及附加后的差额。其计算公式为:

主营业务利润＝主营业务收入－主营业务成本－主营业务税金及附加

2. 其他业务利润

其他业务利润是指企业经营主营业务以外的其他业务活动实现的利润，即其他业务收入减去其他业务成本、费用及其他业务负担的流转税和教育费附加后的差额。其计算公式为：其他业务利润＝其他业务收入－其他业务支出。这里所说的其他业务，包括材料销售、包装物出租和出售、固定资产出租、无形资产转让等。其他业务收入即这些其他销售或其他业务实现的收入；其他业务支出即这些其他销售或其他业务发生的各项支出，包括其他业务所发生的成本费用以及应由其他业务负担的流转税和教育费附加。

3. 期间费用

企业的期间费用即三项费用，包括销售费用、管理费用和财务费用。

（1）售费用，是指企业在销售商品过程中发生的费用，包括运输费、装卸费、包装费、保险费、展览费和广告费，以及为销售本企业商品而专设的销售机构（含销售网点、售后服务网点等）的职工工资及福利费、类似工资性质的费用、业务费等经营费用。

商品流通企业在购买商品过程中所发生的进货费用，也包括在营业费用中。

企业发生的各种营业费用，在"营业费用"科目核算。企业发生营业费用时，借记本科目，贷记"现金"、"银行存款"、"应付工资"、"应付福利费"等科目。期末将借方余额结转"本年利润"科目，结转后没有余额。

（2）管理费用，是指企业为组织和管理企业生产经营所发生的管理费用，包括企业的董事会和行政管理部门在企业的经营管理中发生的，或者由企业统一负担的公司经费（包括行政管理部门职工工资、修理费、物料消耗、低值易耗品摊销、办公费和差旅费等）、工会经费、待业保险费、劳动保险费、董事会费、聘请中介机构费、咨询费（含顾问费）、诉讼费、业务招待费、房产税、车船使用税、土地使用税、印花税、技术转让费、矿产资源补偿费、无形资产摊销、职工教育经费、研究与开发费、排污费、存货盘亏或盘盈（不包括应计入营业外支出的存货损失）、计提的坏账准备和存货跌价准备等。企业发生的各种管理费用，在"管理费用"科目核算。企业发生管理费用时，借记本科目，贷记"应付工资"、"应付福利费"、"累计折旧"、"银行存款"、"其他应交款"、"其他应付款"、"应交税金"、"无形资产"、"长期待摊费用"、"坏账准备"、"存货跌价准备"等科目。期末将借方余额结转"本年利润"科目，结转后没有余额。

（3）财务费用，是指企业为筹集生产经营所需资金等而发生的费用，包括应当作为期间费用的利息支出（减利息收入）、汇兑损失（减汇兑收益）以及相关的手续费等。

企业发生的财务费用，在"财务费用"科目核算。企业发生财务费用时，借记本科目，贷记"预提费用"、"银行存款"、"长期借款"等科目。期末将借方余额结转"本年利润"科目，结转后没有余额。

（二）投资净收益

投资净收益是指企业的对外投资所取得的收益，减去发生的投资损失和计提的投资减值准备后的净额。其计算公式为：投资净收益＝投资收益－投资损失－计提的投资减值准备。

（三）补贴收入

补贴收入是指企业按规定实际收到退还的增值税，或按销量或按工作量等依据国家规定的补助定额计算并按期给予的定额补贴，以及属于国家财政扶持的领域而给予的其他形式的补贴。企业的补贴收入在"补贴收入"科目核算。企业实际收到先征后返增值税时，借记"银行存款"科目，贷记本科目；企业按销量或工作量等，依据国家规定的补助定额计算出应收的补贴金额时，借记"应收补贴款"科目，贷记本科目。期末将贷方余额结转"本年利润"科目，结转后没有余额。该科目应按补贴收入项目进行明细分类核算。

（四）营业外收支差额

营业外收支差额是指企业的营业外收入扣减营业外支出后的净额。其计算公式为：

营业外收支差额＝营业外收入－营业外支出。

营业外收入是企业除了主营业务收入、其他业务收入和补贴收入以外的其他各项收入。营业外收入与企业的生产经营活动没有直接关系，也不需要企业付出代价，因而不可能也不需要与有关费用相配比，因此，在会计核算中，应严格划分营业外收入与营业收入的界限。

1. 营业外收入

营业外收入是指企业发生的与其日常活动无直接关系的各项利得，主要包括非流动资产处置利得、盘盈利得、罚没利得、捐赠利得、确实无法支付而按规定程序经批准后转作营业外收入的应付款项等。其中：

非流动资产处置利得包括固定资产处置利得和无形资产出售利得。固定资产处置利得，指企业出售固定资产所取得价款或报废固定资产的材料价值和变价收入等，扣除处置固定资产的账面价值、清理费用、处置相关税费后的净收益；无形资产出售利得，指企业出售无形资产所取得价款，扣除出售无形资产的账面价值、出售相关税费后的净收益。

盘盈利得，主要指对于现金等清查盘点中盘盈的现金，报经批准后计入营业外收入的金额。

罚没利得，指企业取得的各种罚款，在弥补由于对违反合同或协议而造成的经济损失后的罚款净收益。

捐赠利得，指企业接受捐赠产生的利得。

企业应通过"营业外收入"科目，核算营业外收入的取得及结转情况。该科目贷方登记企业确认的各项营业外收入，借方登记期末结转入本年利润的营业外收入。结转后该科目应无余额。该科目应按照营业外收入的项目进行明细核算。

【例13－2】下列各项中，不应确认为营业外收入的有_____。　　（　　）

　　A. 存货盘盈　　　　　　　　B. 固定资产出租收入
　　C. 固定资产盘盈　　　　　　D. 无法查明原因的现金溢余

【正确答案】ABC

【答案解析】存货盘盈最终要冲减"管理费用"科目；固定资产的出租收入是要作为收入记入"其他业务收入"科目；固定资产盘盈要作为前期差错记入"以前年度损益调整"科目。

2. 营业外支出

营业外支出是指企业发生的与其日常活动无直接关系的各项损失，主要包括非流动资产处置损失、盘亏损失、罚没支出、公益性捐赠支出、非常损失等。其中：

非流动资产处置损失包括固定资产处置损失和无形资产出售损失。固定资产处置损失，指企业出售固定资产所取得价款或报废固定资产的材料价值和变价收入等，不足以抵补处置固定资产的账面价值、清理费用、处置相关税费所发生的净损失；无形资产出售损失，指企业出售无形资产所取得价款，不足以抵补出售无形资产的账面价值、出售相关税费后所发生的净损失。

盘亏损失，主要指对于固定资产清查盘点中盘亏的固定资产，在查明原因处理时按确定的损失计入营业外支出的金额。

罚款支出，指企业由于违反税收法规、经济合同等而支付的各种滞纳金和罚款。

公益性捐赠支出，指企业对外进行公益性捐赠发生的支出。

非常损失，指企业对于因客观因素（如自然灾害等）造成的损失，在扣除保险公司赔偿后应计入营业外支出的净损失。

企业应通过"营业外支出"科目，核算营业外支出的发生及结转情况。该科目借方登记企业发生的各项营业外支出，贷方登记期末结转入本年利润的营业外支出。结转后该科目应无余额。该科目应按照营业外支出的项目进行明细核算。

【例题13-3】下列各项，按规定应计入"营业外支出"的有_____。（　　）

A. 固定资产出售净收益　　　　　　B. 非常损失净损失
C. 固定资产盘亏净损失　　　　　　D. 计提的存货跌价准备

【正确答案】BC

【答案解析】固定资产出售净收益计入"营业外收入"；计提的存货跌价准备应计入"资产减值损失"。

需要指出，营业外收入和营业外支出应当分别核算，不得以营业外支出直接冲减营业外收入。由于营业外收入和营业外支出所包括的项目互不关联，企业除了对营业外收入和营业外支出分别进行总分类核算外，还应分别营业外收入和营业外支出的具体项目进行明细分类核算。

企业取得的各项营业外收入，在"营业外收入"科目核算。企业取得各项营业外收入时，借记"固定资产清理""待处理财产损溢""应付账款""其他应付款""现金""银行存款"等科目，贷记本科目。期末将贷方余额结转"本年利润"科目，结转后没有余额。

企业发生的各种营业外支出，在"营业外支出"科目核算。企业发生营业外支出时，借记本科目，贷记"固定资产清理""待处理财产损溢""其他应收款""现金""银行存款"等科目。期末将借方余额结转"本年利润"科目，结转后没有余额。

（五）利润总额和净利润的确定企业利润总额的构成要素和形成过程

可以用下列计算公式表示：利润总额＝营业利润＋投资收益＋补贴收入＋营业外收支差额。上列公式计算的结果若为正数，表示企业实现的利润总额；若为负数，则表示企业发生的亏损总额。

企业净利润的计算公式为：净利润＝利润总额－所得税。上式中的所得税是指企业按规定从当期损益中扣除的所得税费用。

第二节　所　得　税

一、计税基础与暂时性差异

（一）所得税会计概述

所得税会计是针对会计与税收规定之间的差异，在所得税会计核算中的具体体现。《企业会计准则第 18 号——所得税》采用了资产负债表债务法核算所得税。

资产负债表债务法是从资产负债表出发，通过比较资产负债表上列示的资产、负债按照会计准则规定确定的账面价值与按照税法规定确定的计税基础，对于两者之间的差异分别应纳税暂时性差异与可抵扣暂时性差异，确认相关的递延所得税负债与递延所得税资产。从本质上来看，该方法中涉及两张资产负债表：一个是按照会计准则规定编制的资产负债表，有关资产、负债在该表上以其账面价值体现；另一个是假定按照税法规定进行核算编制的资产负债表，其中资产、负债列示的价值量为其计税基础，即从税法的角度来看，企业持有的有关资产、负债的金额。

采用资产负债表债务法核算所得税的情况下，企业一般应于每一资产负债表日进行所得税核算。发生特殊交易或事项时，如企业合并，在确认因交易或事项产生的资产、负债时即应确认相关的所得税影响。企业进行所得税核算时一般应遵循以下程序：

（1）按照会计准则规定确定资产负债表中除递延所得税资产和递延所得税负债以外的其他资产和负债项目的账面价值。

（2）按照会计准则中对于资产和负债计税基础的确定方法，以适用的税收法规为基础，确定资产负债表中有关资产、负债项目的计税基础。

（3）比较资产、负债的账面价值与其计税基础，对于两者之间存在差异的，分析其性质，除会计准则中规定的特殊情况外，分别应纳税暂时性差异与可抵扣暂时性差异，确定该资产负债表日递延所得税负债和递延所得税资产的应有金额，并与期初递延所得税资产和递延所得税负债的余额相比，确定当期应予进一步确认的递延所得税资产和递延所得税负债金额或应予转销的金额，作为构成利润表中所得税费用的递延所得税费用（或收益）。

（4）按照适用的税法规定计算确定当期应纳税所得额，将应纳税所得额与适用的所得税税率计算的结果确认为当期应交所得税，作为利润表中应予确认的所得税费用中的当期所得税部分。

（5）确定利润表中的所得税费用。利润表中的所得税费用包括当期所得税和递延所得税两个组成部分。企业在计算确定当期所得税和递延所得税后，两者之和（或之差），即为利润表中的所得税费用。

所得税会计的关键在于确定资产、负债的计税基础。资产、负债的计税基础，虽然是会计准则中的概念，但实质上与税法法规的规定密切关联。企业应当严格遵循税收法规中对于资产的税务处理及可税前扣除的费用等规定确定有关资产、负债的计税基础。

（二）资产的计税基础

资产的计税基础，是指企业收回资产账面价值过程中，计算应纳税所得额时按照税法规定可以自应税经济利益中抵扣的金额，即某一项资产在未来期间计税时可以税前扣除的金额。从税收的角度考虑，资产的计税基础是假定企业按照税法规定进行核算所提供的资产负债表中资产的应有金额。

资产在初始确认时，其计税基础一般为取得成本。从所得税角度考虑，某一单项资产产生的所得是指该项资产产生的未来经济利益流入扣除其取得成本之后的金额。一般情况下，税法认定的资产取得成本为购入时实际支付的金额。在资产持续持有的过程中，可在未来期间税前扣除的金额是指资产的取得成本减去以前期间按照税法规定已经税前扣除的金额后的余额。如固定资产、无形资产等长期资产，在某一资产负债表日的计税基础是指其成本扣除按照税法规定已在以前期间税前扣除的累计折旧额或累计摊销额后的金额。

企业应当按照适用的税收法规规定计算确定资产的计税基础。如固定资产、无形资产等的计税基础可确定如下：

1. 固定资产

以各种方式取得的固定资产，初始确认时入账价值基本上是被税法认可的，即取得时其账面价值一般等于计税基础。

固定资产在持有期间进行后续计量时，会计上的基本计量模式是"成本—累计折旧—固定资产减值准备"，税收上的基本计量模式是"成本—按照税法规定计算确定的累计折旧"。会计与税收处理的差异主要来自于折旧方法、折旧年限的不同以及固定资产减值准备的计提。

（1）折旧方法、折旧年限产生的差异。会计准则规定，企业可以根据固定资产经济利益的预期实现方式合理选择折旧方法，如可以按年限平均法计提折旧，也可以按照双倍余额递减法、年数总和法等计提折旧，前提是有关的方法能够反映固定资产为企业带来经济利益的实现情况。税法一般会规定固定资产的折旧方法，除某些按照规定可以加速折旧的情况外，基本上可以税前扣除的是按照直线法计提的折旧。

另外税法一般规定每一类固定资产的折旧年限，而会计处理时按照会计准则规定是由企业按照固定资产能够为企业带来经济利益的期限估计确定的。因为折旧年限的不同，也会产生固定资产账面价值与计税基础之间的差异。

（2）因计提固定资产减值准备产生的差异。持有固定资产的期间内，在对固定资产计提了减值准备以后，因所计提的减值准备在计提当期不允许税前扣除，也会造成固定资产的账面价值与计税基础的差异。

【例 13-4】甲公司于 2013 年 1 月 1 日开始计提折旧的某项固定资产，原价为 3 000 000 元，使用年限为 10 年，采用年限平均法计提折旧，预计净残值为 0。税法规定类似固定资产采用加速折旧法计提的折旧可予税前扣除，该企业在计税时采用双倍余额递减法计提折旧，预计净残值为 0。2014 年 12 月 31 日，企业估计该项固定资产的可收回金额为 2 200 000 元。

【正确答案】

2014 年 12 月 31 日，该项固定资产的账面价值＝3 000 000－300 000×2－200 000＝2 200 000（元）

计税基础＝3 000 000－3 000 000×20%－2 400 000×20%＝1 920 000（元）

该项固定资产账面价值 2 200 000 元与其计税基础 1 920 000 元之间的 280 000 元差额，代表着将于未来期间计入企业应纳税所得额的金额，产生未来期间应交所得税的增加，应确认为递延所得税负债。

【例 13-5】甲公司于 2011 年 12 月 20 日取得某设备，成本为 16 000 000 元，预计使用 10 年，预计净残值为 0，采用年限平均法计提折旧。2014 年 12 月 31 日，根据该设备生产产品的市场占有情况，甲公司估计其可收回金额为 9 200 000 元。假定税法规定的折旧方法、折旧年限与会计准则相同，企业的资产在发生实质性损失时可予税前扣除。

【正确答案】

2014 年 12 月 31 日，甲公司该设备的账面价值＝16 000 000－1 600 000×3＝11 200 000

(元),可收回金额为 9 200 000 元,应当计提 2 000 000 元固定资产减值准备,计提该减值准备后,固定资产的账面价值为 9 200 000 元。

$$该设备的计税基础 = 16\,000\,000 - 1\,600\,000 \times 3 = 11\,200\,000(元)$$

资产的账面价值 9 200 000 元小于其计税基础 11 200 000 元,产生可抵扣暂时性差异。

2. 无形资产

除内部研究开发形成的无形资产以外,以其他方式取得的无形资产,初始确认时其入账价值与税法规定的成本之间一般不存在差异。

(1) 对于内部研究开发形成的无形资产,会计准则规定有关研究开发支出区分两个阶段,研究阶段的支出应当费用化计入当期损益,而开发阶段符合资本化条件的支出应当计入所形成无形资产的成本;税法规定,自行开发的无形资产,以开发过程中该资产符合资本化条件后至达到预定用途前发生的支出为计税基础。对于研究开发费用的加计扣除,税法中规定企业为开发新技术、新产品、新工艺发生的研究开发费用,未形成无形资产计入当期损益的,在按照规定据实扣除的基础上,按照研究开发费用的 50%加计扣除;形成无形资产的,按照无形资产成本的 150%摊销。

对于内部研究开发形成的无形资产,一般情况下初始确认时按照会计准则规定确定的成本与其计税基础应当是相同的。对于享受税收优惠的研究开发支出,在形成无形资产时,按照会计准则规定确定的成本为研究开发过程中符合资本化条件后至达到预定用途前发生的支出,而因税法规定按照无形资产成本的 150%摊销,则其计税基础应在会计上入账价值的基础上加计 50%,因而产生账面价值与计税基础在初始确认时的差异,但如果该无形资产的确认不是产生于企业合并交易、同时在确认时既不影响会计利润也不影响应纳税所得额,按照所得税会计准则的规定,不确认该暂时性差异的所得税影响。

(2) 无形资产在后续计量时,会计与税收的差异主要产生于对无形资产是否需要摊销及无形资产减值准备的计提。

会计准则规定应根据无形资产使用寿命情况,区分为使用寿命有限的无形资产和使用寿命不确定的无形资产。对于使用寿命不确定的无形资产,不要求摊销,在会计期末应进行减值测试。税法规定,企业取得无形资产的成本,应在一定期限内摊销,有关摊销额允许税前扣除。

在对无形资产计提减值准备的情况下,因所计提的减值准备不允许税前扣除,也会造成其账面价值与计税基础的差异。

【例 13-6】甲公司当期发生研究开发支出计 10 000 000 元,其中研究阶段支出 2 000 000 元,开发阶段符合资本化条件前发生的支出为 2 000 000 元,符合资本化条件后发生的支出为 6 000 000 元。假定开发形成的无形资产在当期期末已达到预定用途,但尚未进行摊销。

【正确答案】

甲公司当年发生的研究开发支出中,按照会计规定应予费用化的金额为 4 000 000 元,形成无形资产的成本为 6 000 000 元,即期末所形成无形资产的账面价值为 6 000 000 元。

甲公司于当期发生的 10 000 000 元研究开发支出,可在税前扣除的金额为 6 000 000 元。对于按照会计准则规定形成无形资产的部分,税法规定按照无形资产成本的 150%作为计算未来期间摊销额的基础,即该项无形资产在是处确认时的计税基础为 9 000 000 元(6 000 000×150%)。

该项无形资产的账面价值 6 000 000 元与其计税基础 9 000 000 元之间的差额 3 000 000 元将于未来期间税前扣除，产生可抵扣暂时性差异。

【例 13—7】 甲公司于 2015 年 1 月 1 日取得某项无形资产，成本为 6 000 000 元。企业根据各方面情况判断，无法合理预计其带来经济利益的期限，作为使用寿命不确定的无形资产。2015 年 12 月 31 日，对该项无形资产进行减值测试表明未发生减值。企业在计税时，对该项无形资产按照 10 年的期间摊销，有关摊销额允许税前扣除。

【正确答案】

会计上将该项无形资产作为使用寿命不确定的无形资产，在未发生减值的情况下，其账面价值为取得成本 6 000 000 元。

该项无形资产在 2015 年 12 月 31 日的计税基础为 5 400 000 元（6 000 000－600 000）。

该项无形资产的账面价值 6 000 000 元与其计税基础 5 400 000 元之间的差额 600 000 元将计入未来期间的应纳税所得额，产生未来期间企业所得税款流出的增加，为应纳税暂时性差异。

3. 以公允价值计量且其变动计入当期损益的金融资产

按照《企业会计准则第 22 号——金融工具确认和计量》的规定，对于以公允价值计量且其变动计入当期损益的金融资产，其于某一会计期末的账面价值为公允价值，如果税法规定按照会计准则确认的公允价值变动损益在计税时不予考虑，即有关金融资产在某一会计期末的计税基础为其取得成本，会造成该类金融资产账面价值与计税基础之间的差异。

【例 13—8】 甲公司 2015 年 7 月以 520 000 元取得乙公司股票 50 000 股作为交易性金融资产核算，2015 年 12 月 31 日，甲公司尚未出售所持有乙公司股票，乙公司股票公允价值为每股 12.4 元。税法规定，资产在持有期间公允价值的变动不计入当期应纳税所得额，待处置时一并计算应计入应纳税所得额的金额。

【正确答案】

作为交易性金融资产的乙公司股票在 2015 年 12 月 31 日的账面价值为 620 000 元（12.4×50 000），其计税基础为原取得成本不变，即 520 000 元，两者之间产生 100 000 元的应纳税暂时性差异。

（三）负债的计税基础

负债的计税基础，是指负债的账面价值减去未来期间计算应纳税所得额时按照税法规定可予抵扣的金额。即假定企业按照税法规定进行核算，在其按照税法规定确定的资产负债表上有关负债的应有金额。

负债的确认与偿还一般不会影响企业未来期间的损益，也不会影响其未来期间的应纳税所得额，因此未来期间计算应纳税所得额时按照税法规定可予抵扣的金额为 0，计税基础即为账面价值。例如企业的短期借款、应付账款等。但是，某些情况下，负债的确认可能会影响企业的损益，进而影响不同期间的应纳税所得额，使其计税基础与账面价值之间产生差额，如按照会计规定确认的某些预计负债。

1. 预计负债

按照《企业会计准则第 13 号——或有事项》规定，企业应将预计提供售后服务发生的支出在销售当期确认为费用，同时确认预计负债。如果税法规定，与销售产品相关的支出应于发生时税前扣除。因该类事项产生的预计负债在期末的计税基础为其账面价值与未来期间可税前扣除的金额之间的差额,因有关的支出实际发生时可全额税前扣除,其计税基础为0。

因其他事项确认的预计负债,应按照税法规定的计税原则确定其计税基础。某些情况下,某些事项确认的预计负债,税法规定其支出无论是否实际发生均不允许税前扣除,即未来期间按照税法规定可予抵扣的金额为0,则其账面价值与计税基础相同。

【例13-9】甲公司2014年因销售产品承诺提供3年的保修服务,在当年度利润表中确认了8 000 000元销售费用,同时确认为预计负债,当年度发生保修支出2 000 000元,预计负债的期末余额为6 000 000元。假定税法规定,与产品售后服务相关的费用在实际发生时税前扣除。

【正确答案】
该项预计负债在甲公司2014年12月31日的账面价值为6 000 000元。
该项预计负债的计税基础=账面价值-未来期间计算应纳税所得额时按照税法规定可予抵扣的金额=6 000 000-6 000 000=0。

2. 预收账款

企业在收到客户预付的款项时,因不符合收入确认条件,会计上将其确认为负债。税法对于收入的确认原则一般与会计规定相同,即会计上未确认收入时,计税时一般亦不计入应纳税所得额,该部分经济利益在未来期间计税时可予税前扣除的金额为0,计税基础等于账面价值。

如果不符合会计准则规定的收入确认条件,但按照税法规定应计入当期应纳税所得额时,有关预收账款的计税基础为0,即因其产生时已经计入应纳税所得额,未来期间可全额税前扣除,计税基础为账面价值减去在未来期间可全额税前扣除的金额,即其计税基础为0。

3. 应付职工薪酬

会计准则规定,企业为获得职工提供的服务给予的各种形式的报酬以及其他相关支出均应作为企业的成本、费用,在未支付之前确认为负债。税法对于合理的职工薪酬基本允许税前扣除,相关应付职工薪酬负债的账面价值等于计税基础。

4. 其他负债

企业的其他负债项目,如应交的罚款和滞纳金等,在尚未支付之前按照会计规定确认为费用,同时作为负债反映。税法规定,罚款和滞纳金不允许税前扣除,其计税基础为账面价值减去未来期间计税时可予税前扣除的金额0之间的差额,即计税基础等于账面价值。

【例13-10】甲公司因未按照税法规定缴纳税金,按规定需在2015年缴纳滞纳金1 000 000元,至2015年12月31日,该款项尚未支付,形成其他应付款1 000 000元。税法规定,企业因违反国家法律、法规规定缴纳的罚款、滞纳金不允许税前扣除。

【正确答案】
因应缴滞纳金形成的其他应付款账面价值为1 000 000元,因税法规定该支出不允许税前扣除,其计税基础=1 000 000-0=1 000 000(元)。

对于罚款和滞纳金支出,会计与税收规定存在差异,但该差异仅影响发生当期,对未来期间计税不产生影响,因而不产生暂时性差异。

第十三章 利润及利润分配

（四）特殊交易或事项中产生资产、负债计税基础的确定

除企业在正常生产经营活动过程中取得的资产和负债以外，对于某些特殊交易中产生的资产、负债，其计税基础的确定也应遵从税法的规定，如企业合并过程中取得资产、负债计税基础的确定。

《企业会计准则第 20 号——企业合并》中视参与合并各方在合并前及合并后是否为同一方或相同的多方最终控制，将企业合并分为同一控制下的企业合并与非同一控制下的企业合并两种类型。

对于企业合并交易的所得税处理，通常情况下，将被合并企业视为按公允价值转让、处置全部资产，计算资产的转让所得，依法缴纳所得税。合并企业接受被合并企业的有关资产，计税时可以按经评估确认或税法认可的转让价值确定计税成本。税法对于企业的合并、改组等交易，考虑合并中涉及的非股权支付额的比例、取得被合并方股权比例等条件，将其区分为应税合并与免税合并。

由于会计准则与税法对企业合并的划分标准不同、处理原则不同，某些情况下，会造成企业合并中取得的有关资产、负债的入账价值与计税基础的差异。

（五）暂时性差异

1. 基本界定

暂时性差异是指资产、负债的账面价值与其计税基础不同产生的差额。其中账面价值，是指按照会计准则规定确定的有关资产、负债在资产负债表中应列示的金额。由于资产、负债的账面价值与其计税基础不同，产生了在未来收回资产或清偿负债的期间内，应纳税所得额增加或减少并导致未来期间应交所得税增加或减少的情况，在这些暂时性差异发生的当期，一般应当确认相应的递延所得税负债或递延所得税资产。

2. 暂时性差异的分类

（1）应纳税暂时性差异。该差异在未来期间转回时，会增加转回期间的应纳税所得额，即在未来期间不考虑该事项影响的应纳税所得额的基础上，由于该暂时性差异的转回，会进一步增加转回期间的应纳税所得额和应交所得税金额。在应纳税暂时性差异产生当期，应当确认相关的递延所得税负债。

应纳税暂时性差异通常产生于以下情况：

① 资产的账面价值大于其计税基础。一项资产的账面价值代表的是企业在持续使用或最终出售该项资产时会取得的经济利益的总额，而计税基础代表的是一项资产在未来期间可予税前扣除的总金额。资产的账面价值大于其计税基础，该项资产未来期间产生的经济利益不能全部税前抵扣，两者之间的差额需要交所得税，产生应纳税暂时性差异。

② 负债的账面价值小于其计税基础。一项负债的账面价值为企业预计在未来期间清偿该项负债时的经济利益流出，而其计税基础代表的是账面价值在扣除税法规定未来期间允许税前扣除的金额之后的差额。因负债的账面价值与其计税基础不同产生的暂时性差异，实质上是税法规定就该项负债在未来期间可以税前扣除的金额为负数，即应在未来期间应纳税所得额的基础上调增，增加应纳税所得额和应交所得税金额，产生应纳税暂时性差异，应确认相关的递延所得税负债。

（2）可抵扣暂时性差异。该差异在未来期间转回时会减少转回期间的应纳税所得额，减

少未来期间的应交所得税。在可抵扣暂时性差异产生当期,符合确认条件的情况下,应当确认相关的递延所得税资产。

可抵扣暂时性差异一般产生于以下情况:

① 资产的账面价值小于其计税基础。从经济含义来看,资产在未来期间产生的经济利益少,按照税法规定允许税前扣除的金额多,则企业在未来期间可以减少应纳税所得额并减少应交所得税。

② 负债的账面价值大于其计税基础。负债产生的暂时性差异实质上是税法规定就该项负债可以在未来期间税前扣除的金额。一项负债的账面价值大于其计税基础,意味着未来期间按照税法规定构成负债的全部或部分金额可以自未来应税经济利益中扣除,减少未来期间的应纳税所得额和应交所得税。

值得关注的是,对于按照税法规定可以结转以后年度的未弥补亏损及税款抵减,虽不是因资产、负债的账面价值与计税基础不同产生的,但本质上可抵扣亏损和税款递减与可抵扣暂时性差异具有同样的作用,均能够减少未来期间的应纳税所得额,进而减少未来期间的应交所得税,在会计处理上,视同可抵扣暂时性差异,符合条件的情况下,应确认相关的递延所得税资产。

3. 特殊项目产生的暂时性差异

某些交易或事项发生后,因为不符合资产、负债的确认条件而未体现为资产负债表中的资产或负债,但按照税法规定能够确定其计税基础的,其账面价值 0 与计税基础之间的差异也构成暂时性差异。如企业发生的符合条件的广告费和业务宣传费支出,除税法另有规定外,不超过当年销售收入 15%的部分准予扣除;超过部分准予在以后纳税年度结转扣除。该类支出在发生时按照会计准则规定即计入当期损益,不形成资产负债表中的资产,但因按税法规定可以确定其计税基础,两者之间的差异也形成暂时性差异。

【例13-11】甲公司 2014 年发生广告费 10 000 000 元,至年末已全额支付给广告公司。税法规定,企业发生的广告费、业务宣传费不超过当年销售收入 15%的部分允许税前扣除,超过部分允许结转以后年度税前扣除。甲公司 2014 年实现销售收入 60 000 000 元。

【正确答案】

因广告费支出形成的资产账面余额为 0 元,其计税基础=10 000 000-60 000 000×15%=1 000 000(元)。

广告费支出形成的资产账面余额为 0 元与其计税基础 1 000 000 元之间形成 1 000 000 元可抵扣暂时性差异。

【2013 年《初级会计实务》考试真题·单选题】2013 年度某企业实现利润总额 200 万元,其中国债利息收入 2 万元,税收滞纳罚款 10 万元,该企业所得税税率为 25%,假定不考虑其他因素,2013 年度该企业应确认的所得税费用为_____万元。( )
A. 49.5   B. 47.5   C. 50   D. 52

【正确答案】D

【答案解析】2013 年度该企业应确认的所得税费用=(200-2+10)×25%=52(万元)。

二、递延所得税负债和递延所得税资产的确认和计量

(一) 递延所得税负债的确认和计量

应纳税暂时性差异在转回期间将增加未来期间的应纳税所得额和应交所得税,导致企业经济利益的流出,从其发生当期看,构成企业应支付税金的义务,应作为负债确认。

确认应纳税暂时性差异产生的递延所得税负债时,交易或事项发生时影响到会计利润或应纳税所得额的,相关的所得税影响应作为利润表中所得税费用的组成部分;与直接计入所有者权益的交易或事项相关的,其所得税影响应增加或减少所有者权益;企业合并产生的,相关的递延所得税影响应调整购买日应确认的商誉或是计入当期损益的金额。

1. 递延所得税负债的确认

企业在确认因应纳税暂时性差异产生的递延所得税负债时,应遵循以下原则:

(1) 除会计准则中明确规定可不确认递延所得税负债的情况以外,企业对于所有的应纳税暂时性差异均应确认相关的递延所得税负债。除直接计入所有者权益的交易或事项以及企业合并外,在确认递延所得税负债的同时,应增加利润表中的所得税费用。

【例 13-12】甲公司于 2015 年 1 月 1 日开始计提折旧的某设备,取得成本为 2 000 000 元,采用年限平均法计提折旧,使用年限为 10 年,预计净残值为 0。假定计税时允许按双倍余额递减法计列折旧,使用年限及预计净残值与会计相同。甲公司适用的所得税税率为 25%。假定该企业不存在其他会计与税收处理的差异。

【正确答案】

2015 年该项固定资产按照会计规定计提的折旧额为 200 000 元,计税时允许扣除的折旧额为 400 000 元,则该固定资产的账面价值 1 800 000 元与其计税基础 1 600 000 元的差额构成应纳税暂时性差异,企业应确认递延所得税负债 50 000 元[(1 800 000-1 600 000)×25%]。

(2) 不确认递延所得税负债的特殊情况。

有些情况下,虽然资产、负债的账面价值与其计税基础不同,产生了应纳税暂时性差异,但出于各方面考虑,会计准则规定不确认相关的递延所得税负债,主要包括:

① 商誉的初始确认。非同一控制下的企业合并中,企业合并成本大于合并中取得的被购买方可辨认净资产公允价值份额的差额,确认为商誉。因会计与税收的划分标准不同,按照税法规定作为免税合并的情况下,税法不认可商誉的价值,即从税法角度,商誉的计税基础为 0,两者之间的差额形成应纳税暂时性差异。但是,确认该部分暂时性差异产生的递延所得税负债,则意味着将进一步增加商誉的价值。因商誉本身即是企业合并成本在取得的被购买方可辨认资产、负债之间进行分配后的剩余价值,确认递延所得税负债进一步增加其账面价值会影响到会计信息的可靠性,而且增加了商誉的账面价值以后,可能很快就要计提减值准备,同时其账面价值的增加还会进一步产生应纳税暂时性差异,使得递延所得税负债和商誉价值量的变化不断循环。因此,对于企业合并中产生的商誉,其账面价值与计税基础不同形成的应纳税暂时性差异,会计准则规定不确认相关的递延所得税负债。

【例 13-13】甲公司以增发市场价值为 60 000 000 元的本企业普通股为对价购入乙公司 100%的净资产,假定该项企业合并符合税法规定的免税合并条件,且乙公司原股东选

择进行免税处理。购买日乙公司各项可辨认资产、负债的公允价值及其计税基础如表 13-1 所示。

表 13-1 乙公司各项可辨认资产、负债的公允价值及计税基础 元

项 目	公允价值	计税基础	暂时性差异
固定资产	27 000 000	15 500 000	11 500 000
应收账款	21 000 000	21 000 000	0
存货	17 400 000	12 400 000	5 000 000
其他应付款	(3 000 000)	0	(3 000 000)
应付账款	(12 000 000)	(12 000 000)	0
不包括递延所得税的可辨认资产、负债的公允价值	50 400 000	36 900 000	13 500 000

乙公司适用的所得税税率为25%,该项交易中应确认递延所得税负债及商誉的金额计算如下:

企业合并成本	60 000 000
可辨认净资产公允价值	50 400 000
递延所得税资产(3 000 000×25%)	750 000
递延所得税负债(16 500 000×25%)	4 125 000
考虑递延所得税后可辨认资产、负债的公允价值	47 025 000
商誉	12 975 000

所确认的商誉金额 12 975 000 元与其计税基础 0 之间产生的应纳税暂时性差异,不再进一步确认相关的递延所得税影响。

② 除企业合并以外的其他交易或事项中,如果该项交易或事项发生时既不影响会计利润,也不影响应纳税所得额,则所产生的资产、负债的初始确认金额与其计税基础不同,形成应纳税暂时性差异的,交易或事项发生时不确认相应的递延所得税负债。该规定主要是考虑到由于交易发生时既不影响会计利润,也不影响应纳税所得额,确认递延所得税负债的直接结果是增加有关资产的账面价值或是降低所确认负债的账面价值,使得资产、负债在初始确认时,违背历史成本原则,影响会计信息的可靠性。

③ 与联营企业、合营企业投资等相关的应纳税暂时性差异,一般应确认递延所得税负债,但同时满足以下两个条件的除外:一是投资企业能够控制暂时性差异转回的时间;二是该暂时性差异在可预见的未来很可能不会转回。满足上述条件时,投资企业可以运用自身的影响力决定暂时性差异的转回,如果不希望其转回,则在可预见的未来该项暂时性差异即不会转回,从而无须确认相关的递延所得税负债。

应予说明的是,企业在运用上述条件不确认与联营企业、合营企业相关的递延所得税负债时,应有确凿的证据表明其能够控制有关暂时性差异转回的时间。一般情况下,企业对联营企业的生产经营决策仅能够实施重大影响,并不能够主导被投资单位包括利润分配政策在

内的主要生产经营决策的制定,满足《企业会计准则第 18 号——所得税》规定的能够控制暂时性差异转回时间的条件一般是通过与其他投资者签订协议等,达到能够控制被投资单位利润分配政策等情况。

2. 递延所得税负债的计量

递延所得税负债应以应纳税暂时性差异转回期间适用的所得税税率计量。在我国,除享受优惠政策的情况以外,企业适用的所得税税率在不同年度之间一般不会发生变化,企业在确认递延所得税负债时,可以现行适用所得税税率为基础计算确定。对于享受优惠政策的企业,如国家需要重点扶持有高新技术企业,享受一定时期的税率优惠,则所产生的暂时性差异应以预计其转回期间的适用所得税税率为基础计量。另外,无论应纳税暂时性差异的转回期间如何,递延所得税负债不要求折现。

(二)递延所得税资产的确认和计量

1. 递延所得税资产的确认

(1) 确认的一般原则。

资产、负债的账面价值与其计税基础不同产生可抵扣暂时性差异的,在估计未来期间能够取得足够的应纳税所得额用以利用该可抵扣暂时性差异的,应当以很可能取得用来抵扣可抵扣暂时性差异的应纳税所得额为限,确认相关的递延所得税资产。同递延所得税负债的确认相同,有关交易或事项发生时,对会计利润或是应纳税所得额产生影响的,所确认的递延所得税资产应作为利润表中所得税费用的调整;有关的可抵扣暂时性差异产生于直接计入所有者权益的交易或事项,则确认的递延所得税资产也应计入所有者权益;企业合并时产生的可抵扣暂时性差异的所得税影响,应相应调整企业合并中确认的商誉或是应计入当期损益的金额。

确认递延所得税资产时,应关注以下问题:

① 递延所得税资产的确认应以未来期间可能取得的应纳税所得额为限。在可抵扣暂时性差异转回的未来期间内,企业无法产生足够的应纳税所得额用以抵减可抵扣暂时性差异的影响,使得与递延所得税资产相关的经济利益无法实现的,该部分递延所得税资产不应确认;企业有确凿的证据表明其于可抵扣暂时性差异转回的未来期间能够产生足够的应纳税所得额,进而利用可抵扣暂时性差异的,则应以可能取得的应纳税所得额为限,确认相关的递延所得税资产。

在判断企业于可抵扣暂时性差异转回的未来期间能否产生足够的应纳税所得额时,应考虑以下两个方面的影响:

一是通过正常的生产经营活动能够实现的应纳税所得额,如企业通过销售商品、提供劳务等所实现的收入,扣除相关费用后的金额。

二是以前期间产生的应纳税暂时性差异在未来期间转回时将产生应纳税所得额的增加额。

考虑到受可抵扣暂时性差异转回的期间内可能取得应纳税所得额的限制,因无法取得足够的应纳税所得额而未确认相关的递延所得税资产的,应在财务报表附注中进行披露。

② 对与联营企业、合营企业的投资相关的可抵扣暂时性差异,同时满足下列条件的,应当确认相关的递延所得税资产:一是暂时性差异在可预见的未来很可能转回;二是未来很可能获得用来抵扣可抵扣暂时性差异的应纳税所得额。

对联营企业和合营企业的投资产生的可抵扣暂时性差异,主要产生于权益法下确认的投资损失以及计提减值准备的情况下。

③ 对于按照税法规定可以结转以后年度的未弥补亏损和税款抵减,应视同可抵扣暂时性差异处理。在预计可利用可弥补亏损或税款递减的未来期间内能够取得足够的应纳税所得额时,应当以很可能取得的应纳税所得额为限,确认相关的递延所得税资产,同时减少确认当期的所得税费用。

与未弥补亏损和税款抵减相关的递延所得税资产,其确认条件与可抵扣暂时性差异产生的递延所得税资产相同,在估计未来期间能否产生足够的应纳税所得额用于利用该部分未弥补亏损或税款抵减时,应考虑以下相关因素的影响:

在未弥补亏损到期前,企业是否会因以前期间产生的应纳税暂时性差异转回而产生足够的应纳税所得额;

在未弥补亏损到期前,企业是否可能通过正常的生产经营活动产生足够的应纳税所得额;

未弥补亏损是否产生于一些在未来期间不可能再发生的特殊原因;

是否存在其他的证据表明在未弥补亏损到期前能够取得足够的应纳税所得额。

(2) 不确认递延所得税资产的特殊情况。

某些情况下,如果企业发生的某项交易或事项不是企业合并,并且交易发生时既不影响会计利润也不影响应纳税所得额,且该项交易中产生的资产、负债的初始确认金额与其计税基础不同,产生可抵扣暂时性差异的,会计准则规定在交易或事项发生时不确认相关的递延所得税资产。其原因同该种情况下不确认相关的递延所得税负债相同,如果确认递延所得税资产,则需调整资产、负债的入账价值,对实际成本进行调整将有违历史成本原则,影响会计信息的可靠性,该种情况下不确认相关的递延所得税资产。

【例13-14】甲公司2015年发生资本化研究开发支出8 000 000元,至年末研发项目尚未完成。税法规定,按照会计准则规定资本化的开发支出按其150%作为计算摊销额的基础。

【正确答案】

甲公司按照会计准则规定资本化的开发支出为8 000 000元,其计税基础为12 000 000元(8 000 000×150%),该开发支出及所形成无形资产在初始确认时其账面价值与计税基础即存在差异,因该差异并非产生于企业合并,同时在产生时既不影响会计利润也不影响应纳税所得额,按照《企业会计准则第18号——所得税》规定,不确认与该暂时性差异相关的所得税影响。

2. 递延所得税资产的计量

(1) 适用税率的确定。同递延所得税负债的计量相一致,确认递延所得税资产时,应估计相关可抵扣暂时性差异的转回时间,采用转回期间适用的所得税税率为基础计算确定。另外,无论相关的可抵扣暂时性差异转回期间如何,递延所得税资产均不予折现。

(2) 递延所得税资产的减值。与其他资产相一致,资产负债表日,企业应当对递延所得税资产的账面价值进行复核。如果未来期间很可能无法取得足够的应纳税所得额用以利用递延所得税资产的利益,应当减记递延所得税资产的账面价值。对于预期无法实现的部分,一般应确认为当期所得税费用,同时减少递延所得税资产的账面价值;对于原确认时计入所有者权益的递延所得税资产,其减记金额亦应计入所有者权益,不影响当期所得税费用。

递延所得税资产的账面价值因上述原因减记以后,继后期间根据新的环境和情况判断能够产生足够的应纳税所得额用以利用可抵扣暂时性差异,使得递延所得税资产包含的经济利益能够实现的,应相应恢复递延所得税资产的账面价值。

（三）适用所得税税率变化对已确认递延所得税资产和递延所得税负债的影响

因适用税收法规的变化,导致企业在某一会计期间适用的所得税税率发生变化的,企业应对已确认的递延所得税资产和递延所得税负债进行重新计量。递延所得税资产和递延所得税负债的金额代表的是有关可抵扣暂时性差异或应纳税暂时性差异于未来期间转回时,导致应交所得税金额的减少或增加的情况。适用所得税税率的变化必然导致应纳税暂时性差异或可抵扣暂时性差异在未来期间转回时产生增加或减少应交所得税金额的变化,应对原已确认的递延所得税资产和递延所得税负债的金额进行调整,反映所得税税率变化带来的影响。

除直接计入所有者权益的交易或事项产生的递延所得税资产和递延所得税负债,相关的调整金额应计入所有者权益以外,其他情况下产生的调整金额应确认为当期所得税费用（或收益）。

三、所得税费用的确认和计量

企业核算所得税,主要是为确定当期应交所得税以及利润表中的所得税费用,从而确定各期实现的净利润。确认递延所得税资产和递延所得税负债,最终目的也是解决不同会计期间所得税费用的分配问题。按照资产负债表债务法进行核算的情况下,利润表中的所得税费用由两个部分组成:当期所得税和递延所得税费用（或收益）。

（一）当期所得税

当期所得税是指企业按照税法规定计算确定的针对当期发生的交易和事项,应缴纳给税务机关的所得税金额,即应交所得税。当期所得税应当以适用的税收法规为基础计算确定。

企业在确定当期所得税时,对于当期发生的交易或事项,会计处理与税收处理不同的,应在会计利润的基础上,按照适用税收法规的要求进行调整（即纳税调整）,计算出当期应纳税所得额,按照应纳税所得额与适用所得税税率计算确定当期应交所得税。一般情况下,应纳税所得额可在会计利润的基础上,考虑会计与税收规定之间的差异,按照以下公式计算确定：

应纳税所得额＝会计利润＋按照会计准则规定计入利润表但计税时不允许税前扣除的费用±计入利润表的费用与按照税法规定可予税前抵扣的金额之间的差额±计入利润表的收入与按照税法规定应计入应纳税所得额的收入之间的差额－税法规定的不征税收入±其他需要调整的因素

（二）递延所得税费用（或收益）

递延所得税费用（或收益）是指按照会计准则规定应予确认的递延所得税资产和递延所得税负债在会计期间末应有的金额相对于原已确认金额之间的差额,即递延所得税资产和递延所得税负债的当期发生额,但不包括计入所有者权益的交易或事项的所得税影响。用公式表示为：

递延所得税费用（或收益）＝当期递延所得税负债的增加＋当期递延所得税资产的减少－当期递延所得税负债的减少－当期递延所得税资产的增加

值得注意的是，如果某项交易或事项按照会计准则规定应计入所有者权益，由该交易或事项产生的递延所得税资产或递延所得税负债及其变化亦应计入所有者权益，不构成利润表中的递延所得税费用（或收益）。

【例13-15】丙公司2014年9月取得的某项可供出售金融资产，成本为2 000 000元，2014年12月31日，其公允价值为2 400 000元。丙公司适用的所得税税率为25%。

【正确答案】

会计期末在确认400 000元（2 400 000－2 000 000）的公允价值变动时

借：可供出售金融资产——公允价值变动　　　　　　　　　　400 000
　　贷：资本公积——其他资本公积　　　　　　　　　　　　　　　400 000

确认应纳税暂时性差异的所得税影响时

借：资本公积——其他资本公积（400 000×25%）　　　　　100 000
　　贷：递延所得税负债　　　　　　　　　　　　　　　　　　　　100 000

另外，非统一控制下的企业合并中因资产、负债的入账价值与其计税基础不同产生的递延所得税资产或递延所得税负债，其确认结果直接影响购买日确认的商誉或计入利润表的损益金额，不影响购买日的所得税费用。

（三）所得税费用

计算确定了当期应交所得税及递延所得税费用（或收益）以后，利润表中应予确认的所得税费用为两者之和，即：

$$所得税费用＝当期所得税＋递延所得税费用（或收益）$$

【例13-16】丁公司2014年度利润表中利润总额为12 000 000元，该公司适用的所得税税率为25%。递延所得税资产及递延所得税负债不存在期初余额。

该公司2014年发生的有关交易和事项中，会计处理与税收处理存在差别的有：

（1）2013年12月31日取得的一项固定资产，成本为6 000 000元，使用年限为10年，预计净残值为0，会计处理按双倍余额递减法计提折旧，税收处理按直线法计提折旧。假定税法规定的使用年限及预计净残值与会计规定相同。

（2）向关联企业捐赠现金2 000 000元。

（3）当年度发生研究开发支出5 000 000元，较上年度增长20%。其中3 000 000元予以资本化；截至2014年12月31日，该研发资产仍在开发过程中。税法规定，企业费用化的研究开发支出按50%税前扣除，资本化的研究开发支出按资本化金额的150%确定应予摊销的金额。

（4）应付违反环保法规定罚款1 000 000元。

（5）期末对持有的存货计提了300 000元的存货跌价准备。

【正确答案】

1. 2014年度当期应交所得税

应纳税所得额＝12 000 000＋600 000＋2 000 000－1 000 000＋1 000 000＋300 000
　　　　　　＝14 900 000（元）

应交所得税＝14 900 000×25%＝3 725 000（元）

2. 2014年度递延所得税

该公司2014年度资产负债表相关项目金额及其计税基础如表13-2所示：

表 13–2　相关项目金额及计税基础　　　　　　　　　　　　　　　　元

项　目	账面价值	计税基础	差　异	
			应纳税暂时性差异	可抵扣暂时性差异
存货	8 000 000	8 300 000		300 000
固定资产				
固定资产原价	30 000 000	30 000 000		
减：累计折旧	4 600 000	4 000 000		
固定资产账面价值	25 400 000	26 000 000		600 000
开发支出	3 000 000	4 500 000		1 500 000
其他应付款	1 000 000	1 000 000		
总　计				2 400 000

递延所得税收益＝900 000×25%＝225 000（元）

3. 利润表中应确认的所得税费用

所得税费用＝3 725 000－225 000＝3 500 000（元）

借：所得税费用　　　　　　　　　　　　　　　　　　　3 500 000
　　递延所得税资产　　　　　　　　　　　　　　　　　　225 000
　　　贷：应交税费——应交所得税　　　　　　　　　　　　　　3 725 000

【例 15–17】沿用【例 15–16】中有关资料，假定丁公司 2015 年当期应交所得税为 4 620 000 元。资产负债表中有关资产、负债的账面价值与其计税基础相关资料如表 13–3 所示，除所列项目外，其他资产、负债项目不存在会计与税收规定的差异。

表 13–3　有关资产、负债的账面价值与计税基础　　　　　　　　　　元

项　目	账面价值	计税基础	差　异	
			应纳税暂时性差异	可抵扣暂时性差异
存货	16 000 000	16 800 000		800 000
固定资产：				
固定资产原价	30 000 000	30 000 000		
减：累计折旧	5 560 000	4 600 000		
减：固定资产减值准备	2 000 000	0		
固定资产账面价值	22 440 000	25 400 000		2 960 000
无形资产	2 700 000	4 050 000		1 350 000
其他应付款	1 000 000	0		1 000 000
总　计				6 110 000

【正确答案】
1. 当期应交所得税为 4 620 000 元
2. 当期递延所得税费用（收益）

期末递延所得税资产（6 110 000×25%）	1 527 500
期初递延所得税资产	225 000
递延所得税资产增加	1 302 500

递延所得税收益＝1 302 500（元）

3. 所得税费用

所得税费用＝4 620 000－1 302 500＝3 317 500（元）

借：所得税费用	3 317 500	
递延所得税资产	1 302 500	
贷：应交税费——应交所得税		4 620 000

第三节　利润分配及核算

利润分配是指将企业实现的利润（包括本期实现的利润及以前年度未分配的利润）按国家有关规定和企业董事会的决议对与企业有关的利益人进行分配的过程。

一、利润分配的一般顺序

为了保障企业的持续发展，维护企业职工的正当权益，企业获得的利润需要按一定的顺序进行分配。不同组织形式的企业，其利润分配的项目与顺序有所不同。

一般企业和股份有限公司的利润分配顺序如下：

1. 弥补以前年度的亏损

按企业所得税法的规定，纳税人发生年度亏损的，可以用下一纳税年度的所得弥补，下一纳税年度的所得不足弥补的，可以逐年弥补，但是延续弥补期最长不得超过 5 年，5 年内不论是盈利还是亏损，都作为实际弥补期限计算。按此规定，企业以前年发生的亏损，若为前 5 年内发生的，可用税前利润弥补，若为 5 年前发生的，则必须用税后利润弥补。所以可供分配的利润＝本年净利润＋年初未分配利润，① 如果为负数，不能进行后续分配；② 如果为正数，进行后续分配。

2. 提取法定盈余公积金

法定盈余公积金按照税后利润的一定比例提取，《公司法》规定，股份制企业按 10%的比例提取，其他企业可以根据需要确定提取比例，但至少应按 10%的比例提取，按照抵减年初累计亏损后的本年净利润计提（这种补亏，是按照账面数字进行的，与所得税法的亏损后转无关，关键在于不能用资本发放股利，也不能在没有累计盈余的情况下计提公积金）。如果本年净利润大于 0：① 年初存在累计亏损：法定公积金＝可供分配利润×10%；② 年初不存在累计亏损：法定公积金＝本年净利润×10%。假设年初未分配利润＋100 万元，本年净利润－50 万元，可供分配的利润＋50 万元，可以进行后续分配。在这种情况下公司不提法定公积金，因为法定公积金是基于当年有利润的情况下才提。注意尽管不提法定公积金，但可以向股东分配利润。企业提取的法定盈余公积金累计超过注册资本的 50%及以上的可以不再提取。企业提取的盈余公积金可用于弥补亏损、转增资本和分配股利。

3. 提取法定公益金

股份公司按税后利润的 5%～10% 的比例提取法定公益金，其他企业按不高于法定盈余公积金的提取比例提取公益金。企业提取的法定公益金用于企业职工的集体福利设施，如兴建职工宿舍、托儿所、理发室、俱乐部等。

4. 支付优先股股利

对外发行优先股的股份公司，在按规定提取了法定盈余公积金和公益金后，应按约定支付优先股股利。公司如果没有盈利，则可以不支付。

5. 提取任意盈余公积

股份公司经股东大会决定，可以提取任意盈余公积金。是否要提取及提取比例的大小均由股东大会决定，但请注意，任意只是相对于法定而言的，绝非随心所欲，一定是在支付了优先股股利之后尚有足够的可供分配利润，并经股东大会讨论决定之后才可以任意。

6. 支付普通股股利

当年实现的税后利润，在经过了上述分配顺序后的余额，再加上以前年度累积的未分配利润，可以向普通股股东（投资者）分配。

7. 转增资本的普通股股利

当企业处于发展期时，一般会将一部分拟分配给投资者的利润转作投资者对企业的投资，这样既可以迅速筹措资金，又可省却一笔筹资费用。转增资本后，所有者权益总额没变，但所有者权益的内部结构发生了改变。

对于外商投资企业，我国《企业会计制度》规定，利润分配中提取盈公积包括以下内容：

（1）提取储备基金。储备基金是指按照法律、行政法规规定从净利润中提取的、经批准用于弥补亏损和增加资本的储备基金。

（2）提取企业发展基金。企业发展基金是指按照法律、行政法规规定从净利润中提取的、用于企业发展生产和经批准用于增加资本的企业发展基金。

（3）提取职工奖励及福利基金。职工奖励及福利基金只能用于职工非经常性奖金，如特别贡献奖、年终奖等和职工集体福利，不能挪作他用，即使企业解散也不能改变其性质和用途。

当企业解散时，应将未用完的职工奖励及福利基金转入职工新的工作单位。虽然职工奖励及福利基金来源于企业税后利润，但性质上属于企业对职工的负债。

（4）利润归还投资。利润归还投资是指中外合资经营企业按照规定在合作期间以利润归还投资者的投资。在进行了以上分配后的余额即为企业的未分配利润，未分配利润留待以后进行分配。

二、利润分配的会计处理

为了核算企业的利润分配过程与结果，企业应设置"利润分配"账户。该账户是"本年利润"的调整账户，借方登记分配的利润，贷方登记本年利润的结转及用盈余公积弥补的亏损等。如果企业"本年利润"为负数，应将这部分亏损结转到"利润分配"账户的借方。"利润分配"账户的期末余额如果在借方，表示历年积存的未弥补的亏损；如果在贷方，则表示历年积存的未分配利润。

为了详细反映企业利润的分配情况，应在"利润分配"账户下设置"其他转入"、"提取法定盈余公积金"、"提取法定盈余公益金"、"提取储备基金"、"提取企业发展基金"、"提取职工奖励及福利基金"、"利润归还投资"、"应付优先股股利"、"提取任意盈余公积金"、"应付普通股股利"、"转作资本的普通股股利"、"未分配利润"等明细账户。

年终结算完成后,应将"利润分配"所有各明细账户的余额全部转入"未分配利润"明细账户,结转后除未分配利润明细账户外,其他各明细账户均无余额,未分配利润明细账户的贷方余额表示真正的未分配利润,如果是借方余额则表示未弥补的亏损。

【2013年《初级会计实务》考试真题·多选题】下列关于结转本年利润账结法的表述中,正确的有_____。 ( )

A. "本年利润"科目本年余额反映本年累计实现的利润或发生的亏损
B. 各月均可通过"本年利润"科目提供当月及本年累计的利润(或亏损)额
C. 年末时需将各损益类科目的全年累计余额结转入"本年利润"科目
D. 每月月末各损益类科目需将本月的余额结转入"本年利润"科目

【正确答案】ABD

【答案解析】在采用账结法结转本年利润时,每月月末均需编制转账凭证,将在账上结计出的各损益类科目的余额转入"本年利润"科目。结转后"本年利润"科目的本月余额反映的是当月实现的利润或者发生的亏损,"本年利润"科目的本年余额反映的是本年累计实现的利润或发生的亏损。账结法在各月均可通过"本年利润"科目提供当月及本年累计的利润或亏损额,但增加了转账环节和工作量,选项ABD正确;选项C属于表结法的特点。

【例13-18】假定某企业净利润为378 000元,没有未弥补的亏损,也没有期初未分配利润。本期按税后利润的10%提取法定盈余公积金,按税后利润的5%提取任意盈余公益金,向投资者分配利润50 000元。

【正确答案】提取法定盈余公积:378 000×10%=37 800(元)

借:利润分配——提取法定盈余公积金	37 800
贷:盈余公积——法定盈余公积	37 800

提取任意盈余公益金:37 800×5%=18 900(元)

借:利润分配——提取任意盈余公积金	18 900
贷:盈余公积——任意盈余公益	18 900

向投资者分配利润50 000元:

借:利润分配——应付利润(应付普通股股利)	50 000
贷:应付利润	50 000

结转已分配利润:

借:利润分配——未分配利润	106 700
贷:利润分配——提取法定盈余公积金	37 800
利润分配——提取任意盈余公积金	18 900
利润分配——应付利润(应付普通股股利)	50 000

至此可以看到,期末未分配利润:378 000-37 800-18 900-50 000=271 300(元)。

如果企业以前年度有未弥补的亏损,按税法规定5年内的可用税前利润弥补,连续5年未弥补的则应用税后利润弥补,不管是用税前会计利润弥补,还是用税后未分配利润弥补,均不需进行特别的会计处理。因为在会计系统中,未弥补的亏损即为"未分配利润"的借方余额,而企业在年度终了时,已将当年实现的净利润全部转入到"未分配利润"账户之中,而无须再作别的会计处理,我们称之为是自动补亏。但如果企业是动用盈余公积补亏,则须另行处理。

【例 13-19】某企业 2008 年各项损益结转后,"本年利润"账户的期末余额为借方余额 10 000 元,该企业已连续 6 年亏损,经董事会决定动用法定盈余公积补亏 10 000 元。

【正确答案】先将"本年利润"账户余额结转到"利润分配——未分配利润"账户:

借:利润分配——未分配利润　　　　　　　　　　　　　　　　　　　10 000
　　贷:本年利润　　　　　　　　　　　　　　　　　　　　　　　　　　10 000

盈余公积补亏:

借:盈余公积　　　　　　　　　　　　　　　　　　　　　　　　　　　10 000
　　贷:利润分配——其他转入　　　　　　　　　　　　　　　　　　　　10 000

期末结算终了,将"利润分配"各明细账户的余额结转到"未分配利润"明细账户中:

借:利润分配——其他转入　　　　　　　　　　　　　　　　　　　　　10 000
　　贷:利润分配——未分配利润　　　　　　　　　　　　　　　　　　　10 000

三、以前年度损益调整

企业在年终结账后,应按会计制度的规定向有关部门提供会计报表。年终报表审计后,如发现涉及以前年度损益的会计事项有遗漏或账务处理不符合会计制度和相关法规规定的,应予以调整,调整的账户为"以前年度损益调整"。

"以前年度损益调整"账户是用来核算企业本年度需调整以前年度损益的会计事项。企业发生的资产负债表日后事项,以及本年度发现的以前年度重大会计差错涉及损益的,亦通过该账户核算。该账户为损益类账户,企业调整以前年度利润的,借记有关账户,贷记该账户;企业调整减少以前年度利润的,借记该账户,贷记有关账户。调整结束后,应将该账户的余额转入"利润分配——未分配利润"账户,结转后,该账户无余额。

【例 13-20】某企业上年度报表报送以后发现,漏记了一项管理用固定资产折旧 5 000 元,现予以调整。编制的会计分录如下:

(1)补提折旧。

借:以前年度损益调整　　　　　　　　　　　　　　　　　　　　　　　5 000
　　贷:累计折旧　　　　　　　　　　　　　　　　　　　　　　　　　　5 000

(2)调整应交所得税费用。假定该企业适用的所得税费用率为25%。

借:应交税费——应交所得税　　　　　　　　　　　　　　　　　　　　1 250
　　贷:以前年度损益调整　　　　　　　　　　　　　　　　　　　　　　1 250

(3)将"以前年度损益调整"账户余额转入"利润分配——未分配利润"账户。

借:利润分配——未分配利润　　　　　　　　　　　　　　　　　　　　3 750
　　贷:以前年度损益调整　　　　　　　　　　　　　　　　　　　　　　3 750

(4)调整利润分配相关数字。假定法定盈余公积金的提取比例为10%,法定盈余公益金的提取比例为5%。

借:盈余公积——提取的法定盈余公积金　　　　　　　　　　　　　　　375.00
　　盈余公积——提取的任意盈余公积金　　　　　　　　　　　　　　　187.50
　　贷:利润分配——未分配利润　　　　　　　　　　　　　　　　　　　562.50

案例分析

暂时性差异

汉水股份有限公司（以下简称汉水公司）为一家服装生产企业，其产品享誉海内外。该公司适用的所得税税率为25%，所得税按照《企业会计准则第18号——所得税》的有关规定进行核算。汉水公司近年来连续盈利，预计在相当长的时间内保持盈利势头不变。

2014年发生的有关情况如下：

（1）10月8日，汉水公司用闲置资金购入900万元证券，作为交易性金融资产，至年末，该批证券没有出售，其年末公允价值为980万元。汉水公司按照《企业会计准则第22号——金融工具确认和计量》的规定，将该批证券按980万元列示在资产负债表中。按照税法规定，可以在税前抵扣的为初始购入成本。

（2）本年5月生产的一批服装，入库成本为460万元，由于服装面料不符合流行风格、款式过时，滞销积压到年末。汉水公司根据《企业会计准则第1号——存货》，对该批服装计提了120万元的存货跌价准备，年末资产负债表中列示的该批存货金额为340万元。

（3）汉水公司于2006年12月从国外进口一种先进的服装加工设备，投入使用后服装档次提高了一大步，成为畅销产品。考虑到该设备技术进步快，作为新设备使用强度大，故采用年数总和法计提折旧。该设备的原始成本为3 200万元，预计净残值200万元，预计使用年限5年。按照税法规定，该设备采用直线法计提折旧，预计使用年限和预计净残值与会计核算规定一致。

（4）2014年3月起，汉水公司投入3 000万元用于开发新产品，其中研究费用2 000万元，已全部费用化，计入了当期管理费用；开发费用1 000万元符合资本化条件，于10月转入无形资产，并从当月起按5年期限采用直线法摊销。按照税法规定，新产品研究开发费可以在开发当期抵扣。

（5）2014年6月，汉水公司与某公司签订了房屋租赁协议，租用该公司的临街房1 400平方米用作服装的展销厅。协议规定，从2014年7月1日起，租期3年，每月租金10万元，在2015年6月支付第1年租金，后两年租金依次后推。在年末汉水公司资产负债表中已列示该项应付租金60万元。

要求：

（1）分析说明事项（1）中，2014年年末交易性金融资产的计税基础是多少？是否产生暂时性差异？

（2）分析说明事项（2）中，2014年年末存货是否产生暂时性差异？如果存在暂时性差异，指出属于何种暂时性差异。

（3）分析说明事项（3）中，2014年年末固定资产的账面价值和计税基础是否相等？是否产生应纳税暂时性差异？

（4）计算事项（4）中无形资产的计税基础，并指出暂时性差异的种类和金额。

（5）分析说明事项（5）中由于租金形成的负债的计税基础，并指出该负债是否形成暂时性差异。

本章复习思考题

一、单项选择题

1. 下列交易或事项，不应确认为营业外收入的是_____。（　　）
   A. 接受捐赠利得　　　　　　　　B. 罚没利得
   C. 出售无形资产净收益　　　　　D. 出租固定资产的收益

2. 企业因债权人撤销而转销无法支付的应付账款时，应将所转销的应付账款计入_____。（　　）
   A. 资本公积　　B. 其他应付款　　C. 营业外收入　　D. 其他业务收入

3. 甲企业于2009年9月1日以25 000元的价格购入一项摊销期限为5年的专利权。2010年9月1日，甲企业将其转让，取得转让收入30 000元，交纳营业税1 500元。则转让该项专利权应计入"营业外收入"的金额为_____元。（　　）
   A. 20 000　　B. 8 500　　C. 10 000　　D. 6 500

4. 某企业2009年度的利润总额为1 000万元，其中包括本年收到的国库券利息收入20万元；假定业务招待费税法规定的扣除标准为400万元，企业全年实际发生的业务招待费为350万元，企业所得税税率为25%。该企业2009年所得税费用为_____万元。（　　）
   A. 250　　B. 232.5　　C. 245　　D. 257.5

5. 某企业2009年度利润总额为315万元，其中国债利息收入为15万元。假定该企业无其他纳税调整项目，适用的所得税税率为25%。该企业2009年所得税费用为_____万元。（　　）
   A. 70　　B. 75　　C. 78.5　　D. 80

6. 根据税法规定，下列各项中，应予免征所得税的项目是_____。（　　）
   A. 股票转让净收益　B. 国债利息收入　C. 公司债券的利息收入　D. 国债转让净收益

7. 某企业本期营业利润为100万元，资产减值损失为15万元，公允价值变动收益为30万元，营业外收入20万元，营业外支出10万元，所得税税率25%。假定不考虑其他因素，该企业本期净利润为_____万元。（　　）
   A. 82.5　　B. 75　　C. 93.75　　D. 110

8. 某工业企业2009年度主营业务收入为3 000万元，营业成本为2 500万元，其他业务收入为20万元，其他业务成本为10万元，财务费用为10万元，营业外收入为20万元，营业外支出为10万元，所得税税率为25%。假定不考虑其他因素，该企业2009年度的净利润应为_____万元。（　　）
   A. 375　　B. 382.5　　C. 386.2　　D. 390

9. 某工业企业2009年度营业利润为2 520万元，主营业务收入为4 000万元，财务费用为10万元，营业外收入为60万元，营业外支出为50万元，所得税税率为25%。假定不考虑其他因素，该企业2009年度的净利润应为_____万元。（　　）
   A. 1 494　　B. 1 897.5　　C. 1 505.6　　D. 4 132.5

10. 某企业2009年9月接受一项产品安装任务，安装期5个月，合同总收入30万元，年度预收款项12万元，余款在安装完成时收回，当年实际发生成本15万元，预计还将发生成本3万元。2009年末请专业测量师测量，产品安装程度为60%。该项劳务收入影响2009

年度利润总额的金额为_____万元。 （   ）
　　A. 0　　　　B. 7.2　　　　C. 15　　　　D. 30

11. 某国有工业企业，2009年6月发生一场火灾，共计损失260万元，其中：流动资产损失80万元，固定资产损失180万元。经查明事故原因是由于雷击所造成的。企业收到保险公司的赔偿款100万元，其中，流动资产保险赔偿款30万元，固定资产保险赔偿款70万元。假定不考虑相关税费。企业由于这次火灾损失而应计入营业外支出的金额为_____万元。 （   ）
　　A. 180　　　B. 55　　　　C. 160　　　D. 125

12. 甲企业本期主营业务收入为500万元，主营业务成本为300万元，其他业务收入为200万元，其他业务成本为100万元，销售费用为15万元，资产减值损失为45万元，公允价值变动收益为60万元，投资收益为20万元，假定不考虑其他因素，该企业本期营业利润为_____万元。 （   ）
　　A. 300　　　B. 320　　　C. 365　　　D. 380

二、多项选择题

1. 下列各项中，期末结转后应无余额的有_____。 （   ）
　　A. 所得税费用　　　　　　　B. 营业外收入
　　C. 制造费用　　　　　　　　D. 资产减值损失

2. 下列各项中，需调整增加企业应纳税所得额的项目有_____。 （   ）
　　A. 已计入投资损益的国库券利息收入
　　B. 已超过税法规定扣除标准，但已计入当期费用的业务招待费
　　C. 支付并已计入当期损失的各种税收滞纳金
　　D. 未超标的业务招待费支出

3. 下列各项损益中，会计上和税法上核算不一致，需要进行纳税调整的项目有_____。 （   ）
　　A. 超标的业务招待费　　　　B. 国债利息收入
　　C. 公司债券的利息收入　　　D. 公司债券转让净收益

4. 下列各项，影响当期利润表中净利润的有_____。 （   ）
　　A. 对外捐赠无形资产　　　　B. 确认所得税费用
　　C. 固定资产盘亏　　　　　　D. 固定资产出售利得

5. 下列各项，影响企业利润总额的有_____。 （   ）
　　A. 资产减值损失　　　　　　B. 公允价值变动损益
　　C. 所得税费用　　　　　　　D. 营业外支出

6. 下列会计科目，年末应无余额的有_____。 （   ）
　　A. 主营业务收入　　　　　　B. 营业外收入
　　C. 本年利润　　　　　　　　D. 利润分配

7. 下列项目中，应计入营业外支出的有_____。 （   ）
　　A. 出售固定资产净损失
　　B. 因债务人无力支付欠款而发生的应收账款损失
　　C. 对外捐赠支出

D. 违反经济合同的罚款支出
8. 下列各项中，影响营业利润的项目有_____。（   ）
A. 营业外支出   B. 投资收益   C. 资产减值损失   D. 财务费用
9. 下列项目中，作为当期营业利润扣除项目的有_____。（   ）
A. 产品广告费   B. 转让无形资产所有权收益
C. 增值税   D. 计提的坏账准备

三、判断题

1. 管理费用、资产减值损失、营业税金及附加和营业外收入都会影响企业的营业利润。（   ）
2. 企业出售不动产计算应交的营业税应直接计入"营业外支出"科目。（   ）
3. 企业只能用税后利润弥补亏损。（   ）
4. 企业获得的捐赠利得应该计入营业外收入中，影响利润总额。（   ）
5. 企业本年实现利润总额 100 万元，发生业务招待费 50 万元，税务部门核定的业务招待费税前扣除标准是 60 万元，假定无其他纳税调整事项，企业在计算本年应纳税所得额时，应该做纳税调减处理。（   ）
6. 企业的所得税费用一定等于企业当年实现的利润总额乘以所得税税率。（   ）
7. 某企业 2009 年初有上年形成的亏损 25 万元，当年实现利润总额 10 万元所得税税率为 25%。则企业 2009 年需要交纳企业所得税 2.5 万元。（   ）
8. 企业转让无形资产使用权取得的收入应该计入"营业外收入"中。（   ）
9. 表结法下，每月末均需编制转账凭证，将在账上结计出的各损益类科目的余额结转入"本年利润"科目。（   ）

四、计算题

1. 甲公司为增值税一般纳税人，适用的增值税税率为 17%，商品、原材料售价中不含增值税。甲公司销售商品和提供劳务属于主营业务。假定销售商品、原材料和提供劳务均符合收入确认条件，其成本在确认收入时逐笔结转，不考虑其他因素。2010 年 4 月，甲公司发生如下交易或事项：

（1）销售商品一批，按商品标价计算的金额为 200 万元，由于是成批销售，甲公司给予客户 10% 的商业折扣并开具了增值税专用发票，款项尚未收回。该批商品实际成本为 150 万元。

（2）向本公司行政管理人员发放自产产品作为福利，该批产品的实际成本为 8 万元，市场售价为 10 万元。

（3）向乙公司转让一项软件的使用权，一次性收取使用费 20 万元并存入银行，且不再提供后续服务。

（4）销售一批原材料，增值税专用发票注明售价 80 万元，款项收到并存入银行。该批材料的实际成本为 59 万元。

（5）将以前会计期间确认的与资产相关的政府补助在本月分配计入当月收益 300 万元。

（6）确认本月设备安装劳务收入。该设备安装劳务合同总收入为 100 万元，预计合同总成本为 70 万元，合同价款在前期签订合同时已收取。采用完工百分比法确认劳务收入。截至本月末，该劳务的累计完工进度为 60%，前期已累计确认劳务收入 50 万元、劳务成本 35 万元。

（7）以银行存款支付管理费用 20 万元，财务费用 10 万元，营业外支出 5 万元。

要求：

（1）逐笔编制甲公司上述交易或事项的会计分录（"应交税费"科目要写出明细科目及专栏名称）。

（2）计算甲公司 4 月的营业收入、营业成本、营业利润、利润总额。

（答案中的金额单位用万元表示）

2. 清河股份有限公司 2008 年"未分配利润"年初贷方余额 100 万元，每年按 10%提取法定盈余公积，所得税税率为 25%，2008 年至 2010 年的有关资料如下：

（1）2008 年实现净利润 200 万元；提取法定盈余公积后，宣告派发现金股利 150 万元；

（2）2009 年发生亏损 500 万元（假设无以前年度未弥补亏损）；

（3）2010 年实现利润总额 600 万元。（假设 2010 年盈余公积在 2011 年初计提，2010 年末未计提，也未发放现金股利。）

要求：

（1）编制 2008 年有关利润分配的会计分录（盈余公积及利润分配的核算写明细科目，需要做出利润分配明细转入"利润分配——未分配利润"的处理）；

（2）编制 2009 年结转亏损的会计分录；

（3）计算 2010 年应交的所得税；

（4）计算 2010 年利润分配——未分配利润的余额。

（答案中的金额单位用万元表示）

3. 远大公司年终结账前有关损益类科目的年末余额如下：

收入科目	结账前期末余额	费用科目	结账前期末余额
主营业务收入	475 000 元	主营业务成本	325 000 元
其他业务收入	100 000 元	其他业务成本	75 000 元
投资收益	7 500 元	营业税金及附加	18 000 元
营业外收入	20 000 元	销售费用	20 000 元
		管理费用	60 000 元
		财务费用	12 500 元
		营业外支出	35 000 元

其他资料：

（1）公司营业外支出中有 500 元为罚款支出；

（2）本年国债利息收入 2 000 元已入账。

要求：

（1）根据表中给出资料将表中损益类科目结转"本年利润"科目（该公司平时采用表结法计算利润）。

（2）计算公司当年应纳所得税并编制确认及结转所得税费用的会计分录（所得税税率为 25%，除上述事项外，无其他纳税调整因素）。

（3）计算当年净利润。

4. 甲公司 2014 年度按企业会计准则计算的税前会计利润为 5 000 000 元，所得税税率为 25%，当年按税法核定的全年计税工资为 1 000 000 元，甲公司全年实发工资为 900 000 元。

甲公司递延所得税负债年初数为 200 000 元，年末数为 250 000 元，递延所得税资产年初数为 125 000 元，年末数为 100 000 元。

要求：做出甲公司的会计处理。

5. 乙公司 2014 年有关损益类科目的年末余额如下（该企业采用表结法年末一次结转损益类科目，所得税税率为 25%）：

科目名称	结账前余额
主营业务收入	6 000 000 元（贷）
其他业务收入	700 000 元（贷）
公允价值变动损益	150 000 元（贷）
投资收益	600 000 元（贷）
营业外收入	50 000 元（贷）
主营业务成本	4 000 000 元（借）
其他业务成本	400 000 元（借）
营业税金及附加	80 000 元（借）
销售费用	500 000 元（借）
管理费用	770 000 元（借）
财务费用	200 000 元（借）
资产减值损失	100 000 元（借）
营业外支出	250 000（借）

答 案

一、单项选择题

1.
【正确答案】D
【答案解析】出租固定资产的收益计入"其他业务收入"，不计入"营业外收入"。
【该题针对"营业外收入的核算"知识点进行考核】

2.
【正确答案】C
【该题针对"营业外收入的核算"知识点进行考核】

3.
【正确答案】B
【答案解析】转让该项专利权所实现的净收益＝30 000－(25 000－25 000÷5×1)－1 500＝8 500（元）。
【该题针对"营业外收入的核算"知识点进行考核】

4.
【正确答案】C
【答案解析】（1 000－20）×25%＝245（万元）
【该题针对"所得税的核算"知识点进行考核】

5.

【正确答案】B

【答案解析】根据税法的规定,国债利息收入免交所得税,所以企业的应纳税所得额=315-15=300(万元)。当年的所得税费用=300×25%=75(万元)。

【该题针对"所得税的核算"知识点进行考核】

6.

【正确答案】B

【答案解析】按照税法规定,国债利息收入不计入应纳税所得额。但国债利息收入已计入税前会计利润,因此,在计算应纳税所得额时应予以调整。

【该题针对"所得税的核算"知识点进行考核】

7.

【正确答案】A

【答案解析】企业本期净利润=(100+20-10)×(1-25%)=82.5(万元),资产减值损失、公允价值变动收益已经计算在营业利润中了,不需要单独考虑。

【该题针对"利润的计算"知识点进行考核】

8.

【正确答案】D

【答案解析】该企业2008年净利润=(3 000-2 500+20-10+20-10)×(1-25%)=390(万元)。

【该题针对"利润的计算"知识点进行考核】

9.

【正确答案】B

【答案解析】企业2009年度的净利润应为:(营业利润+营业外收入-营业外支出)×(1-所得税税率)=(2 520+60-50)×(1-25%)=1 897.5(万元)

【该题针对"利润的计算"知识点进行考核】

10.

【正确答案】B

【答案解析】当年应确认的收入=30×60%=18(万元),当年应确认的费用=(15+3)×60%=10.8(万元),当年利润增加18-10.8=7.2(万元)。

【该题针对"利润的计算"知识点进行考核】

11.

【正确答案】C

【答案解析】应计入营业外支出的金额=260-100=160(万元)

【该题针对"营业外支出的核算"知识点进行考核】

12.

【正确答案】B

【答案解析】营业利润=营业收入-营业成本-营业税金及附加-销售费用-管理费用-财务费用-资产减值损失+公允价值变动收益(-公允价值变动损失)+投资收益(-投资损失)

其中,营业收入=主营业务收入+其他业务收入

营业成本＝主营业务成本＋其他业务成本

因此：本期营业利润＝500＋200－300－100－15－45＋60＋20＝320（万元）。

【该题针对"利润的计算"知识点进行考核】

二、多项选择题

1.

【正确答案】ABD

【答案解析】所有损益类科目期末应该将余额结转到本年利润中，结转后无余额。所得税费用、营业外收入、资产减值损失都是损益类科目，期末应该将余额结转到本年利润中，结转后无余额。制造费用是成本类科目，期末可能存在余额。

【该题针对"利润概述"知识点进行考核】

2.

【正确答案】BC

【答案解析】纳税调整增加额主要包括税法规定允许扣除项目中企业已计入当期费用但超过税法规定扣除标准的金额（如超过税法规定标准的业务招待费支出），以及企业已计入当期费用但税法规定不允许扣除项目的金额（如税收滞纳金、罚款、罚金）。A 选项会计上计入投资收益，但是税法上并不需要交纳所得税，应该调减应纳税所得额；D 选项未超标的业务招待费直接按照实际发生数额在税前扣除即可，不需要进行纳税调整。

【该题针对"所得税的核算"知识点进行考核】

3.

【正确答案】AB

【答案解析】按照税法规定，国债利息收入不需要纳税，因国债利息收入已计入税前会计利润，因此在计算纳税所得时应予以调整。超标的业务招待费属于调整增加的项目，选项 C 与选项 D 不需要进行纳税调整。

【该题针对"所得税的核算"知识点进行考核】

4.

【正确答案】ABCD

【答案解析】企业的净利润＝利润总额－所得税费用，选项 A、C、D 影响利润总额，进而影响净利润，选项 B 直接影响净利润。

【该题针对"利润的计算"知识点进行考核】

5.

【正确答案】ABD

【答案解析】所得税费用不影响利润总额，它影响的是净利润。

【该题针对"利润的计算"知识点进行考核】

6.

【正确答案】ABC

【答案解析】主营业务收入、营业外收入属于损益类科目，期末应结转到"本年利润"科目中，年末结转后应无余额。年度终了，应将"本年利润"科目的全部累计余额，转入"利润分配"科目，年度结账后，"本年利润"科目无余额。"利润分配"科目年末有余额。

【该题针对"利润概述"知识点进行考核】

7.

【正确答案】ACD

【答案解析】因债务人无力支付欠款而发生的应收账款损失,应确认为坏账损失,借记"坏账准备",贷记"应收账款"。

【该题针对"营业外支出的核算"知识点进行考核】

8.

【正确答案】BCD

【该题针对"利润的计算"知识点进行考核】

9.

【正确答案】AD

【答案解析】产品广告费应记入"销售费用"科目,计提的坏账准备记入"资产减值损失"科目,这两者均属于营业利润的扣除项目。转让无形资产所有权收益应记入"营业外收入"科目,增值税并不计入当期损益。

【该题针对"利润的计算"知识点进行考核】

三、判断题

1.

【正确答案】错

【答案解析】营业利润=营业收入-营业成本-营业税金及附加-销售费用-管理费用-财务费用-资产减值损失+公允价值变动收益(-公允价值变动损失)+投资收益(-投资损失)。所以管理费用、资产减值损失和营业税金及附加都会影响企业的营业利润,但是营业外收入不会影响营业利润。

【该题针对"利润的计算"知识点进行考核】

2.

【正确答案】错

【答案解析】企业出售不动产计算应交的营业税,应该记入"固定资产清理"。

【该题针对"营业外支出的核算"知识点进行考核】

3.

【正确答案】错

【答案解析】企业有三条渠道弥补亏损:一是用以后五个年度税前利润弥补;二是用以后年度税后利润弥补,也就是企业发生的亏损经过五年期间未足额弥补的,尚未弥补的亏损应用税后的利润弥补;三是盈余公积弥补亏损。

【该题针对"利润概述"知识点进行考核】

4.

【正确答案】对

【该题针对"利润的计算,营业外收入的核算"知识点进行考核】

5.

【正确答案】错

【答案解析】由于实际发生的业务招待费小于税法规定的可以税前扣除的金额,所以可以全额在税前扣除,不需要做纳税调整。

【该题针对"所得税的核算"知识点进行考核】

6.

【正确答案】错

【答案解析】如果不存在纳税调整事项和未弥补亏损,企业的所得税费用等于利润总额乘以所得税税率。

【该题针对"所得税的核算"知识点进行考核】

7.

【正确答案】错

【答案解析】当年形成的亏损,可以在以后五年内用税前利润补亏,本题中当年实现利润总额为10万元,尚不足弥补亏损额,所以当年是不需要缴纳所得税的。

【该题针对"所得税的核算"知识点进行考核】

8.

【正确答案】错

【答案解析】企业转让无形资产使用权取得的收入应该计入"其他业务收入"中,企业转让无形资产所有权取得的净收益应该计入"营业外收入"中。

【该题针对"营业外收入的核算"知识点进行考核】

9.

【正确答案】错

【答案解析】表结法下,各损益类科目每月只需结计出本月发生额和月末累计余额,不结转到"本年利润"科目。而账结法下,每月月末均需编制转账凭证,将在账上结计出的各损益类科目的余额结转入"本年利润"科目。

【该题针对"表结法和账结法"知识点进行考核】

四、计算题

1.

【正确答案】(1)

① 借:应收账款　　　　　　　　　　　　　　　　　　　　210.6
　　　贷:主营业务收入　　　　　　　　　　　　　　　　　180
　　　　　应交税费——应交增值税(销项税额)　　　　　　30.6
　　借:主营业务成本　　　　　　　　　　　　　　　　　　150
　　　　贷:库存商品　　　　　　　　　　　　　　　　　　150
② 借:管理费用　　　　　　　　　　　　　　　　　　　　11.7
　　　贷:应付职工薪酬　　　　　　　　　　　　　　　　　11.7
　　借:应付职工薪酬　　　　　　　　　　　　　　　　　　11.7
　　　贷:主营业务收入　　　　　　　　　　　　　　　　　10
　　　　　应交税费——应交增值税(销项税额)　　　　　　1.7
　　借:主营业务成本　　　　　　　　　　　　　　　　　　8
　　　　贷:库存商品　　　　　　　　　　　　　　　　　　8
③ 借:银行存款　　　　　　　　　　　　　　　　　　　　20
　　　贷:其他业务收入　　　　　　　　　　　　　　　　　20
④ 借:银行存款　　　　　　　　　　　　　　　　　　　　80

贷：其他业务收入	80
借：其他业务成本	59
贷：原材料	59
⑤借：递延收益	300
贷：营业外收入	300
⑥借：预收账款	10
贷：主营业务收入（100×60%－50）	10
借：主营业务成本（70×60%－35）	7
贷：劳务成本	7
⑦借：管理费用	20
财务费用	10
营业外支出	5
贷：银行存款	35

（2）营业收入＝180＋10＋20＋80＋10＝300（万元）

营业成本＝150＋8＋59＋7＝224（万元）

营业利润＝300－224－11.7－20－10＝34.3（万元）

利润总额＝34.3＋300－5＝329.3（万元）

【该题针对"应付职工薪酬的核算，商品销售收入业务的会计处理，完工百分比法的核算，政府补助的核算，利润的计算"知识点进行考核】

2.

【正确答案】

（1）借：本年利润	200
贷：利润分配——未分配利润	200
借：利润分配——提取法定盈余公积	20
贷：盈余公积——法定盈余公积	20
借：利润分配——应付现金股利	150
贷：应付股利	150
借：利润分配——未分配利润	170
贷：利润分配——提取法定盈余公积	20
利润分配——应付现金股利	150
（2）借：利润分配——未分配利润	500
贷：本年利润	500

（3）2010年应交所得税＝（600－500）×25%＝25（万元）

（4）"利润分配——未分配利润"余额＝100＋30－500＋600－25＝205（万元）

【该题针对"利润的核算，利润的计算"知识点进行考核】

3.

【正确答案】

（1）结转损益类科目：

借：主营业务收入	475 000

其他业务收入	100 000
投资收益	7 500
营业外收入	20 000
贷：本年利润	602 500
借：本年利润	545 500
贷：主营业务成本	325 000
其他业务成本	75 000
营业税金及附加	18 000
销售费用	20 000
管理费用	60 000
财务费用	12 500
营业外支出	35 000

（2）计算当年应纳所得税：

应纳税所得额＝利润总额＋罚款支出－国债利息收入＝（602 500－545 500）＋500－2 000＝55 500（元）

$$应纳所得税＝55 500×25\%＝13 875（元）$$

借：所得税费用	13 875
贷：应交税费——应交所得税	13 875
借：本年利润	13 875
贷：所得税费用	13 875

（3）当年净利润＝（602 500－545 500）－13 875＝43 125（元）

【该题针对"利润的核算，利润的计算"知识点进行考核】

4. 计算甲公司当期所得税：

$$当期应交所得税额＝5 000 000×25\%＝1 250 000（元）$$

计算甲公司所得税费用：

递延所得税费用＝（250 000－200 000）＋（125 000－100 000）＝75 000（元）

所得税费用＝当期所得税＋递延所得税费用＝1 650 000＋75 000＝1 725 000（元）

甲公司会计分录如下：

借：所得税	1 325 000
贷：应交所得税	1 250 000
递延所得税负债	50 000
递延所得税资产	25 000

5. （1）将各损益类科目年末余额结转入"本年利润"科目：

① 结转各项转入、利得类科目：

借：主营业务收入	6 000 000
其他业务收入	700 000
公允价值变动损益	150 000
投资收益	600 000
营业外收入	50 000

贷：本年利润　　　　　　　　　　　　　　　　　　　　　　　　7 500 000
　② 结转各项费用、损失类科目：
　　借：本年利润　　　　　　　　　　　　　　　　　　　　　　　　6 300 000
　　　贷：主营业务成本　　　　　　　　　　　　　　　　　　　　　4 000 000
　　　　　其他业务成本　　　　　　　　　　　　　　　　　　　　　　400 000
　　　　　营业税金及附加　　　　　　　　　　　　　　　　　　　　　 80 000
　　　　　销售费用　　　　　　　　　　　　　　　　　　　　　　　　500 000
　　　　　管理费用　　　　　　　　　　　　　　　　　　　　　　　　770 000
　　　　　财务费用　　　　　　　　　　　　　　　　　　　　　　　　200 000
　　　　　资产减值损失　　　　　　　　　　　　　　　　　　　　　　100 000
　　　　　营业外支出　　　　　　　　　　　　　　　　　　　　　　　250 000
　（2）经过上述结转后，"本年利润"科目的贷方发生额合计 7 500 000 元减去借方发生额合计 6 300 000 元即为税前会计利润 1 200 000 元。假设将该税前会计利润进行纳税调整后，应纳税所得额为 1 000 000 元，则应交所得税额＝1 000 000×25%＝250 000（元）。假定将该应交所得税按照会计准则进行调整后计算确认的所得税费用为 380 000 元。
　① 确认所得税费用，会计分录略。
　② 将所得税费用结转入"本年利润"科目：
　　借：本年利润　　　　　　　　　　　　　　　　　　　　　　　　　380 000
　　　贷：所得税费用　　　　　　　　　　　　　　　　　　　　　　　380 000
　（3）将"本年利润"科目年末余额 820 000 元（7 500 000－6 300 000－380 000）转入"利润分配——未分配利润"科目：
　　借：本年利润　　　　　　　　　　　　　　　　　　　　　　　　　820 000
　　　贷：利润分配——未分配利润　　　　　　　　　　　　　　　　　820 000

模块七

总账报表岗位模块

第十四章

财务会计报告

案例导入

HF集团财务造假

2011年6月20日至9月11日,财政部对HF集团及其下属8家子公司2010年度会计信息质量进行了现场检查,指出湖南浏阳HF股份有限公司在会计核算、会计信息披露以及会计基础性工作等方面都存在严重的问题。HF公司虚列、多列业务收入29 609.5万元,隐瞒、少计业务收入13 187.39万元,少计补贴收入1 072.78万元,账外账隐瞒收入2 710.19万元,虚列、多列投资损失482.38万元,不列、少列投资损失24.41万元,虚列、多列期间费用5 894.02万元,不列、少列期间费用3 028.63万元,虚列、多列业务成本28 300.95万元。不列、少列业务成本10 390.87万元。

鉴于HF股份公司的上述行为,财政部已对HF股份公司进行了罚款、补税、调账等处理处罚,对相关企业的法定代表人和财务负责人予以罚款、吊销会计从业资格证书等处罚,对应予追究刑事责任的责任人依法移送司法机关处理。

案例思考:
(1)HF集团的违规行为主要有哪些?
(2)怎样看待上市公司的利润操纵行为?应怎样避免利润操纵行为的发生?

第一节 财务会计报告概述

一、财务会计报告的意义

财务会计报告是对企业对外提供企业在某一特定日期的财务状况和某一会计期间的经营成果和现金流量的结构性表述。财务会计报告是以企业日常会计核算资料为基础编制,是会计核算工作的最后结果,是整个会计工作的总结,也是企业相关方获取会计信息的主要渠道。

财务会计财务报告至少应当包括下列组成部分:
(1) 资产负债表;
(2) 利润表;
(3) 现金流量表;
(4) 所有者权益(或股东权益)变动表;
(5) 附注。

新会计准则明确指出,财务会计报告由财务报表和附注披露组成,各组成部分有着同等重要的作用和地位。

准确、及时地编制财务会计报告有以下重要意义:

(一)财务会计报告为有关部门提供信息

企业提供财务会计报告为政府有关部门提供企业经营管理的各类信息,有利于发挥对经济的监督和调控作用。国家的财政、税收、统计、审计、国有资产管理级企业的主管部门等,可以通过对企业财务会计报告的审查和分析,检验企业贯彻国家方针、政策、法令、遵守财政纪律、税收的上缴情况,为国家履行管理职能,分析经济运行情况,进行宏观调控和决策提供依据。

(二)为投资者和债权人提供信息

随着经济的发展,企业筹资、投资活动日益频繁,企业与社会上各方面的经济联系越来越紧密,在企业外部形成了投资者、债权人组成的与企业有着经济利益关系的集团。债权人、投资者一般不直接参与企业的生产经营活动,不能直接从中获得所需要的信息,为了进行投资方面的决策,需要对企业财务会计报告进行分析,了解企业的财务状况及生产经营情况,分析企业的偿债能力,并对企业的财务状况做出准确的判断,作为投资、信贷、融资筹资决策的依据;同时,一些投资者还需要通过财务会计报告提供的信息,了解企业的情况,监督企业的生产经营管理,以保护自身的合法权益。

(三)为经营管理者加强和改善经营管理提供依据

财务会计报告通过一定的报表和附注的形式,将企业生产经营的全面情况和各类信息,特别是财务收支方面的资料,进行搜集、整理,将分散的信息加工成系统的信息资料传递给企业内部经营管理部门。企业内部经营管理部门通过财务会计报告,可以全面、系统、总括地了解企业生产经营活动、财务情况和经营成果,检查、分析财务成本计划和有关方针政策的执行情况,能够及时地发现经营活动中存在的问题,迅速做出决策,采取有效措施,改善生产经营管理;同时也可以利用财务会计报告提供的信息,为未来的经营计划和经营方针提供准确的依据,促使企业计划和经营方针更为合理科学。

二、财务会计报告的构成

一套完整的财务报表至少应当包括"四表一注",即资产负债表、利润表、现金流量表、所有者权益(或股东权益,下同)变动表以及附注。

(1) 资产负债表是反映企业在某一特定日期的财务状况的会计报表。企业编制资产负债表的目的是通过如实反映企业的资产、负债和所有者权益金额及其结构情况,从而有助于使用者评价企业资产的质量以及短期偿债能力、长期偿债能力、利润分配能力等。

（2）利润表是反映企业在一定会计期间的经营成果和综合收益的会计报表。企业编制利润表的目的是通过如实反映企业实现的收入、发生的费用以及应当计入当期利润的利得和损失、其他综合收益、综合收益等金额及其结构情况，从而有助于使用者分析评价企业的盈利能力及其构成与质量。

（3）现金流量表是反映企业在一定会计期间的现金和现金等价物流入和流出的会计报表。企业编制现金流量表的目的是通过如实反映企业各项活动的现金流入和现金流出，从而有助于使用者评价企业生产经营过程特别是经营活动中所形成的现金流量和资金周转情况。

（4）所有者权益变动表是反映构成企业所有者权益的各组成部分当期的增减变动情况的报表。所有者权益变动表应当全面反映一定时期所有者权益变动的情况，不仅包括所有者权益总量的增减变动，还包括所有者权益增减变动的重要结构性信息，特别是要反映直接计入所有者权益的利得和损失，让使用者准确理解所有者权益增减变动的根源。

（5）附注是对在会计报表中列示项目所做的进一步说明，以及对未能在这些报表中列示项目的说明等。附注由若干附表和对有关项目的文字性说明组成。企业编制附注的目的是通过对报表本身作补充说明，以更加全面、系统地反映企业财务状况、经营成果和现金流量的全貌，从而有助于使用者提供更为有用的决策信息，帮助其做出更加科学合理的决策。

三、财务报表的种类

（1）按财务报表编报期间的不同，可以分为中期财务报表和年度财务报表。中期财务报表是以短于一个完整会计年度的报告期间为基础编制的财务报表，包括月报、季报和半年报等。

（2）按财务报表编报主体的不同，可以分为个别财务报表和合并财务报表。个别财务报表是由企业在自身会计核算基础上对账簿记录进行加工而编制的财务报表，它主要用以反映企业自身的财务状况、经营成果及现金流量情况。合并财务报表是以母公司和子公司组成的企业集团为会计主体，根据母公司和所属子公司的财务报表，由母公司编制的综合反映企业集团财务状况、经营成果及现金流量的财务报表。

四、财务会计报告的编制要求

会计报表编制和报送是一项严肃的工作，应在规定时间内按照会计制度的规定，编报月、季、半年、年度会计报表，并必须达到以下要求：

（一）可理解性

可理解性是指会计报表提供的财务信息可以为使用者所理解。企业对外提供的会计报表是为广大阅读者使用，以提供企业过去、现在和未来的财务信息资料，为投资者、债权人以及潜在的投资者和债权人提供决策所需的经济信息的，因此，编制的会计报表应清晰易懂。如果提供的会计报表晦涩难懂，不可理解，使用者就不能做出可靠的判断，所提供的会计报表也毫无用处。当然，对会计报表的这一要求，是建立在会计报表使用者具有一定阅读会计报表能力的基础之上的。

（二）真实可靠性

会计首先是一个信息系统，如实反映企业的经营活动和财务状况是会计信息系统的基本要求。对外提供的会计报表主要是满足不同的使用者对信息资料的要求,便于使用者根据所提供的财务信息做出决策。因此,会计报表所提供的数据必须做到真实可靠。如果会计报表所提供的财务信息不真实可靠,反而会由于错误的信息,导致报表的使用者对企业财务状况作出相反的结论,导致其决策失误。

(三)相关可比性

相关可比是指会计报表提供的财务信息必须与使用者的决策需要相关联并具有可比性。如果会计报表提供的信息资料能够使使用者了解过去、现在或对未来事项的影响及其变化趋势,并为使用者提供有关的可比信息,则可认为会计报表提供的财务信息相关可比。

(四)全面完整性

会计报表应当全面反映企业的财务状况和经营成果,反映企业经营活动的全貌。会计报表只有全面反映企业的财务情况,提供完整的会计信息资料,才能满足各方面对财务信息资料的需要。为了保证会计报表的全面完整,企业在编制会计报表时,应该按照规定的格式和内容进行填列,凡是国家要求提供的会计报表,必须按照国家规定的要求编报,不得漏编漏报。企业某些重要的会计事项,应当在会计报表附注中加以说明。

(五)编报及时性

信息的特征具有时效性。会计报表只有及时编制和报送,才能有利于会计报表的使用者使用。否则,即使最真实可靠完整的会计报表,由于编制、报送不及时,对于报表的使用者来说,也是没有任何价值的。

第二节 资产负债表

一、资产负债表的定义

资产负债表是反映企业在某一特定日期(如月末、季末、年末)全部资产、负债和所有者权益情况的会计报表,是企业经营活动的静态体现,根据"资产=负债+所有者权益"这一平衡公式,依照一定的分类标准和一定的次序,将某一特定日期的资产、负债、所有者权益的具体项目予以适当的排列编制而成。它表明权益在某一特定日期所拥有或控制的经济资源、所承担的现有义务和所有者对净资产的要求权。它是一张揭示企业在一定时点财务状况的静态报表。资产负债表利用会计平衡原则,将合乎会计原则的资产、负债、股东权益"交易科目分为"资产"和"负债及股东权益"两大区块,在经过分录、转账、分类账、试算、调整等等会计程序后,以特定日期的静态企业情况为基准,浓缩成一张报表。其报表功用除了企业内部除错、经营方向、防止弊端外,也可让所有阅读者于最短时间了解企业经营状况。

资产负债表为会计上相当重要的财务报表,最重要功用在于表现企业体的经营状况。

就程序而言,资产负债表为簿记记账程序的末端,是集合了登录分录、过账及试算调整后的最后结果与报表。就性质言,资产负债表则是表现企业体或公司资产、负债与股东权益的的对比关系,确切反映公司营运状况。

就报表基本组成而言,资产负债表主要包含了报表左边算式的资产部分,与右边算式的负债与股东权益部分。而作业前端,如果完全依照会计原则记载,并经由正确的分录或转账试算过程后,必然会使资产负债表的左右边算式的总金额完全相同。而这个算式终其言就是资产金额总计=负债金额合计+股东权益金额合计。

二、资产负债表的格式

资产负债表一般有表首、正表两部分。其中,表首概括地说明报表名称、编制单位、编制日期、报表编号、货币名称、计量单位等。正表是资产负债表的主体,列示了用以说明企业财务状况的各个项目。资产负债表正表的格式一般有两种:报告式资产负债表和账户式资产负债表。报告式资产负债表是上下结构,上半部列示资产,下半部列示负债和所有者权益。具体排列形式又有两种:一是按"资产=负债+所有者权益"的原理排列;二是按"资产-负债=所有者权益"的原理排列。账户式资产负债表是左右结构,左边列示资产,右边列示负债和所有者权益。不管采取什么格式,资产各项目的合计等于负债和所有者权益各项目的合计这一等式不变。

(1) 企业的资产负债表采用账户式结构。

账户式资产负债表分左右两方,左方为资产项目,大体按资产的流动性大小排列,流动性大的资产如"货币资金""交易性金融资产"等排在前面,流动性小的资产如"长期股权投资""固定资产"等排在后面。右方为负债及所有者权益项目,一般按要求清偿时间的先后顺序排列,"短期借款""应付票据""应付账款"等需要在一年以内或者长于一年的一个正常营业周期内偿还的流动负债排在前面,"长期借款"等在一年以上才需偿还的非流动负债排在中间,在企业清算之前不需要偿还的所有者权益项目排在后面。

(2) 账户式资产负债表中的资产各项目的合计等于负债和所有者权益各项目的合计,即资产负债表左方和右方平衡。

通过账户式资产负债表,可以反映资产、负债、所有者权益之间的内在关系,即"资产=负债+所有者权益"。

资产负债表采用账户式。每个项目又分为"期末余额"和"年初余额"两栏分别填列。

三、资产负债表的填制内容

资产负债表根据资产、负债、所有者权益(或股东权益,下同)之间的勾稽关系,按照一定的分类标准和顺序,把企业一定日期的资产、负债和所有者权益各项目予以适当排列。它反映的是企业资产、负债、所有者权益的总体规模和结构,即:资产有多少;资产中,流动资产、固定资产各有多少;流动资产中,货币资金有多少,应收账款有多少,存货有多少,等等,所有者权益有多少;所有者权益中,实收资本(或股本,下同)有多少,资本公积有多少,盈余公积有多少,未分配利润有多少等等。

在资产负债表中,企业通常按资产、负债、所有者权益分类分项反映。也就是说,资产按流动性大小进行列示,具体分为流动资产、长期投资、固定资产、无形资产及其他资产;负债也按流动性大小进行列示,具体分为流动负债、长期负债等;所有者权益则按实收资本、资本公积、盈余公积、未分配利润等项目分项列示。

银行、保险公司和非银行金融机构由于在经营内容上不同于一般的工商企业,导致其资产、负债、所有者权益的构成项目也不同于一般的工商企业,具有特殊性。但是,在资产负债表上列示时,对于资产而言,通常也按流动性大小进行列示,具体分为流动资产、长期投资、固定资产、无形资产及其他资产;对于负债而言,也按流动性大小列示,具体分为流动负债、长期负债等;对于所有者权益而言,也是按实收资本、资本公积、盈余公积、未分配利润等项目分项列示。

（一）资产

资产负债表中的资产反映由过去的交易、事项形成并由企业在某一特定日期所拥有或控制的、预期会给企业带来经济利益的资源。资产应当按照流动资产和非流动资产两大类别在资产负债表中列示,在流动资产和非流动资产类别下进一步按性质分项列示。

流动资产是预计在一个正常营业周期中变现、出售或耗用,或者主要为交易目的而持有,或者预计在资产负债表日起一年内（含一年）变现的资产,或者自资产负债表日起一年内交换其他资产或清偿负债的能力不受限制的现金或现金等价物。

资产负债表中列示的流动资产项目通常包括：货币资金、交易性金融资产、应收票据、应收账款、预付款项、应收利息、应收股利、其他应收款、存货和一年内到期的非流动资产等。

非流动资产是流动资产以外的资产。资产负债表中列示的非流动资产项目通常包括：长期股权投资、固定资产、在建工程、工程物资、固定资产清理、无形资产、研发支出、长期待摊费用以及其他非流动资产等。

（二）负债

资产负债表中的负债反映在某一特定日期企业所承担的、预期会导致经济利益流出企业的现时义务。负债应当按照流动负债和非流动负债在资产负债表中进行列示,在流动负债和非流动负债类别下再进一步按性质分项列示。

流动负债是预计在一个正常营业周期中清偿,或者主要为交易目的而持有,或者自资产负债表日起1年内（含1年）到期应予以清偿,或者企业无权自主地将清偿推迟至资产负债表日后1年以上的负债。资产负债表中列示的流动负债项目通常包括短期借款、应付票据、应付账款、预收款项、应付职工薪酬、应交税费、应付利息、应付股利、其他应付款、1年内到期的非流动负债等。

非流动负债是流动负债以外的负债。非流动负债项目通常包括长期借款、应付债券和其他非流动负债等。

（三）所有者权益

资产负债表中的所有者权益是企业资产扣除负债后的剩余权益,反映企业在某一特定日期股东（投资者）拥有的净资产的总额,它一般按照实收资本、资本公积、盈余公积和未分配利润分项列示。

财务报表列报的基本要求要求如下：

（1）严格遵循公认会计准则；

（2）以持续经营为列报基础；

（3）列报项目的一致性和可比性；

（4）重要项目要单独列报；

(5) 项目金额互不抵消。

四、资产负债表的编制方法

资产负债表是反映企业在某一特定日期的财务状况的会计报表。

所有的资产负债表项目都列有"年初数"和"期末数"两栏，相当于两期的比较资产负债表。该表"年初数"栏内各项数字，应根据上年末资产负债表"期末数"栏内所列数字填列。如果本年度资产负债表规定的各个项目的名称和内容与上年不相一致，应对上年年末资产负债表各项目的名称和数字按照本年度的规定进行调整，填入本表"年初数"栏内。表中的"期末数"，指月末、季末或年末数字，它们是根据各项目有关总账科目或明细科目的期末余额直接填列或计算分析填列。

资产负债表的填列方法有以下几种：

（1）直接根据总账账户的余额填列，如"交易性金融资产""应收票据""应收股利""应收利息""固定资产""固定资产清理""工程物资""递延所得税资产""短期借款""应付票据""应付职工薪酬""应交税费""应付股利""其他应付款""递延所得税负债""实收资本""资本公积""盈余公积"等项目。

（2）根据几个总账账户的余额计算填列，如"货币资金""未分配利润"项目。其中"货币资金"项目是根据"库存现金""银行存款""其他货币资金"账户的期末余额合计填列；"未分配利润"项目是根据"本年利润"账户和"利润分配"账户余额合计填列。

（3）根据有关明细账户的余额计算填列，如"应收账款""预付账款""应付账款""预收账款"等项目。

①"应收账款"项目是根据"应收账款"和"预收账款"账户所属各明细账户的期末借方余额合计数，减去"坏账准备"账户中有关应收账款计提的坏账准备期末余额后的金额填列。

②"预付款项"项目是根据"预付账款"和"应付账款"账户所属各明细账户的期末借方余额合计填列。

③"应付账款"项目是根据"应付账款"和"预付账款"账户所属各明细账户的期末贷方余额合计填列。

④"预收款项"项目是根据"预收账款"和"应收账款"账户所属各明细账户的期末贷方余额合计填列。

【2013年《初级会计实务》考试真题·单选题】 下列各项中，关于资产负债表"预收账款"项目填列方法表述正确的是_____。　　　　　　　　　　　　（　　）

A. 根据"预收账款"科目的期末余额填列

B. 根据"预收账款"和"应收账款"科目所属明细各科目的期末贷方余额合计数填列

C. 根据"预收账款"和"预付账款"科目所属各明细科目的期末借方余额合计数填列

D. 根据"预收账款"和"应付账款"科目所属各明细科目的期末贷方余额合计数填列

【正确答案】 B

【答案解析】 资产负债表如"预收账款"项目根据"预收账款"和"应收账款"科目所属明细各科目的期末贷方余额合计数填列。

（4）根据总账账户和明细账户的余额分析计算填列，包括"持有至到期投资""长期应收款""长期待摊费用""长期借款""应付债券""长期应付款"等项目。例如,"长期借款"项目,应根据"长期借款"总账账户余额扣除"长期借款"账户所属的明细账户中将在资产负债表日起一年内到期且企业不能自主地将清偿义务展期的长期借款后的金额填列。

(5)根据总账账户与其备抵账户抵消后的净额填列,如"应收票据""应收账款""其他应收款""存货""持有至到期投资""长期股权投资""固定资产""投资性房地产""无形资产"等项目。资产负债表中的"应收账款""长期股权投资"等项目,应根据"应收账款""长期股权投资"等账户的期末余额减去"坏账准备""长期股权投资减值准备"等账户余额后的净额填列;"固定资产"项目,应根据"固定资产"账户期末余额减去"累计折旧""固定资产减值准备"账户余额后的净额填列;"无形资产"项目,应根据"无形资产"账户期末余额减去"累计摊销""无形资产减值准备"账户余额后的净额填列。

【2014年《初级会计实务》考试真题·单选题】下列各项中,应根据相应总账科目的余额直接在资产负债表中填列的是_____。( )

A. 短期借款　　B. 固定资产　　C. 长期借款　　D. 应收账款

【正确答案】A

【答案解析】"短期借款"是可以直接通过相应的总账科目的余额直接填列在资产负债表上面的,选项A正确;"固定资产""长期借款"需要根据总账科目和明细账科目余额分析计算填列,选项B、C错误;"应收账款"需要根据"应收账款"和"预收账款"明细账科目期末借方余额合计数减去对应的"坏账准备"科目余额后的净额填列,选项D错误。

【2014年《初级会计实务》考试真题·判断题】某企业2013年3月31日结账后"固定资产"账户余额为2 500万元,"累计折旧"账户余额为200万元,"固定资产减值准备"账户余额300万元。该企业2013年3月31日资产负债表中的"固定资产"项目金额为2 500万元。_____( )

【正确答案】错

【答案解析】资产负债表中的固定资产项目应当以"固定资产"总账账户的余额减去"累计折旧"和"固定资产减值准备"两个备抵账户总账账户余额后的金额,作为资产负债表中"固定资产"的项目金额。

(6)综合运用上述填列方法分析填列,如"存货"项目,应根据"在途物资"或"材料采购""原材料""周转材料""库存商品""委托加工物资""发出商品""代理业务资产""生产成本""劳务成本"等账户的期末余额合计,减去"代理业务负债""存货跌价准备"账户期末余额后的金额填列。存货采用计划成本核算的企业,还应加上或减去"材料成本差异"账户的期末余额。

第三节　利　润　表

一、利润表的定义

利润表是反映企业一定会计期间(如月度、季度、半年度或年度)生产经营成果的会计报表。企业一定会计期间的经营成果既可能表现为盈利,也可能表现为亏损,因此,利润表也被称为损益表。它全面揭示了企业在某一特定时期实现的各种收入、发生的各种费用、成本或支出，以及企业实现的利润或发生的亏损情况。

利润表是根据"收入－费用＝利润"的基本关系来编制的，其具体内容取决于收入、费用、利润等会计要素及其内容，利润表项目是收入、费用和利润要素内容的具体体现。从反映企业经营资金运动的角度看，它是一种反映企业经营资金动态表现的报表，主要提供有关企业经营成果方面的信息，属于动态会计报表。

二、利润表的格式

利润表一般有表首、正表两部分。其中表首说明报表名称编制单位、编制日期、报表编号、货币名称、计量单位等；正表是利润表的主体，反映形成经营成果的各个项目和计算过程，所以，曾经将这张表称为损益计算书。

利润表正表的格式一份有两种：单步式利润表和多步式利润表。单步式利润表是将当期所有的收入列在一起然后将所有的费用列在一起两者相减得出当期净损益。多步式利润表是通过对当期的收入、费用、支出项目按性质加以归类，按利润形成的主要环节列示一些中间性利润指标，如营业利润、利润总额、净利润，分步计算当期净损益。

在我国，利润表采用多步式，每个项目通常又分为"本月数"和"本年累计数"两栏分别用列。"本月数"栏反映各项目的本月实际发生数；在编报中期财务会计报告时，填列上年同期累计实际发生数；在编报年度财务会计报告时，填列上年全年累计实际发生数。如果上年度利润表与本年度利润表的项目名称和内容不相一致，则按编报当年的口径对上年度利润表项目的名称和数字进行调整，填入本表"上年数"栏。在编报中期和年度财务会计报告时，将"本月数"栏改成"上年数"栏。本表"本年累计数"栏反映各项目自年初起至报告期末止的累计实际发生数。多步式利润表主要分四步计算企业的利润（或亏损）。第一步，以主营业务收入为基础，减去主营业务成本和主营业务税金及附加，计算主营业务利润；第二步，以主营业务利润为基础，加上其他业务利润，减去销售费用、管理费用、财务费用，计算出营业利润；第三步，以营业利润为基础，加上投资净收益、补贴收入、营业外收入，减去营业外支出，计算出利润总额；第四步，以利润总额为基础，减去所得税，计算净利润（或净亏损）。

三、利润表的填制内容

利润表分项列显示了企业在一定会计期间因销售商品、提供劳务、对外投资等所取得的各种收入以及与各种收入相对应的费用、损失并将收入与费用、损失加以对比结出当期的净利润。这一将收入与相关的费用、损失进行对比，结出净利润的过程，会计上称为配比。其目的是为了衡量企业在特定时期或特定业务中所取得的成果，以及为取得这些成果所付出的代价，为考核经营效益和效果提供数据。比如分别列示主营业务收入和主营业务成本、主营业务税金及附加并加以对比，得出主营业务利润，从而掌握一个企业主营业务活动的成果。配比是一项重要的会计原则，在利润表中得到了充分体现。

通常，利润表主要反映以下几方面的内容：

1. 构成主营业务利润的各项要素。从主营业务收入出发，减去为取得主营业务收入而发生的相关费用、税金后得出主营业务利润。

2. 构成营业利润的各项要素。营业利润在主营业务利润的基础上，加其他业务利润，减销售费用、管理费用、财务费用后得出。

3. 构成利润总额（或亏损总额）的各项要素。利润总额（或亏损总额）在营业利润的基础上加（减）投资收益（损失）、补贴收入、营业外收支后得出。

4. 构成净利润（或净亏损）的各项要素。净利润（或净亏损）在利润总额（或亏损总额）的基础上，减去本期计入损益的所得税费用后得出。

四、利润表的填制方法

利润表中的各项目都列有"本月数"和"本年累计数"两栏。

（一）本月数栏

利润表"本月数"栏反映各项目的本月实际发生数。在编报中期和年度财务报表时，应将"本月数"栏改成"上年数"栏。

1. 一般根据账户的本期发生额分析填列

由于该表是反映企业一定时期经营成果的动态报表，因此，该栏内各项目一般根据账户的本期发生额分析填列。

（1）"营业收入"项目，反映企业经营业务所得的收入总额。本项目应根据"主营业务收入"和"其他业务收入"账户的发生额分析填列。

（2）"营业成本"项目，反映企业经营业务发生的实际成本。本项目应根据"主营业务成本"和"其他业务成本"账户的发生额分析填列。

（3）"营业税金及附加"项目，反映企业经营业务应负担的营业税、消费税、城市维护建设税、资源税、土地增值税和教育费附加等。本项目应根据"营业税金及附加"账户的发生额分析填列。

（4）"销售费用"项目，反映企业在销售商品和商品流通企业在购入商品等过程中发生的费用。本项目应根据"销售费用"账户的发生额分析填列。

（5）"管理费用"项目，反映企业行政管理等部门所发生的费用。本项目应根据"管理费用"账户的发生额分析填列。

（6）"财务费用"项目，反映企业发生的利息费用等。本项目应根据"财务费用"账户的发生额分析填列。

（7）"资产减值损失"项目，反映企业发生的各项减值损失。本项目应根据"资产减值损失"账户的发生额分析填列。

（8）"公允价值变动损益"项目，反映企业交易性金融资产等公允价值变动所形成的当期利得和损失。本项目应根据"公允价值变动损益"账户的发生额分析填列。

（9）"投资收益"项目，反映企业以各种方式对外投资所取得的收益。本项目应根据"投资收益"账户的发生额分析填列；如为投资损失，以"—"号填列。

（10）"营业外收入"项目和"营业外支出"项目，反映企业发生的与其生产经营无直接关系的各项收入和支出。这两个项目应分别根据"营业外收入"账户和"营业外支出"账户的发生额分析填列。其中，处置非流动资产的损失，应当单独列示。

（11）"所得税费用"项目，反映企业按规定从本期损益中减去的所得税。本项目应根据"所得税费用"账户的发生额分析填列。

（12）"每股收益"，分为基本每股收益和潜在每股收益。企业应当按照归属于普通股股东的当期净利润，处以发行在外普通股的加权平均数计算基本每股收益。

（13）综合收益包括其他综合收益和综合收益总额。"其他综合收益"项目，应根据企业会计准则规定未在损益中确认的各项利得和损失扣除所得税影响后的净额填列；"综合收益总额"项目，应根据企业净利润加上其他综合收益的合计数填列。

2. 利润的构成分类项目根据本表有关项目计算填列

利润表中"营业利润""利润总额""净利润"等项目，均根据有关项目计算填列。

计算利润时，企业应以收入为起点，计算出当期的利润总额和净利润额。其利润总额和净利润额的形成的计算步骤为：

（1）以主营业务收入减去主营业务成本、主营业务税金及附加，计算主营业务利润，目的是考核企业主营业务的获利能力。

主营业务利润＝主营业务收入－主营业务成本－主营业务税金及附加

上述公式的特点是：主营业务成本、主营业务税金及附加与主营业务直接有关，先从主营业务收入中直接扣除，计算出主营业务利润。

（2）从主营业务利润和其他业务利润中减去管理费用、销售费用和财务费用，计算出企业的营业利润，目的是考核企业生产经营活动的获利能力。

营业利润＝营业收入－营业成本－营业税金及附加－销售费用－管理费用－财务费用－资产减值损失＋公允价值变动收益（－公允价值变动损失）＋投资收益（－投资损失）。

（3）在营业利润的基础上，加上投资净收益、补贴收入、营业外收支净额，计算出当期利润总额，目的是考核企业的综合获利能力。

利润总额＝营业利润＋营业外收入－营业外支出

（4）在利润总额的基础上，减去所得税，计算出当期净利润额，目的是考核企业最终获利能力。

（二）本年累计数栏

该栏反映各项目自年初起至本月末止的累计实际发生数。应根据上月利润表的"本年累计数"栏各项目数额，加上本月利润表的"本月数"栏各项目数额，然后将其合计数填入该栏相应项目内。

【例 14-1】甲公司 20×8 年度发生的有关交易或事项如下：

（1）因出租房屋取得租金收入 120 万元；

（2）因处置固定资产产生净收益 30 万元；

（3）收到联营企业分派的现金股利 60 万元；

（4）因收发差错造成存货短缺净损失 10 万元；

（5）管理用机器设备发生日常维护支出 40 万元；

（6）办公楼所在地块的土地使用权摊销 300 万元；

（7）持有的交易性金融资产公允价值上升 60 万元；

（8）因存货市价上升转回上年计提的存货跌价准备 100 万元。

要求：根据上述资料，不考虑其他因素，回答下列第（1）题至第（2）题。（2009 年新制度考题）

(1) 甲公司 20×8 年度因上述交易或事项而确认的管理费用金额是_____万元。
（　　）

A. 240　　　　　B. 250　　　　　C. 340　　　　　D. 350

【答案】D

【解析】甲公司 20×8 年度因上述交易或事项而确认的管理费用金额=10+40+300=350（万元）。事项（1）确认其他业务收入 120 万元；事项（2）确认营业外收入 30 万元；事项（3）冲减长期股权投资账面价值 60 万元；事项（4）确认管理费用 10 万元；事项（5）确认管理费用 40 万元；事项（6）确认管理费用 300 万元；事项（7）确认公允价值变动损益（贷方发生额）60 万元；事项（8）确认资产减值损失（贷方发生额）100 万元。

(2) 上述交易或事项对甲公司 20×8 年度营业利润的影响是_____万元。　（　　）

A. –10　　　　　B. –40　　　　　C. –70　　　　　D. 20

【答案】C

【解析】对甲公司 20×8 年度营业利润的影响=事项（1）120–事项（4）10–事项（5）40–事项（6）300+事项（7）60+事项（8）100= –70（万元）。

第四节　现金流量表

一、现金流量表的定义

现金流量表是反应一定时期内（如月度、季度或年度）企业经营活动、投资活动和筹资活动对其现金及现金等价物所产生影响的财务报表。现金流量表是原先财务状况变动表或者资金流动状况表的替代物。它详细描述了由公司的经营、投资与筹资活动所产生的现金流。一个正常经营的企业，在创造利润的同时，还应创造现金收益，通过对现金流入来源分析，就可以对创造现金能力做出评价，并可对企业未来获取现金能力作出预测。现金流量表所揭示的现金流量信息可以从现金角度对企业偿债能力和支付能力作出更可靠、更稳健的评价。企业的净利润是以权责发生制为基础计算出来的，而现金流量表中的现金流量表是以收付实现制为基础的。通过对现金流量和净利润的比较分析，可以对收益的质量做出评价。投资活动是企业将一部分财力投入某一对象，以谋取更多收益的一种行为，筹资活动是企业根据财力的需求，进行直接或间接融资的一种行为，企业的投资和筹资活动和企业的经营活动密切相关，因此，对现金流量中所揭示的投资活动和筹资活动所产生的现金流入和现金流出信息，可以结合经营活动所产生的现金流量信息和企业净收益进行具体分析，从而对企业的投资活动和筹资活动作出评价。

现金流量表中的现金是指现金及现金等价物。

（1）现金，是指企业库存现金以及可以随时用于支付的存款，包括库存现金、银行存款和其他货币资金（如外埠存款、银行汇票存款、银行本票存款等）等。不能随时用于支付的存款不属于现金。

（2）现金等价物，是指企业持有的期限短、流动性强、易于转换为已知金额现金、价值变动风险很小的投资。期限短，一般是指从购买日起三个月内到期。现金等价物通常包括三个月内到期的债券投资等。

【2014年《初级会计实务》考试真题·多选题】下列各项中,影响企业现金流量表中"现金及现金等价物净增加额"项目金额变化的有_____。（ ）
A. 以货币资金购买3个月内到期的国债
B. 以银行存款支付职工工资、奖金、津贴
C. 将库存现金存入银行
D. 收到出租资产的租金

【正确答案】BD
【答案解析】以货币资金购买3个月内到期的国债、将库存现金存入银行都是属于现金与现金等价物内部的增减变动,不会影响现金及现金等价物的增加或减少,选项AC错误；以银行存款支付职工工资、奖金、津贴会引起现金的减少,会影响"现金及现金等价物净增加额"项目金额,选项B正确；收到出租资产的租金,会引起现金的增加,会影响"现金及现金等价物净增加额"项目金额,选项D正确。

【2013年《初级会计实务》考试真题·判断题】企业取得的拟在近期出售的股票投资视为现金等价物。_____（ ）

【正确答案】×
【答案解析】现金等价物通常包括三个月内到期的债券投资,权益性投资变现的金额通常不确定,因而不属于现金等价物,股票是属于权益性投资。

二、编制现金流量表的方法

我国会计准则规定,企业应当采用直接法编制现金流量表,并要求在补充资料中采用间接法提供净利润调节为经营活动现金流量的信息。

在采用直接法具体编制现金流量表时,可根据业务量的大小及复杂程度,选择采用工作底稿法、T型账户法,或直接根据有关账户的记录分析填列。

（一）工作底稿法

采用工作底稿法编制现金流量表,就是以工作底稿为手段,以利润表和资产负债表数据为基础,对每一项目进行分析并编制调整分录,从而编制出现金流量表。

在直接法下,整个工作底稿纵向分成三段,第一段是资产负债表项目,其中又分为借方项目和贷方项目两部分；第二段是利润表项目；第三段是现金流量表项目。工作底稿横向分为五栏,在资产负债表部分,第一栏是项目栏,填列资产负债表各项目名称；第二栏是期初数,用来填列资产负债表项目的期初数；第三栏是调整分录的借方；第四栏是调整分录的贷方；第五栏是期末数,用来填列资产负债表各项目的期末数。在利润表和现金流量表部分,第一栏也是项目栏,用来填列利润表和现金流量表项目名称；第二栏空置不填；第三、第四栏分别是调整分录的借方和贷方；第五栏是本期数,利润表部分这一栏数字应和本期利润表数字核对相符,现金流量表部分这一栏的数字可直接用来编制正式的现金流量表。

采用工作底稿法编制现金流量表的程序是：

第一步,将资产负债表的期初数和期末数过入工作底稿的期初数栏和期末数栏。

第二步,对当期业务进行分析并编制调整分录。调整分录大体有这样几类：第一类涉及利润表中的收入、成本和费用项目以及资产负债表中的资产、负债及所有者权益项目,通过

调整，将权责发生制下的收入费用转换为现金基础；第二类是涉及资产负债表和现金流量表中的投资、筹资项目，反映投资和筹资活动的现金流量；第三类是涉及利润表和现金流量表中的投资和筹资项目，目的是将利润表中有关投资和筹资方面的收入和费用列入现金流量表投资、筹资现金流量中去。此外，还有一些调整分录并不涉及现金收支，只是为了核对资产负债表项目的期末期初变动。

在调整分录中，有关现金和现金等价物的事项，并不直接借记或贷记现金，而是分别记入"经营活动产生的现金流量""投资活动产生的现金流量""筹资活动产生的现金流量"有关项目，借记表明现金流入，贷记表明现金流出。

第三步，将调整分录过入工作底稿中的相应部分。

第四步，核对调整分录，借贷合计应当相等，资产负债表项目期初数加减调整分录中的借贷金额以后，应当等于期末数。

第五步，根据工作底稿中的现金流量表项目部分编制正式的现金流量表。

（二）T形账户法

采用T形账户法，就是以T形账户为手段，以利润表和资产负债表数据为基础，对每一项目进行分析并编制出调整分录，从而编制出现金流量表。

采用T形账户法编制现金流量表的程序如下：

第一步，为所有的非现金项目（包括资产负债表项目和利润表项目）分别开设T形账户，并将各自的期末期初变动数过入各该账户。

第二步，开设一个大的"现金及现金等价物"T形账户，每边分为经营活动、投资活动和筹资活动三个部分，左边记现金流入，右边记现金流出。与其他账户一样，过入期末期初变动数。

第三步，以利润表项目为基础，结合资产负债表分析每一个非现金项目的增减变动，并据此编制调整分录。

第四步，将调整分录过入各T形账户，并进行核对，该账户借贷相抵后的余额与原先过入的期末期初变动数应当一致。

第五步，根据大的"现金及现金等价物"T形账户编制正式的现金流量表。

（三）分析填列法

分析填列法是直接根据已经编制完成的利润表、资产负债表资料及各有关账户的明细资料的记录，分析计算出现金流量表各项目的金额，据以编制出现金流量表的方法。

三、现金流量表的填制内容

1. 经营活动产生的现金流量

（1）"销售商品、提供劳务收到的现金"项目

销售商品、提供劳务收到的现金＝营业收入＋增值税的销项税额＋（应收票据年初余额－应收票据年末余额）＋（应收账款年初余额－应收账款年末余额）＋（预收账款年末余额－预收账款年初余额）－当期计提的坏账准备

（2）"收到的税费返还"项目

该项目反映企业收到返还的所得税、增值税、营业税、消费税、关税和教育费附加等各

种税费返还款。

(3) "收到的其他与经营活动有关的现金"项目

该项目反映企业除上述各项目外，收到的其他与经营活动有关的现金，如罚款收入、经营租赁固定资产收到的现金、投资性房地产收到的租金收入、流动资产损失中由个人赔偿的现金收入、除税费返还外的其他政府补助收入等。

(4) "购买商品、接受劳务支付的现金"项目

购买商品、接受劳务支付的现金＝营业成本＋增值税的进项税额＋(存货年末余额－存货年初余额)＋(应付账款年初余额－应付账款年末余额)＋(应付票据年初余额－应付票据年末余额)＋(预付账款年末余额－预付账款年初余额)－当期列入生产成本、制造费用的职工薪酬－当期列入生产成本、制造费用的折旧费

(5) "支付给职工以及为职工支付的现金"项目

支付给职工以及为职工支付的现金＝应付职工薪酬年初余额＋生产成本、制造费用、管理费用中职工薪酬－应付职工薪酬期末余额

(6) "支付的各项税费"项目

支付的各项税费＝(应交所得税期初余额＋当期所得税费用－应交所得税期末余额)＋支付的营业税金及附加＋应交增值税(已交税金)

(7) "支付其他与经营活动有关的现金"项目

该项目反映企业除上述各项目外所支付的其他与经营活动有关的现金，如经营租赁支付的租金、支付的罚款、差旅费、业务招待费、保险费等。此外包括支付的销售费用。

支付其他与经营活动有关的现金＝支付其他管理费用＋支付的销售费用

【2012年《初级会计实务》考试真题·单项选择题】甲公司2011年度发生管理费用2 200万元，其中以现金支付退休职工统筹退休金350万元和管理人员工资950万元，存货盘亏损失25万元，计提固定资产折旧420万元，无形资产摊销200万元，计提坏账准备150万元，其余均以现金支付。假定不考虑其他因素，甲公司2011年现金流量表中"支付的其他与经营活动有关的现金"项目的金额为_____万元。（　　）

A. 105　　　　B. 455　　　　C. 475　　　　D. 675

【正确答案】B

【答案解析】"支付的其他与经营活动有关的现金"项目的金额＝2 200－950－25－420－200－150＝455（万元）

【2013年《初级会计实务》考试真题·多选题】下列各项中，不属于现金流量"经营活动产生的现金流量"的有_____。（　　）

A. 支付的借款利息　　　　　　B. 销售商品收到的现金
C. 代扣代缴的职工个人所得税　　D. 支付行政人员差旅费

【正确答案】BCD

【答案解析】A选项借款利息属于筹资活动产生的现金流量。

2. 投资活动产生的现金流量

(1) "收回投资收到的现金"项目。

该项目反映企业出售、转让或到期收回除现金等价物以外的对其他企业的交易性金融资产、长期股权投资收到的现金。本项目可根据"交易性金融资产""长期股权投资"等科目的

记录分析填列。

(2)"取得投资收益收到的现金"项目。

该项目反映企业交易性金融资产分得的现金股利,从子公司、联营企业或合营企业分回利润、现金股利而收到的现金,因债权性投资而取得的现金利息收入。本项目可以根据"应收股利"、"应收利息"、"投资收益"、"库存现金"、"银行存款"等科目的记录分析填列。

(3)"处置子公司及其他营业单位收到的现金净额"项目。

该项目反映企业处置子公司及其他营业单位所取得的现金,减去相关处置费用以及子公司及其他营业单位持有的现金和现金等价物后的净额。本项目可以根据"长期股权投资"、"银行存款"、"库存现金"等科目的记录分析填列。

(4)"购建固定资产、无形资产和其他长期资产支付的现金"项目。

该项目反映企业购买、建造固定资产、取得无形资产和其他长期资产所支付的现金(含增值税款等),以及用现金支付的应由在建工程和无形资产负担的职工薪酬。

为购建固定资产、无形资产而发生的借款利息资本化部分,在筹资活动产生的现金流量"分配股利、利润和偿付利息支付的现金"中反映。本项目可以根据"固定资产"、"在建工程"、"工程物资"、"无形资产"、"库存现金"、"银行存款"等科目的记录分析填列。

(5)"投资支付的现金"项目。

该项目反映企业取得除现金等价物以外的对其他企业的权益工具、债务工具和合营中的权益投资所支付的现金,包括除现金等价物以外的交易性金融资产、长期股权投资,以及支付的佣金、手续费等交易费用。

企业购买股票时实际支付的价款中包含的已宣告而尚未领取的现金股利,以及购买债券时支付的价款中包含的已到期尚未领取的债券利息,应在"支付的其他与投资活动有关的现金"项目中反映。

取得子公司及其他营业单位支付的现金净额,应在"取得子公司及其他营业单位支付的现金净额"项目中反映。

本项目可以根据"交易性金融资产"、"长期股权投资"等科目的记录分析填列。

(6)"取得子公司及其他营业单位支付的现金净额"项目

该项目反映企业购买子公司及其他营业单位购买出价中以现金支付的部分,减去子公司及其他营业单位持有的现金和现金等价物后的净额。本项目可以根据"长期股权投资""库存现金""银行存款"等科目的记录分析填列。

3. 筹资活动产生的现金流量

(1)"吸收投资收到的现金"项目。

该项目反映企业以发行股票等方式筹集资金实际收到的款项净额(发行收入减去支付的佣金等发行费用后的净额)。本项目可以根据"实收资本(或股本)""资本公积""库存现金""银行存款"等科目的记录分析填列。

(2)"取得借款收到的现金"项目。

该项目反映企业举借各种短期、长期借款而收到的现金,以及发行债券实际收到的款项净额(发行收入减去直接支付的佣金等发行费用后的净额)。本项目可以根据"短期借款""长期借款""应付债券""库存现金""银行存款"等科目的记录分析填列。

(3)"偿还债务支付的现金"项目。

该项目反映企业偿还债务本金所支付的现金,包括偿还金融企业的借款本金、偿还债券本金等。企业支付的借款利息和债券利息在"分配股利、利润和偿付利息支付的现金"项目反映,不包括在本项目内。本项目可以根据"短期借款""长期借款""应付债券"等科目的记录分析填列。

(4)"分配股利、利润和偿付利息支付的现金"项目。

该项目反映企业实际支付的现金股利、支付给其他投资单位的利润或用现金支付的借款利息、债券利息等。不同用途的借款,其利息的开支渠道不一样,如在建工程、制造费用、财务费用等,均在本项目中反映。本项目可以根据"应付股利"、"应付利息"、"在建工程"、"制造费用"、"研发支出"、"财务费用"等科目的记录分析填列。

【2011年《初级会计实务》考试真题·多项选择题】下列各项中,属于筹资活动产生的现金流量的有_____。 （ ）

A. 支付的现金股利　　　　　　B. 取得的短期借款
C. 增发股票收到的现金　　　　D. 偿还公司债券支付的现金
E. 购入固定资产支付的现金

【正确答案】ABCD

【答案解析】E选项,购入固定资产支付的现金属于投资活动的现金流量。

第五节　附　注

一、附注的概念

附注是对在资产负债表、利润表、现金流量表和所有者权益变动表等报表中列示项目的文字描述或明细资料,以及对未能在这些报表中列示项目的说明等。

附注应当披露财务报表的编制基础,相关信息应当与资产负债表、利润表、现金流量表和所有者权益变动表等报表中列示的项目相互参照。

二、附注披露的内容

附注一般应当按照下列顺序至少披露:

(一)企业的基本情况

(1)企业注册地、组织形式和总部地址。
(2)企业的业务性质和主要经营活动。
(3)母公司以及集团最终母公司的名称。
(4)财务报告的批准报出者和财务报告批准报出日,或者以签字人及其签字日期为准。
(5)营业期限有限的企业,还应当披露有关其营业期限的信息。

(二)财务报表的编制基础

(1)会计年度。
(2)记账本位币。
(3)会计计量所运用的计量基础。

（4）现金和现金等价物的构成。

（三）遵循企业会计准则的声明

企业应当声明编制的财务报表符合企业会计准则的要求，真实、完整地反映了企业的财务状况、经营成果和现金流量等有关信息。

（四）重要会计政策和会计估计

重要会计政策的说明，包括财务报表项目的计量基础和在运用会计政策过程中所做的重要判断等。重要会计估计的说明，包括可能导致下一个会计期间内资产、负债账面价值重大调整的会计估计的确定依据等。

企业应当披露采用的重要会计政策和会计估计，并结合企业的具体实际披露其重要会计政策的确定依据和财务报表项目的计量基础，及其会计估计所采用的关键假设和不确定因素。

（五）会计政策和会计估计变更以及差错更正的说明

企业应当按照《企业会计准则第28号——会计政策、会计估计变更和差错更正》的规定，披露会计政策和会计估计变更以及差错更正的情况。

（六）报表重要项目的说明

企业应当按照资产负债表、利润表、现金流量表、所有者权益变动表及其项目列示的顺序，对报表重要项目的说明采用文字和数字描述相结合的方式进行披露。报表重要项目的明细金额合计，应当与报表项目金额相衔接。

企业应当在附注中披露费用按照性质分类的利润表补充资料，可将费用分为耗用的原材料、职工薪酬费用、折旧费用、摊销费用等。

（七）或有和承诺事项的说明

（八）资产负债表日后事项的说明

（九）关联方关系及其交易等事项的说明

（十）有助于财务报表使用者评价企业管理资本的目标、政策及程序的信息

案例分析

星光公司资产负债表的填制

星光公司2010年12月31日结账后相关科目余额如下，请试算该企业资产负债表中各项目金额。

1. "库存现金"科目余额为10 000元，"银行存款"科目余额为4 000 000元，"其他货币资金"科目余额为1 000 000元。

2. "交易性金融资产"科目余额为10 000元。

3. 2010年3月1日向银行借入一年期借款320 000元，向其他金融机构借款230 000元，无其他短期借款业务发生。

4. 业年末向股东发放现金股利 400 000 元，股票股利 100 000 元，现金股利尚未支付。

5. 应付 A 企业商业票据 32 000 元，应付 B 企业商业票据 56 000 元，应付 C 企业商业票据 680 000 元，尚未支付。

6. 应付管理人员工资 300 000 元，应计提福利费 42 000 元，应付车间工作人员工资 57 000 元，无其他应付职工薪酬项目。

7. 企业 2010 年 1 月 1 日发行了一次还本付息的公司债券，面值为 1 000 000 元，当年 12 月 31 日应计提的利息为 10 000 元。

8. 星光公司 2010 年 12 月 31 日结账后有关科目所属明细科目借贷方余额如表 14-1 所示。

表 14-1　有关科目所属明细科目借贷方余额　　　　　　　　　　　元

科目名称	明细科目借方余额合计	明细科目贷方合计
应收账款	1 600 000	100 000
预付账款	800 000	60 000
应付账款	400 000	1 800 000
预收账款	600 000	1 400 000

9. 星光公司 2010 年 12 月 1 日购入原材料一批价款 150 000 元，增值税 25 500 元，款项已付，材料已验收入库，当年根据实现的产品销售收入计算的增值税销项税额为 50 000 元。该月转让一项专利，需要交纳营业税 50 000 元尚未支付，没有其他未支付的税费。

10. 星光公司 2010 年 "长期待摊费用" 科目的期末余额为 375 000 元，将于一年内摊销的数额为 204 000 元。

11. 星光公司 2010 年 12 月 31 日结账后的 "长期股权投资" 科目余额为 100 000 元，"长期股权投资减值准备" 科目余额为 6 000 元。结账后的 "固定资产" 科目余额为 1 000 000 元，"累计折旧" 科目余额为 90 000 元，"固定资产减值准备" 科目余额为 200 000 元。结账后的 "无形资产" 科目余额为 488 000 元，"累计摊销" 科目余额为 48 800 元，"无形资产减值准备" 科目余额为 93 000 元。

12. 星光公司采用计划成本核算材料，2010 年 12 月 31 日结账后有关科目余额为："材料采购" 科目余额为 140 000 元（借方），"原材料" 科目余额为 2 400 000（借方），"周转材料" 科目余额为 1 800 000 元（借方），"库存商品" 科目余额为 1 600 000 元（借方），"生产成本" 科目余额为 600 000 元（借方），"材料成本差异" 科目余额为 120 000 元（贷方），"存货跌价准备" 科目余额为 210 000 元。

则，该企业 2010 年 12 月 31 日资产负债表中，各项目金额如下：

（一）根据总账科目余额填列

1. "货币资金" 项目金额为：10 000+4 000 000+1 000 000=5 010 000（元）本例中，企业应当按照 "库存现金""银行存款" 和 "其他货币资金" 三个总账科目余额加总后的金额，作为资产负债表中 "货币资金" 项目的金额。

2. "交易性金融资产"项目金额为 100 000 元。本例中,由于企业是以公允价值计量交易性金融资产,每期交易性金融资产价值的变动,无论上升还是下降,均已直接调整"交易性金融资产"科目金额,因此,企业直接以"交易性金融资产"总账科目余额填列在资产负债表中。

3. "短期借款"项目金额为:320 000+230 000=550 000(元)本例中,企业直接以"短期借款"总账科目余额填列在资产负债表中。

4. "应付股利"项目金额为 400 000 元。该企业 2010 年 12 月 31 日资产负债表中的本例中,企业发放的股票股利不通过"应付股利"科目核算,因此,资产负债表中"应付股利"即为尚未支付的现金股利金额,即 400 000 元。

5. "应付票据"项目金额为:32 000+56 000+680 000=768 000(元)本例中,企业直接以"应付票据"总账科目余额填列在资产负债表中。

6. "应付职工薪酬"项目金额为:300 000+42 000+57 000=399 000(元)本例中,管理人员工资、车间工作人员工资和福利费都属于职工薪酬的范围,应当以各种应付未付职工薪酬加总后的金额,即"应付职工薪酬"总账科目余额填列在资产负债表中。

7. "应付债券"项目金额为:1 000 000+10 000=1 010 000(元)本例中,企业应当将债券面值和应计提的利息作为"应付债券"填列为资产负债表中"应付债券"项目的金额。

(二)根据明细账科目余额计算填列

1. "应收账款"项目金额为:1 600 000+600 000=2 200 000(元)
2. "预付账款"项目金额为:800 000+400 000=1 200 000(元)
3. "应付账款"项目金额为:60 000+1 800 000=1 860 000(元)
4. "预收账款"项目金额为:1 400 000+100 000=1 500 000(元)
5. "应交税费"项目金额为:50 000−25 500+50 000=74 500(元)

本例中,应收账款项目,应当根据"应收账款"科目所属明细科目借方余额 1 600 000 元和"预收账款"科目所属明细科目借方余额 600 000 元加总,作为资产负债表中"应收账款"的项目金额,即 2 200 000 元。

预付款项项目,应当根据"预付账款"科目所属明细科目借方余额 800 000 元和"应付账款"科目所属明细科目借方余额 400 000 元加总,作为资产负债表中"预付款项"的项目金额,即 1 200 000 元。

应付账款项目,应当根据"应付账款"科目所属明细科目贷方余额 1 800 000 元和"预付账款"科目所属明细科目贷方余额 60 000 元加总,作为资产负债表中"应付账款"的项目金额,即 1 860 000 元。

预收款项项目,应当根据"预收账款"科目所属明细科目贷方余额 1 400 000 元和"应收账款"科目所属明细科目贷方余额 100 000 元加总,作为资产负债表中"预收款项"的项目金额,即 1 500 000 元。

本例中,只有未付增值税和营业税两项:由于本期应交增值税为销项税额减进项税额,即 24 500(50 000−25 500)元,加上未缴纳的营业税 50 000 元,作为资产负债表中"应交税费"的项目金额,即 74 500 元。

（三）根据总账科目和明细账科目余额分析计算填列

"长期待摊费用"项目金额为：375 000—204 000＝171 000（元）。本例中，企业应当根据"长期待摊费用"总账科目余额375 000元，减去将于一年内摊销的金额204 000元，作为资产负债表中"长期待摊费用"项目的金额，即171 000元。将于一年内摊销完毕的204 000元，应当填列在流动资产下"一年内到期的非流动资产"项目中。

（四）根据有关科目余额减去其备抵科目余额后的净额填列

1. "长期股权投资"项目金额为：100 000－6 000＝94 000（元）。本例中，企业应该以"长期股权投资"总账科目余额100 000元，减去其备抵科目"长期股权投资减值准备"科目余额后的净额，作为资产负债表中"长期股权投资"的项目金额。

2. "固定资产"项目金额为：1 000 000－90 000－200 000＝710 000（元）。本例中，企业应当以"固定资产"总账科目余额，减去"累计折旧"和"固定资产减值准备"两个备抵类总账科目余额后的净额，作为资产负债表中"固定资产"的项目金额。

3. "无形资产"项目金额为：488 000－48 800－93 000＝346 200（元）。本例中，企业应当以"无形资产"总账科目余额，减去"累计摊销"和"无形资产减值准备"两个备抵类总账科目余额后的净额，作为资产负债表中"无形资产"的项目金额。

（五）综合运用上述填列方法分析填列

"存货"项目金额为：140 000＋2 400 000＋1 800 000＋1 600 000＋600 000－120 000－210 000＝6 210 000（元）。

本例中，企业应当以"材料采购"（表示在途材料采购成本）、"原材料"、"周转材料"（比如包装物和低值易耗品等）、"库存商品"、"生产成本"（表示期末在产品金额）各总账科目余额加总后，加上或减去"材料成本差异"总账科目的余额（若为贷方余额，应减去；若为借方余额，应加上），再减去"存货跌价准备"总账科目余额后的净额，作为资产负债表中"存货"项目的金额。

本章复习思考题

一、单项选择题

1. 资产负债表所依据的基本等式是_____。　　　　　　　　　　　　　（　　）
   A. 资产＝所有者权益　　　　　　　　B. 资产＝负债
   C. 负债＝资产－所有者权益　　　　　D. 资产＝负债＋所有者权益

2. 期末，若"预付账款"科目有贷方余额，应将其计入资产负债表中的项目是_____。
   　　　　　　　　　　　　　　　　　　　　　　　　　　　　　　　　（　　）
   A. 预收账款　　　　　　　　　　　　B. 应收账款
   C. 应付账款　　　　　　　　　　　　D. 其他应付款

3. 资产负债表的"未分配利润"项目，应根据_____填列。　　　　　　（　　）
   A. "本年利润"科目余额　　　　　　　B. "资本公积"科目余额
   C. "利润分配"科目余额　　　　　　　D. "本年利润"和"利润分配"科目的余额计算

4. 某企业"应付账款"科目月末贷方余额50 000元，其中："应付甲公司账款"明细科目贷方余额30 000元，"应付乙公司账款"明细科目贷方余额20 000元，"预付账款"科目贷方余额35 000元，其中："预付A工厂账款"明细科目贷方余额55 000元，"预付B工厂账款"明细科目借方余额20 000元。则该企业月末资产负债表"应付账款"项目的金额为_____元。
（　　）
  A. 105 000　　　　B. 85 000　　　　C. 50 000　　　　D. 35 000
 5. 下列各项利润表项目中，不影响营业利润的是_____。（　　）
  A. 投资收益　　　　　　　　　B. 公允价值变动损益
  C. 资产减值损失　　　　　　　D. 营业外收入
 6. 下列现金流量表项目中，能引起现金流量净额变动的是_____。（　　）
  A. 将现金存入银行　　　　　　B. 提取固定资产的折旧
  C. 用银行存款10万元清偿债务　D. 用银行存款购买2个月到期的债券
 7. 下列关于所有者权益变动表的等式，正确的是_____。（　　）
  A. 所有者投入和减少的资本＝所有者投入的资本＋股份支付计入所有者权益的金额＋与计入所有者权益项目相关的所得税影响等
  B. 直接计入所有者权益的利得和损失＝可供出售金融资产公允价值变动净额＋权益法下被投资单位其他所有者权益变动的影响
  C. 利润分配＝提取盈余公积＋对所有者（或股东）的分配等
  D. 所有者权益内部结转＝盈余公积转增资本（或股本）＋盈余公积弥补亏损
 8. 处置固定资产的净损益属于_____产生的现金流量。（　　）
  A. 经营活动　　B. 筹资活动　　C. 投资活动　　D. 经营活动或投资活动
 9. 采用间接法将净利润调节为经营活动现金流量，下列项目中属于调减项目的是_____
（　　）。
  A. 存货的减少　　　　　　　　B. 递延所得税资产减少
  C. 应收账款坏账准备　　　　　D. 经营性应付项目减少
 10. 企业披露分部信息时，不包括在分部资产项目中的是_____。（　　）
  A. 经营活动的固定资产　　　　B. 经营活动的无形资产
  C. 经营活动的流动资产　　　　D. 递延所得税借项

二、多项选择题

 1. 下列各项中，属于经营活动产生现金流量的有_____。（　　）
  A. 销售材料取得的收入　　　　B. 支付的委托加工物资款
  C. 处置固定资产取得净收入　　D. 出租固定资产取得的租金收入
  E. 支付给离退休人员的各项费用
 2. 下列项目，直接计入所有者权益变动表中所有者权益的利得和损失项目的是_____。
（　　）
  A. 可供出售金融资产公允价值变动净额
  B. 权益法下被投资单位其他所有者权益变动的影响
  C. 与计入所有者权益项目相关的所得税影响
  D. 现金流量套期工具公允价值变动净额
  E. 股份支付计入所有者权益的金额
 3. 财务报表附注的内容包括_____。（　　）
  A. 企业的基本情况　　　　　　B. 财务报表的编制基础

C. 遵循企业会计准则的声明 D. 分部报表
E. 重要会计政策和会计估计

4. 下列各项中，属于所有者权益变动表中"所有者权益内部结转"项目的是_____。（   ）

A. 所有者本年购回库存股 B. 资本公积转增资本
C. 盈余公积转增资本 D. 盈余公积补亏
E. 本年提取盈余公积

5. 采用间接法编制现金流量表，将净利润调整为经营活动现金流量时，需要调整的项目包括_____。（   ）

A. 不属于经营活动的收益 B. 没有实际收到现金的收益
C. 没有实际支付现金的费用 D. 实际支付的现金
E. 经营性应收项目的增减变动

6. 下列各项，属于编制财务报表的基本原则的是_____。（   ）

A. 实质重于形式 B. 权责发生制 C. 持续经营 D. 抵消原则
E. 重要性和项目列报

三、判断题

1. 企业应当披露重要的会计政策和会计估计，不具有重要性的会计政策和会计估计可以不披露。（   ）

2. 企业出售固定资产收到的现金，属于经营活动产生的现金流量。（   ）

3. 资产负债表反映的是企业某一时点的财务状况及偿债能力，是时点报表。利润表反映的是企业某一时期的经营成果的时期报表。（   ）

4. 销售商品、提供劳务收到的现金＝当期销售商品、提供劳务收到的现金＋当期收回前期的应收账款和应收票据＋当期预收的账款－当期销售退回支付的现金＋当期收回前期核销的坏账损失。（   ）

5. 稀释性潜在普通股应当按照其稀释程度从大到小的顺序计入稀释每股收益，直至稀释每股收益达到最小值。（   ）

6. 分部利润（亏损），是指分部收入减去分部费用后的余额。在合并利润表中，分部利润（亏损）应当在调整少数股东损益后确定。（   ）

7. 支付在建工程人员的工资属于筹资活动产生的现金流量。（   ）

8. 所有者权益变动表中，"会计政策变更""前期差错更正"项目，分别反映企业采用未来适用法处理的会计政策变更的影响金额。（   ）

9. 风险和报酬主要受企业的产品和劳务差异影响的，披露分部信息的主要形式应当是地区分部，次要形式是业务分部。（   ）

10. 现金流量表中，罚款支出、支付的差旅费、业务招待费支出、支付的保险费等应在"经营活动产生的现金流量"项下，"支付的各项税费"中反映。（   ）

四、账务处理题

1. 诺雷股份有限公司为增值税一般纳税人，适应增值税税率为17%，所得税税率为25%。该公司2008年1月1日有关科目的余额如下：

元

科目名称	借方余额	科目名称	贷方余额
库存现金	3 600	短期借款	550 000
银行存款	2 500 000	应付票据	300 000
其他货币资金	238 000	应付账款	1 205 600
交易性金融资产	25 000	其他应付款	100 000
应收票据	490 000	应付职工薪酬	200 000
应收账款	500 000	应交税费	66 200
坏账准备（全为应收账款计提）	−2 200	应付利息	1 200
预付账款	400 000	长期借款	3 200 000
其他应收款	10 000	其中：一年内到期的非流动负债	2 000 000
材料采购	450 000		
原材料	1 000 000		
包装物	76 000	股本（10 000 000 股，每股面值1元）	10 000 000
低值易耗品	100 000	盈余公积	200 000
库存商品	3 359 000	利润分配（未分配利润）	100 000
材料成本差异	73 600		
长期股权投资	500 000		
固定资产	3 000 000		
累计折旧	−800 000		
在建工程	3 000 000		
无形资产	600 000		
长期待摊费用	400 000		
合计	15 923 000	合计	15 923 000

该公司 2008 年发生如下经济业务：

（1）收到银行通知，以银行存款支付到期商业承兑汇票 100 000 元，增值税已于前期支付。

（2）购入原材料一批，以银行存款支付货款 200 000 元，增值税 34 000 元，材料未到。

（3）验收入库前期采购材料一批，货款已付，实际成本 150 000 元，计划成本为 160 000 元。

（4）以银行汇票支付材料采购价款 194 800 元，增值税 33 116 元，材料已运到并验收入库。收到银行汇票多余款收账通知，转回汇票多余款 2 084 元。该批原材料计划成本 200 000 元。

（5）赊销产品一批，价款 500 000 元，增值税 85 000 元；该批产品实际成本为 260 000

元,产品已发出。

(6) 购入不需安装的机床一台,以银行存款支付价款 175 000 元,增值税 29 750 元,运费 2 000 元。机床已交付使用。

(7) 购入工程物资一批,以银行存款支付货款及增值税 351 000 元。

(8) 一项更新改造工程发生应付职工薪酬 550 000 元。计算应负担的长期借款利息 220 000 元,尚未支付。

(9) 一项更新改造工程完工,已办理竣工手续并交付使用,固定资产价值 1 500 000 元。

(10) 基本生产车间报废车床一台,原价 220 000 元,已提折旧 196 000 元,发生清理费用 1 000 元,残值收入 1 500 元,均以银行存款收支。年末该项固定资产已清理完毕。

(11) 将要到期的一张面值为 200 000 元的无息银行承兑汇票交银行办理转账,收到银行盖章退回的进账单一联。款项已收妥。

(12) 出售不需用设备一台,售价 250 000 元,该设备原价 600 000 元,已提折旧 450 000 元。设备已由购买单位运走。

(13) 偿还短期借款本金 350 000 元,利息 10 000 元。

(14) 提取现金 1 000 000 元,准备支付职工工资。

(15) 支付职工薪酬,分配应支付的职工工资 500 000 元(不包括更新改造工程应负担的工资),其中:生产人员工资 450 000 元,车间管理人员工资 20 000 元,行政管理部门人员工资 30 000 元。按工资总额的 14%提取福利费(不包括更新改造工程应负担的工资)。

(16) 提取本期的借款利息 41 000 元,应计入本期损益,其中:短期借款利息 18 000 元,长期借款利息 23 000 元。

(17) 基本生产领用原材料,计划成本 1 200 000 元。结转当期领用原材料材料成本差异,材料成本差异率为 4%。

(18) 摊销无形资产 60 000 元。

(19) 提取固定资产折旧 300 000 元,其中应计入制造费用 180 000 元,管理费用 120 000 元。

(20) 计算并结转本期完工产品成本 1 963 800 元。无期初在产品,本期生产的产品全部完工入库。

(21) 以银行存款支付广告费 20 000 元。

(22) 采用商业承兑汇票结算方式销售产品一批,价款 1 000 000 元,增值税额为 170 000 元,收到商业承兑汇票。产品实际成本 550 000 元。

(23) 将上述承兑汇票到银行办理贴现,贴现息 70 000 元。

(24) 提取现金 50 000 元,支付退休费,退休费未统筹。

(25) 本期产品销售应缴纳的教育费附加为 5 000 元。

(26) 以银行存款缴纳增值税 160 000 元,教育费附加 5 000 元。

(27) 采用应收账款账龄分析法计提坏账准备 1 800 元。

(28) 结转各收支科目。

(29) 计算并结转应交所得税。

(30) 按税后净利润的 15%提取法定盈余公积和任意盈余公积。

(31) 将利润分配各明细科目余额转入"未分配利润"明细科目,结转本年利润。

要求：（1）编制上述业务的相关会计分录。

（2）编制诺雷公司 2008 年 12 月 31 日的资产负债表。

2. A 公司为增值税一般纳税企业，主营业务包括销售商品和提供劳务，适用增值税率 17%，所得税率 33%。2008 年 8 月发生如下经济业务：

（1）向 B 公司销售一批商品，价款 80 000 元，商品已发出，增值税专用发票已开具，全部款项已收到并存入银行。该批商品实际成本为 62 000 元。

（2）委托 C 公司销售商品，根据代销协议，该批商品的协议价 10 万元，C 公司直接从代销商品协议价中扣取 10%作为手续费。该批商品实际成本 58 000 元。月末，收到 C 公司开来的代销清单，已售出代销商品的 30%，同时收到扣除手续费的代销款并存入银行。

（3）与 D 公司签订一项设备维修服务协议，此项服务的劳务款为 585 000 元。月末，A 公司完成该服务，D 公司验收合格，收到劳务款 585 000 元存入银行。此项服务，A 公司支付维修人员工资 153 000 元。

（4）由于质量问题，收到 E 公司退回的上月购买的商品一批，该批商品售出时已确认收入，款项尚未收取。月末，商品已存入仓库，已办妥退货手续并开具红字增值税专用发票。该批商品的销售价格为 50 000 元，实际成本 35 000 元。

（5）与 F 公司签订一项设备安装合同，合同规定设备的安装期为两个月，总安装价款为 50 000 元，分两次收取，本月收取 20 000 元，剩余款项于工程完工时收取。月末收到第一笔价款并存入银行。支付安装人员工资 15 000 元。

要求：（1）根据上述资料，编制 A 公司相关会计分录。

（2）编制 A 公司 2008 年 8 月份利润表。

A 公司 8 月发生的其他经济业务的账户余额如下表所示：

A 公司 8 月发生的其他经济业务的账户余额　　　　　　　　　　万元

账户名称	借方余额	贷方余额
其他业务收入		1
其他业务成本	1.5	
投资收益		2.3
营业外收入		27
营业外支出	33	
营业税金及附加	12	
管理费用	6	
财务费用	2	

3. 万达公司 2007 年有关资料如下：

（1）利润表中"营业收入"项目为 200 000 元；资产负债表中"应收账款"项目年初余额 60 000 元，年末余额 20 000 元。本年度发生坏账 2 000 元已予以核销。本年度债务人企业用存货抵偿应收账款 12 000 元；本年度收到以前年度核销的坏账准备 16 000 元。

（2）利润表中"营业成本"项目为 120 000 元；资产负债表中"应付账款"项目年初余额

6 000元、年末余额4 000元,"预付账款"项目年初余额0元、年末余额1 000元,"存货"项目年初余额140 000元、年末余额180 000元;当年接受投资人投入存货16 000元。

要求:根据上述资料,计算现金流量表中的"销售商品、提供劳务收到的现金"及"购买商品、接受劳务支付的现金"项目的金额。

五、案例分析题

中实股份有限公司为工业企业,该公司2008年有关资料如下:

(1) 资产、负债类部分账户年初、年末余额和本年发生额如下:

万元

资产	年初余额		本年发生额		年末余额	
	借方	贷方	借方	贷方	借方	贷方
交易性金融资产	100		300	400	200	
应收票据	300			300		
应收账款(总)	500		3 000	2 800	700	
——甲公司	600		2 500	2 200	900	
——乙公司		100	500	600		200
坏账准备		6		3		9
应收股利			10	10		
原材料	300		2 000	2 200	100	
制造费用			800	800		
生产成本	100		4 000	3 800	300	
库存商品	200		3 800	3 500	500	
固定资产	5 000		400	1 000	4 400	
累计折旧		2 000	800	200		1 400
在建工程	1 000		300		1 300	
短期借款			200	250		50
长期借款		1 000				1 000
应付账款(总)		300	1 300	1 200		200
——丙公司		500	1 200	1 000		300
——丁公司	200		100	200	100	
应付职工薪酬		30	1 160	1 200		70
应交税费(总)		55	1 319.3	1 325.3		60
——应交增值税			850	850		
——未交增值税		30	180	200		50
——应交其他税金		25	289.3	275.3		11

(2) 损益类部分账户本年发生额如下:

万元

账户名称	借方发生额	贷方发生额
营业收入		5 000
营业成本	3 500	
营业税金及附加	51	
销售费用	300	
管理费用	500	
财务费用	25	
投资收益		30
营业外支出	20	
所得税	198	

(3) 其他有关资料如下:
① 交易性金融资产的取得及出售均以现金结算,且交易性金融资产不属于现金等价物。
② "制造费用"及"生产成本"科目借方发生额含工资及福利费 1 000 万元、折旧费 180 万元,不含其他摊入的费用。
③ "固定资产"科目借方发生额为现金购入的固定资产 400 万元;"在建工程"科目借方发生额含用现金支付的资本化利息费用 30 万元,以及用现金支付的出包工程款 270 万元。
④ 应付职工薪酬为生产经营人员的工资及福利费。
⑤ "应交税费—应交增值税"科目借方发生额含增值税进项税额 340 万元、已交税金 310 万元、转出未交增值税 200 万元,贷方发生额为销售商品发生的销项税额 850 万元;"应交税费—未交增值税"科目借方发生额为缴纳的增值税 180 万元。
⑥ "销售费用"及"管理费用"科目借方发生额含工资及福利费 200 万元、离退休人员费 80 万元、计提坏账准备 3 万元、折旧费 20 万元、房产税和印花税 30 万元以及用现金支付的其他费用 467 万元。
⑦ "财务费用"科目借方发生额含票据贴现利息 5 万元以及用现金支付的其他利息。
⑧ "投资收益"科目贷方发生额含出售股票获得的投资收益 20 万元以及收到的现金股利。
⑨ "营业外支出"科目借方发生额为出售固定资产发生的净损失 20 万元(出售固定资产原价 1 000 万元、累计折旧 800 万元,支付的清理费用 30 万元,收到的价款 210 万元)。
⑩ 假定该公司本期未发生其他交易或事项。

要求：

（1）分析填列该公司资产负债表所列示项目的年初数和年末数。

资产负债表（部分项目）

编制单位：中实股份有限公司　　　编制时间：2008 年 12 月 31 日　　　　　　　　　　　万元

资产	年初数	年末数	负债和所有者权益	年初数	年末数
应收账款			应付账款		
预付款项			预收账款		
存货					

（2）分析填列该公司现金流量表所列示项目的金额。

现金流量表（部分项目）

编制单位：中实股份有限公司　　　编制时间：2008 年 12 月 31 日　　　　　　　　　　　万元

项　　目	计算过程	金额
销售商品、提供劳务收到的现金		
购买商品、接受劳务支付的现金		
支付给职工以及为职工支付的现金		
支付的各项税费		
支付其他与经营活动有关的现金		
收回投资收到的现金		
取得投资收益收到的现金		
处置固定资产收到的现金净额		
购建固定资产支付的现金		
投资支付的现金		
取得借款收到的现金		
偿还债务支付的现金		
偿还利息支付的现金		

答　案

一、单项选择题

1. D　2. C　3. D　4. A　5. D　6. C　7. C　8. C　9. D　10. D

二、多项选择题

1. ABDE　2. ABCDE　3. ABCD　4. ABCE　5. ABCE　6. BCDE

三、判断题

1. √ 2. × 3. √ 4. √ 5. √ 6. × 7. × 8. × 9. × 10. ×

四、账务处理题

1.

(1) 借：应付票据　　　　　　　　　　　　　　　　　　　100 000
　　　贷：银行存款　　　　　　　　　　　　　　　　　　　　　100 000

(2) 借：材料采购　　　　　　　　　　　　　　　　　　　200 000
　　　　应交税费——应交增值税（进项税额）　　　　　　 34 000
　　　贷：银行存款　　　　　　　　　　　　　　　　　　　　　234 000

(3) 借：原材料　　　　　　　　　　　　　　　　　　　　160 000
　　　贷：材料采购　　　　　　　　　　　　　　　　　　　　　150 000
　　　　　材料成本差异　　　　　　　　　　　　　　　　　　　 10 000

(4) 借：材料采购　　　　　　　　　　　　　　　　　　　194 800
　　　　银行存款　　　　　　　　　　　　　　　　　　　　 2 084
　　　　应交税费——应交增值税（进项税额）　　　　　　 33 116
　　　贷：其他货币资金　　　　　　　　　　　　　　　　　　　230 000
　　借：原材料　　　　　　　　　　　　　　　　　　　　200 000
　　　贷：材料采购　　　　　　　　　　　　　　　　　　　　　194 800
　　　　　材料成本差异　　　　　　　　　　　　　　　　　　　 5 200

(5) 借：应收账款　　　　　　　　　　　　　　　　　　　585 000
　　　贷：主营业务收入　　　　　　　　　　　　　　　　　　　500 000
　　　　　应交税费——应交增值税（销项税额）　　　　　　　　 85 000
　　借：主营业务成本　　　　　　　　　　　　　　　　　260 000
　　　贷：库存商品　　　　　　　　　　　　　　　　　　　　　260 000

(6) 借：固定资产　　　　　　　　　　　　　　　　　　　206 750
　　　贷：银行存款　　　　　　　　　　　　　　　　　　　　　206 750

(7) 借：工程物资　　　　　　　　　　　　　　　　　　　351 000
　　　贷：银行存款　　　　　　　　　　　　　　　　　　　　　351 000

(8) 借：在建工程　　　　　　　　　　　　　　　　　　　550 000
　　　贷：应付职工薪酬　　　　　　　　　　　　　　　　　　　550 000
　　借：在建工程　　　　　　　　　　　　　　　　　　　220 000
　　　贷：长期借款——应付利息　　　　　　　　　　　　　　　220 000

(9) 借：固定资产　　　　　　　　　　　　　　　　　　1 500 000
　　　贷：在建工程　　　　　　　　　　　　　　　　　　　　1 500 000

(10) 借：固定资产清理　　　　　　　　　　　　　　　　 24 000
　　　　累计折旧　　　　　　　　　　　　　　　　　　　196 000
　　　贷：固定资产　　　　　　　　　　　　　　　　　　　　　220 000
　　　借：固定资产清理　　　　　　　　　　　　　　　　　1 000
　　　　贷：银行存款　　　　　　　　　　　　　　　　　　　　　1 000

	借：银行存款	1 500
	贷：固定资产清理	1 500
	借：营业外支出	23 500
	贷：固定资产清理	23 500
（11）	借：银行存款	200 000
	贷：应收票据	200 000
（12）	借：固定资产清理	150 000
	累计折旧	450 000
	贷：固定资产	600 000
	借：银行存款	250 000
	贷：固定资产清理	250 000
	借：固定资产清理	100 000
	贷：营业外收入	100 000
（13）	借：短期借款	350 000
	应付利息	10 000
	贷：银行存款	360 000
（14）	借：库存现金	500 000
	贷：银行存款	500 000
（15）	借：应付职工薪酬	500 000
	贷：库存现金	500 000
	借：生产成本	450 000
	制造费用	20 000
	管理费用	30 000
	贷：应付职工薪酬	500 000
	借：生产成本	63 000
	制造费用	2 800
	管理费用	4 200
	贷：应付职工薪酬	70 000
（16）	借：财务费用	41 000
	贷：应付利息	18 000
	长期借款——应付利息	23 000
（17）	借：生产成本	1 200 000
	贷：原材料	1 200 000
	借：生产成本	48 000
	贷：材料成本差异	48 000
（18）	借：管理费用	60 000
	贷：无形资产	60 000
（19）	借：制造费用	180 000
	管理费用	120 000

	贷：累计折旧	300 000
（20）借：生产成本		202 800
	贷：制造费用	202 800
借：库存商品		1 963 800
	贷：生产成本	1 963 800
（21）借：销售费用		20 000
	贷：银行存款	20 000
（22）借：应收票据		1 170 000
	贷：主营业务收入	1 000 000
	应交税费——应交增值税（销项税额）	170 000
借：主营业务成本		550 000
	贷：库存商品	550 000
（23）借：财务费用		70 000
银行存款		1 100 000
	贷：应收票据	1 170 000
（24）借：库存现金		50 000
	贷：银行存款	50 000
借：管理费用		50 000
	贷：库存现金	50 000
（25）借：主业务金及附加		5 000
	贷：应交税费——应交教育费附加	5 000
（26）借：应交税费——应交增值税（已交税金）		160 000
	贷：银行存款	160 000
（27）借：资产减值损失		1 800
	贷：坏账准备	1 800
（28）借：主营业务收入		1 500 000
营业外收入		100 000
	贷：本年利润	1 600 000
借：本年利润		1 235 500
	贷：主营业务成本	810 000
	营业税金及附加	5 000
	管理费用	264 200
	资产减值损失	1 800
	财务费用	111 000
	销售费用	20 000
	营业外支出	23 500

（29）应交所得税＝（1 600 000－1 235 500）×25%＝91 125（元）

借：所得税费用　　　　　　　　　　　　　　　　　　　　　　　　91 125
　　贷：应交税费——应交所得税　　　　　　　　　　　　　　　　　91 125

借：本年利润 91 125
　　贷：所得税费用 91 125
（30）本年应提法定/任意盈余公积＝273 375×15%＝41 006.25（元）
借：利润分配——提取法定/任意盈余公积 41 006.25
　　贷：盈余公积——法定/任意盈余公积 41 006.25
（31）借：利润分配——未分配利润 41 006.25
　　贷：利润分配——提取法定/任意盈余公积 41 006.25
借：本年利润 273 375
　　贷：利润分配——未分配利润 273 375

资产负债表

企会 01 表

编制单位：诺雷股份有限公司　　编制时间：2008 年 12 月 31 日　　　　　　元

资产	期末余额	年初余额	负债和所有者权益（或股东权益）	期末余额	年初余额
流动资产：			流动负债：		
货币资金	2 082 434	2 741 600	短期借款	200 000	550 000
交易性金融资产	25 000	25 000	交易性金融负债		
应收票据	290 000	490 000	应付票据	200 000	300 000
应收账款	1 081 000	497 800	应付账款	1 205 600	1 205 600
预付账款	400 000	400 000	预收账款		
应收利息			应付职工薪酬	820 000	200 000
应收股利			应交税费	190 209	66 200
其他应收款	10 000	10 000	应付利息	9 200	1 200
存货	5 359 200	5 058 600	应付股利		
一年内到期的非流动资产			其他应付款	100 000	100 000
其他流动资产			一年内到期的非流动负债		
流动资产合计	9 247 634	9 223 000	其他流动负债		
非流动资产：			流动负债合计	2 725 009	2 423 000
可供出售金融资产			非流动负债：		
持有至到期投资			长期借款	3 443 000	3 200 000
投资性房地产			应付债券		
长期股权投资	500 000	500 000	长期应付款		
长期应收款			专项应付款		

续表

资产	期末余额	年初余额	负债和所有者权益（或股东权益）	期末余额	年初余额
固定资产	3 432 750	2 200 000	递延所得税负债		
在建工程	2 270 000	3 000 000	其他非流动负债		
工程物资	351 000		非流动负债合计	3 443 000	3 200 000
固定资产清理			负债合计		5 623 000
生产性生物资产			所有者权益（或股东权益）：		
油气资产					
无形资产	540 000	600 000	股本	10 000 000	10 000 000
开发支出			资本公积		
商誉			盈余公积	241 006.25	200 000
长期待摊费用	400 000	400 000	未分配利润	332 368.75	100 000
递延所得税资产			减：库存股		
其他非流动资产			所有者权益（或股东权益）合计	10 573 375	10 300 000
非流动资产合计	7 493 750	6 700 000			
资产总计	16 741 384	15 923 000	负债和所有者权益（或股东权益）合计	16 741 384	15 923 000

2．（1）① 借：银行存款　　　　　　　　　　　　　　　　93 600
　　　　　　贷：主营业务收入　　　　　　　　　　　　　80 000
　　　　　　　　应交税费——应交增值税（销项税额）　　13 600
　　　　　借：主营业务成本　　　　　　　　　　　　　　62 000
　　　　　　贷：库存商品　　　　　　　　　　　　　　　62 000
　　② 借：委托代销商品　　　　　　　　　　　　　　　58 000
　　　　　贷：库存商品　　　　　　　　　　　　　　　　58 000
　　　　借：银行存款　　　　　　　　　　　　　　　　　32 100
　　　　　　销售费用　　　　　　　　　　　　　　　　　 3 000
　　　　　贷：主营业务收入　　　　　　　　　　　　　　30 000
　　　　　　　应交税费——应交增值税（销项税额）　　　 5 100
　　　　借：主营业务成本　　　　　　　　　　　　　　　17 400
　　　　　贷：委托代销商品　　　　　　　　　　　　　　17 400
　　③ 借：银行存款　　　　　　　　　　　　　　　　　585 000
　　　　　贷：主营业务收入　　　　　　　　　　　　　500 000
　　　　　　　应交税费——应交增值税（销项税额）　　 85 000

借：劳务成本　　　　　　　　　　　　　　　　　　　　　153 000
　　　　贷：应付职工薪酬　　　　　　　　　　　　　　　　　　　　153 000
　　借：主营业务成本　　　　　　　　　　　　　　　　　　　153 000
　　　　贷：劳务成本　　　　　　　　　　　　　　　　　　　　　153 000
④　借：主营业务收入　　　　　　　　　　　　　　　　　　　50 000
　　　　应交税费——应交增值税（销项税额）　　　　　　　　　8 500
　　　　贷：应收账款——E公司　　　　　　　　　　　　　　　　58 500
　　借：库存商品　　　　　　　　　　　　　　　　　　　　　35 000
　　　　贷：主营业务成本　　　　　　　　　　　　　　　　　　　35 000
⑤　借：银行存款　　　　　　　　　　　　　　　　　　　　　20 000
　　　　贷：预收账款　　　　　　　　　　　　　　　　　　　　　20 000
　　借：劳务成本　　　　　　　　　　　　　　　　　　　　　15 000
　　　　贷：应付职工薪酬　　　　　　　　　　　　　　　　　　　15 000
⑥　本月实现的利润总额＝（80 000＋30 000＋500 000－50 000）＋30 000＋23 000＋270 000－（62 000＋17 400＋153 000－35 000）－15 000－330 000－120 000－60 000－20 000－3 000＝137 600（元）

　　所得税＝137 600×33%＝45 408（元）
　　借：所得税费用　　　　　　　　　　　　　　　　　　　　45 408
　　　　贷：应交税费——应交所得税　　　　　　　　　　　　　　45 408
（2）编制利润表

利 润 表

企会 02

编制单位：A公司　　　　编制时间：2008年3月31日　　　　　　元

项　目	上年金额（略）
一、营业收入	590 000
减：营业成本	212 400
营业税金及附加	120 000
销售费用	3 000
管理费用	60 000
财务费用（收益以"-"号填列）	20 000
资产减值损失	
加：公允价值变动收益（损失以"-"填列）	
投资收益（损失以"-"号填列）	23 000
二、营业利润（亏损以"-"号填列）	197 600
加：营业外收入	270 000
减：营业外支出	330 000

续表

项　　目	上年金额（略）
其中：非流动资产处置损失	
三、利润总额（亏损以"-"号填列）	137 600
减：所得税费用	45 408
四、净利润（净亏损以"-"号填列）	92 192
五、每股收益	
（一）基本每股收益	
（二）稀释每股收益	

3.
（1）销售商品、提供劳务收到的现金＝200 000＋(60 000－20 000)－2 000－12 000＋16 000＝242 000（元）

（2）购买商品、接受劳务支付的现金＝120 000＋(6 000－4 000)＋1 000＋(180 000－140 000)－16 000＝147 000（元）

五、案例分析题

（1）

资产负债表（部分项目）

编制单位：中实股份有限公司　　　编制时间：2008年12月31日　　　万元

资产	年初数	年末数	负债和所有者权益	年初数	年末数
应收账款	594	891	应付账款	500	300
预付款项	200	100	预收账款	100	200
存货	600	900			

（2）

现金流量表（部分项目）

编制单位：中实股份有限公司　　　编制时间：2008年12月31日　　　万元

项　　目	计算过程	金额
销售商品、提供劳务收到的现金	5 000＋850＋(300－0)＋(594－891)＋(200－100)－计提坏账准备3－票据贴现息5	5 945
购买商品、接受劳务支付的现金	3 500＋340－(600－900)＋(500－300)＋(100－200)－工资及福利1 000－折旧费180	3 060
支付给职工以及为职工支付的现金	1 000＋200＋(30－70)	1 160
支付的各项税费	51＋198＋310＋180＋30＋(25－11)	783
支付的其他与经营活动有关的现金	300＋500－200－3－20－30	547

续表

项　　目	计算过程	金额
收回投资收到的现金	400＋20	420
取得投资收益收到的现金	30-20	10
处置固定资产收到的现金净额	210-30	180
购建固定资产支付的现金	400＋300-30	670
投资支付的现金		500
取得借款收到的现金		250
偿还债务支付的现金		200
偿还利息支付的现金	25-5＋30	50